# 夏商周断代工程报告

夏商周断代工程专家组　编著

科学出版社

北　京

# 内 容 简 介

"夏商周断代工程"是中国"九五"国家计划重点科技攻关项目，是我国第一个由人文社会科学与自然科学相结合、多学科交叉联合攻关的大型科学研究项目。"夏商周断代工程"的总目标，是将夏、商、西周三个时期的年代学进一步科学化、量化，制定这一时期有科学依据的年表，为深入研究中国古代文明的起源和早期发展打下良好的基础。

本书是对"夏商周断代工程"9 大课题、44 个专题研究的综合与总结，是在《夏商周断代工程 1996—2000 年阶段成果报告：简本》的框架和结论的基础上编写修订而成，较为全面系统地反映了"夏商周断代工程"的实施和研究过程、取得的成果和结题后的重要新进展。

本书可供历史、考古与文物、天文历法、科技测年等专业领域的工作者和大学师生参考，也可供对相关专业感兴趣的爱好者阅读。

图书在版编目（CIP）数据

夏商周断代工程报告 / 夏商周断代工程专家组编著. —北京：科学出版社，2022. 6

ISBN 978-7-03-072287-4

I.①夏… Ⅱ.①夏… Ⅲ.①中国历史 – 古代史 – 三代时期 – 年代学 – 研究报告　Ⅳ.①K221.07

中国版本图书馆 CIP 数据核字（2022）第 083938 号

责任编辑：李　茜 / 责任校对：邹慧卿
责任印制：霍　兵 / 封面设计：张　放

科 学 出 版 社 出版
北京东黄城根北街 16 号
邮政编码：100717
http://www.sciencep.com

北京中科印刷有限公司印刷
科学出版社发行　各地新华书店经销
*
2022 年 6 月第　一　版　　开本：787×1092　1/16
2024 年 7 月第六次印刷　　印张：35 1/4　插页：1
字数：836 000
定价：280.00 元
（如有印装质量问题，我社负责调换）

# 目　　录

# 图 目 录

# 表 目 录

# 一、引　言

## （一）"夏商周断代工程"的缘起

中华文明是人类历史上有数的独立起源的古文明之一，绵延流传，从未中断，世所罕见。但是，我国古书记载的上古确切年代，只能上推到司马迁《史记·十二诸侯年表》的开端——西周晚期共和元年（公元前841年），再往上就存在分歧，成为我国乃至世界古史研究中的重大缺憾。夏商周三代在我国古代文明历史上具有特殊地位，但其年代学始终是一个学术难题。两千年来，历代学者不断努力，试图解决，但由于涉及的领域很广，而研究大多是个别进行，研究的材料和手段有限，所以在一些关键点上始终没有突破。

20世纪是科学技术突飞猛进的时代，人类从事科学研究的方法和技术手段有了极大的进步，在认识上有了很大的提高。

在此背景下，中国古史研究展现了新的面貌。20世纪初，在"五四新文化运动"民主、科学旗帜的引领下，各种思潮涌现，"古史辨"派率先冲击了两千多年的古史系统，客观上推动了学术界对新史料的搜集和重建上古史的期望。以田野调查和发掘为特征的现代考古学取代了传统的金石学，成为新兴学科，尤其是中华人民共和国成立以来，一系列重要的考古发现和深入研究，为夏商周文明的探索开辟了新途径。包括商周甲骨文和商周金文在内的古文字学研究取得长足进展。天文史研究也是成就卓著，由于现代计算技术的飞跃，天文历算更进入了前人无法比拟的快捷、精准的时代。核物理引入考古学领域，其中 $^{14}$C 测年方法的应用对年代学研究是重大推动。随着年代数据校正手段的提升以及加速器质谱法（Accelerator Mass Spectrometry，AMS）的出现，$^{14}$C 测年技术对高精度测量以及对微量样品的测量成为可能。由此，测年专家于1990年预见，$^{14}$C 测年方法已经"有希望可能对商周历史纪年的分歧作出自己的判断"[1]。历史学家提出："充分沟通这些学科的成果，将能进一步阐释古代历史文化……将能开拓出古代历史、文化研究的新局面，对整个中国古代文明作出重新估价。"[2]

1995年夏，著名系统科学、系统工程及控制论专家，时任国务委员、国家科学技术委员会主任的宋健博士（中国科学院和中国工程院两院院士）倡议，"组织科学界联合研究中国古代纪年问题，以缩小与埃及学和亚述学的差距"。他认为，"经过100多

---

① 蔡莲珍、仇士华：《树轮年代校正研究的新进展及其应用》，《第四纪冰川与第四纪地质论文集（第六集·碳十四专集）》，地质出版社，1990年。

② 李学勤：《走出疑古时代》，辽宁大学出版社，1994年，自序第4页，第19页。

年数代人的努力，特别是最近 40 多年卓有成效的工作"，应该抓住世纪之交的时机，"做一个总结，对三代纪年这个关键问题归纳出一个轮廓"①。

1995 年 9 月，宋健邀请在北京的一批不同学科的学者，举行座谈会，讨论怎样把自然科学技术同人文社会科学研究结合起来，对中国古文明进行探索的问题。这次座谈会提议，作为这种研究的第一步，应建立一个年代学项目，即"夏商周断代工程"。

对于这个倡议，学术界积极响应，专家学者对实施这个项目的可行性进行了研究，酝酿组织相关学科专家攻关队伍。时任国务委员李铁映（主持文教）和宋健（主持科技）联袂推动，政府给予大力支持。1995 年 12 月，李铁映和宋健在国务院主持召开会议，有关部委领导和有关专家共同参加，研究"夏商周断代工程"重大科研课题的有关问题。会议决定，将"夏商周断代工程"列为国家重大科研课题；成立"夏商周断代工程"重大科研课题领导小组，为"夏商周断代工程"来自隶属不同地区、不同部门的高校、研究单位、文博单位之间的协调和配合提供支持；领导小组组长由国家科委（后更名科技部）副主任（副部长）邓楠担任，副组长由国家自然科学基金委副主任（主任）陈佳洱担任，小组成员有国家教育委员会副主任韦钰、中国科学院副院长（院长）路甬祥、中国社会科学院副院长滕藤（继任江蓝生）、国家文物局局长张德勤（继任张文彬）、中国科学技术协会书记处书记刘恕、国家科学技术委员会社会发展司司长甘师俊（继任刘燕华）；为了便于组织科研攻关，聘任李学勤、仇士华、李伯谦、席泽宗为首席科学家，着手"夏商周断代工程"的各项准备工作；由领导小组聘任人文社会科学和自然科学领域的骨干组成专家组，负责组织科研工作；组织相关部委为"夏商周断代工程"起步筹集经费，等等。四位首席科学家牵头组织 21 位来自人文社会科学和自然科学领域的专家学者组成"夏商周断代工程"专家组，由专家组具体领导和运作这个项目②。应专家组的邀请，李铁映、宋健担任项目特别顾问。为了协助专家组进行组织协调并处理日常事务，设立项目办公室③。随后，又聘任了专家组秘书长。

专家组经过 9 个月（1995 年 9 月至 1996 年 5 月）的积极筹备，广泛征求意见，完成了实施"夏商周断代工程"的可行性研究，制定了研究目标、研究途径和课题设置，提交了《夏商周断代工程可行性论证报告》④，并经审查通过。同时，专家组邀请并组织了来自北京、天津、上海和九省（河南、陕西、河北、山西、四川、吉林、黑龙江、山东、江苏）的 32 家高等院校、科研院所和文博单位的 170 多位专家的研究队伍（随着工作的开展又陆续有所增加）⑤。

1996 年 5 月 16 日，被列为第九个五年计划国家重点科技攻关计划项目之一的"夏商周断代工程"正式宣布启动。

李铁映、宋健两位国务委员为"夏商周断代工程"的启动给予至关重要的推动，

---

① 宋健：《超越疑古，走出迷茫》，《科技日报》1996 年 5 月 17 日第 1 版。

② 名单详见附录六。

③ 名单详见附录六。

④ 详见附录五。

⑤ 名单详见附录六。

国家给予了全方位的支持。"夏商周断代工程"研究团队自身专家负责的原则得到充分保障，全体参加者怀着一种受命于历史的责任感投入其中。

# （二）"夏商周断代工程"的目标和实施

"夏商周断代工程"的任务是，运用自然科学与人文科学相结合的方法，研究夏商周三代的年代学，总目标是提交一份由不同学科研究结论支撑的夏商周时期年代学年表。根据各历史阶段材料的不同情况，"夏商周断代工程"由近及远分别提出如下详略不等的具体目标：

① 西周共和元年（公元前841年）以前各王，提出比较准确的年代；

② 商代后期武丁以下各王，提出比较准确的年代；

③ 商代前期，提出比较详细的年代框架；

④ 夏代，提出基本的年代框架。

"夏商周断代工程"的研究过程，就是《夏商周断代工程可行性论证报告》的实施过程。

## 1. 研究途径和课题设计

"夏商周断代工程"既然是综合历史学、考古学、天文学和测年技术等不同学科的专家学者联合实施的研究项目，课题和专题的设置就有必要尽可能考虑有利于推动多学科交叉研究的原则。具体做法是，依照系统工程的要求，按任务目标设定课题，然后，分解课题目标，按需要设置专题。课题和专题均由不同学科混合编组，专题攻关任务交由相关的不同专业的专家承担。然后，综合全部专题的研究成果，形成项目总的结论。这个做法有利于学科交叉贯穿于任务实施的全过程，并使每一位参加者都明确自己承担的专题在整个目标任务中的位置，以及与其他专题学科的相互关联。研究途径主要有两条：

① 对传世的古代文献和出土的甲骨文、金文等古文字材料，进行搜集、整理、鉴定和研究，对其中有关的天文、历法记录，通过现代天文计算，推定其年代。

② 对有典型意义的考古遗址、墓葬资料进行整理和分期研究，并做必要的发掘，取得系列样品，进行常规法和 AMS 法的 $^{14}$C 年代测定。

最后对各课题通过不同途径得出的结论进行综合，使研究进一步深化，得出尽可能有较多学科支撑的年代学年表。

"夏商周断代工程"共设9个课题，下分36个专题，在实施过程中，根据研究需要又增设8个专题[①]。

---

① 详见附录五。

## 2. 实施过程中的一系列基础性工作

（1）文献资料库和天文数据计算中心的建立

对唐代以前的有关三代纪年和天象的史料记载进行普查，建立夏商周年代与天象文献资料库。同时搜集年表 9 种（宋代 4 种、清代 5 种），制成总表，并根据其源流及纪年情况，区分为以今本《竹书纪年》和以《通鉴外纪》为代表的两系。对唐宋以前有关夏与商前期都城的文献也做了普遍搜集。建立夏商周天文数据计算中心，以方便进行恒星位置的反推计算、星象年代分析、古代行星位置推算。

（2）关键考古遗址的发掘研究和系列样品的采集

确立夏商周考古学文化分期标尺和 $^{14}C$ 年代框架，是建立夏商周年表的基础。在原有考古工作的基础上，"夏商周断代工程"在北京、山西、陕西、河南、河北等地组织了一系列夏商周关键遗址的补充发掘，并新发现了安阳洹北商城和沣西 H18 等。对相关考古资料加以整理，进行考古学分期研究。在考古发掘过程中，考古学者和测年学者密切合作，从不同地层和遗迹单位中采集了一千多份系列样品，用于测年研究。

（3）常规法与 AMS 法 $^{14}C$ 测年的技术准备

我国利用放射性同位素 $^{14}C$ 测定考古遗址、遗物年代的工作，过去误差通常较大，主要用于史前考古。为适应"夏商周断代工程"的高精度要求，改造常规和 AMS 法 $^{14}C$ 测年实验室设备，改进样品制备及测试方法，使常规法测量精度达到 0.3%，AMS 法测量精度达到或优于 0.5%；研究系列样品日历年代校正方法，缩小误差。

此外，结合有关课题研究，"夏商周断代工程"还十分重视对年轻学者的跨学科联合培养。

## 3. 多学科的学术研讨会

为了发挥多学科交叉的优势，"夏商周断代工程"专家组和办公室在各课题组研究的基础上，组织了 65 次多学科的学术讨论会[①]，其中涉及重要考古发现的研讨会一般在考古遗址的现场召开。这些会议对于攻克难点、形成共识起了重要作用。

## 4. 2000 年结题基本达到的预期目标

作为国家"九五"计划支持的重点科技攻关项目之一，"夏商周断代工程"的实施有一定时限。"夏商周断代工程"在取得阶段性成果并实现基本目标任务之后，于第九个五年计划的下限 2000 年结题。结题之时，"夏商周断代工程"专家组自评估，"夏商周断代工程"实施四年多，各项研究进展顺利，预期目标基本达到，具体如下：

① 以琉璃河 H108"成周"卜甲的发现与测年，琉璃河 M1193、晋侯墓地 M8 的

---

① 　详见附录五。

研究与测年，以及有关遗址的分期和测年等，建立西周考古年代的架构。以严格的类型学方法排定铭文中"四要素"俱全的西周青铜器顺序，结合"天再旦"日全食记录的证认及周初文献研究，建立金文历谱，给出西周列王年代。

以先周文化与西周文化的考古学研究为基础，通过沣西 H18 的发现与测年等，为商周分界确定了年代范围。然后综合文献、金文历日研究与天文推算，选定公元前 1046 年为武王克商年。

② 根据殷墟文化的分期与测年，参照殷墟甲骨的分期研究，建立商代后期考古年代的架构。对宾组卜辞五次月食进行天文计算和证认，推定了商王武丁的年代。采用黄组卜辞周祭三系统说，与商末历日对比，推定了帝辛年代。在此基础上，给出商代后期武丁以下王年。

③ 以郑州商城、偃师商城、小双桥遗址、洹北花园庄遗址、邢台东先贤遗址等商前期遗址的分期研究与测年为依据，建立商前期考古年代的框架和夏商分界的考古学界标。

④ 依据偃师二里头遗址的分期研究与测年、河南龙山文化登封王城岗、禹州瓦店、新密新砦等遗址的分期研究与测年，对河南龙山文化晚期与二里头文化的关系做了探索，并结合文献夏积年的研究，估计了夏代的始年。对文献中夏代仲康日食与"禹时"五星聚的记载进行了重新研究和推算。

对上述成果进行综合深化，提出了各历史阶段年代互洽，并能与有关数据尽可能吻合的《夏商周年表》。

## 5.《夏商周断代工程 1996—2000 年阶段成果报告：简本》（简称《简本》） 的编写和项目验收

1999 年 5 月，各课题组预定研究目标已基本达到，首席科学家开始主持阶段成果报告的起草工作。起草小组以各课题、专题的结题报告为基础，对工程实施总体情况进行分析，对其论点、论据及其结论进行归纳和提炼，6 月形成初稿，8 月提交专家组讨论。在充分吸收意见的基础上，修改成《夏商周断代工程 1996—1999 阶段成果报告·简稿》（征求意见稿）。1999 年 9 月 24 日，将上述征求意见稿提交由中国史学会、中国考古学会、中国科技史学会与"夏商周断代工程"联合举办的"夏商周断代工程阶段成果学术报告会"，广泛听取来自全国各地的 160 多位自然科学与人文社会科学专家学者的宝贵意见。结合工作的新进展，形成《简稿》的修订稿。在反复修改后，2000 年 4 月，再次邀请"夏商周断代工程"内外专家共同审议修订稿；5 月形成《简稿》的修订二稿；6 月，各课题、专题相继通过验收，随后《简稿》又经修改形成修订三稿。

2000 年 9 月，在科技部组织下，验收专家组听取了项目实施情况的汇报，审查了《简稿》修订三稿，通过了"夏商周断代工程"验收合格的决议。验收后，经进一步修改，形成《简稿》修订四稿。再行修改，定稿为《简本》。11 月，《简本》出版。

2001 年，"夏商周断代工程"被国家四部委评为"九五"国家重点科技攻关计划重大科技成果。

# （三）2000 年以后的工作

2000 年，"夏商周断代工程"结题了，而作为一项科学研究，夏商周年代学还有很多工作需要继续。

2000 年秋项目结题并通过验收之后，后期的工作主要都是围绕《夏商周断代工程报告》（简称《报告》）的编写这一中心任务开展[①]。

在《简本》的"小结"中曾经提到，"夏商周断代工程"少数专题因为工作量太大，仍在继续进行，成果的某些方面尚需补充、完善。此外，各课题结果中一些未能适当解决的问题，需要找出症结，重新研究，包括田野工作和年代测定。对于显露的新问题，或在综合各课题结果时发现的新问题，也需要进一步研究，努力将其成果吸收到项目的综合结果中。这些也是"夏商周年代研究的综合和总结"课题的工作重点。

2000 年以后的后续研究大致有以下内容。

## 1. 夏、商前期和西周考古发掘和研究

对王城岗遗址进行了广泛调查和新的发掘，新发现的大城城址年代属于王城岗遗址二期。对新砦遗址的进一步发掘和研究，明确了河南龙山文化晚期—新砦期—二里头文化一期之间的年代关系。对郑州商城和偃师商城的始建年代，较过去有了更具体的认识。

晋侯墓地 M113、M114、M138 等墓葬的发掘和新的金文材料的出现，使得天马—曲村遗址和晋侯墓地的年代上限逐渐明确。在周原西周遗址进行新的发掘，结合过去的一些材料，为周原的先周文化和西周考古学文化分期和编年提供了新材料，也有助于认识西周末年的年代。

## 2. 河南龙山—新砦—二里头—二里冈考古年代序列的建立

在"夏商周断代工程"中，$^{14}$C 测年与考古结合建立了夏商周 $^{14}$C 测年和考古年代框架。2000 年结题后，$^{14}$C 测年和考古学紧密结合，以"夏商周断代工程"测年研究为基础，继续进行探索，又获新进展。殷墟以后各序列的年代在"夏商周断代工程"中已经有比较清楚的认识，所以此后的工作重点是围绕前面二里头、二里冈文化年代探讨而进行的。

结合补测的新砦等遗址的样品的 $^{14}$C 年代数据，以及对登封王城岗和郑州商城遗址新采集的样品进行的测年数据，经过进一步研究，二里头第一、二期的年代划分更明确；将新砦期的年代数据与二里头遗址的年代数据共同拟合，压缩了二里头一期的年

---

[①] 在《夏商周断代工程 1996—2000 年阶段成果报告：简本》中，关于"夏商周断代工程丛书"有一个"出版说明"，其中曾介绍计划编写"夏商周断代工程"的繁本，现正式定名为《夏商周断代工程报告》。

代上限；郑州商城二里冈下层第一期早段的年代也有所修订。

通过对上述几个关键性遗址的测年研究，$^{14}$C 测年和考古学在长系列的年代框架的连接上取得了基本一致的认识。

### 3. 殷墟甲骨分期和测年研究

殷墟甲骨分期研究进一步深入。结合甲骨缀合新成果，继续深入探讨历组卜辞的时代。对周祭卜辞和金文等材料中"廿祀"材料再考察，讨论商末三个王的年数。通过对商末帝辛征夷方卜辞的反复思考，分析无名组晚期卜辞可以下延到帝辛的可能。

对卜骨样品的前处理过程和污染物的清除做了进一步研究。通过红外光谱检测等手段，明确了污染物的大致种类。在此基础上改进纯化方法，有效清除了大部分卜骨样品的污染。

努力提高老加速器的测量精度，并使之稳定运行。对数据处理方法进行深入研究，以保证报道误差的合理性。上述工作也有助于检验前期卜骨测年数据的准确性和分析部分数据离奇偏老的成因。研究新加速器的性能，并通过一系列质量控制措施，保证测年数据的可靠性。补测了大部分卜骨样品。反复核实各卜骨样品的分期属性，根据各期卜骨样品量的不均衡性，以及与殷墟时期相对应的树轮校正曲线的形状等具体情况，合理构建系列样品校正模型。

殷墟卜骨测年数据与《夏商周年表》中商后期各王的年代以及殷墟遗址墓葬的测年结果大体吻合，与商前期和西周的年代框架相协调。

### 4. 西周王年和金文历谱研究的检验

对西周的历法和"月相"做进一步的探索。通过对春秋历法的认识，并结合西周金文材料，进一步细化对月首、建正、大小月分配、置闰等西周历法要素的研究。选择多组包含两个或更多"月相"的西周金文材料，有的是在一件中具有两条或更多的历日，都包含"月相"；有的是两件或更多的金文，彼此有明确关系，又都具有包含"月相"的历日。对这些材料加以研究，由历日的相对限制关系，推算"月相"间的距离，探讨既生霸、既死霸等"月相"的可能范围，以及"初吉"的含义。

结合西周青铜器的分期断代研究成果，对金文中的人物、事项等内容进行系联研究，论证金文历谱编排的合理性。对于所属王世有不同意见的重要金文材料，如晋侯苏钟、膳夫山鼎等，做进一步的研究。

及时追踪新出现的觉公簋、四十二年和四十三年逨鼎等金文材料，对西周王年和金文历谱研究进行检验。

依据西周考古和相关测年数据，以及文献、金文记载的历史事件和历日材料，编制修订《西周拟年长历表》。

### 5. 2000 年结题后多学科的学术研讨会

2000 年结题验收之后，围绕《报告》的编写和修改，结合新的重要发现和相关研究的进展，"夏商周断代工程"专家组和办公室又组织了 21 次多学科的学术讨论会（截至 2010 年）<sup>①</sup>。

# （四）《夏商周断代工程报告》的编写

于 2000 年出版的《简本》，为了及时向社会公布阶段成果，力求简明。之后，按照项目的课题设置要求，由首席科学家主持和专家组指导，组织编写《报告》。

同《简本》的编写一样，《报告》的编写和修改过程，也是"夏商周断代工程"实施和研究的重要阶段。《报告》编写要求是，根据"夏商周断代工程" 9 大课题、44 个专题的研究报告，以及《夏商周断代工程 1996—2000 年阶段成果报告：简本》的框架和结论，全面、系统、详细地反映"夏商周断代工程"的工作，并尽可能关注国内外同行的研究成果。起草小组于 2001 年提交《报告》初稿，经专家组多次讨论，起草小组修改至四稿。在此基础上，首席科学家进一步补充修订。其间又经过多次讨论、征求意见和反复修改。待全部稿件集齐，于 2016 年底提交专家组成员审查。首席科学家结合专家组成员返回的审查和修改意见，再做修订，于 2017 年 11 月定稿。

《报告》的主体部分，依然是截至 2000 年项目通过结项审核验收的研究成果，增加了《简本》由于篇幅和框架限制而无法展开的研究和论证过程。

《报告》还对此前的研究进行了检查和改进，补充了必要的后续工作成果：结合新出材料对西周金文历谱进行相应的调整和补充，金文"月相"的进一步讨论，殷墟卜骨样品除污纯化处理的复杂性的分析，以及相应的 AMS 法测年数据的补测。各部分的考古学文化分期和测年研究也吸收了新的发现和研究成果，比如晋侯墓地 M113 和 M114 的材料，天马—曲村遗址和晋侯墓地上限的再认识，结合测年数据对衔接河南龙山文化晚期和二里头一期的新密新砦遗址新砦期的进一步明确，禹州瓦店的分期和测年，王城岗遗址的新发现等。

$^{14}$C 测年研究有其自身的工作特点，《简本》限于篇幅，仅在各章节引用了有关测年数据。在《报告》里则专辟一章，较为完整地介绍了在"夏商周断代工程"中 $^{14}$C 测年与考古学的结合，以及系列样品方法的研究和应用，并建立和论证了河南龙山文化晚期—新砦—二里头—二里冈—殷墟的长系列 $^{14}$C 考古年代框架。

为了便于读者对相关结论的了解和检验，《报告》增加了"西周拟年长历表""列入金文历谱的青铜器系联表""帝辛元祀至二十五祀周祭祀谱""夏商西周时期 $^{14}$C 测定的考古年代框架示意图"等图表。

上述工作，都是对 1996—2000 年"夏商周断代工程"研究结论的进一步检验、修正和夯实，对与之相应的《简本》内容也做了一定的修订、补充或说明。

科学工作是不断进步的过程，是不断发现问题、解决问题的过程。由于年代久远，材料、研究方法和技术手段的限制，以及认识上的局限，三代年代学研究同世界上其

---

① 详见附录五。

他古代文明的年代学一样，注定是一个艰难的探索过程。相对于夏商周年代学研究所面对的复杂、困难和繁重局面而言，"夏商周断代工程"的实施时间很短促。这份凝聚了所有参加"夏商周断代工程"的人员的多年辛勤付出的《报告》，只是在现有客观条件和认识水平下得出的一个阶段性成果。

## （五）"夏商周断代工程"在自然科学和人文社会科学相结合、多学科交叉研究途径上的探索

作为一个项目，"夏商周断代工程"大规模的联合攻关已经告一段落，但作为一项科学研究，一定会在各个方面继续下去。希望"夏商周断代工程"通过多学科相结合的研究，对夏商周年代学有所推进；也热切期待将来有新的发现和认识更为丰富的材料，结合方法论的进步和技术手段的不断完善，能使相关研究取得更多的新进展。

"夏商周断代工程"是我国首次实施的自然科学与人文社会科学相结合的大型科研项目，从筹备、启动，到取得阶段性成果，经历了许多曲折艰难，为今后开展类似的跨门类、跨学科研究积累了经验。首先，坚持多学科结合，课题和专题设置体现多学科交叉研究的技术路线，促进不同学科和专业之间的交流合作，相互启发，推动研究的创新，形成有多学科支撑的研究成果。其次，坚持老中青结合，既集中了老专家的学识经验，也特别重视发挥中青年专家的作用，吸引带动了一批青年学者走上跨学科研究的道路，推动学科发展和复合型人才培养。再次，坚持科学精神和学术民主，坚持政府支持、专家负责的原则，遵从科学研究规律，在学术问题上，充分发挥专家学者的聪明才智、知识和经验，进行广泛深入的研究和讨论。

希望"夏商周断代工程"所尝试的多学科结合的交叉研究方法和经验，为今后的科学研究提供借鉴。

# 二、西周年代学研究

## （一）西周年代学研究的目标、材料和途径

### 1. 研究范围和目标

据《史记·周本纪》记载，西周自武王克商到幽王覆灭，共 11 世 12 王，世系如下：

<sup>1</sup> 武王—<sup>2</sup> 成王—<sup>3</sup> 康王—<sup>4</sup> 昭王—<sup>5</sup> 穆王—<sup>6</sup> 共王—<sup>7</sup> 懿王—<sup>9</sup> 夷王—<sup>10</sup> 厉王—共和—<sup>11</sup> 宣王—<sup>12</sup> 幽王
<sup>8</sup> 孝王

曾有学者对这一世系质疑，如认为懿王、孝王的继位次序应该互倒[1]。1976 年在陕西扶风庄白发现的共王时青铜器史墙盘[2]，铭文历叙史事，在文王以下有武王、成王、康王、昭王、穆王的名号。2003 年在陕西眉县杨家村出土的宣王时青铜器逨（或释逑）盘[3]（图 2-1），铭文不仅有穆王以上，还包括共王、懿王、孝王、夷王和厉王的名号，证明了《史记》西周世系的真实可据。

《史记·十二诸侯年表》给出了自共和元年以下的纪年，可据以推定其相当公元纪年如下：

共和元年至十四年　　公元前 841—前 828 年

宣王元年至四十六年　公元前 827—前 782 年

幽王元年至十一年　　公元前 781—前 771 年

这样的纪年为学术界公认，已有研究均以共和元年即公元前 841 年作为建立西周年代学的基准。

"夏商周断代工程"也以共和元年即公元前 841 年为出发点，因此西周年代学部分的研究范围实际始于武王克商而终于厉王，对于共和以下，只做了一些验证性的工作。研究目标是推定列王的年代，其中武王克商年另作为课题研究。

---

① 张闻玉：《西周王年论稿》，贵州人民出版社，1996 年，第 164—185 页。

② 中国社会科学院考古研究所：《殷周金文集成》，第 10175 号，中华书局，1994 年。

③ 陕西省考古研究所、宝鸡市考古工作队、眉县文化馆（杨家村联合考古队）：《陕西眉县杨家村西周青铜器窖藏发掘简报》，《文物》2003 年第 6 期，图四一。"逨"字释读学者间有不同意见，为了方便，暂采这一较通行的释法。

图 2-1　陕西眉县杨家村出土的逨盘铭文

## 2. 材料及已有研究

《史记·三代世表》列出武王至厉王名号，而没有其在位年数。司马迁在该表开端说："余读谍记，黄帝以来皆有年数。稽其历谱谍终始五德之传，古文咸不同，乖异。"从而他本着"疑则传疑"的精神，只将世系表列出来，另外仅在《史记·周本纪》中记有穆王、厉王的年数。

在《史记》之后，从西汉末刘歆的《世经》起始，不少文献有西周王年。有些甚至有列王的详细年数，但多系在刘歆说基础上加以推想，没有坚实的依据。只有西晋初汲冢出土的战国竹书《纪年》是早于《史记》的材料，但已散佚，今有辑本，则经后人改动，并非原貌。各种文献所举出的王年数据互相矛盾，难于统一。

19 世纪末以来，学者对文献材料注重考证审订，同时西周金文即青铜器铭文陆续发现，拓宽了探索西周王年的研究途径。金文是实时材料，其可靠性远优于作为非实时材料的传世文献，从而特别受到学者的重视。很多学者在西周王年研究方面提出见解，有种种学说。

　　"夏商周断代工程"系统辑集了有关西周王年的文献材料和当代论著，以《西周诸王年代研究》①为题出版。表2-1列出该书所收文献所载的王年数据，以及部分学者研究王年的结果②。

### 表2-1　西周王年诸说

| 序号 | 诸家说 | 克殷年③ | 武王 | 周公(摄政) | 成王(亲政) | 康王 | 昭王 | 穆王 | 共王 | 懿王 | 孝王 | 夷王 | 厉王(在位) | 共和 | 宣王 | 幽王 | 西周总年 | 武王至厉王末年 |
|---|---|---|---|---|---|---|---|---|---|---|---|---|---|---|---|---|---|---|
| 1 | 古本《竹书纪年》 | 1027 | 自周受命至穆王百年 | | | | | | | | | | | | | | 257 | |
| 2 | 今本《竹书纪年》 | 1050 | 6 | 7 | 30 | 26 | 19 | 55 | 12 | 25 | 9 | 8 | 12 | 14 | 46 | 11 | 280 | 209 |
| 3 | 《史记》 | | 3 | | | | | 55 | | | | | 37 | 14 | 46 | 11 | | |
| 4 | 《御览》引《史记》 | | | | | | | 55 | | 25 | 15 | | 37 | 14 | 46 | 11 | | |
| 5 | 《汉书》引《世经》 | 1122 | 8 | 7 | 30 | | | | | | | | | 14 | 46 | 11 | | |
| 6 | 《帝王世纪》 | | 7 | 7 | 7 | 26 | 51 | 55 | 20④ | | | 16 | | | | | | |
| 7 | 《皇极经世》 | 1122 | 7 | 7 | 30 | 26 | 51 | 55 | 12 | 25 | 15 | 16 | 37 | 14 | 46 | 11 | 352 | 281 |
| 8 | 《通鉴外纪》 | 1122 | 7 | 7 | 30 | 26 | 51 | 55 | 10 | 25 | 15 | 15 | 40 | 14 | 46 | 11 | 352 | 281 |
| 9 | 《通志》 | 1122 | 7 | 7 | 30 | 26 | 51 | 55 | 12 | 25 | 15 | 15 | 40 | 14 | 46 | 11 | 352 | 281 |
| 10 | 《通考》 | 1122 | 7 | 7 | 30 | 26 | 51 | 55 | 12 | 25 | 16 | 16 | 37 | 14 | 46 | 11 | 352 | 281 |
| 11 | 《通鉴前编》 | 1122 | 7 | 7 | 30 | 26 | 51 | 55 | 12 | 25 | 16 | 16 | 37 | 14 | 46 | 11 | 352 | 281 |
| 12 | 王国维 | | 3 | 6 | | | | | | | | | | | | | | |
| 13 | 新城新藏 | 1066 | 3 | 7 | 30 | 26 | 24 | 55 | 12 | 25 | 15 | 12 | 16 | 14 | 46 | 11 | 296 | 225 |
| 14 | 吴其昌 | 1122 | 7 | 7 | 30 | 26 | 51 | 55 | 17 | 25 | 16 | 16 | 37 | 14 | 46 | 11 | 352 | 281 |
| 15 | 丁山 | 1029 | 2 | 7 | 12 | | 19 | 37 | 18 | 20 | 7 | 3 | 37 | 14 | 46 | 11 | 259 | 188 |
| 16 | 董作宾 | 1111 | 7 | 7 | 30 | 26 | 18 | 41 | 12 | 12 | 30 | 46 | 37 | 14 | 46 | 11 | 341 | 270 |
| 17 | 陈梦家 | 1027 | 3 | | 20 | 38 | 19 | 20 | 20 | 10 | 10 | 30 | 16 | 14 | 46 | 11 | 257 | 186 |
| 18 | 叶慈 | 1050 | 3 | | 30 | 25 | 19 | 55 | 15 | 3 | 7 | 32 | 20 | 14 | 46 | 11 | 280 | 209 |
| 19 | 山田统 | 1062 | 3 | 6 | 西周始于成王六年即周公返政年（公元前1054）或七年 | | | | | | | | | | | | | |
| 20 | 章鸿钊 | 1055 | 3 | 7 | 30 | 26 | 23 | 55 | 16 | 17 | 15 | 7 | 15 | 14 | 46 | 11 | 285 | 214 |
| 21 | 屈万里 | 1027 | | | | | | | | | | | | | | | 257 | |
| 22 | 方善柱 | 1030 | 懿王元年为公元前899 | | | | | | | | | | | | | | | |
| 23 | 白川静 | 1087 | 3 | | 25 | 35 | 26 | 31 | 17 | 14 | 19 | 39 | 37 | 14 | 46 | 11 | 317 | 246 |

① 朱凤瀚、张荣明：《西周诸王年代研究》，贵州人民出版社，1998年。
② 朱凤瀚、张荣明：《西周诸王年代研究》，贵州人民出版社，1998年，第432—433页。略有删改。
③ 《竹书纪年》《汉书》引《世经》等古文其"克殷年"栏的年数，系现代据相关数据推得。
④ 《通鉴外纪》引皇甫谧云：共王"在位二十五年"，懿王"在位二十年"。

续表

| 序号 | 诸家说 | 克殷年 | 武王 | 周公(摄政) | 成王(亲政) | 康王 | 昭王 | 穆王 | 共王 | 懿王 | 孝王 | 夷王 | 厉王(在位) | 共和 | 宣王 | 幽王 | 西周总年 | 武王至厉王末年 |
|---|---|---|---|---|---|---|---|---|---|---|---|---|---|---|---|---|---|---|
| 24 | 戚桂宴 | | 3 | | | | | 55 | | | | | 30 | | | | | |
| 25 | 荣孟源 | 1055 | 3 | 7 | 32 | 29 | 19 | 54 | 16 | 16 | 11 | 12 | 15① | 15 | 45 | 11 | 285 | |
| 26 | 丁骕 | 1076 | 6 | 7 | 27 | 20 | 20 | 51 | 16 | 6 | 16 | 31 | 37 | 14 | 46 | 11 | 306 | 236② |
| 27 | 刘启益 | 1070 | 2 | 7 | 17 | 26 | 19 | 36 | 19 | 24 | 13 | 29 | 37 | | | | 300 | 229 |
| 28 | 劳榦 | 1025 | 4 | 6 | 14 | 20 | 16 | 50 | 15 | 17 | 30 | | 12 | 14 | 46 | 11 | 255 | 184 |
| 29 | 马承源 | 1105 | 3 | | 32 | 38 | 19 | 45 | 27 | 17 | 26 | 20 | 37 | 14 | 46 | 11 | 335 | 264 |
| 30 | 何幼琦 | 1039 | 2 | 7 | 17 | 26 | 22 | 14 | 26 | 2 | 20 | 38 | 24 | 14 | 46 | 11 | 269 | 198 |
| 31 | 周法高 | 1045 | 3 | 7 | 17 | 26 | 19 | 27 | 9 | 15 | 34 | 18 | | 14 | 46 | 11 | 275 | 204 |
| 32 | 张汝舟 | 1106 | 2 | | 37 | 26 | 35 | 55 | 15 | 18 | 25 | 15 | 37 | 14 | 46 | 11 | 336 | 265 |
| 33 | 姜文奎 | 1051 | 7 | | 30 | 26 | 19 | 55 | 15 | 25 | 10 | 16 | 12 | 14 | 46 | 11 | 281 | 210 |
| 34 | 夏含夷 | 1045 | 3 | 7 | 30 | 26 | 21 | 39 | 18 | 27 | 7 | 8 | 16 | 14 | 46 | 11 | 275 | 204 |
| 35 | 李仲操 | 1070 | 3 | | 37 | 26 | 19 | 55 | 15 | 25 | 13 | 13 | 23 | 14 | 46 | 11 | 300 | 229 |
| 36 | 赵光贤 | 1045 | 3 | 7 | 28 | 26 | 19 | 28 | 5 | 23 | 11 | 17 | 30③ | 14 | 46 | 11 | 275 | 204 |
| 37 | 谢元震 | 1127 | 4 | | 37 | 26 | 20 | 52 | 22 | 29 | 33 | 23 | 40 | 14 | 46 | 11 | 357 | 286 |
| 38 | 刘雨 | 1027 | 2 | | 15 | 25 | 19 | 37 | 30 | 13 | 12 | 9 | 24 | 14 | 46 | 11 | 257 | 186 |
| 39 | 张闻玉 | 1106 | 2 | 7 | 30 | 26 | 35 | 55 | 23 | 孝12 | 懿23 | 15 | 37 | 14 | 46 | 11 | 336 | 265 |
| 40 | 倪德卫 | 1040 | 3 | 7 | 25④ | 28 | 21 | 39 | 18 | 27 | 5 | 8 | 18 | 14 | 44 | 13 | 270 | 199 |

## 3. 进一步研究的途径

　　上述现代学者关于西周王年的研究，所采用的方法彼此不同，所得结果也是互相分歧，难于统一，但很多家在若干局部问题上提出了有价值的见解，都对问题的趋向解决有所贡献。

　　编排西周金文历谱，是各家最普遍应用的方法。金文历谱主要是利用西周青铜器铭文即金文中王年、月序、纪时词语（"月相"）和纪日干支四项要素齐全的材料，按照所理解的西周历法，并结合文献材料，编排历谱，从而推定列王的在位年数。如朱凤瀚等所说："本世纪（按指 20 世纪，下同）20 年代以后，基于西周纪年青铜器资料之渐丰富，学者遂依据器铭中王年、月份、月相、干支诸因素进一步研究西周诸王年

---

① 荣孟源文：厉王奔彘前在位 15 年，奔彘（共和）15 年。
② 丁骕文：昭王二十年死，穆王当年继位。共和元年（公元前 841 年）相当于厉王三十七年，同年起元。
③ 赵光贤文：康王元年与成王末年相交，穆王元年与昭王末年相交，懿王元年与共王末年相交。
④ 倪德卫文：成王继位于公元前 1035 年，周公摄政末年为公元前 1031 年，成王亲政实始于公元前 1030 年，至其末年（公元前 1006 年）共 25 年。

代，或依据铭文历日，参考有关文献，力图复原西周历谱；或依据所制订的合天历谱，排列纪年铜器，企图精细确定诸王年数。这种方法已成为本世纪西周诸王年代研究的主要途径。"[1]

但是这一方法要想达到理想的应用，需要满足以下几个条件：a. 对西周历法的基本认识；b. 对青铜器分期的正确理解；c. 对纪时词语即"月相"的适当界说；d. 有数量充分且具关键意义的金文材料[2]。

已有的少数西周天象记录，在西周王年研究中曾起过相当大的作用。至于对西周考古遗存的测年，由于过去数据很少且不够系统，没有得到各家学者的使用。

针对这样的情况，"夏商周断代工程"采取了下述研究途径。

首先是选取有条件的西周典型考古遗址和墓葬群，通过考古学文化的分期和系统的 $^{14}$C 测年，建立考古学的年代框架。

作为构建西周历谱的基础，用由后推前的方法推定西周历法的大略。这一工作分以下两个部分：

① 从材料比较丰富、确定的春秋时期，特别是春秋早年的历法，推知西周，特别是西周晚期历法的若干要点；

② 通过公元前 841 年以后，即西周晚期共和、宣、幽时期金文的编排研究，归纳出对当时历法的一些认识，特别是对纪时词语"月相"的含义做出分析，以备在历谱编排中细化。

鉴于金文编排的次序不可违背青铜器的考古学分期这一原则，对与历谱有关的若干青铜器种类进行考古学类型学的整理分期。遵守这样的分期，在较大程度上避免了历谱编排的随意性。

同时，全面搜集四要素齐全的金文材料，包括新发现的实例，使历谱尽可能充实。

对可与金文结合的文献材料，逐一进行可信性研究，剔除其间不可靠的部分。

文献和金文中的天象材料，也做专门审查，然后用现代手段进行重新计算。

在此基础上，结合金文、文献与天象材料，为历谱设立若干支点，接着通排整个西周历谱，不断加以修正调整，使之容纳尽可能多的材料，并做到材料互洽。

最后，将历谱显示的西周王年与考古 $^{14}$C 测年的数据互相比对。

## （二）西周考古学文化序列的研究与测年

根据文献记载，文王作丰，武王作镐，丰、镐是西周时期的都城。因此，丰镐遗址的考古学文化的分期和断代对于西周年代学的研究具有典型意义。

20 世纪 50 年代中期，中国科学院考古研究所（今属中国社会科学院）在沣西的张家坡和客省庄进行了较大规模的发掘，根据地层关系和陶器的类型学变化，把西周居住址分为早、晚两期，把墓葬分为五期，它们之间的年代顺序为：

---

[1] 朱凤瀚、张荣明：《西周诸王年代研究》，贵州人民出版社，1998 年，第 389 页。

[2] 参考张培瑜：《伐纣天象与岁鼎五星聚》，《清华大学学报（哲学社会科学版）》2001 年第 6 期。

① 早期居住遗址；
② 第一期墓葬；
③ 第二期墓葬；
④ 第三期墓葬；
⑤ 晚期居住遗址和第四期墓葬；
⑥ 第五期墓葬。

根据第一期墓葬出土青铜器的特征，推定其年代约在成康时期，而第一期墓葬打破了早期居住遗存，表明早期居住遗存的年代应更早一些，也许是文王作邑于丰开始的。晚期居住遗址的陶器与早期居住遗址的陶器有显著的区别，表明两者在年代上并不是衔接的，大约是西周晚期的。第五期墓葬的陶器与三门峡虢国墓地的随葬陶器近似，其年代当在西周末年或更晚一些①。

20世纪60年代，中国科学院考古研究所在沣东的白家庄和洛水村进行发掘，这里的西周居住遗址可以分为早、中、晚三期②，从而得以和沣西的西周居住遗址互为补充，形成较为完整的系列。

1967年，在沣西张家坡发现有早于第一期墓葬的周墓③，以后又续有发现④，于是又在第一期墓葬之前增加了一期，形成了完整的墓葬系列⑤（图2-2）。

20世纪80年代中期，曾将当时墓葬出土的5个木炭样品送交中国社会科学院考古研究所实验室测年，样品有椁板和木炭，墓葬都是第三期的。测年的结果，经树轮校正的年代分别为：公元前1235年（2个样品）、公元前1210年、公元前1020年和公元前935年⑥，与考古学的分期不能符合。

丰镐遗址西周考古学文化分期已经形成完整的序列，也为学术界所认同，但是由于未能采集到测年所需的系列样品，不能获得西周考古学的年代框架，这是非常可惜的。因此，这个课题只能选择其他遗址来完成。

## 1. 西周封国考古和琉璃河遗址、天马—曲村遗址的选定

西周早期，为了巩固新兴的政权，周人推行了分封制度，建立了一批同姓和异姓封国，如《左传》昭公二十六年记载："昔武王克殷，成王靖四方，康王息民，并建母弟，以蕃屏周。"

近几十年来，西周封国考古取得了重大突破，若干始建年代明确、延续时间长、遗迹遗物丰富的西周封国都邑遗址相继发现并发掘，建立起各自的考古学文化序列。这些封国文化序列的建立，验证和补充了业已建立的丰镐地区西周考古学文化序列。

① 中国科学院考古研究所：《沣西发掘报告》，文物出版社，1963年。
② 中国科学院考古研究所丰镐考古队：《1961—62年陕西长安沣东试掘简报》，《考古》1963年第8期。
③ 中国社会科学院考古研究所沣西发掘队：《1967年长安张家坡西周墓葬的发掘》，《考古学报》1980年第4期。
④ 中国社会科学院考古研究所丰镐工作队：《长安沣西早周墓葬发掘记略》，《考古》1984年第9期。
⑤ 中国社会科学院考古研究所：《中国考古学·两周卷》，中国社会科学出版社，2004年。
⑥ 中国社会科学院考古研究所：《张家坡西周墓地》附录2，中国大百科全书出版社，1999年。

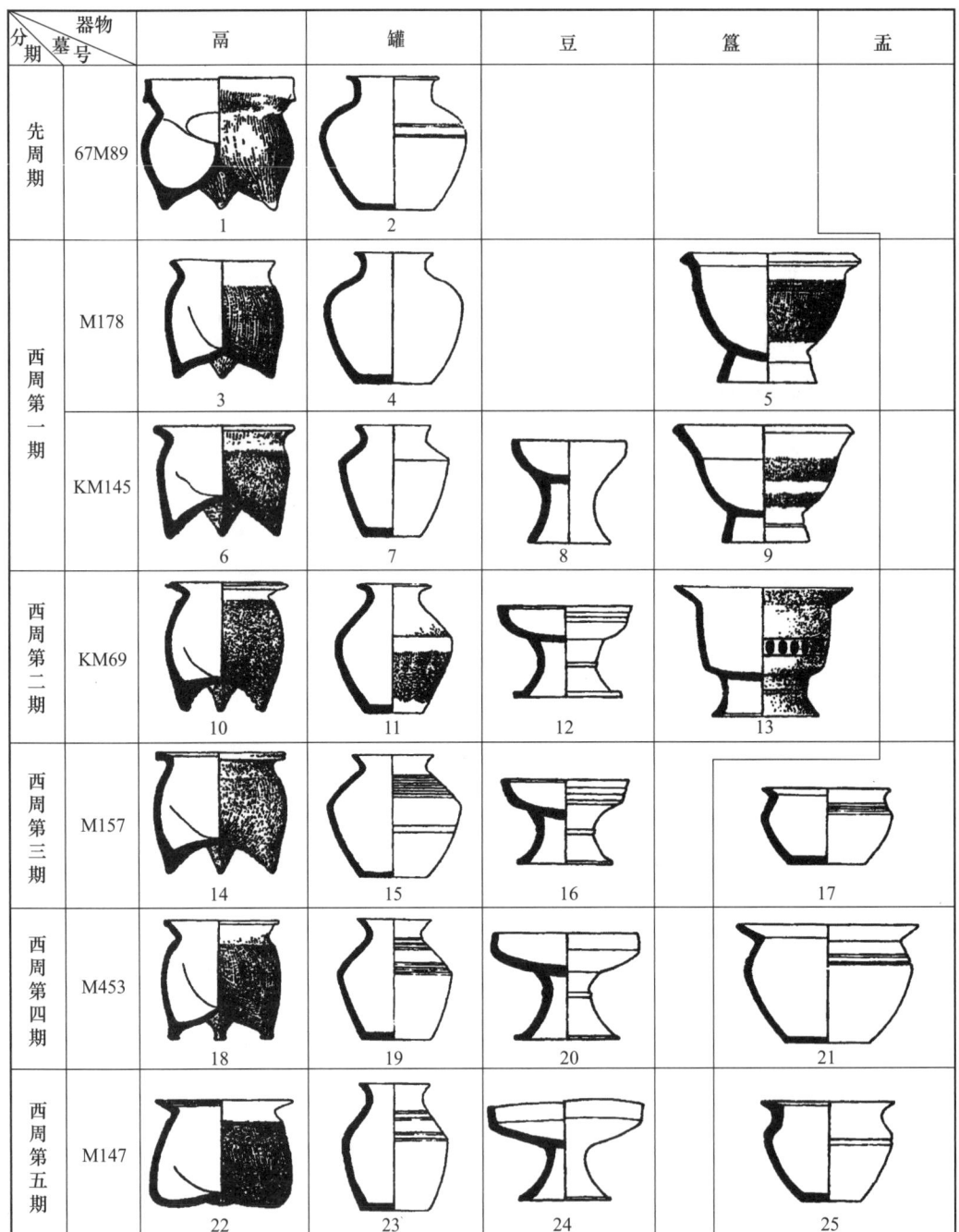

图 2-2　沣西西周墓葬出土陶器分期图

（采自《中国考古学·两周卷》）

1. 67M89：2　2. 67M89：1　3. M178：1　4. M178：6　5. M178：2　6. KM145：6　7. KM145：4　8. KM145：2
9. KM145：1　10. KM69：4　11. KM69：3　12. KM69：5　13. KM69：2　14. M157：7　15. M157：1
16. M157：3　17. M157：2　18. M453：5　19. M453：3　20. M453：1　21. M453：4　22. M147：4
23. M147：2　24. M147：1　25. M147：3

同时，由于一些封国的始建是在周初的武、成两世，因此，通过对这些封国都邑遗址内西周最早期文化的测年，就有可能获得该国始建的年代范围，从而为确定西周的始年提供重要的参考数据。

周初封国众多，《左传》僖公二十四年记载："昔周公吊二叔之不咸，故封建亲戚，以蕃屏周。管、蔡、郕、霍、鲁、卫、毛、聃、郜、雍、曹、滕、毕、原、酆、郇，文之昭也；邘、晋、应、韩，武之穆也；凡、蒋、邢、茅、胙、祭，周公之胤也。"据《荀子·儒效篇》："（周公）兼制天下，立七十一国，姬姓独居五十三人。"周代的这些封国，有的已有考古学上的证据或线索。结合"夏商周断代工程"中西周年代学的目标和各封国考古的实际情况，"夏商周断代工程"选定北京房山琉璃河燕都遗址和山西省翼城县与曲沃县交界处的天马—曲村晋都遗址作为主要研究对象，这是因为：

第一，燕、晋两国的建国都在西周早期，因此早期燕文化和早期晋文化的年代应接近于西周的始年。

燕是召公奭的封国。《史记·燕召公世家》记载："召公奭与周同姓，姓姬氏。周武王之灭纣，封召公于北燕。其在成王时，召公为三公：自陕以西，召公主之；自陕以东，周公主之。"可知燕国的始封在武王克商之后不久。

晋国的始封君则是成王母弟叔虞，《史记·晋世家》记载："武王崩，成王立，唐有乱，周公诛灭唐……于是遂封叔虞于唐。"至叔虞子燮父时，又奉王命"侯于晋"[①]，即今山西省曲沃、翼城交界处的天马—曲村遗址。

第二，燕、晋两国的早期遗迹均已确定，并在此进行了大规模的考古工作，完整的燕文化和晋文化序列已经建立。

第三，琉璃河遗址和天马—曲村遗址均具有良好的考古工作基础，在"夏商周断代工程"启动以前已经进行了大量的考古发掘，采集和积累了大量的可供 $^{14}C$ 测年使用的各类标本。

第四，天马—曲村遗址中部有保存较完整的晋侯墓地，其中有从西周早期晚段到两周之际的历代晋侯及其夫人墓葬、陪葬墓、车马坑和祭祀坑数十座。这些晋侯及其夫人墓葬世系明确，通过对其出土人骨及遗物的 $^{14}C$ 测年，不仅可以获得某位晋侯卒年的范围，也为确定和该位晋侯相对应的周王的年代提供重要的参考数据。类似的，在琉璃河遗址也发掘出了西周早期的燕侯墓，有关测年数据对于西周始年的确定具有重要参考意义。

## 2. 琉璃河遗址墓地和居址的分期与测年

（1）琉璃河遗址概况

琉璃河遗址是 1962 年春北京市文物工作队在房山县进行田野考古调查时发现的，同年秋又会同北京大学历史系考古专业师生对遗址进行了复查和试掘。遗址位于今北京市房山区琉璃河镇东北的董家林、黄土坡、刘李店等村，遗址范围东西长 3.5 千米，

---

① 　朱凤瀚：《犰公簋与唐伯侯于晋》，《考古》2007 年第 3 期。

南北宽 1.5 千米，总面积约 5.25 平方千米。考古工作表明，琉璃河遗址内分布有夏家店下层文化、张家园上层文化、西周、战国和汉唐及以后各时代的遗存，而以西周时期遗存最为丰富。

1962 年秋，北京大学历史系考古专业和北京市文物工作队进行复查试掘时，在董家林发现古城址一座，年代未能确定。1972 年北京大学历史系考古专业和北京市文物管理处合作在这里进行首次正式试掘，对遗址的年代、分期和性质有了一定的认识，确认是一处重要的以西周时期遗存为主的燕文化遗址。此后，北京市文物工作队和中国社会科学院考古研究所多次合作在琉璃河遗址开展工作，发掘西周墓葬和车马坑 300 余座，并在西周早期墓葬出土的多件青铜器上发现有"匽（燕）侯"铭文，从而证明当地就是西周早期的燕国都城遗址 [①]（图 2-3）。

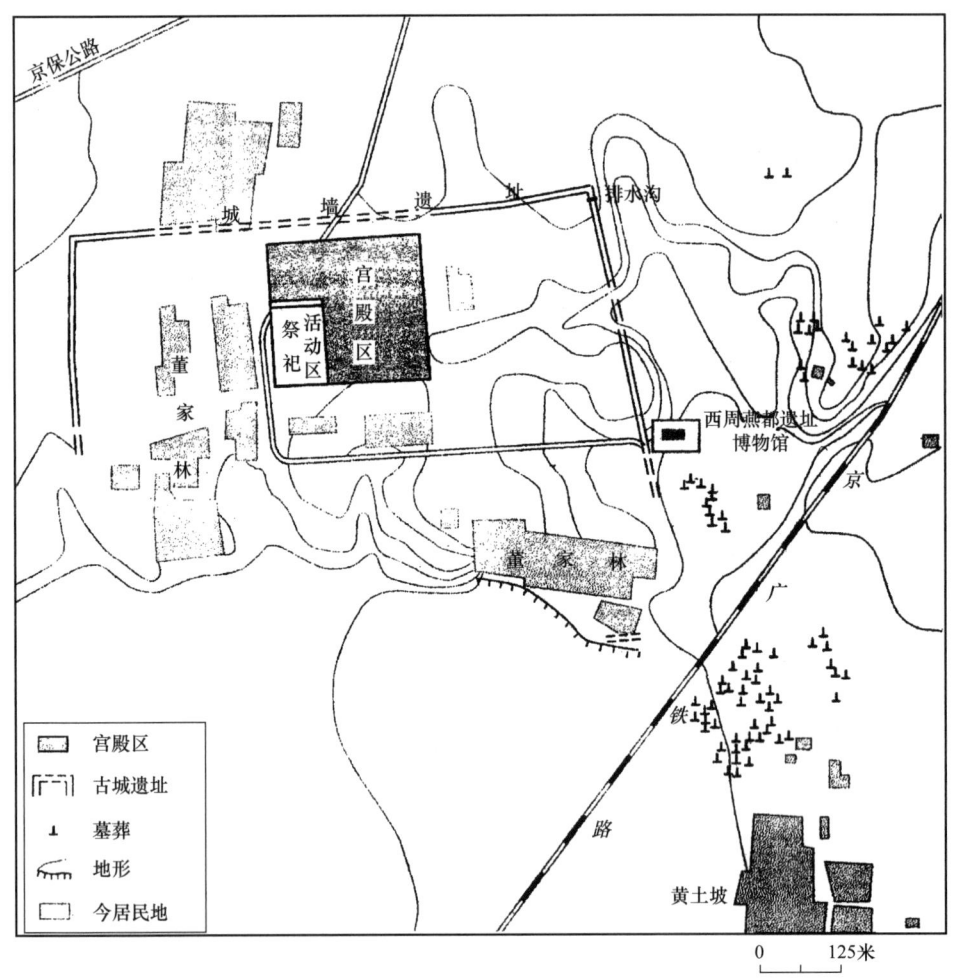

图 2-3　琉璃河遗址平面图

① 北京市文物研究所：《琉璃河西周燕国墓地（1973—1977）》，文物出版社，1995 年，第 1—5 页；中国社会科学院考古研究所、北京市文物工作队（琉璃河考古队）：《1981—1983 年琉璃河西周燕国墓地发掘简报》，《考古》1984 年第 5 期。

在"夏商周断代工程"启动以后，由北京市文物研究所、北京大学考古学系及中国社会科学院考古研究所的有关人员共同承担了"琉璃河西周燕都遗址分期和年代测定"课题。课题组成员首先对1973—1977年、1981—1986年的发掘材料进行了系统整理，挑选了可供"夏商周断代工程"测年使用的标本，并于1995年、1996年对董家林古城址的东城墙、北城墙进行了补充发掘，解剖了城墙及城外的护城河，基本明确了城墙的夯筑方法及年代，证明琉璃河古城作为燕国都城的使用时间是在西周早中期；同时又在城内宫殿区附近的祭祀遗址进行了发掘，在一座西周早期的灰坑H108内获得了3片带字卜甲；此外还发掘了一处大型夯土基址，发掘总面积近800平方米[①]。上述工作，不仅获得了"夏商周断代工程"测年所需的系列样品，而且有助于进一步了解琉璃河燕都遗址的年代、分期和城址布局。

（2）琉璃河遗址墓地的分期与测年

琉璃河遗址燕国墓地主要分布在遗址中部的黄土坡村北以及董家林古城址以东一带。在1973—1977年发掘的61座墓葬中，49座墓葬随葬有青铜礼器或陶器，据此发掘者将其分为西周早、中、晚三期，并归纳出琉璃河西周墓地主要陶器的演变规律（图2-4）。1981—1987年，中国社会科学院考古研究所和北京市文物研究所合作，在琉璃河遗址发掘西周墓葬200余座，其中129座墓葬出土了完整和可复原的陶器310件，90%以上是鬲、簋、罐三种器物。依据这些墓葬之间的打破关系、陶器组合及其形制演变规律，可将上述129座随葬有陶器的墓葬分为三期6段，其年代跨度大体包含了整个西周时期。其中最早几座墓葬的年代或可早到西周初年，而晚期墓葬中年代最晚者已到西周末年，其中某些陶器的器形与周围地区出土的春秋早期同类器已比较接近[②]。

琉璃河燕国墓地各期段的典型单位及陶器的主要特征如下。

西周早期：

第1段：以M503、M508和M509为代表。陶器组合以鬲、簋、罐为主，陶器器形均较高大，制作规整，多为实用器。陶鬲均为夹砂陶，罐、簋均为泥质陶。以灰陶为主，另有少量褐陶。大部分陶器的肩、腹部满饰绳纹，在罐的肩部、簋的腹部饰弦纹，有的间以三角形纹、网格纹或竖线形划纹。

第2段：以M505、M506、M513、M1026、M1082、M1115为代表。本段陶器组合较为复杂，似无一定规律，但鬲、簋、罐的组合关系仍然较为常见，开始出现鬲、罐的组合。陶器制作仍较规整，但器形已经明显变得矮小，陶色和纹饰同前段相比变化尚不明显，但不见三角形纹和竖线形划纹。

西周中期：

第3段：以M512、M1022等墓葬为代表。陶器以鬲、罐的组合最为常见，新出现

① 琉璃河考古队：《琉璃河遗址1996年度发掘简报》，《文物》1997年第6期。

② 参看赵福生、柴晓明、王鑫执笔的"夏商周断代工程"专题7-1结题报告《琉璃河西周燕都遗址的分期与年代判定》，"夏商周断代工程"档案，结题卷07-05。

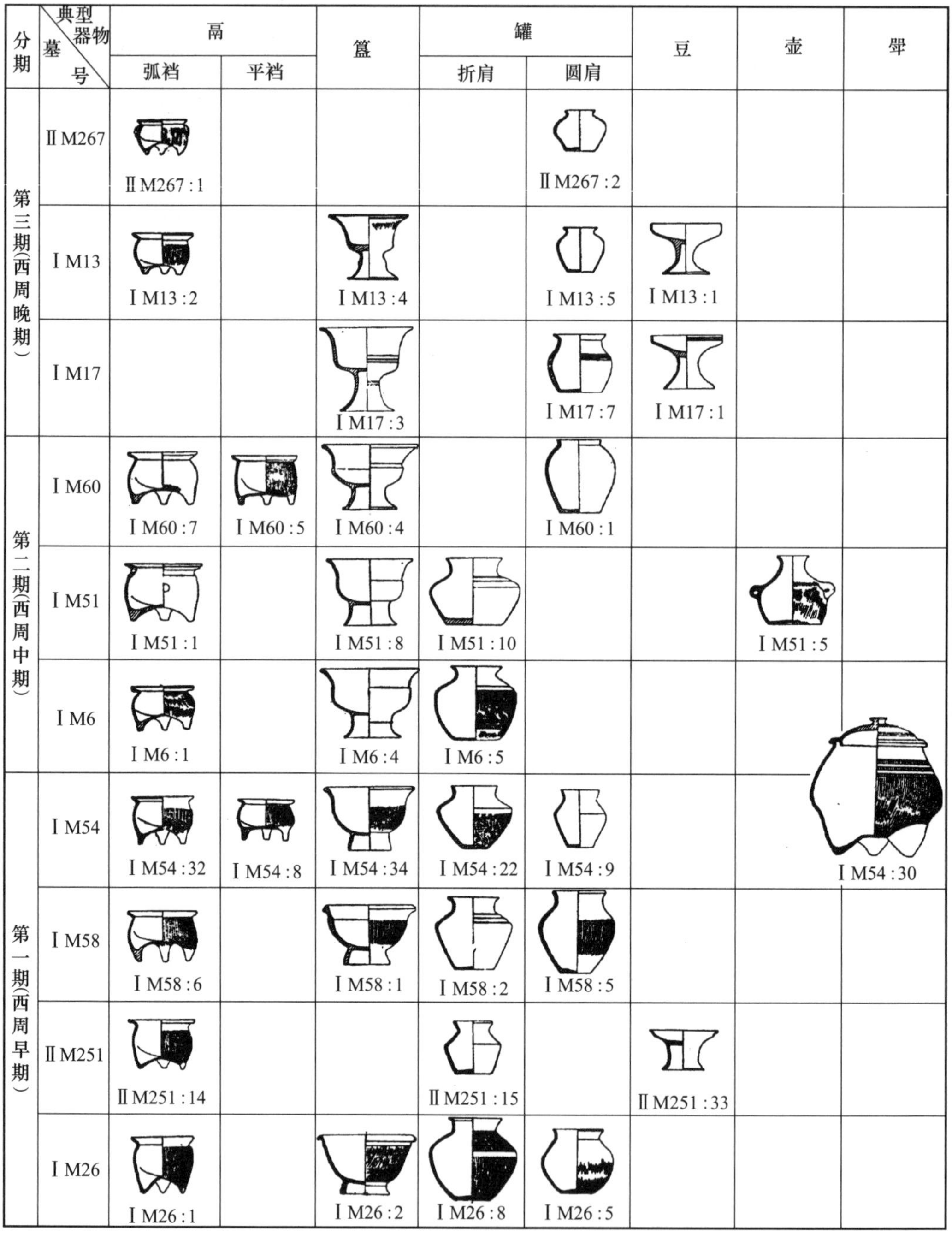

| 分期 | 典型器物 墓号 | 鬲 | | 簋 | 罐 | | 豆 | 壶 | 罍 |
| | | 弧裆 | 平裆 | | 折肩 | 圆肩 | | | |
|---|---|---|---|---|---|---|---|---|---|
| 第三期(西周晚期) | ⅡM267 | ⅡM267:1 | | | | ⅡM267:2 | | | |
| | ⅠM13 | ⅠM13:2 | | ⅠM13:4 | | ⅠM13:5 | ⅠM13:1 | | |
| | ⅠM17 | | | ⅠM17:3 | | ⅠM17:7 | ⅠM17:1 | | |
| 第二期(西周中期) | ⅠM60 | ⅠM60:7 | ⅠM60:5 | ⅠM60:4 | | ⅠM60:1 | | | |
| | ⅠM51 | ⅠM51:1 | | ⅠM51:8 | ⅠM51:10 | | | ⅠM51:5 | |
| | ⅠM6 | ⅠM6:1 | | ⅠM6:4 | ⅠM6:5 | | | | |
| 第一期(西周早期) | ⅠM54 | ⅠM54:32 | ⅠM54:8 | ⅠM54:34 | ⅠM54:22 | ⅠM54:9 | | | ⅠM54:30 |
| | ⅠM58 | ⅠM58:6 | | ⅠM58:1 | ⅠM58:2 | ⅠM58:5 | | | |
| | ⅡM251 | ⅡM251:14 | | | ⅡM251:15 | | ⅡM251:33 | | |
| | ⅠM26 | ⅠM26:1 | | ⅠM26:2 | ⅠM26:8 | ⅠM26:5 | | | |

图 2-4 　琉璃河遗址西周墓葬出土陶器分期图

[引自《琉璃河西周燕国墓地（1973—1977）》图 147]

鼎、鬲、罐的组合形式。这一阶段陶器制作仍较规整，器形一般较小，很少见到大型的实用器。仍以夹砂和泥质灰陶为主，也有相当数量的红褐色和黄褐色陶器。纹饰仍以绳纹为主，但有些簋、罐腹部的上、下将绳纹抹去，仅在腹中部保留一部分绳纹。本段的弦纹仍较纤细，出现了少量扉棱样附加堆纹及部分素面陶器。

第 4 段：以 M516、M1003、M1088 等墓葬为代表。鬲、罐是本阶段最常见的陶器组合，另有相当数量的鬲、簋、罐组合。陶器制作开始粗糙，有些器物变得很小。灰陶和褐陶较多，特别是陶胎呈褐色者更多。绳纹仍是主要纹饰，但素面陶器开始大量增加，簋、罐等器类表面的绳纹大部分被抹去。

西周晚期：

第 5 段：以 M517、M518、M1045 等墓葬为代表。这一阶段的多数墓葬只随葬一件陶鬲，出多件陶器者以鬲、罐的组合最普遍。陶器制作粗糙，形体小而不规整，其中相当数量的鬲、罐是用手捏制而成。灰褐色陶较多，其中相当部分陶器的胎里均呈褐色。纹饰中最具特色的是在鬲口、罐肩部盛行饰粗壮的凹弦纹，前四段流行的纤细弦纹本段已经较少见。绳纹主要饰于鬲的腹、底部，鬲腹部还流行加饰扉棱，也有一定数量的素面陶器。

第 6 段：以 M403、M1081、M1140 等墓葬为代表。本阶段墓葬随葬陶以鬲、罐组合和单件陶鬲为主。陶器器形更加扁矮，灰、褐色陶器较多。由于数量较多的陶器形制过小而不加任何装饰，本阶段素面陶器占相当比例。鬲的腹、底部仍施绳纹。

"夏商周断代工程"对琉璃河遗址各段典型墓葬出土的人骨标本进行了常规 $^{14}$C 测年，有关数据见表 2-2。

**表 2-2 琉璃河燕国墓地分期及常规 $^{14}$C 测年数据**

| 实验室编号 | 样品来源（原编号） | 考古分期 | 测定物质 | $^{14}$C 年代数据（5568，1950） | 单个样品数据校正年代（BC）（68.2%） | 系列样品数据校正年代（BC）（68.2%） |
|---|---|---|---|---|---|---|
| Boundary 殷墟—琉璃河遗址年代交界处 | | | | | | 1049.2—1018 |
| ZK-5802 | M509 | 一期 1 段 | 人骨 | 2890±35 | 1030—1000 | 1033—1004 |
| ZK-5800 | M503 | | 人骨 | 2878±33 | 1030—1000 | 1032—1003 |
| ZK-5807 | M1082 | 一期 2 段 | 人骨 | 2851±31 | 1050—970（54.0%）960—930（14.2%） | 1012—972 |
| ZK-5806 | M1026 | | 人骨 | 2850±32 | 1050—970（53.1%）960—930（15.1%） | 1012—971 |
| ZK-5808 | M1115 | | 人骨 | 2844±20 | 1020—970（48.6%）960—935（19.6%） | 1009—972 |
| ZK-5804 | M513 | | 人骨 | 2830±31 | 1010—920 | 1010—950 |
| ZK-5809 | M512 | 二期 3 段 | 人骨 | 2840±32 | 1040—920 | 958—921 |
| ZK-5812 | M1022 | | 人骨 | 2832±44 | 1050—910 | 959—918 |
| ZK-5817 | M1088 | | 人骨 | 2830±80 | 1030—890 | 935—855 |
| ZK-5805 | M516 | 二期 4 段 | 人骨 | 2766±31 | 970—950（7.2%）930—890（29.7%）880—830（31.3%） | 925—890（41.1%）880—850（26.8%） |
| ZK-5811 | M1003 | | 人骨 | 2751±35 | 920—830 | 920—855 |
| ZK-5822 | M1045 | 三期 5 段 | 人骨 | 2713±37 | 900—825 | 854—815 |

续表

| 实验室编号 | 样品来源（原编号） | 考古分期 | 测定物质 | ¹⁴C 年代数据（5568，1950） | 单个样品数据校正年代（BC）（68.2%） | 系列样品数据校正年代（BC）（68.2%） |
|---|---|---|---|---|---|---|
| ZK-5826 | M1140 | | 人骨 | 2626±32 | 821—795 | 817—794 |
| ZK-5803 | M403 | 三期 6 段 | 人骨 | 2540±31 | 800—750（30.2%）690—660（10.1%）640—590（19.7%）580—560（8.2%） | 795—768 |
| | | | Boundary 下边界 | | | 790—720 |

注：表中 ¹⁴C 年代数据是按照半衰期为 5568 年、以公元 1950 年为基点向上推算的年数。也可以表示为 BP（Before Present，距今），Present 即指公元 1950 年。下同。

（3）琉璃河遗址居址的分期与测年

1995—1998 年，北京市文物研究所、北京大学考古系、中国社会科学院考古研究所等单位在琉璃河遗址的居住区进行了多次发掘[①]，发现了多组可供分期研究的地层单位，出土了大量的陶器。居址内的陶器组合仍以鬲、簋、罐三种器物为主，其器形特征和演变规律与墓葬出土的同类器物一致。这期间的发掘还表明，琉璃河遗址内有周系文化、商系文化和土著文化（即张家园上层文化）三种不同文化因素共存的现象，"其形成的社会原因很可能是由于当时确有三种部族的人在此居住，即姬姓周人、殷遗民和土著燕人"[②]。

1995 年、1996 年对居址发掘的同时，也对东墙北段、北墙中段进行了解剖，从城墙夯土和打破城墙最早单位出土的陶片观察，均与居址中出土的西周早期陶片特征一致，再次证明了该城的始建年代不能早到商代晚期，这一结论便于确定早期燕文化并为武王克商之年提供了一个较为准确的年代下限。

依据地层关系和陶器的组合及其形制演变规律，将琉璃河遗址居址区遗存也分为西周早、中、晚三期。"夏商周断代工程"对居址区出土的系列木炭标本进行了 AMS 测年，其结果见表 2-3。

表 2-3　琉璃河遗址居址区分期及 AMS¹⁴C 测年数据

| 分期 | 发掘编号 | 样品类型 | 实验室编号 | ¹⁴C 年龄（BP） | 校正后日历年代 68% 置信区间（BC） |
|---|---|---|---|---|---|
| 起始边界 | | | | | 1088—996 |
| 西周早期 | 96LG11H108 ③ | 木炭 | SA98129 | 2845±50 | 1020—937 |
| | 96LG11H108 ② | 木炭 | XSZ058 | 2810±35 | 1000—940 |
| | 96LG11H108 ① | 木炭 | XSZ057 | 2780±60 | 1000—932 |
| | 96LG11H108 ① | 木炭 | SA98127 | 2805±50 | 1004—934 |
| | 96LG11H96 ② | 木炭 | XSZ062 | 2800±40 | 1000—937 |

① 北京大学考古学系、北京市文物研究所：《1995 年琉璃河周代居址发掘简报》，《文物》1996 年第 6 期。

② 刘绪、赵福生：《琉璃河遗址西周燕文化的新认识》，《文物》1997 年第 4 期。

续表

| 分期 | 发掘编号 | 样品类型 | 实验室编号 | <sup>14</sup>C 年龄（BP） | 校正后日历年代 68% 置信区间（BC） |
|---|---|---|---|---|---|
| 西周早期 | 96LG11T3102H94 | 木炭 | XSZ063 | 2880±35 | 1043—974（59.3%）<br>956—944（8.9%） |
| 西周中期 | 96LG11H49 ⑤ | 木炭 | SA98134 | 2745±50 | 923—862 |
| | 96LG11H49 ④ | 木炭 | SA98135 | 2800±50 | 942—892（58.0%）<br>878—864（10.2%） |
| | 96LG11H49 ③ | 木炭 | SA98136 | 2825±40 | 946—898 |
| 西周晚期 | 96LG11H86 ② | 木炭 | SA98149 | 2760±35 | 869—830 |
| | 96LG11H86 ① | 木炭 | SA98147 | 2605±65 | 828—774 |
| | 96LG11Y1 | 木炭 | XSZ064 | 2510±35 | 793—759 |
| 终止边界 | | | | | 786—717 |

（4）琉璃河遗址 M1193 的研究与测年

1986 年，由中国社会科学院考古研究所和北京市文物研究所组成的琉璃河考古队在琉璃河遗址发掘了 M1193 大墓，这是琉璃河燕都遗址最为重要的考古发现之一[①]。

M1193 是一座在墓室四角各有一条窄长墓道的大型墓葬。因遭盗掘，该墓的随葬器物仅有少量残存，但其中包括两件重要的青铜器克罍和克盉（图 2-5），两器同铭，铭文记载了燕国的始封，其中说：

王曰："大保，唯乃明乃心，享于乃辟。余大对乃享，命克侯于匽……"

图 2-5　琉璃河 M1193 出土的克盉器形及铭文

燕国的始封在武王克商后不久，即前引《史记·燕召公世家》："召公奭与周同姓，姓姬氏。周武王之灭纣，封召公于北燕。其在成王时，召公为三公：自陕以西，召公

① 中国社会科学院考古研究所、北京市文物研究所（琉璃河考古队）：《北京琉璃河 1193 号大墓发掘简报》，《考古》1990 年第 1 期。

主之；自陕以东，周公主之。"《索隐》："以元子就封，而次子留周室，代为召公。"克
罍、克盉两器的发现为确定燕国始封提供了实时的新材料，虽然学术界对于克罍、克
盉铭文的释读和理解略有差异，但多数学者认为铭文中的"王"指成王，"大保"指召
公奭，而"克"则是 M1193 墓主，也就是《史记·燕召公世家》索隐所说的代召公就
封的召公之"元子"[1]。因此，M1193 的年代就当在西周早期的成、康之世。

M1193 的椁木保存良好，经常规 ${}^{14}$C 测定，其最外轮年代为公元前 1011 年 ±20
年，即不早于公元前 1032—前 991 年，这为西周始年和成、康两王世年代的推断提供
了重要的参考数据。

（5）琉璃河遗址 H108 的发现与研究

1996 年秋，为配合"夏商周断代工程"的研究，琉璃河考古队对琉璃河遗址宫殿
区祭祀遗址进行了发掘，获得了一批重要的资料，其中以 H108 出土的带字龟甲最为
珍贵[2]。

H108 的包含物中有较多的陶器，可辨识的器类包括袋足鬲、联裆鬲、高领鬲、
簋、罐和瓮等（图 2-6）。其中袋足鬲方唇，缘上翻，分裆较高并饰较粗的绳纹；联裆
鬲裆部也较高，饰细绳纹，有柱状实足根；高领鬲为红褐陶，口部附加堆纹较厚，其
上按压窝纹；簋为敞口，三角缘，腹部饰浅直细绳纹，其上有三角划纹；罐为折肩，
肩部有对称双耳和数道弦纹，腹部则饰浅细绳纹。从上述出土器物特征来看，H108 的
年代应在西周早期的偏早阶段。

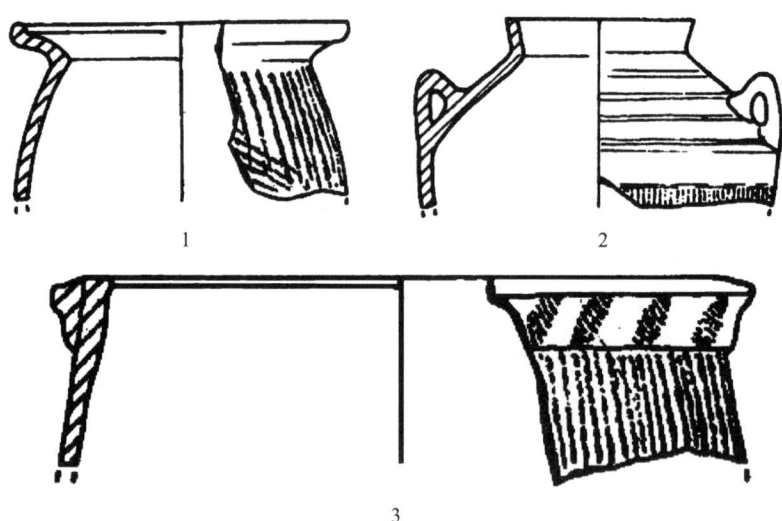

1

2

3

图 2-6　琉璃河 H108 出土陶器

1. 袋足鬲（H108②：13）　2. 罐（H108③：17）　3. 高领鬲（H108②：16）

---

① 《北京琉璃河出土西周有铭铜器座谈纪要》，《考古》1989 年第 10 期。

② 琉璃河考古队：《琉璃河遗址 1996 年度发掘简报》，《文物》1997 年第 6 期。

在 H108 第 1 层和第 3 层中共发现龟甲数十片，其中三片刻有文字。出土于 H108 第 1 层的一片龟甲（编号为 GllH108①：4）是腹甲的甲首部分，其正面刻有"成周"二字，背面则经过掏挖修整，并有数组双联方形凿和明显的灼痕（图 2-7）。

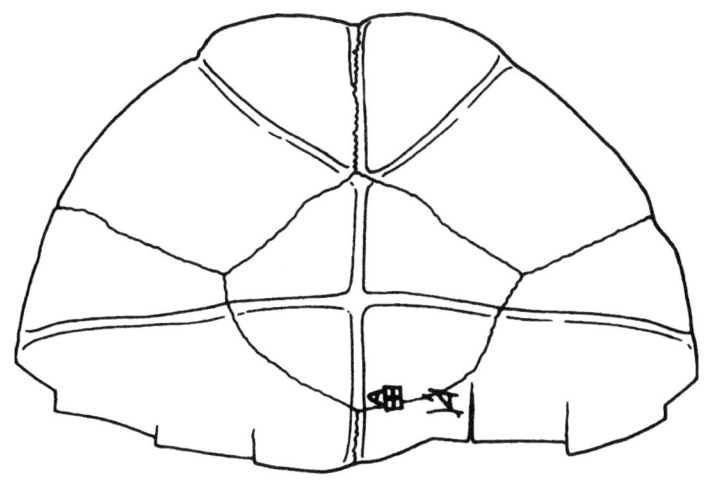

图 2-7　琉璃河遗址 H108 出土带"成周"字样的龟甲摹本

琉璃河 Hl08 出土的带"成周"二字的龟甲具有重要的断代意义。据《史记·周本纪》记载："成王在丰，使召公复营洛邑，如武王之意。"这表明成周的营造是在成王之世，因此"成周"卜甲的出现表明 H108 堆积的年代不会早于成周的建成，即其上限不应超过成王时期。H108 地层关系明确，是琉璃河遗址中时代最早的西周遗存之一，其中的包含物也表明 H108 的年代应在西周早期的偏早阶段。对 H108 出土的木炭进行了 AMS$^{14}$C 测年，结果为公元前 1020—前 932 年（参见表 2-3），这一数据以及琉璃河 M1193 的测年结果对于成王年代的确定均具有重要的参考价值。

## 3. 天马—曲村遗址的分期与测年

（1）天马—曲村遗址概况

天马—曲村遗址位于"河汾之东"的山西省翼城县和曲沃县交界处，西南距离侯马晋都新田遗址约 25 千米。遗址北倚崇山（又名塔儿山），南望绛山（又名紫金山），汾河在其西，浍河经其南。遗址东西约 3800 米，南北约 2800 米，总面积近 11 平方千米，是迄今所知山西境内规模最大的西周遗址（图 2-8）。

该遗址是 1962 年文化部文物局谢元璐、山西省文物管理委员会张颔等人在考古调查中发现的。1963 年和 1979 年北京大学考古专业师生和山西省的考古工作者在此进行了两次试掘，认识到这是一处以西周晋文化为主要内涵的重要遗址，并将其视为寻找晋国旧都"故绛"的重要线索[①]。为了进一步确定天马—曲村遗址的性质，深入研究晋

① 北京大学考古专业商周组等：《晋豫鄂三省考古调查简报》，《文物》1982 年第 7 期，收入邹衡《夏商周考古学论文集·续集》，科学出版社，1998 年，第 280—300 页。

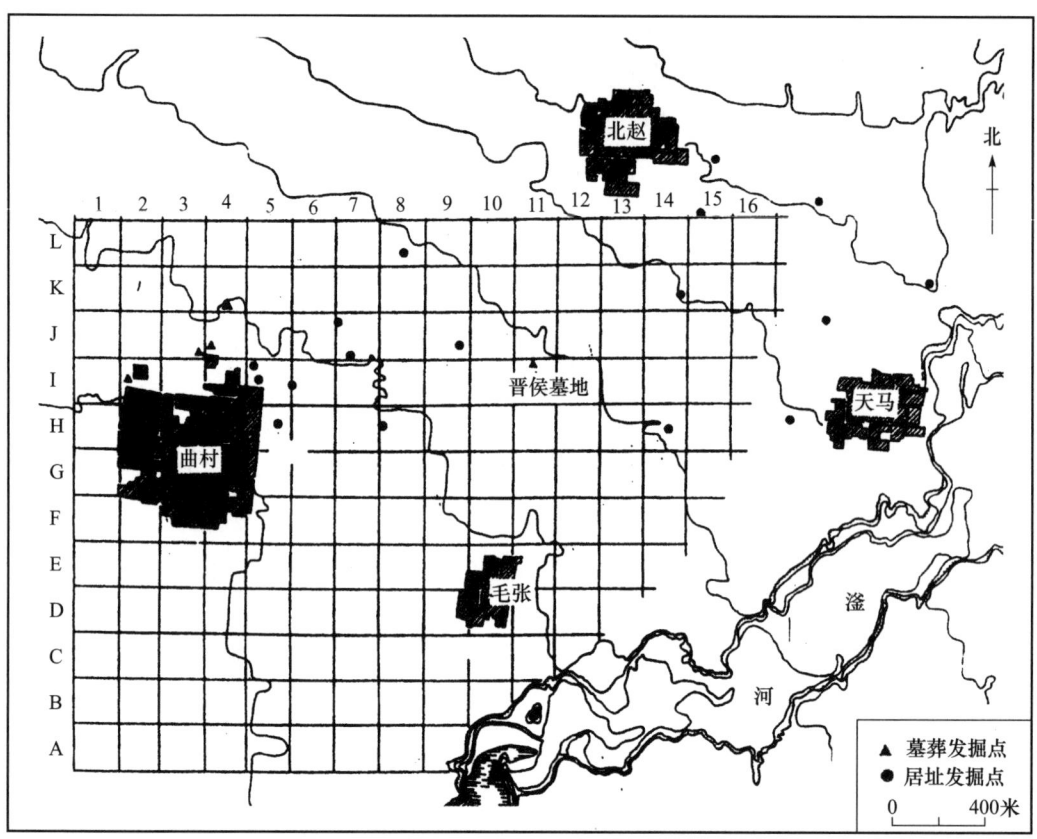

图 2-8　天马—曲村遗址平面图

文化及其渊源，1980—1994 年北京大学考古系和山西省考古研究所合作在这里进行了十多次发掘，揭露面积两万多平方米，发掘西周早期至春秋初的中小型墓葬 500 余座以及大面积的周代居址，获得了极其丰富的实物资料。特别是 1992 年在天马—曲村遗址中部北赵村南发现了晋侯墓地，从而证明了天马—曲村遗址确应是晋国早期都邑之一[①]。

　　天马—曲村遗址 20 世纪 80 年代的发掘资料已经由发掘领队邹衡主持整理出版，为深入研究奠定了坚实的基础[②]。1996 年"夏商周断代工程"启动以后，北京大学考古系和山西省考古研究所合作共同承担了"天马—曲村遗址分期与年代测定"课题，课题组在全面整理原有发掘资料的同时，又于 1997 年春季进行了补充发掘，发掘面积 120平方米，采集了大量可供测年的样品，为天马—曲村址的分期和年代测定提供了新的

---

① 天马—曲村遗址北赵晋侯墓地发现之后，邹衡、李伯谦等先后著文认为此地即晋之始封所在。朱凤瀚在《考古》2007 年第 3 期发表《倗公簋与唐伯侯于晋》一文，证明叔虞之子燮父确曾由唐徙于晋，并始称晋侯。联系到 2000 年发掘的北赵晋侯墓地最早一组中 M114 墓主乃燮父之墓的考订，朱凤瀚、李伯谦等主张天马—曲村遗址是晋国第二代燮父始都之晋，而非叔虞始封之唐。李伯谦：《倗公簋与晋国早期历史若干问题的再认识》，《中原文物》2009 年第 1 期，又收入李伯谦：《文明探源与三代考古论集》，文物出版社，2011 年。
② 邹衡主编：《天马—曲村（1980—1989）》，科学出版社，2000 年。

依据[①]。

（2）天马—曲村遗址分期与测年

天马—曲村遗址出土遗物非常丰富，其中最具分期意义的是陶容器。在该遗址出土的西周陶容器中，鬲、盆、豆、罐四种器物始终占总数的70%以上。依据陶器的类型学研究并结合有关地层关系，可将天马—曲村遗址西周遗存分为三期6段，各期典型陶器的特征可概括如下（图2-9a—图2-9c）。

西周早期（1、2段）：陶器以夹砂陶为主，泥质陶很少。陶胎厚重，制作较粗，同类器物较后期者器体稍大。纹饰中以绳纹最多，多交错压印，有齿状感，素面陶较少。本期陶器器类种类最多，不少陶器口部的共同特征是卷沿，沿面较宽、较高，且外端

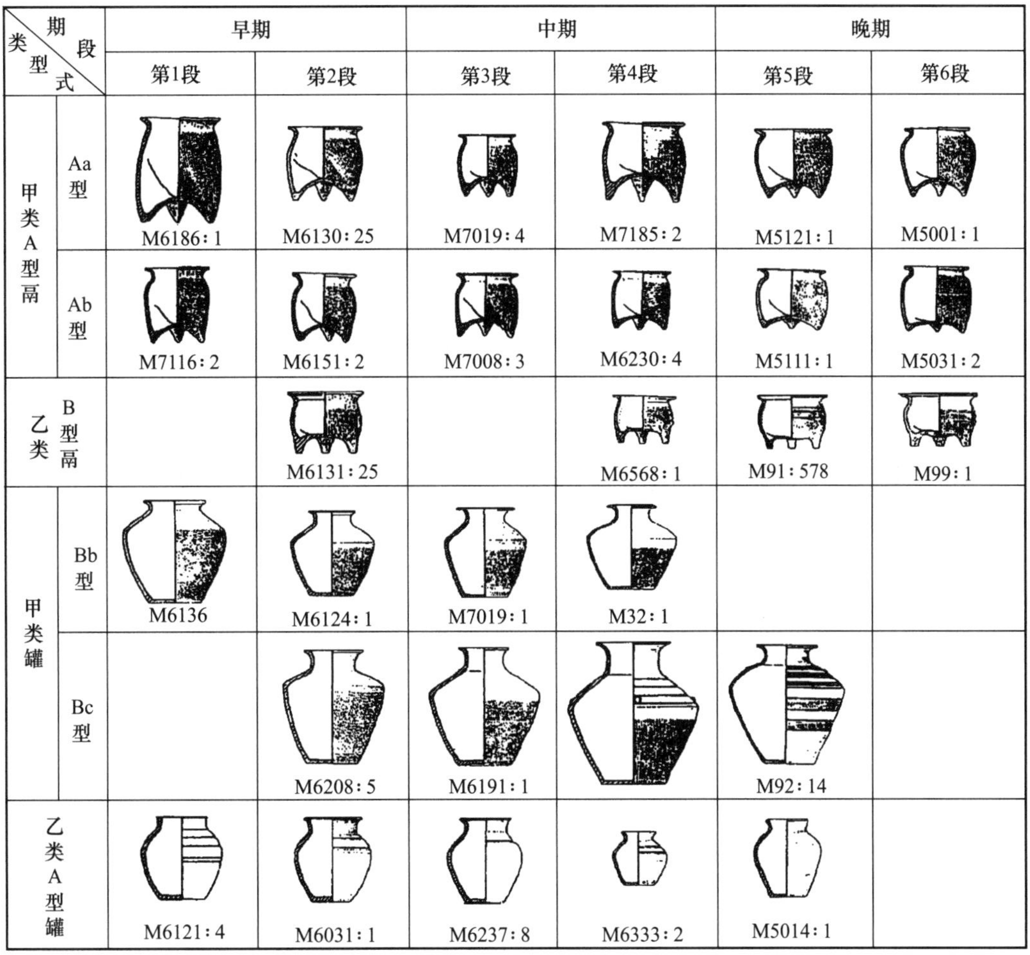

| 类型\段式 期 | | 早期 | | 中期 | | 晚期 | |
|---|---|---|---|---|---|---|---|
| | | 第1段 | 第2段 | 第3段 | 第4段 | 第5段 | 第6段 |
| 甲类A型鬲 | Aa型 | M6186：1 | M6130：25 | M7019：4 | M7185：2 | M5121：1 | M5001：1 |
| | Ab型 | M7116：2 | M6151：2 | M7008：3 | M6230：4 | M5111：1 | M5031：2 |
| 乙类 | B型鬲 | | M6131：25 | | M6568：1 | M91：578 | M99：1 |
| 甲类罐 | Bb型 | M6136 | M6124：1 | M7019：1 | M32：1 | | |
| | Bc型 | | M6208：5 | M6191：1 | | M92：14 | |
| 乙类A型罐 | | M6121：4 | M6031：1 | M6237：8 | M6333：2 | M5014：1 | |

图2-9a　天马—曲村遗址西周墓葬出土陶鬲、陶罐分期图

---

[①] 北京大学考古学系、山西省考古研究所：《天马—曲村遗址J6、J7区周代居址发掘简报》，《文物》1998年第11期。

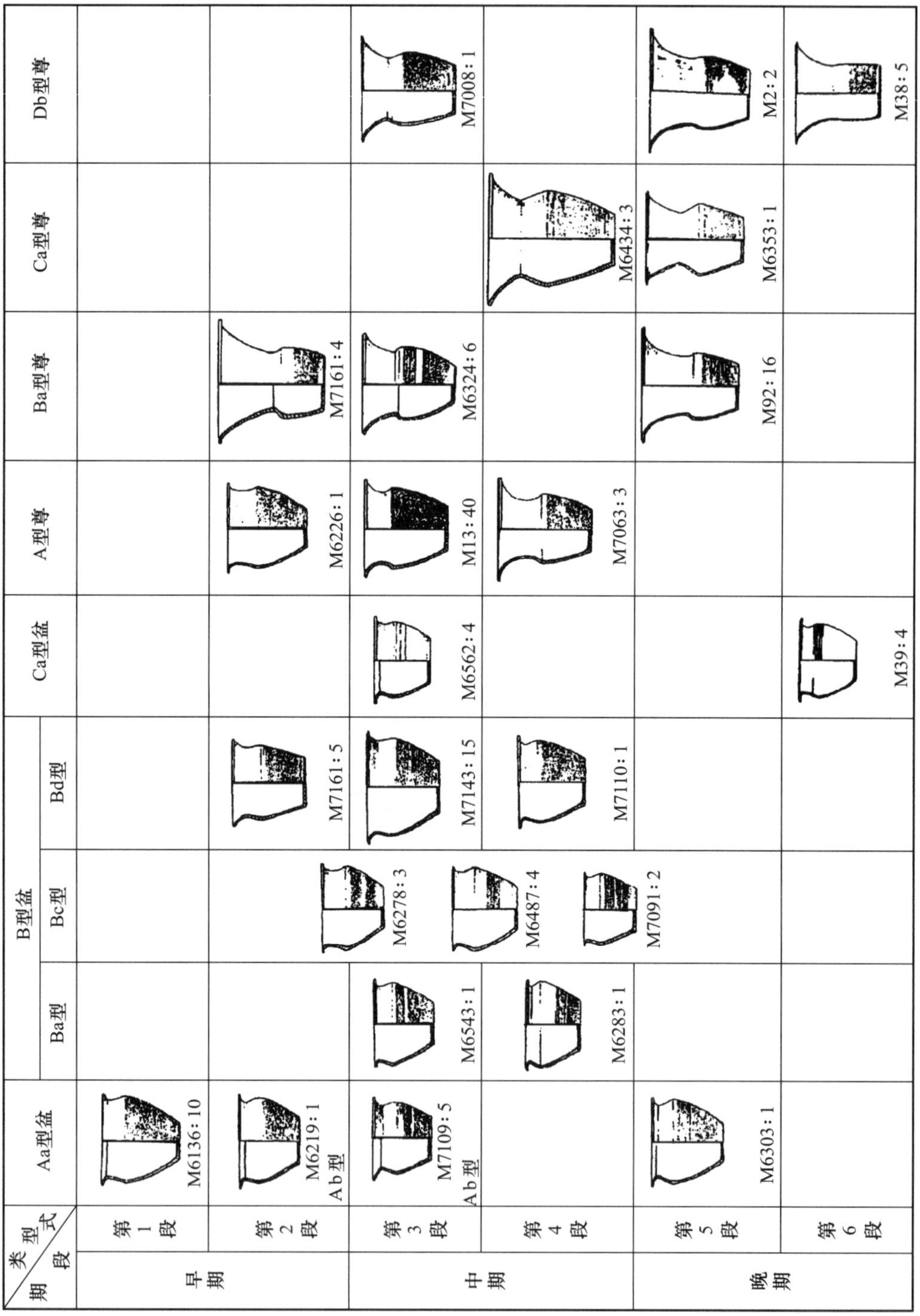

| 期 | 段 | Aa型盆 | B型盆 Ba型 | B型盆 Bc型 | B型盆 Bd型 | Ca型盆 | A型尊 | Ba型尊 | Ca型尊 | Db型尊 |
|---|---|---|---|---|---|---|---|---|---|---|
| 早期 | 第1段 | M6136:10 | | | | | | | | |
| 早期 | 第2段 | M6219:1（A b型） | | | | | | | | |
| 中期 | 第3段 | M7109:5（A b型） | M6543:1 | M6278:3 | M7161:5 | M6562:4 | M6226:1 | M7161:4 | | |
| 中期 | 第4段 | | M6283:1 | M6487:4 | M7143:15 | | M13:40 | M6324:6 | M6434:3 | M7008:1 |
| 晚期 | 第5段 | M6303:1 | | M7091:2 | M7110:1 | | M7063:3 | M92:16 | M6353:1 | M2:2 |
| 晚期 | 第6段 | | | | | M39:4 | | | | M38:5 |

图2-9b 天马—曲村遗址西周周墓葬出土陶盆、陶尊分期图

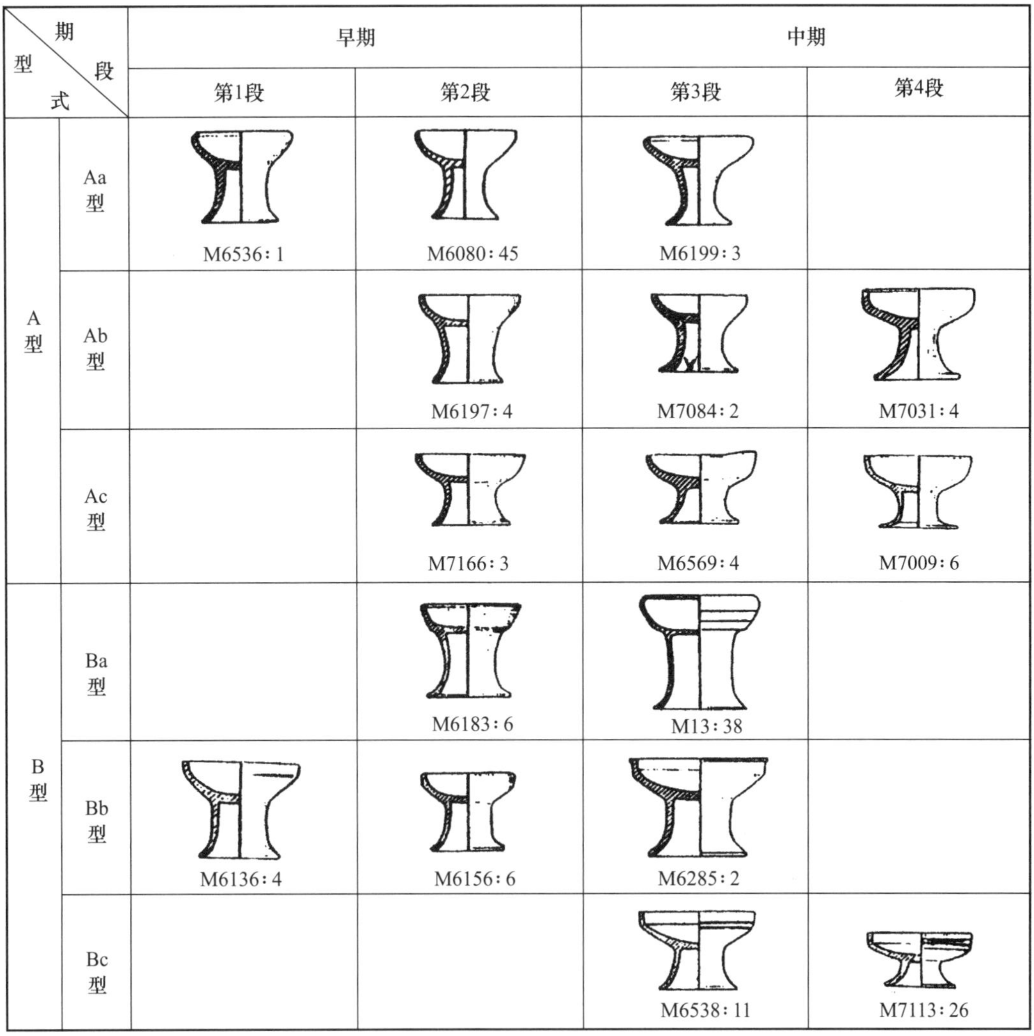

| 型式 | 期 | 早期 | | 中期 | |
|---|---|---|---|---|---|
| | 段 | 第1段 | 第2段 | 第3段 | 第4段 |
| A型 | Aa型 | M6536：1 | M6080：45 | M6199：3 | |
| | Ab型 | | M6197：4 | M7084：2 | M7031：4 |
| | Ac型 | | M7166：3 | M6569：4 | M7009：6 |
| B型 | Ba型 | | M6183：6 | M13：38 | |
| | Bb型 | M6136：4 | M6156：6 | M6285：2 | |
| | Bc型 | | | M6538：11 | M7113：26 |

注：西周晚期资料缺乏。

图 2-9c　天马—曲村遗址西周墓葬出土陶豆分期图

有小平面。陶鬲的体较高，沿下角较大，裆为圆三角形，上瘪，锥足内侧起脊；流行粗把豆和带耳器。从本期第 2 段开始，夹砂陶减少，泥质陶增加；绳纹减少，素面器增多。

西周中期（3、4 段）：夹砂陶仍较多，泥质陶有所增加。与西周早期相比，本期陶器的明显变化是制作较精，尤其是泥质陶，造型规整，陶胎较薄，器表光洁。绳纹减少，素面和旋纹增加，出现瓦纹。陶器器类与早期相当，多数为卷沿，沿面较宽，但沿与腹夹角较早期为小，部分器出现折沿。有些陶鬲、盆的口沿唇端减薄或沿面内外端各有一周凹槽；豆柄变细，有的饰一道凸棱；旋纹盆和敛口瓦纹簋出现；裆上饰堆纹的陶鬲基本消失。

西周晚期（5、6 段）：夹砂陶明显减少，泥质陶增加到 40% 左右。夹砂陶器陶胎仍较薄，泥质陶略变厚，而且有较多的深灰陶及黑陶。器类中鬲、盆、豆、罐所占比例更为突出，其他器类明显减少。陶器器形的较大变化是折沿器增多，旋纹盆发达，陶鬲裆部较平，几乎所有的豆柄上都有一道凸棱，出现圆唇豆和盘心有圆坑的豆，鬲和盆的口沿，除常见沿外端减薄和沿面内外端各一周旋纹者外，还出现了沿面内外边缘各起一周凸棱的特征。

"夏商周断代工程"对天马—曲村遗址各期、段的系列样品进行了 AMS$^{14}$C 测年，其具体数据如下（表 2-4）。

**表 2-4　天马—曲村遗址分期及 AMS$^{14}$C 测年数据**

| 分期 | | 发掘编号 | 样品类型 | 实验室编号 | $^{14}$C 年龄（BP） | 校正后日历年代 68% 置信区间（BC） |
|---|---|---|---|---|---|---|
| 起始边界 | | | | | | 1020—940 |
| 西周早期 | 第 1 段 | 88QJ7 T1327H147 | 兽骨 | SA98014 | 2870±50 | 995—915 |
| | | 86QJ4 M6266 | 人骨 | SA98006 | 2775±50 | 980—915 |
| | | 86QJ4 M6081 | 狗骨 | SA98007 | 2765±50 | 980—915 |
| | 第 2 段 | 86QJ4 M6306 | 人骨 | SA98008 | 2860±50 | 948—900 |
| | | 86QJ7 T35H78 | 兽骨 | SA98017 | 2745±35 | 930—880 |
| | | 80QI T155H109 | 兽骨 | SA98016 | 2710±75 | 935—875 |
| 西周中期 | 第 3 段 | 86QJ4 M6411 | 人骨 | SA98009 | 2795±50 | 910—895（10.3%）<br>885—840（57.9%） |
| | | 84QJ7 T17H23 | 羊骨 | SA98019 | 2790±60 | 905—890（8.0%）<br>885—840（60.2%） |
| | | 82QIV T411H410 | 兽骨 | SA98018 | 2760±35 | 905—890（8.1%）<br>885—840（60.1%） |
| | 第 4 段 | 82QIV T401H402：1 | 鹿骨 | SA98021 | 2745±60 | 855—819 |
| | | 82QIV T401H402 | 羊骨 | SA98020 | 2710±45 | 851—815 |
| 西周晚期 | 第 5 段 | 86QI2 M5215 | 人骨 | SA98010 | 2605±50 | 819—792 |
| | | 82QIII T322H326 | 猪骨 | SA98022 | 2575±50 | 815—786 |
| | 第 6 段 | 86QI2 M5217 | 人骨 | SA98011 | 2600±50 | 801—772 |
| 终止边界 | | | | | | 796—754 |

通过和其他地区西周遗存的比较研究，可以对以上各段所处的王世做如下推断：

第 1 段　成、康之际至康王；

第 2 段　昭王前后；

第 3 段　上限不会早过穆王，下限或可至懿、孝时期；

第 4 段　上限可至孝、夷之世，下限约在厉王前半；

第 5 段　厉王后半；

第 6 段　宣、幽时期。

（3）晋侯墓地的测年

据《史记·晋世家》和《史记·十二诸侯年表》，西周到东周初晋侯的世系是：

$^1$ 唐叔虞—$^2$ 晋侯燮父—$^3$ 武侯宁族—$^4$ 成侯服人—$^5$ 厉侯福—$^6$ 靖侯宜臼—$^7$ 釐侯司徒
—$^8$ 献侯籍（苏）—$^9$ 穆侯费王—$^{11}$ 文侯仇

|

$^{10}$ 殇叔

司马迁在《史记·晋世家》中明确指出："靖侯已来，年纪可推。自唐叔虞至靖侯五世，无其年数。"按《史记·晋世家》，晋靖侯十七年为共和元年，因此西周早、中期的晋国纪年并不十分清楚。

1991 年底和 1992 年春，位于天马—曲村遗址中部北赵村南附近的晋侯墓地因遭盗掘而被发现。该墓地北距北赵村约 700 米，西南距曲村约 1200 米。墓地东西长约 170 米，南北宽约 130 米。1992—2001 年，北京大学考古系和山西省考古研究所联合在晋侯墓地开展了大规模持续发掘，共清理晋侯及其夫人墓葬九组 19 座，另有中小型陪葬墓、车马坑及祭祀坑数十座（图 2-10）。晋侯墓地的发现和发掘，不仅证明了天马—曲村遗址就是晋国第二代国君燮父所徙的晋都，而且为西周晋国年代学研究提供了最系统的资料，同时也为西周王年研究提供了完整的参照系[①]。

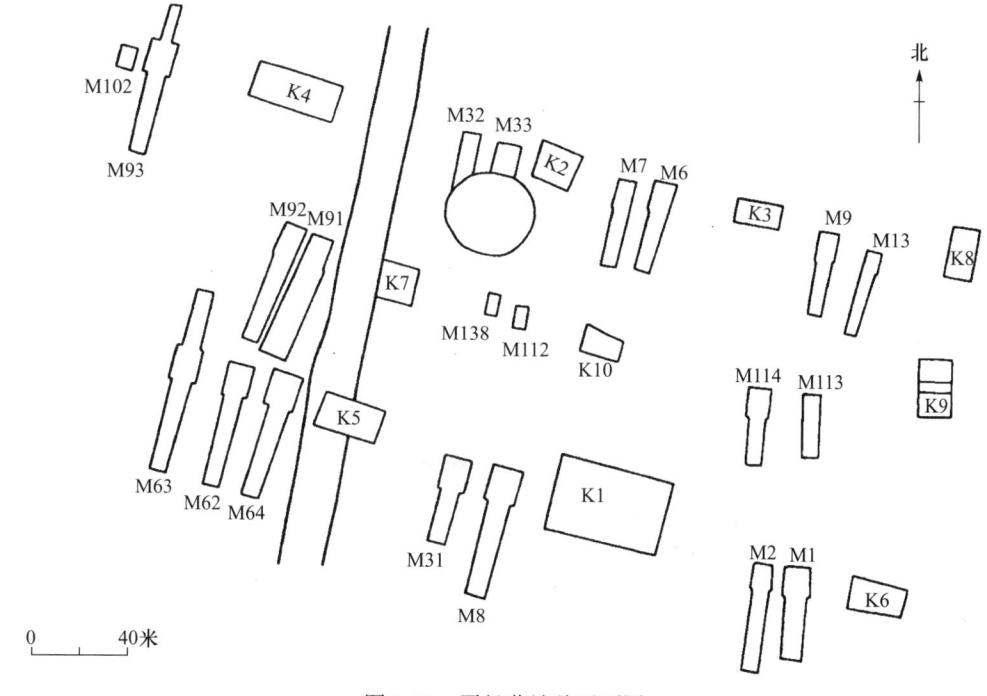

图 2-10　晋侯墓地总平面图
（引自《文明探源与三代考古论集》第 292 页）

① 北京大学考古学系、山西省考古研究所：《1992 年春天马—曲村遗址墓葬发掘报告》，《文物》1993 年第 3 期；《天马—曲村遗址北赵晋侯墓地第二次发掘》，《文物》1994 年第 1 期；《天马—曲村遗址北赵晋侯墓地第三次发掘》，《文物》1994 年第 8 期；《天马—曲村遗址北赵晋侯墓地第四次发掘》，《文物》1994 年第 8 期；《天马—曲村遗址北赵晋侯墓地第五次发掘》，《文物》1995 年第 7 期；《天马—曲村遗址北赵晋侯墓地第六次发掘》，《文物》2001 年第 8 期。李伯谦：《晋侯墓地的新发现》，《2001 中国重要考古发现》，文物出版社，2002 年。

晋侯墓地出土材料尚在整理之中，依据九组墓葬男女墓主墓位安排的不同、墓坑形制演变的规律、墓坑填土中积石积炭的有无与多少、随葬品组合与器形纹饰的变化、各组所属祭祀坑的有无与多少以及车马坑方向的变化等，九组晋侯及夫人墓葬以侯墓为准，其早晚先后次序是：M114、M113 组最早，M9、M13 组次之，M6、M7 组位列第三，M33、M32 组位列第四，M91、M92 组位列第五，M1、M2 组位列第六，M8、M31 组位列第七，M64、M62、M63 组位列第八，M93、M102 组最晚位列第九。经过对九组 19 座晋侯及其夫人墓葬出土青铜器的初步检查，已经发现六个晋侯的名字，即晋侯燮马、晋侯喜父、晋侯对、晋侯断、晋侯鮲（苏）、晋侯邦父。其中除出于第七组 M8 列鼎和编钟上的晋侯鮲（苏）可以和《史记·晋世家》索隐所引《世本》及谯周所述的晋献侯名相对应，其他和文献所载的晋侯名字多不相同，所以学术界对于青铜器铭文所见晋侯名字和《史记·晋世家》晋侯世系的对应关系多有争议①。晋侯墓地的发掘者通过对墓葬排列规律、出土器物特征的比较研究以及对青铜器铭文中所见晋侯名字的考释，将这九组墓葬确定为分属于自晋侯燮父以下九代晋侯及其夫人（其中一位晋侯有两位夫人），目前这一观点得到了多数学者的认同②。

"夏商周断代工程"对晋侯墓地出土的系列样品进行了 AMS$^{14}$C 测年。现将九组墓葬的 AMS$^{14}$C 测年数据和《史记·晋世家》所记的晋侯年代对比如下（表 2-5）。

**表 2-5　晋侯世系及晋侯墓地 AMS$^{14}$C 测年数据**

| 分期 | 发掘样品 | 样品类型 | 实验室编号 | $^{14}$C 年龄（BP） | 校正后日历年代（BC）68% 置信区间 | 《史记·晋世家》晋侯卒年（BC） |
|---|---|---|---|---|---|---|
| 起始边界 | | | | | 980—921 | |
| 燮父 | M114 侯墓主人骨 | 人骨 | SA00062 | 2830±35 | 960—914 | |
| | M114 侯墓殉葬狗骨 | 狗骨 | SA00063 | 2790±35 | 970—912 | |
| | M113 侯夫人墓主人骨 | 人骨 | SA00061 | 2805±45 | 962—912 | |
| 武侯 | M9 侯墓人骨 | 人骨 | SA98089 | 2785±50 | 936—893 | |
| | M13 侯夫人墓人骨 | 人骨 | SA98090 | 2725±55 | 935—889 | |
| 成侯 | | | | | 916—866 | |
| 厉侯 | M108 侯陪葬墓人骨 | 人骨 | SA98091 | 2735±50 | 892—844 | 858 |
| 靖侯 | | | | | 865—822 | 841 |
| 釐侯 | | | | | 836—806 | 823 |

① 徐天进：《晋侯墓地的发现及研究现状》，《晋侯墓地出土青铜器国际学术研讨会论文集》，上海书画出版社，2002 年，第 517—538 页。

② 李伯谦：《晋侯墓地发掘与研究》，《晋侯墓地出土青铜器国际学术研讨会论文集》，上海书画出版社，2002 年，第 29—40 页。

续表

| 分期 | 发掘样品 | 样品类型 | 实验室编号 | $^{14}C$年龄（BP） | 校正后日历年代（BC）68%置信区间 | 《史记·晋世家》晋侯卒年（BC） |
|---|---|---|---|---|---|---|
| 献侯 | M8 侯墓木炭 | 木炭 | SA98155 | 2640±50 | 815—797 | 812 |
| | M39 侯夫人陪葬墓人骨 | 人骨 | SA98092 | 2685±50 | 815—798 | |
| | M11 侯墓道中的祭牲 | 马骨 | SA98094-1 | 2560±55 | 810—795 | |
| | | | SA98094-2 | 2610±50 | | |
| | | | SA98094A-2 | 2575±50 | | |
| 穆侯 | M64 侯墓木炭 | 木炭 | SA98157 | 2540±55 | 800—786 | 785 |
| | M64 侯墓人骨 | 人骨 | SA99043 | 2670±40 | 804—790 | |
| | M87 侯墓道中的祭牲 | 马骨 | SA98095 | 2555±50 | 800—786 | |
| 殇叔或文侯 | M93 侯墓道中的祭牲 | 马骨 | SA98096-1 | 2515±55 | 789—768 | 殇叔 781 文侯 746 |
| | | | SA98096-2 | 2595±50 | | |
| | | | SA98096A | 2530±55 | | |
| | | | SA98096AA | 2555±55 | | |
| 终止边界 | | | | | 786—754 | |

2002 年，中国社会科学院考古研究所考古科技实验研究中心碳十四实验室公布了一批晋侯墓地样品的测定数据[①]。其中 M63、M64 木炭的数据，经树轮曲线校正后，M63 要比 M64 晚约 40 年[②]。M64 是晋穆侯墓，M63 则为穆侯的一位夫人墓。初步分析，一种可能是穆侯的这一夫人婚时年轻，故生存到文侯之世[③]。另一种可能是 M64 的木炭年代偏老，见第七章中常规法 $^{14}C$ 测定部分。

# （三）构建西周金文历谱的基础

构建金文历谱的目的，是利用西周金文中的年、月、纪时词语（"月相"）和纪日干支材料，以及有关西周文献，排出西周王年表。为了构建合理的金文历谱，"夏商周断代工程"做了两项基础性的工作：一是对西周历法的基本规则进行研究，二是对有关青铜器按考古类型学方法进行分期断代。

## 1. 由春秋历法上推西周历法

历谱是按一定历法规则编排的，编排历谱的基本要素包括建正、月首、置闰、回

---

① 中国社会科学院考古研究所考古科技实验研究中心碳十四实验室：《放射性碳素测定年代报告（二八）》，《考古》2002 年第 7 期。

② 仇士华、蔡莲珍：《几个晋侯墓的 $^{14}C$ 年代分析》，《夏商周断代工程》简报第 154 期，2005 年 9 月 10 日。

③ 参看孙庆伟：《晋侯墓地 M63 墓主再探》，《古代文明研究通讯》总第二十五期，2005 年 6 月；又见《中原文物》2006 年第 3 期。李学勤：《续说晋侯邦父与杨姞》，《宝鸡文理学院学报（社会科学版）》2005 年第 6 期。

归年长、朔望月月长等。其中建正指岁首所在，包含冬至的月份为子月，以该月为正月称为"建子"，以其次月为正月则称为"建丑"，依次类推。置闰指闰月的安置方法，一般有年终置闰和年中置闰两种。在推排西周金文历谱时，首先应该对当时的历法状况有初步的判断。

关于西周历法，传世文献、出土文献和金文中都没有足够记载，因而无法直接确定其清晰的面貌。但是历法的发展是有一个过程的，鉴于西周历法应为后来春秋时期的历法所本，特别是西周晚期的历法应与春秋历法接近，只是更较粗略，因而春秋历法特征的研究对于认识西周历法会有所裨益。为此，"夏商周断代工程"设立了关于春秋历法的专题[①]。

史籍关于春秋时期的历法并无专门的系统记述，但是《春秋》一书记载了自鲁隐公元年（公元前 722 年）到鲁哀公十六年（公元前 479 年）间 244 年中具有年、月及干支日名 393 个，还有若干朔、晦、闰月的记载。从汉代开始，就有学者试图通过对这些记载的分析来重建鲁国历谱，及至近年，先后有不少于 20 家的鲁国历谱问世。其中有不少家还同时应用《左传》中的 413 个具有年、月、干支日名以及闰月的记载，但《左传》中的年、月、干支日名不免杂采诸国历法，所以不宜与《春秋》的记载等量齐观。

《春秋》所载历日材料虽不少，但是要依之完整地复原 244 年的历谱仍嫌不足，而且存在各年份历日记载分布不均的问题，所以如何适当地运用这些材料，尽可能推出合理的历谱，乃是问题的关键。研究思路：第一，必须考订出一批基准点，即关于朔、晦、闰月等可靠的记载；第二，由这些记载引申出若干必须满足的基本条件，这些条件是隐含的、不可背离的历谱要素；第三，由这些基准点和基本条件出发，引进合理的假设，并结合其他干支日名的记载等，尽量排出合理的历谱。在此基础上，对春秋时期的历法加以讨论。

在《春秋》中，有 33 条可靠的历日材料，包括朔、晦干支与闰月，应视为鲁国历谱的基准点。这些基准点及其隐含的历谱要素，如表 2-6 所示。其中包括 24 个已被现代天文学计算确认的朔日日食记载（表中带 * 号者）。

**表 2-6 《春秋》中的历日材料[②]**

| 序号 | 年、月、日干支 | 公元前年、月、日 | 儒略日 | 月数 | 闰月数 | D[③] | 连大月实数 | 首月 | 末月 |
|---|---|---|---|---|---|---|---|---|---|
| 0 | 隐公三年二月己巳（朔） | 720-02-22 | 1458496 | | | | | | |
| 1* | 桓公三年七月壬辰朔 | 709-07-17 | 1462659 | 141 | 4 | 7 | 8 | 小 | 小 |
| 2* | 庄公二十五年六月辛未朔 | 669-05-27 | 1477218 | 493 | 14 | 31 | 30 | 大 | 大 |
| 3* | 庄公二十六年十二月癸亥朔 | 668-11-10 | 1477750 | 511 | 0 | 2 | 2 | 小 | 大 |
| 4* | 庄公三十年九月庚午朔 | 664-08-28 | 1479137 | 558 | 2 | 1 | 2 | 小 | 小 |

---

① 陈美东：《鲁国历谱及春秋、西周历法》，《自然科学史研究》2000 年第 2 期。

② 陈美东：《鲁国历谱及春秋、西周历法》，《自然科学史研究》2000 年第 2 期。

③ 表中的"D"，系指相邻两年、月间应有的连大月数的约值。

续表

| 序号 | 年、月、日干支 | 公元前年、月、日 | 儒略日 | 月数 | 闰月数 | D | 连大月实数 | 首月 | 末月 |
|---|---|---|---|---|---|---|---|---|---|
| 5* | 僖公五年九月戊申朔 | 655-08-19 | 1482415 | 669 | 3 | 7 | 7 | 大 | 小 |
| 6 | 僖公十五年九月己卯晦（十月庚辰朔） | 645-9-27 | 1486107 | 794 | 4 | 9 | 8 | 大 | 大 |
| 7 | 僖公十六年正月戊申朔 | 645-12-24 | 1486195 | 797 | 0 | 0 | 0 | 小 | 小 |
| 8 | 僖公二十二年十一月己巳朔 | 638-10-10 | 1488676 | 881 | 2 | 6 | 5 | 大 | 大 |
| 9 | 文公六年闰十二月 | | | | | | | | |
| 10* | 文公十五年六月辛丑朔 | 612-04-28 | 1498008 | 1197 | 9 | 20 | 20 | 小 | 大 |
| 11* | 成公十六年六月丙寅朔 | 575-05-09 | 1511533 | 1655 | 14 | 28 | 28 | 小 | 大 |
| 12 | 成公十六年六月甲午晦（七月乙未朔） | 575-06-07 | 1511562 | 1656 | 0 | 0 | 0 | 小 | |
| 13* | 成公十七年十二月丁巳朔 | 574-10-22 | 1512064 | 1673 | 0 | 1 | 1 | 大 | 小 |
| 14* | 襄公十四年二月乙未朔 | 559-01-14 | 1517262 | 1849 | 6 | 12 | 11 | 大 | 大 |
| 15* | 襄公二十年十月丙辰朔 | 553-08-31 | 1519683 | 1931 | 2 | 4 | 5 | 小 | 小 |
| 16* | 襄公二十一年九月庚戌朔 | 552-08-20 | 1520037 | 1943 | 1 | 0 | 0 | 大 | 小 |
| 17 | 襄公二十一年十月庚辰朔 | 552-09-19 | 1520067 | 1944 | 0 | 0 | 0 | 大 | |
| 18* | 襄公二十三年二月癸酉朔 | 550-01-05 | 1520540 | 1960 | 0 | 2 | 1 | 大 | 大 |
| 19* | 襄公二十四年七月甲子朔 | 549-06-19 | 1521071 | 1978 | 1 | 0 | 0 | 小 | 大 |
| 20 | 襄公二十四年八月癸巳朔 | 549-07-18 | 1521100 | 1979 | 0 | 0 | 0 | 小 | |
| 21* | 襄公二十七年十二月乙亥朔 | 546-10-13 | 1522282 | 2019 | 0 | 4 | 3 | 大 | 大 |
| 22* | 昭公七年四月甲辰朔 | 535-03-18 | 1526091 | 2148 | 5 | 7 | 8 | 小 | 小 |
| 23* | 昭公十五年六月丁巳朔 | 527-04-18 | 1529044 | 2248 | 2 | 6 | 6 | 大 | 小 |
| 24* | 昭公二十一年七月壬午朔 | 521-06-10 | 1531289 | 2324 | 3 | 6 | 5 | 大 | 大 |
| 25* | 昭公二十二年十二月癸酉朔 | 520-11-23 | 1531820 | 2342 | 1 | 0 | 1 | 小 | 小 |
| 26* | 昭公二十四年五月乙未朔 | 518-04-19 | 1532322 | 2359 | 0 | 1 | 1 | 大 | 小 |
| 27* | 昭公三十一年十二月辛亥朔 | 511-11-14 | 1535098 | 2453 | 3 | 6 | 6 | 大 | 小 |
| 28* | 定公五年三月辛亥朔 | 505-02-16 | 1537018 | 2518 | 2 | 5 | 4 | 大 | 大 |
| 29* | 定公十二年十一月丙寅朔 | 498-09-22 | 1539793 | 2612 | 2 | 4 | 5 | 小 | 小 |
| 30* | 定公十五年八月庚辰朔 | 495-07-22 | 1540827 | 2647 | 2 | 3 | 2 | 大 | 大 |
| 31 | 哀公五年闰十二月 | | | | | | | | |
| 32* | 哀公十四年五月庚申朔 | 481-04-19 | 1545847 | 2817 | 5 | 10 | 10 | 小 | 大 |

　　根据这些可靠的材料可以推知，鲁国的历谱是依据一定的历法规则编排的：月有大小，大月30日，小月29日，大小月相间安排，每经若干月加一连大月。不同时段采用的连大月的周期有4种：15、15、15、19个月，15、15、15、21个月，15、15、15、21、15、15、15、19个月，15、15、21个月。这4种周期实际上使用的朔望月长

度值分别为 29.53125、29.53030、29.53077、29.52941 日，这些数值都相当好，其中以 29.53077 为最好，也最接近古四分历的 29.53085。也就是说，鲁国历家对于朔望月长度的探求处在很高的水平上，其思路不是推算具体的朔望月长度值，而是寻找最合适的连大月设置周期。

鲁历闰月和岁首的设置，僖公五年（公元前 655 年）前用建丑，之后则改从建子，它们是通过对冬至时日的实测或推算实现的。据统计，僖公五年前确实非建丑的年份仅为 6%，僖公五年后确实非建子的年份为 10%。这种状况是因为冬至时日测定的不够准确，又由于天气等原因不能每年实测，而且对于回归年长度的把握还不够精确，遂时有失闰或多闰的情况。由此可见，鲁历尚不是完全规整的推步历法，尤其在置闰问题上，还需通过时常的实测工作进行调整。

自鲁隐公元年（公元前 722 年）到鲁定公十五年（公元前 495 年）的 228 年，即 3 个 76 年中，前后 3 个 76 年包含的闰月数分别为 28、27 和 28 个，而哀公元年（公元前 494 年）到哀公十六年（公元前 479 年）的 16 年中有 6 闰。这说明 19 年 7 闰的置闰方法已经自觉或不自觉地为鲁国的历家得到了。如果说在春秋前、中期，19 年 7 闰只是他们应用朔日推算法和时常进行冬至时日测量的自然结果，那么到后期，他们大约已经有了自觉性，这似可以从自鲁定公七年（公元前 503 年）以后历法总是每 2 年或 3 年加一闰月的状况中得到证明。此外，若以 19 年 7 闰（19 年中有 7 个闰月，即共有 $12 \times 19 + 7 = 235$ 个月）和鲁历朔望月长度平均值 29.531 日计，则回归年的长度为（$29.531 \times 235$）/19=365.2518 日，很接近古四分历的 365 又 1/4 日。战国时古四分历的回归年长当即由此发展而来。

《左传》与《春秋》对同一事件历日的记载多有不同，这是由于当时各国历法有别，《左传》作者杂采诸国史料以解说《春秋》造成的。比较《春秋》和《左传》的这类历日，可以对各国历法的建正进行分析。以往的研究多认为晋历与齐历建寅，"夏商周断代工程"研究表明，晋历应为建丑，齐历、郑历、宋历、陈历和吴历是建丑还是建子尚难断言，周天子所用历法和楚历、卫历当为建子。由此看来，夏代历法建寅（夏正）、商代历法建丑（殷正）、周代历法建子（周正）的三正之说实不可信。

《诗经·小雅·十月之交》有"十月之交，朔日辛卯，日有食之"等句，这是文献中最早的关于"朔"的记载。除了发生日食之外，在通常情况下，不能用对天象的观测来确定朔日，而要通过某种特定的方法推算。由此可见，以朔为月首的历法及相关推算法，不是从鲁隐公元年才开始有的，而由"朔"入于诗歌来看，当时"朔"的观念和应用已经相当普及，由此推测，朔的观念与应用及其相关推算法的起始时代，应该可以上溯到西周中期。

对于取朔为月首之前的西周历法以什么为月首，学界尚无定论，但有一点似无疑问，西周历家显然认为以朔为月首是一种更为理想的取向。在其前的西周历法应有可由观测特定天象来确定的月首，这里所谓的特定天象，以新月出现的可能性最大，即文献中的"胐"。

关于西周历法的建正，历代主建子说者甚众，但细究之缺乏确证。春秋各诸侯国的历法以建子为多，其次为建丑，鲁历还存在着自建丑到建子的转变，这表明周代历法的建正并无一定之规。即使西周从初年到末年的历法都努力追求使用相同的建正，由于西周对冬至时日测定的准确度不会高于春秋，西周历法建正摆动的频率也不会低于 15%。再考虑到没有证据表明西周二百余年历法的建正始终不变，西周历法的实际建正应该在建子到建寅之间，有可能摆动到建亥。

西周历法闰月的设置应该是年终置闰。因为西周金文中有数件"十三月"的记载，甚至有个别"十四月"的记载。

总之，西周历法是阴阳合历，平年 12 个月，对于岁首有一定的设置准则，据以判定是否需要加闰月。闰月置于年终。大小月相间，大月 30 日，小月 29 日，有连大月。月首的设定，在西周早期以新月初见为月首，后来逐渐调整为以朔为月首。

在《史记・十二诸侯年表》中，司马迁给出了自西周共和元年（公元前 841 年）到周敬王四十三年（公元前 477 年）365 年间周王朝的纪年，及与之相应的鲁、齐、晋、秦、楚、宋、卫、陈、蔡、曹、燕、吴等 12 个诸侯国的纪年。在《史记・周本纪》《史记・秦本纪》和有关世家中，也述及这些纪年的状况。所有这些记载，为我们描述了西周共和以后及东周年代的序列，是为年代学的经典之作。

司马迁指出，他是依据"春秋历谱谍"撰写年表的，本纪、世家中的纪年，也应是参照"春秋历谱谍"，而且还参用了其他有关史料。

年表和本纪、世家所述纪年，基本上是一致的，但也存在少量不同之处。究其原因，可能一是后世传抄者的失误，二是司马迁的误笔，三是司马迁所依据的资料原本就有所不同。前两个原因实际上很难加以区分。根据这些记载，我们可以得知西周共和以下的纪年法。根据本纪、世家中若干具体历日干支材料，还可以窥知各诸侯国所用历法的异同。

《史记・十二诸侯年表》和本纪、世家所载西周共和以下 12 诸侯国的年代，既是各自独立的系统，又彼此参照，互为补充，从而建构了环环相扣的年代框架，昭示了自西周共和以后可靠的年代序列，以及西周共和以后周王年代与相关诸侯国年代之间的对应关系。西周共和元年是为公元前 841 年，既是后计其后年代，又是前推其前年代的不可动摇的基点。

看上述《史记》各部分，西周和春秋时期采用王公纪年法，即以王公的在位年次纪年，是毋庸置疑的。但是在改元的方式上，存在着逾年改元和当年改元的不同。逾年改元指周王（或其他公、侯）以其前一王（或公、侯）去世之次年为元年，当年改元指周王（或其他公、侯）以其前一王（或公、侯）去世之当年为元年[①]。

## 2. 青铜器的考古类型学研究

在将有关青铜器的铭文即金文的历日编排成历谱以前，对这些器物进行考古学的类型学研究，是必要的前提。由于学者间对于铭文每每有不同解释，而且差异可能很

---

① 平勢隆郎：《新編史記東周年表——中國古代紀年の研究序章》，東京大學出版會，1995 年；陈美东：《〈史记〉西周共和以后及东周年表初探》，《自然科学史研究》2001 年第 3 期。

大，对于铭文所属王世的估计常相差悬殊，如最著名的毛公鼎，即有成王、夷王、厉王、宣王，甚至春秋中叶以后诸说[①]，而类型学的分期，尽管不能推出绝对年代，却足以指出青铜器时代的范围，避免不应有的误解。因此，"夏商周断代工程"要求对准备排入历谱的青铜器，尽可能先从类型学角度做出考察。为了做到这一点，特别设立专题，就西周青铜器的类型学进行扼要的研究。

专题研究的预定目标是：以西周青铜器铭文可供西周历谱研究者为主，运用类型学方法，就其形制、纹饰进行考古学的分期研究，为改进西周历谱研究提供比较可靠的依据。所谓"铭文可供西周历谱研究"的青铜器，是指铭文中王年、月序、纪时词语"月相"、纪日干支四要素俱全的青铜器。专题研究的任务是要从考古学上对这些四要素俱全的青铜器进行比较准确的分期断代，从而使历谱研究能够建立在科学的基础之上，避免过去那种不顾青铜器年代随意推排的情况。

（1）西周青铜器类型学研究的历史回顾

西周青铜器的分期断代研究，肇始于 20 世纪 30 年代。宋代和清代的金石学家，对个别青铜器的年代偶有论及，或就铭文中的人名与文献记载比附，或依后世历术推步历朔，缺乏对青铜器形制、纹饰和铭文的全面考察，因而所定年代多不可靠。郭沫若在 1932 年编撰的《两周金文辞大系》，以及 1935 年增订出版的《两周金文辞大系图录》和《两周金文辞大系考释》，第一次将近代考古学的类型学方法应用于青铜器研究，对西周时代的有铭青铜器进行系统的整理研究，初步建立比较完整的科学体系。他对 250 件西周重要器铭进行断代，是以"自身表明了年代的标准器"为基点，联系相关的人名和史事，参照器物的形制和纹饰，再检验相互之间的历朔关系，来做出判断。郭沫若创立的这种标准器断代法，在青铜器研究领域具有划时代的开拓性意义。

郭沫若的《两周金文辞大系》问世后不久，中外有关学者受其影响，着手对西周青铜器进行新的研究。瑞典学者高本汉（B. Karlgren）于 1936 年和 1937 年先后发表《中国青铜器中的殷与周》《中国青铜器的新研究》[②]二文，根据《两周金文辞大系》等书判定的金文年代，探讨商代和西周不同时期青铜器形制和纹饰的特点，提出"殷式""殷周式"等概念，形成自己的研究体系。容庚于 1941 年出版的综合性论著《商周彝器通考》，详细搜集传世青铜器资料，系统论述商周青铜器的诸多方面问题。该书的突出特点是，选录 50 多种青铜器的上千幅图像，以及 70 多种青铜器纹饰的常见样式，分别按其类型差别和时代先后编列，形成内容丰富的参考图谱。其中，西周青铜器占较大比重，被区分为前后两期，至于判定具体王世的 240 多件西周有铭青铜器，则"与郭氏同者十七八，而异者亦十二三也"。

后来，陈梦家于 20 世纪 40 年代后期，大力收集流散欧美各地的商周青铜器，更

---

① 白川静：《金文通释》卷三下，白鹤美术馆，1971 年，第 637 页。

② Karlgren B. Yin and Chou in Chinese Bronzes. *BMFEA*, 8, 1936; New Studies on Chinese Bronzes. *BMFEA*, 9, 1937.

加深入地进行考古类型学研究[①]，继而于 50 年代和 60 年代前期写作《西周铜器断代》[②]一书，将西周青铜器分为早、中、晚三期（分别以昭穆之间和夷厉之间为界），还曾考虑将中期再分前、后两段（以共懿之间为界），全书论及有铭青铜器 400 件，对标准器断代法又有新的发展。他在进行西周青铜器的断代研究时，对已有青铜器资料做了尽可能彻底的清理，密切关注新的考古发掘与研究成果，不仅深入分析器铭内部的多方面联系，如同作器者、同父祖、同族名、同官名、同时、同地、同事，等等，而且更加注重铭文字形和书体、器物形制和纹饰的相互比较，力主在综合考察的基础上做出决断。这对于西周青铜器研究进一步走上考古类型学的科学轨道，起了重要的推进作用。

20 世纪 70 年代中期以后，随着周原、丰镐等地众多西周高级贵族墓葬和青铜器窖藏的陆续发现，年代和组合可靠的西周青铜器资料有大幅度的增加，这为西周青铜器研究提供了良好的条件。唐兰总结自己毕生的研究心得，再次清理有关资料，着手撰写《西周青铜器铭文分代史征》一书。令人遗憾的是，他仅完成全书不到一半的篇幅，穆王部分尚未全部写完，便与世长辞。李学勤、马承源和其他学者，为提高西周青铜器的研究水平而不懈努力，取得一系列重要成果。外国有关学者也有不少新的贡献，如日本白川静的《金文通释》（1964—1984 年）和林巳奈夫的《殷周青铜器综览》（1984—1986 年），内容都很丰富。许多新出土的西周有铭青铜器，经过各方面专家多角度的共同讨论，被确认为某些王世的标准器，为西周青铜器断代增添了可靠的标尺。近年山西曲沃晋侯墓地等大规模的考古发掘，出土大批年代序列明确的青铜器，断代研究上的重要意义更不待言。西周青铜器研究，正在出现前所未有的崭新局面。

（2）资料的搜集和利用

进行西周青铜器的断代研究，怎样收集和利用已有资料，是个研究方法问题。过去由于历史的局限，考订西周有铭青铜器的年代，虽已注意到器形和纹饰的比较分析，却长期缺乏典型墓地的分期成果作为参照；而进行西周墓葬出土青铜器的研究，又往往与传世有铭青铜器对比不够。因此，迫切需要在更加全面地占有相关资料的基础上，用考古类型学方法重新进行一番研究。

本专题收集的西周青铜器典型资料，主要包括：a. 西周高级贵族大墓发掘出土的青铜器。这些大墓，不仅随葬成套的青铜礼器、兵器和车马器，而且常有呈一定组合的陶器伴出，而随葬陶器已有缜密的分期研究，相对年代和共存关系明确可信。b. 保存情况较好的西周青铜器窖藏。c. 传世品中的成组青铜器。这些同坑、同组的西周青铜器，共存关系也较清楚，作器时间相同、相近或前后关联，在断代研究中可供通盘

---

① 陈梦家于 1947 年夏在芝加哥大学用英文著成《美国收藏的中国青铜器全集》一书，后于 1956 年将该书中文稿定名为《流散美国的中国青铜器集录》，交科学出版社于 1962 年出版，书名被改成《美帝国主义劫掠的我国殷周铜器集录》，但其英文稿中的概述至今未能发表。

② 陈梦家《西周铜器断代》部分内容曾于 1955 年、1956 年在《考古学报》连载，后连同未发表的遗稿，经中国社会科学院考古研究所有关学者整理，由中华书局于 2004 年出版。

考虑。d. 零星出土和传世品中的标准器。这类青铜器的铭文都已表明自身所属王世，学者意见比较一致。e. 其他有重要铭文的青铜器，特别是年、月、纪时词语（月相）和纪日干支四要素俱全的青铜器。详见下节。

从上述五项青铜器的图像资料中，选取比较常见的器类，计有鼎、鬲、簋、盨、尊、卣、壶、方彝、盉、盘、钟 11 类的 352 件标本，像田野考古报告那样，逐类按其形制进行详细的分型、分式。例如，鼎类青铜器分为五型，即方鼎、浅腹扁足鼎、分裆柱足鼎、圆腹鼎、球腹蹄足鼎；鬲类青铜器分为三型，即立耳鬲、附耳鬲、无耳鬲；簋类青铜器分为五型，即圈足簋、方座簋、四足簋、三足簋、高圈足簋，等等。再根据形制和纹饰的差异，将各型器物分为若干式（有的型，标本数量很少，则不再分式）。然后，逐件说明标本形制和纹饰的特点、出土地点、现藏处所、尺寸、铭文内容及其与其他器物关联情况，以及它们的大体年代。

同时，又对西周青铜器上常见的几种变化较多的主体纹饰，如鸟纹、兽面纹、窃曲纹等进行系统的研究。由于青铜器形制和纹饰的变化并不是同步的，而是两相交叉的，往往形制上相对稳定的时间稍长，纹饰上变化明显，这便需要将纹饰研究与形制研究结合起来，二者相辅相成，避免仅据器形断代而出现偏差。我们对几种西周青铜器纹饰进行类型学分析，鸟纹区分为小鸟纹（Ⅰ型）、大鸟纹（Ⅱ型）、长尾鸟纹（Ⅲ型）；兽面纹区分为独立兽面纹（Ⅰ型）、歧尾兽面纹（Ⅱ型）、连体兽面纹（Ⅲ型）、分解兽面纹（Ⅳ型）；窃曲纹区分为有目窃曲纹（Ⅰ型）和无目窃曲纹（Ⅱ型）。然后，再分别进一步分为若干式。通过排比分析，探讨几种青铜器纹饰的演变规律，判明它们的主要流行时间，它们在不同时期的纹样特点、装饰部位，以及与其他纹饰的搭配关系，等等。

最后，根据各类器物形制和纹饰的详细对比，铭文内容的多方面联系，特别是铭文一致和作器者相同的同组关系，庄白窖藏和晋侯墓地那样世次明确的器组，以及琉璃河等年代明确墓葬的同坑关系，综合起来考察它们的发展谱系，将西周青铜器分为早、中、晚三期（有的器类，又将一期再分前、后两段）。三期的划分，既考虑各类器物形制和纹饰的变化，又考虑各期所跨时段的长短。各期相当的王世为：

　　　　早期　武、成、康、昭
　　　　中期　穆、共、懿、孝、夷
　　　　晚期　厉、共和、宣、幽

每期大约是八九十年。由于是将历日四要素俱全的青铜器置于整个谱系框架之中考察，这样判定的年代应较为客观。需要声明的是：采取考古类型学方法排比的器物发展谱系，划分的是一种相对年代，所谓相当的王世，不过指出大体相当于某王前后，上下可稍有游移[①]。

（3）历日四要素俱全的青铜器的分期断代

用类型学的方法，对西周青铜器典型资料，按器类进行详细的分型分式，根据它

---

① 本专题的报告已单行出版，即王世民、陈公柔、张长寿：《西周青铜器分期断代研究》，文物出版社，1999 年。

们之间纹饰、铭文的相互联系，以及同坑、同组的共存关系，综合考察它们的发展谱系，这就为金文历谱的编排工作提供了一个比较可靠的基础。

在西周青铜器铭文历日中，年、月、纪时词语（月相）与纪日干支四要素俱全的共约 60 件[①]，其中有器形图像的 51 件。对比西周青铜器主要器类的考古学分期，全面考察目前所知这些铭文年月历日四要素俱全的青铜器，并联系其他相关青铜器，对其出土情况、形制、纹饰等综合研究，可将它们所属青铜器分期和相当王世列表如下（表 2-7）。

**表 2-7　西周时期铭文历日四要素俱全的青铜器的分期断代表[②]**

| 序号 | 器名 | 分期 | 相当王世 |
|---|---|---|---|
| 1 | 庚嬴鼎 | 早期后段 | 康王前后 |
| 2 | 裘卫簋 | 中期前段 | 穆王前后 |
| 3 | 鲜簋 | 中期前段 | 穆王 |
| 4 | 卫盉 | 中期前段 | 共王前后 |
| 5 | 五祀卫鼎 | 中期前段 | 共王前后 |
| 6 | 九年卫鼎 | 中期前段 | 共王前后 |
| 7 | 走簋 | 中期前段 | 共王前后 |
| 8 | 十五年趞曹鼎 | 中期前段 | 共王 |
| 9 | 休盘 | 中期前段 | 共王前后 |
| 10 | 师虎簋 | 中期后段 | 懿王前后 |
| 11 | 师遽簋盖 | 中期后段 | 懿王前后 |
| 12 | 无㠱簋 | 中期后段 | 懿王前后 |
| 13 | 吴方彝盖 | 中期后段 | 懿王前后 |
| 14 | 趞尊 | 中期后段 | 孝王前后 |
| 15 | 王臣簋 | 中期后段 | 孝王前后 |
| 16 | 痎盨 | 中期后段 | 孝王前后 |
| 17 | 宰兽簋 | 中期后段 | 孝王前后 |
| 18 | 谏簋 | 中期后段 | 孝王前后 |
| 19 | 齐生鲁方彝盖 | 中期后段 | 孝王前后 |
| 20 | 大师虘簋 | 中期后段 | 孝王前后 |
| 21 | 十三年痎壶 | 中期后段 | 孝王前后 |
| 22 | 元年师旋簋 | 中期后段 | 夷王前后 |
| 23 | 郑季盨 | 中期后段 | 夷王前后 |

① 此处收入资料限于 2000 年以前所见。
② 本表根据王世民、陈公柔、张长寿：《西周青铜器分期断代研究》，文物出版社，1999 年，第 255—256 页，两表的排序略有差异。书中"山鼎"即本表所称的"膳夫山鼎"，其相当王世"宣王"，在本表中已改为"宣王前后"。另有虎簋盖，因其器身不存，未能根据器形进行考古学分期，未列入本表。

续表

| 序号 | 器名 | 分期 | 相当王世 |
|---|---|---|---|
| 24 | 散伯车父鼎 | 中期后段 | 夷王前后 |
| 25 | 五年师旋簋 | 中期后段 | 夷王前后 |
| 26 | 番匊生壶 | 中晚期间 | 夷厉前后 |
| 27 | 伯寛父盨 | 中晚期间 | 夷厉前后 |
| 28 | 牧簋 | 中晚期间 | 夷厉前后 |
| 29 | 师𤸯簋 | 中晚期间 | 夷厉前后 |
| 30 | 逆钟 | 中晚期间 | 夷厉前后 |
| 31 | 元年师兑簋 | 晚期前段 | 厉王前后 |
| 32 | 三年师兑簋 | 晚期前段 | 厉王前后 |
| 33 | 鄁簋 | 晚期前段 | 厉王前后 |
| 34 | 柞钟 | 晚期前段 | 厉王前后 |
| 35 | 颂鼎、壶、簋 | 晚期前段 | 厉王前后 |
| 36 | 师𡮝簋 | 晚期前段 | 厉王前后 |
| 37 | 大簋盖 | 晚期前段 | 厉王前后 |
| 38 | 大鼎 | 晚期前段 | 厉王前后 |
| 39 | 伯克壶 | 晚期前段 | 厉王前后 |
| 40 | 克钟、镈 | 晚期前段 | 厉王前后 |
| 41 | 克盨 | 晚期前段 | 厉王前后 |
| 42 | 伊簋 | 晚期前段 | 厉王前后 |
| 43 | 寰盘 | 晚期前段 | 厉王前后 |
| 44 | 鄦攸从鼎 | 晚期前段 | 厉王前后 |
| 45 | 晋侯苏钟[①] | 晚期前段 | 厉王 |
| 46 | 此鼎、簋 | 晚期后段 | 宣王前后 |
| 47 | 趞鼎 | 晚期后段 | 宣王前后 |
| 48 | 兮甲盘 | 晚期后段 | 宣王 |
| 49 | 虢季子白盘 | 晚期后段 | 宣王 |
| 50 | 虞虎鼎 | 晚期后段 | 宣王 |
| 51 | 膳夫山鼎 | 晚期后段 | 宣王前后 |

## 3. "月相"含义的讨论

（1）关于"月相"的学说[②]

西周青铜器铭文中，常见"初吉""既生霸""既望""既死霸"等名词[③]，被称为纪

---

① 晋侯苏钟包括三种不同的形制，分别具西周晚期前段和后段特征，应是撷取较早的钟后刻铭文拼凑而成。表中仅注出对其铭文纪年的断代意见。

② 参照吴振武等承担的"金文纪时词语（月相）"专题的结题报告《"月相词研究综理"课题结题报告》，"夏商周断代工程"档案，结题卷 07-14；罗琨：《月相蠡测》，《庆祝杨向奎先生教研六十年论文集》，河北教育出版社，1998 年。

③ 个别铭文尚有"方（旁）死霸"等。

时词语，习称"月相"，是周人记述月内日序的一种方法。此外，在《尚书》《逸周书》等传世文献中，还有"朏""旁死霸""既旁生霸"等，对其解释，古已有之，如《汉书·律历志》引刘歆《三统》称："死霸，朔也。生霸，望也。""月相"的含义，学术界至今意见分歧，纷争不休，形成了多种学说，大别之有"四分说""定点说""二分一段说""二分二点说""二分一点说"等，细节又有若干不同。

"四分说"指四个"月相"将一月四分，王国维称"余览古器物铭而得古之所以名日者凡四，曰初吉，曰既生霸，曰既望，曰既死霸。因悟古者盖分一月之日为四分，一曰初吉，谓自一日至七、八日也。二曰既生霸，谓自八、九日以降至十四、十五日也。三曰既望，谓十五、十六日以后至二十二、二十三日。四曰既死霸，谓自二十三日以后至于晦也。八、九日以降，月虽未满，而未盛之明则生已久，二十三日以降，月虽未晦，然始生之明固已死矣。盖月受日光之处，虽同此一面，然自地观之，则二十三日以后月无光之处，正八日以前月有光之处，此即后世上弦下弦之由分。以始生之明既死，故谓之既死霸。此生霸死霸之确解"[1]，即为此说代表。王国维除认为"月相"表示公名（段）外，还是专名（点），表示相应时段的首日。他指出："若更欲明定其日，于是有哉生魄、旁生霸、旁死霸诸名……如既生霸为八日，则旁生霸为十日；既死霸为二十三日，则旁死霸为二十五日，事与义会，此其证矣。凡初吉、既生霸、既望、既死霸各有七日或八日，哉生魄、旁生霸、旁死霸各有五日若六日，而第一日亦得专其名。"[2]

"定点说"指诸月相各表示某一特定的日序（月龄）。该说根据文献所载，如《汉书·律历志》所载刘歆《世经》引《武成》之"二月既死霸，粤五日甲子"[3]"惟四月既旁生霸，粤六日庚戌"，《召诰》之"惟二月既望，粤六日乙未""惟三月丙午朏"等，认为月相词语必指固定的某一天，否则无从计日，然而各月相词语究竟固定在哪一天，"定点说"也各不相同。例如，董作宾提出：第一定点，既死霸，朔，月吉、初吉，相当初一日；第一附点，旁死霸，哉生霸，朏，相当初二、初三日；第二定点，既生霸，望，相当十五日；第二附点，旁生霸，既望，相当十六、十七、十八日[4]。他还认为，各定点或附点中的朔、朏、望、既望是人的意象，而既死霸、旁死霸、哉生霸、既生霸、旁生霸是月相，两者有区别。又如，陈梦家认为：初吉即朏，为月之三日，既生霸为十二、十三日，既望为十五、十六日，既死霸为月之一日[5]。

在诸"月相"词语中，争论最多的是"初吉"。"四分说"与"定点说"虽然认识不同，但都肯定"初吉"是月相。但"初吉"究竟与日序或月相有没有关系，这个问题仍没有定论。例如，黄盛璋主张"初吉"并非月相，他认为西周历法以既望分前后

---

① 王国维：《生霸死霸考》，《观堂集林》卷1，中华书局，1959年，第21—22页。

② 王国维：《生霸死霸考》，《观堂集林》卷1，中华书局，1959年。

③ "二月"原作"三月"，此据《逸周书·世俘》。

④ 董作宾：《周金文中生霸死霸考》《"四分一月"说辨证》，《董作宾先生全集》甲编第1册，艺文印书馆，1977年。

⑤ 陈梦家：《西周铜器断代（二）》，《考古学报（第十册）》，科学出版社，1955年。

两半月，前半月为既生霸，后半月为既死霸，既望为十六、十七日，三者皆为月相而非定点。初吉为初一到初十日，非月相，也非定点①，这是"二分一段"说。

"二分二点说""二分一点说"又称"点段结合说"。其中"二分"指"既生霸"和"既死霸"表示一个时段；"二点"指两定点："初吉"和"既望"，"一点"则只指"既望"为定点。例如，张培瑜认为"生霸、死霸分别表示上下半月的月相。初吉、既望是朏月、满月的称呼"②，这是"二分二点说"。

（2）"月相"范围的估计

由上述可知，西周人对"月相"究竟持怎样一种看法，单纯从训诂角度很难得出公认的结论。如果不先将某种"月相"概念做一个前提，而是给一个能为多数学者接受的、稍宽的日辰范围，比如"既生霸"在月初之后望之前，"既望"在合望后几日内，而"既死霸"在"既望"后至月末，属下半月中晚段的时间内。这样，用金文历日与文献中的历日根据合天历表做综合研究，得出一个较为妥当的结论（即得出一个较科学的西周编年系统）后，从作为其依据的合历的金文与文献的历日、"月相"资料中，也可以对诸种"月相"究竟指一月之中的某日或某几日做出一个初步的判断。这种判断因为有合历的检验，故而可能更接近实际。

还可以设想，如果能够找出足够多的西周金文，在一件中具有两条或更多的历日，都包含"月相"，或者两件或更多的金文，彼此有不容争议的关系，又都具有包含"月相"的历日，就有可能通过"月相"间距离的推算，归纳出"月相"的范围。曾有学者在这方面进行过有益的试探③，但他们列举的材料，有些是可以有不同解释的。

这里我们选出 4 件金文，每一件都具有两条或更多的历日，并且包含"月相"。这4 件都有"既望"，如所周知，望在十五日或十六日是明确的，因而既望的可能范围当以望为上限，其他"月相"不应到望或将望包括在内。至于既望，如非定点的，其下限不能直接推出，但肯定不会晚过下弦，即二十三日左右。由既望这样的可能范围出发，可推知其他"月相"的可能范围④。

1）作册魅卣⑤

　　二月既望乙亥（12）⑥
　　四月既生霸庚午（7）

乙亥（12）到庚午（7）之间 55 天。二月、三月可能都是大月，也可能是一个大月一个小月。如果都是大月，二月初一与四月初一干支相同。如果是一个大月一个小

① 黄盛璋：《从铜器铭刻试论西周历法若干问题》，《亚洲文明论丛》，四川人民出版社，1986 年。
② 张培瑜：《西周天象和年代问题》，《西周史论文集》，陕西人民教育出版社，1993 年。
③ 如陈梦家在《西周铜器断代》第 56 页关于作册魅卣的讨论，参看景冰：《西周金文中纪时术语——初吉、既望、既生霸、既死霸的研究》，《自然科学史研究》1999 年第 1 期。
④ 徐凤先：《以相对历日关系探讨金文月相词语的范围》，《中国科技史杂志》2009 年第 1 期。
⑤ 中国社会科学院考古研究所：《殷周金文集成》，第 5432 号，中华书局，1990 年。
⑥ 括弧内的数字表示这个干支在干支表中的顺序。

月，四月初一较二月初一干支序号小1。

① 二月和三月都是大月。

| 二月初一 | 二月既望乙亥（12） | 四月初一 | 四月既生霸庚午（7） |
|---|---|---|---|
| 辛酉（58） | 十五 | 辛酉（58） | 初十 |
| 庚申（57） | 十六 | 庚申（57） | 十一 |
| 己未（56） | 十七 | 己未（56） | 十二 |
| 戊午（55） | 十八 | 戊午（55） | 十三 |
| 丁巳（54） | 十九 | 丁巳（54） | 十四 |
| 丙辰（53） | 二十 | 丙辰（53） | 十五 |
| 乙卯（52） | 二十一 | 乙卯（52） | 十六 |
| 甲寅（51） | 二十二 | 甲寅（51） | 十七 |
| 癸丑（50） | 二十三 | 癸丑（50） | 十八 |

② 二月和三月为一大月一小月。

| 二月初一 | 二月既望乙亥（12） | 四月初一 | 四月既生霸庚午（7） |
|---|---|---|---|
| 辛酉（58） | 十五 | 庚申（57） | 十一 |
| 庚申（57） | 十六 | 己未（56） | 十二 |
| 己未（56） | 十七 | 戊午（55） | 十三 |
| 戊午（55） | 十八 | 丁巳（54） | 十四 |
| 丁巳（54） | 十九 | 丙辰（53） | 十五 |
| 丙辰（53） | 二十 | 乙卯（52） | 十六 |
| 乙卯（52） | 二十一 | 甲寅（51） | 十七 |
| 甲寅（51） | 二十二 | 癸丑（50） | 十八 |
| 癸丑（50） | 二十三 | 壬子（49） | 十九 |

所以，如果既望乙亥的范围是十五到二十，则既生霸庚午的范围是初十到十六。如果既望乙亥的范围是十五到二十三，则既生霸庚午的范围是初十到十九。考虑到既生霸不能晚过望，此卣表明既生霸的可能范围是十一到十四。

2）智鼎 [1]

　　惟王元年六月既望乙亥（12）
　　惟王四月既生霸辰在丁酉（34）

鼎铭原分三段，"元年六月既望乙亥"在第一段，"四月既生霸辰在丁酉"在第二段。当时年终置闰，此处四月和六月不能在同一年。因后者不记王年，应理解为邻年，

---

[1] 中国社会科学院考古研究所：《殷周金文集成》，第2838号，中华书局，1985年。

即后者不是在元年的前一年，便是在元年的后一年。下面分别推算。

① 四月既生霸丁酉（34）在前，元年六月既望乙亥（12）在后。六月既望乙亥与六月初一干支的关系是：

| 六月既望乙亥（12） | 十五 | 十六 | 十七 | 十八 | 十九 | 二十 | 二十一 | 二十二 | 二十三 |
|---|---|---|---|---|---|---|---|---|---|
| 六月初一干支 | 辛酉（58） | 庚申（57） | 己未（56） | 戊午（55） | 丁巳（54） | 丙辰（53） | 乙卯（52） | 甲寅（51） | 癸丑（50） |

从某年四月初一到第二年六月初一之间如果没有闰月，共 14 个月。按大小月间隔，14 个月共 413 天。除去干支循环的整数倍 360，四月初一的干支较第二年六月初一的干支提前 53，也就是推后 7。六月初一的干支由庚申（57）逆向变到癸丑（50），前一年四月初一的干支由丁卯（4）逆向变到庚申（57），该月没有丁酉（34）。只有当六月初一干支为辛酉（58），前一年四月初一干支随之为戊辰（5），并且四月为大月时，丁酉（34）为四月三十。

所以，两年之间当有 1 个闰月，前一年四月初一到元年六月初一之间有 15 个月。15 个月中可能有 1 个连大月，也可能没有连大月。起始的四月可能是小月，也可能是大月。这样就有 4 种组合：

四月是小月，没有连大月。共 8 个小月，7 个大月。

四月是大月，没有连大月。共 7 个小月，8 个大月。

四月是小月，有连大月。共 7 个小月，8 个大月。

四月是大月，有连大月。共 7 个小月，8 个大月。

组合的结果只有两种：7 个小月 8 个大月；8 个小月 7 个大月。

第一种，7 个小月 8 个大月，共计 443 天。前一年四月初一干支较元年六月初一干支序号提前 23。

| 六月既望乙亥（12） | 六月初一干支 | 前一年四月初一干支 | 四月既生霸丁酉（34） |
|---|---|---|---|
| 十五 | 辛酉（58） | 戊戌（35） | 无 |
| 十六 | 庚申（57） | 丁酉（34） | 初一 |
| 十七 | 己未（56） | 丙申（33） | 初二 |
| 十八 | 戊午（55） | 乙未（32） | 初三 |
| 十九 | 丁巳（54） | 甲午（31） | 初四 |
| 二十 | 丙辰（53） | 癸巳（30） | 初五 |
| 二十一 | 乙卯（52） | 壬辰（29） | 初六 |
| 二十二 | 甲寅（51） | 辛卯（28） | 初七 |
| 二十三 | 癸丑（50） | 庚寅（27） | 初八 |

第二种，8 个小月 7 个大月，共计 442 天。前一年四月初一干支较元年六月初一干

支序号提前 22。

| 六月既望乙亥（12） | 六月初一干支 | 前一年四月初一干支 | 四月既生霸丁酉（34） |
|---|---|---|---|
| 十五 | 辛酉（58） | 己亥（36） | 无 |
| 十六 | 庚申（57） | 戊戌（35） | 无 |
| 十七 | 己未（56） | 丁酉（34） | 初一 |
| 十八 | 戊午（55） | 丙申（33） | 初二 |
| 十九 | 丁巳（54） | 乙未（32） | 初三 |
| 二十 | 丙辰（53） | 甲午（31） | 初四 |
| 二十一 | 乙卯（52） | 癸巳（30） | 初五 |
| 二十二 | 甲寅（51） | 壬辰（29） | 初六 |
| 二十三 | 癸丑（50） | 辛卯（28） | 初七 |

所以，四月既生霸丁酉（34）当在四月初一到初八之间。

　　② 元年六月既望乙亥（12）在前，四月既生霸丁酉（34）在后，即二年四月既生霸丁酉。元年六月初一到二年四月初一之间如果没有闰月，共 10 个月，按大小月间隔排列，共 295 天。二年四月初一的干支较元年六月初一的干支推后 55。

| 元年六月初一干支 | 庚申（57） | 己未（56） | 戊午（55） | 丁巳（54） | 丙辰（53） | 乙卯（52） | 甲寅（51） | 癸丑（50） |
|---|---|---|---|---|---|---|---|---|
| 二年四月初一干支 | 乙卯（52） | 甲寅（51） | 癸丑（50） | 壬子（49） | 辛亥（48） | 庚戌（47） | 己酉（46） | 戊申（45） |

四月没有丁酉（34）。

　　所以，元年六月到二年四月之间当有 1 个闰月，共 11 个月。大小月的排列和有无连大月的组合有两种结果，即 5 个小月 6 个大月或 6 个小月 5 个大月。

　　第一种，5 个小月 6 个大月，共 325 天。二年四月初一干支较元年六月初一干支推后 25。

| 六月既望乙亥（12） | 六月初一干支 | 二年四月初一干支 | 二年四月丁酉（34） |
|---|---|---|---|
| 十五 | 辛酉（58） | 丙戌（23） | 十二 |
| 十六 | 庚申（57） | 乙酉（22） | 十三 |
| 十七 | 己未（56） | 甲申（21） | 十四 |
| 十八 | 戊午（55） | 癸未（20） | 十五 |
| 十九 | 丁巳（54） | 壬午（19） | 十六 |
| 二十 | 丙辰（53） | 辛巳（18） | 十七 |
| 二十一 | 乙卯（52） | 庚辰（17） | 十八 |
| 二十二 | 甲寅（51） | 己卯（16） | 十九 |
| 二十三 | 癸丑（50） | 戊寅（15） | 二十 |

第二种，6个小月5个大月，共324天。二年四月初一较元年六月初一干支推后24。

| 六月既望乙亥（12） | 六月初一干支 | 二年四月初一干支 | 二年四月丁酉（34） |
| --- | --- | --- | --- |
| 十五 | 辛酉（58） | 乙酉（22） | 十三 |
| 十六 | 庚申（57） | 甲申（21） | 十四 |
| 十七 | 己未（56） | 癸未（20） | 十五 |
| 十八 | 戊午（55） | 壬午（19） | 十六 |
| 十九 | 丁巳（54） | 辛巳（18） | 十七 |
| 二十 | 丙辰（53） | 庚辰（17） | 十八 |
| 二十一 | 乙卯（52） | 己卯（16） | 十九 |
| 二十二 | 甲寅（51） | 戊寅（15） | 二十 |
| 二十三 | 癸丑（50） | 丁丑（14） | 二十一 |

四月既生霸丁酉可以从十二到二十一。

所以，如果曶鼎的四月既生霸丁酉在前，元年六月既望乙亥在后，则既生霸的范围是初一到初八。如果四月既生霸丁酉在后，六月既望乙亥在前，则既生霸丁酉的范围是十二到二十一。既然既生霸不能到望，上述后一结果应修正为十三到十四。

3）晋侯苏编钟[1]

> 惟王卅又三年
> 正月既生霸戊午（55）
> 二月既望癸卯（40）
> 二月既死霸壬寅（39）
> 三月方（旁）死霸
> 六月初吉戊寅（15）
> 　　丁亥（24）
> 　　庚寅（27）

钟铭历日从叙事内容看均属同一年，不能分列两年，因此"二月既望癸卯"和"二月既死霸壬寅"不能调谐，其间必有错误[2]，今从各种可能性分别推算。

首先，假设二月既望癸卯正确。

① 二月既望癸卯与正月既生霸戊午的关系。

第一种，如果正月是大月，二月既望癸卯与正月既生霸戊午的关系是：

| 二月既望癸卯（40） | 二月初一 | 正月初一 | 正月既生霸戊午（55） |
| --- | --- | --- | --- |
| 十五 | 己丑（26） | 己未（56） | 无 |

① 马承源：《晋侯鈇编钟》，《上海博物馆集刊（第七期）》，上海书画出版社，1996年。
② 马承源：《晋侯鈇编钟》，《上海博物馆集刊（第七期）》，上海书画出版社，1996年。

续表

| 二月既望癸卯（40） | 二月初一 | 正月初一 | 正月既生霸戊午（55） |
|---|---|---|---|
| 十六 | 戊子（25） | 戊午（55） | 初一 |
| 十七 | 丁亥（24） | 丁巳（54） | 初二 |
| 十八 | 丙戌（23） | 丙辰（53） | 初三 |
| 十九 | 乙酉（22） | 乙卯（52） | 初四 |
| 二十 | 甲申（21） | 甲寅（51） | 初五 |
| 二十一 | 癸未（20） | 癸丑（50） | 初六 |
| 二十二 | 壬午（19） | 壬子（49） | 初七 |
| 二十三 | 辛巳（18） | 辛亥（48） | 初八 |

第二种，如果正月是小月，二月既望癸卯与正月既生霸戊午的关系是：

| 二月既望癸卯（40） | 二月初一 | 正月初一 | 正月既生霸戊午（55） |
|---|---|---|---|
| 十五 | 己丑（26） | 庚申（57） | 无 |
| 十六 | 戊子（25） | 己未（56） | 无 |
| 十七 | 丁亥（24） | 戊午（55） | 初一 |
| 十八 | 丙戌（23） | 丁巳（54） | 初二 |
| 十九 | 乙酉（22） | 丙辰（53） | 初三 |
| 二十 | 甲申（21） | 乙卯（52） | 初四 |
| 二十一 | 癸未（20） | 甲寅（51） | 初五 |
| 二十二 | 壬午（19） | 癸丑（50） | 初六 |
| 二十三 | 辛巳（18） | 壬子（49） | 初七 |

所以，正月既生霸戊午在初一到初八之间。

② 二月既望癸卯与六月初吉戊寅的关系。

二月初一到六月初一之间有4个月，可以有2个小月2个大月（无连大月或有1个连大月且二月是小月），或1个小月3个大月（有1个连大月且二月是大月）。

第一种，2个小月2个大月，共118天，六月初一的干支较二月初一干支推后58（相当于提前2）。二月既望癸卯与六月初吉戊寅的关系是：

| 二月既望癸卯（40） | 二月初一 | 六月初一 | 六月初吉戊寅（15） |
|---|---|---|---|
| 十五 | 己丑（26） | 丁亥（24） | 无 |
| 十六 | 戊子（25） | 丙戌（23） | 无 |
| 十七 | 丁亥（24） | 乙酉（22） | 无 |
| 十八 | 丙戌（23） | 甲申（21） | 无 |
| 十九 | 乙酉（22） | 癸未（20） | 无 |
| 二十 | 甲申（21） | 壬午（19） | 无 |

| 二月既望癸卯（40） | 二月初一 | 六月初一 | 六月初吉戊寅（15） |
| --- | --- | --- | --- |
| 二十一 | 癸未（20） | 辛巳（18） | 无 |
| 二十二 | 壬午（19） | 庚辰（17） | 无 |
| 二十三 | 辛巳（18） | 己卯（16） | 无 |
| 二十四 | 庚辰（17） | 戊寅（15） | 初一 |

第二种，1个小月3个大月，119天。六月初一的干支较二月初一干支推后59（相当于提前1）。二月既望癸卯与六月初吉戊寅的关系是：

| 二月既望癸卯（40） | 二月初一 | 六月初一 | 六月初吉戊寅（15） |
| --- | --- | --- | --- |
| 十五 | 己丑（26） | 戊子（25） | 无 |
| 十六 | 戊子（25） | 丁亥（24） | 无 |
| 十七 | 丁亥（24） | 丙戌（23） | 无 |
| 十八 | 丙戌（23） | 乙酉（22） | 无 |
| 十九 | 乙酉（22） | 甲申（21） | 无 |
| 二十 | 甲申（21） | 癸未（20） | 无 |
| 二十一 | 癸未（20） | 壬午（19） | 无 |
| 二十二 | 壬午（19） | 辛巳（18） | 无 |
| 二十三 | 辛巳（18） | 庚辰（17） | 无 |
| 二十四 | 庚辰（17） | 己卯（16） | 无 |

可见，如果假设二月既望癸卯正确，癸卯在二月的十五到二十三日之间，若其中不设闰月，则六月没有戊寅。如果设1个闰月，六月戊寅在下旬。

其次，来看晋侯苏钟所有可能的历日的关系。

晋侯苏钟涉及的历日有正月既生霸戊午（55）、二月既望癸卯（40）、二月既死霸壬寅（39）、六月初吉戊寅（15）、丁亥（24）、庚寅（27），共6个历日。因二月既望癸卯和既死霸壬寅二者之中至少有一个肯定有错，有学者提出癸卯当改为辛卯（28）或癸巳（30），又有学者提出二月既望壬寅，既死霸癸卯。下面尝试将所有这些历日都列在一起，看它们之间的关系。因大小月的不同，这些历日的关系也略有不同，前后可能有1日之差。将可能的大小月变化组合起来，共有三种结果。其一，如果正月是大月，不管有没有连大月，正月初一到六月初一之间，总共有3个大月2个小月，二月初一的干支较正月初一推后30，六月初一的干支较正月初一干支推后28。其二，如果正月是小月，正月初一到六月初一之间有1个连大月，其间共3个大月2个小月，则二月初一干支较正月初一干支推后29，六月初一干支较正月初一干支推后28。其三，如果正月是小月，正月初一到六月初一之间没有连大月，共3个小月2个大月，二月初一干支较正月初一干支推后29，六月初一干支较正月初一干支推后27。

下面三个表分别列出这三种情况。表中加阴影框者为既望的范围。

第一种，正月是大月，正月初一到六月初一之间 3 个大月 2 个小月。

| 正月初一干支 | 正月戊午（55） | 二月初一干支 | 二月辛卯（28） | 二月癸巳（30） | 二月壬寅（39） | 二月癸卯（40） | 六月初一干支 | 六月戊寅（15） | 六月丁亥（24） | 六月庚寅（27） |
|---|---|---|---|---|---|---|---|---|---|---|
| 己未（56） | 无 | 己丑（26） | 初三 | 初五 | 十四 | 十五 | 丁亥（24） | 无 | 初一 | 初四 |
| 戊午（55） | 初一 | 戊子（25） | 初四 | 初六 | 十五 | 十六 | 丙戌（23） | 无 | 初二 | 初五 |
| 丁巳（54） | 初二 | 丁亥（24） | 初五 | 初七 | 十六 | 十七 | 乙酉（22） | 无 | 初三 | 初六 |
| 丙辰（53） | 初三 | 丙戌（23） | 初六 | 初八 | 十七 | 十八 | 甲申（21） | 无 | 初四 | 初七 |
| 乙卯（52） | 初四 | 乙酉（22） | 初七 | 初九 | 十八 | 十九 | 癸未（20） | 无 | 初五 | 初八 |
| 甲寅（51） | 初五 | 甲申（21） | 初八 | 初十 | 十九 | 二十 | 壬午（19） | 无 | 初六 | 初九 |
| 癸丑（50） | 初六 | 癸未（20） | 初九 | 十一 | 二十 | 二十一 | 辛巳（18） | 无 | 初七 | 初十 |
| 壬子（49） | 初七 | 壬午（19） | 初十 | 十二 | 二十一 | 二十二 | 庚辰（17） | 无 | 初八 | 十一 |
| 辛亥（48） | 初八 | 辛巳（18） | 十一 | 十三 | 二十二 | 二十三 | 己卯（16） | 无 | 初九 | 十二 |
| 庚戌（47） | 初九 | 庚辰（17） | 十二 | 十四 | 二十三 | 二十四 | 戊寅（15） | 初一 | 初十 | 十三 |
| 己酉（46） | 初十 | 己卯（16） | 十三 | 十五 | 二十四 | 二十五 | 丁丑（14） | 初二 | 十一 | 十四 |
| 戊申（45） | 十一 | 戊寅（15） | 十四 | 十六 | 二十五 | 二十六 | 丙子（13） | 初三 | 十二 | 十五 |
| 丁未（44） | 十二 | 丁丑（14） | 十五 | 十七 | 二十六 | 二十七 | 乙亥（12） | 初四 | 十三 | 十六 |
| 丙午（43） | 十三 | 丙子（13） | 十六 | 十八 | 二十七 | 二十八 | 甲戌（11） | 初五 | 十四 | 十七 |
| 乙巳（42） | 十四 | 乙亥（12） | 十七 | 十九 | 二十八 | 二十九 | 癸酉（10） | 初六 | 十五 | 十八 |
| 甲辰（41） | 十五 | 甲戌（11） | 十八 | 二十 | 二十九 | 三十 | 壬申（9） | 初七 | 十六 | 十九 |
| 癸卯（40） | 十六 | 癸酉（10） | 十九 | 二十一 | 三十 | 无 | 辛未（8） | 初八 | 十七 | 二十 |
| 壬寅（39） | 十七 | 壬申（9） | 二十 | 二十二 | 无 | 无 | 庚午（7） | 初九 | 十八 | 二十一 |
| 辛丑（38） | 十八 | 辛未（8） | 二十一 | 二十三 | 无 | 无 | 己巳（6） | 初十 | 十九 | 二十二 |
| 庚子（37） | 十九 | 庚午（7） | 二十二 | 二十四 | 无 | 无 | 戊辰（5） | 十一 | 二十 | 二十三 |
| 己亥（36） | 二十 | 己巳（6） | 二十三 | 二十五 | 无 | 无 | 丁卯（4） | 十二 | 二十一 | 二十四 |

如果二月既望是辛卯，则正月既生霸戊午的范围是十二到二十，六月初吉戊寅的范围是初四到十二。如果二月既望是癸巳，正月既生霸戊午的范围是初十到十八，六月初吉戊寅的范围是初二到初十。如果二月既望是壬寅，则正月既生霸戊午在初一到初九之间，六月戊寅只有初一。如果二月既望癸卯，则正月既生霸戊午在初一到初八之间，六月没有戊寅。

第二种，正月是小月，正月初一到六月初一之间有 1 个连大月，共 3 个大月 2 个小月。

| 正月初一干支 | 正月戊午（55） | 二月初一干支 | 二月辛卯（28） | 二月癸巳（30） | 二月壬寅（39） | 二月癸卯（40） | 六月初一干支 | 六月戊寅（15） | 六月丁亥（24） | 六月庚寅（27） |
|---|---|---|---|---|---|---|---|---|---|---|
| 庚申（57） | 无 | 己丑（26） | 初三 | 初五 | 十四 | 十五 | 戊子（25） | 无 | 无 | 初三 |
| 己未（56） | 无 | 戊子（25） | 初四 | 初六 | 十五 | 十六 | 丁亥（24） | 无 | 初一 | 初四 |
| 戊午（55） | 初一 | 丁亥（24） | 初五 | 初七 | 十六 | 十七 | 丙戌（23） | 无 | 初二 | 初五 |
| 丁巳（54） | 初二 | 丙戌（23） | 初六 | 初八 | 十七 | 十八 | 乙酉（22） | 无 | 初三 | 初六 |
| 丙辰（53） | 初三 | 乙酉（22） | 初七 | 初九 | 十八 | 十九 | 甲申（21） | 无 | 初四 | 初七 |
| 乙卯（52） | 初四 | 甲申（21） | 初八 | 初十 | 十九 | 二十 | 癸未（20） | 无 | 初五 | 初八 |
| 甲寅（51） | 初五 | 癸未（20） | 初九 | 十一 | 二十 | 二十一 | 壬午（19） | 无 | 初六 | 初九 |
| 癸丑（50） | 初六 | 壬午（19） | 初十 | 十二 | 二十一 | 二十二 | 辛巳（18） | 无 | 初七 | 初十 |
| 壬子（49） | 初七 | 辛巳（18） | 十一 | 十三 | 二十二 | 二十三 | 庚辰（17） | 无 | 初八 | 十一 |
| 辛亥（48） | 初八 | 庚辰（17） | 十二 | 十四 | 二十三 | 二十四 | 己卯（16） | 无 | 初九 | 十二 |
| 庚戌（47） | 初九 | 己卯（16） | 十三 | 十五 | 二十四 | 二十五 | 戊寅（15） | 初一 | 初十 | 十三 |
| 己酉（46） | 初十 | 戊寅（15） | 十四 | 十六 | 二十五 | 二十六 | 丁丑（14） | 初二 | 十一 | 十四 |
| 戊申（45） | 十一 | 丁丑（14） | 十五 | 十七 | 二十六 | 二十七 | 丙子（13） | 初三 | 十二 | 十五 |
| 丁未（44） | 十二 | 丙子（13） | 十六 | 十八 | 二十七 | 二十八 | 乙亥（12） | 初四 | 十三 | 十六 |
| 丙午（43） | 十三 | 乙亥（12） | 十七 | 十九 | 二十八 | 二十九 | 甲戌（11） | 初五 | 十四 | 十七 |
| 乙巳（42） | 十四 | 甲戌（11） | 十八 | 二十 | 二十九 | 三十 | 癸酉（10） | 初六 | 十五 | 十八 |
| 甲辰（41） | 十五 | 癸酉（10） | 十九 | 二十一 | 三十 | 无 | 壬申（9） | 初七 | 十六 | 十九 |
| 癸卯（40） | 十六 | 壬申（9） | 二十 | 二十二 | 无 | 无 | 辛未（8） | 初八 | 十七 | 二十 |
| 壬寅（39） | 十七 | 辛未（8） | 二十一 | 二十三 | 无 | 无 | 庚午（7） | 初九 | 十八 | 二十一 |
| 辛丑（38） | 十八 | 庚午（7） | 二十二 | 二十四 | 无 | 无 | 己巳（6） | 初十 | 十九 | 二十二 |
| 庚子（37） | 十九 | 己巳（6） | 二十三 | 二十五 | 无 | 无 | 戊辰（5） | 十一 | 二十 | 二十三 |
| 己亥（36） | 二十 | 戊辰（5） | 二十四 | 二十六 | 无 | 无 | 丁卯（4） | 十二 | 二十一 | 二十四 |

第三种，正月是小月，正月初一到六月初一有3个小月2个大月。

| 正月初一干支 | 正月戊午（55） | 二月初一干支 | 二月辛卯（28） | 二月癸巳（30） | 二月壬寅（39） | 二月癸卯（40） | 六月初一干支 | 六月戊寅（15） | 六月丁亥（24） | 六月庚寅（27） |
|---|---|---|---|---|---|---|---|---|---|---|
| 庚申（57） | 无 | 己丑（26） | 初三 | 初五 | 十四 | 十五 | 丁亥（24） | 无 | 初一 | 初四 |
| 己未（56） | 无 | 戊子（25） | 初四 | 初六 | 十五 | 十六 | 丙戌（23） | 无 | 初二 | 初五 |
| 戊午（55） | 初一 | 丁亥（24） | 初五 | 初七 | 十六 | 十七 | 乙酉（22） | 无 | 初三 | 初六 |
| 丁巳（54） | 初二 | 丙戌（23） | 初六 | 初八 | 十七 | 十八 | 甲申（21） | 无 | 初四 | 初七 |
| 丙辰（53） | 初三 | 乙酉（22） | 初七 | 初九 | 十八 | 十九 | 癸未（20） | 无 | 初五 | 初八 |

续表

| 正月初一干支 | 正月戊午（55） | 二月初一干支 | 二月辛卯（28） | 二月癸巳（30） | 二月壬寅（39） | 二月癸卯（40） | 六月初一干支 | 六月戊寅（15） | 六月丁亥（24） | 六月庚寅（27） |
|---|---|---|---|---|---|---|---|---|---|---|
| 乙卯（52） | 初四 | 甲申（21） | 初八 | 初十 | 十九 | 二十 | 壬午（19） | 无 | 初六 | 初九 |
| 甲寅（51） | 初五 | 癸未（20） | 初九 | 十一 | 二十 | 二十一 | 辛巳（18） | 无 | 初七 | 初十 |
| 癸丑（50） | 初六 | 壬午（19） | 初十 | 十二 | 二十一 | 二十二 | 庚辰（17） | 无 | 初八 | 十一 |
| 壬子（49） | 初七 | 辛巳（18） | 十一 | 十三 | 二十二 | 二十三 | 己卯（16） | 无 | 初九 | 十二 |
| 辛亥（48） | 初八 | 庚辰（17） | 十二 | 十四 | 二十三 | 二十四 | 戊寅（15） | 初一 | 初十 | 十三 |
| 庚戌（47） | 初九 | 己卯（16） | 十三 | 十五 | 二十四 | 二十五 | 丁丑（14） | 初二 | 十一 | 十四 |
| 己酉（46） | 初十 | 戊寅（15） | 十四 | 十六 | 二十五 | 二十六 | 丙子（13） | 初三 | 十二 | 十五 |
| 戊申（45） | 十一 | 丁丑（14） | 十五 | 十七 | 二十六 | 二十七 | 乙亥（12） | 初四 | 十三 | 十六 |
| 丁未（44） | 十二 | 丙子（13） | 十六 | 十八 | 二十七 | 二十八 | 甲戌（11） | 初五 | 十四 | 十七 |
| 丙午（43） | 十三 | 乙亥（12） | 十七 | 十九 | 二十八 | 二十九 | 癸酉（10） | 初六 | 十五 | 十八 |
| 乙巳（42） | 十四 | 甲戌（11） | 十八 | 二十 | 二十九 | 三十 | 壬申（9） | 初七 | 十六 | 十九 |
| 甲辰（41） | 十五 | 癸酉（10） | 十九 | 二十一 | 三十 | 无 | 辛未（8） | 初八 | 十七 | 二十 |
| 癸卯（40） | 十六 | 壬申（9） | 二十 | 二十二 | 无 | 无 | 庚午（7） | 初九 | 十八 | 二十一 |
| 壬寅（39） | 十七 | 辛未（8） | 二十一 | 二十三 | 无 | 无 | 己巳（6） | 初十 | 十九 | 二十二 |
| 辛丑（38） | 十八 | 庚午（7） | 二十二 | 二十四 | 无 | 无 | 戊辰（5） | 十一 | 二十 | 二十三 |
| 庚子（37） | 十九 | 己巳（6） | 二十三 | 二十五 | 无 | 无 | 丁卯（4） | 十二 | 二十一 | 二十四 |
| 己亥（36） | 二十 | 戊辰（5） | 二十四 | 二十六 | 无 | 无 | 丙寅（3） | 十三 | 二十二 | 二十五 |

　　癸卯和壬寅只有1日之差。从上面三个表中看到，无论二月既望是癸卯还是壬寅，六月都没有戊寅或已在边缘（既望壬寅二十三,六月初吉戊寅初一）。它们对应的正月既生霸戊午都在初一到初九之间，前述第一种情况的表中二月既望癸卯为十五，第二种情况的表和第三种情况的表中既望壬寅为十五、既望癸卯为十五、十六时正月没有戊午。

　　辛卯和癸巳有2日之差。二月既望辛卯对应的正月既生霸戊午在十一到二十之间，对应的六月初吉戊寅在初三到十二之间。二月既望癸巳对应的正月既生霸戊午在初九到十八之间，对应的六月初吉戊寅在初一到初十之间。

　　如果认为二月既死霸壬寅没有刻错，受二月必须有壬寅的限制，无论二月既望是辛卯还是癸巳，所对应的正月既生霸戊午、二月既死霸壬寅、六月初吉戊寅的范围都有变化，列为下表。

| 二月既望辛卯（28） | 正月既生霸戊午（55） | 二月既死霸壬寅（39） | 六月初吉戊寅（15） |
|---|---|---|---|
| 十六一十九 | 十二一十六 | 二十七一三十 | 初四一初八 |

| 二月既望癸巳（30） | 正月既生霸戊午（55） | 二月既死霸壬寅（39） | 六月初吉戊寅（15） |
|---|---|---|---|
| 十六—二十一 | 初十一—十六 | 二十五—三十 | 初二—初八 |

另外，从前述三种情况的表中可以看出，如果不考虑学者提出作为修正的辛卯和癸巳两个干支，只要二月有壬寅和癸卯中的任何一个干支，那么，正月既生霸戊午、二月壬寅和癸卯、六月初吉戊寅的范围都限制得很小。以第一种情况的表为例，具体限制是：

正月有戊午（55），要求正月初一的干支范围是从己丑（26）正数到戊午（55），即 26, 27, 28……55。

二月有壬寅（39），要求正月初一的干支范围是从癸卯（40）正数到壬申（9），即 40, 41……60, 1, 2……9。

二月有癸卯（40），要求正月初一的干支范围是从甲辰（41）正数到癸酉（10），即 41, 42……60, 1, 2……10。

六月有戊寅（15），要求正月初一的干支范围是从壬午（19）正数到庚戌（47），即 19, 20, 21……47。

同时满足正月有戊午（55）、二月有壬寅（39）、六月有戊寅（15）的正月初一干支范围是癸卯（40）到庚戌（47），只有 8 个干支。对应的正月既生霸戊午在初九到十六之间，二月壬寅本身在二十三到三十之间，六月初吉戊寅在初一到初八之间。

同时满足正月有戊午（55）、二月有癸卯（40）、六月有戊寅（15）的正月初一干支范围是甲辰（41）到庚戌（47），只有 7 个干支。对应的正月既生霸戊午在初九到十五之间，二月癸卯本身在二十四到三十之间，六月初吉戊寅在初一到初七之间。

这中间既生霸还需考虑其可能的下限，即不能晚到望。

所以，只要二月壬寅和癸卯二者中有一个正确，且无论其为何月相，限制的结果都是很严格的。

4）静方鼎 [1]

惟十月甲子（1）

八月初吉庚申（57）

月既望丁丑（14）

假设没有闰月，十月初一到第二年八月初一之间有 10 个月，按没有连大月计，共 295 天。前一年十月初一的干支较第二年八月初一的干支提前 55 位，即推后 5 位。八月初吉庚申、既望丁丑与前一年十月甲子的关系：

---

[1] 〔日〕出光美术馆编：《馆藏名品选（第三集）》，67，出光美术馆，1996 年。

| 十月初一 | 十月甲子（1） | 八月初一 | 八月初吉庚申（57） | 八月既望丁丑（14） |
|---|---|---|---|---|
| 乙丑（2） | 无 | 庚申（57） | 初一 | 十八 |
| 甲子（1） | 初一 | 己未（56） | 初二 | 十九 |
| 癸亥（60） | 初二 | 戊午（55） | 初三 | 二十 |
| 壬戌（59） | 初三 | 丁巳（54） | 初四 | 二十一 |
| 辛酉（58） | 初四 | 丙辰（53） | 初五 | 二十二 |
| 庚申（57） | 初五 | 乙卯（52） | 初六 | 二十三 |
| 己未（56） | 初六 | 甲寅（51） | 初七 | 二十四 |

如果十月是大月，且有1个连大月，则十月初一到第二年八月初一共计296天，十月初一的干支较八月初一推后4位，八月庚申初一对应前一年十月甲子初一，其余类推，相当于将十月初一和十月甲子两栏向上提1行。

所以，从静方鼎得出的初吉范围是初一到初六。

由上述4件青铜器的铭文得出的初步推论是：初吉可能在初一至初八之间（这接近初旬吉日之说），既生霸可能在初一至十五之间，既死霸可能在二十四至三十之间，而既望如所设定在既生霸、既死霸的中间；初吉和既生霸的前面部分是重叠的，既生霸、既望、既死霸三者则相连续，没有重叠的部分，而且其次序也不能改变。

# （四）西周金文历谱的建立

## 1. 宣王年代的验证

### （1）虞虎鼎的发现和考释

如上所述，西周晚期共和元年为公元前841年，学术界一般公认为其为西周年代学的基点。由于共和时厉王被逐在外，当时是沿用厉王的在位年，还是用不称王的纪年，迄今没有文献或金文的确据，但如遵《史记》所载，共和十四年后的宣王元年为公元前827年，这一点是可以用金文材料来验证的。这里的关键，是要找出确属宣王无疑的金文历日，例子越多，覆盖的年数越长，就越能反映宣王世的实际历日，便于与《史记》的记载对比。虞虎鼎的发现，正好在这方面是最适当的例证。

虞虎鼎1992年出土于陕西西安市长安县徐家寨村南，由长安县文管会收藏，当时由于锈蚀，未看到铭文，1997年除锈，始发现有长篇铭文，计16行164字（图2-11）[①]。

---

① 穆晓军：《陕西长安县出土西周吴虎鼎》，《考古与文物》1998年第3期。

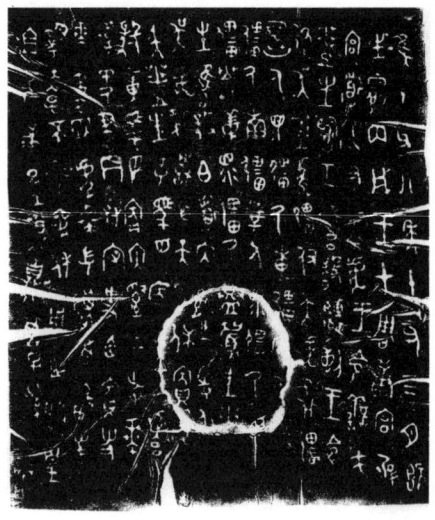

图 2-11　虞虎鼎器形及铭文

（引自《陕西金文集成》第 12 册第 117–120 页）

鼎的形制、纹饰均有西周晚期特征。鼎通耳高 41 厘米，立耳，深腹圜底，蹄足，形状轮廓及腹足比例同于毛公鼎等。口沿下饰窃曲纹，纹卷曲呈横 G 字形，中间有目，同于虢季子白盘等。毛公鼎、虢季子白盘都是公认的宣王时器[1]。

鼎铭有四要素俱全的历日，记述了周王封授虞官名虎者土地的事迹，其开头部分是：

> 惟十又八年十又三月既生霸丙戌，王在周康宫徦（夷）宫，道入（按系人名）右吴（虞）虎，王命善（膳）夫丰生、司空雍毅，齱（申）剌（厉）王命，取吴（虞）盍旧疆付吴（虞）虎……

"王在周康宫夷宫"，"夷宫"是夷王之庙[2]；"申厉王命"，因此铭文中的"王"一定是宣王。至于幽王，只有十一年，是不会有十八年的。

查张培瑜《中国先秦史历表》，宣王十八年（公元前 810 年）正有闰月。依建丑及置闰年末之制，十三月丁丑朔，丙戌为初十日，与既生霸相合。

（2）虞虎鼎与相关金文

虞虎鼎的历日，可以同下列几件青铜器的铭文相比较，其格式是一致的，字体也相近似：

> 克镈、克钟：惟十又六年九月初吉庚寅，王在周康剌（厉）宫……
> 此鼎、此簋：惟十又七年十又二月既生霸乙卯，王在周康宫徦（夷）宫……
> 克盨：惟十又八年十又二月初吉庚寅，王在周康穆宫……

---

[1]　李学勤：《夏商周年代学札记》，辽宁大学出版社，1999 年，第 120 页。

[2]　宣王时有"夷宫"，见《国语·周语》《史记·鲁世家》。

趞鼎：惟十又九年四月既望辛卯，王在周康卲（昭）宫……①

唐兰曾指出，"周康剌宫"，是厉王之庙，故克镈、克钟一定是宣王时器②。

此鼎、此簋铭文有史翏，其人又见无叀鼎，后者有南仲，见《诗经·大雅·常武》，系宣王时人，故此鼎、此簋也是宣王时器。

克盨与克镈、克钟同时出土，一人所作，但历日不相调谐③，分置两王又难解释。现与月份相邻的虞虎鼎对照，其干支当有错字。

趞鼎有史留，即宣王时太史籀，见《说文·叙》④，故趞鼎亦属宣王。

以上除克盨证明有误字外，历日查《中国先秦史历表》都合于宣王时，仍建丑：

克镈、克钟：宣王十六年九月庚寅朔，庚寅初一日，合初吉。

此鼎、此簋：宣王十七年十二月癸丑朔，乙卯初三日，合既生霸。

趞鼎：宣王十九年四月甲戌朔，辛卯十八日，合既望。

此外，过去学者都同意属宣王时的兮甲盘和虢季子白盘分别是五年与十二年，历日也能相合。这样看来，宣王元年在公元前827年可信，共和元年在公元前841年，也没有理由怀疑。

## 2. 厉王年代的推定

（1）《史记》厉王年数的矛盾

厉王的在位年数，在文献中最早见于《史记》，但《史记》的《本纪》《世家》本身存在矛盾，前人已有许多讨论。

《史记·周本纪》载："厉王即位三十年，好利，近荣夷公。大夫芮良夫谏……，厉王不听，卒以荣公为卿士，用事。王行暴虐侈傲，国人谤王。……三十四年，王益严，……召公曰：……王不听。于是国莫敢出言，三年，乃相与畔，袭厉王，厉王出奔于彘。"这些纪事系本自《国语·周语上》，但后者没有"三十年""三十四年"的纪年，司马迁应另有所本。依照《史记·周本纪》，厉王奔彘在其三十七年，是很清楚的。

然而厉王三十七年之说和《史记》几篇"世家"的记事不能调和，最明显的，是《卫世家》和《齐世家》。《卫世家》说："（卫）顷侯厚赂周夷王，夷王命卫为侯。顷侯立十二年卒，子釐侯立，釐侯十三年，周厉王出奔于彘。"这样，厉王在位不能多于二十五年。《齐世家》说："（齐）胡公徙都薄姑，而当周夷王之时。哀公之同母少弟山怨胡公，乃与其党率营丘人袭攻杀胡公而自立，是为献公。……九年献公卒，子武公寿立。武公九年，周厉王奔，居彘。"据此，厉王在位更不能超过十八年⑤。早期学者大

① 朱凤瀚、张荣明：《西周诸王年代研究》，贵州人民出版社，1998年，图版31—33、图版38—40。
② 唐兰：《唐兰先生金文论集》，紫禁城出版社，1995年，第116、163页。
③ 郭沫若、唐兰等都指出此点，见《唐兰先生金文论集》，紫禁城出版社，1995年，第163页。
④ 陈佩芬：《繁卣、趞鼎及梁其钟铭文诠释》，《上海博物馆集刊：建馆三十周年特辑（1982）》，上海古籍出版社，1983年。
⑤ 陈梦家：《西周铜器断代》附《西周年代考》，中华书局，2004年，第516—517页。

多遵《周本纪》之说，认为《世家》纪年有脱误①，近人则多怀疑《周本纪》，不过都没有确凿的证据。

（2）晋侯苏钟的发现

1992 年，北京大学考古学系和山西省考古研究所在曲沃北赵晋侯墓地 M8 中清理发掘出两件编钟，随后证明与 1994 年上海博物馆从香港购回的 14 件编钟原系一套，后者是自 M8 盗掘流散的。这套编钟共 16 件，分为两组，有铭文 355 字，连续錾刻在各件钟上。由铭文知道，器主为"晋侯鮇（苏）"，和 M8 出土的其他器铭一致。《史记·晋世家》晋献侯名籍，《索隐》云："《系（世）本》及谯周皆作苏。"与钟铭相合②。

晋侯苏钟铭文记述了晋侯苏一次随王征战而得到赏赐的经历，如本书前文所说，其间记有七条历日，为金文所仅见：

> 惟王卅又三年，……正月既生霸戊午
>
> 二月既望癸卯
>
> 二月既死霸壬寅
>
> 三月方（旁）死霸
>
> 六月初吉戊寅
>
> 　　丁亥
>
> 　　庚寅

编钟属西周晚期，铭文纪年为三十三年，西周晚期在位能有三十三年的，只有厉王和宣王。据《史记》的《晋世家》《十二诸侯年表》记载，晋献侯在位于周宣王六年到十六年（公元前 822—前 812 年），若定钟铭为宣王三十三年，则晋侯苏已死去多年；若在厉王三十三年，则晋侯苏尚未即位，故晋侯苏钟的王世归属之争由此而起。还有铭文中"二月既望癸卯""二月既死霸壬寅"不相调谐，也是争论问题。

关于晋侯苏钟的不同观点，据统计主要有以下几种③。

马承源认为，铭文中的二月癸卯和壬寅两个日干支是当时刻手倒置所致，调整后则合于厉王三十三年（公元前 846 年），也合于"四分月相说"。他还认为《晋世家》所载晋侯苏在位为宣王时有误，司马迁对晋侯世次的记载亦未必可靠④。

陈久金对马氏的上述意见提出异议，提出马氏在利用张培瑜《西周历法和冬至合朔时刻表》时没有考虑厉王时用朔还是胐作为月首，若以胐为月首，则晋侯苏钟的日序就不合于"四分月相说"，另外马氏以公元前 846 年为厉王三十三年，不能容纳"六

---

① 如梁玉绳的《史记志疑》卷八，虽疑《周本纪》厉王纪年无本，仍主张《世家》有误，中华书局，1981 年，第 289、291 页。

② "籍""苏"古音相近通假，参看李学勤：《〈史记·晋世家〉与新出金文》，《学术集林》卷四，上海远东出版社，1995 年。

③ 徐天进：《晋侯墓地的发现及研究现状》，《晋侯墓地出土青铜器国际学术研讨会论文集》，上海书画出版社，2002 年。

④ 马承源：《晋侯鮇编钟》，《上海博物馆集刊（第七期）》，上海书画出版社，1996 年。

月初吉戊寅"。陈氏认为，在改动"二月"两个干支中的一个字后，其日序可以和公元前 794 年相合，因此，宣王三十三年有可能是公元前 794 年[①]。

邹衡认为，M8 的年代上限为周宣王三十三年（公元前 795 年），因此晋侯苏不可能是晋献侯，而只能是晋穆侯。晋献侯名"苏"应是《世本》之误[②]。

李学勤也认为钟铭的三十三年是厉王三十三年，他认为其时苏以靖侯孙的身份参加战事，编钟系作战时的战利品，铭文则是苏即侯位后补刻，故称号也依刻字时的身份而改变[③]。

王占奎认为钟铭的三十三年是共和元年（公元前 841 年）以来的第 33 年（公元前 809 年）。他从文献有关千亩之战的年份等找出《史记》的矛盾，以及殇叔在位四年可能是误算，提出宣王纪年可能是从元年到六十年，而不存在共和单独十四年的新说[④]。

冯时对晋侯苏钟的纪年形式进行了探讨，认为钟铭所记并非同年之事，其分界点在两"二月"之间。他将首见之"二月"定在宣王三十三年，后见之"二月"所记则为宣王三十五年事[⑤]。

也有论作不同意钟铭分属两年的看法，如李学勤认为："钟铭正月、二月、三月，行事联接，文气通贯，均扣于'惟王卅又三年'之下。……因此，不能设想这些历日可能分属于不同年份。"[⑥]

（3）晋侯墓地 M8 的 $^{14}$C 年代

"夏商周断代工程"对 M8 墓中的木炭样品进行了常规法 $^{14}$C 年代测定，其年代为公元前 816—前 800 年；又用 AMS 法对 M8 墓中的木炭和祭牲样品进行测年，其年代分别为公元前 815—前 797 年和公元前 810—前 795 年，两种方法所得数据一致。

关于 M8 木炭的 $^{14}$C 年代测定，应做一说明。由于大气 $^{14}$C 放射性水平不是恒定不变的，$^{14}$C 年代须经校正才能转换成日历年代，国际上已建立了通用的高精度树轮校正曲线。这一校正曲线在距今 8000—150 年间，有二三处存在较短的直线部位，使单个 $^{14}$C 年代经校正为日历年代时，年代误差会大大缩小。在 $^{14}$C 年代距今 2690—2560 年间的校正曲线即存在几乎呈直线的特殊情况（图 2-12），而 M8 木炭标本的年代正处于其间（图 2-13），校正后日历年代的误差竟小于 $^{14}$C 年代的测定误差，为公元前 808 年 ±8 年[⑦]。

①　王世民、李学勤、陈久金等：《晋侯苏钟笔谈》，《文物》1997 年第 3 期。

②　邹衡：《论早期晋都》，《文物》1994 年第 1 期。

③　李学勤：《晋侯苏编钟的时、地、人》，《中国文物报》1996 年 12 月 1 日。

④　王占奎：《周宣王纪年与晋献侯墓考辨》，《中国文物报》1996 年 7 月 7 日；《晋侯苏编钟年代初探》，《中国文物报》1996 年 12 月 22 日；《金文初吉等四个记时术语的阐释与西周年代问题初探——（4×9）×10+5=365 假说》，《考古与文物》1996 年第 5 期。

⑤　冯时：《略论晋侯对与晋侯匹》，《中国文物报》1997 年 8 月 24 日；《晋侯稣钟与西周历法》，《考古学报》1997 年第 4 期。

⑥　李学勤：《夏商周年代学札记》，辽宁大学出版社，1999 年，第 158 页。

⑦　仇士华、张长寿：《晋侯墓地 M8 的碳 14 年代测定和晋侯苏钟》，《考古》1999 年第 5 期。

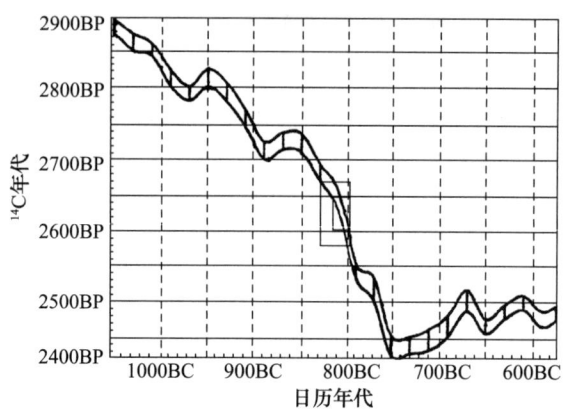

图 2-12　　$^{14}$C 测定年代在高精度树轮校正曲线上所处位置图

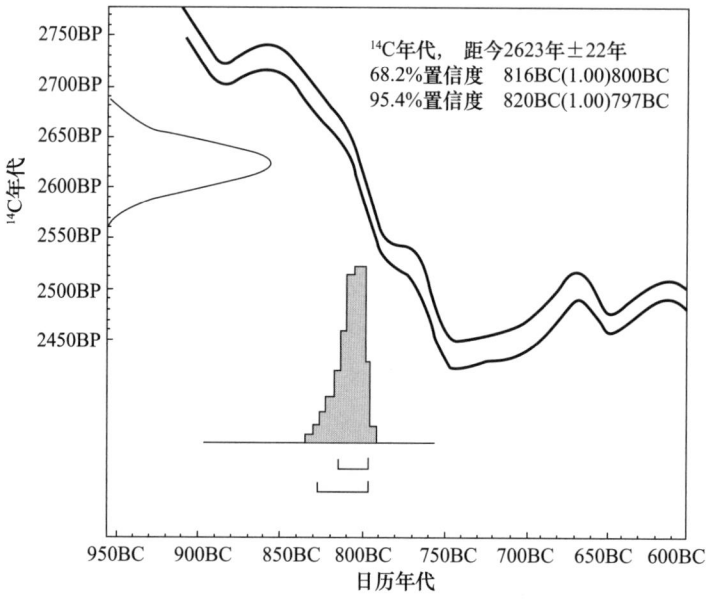

图 2-13　晋侯墓地 M8 木炭 $^{14}$C 测年的拟合

　　晋侯墓地 M8 的 $^{14}$C 测年数据，与《史记》晋献侯卒年宣王十六年（公元前 812 年）吻合，证明晋侯苏钟的历日应该是在厉王三十三年。

　　晋侯苏钟所记年代既定在厉王时，厉王三十三年当即公元前 845 年，同时试把钟铭"二月既望癸卯"改为"辛卯"，依建亥，该年：

> 正月丙午朔，戊午十三日，合既生霸；
>
> 二月乙亥朔，"辛"卯十七日，合既望；
>
> 　　　　　壬寅二十八日，合既死霸；
>
> 六月癸酉朔，戊寅初六日，合初吉；
>
> 　　　　　丁亥十五日；
>
> 　　　　　庚寅十八日。

这样，厉王元年可定为公元前 877 年，三十七年则即共和元年，公元前 841 年。

（4）晋侯苏钟与相关金文

由晋侯苏钟推定了厉王元年，便可把西周晚期几件年数较高又无法排在宣王时的金文也排入厉王，如：

> 番匋生壶：廿又六年十月初吉己卯，十月辛巳朔，己卯朔前二日；
> 融攸从鼎：卅又一年三月初吉壬辰，三月丙戌朔，壬辰七日，合初吉；
> 伯大祝追鼎：卅又二年八月初吉辛巳，八月戊寅朔，辛巳初四日，合初吉；
> 伯宽父盨：卅又三年八月既死霸辛卯，八月壬申朔，辛卯二十日，合既死霸；
> 膳夫山鼎：卅又七年正月初吉庚戌，正月壬子朔，庚戌朔前二日。

其间或有一二日出入，对于当时实施的历法来说，应该是允许的。

上引融攸从鼎铭文有"康宫徲（夷）大室"，为夷王之庙，既然历日不能合于宣王，排在厉王是唯一的选择。可惜的是器主相同的融从盨，历日原来有四要素，但却已经磨泐。"夏商周断代工程"实施中，曾得故宫博物院支持，专门观察过，证明已无法完全辨识了 [1]。

厉王元年的推定，还支持了一批重要金文的排入，特别是有"王在周师录宫"和人物"史失（或释年、兕）""司马共"的几件。其中一件是 1976 年扶风庄白一号窖藏出土的四年痍盨。同为痍所作的十三年痍壶也能顺利排在厉王，其铭文有"徲（夷）父"，即害簋的"宰徲（夷）父"，而害簋铭文有"启（夷）宫"即夷王之庙 [2]，说明排在厉王时是合理的。

### 3. 懿、孝、夷王年的推排

（1）懿王元年"天再旦"的验证

西晋武帝时在汲郡（今河南汲县）一座战国时期魏国墓葬中发现的竹书《纪年》，有"懿王元年，天再旦于郑"的记事，见《太平御览》卷二、《事类赋》卷一等引 [3]。《开元占经》卷三所引作"懿王元年，天再启，殇帝升平二年，天一夕再启于郑，又有天裂，见其流水人马"，文字有颠倒错乱，"启"字则或系因避唐睿宗讳"旦"而改。"天再旦"是天亮两次，观察到这一奇异天象的"郑"，在西周都城镐京附近的华县，或说凤翔 [4]。

"天再旦"的异象，自 20 世纪 40 年代以来，很多学者认为是一次日出之际发生

---

① 融从盨铭文前人多认为有"膳夫克"，但细察"克"字释读实不可信。
② 害簋共 3 件，见《博古图》卷十六，参看唐兰：《唐兰先生金文论集》，紫禁城出版社，1995 年，第 125 页。
③ 方诗铭、王修龄：《古本竹书纪年辑证》，上海古籍出版社，1981 年，第 53 页。
④ 罗琨：《西周之"郑"地望研究的进展》，《夏商周断代工程》简报第 24 期，1997 年 6 月 6 日。

的日食，并据此推算懿王元年，其结果有，刘朝阳的公元前 926 年[①]，董作宾的公元前 966 年[②]，方善柱的公元前 899 年[③]，葛真的公元前 925 年和 899 年[④]，张培瑜的公元前 919 年、903 年[⑤]、925 年及 899 年[⑥]，彭瓞钧等的公元前 899 年[⑦] 等。

"夏商周断代工程"对"天再旦"系日食之说重新进行了计算，所得结果也是公元前 899 年 4 月 21 日的日环食[⑧]。具体工作如下。

1）建立日出时日食的天光视亮度变化模型并对其检验

通过理论研究，建立描述日出时日食造成的天光视亮度变化的数学方法。理论分析的结果显示，对于日出时日食，无论全食还是环食，在中心食带的西端点附近，都可以发生天光渐亮，转暗，再转亮的过程，即"天再旦"的现象。阴天时，"天再旦"现象有所减弱。

1997 年 3 月 9 日，发生了 20 世纪中国境内最后一次日全食，日食发生时，新疆北部正好是天亮之际。经布网实地观测，日出前天色已明，此时日全食发生，天色转黑，几分钟后，全食结束，天色再次放明。各地情况与计算完全一致，证实了理论方法是正确的。

图 2-14 给出理论计算 1997 年 3 月 9 日日全食各观测点的天光变化情况。图中横坐标为时间，以食甚为中心，每小格半小时。纵坐标为视亮度，其中 a 为正午晴空；b 为日出时晴空；c 为亮星隐现时晴空。m 为食分，h 为食甚时太阳地平高度。虚线为无日食的天光视亮度；实线为日出时日食的天光视亮度。例如塔城，天光正好在亮星隐现时发生曲折。当时正值海尔－波普彗星出现而万众瞩目，"天再旦"发生时，彗星先是因天色渐亮而隐去，后又因日食发生、天色转暗而重现一时，这使得"天再旦"现象格外引人注目。

2）对"天再旦"日食的直接计算

日月食计算在现代天文学中已有成熟的方法。但对于远古时期，地球自转速率和月亮潮汐加速的不确定性导致明显的误差。目前表述地球自转长期平均加速度 c 的最佳值在 31 左右。由资料的弥散度来看，c 取 28—34 都是可能的。c 值的这一不确定性，使得在公元前 900 年左右时，计算的日食带在地图上东西向有 18° 的不确定性。月亮潮汐加速经过近期各种新技术的测定，通常采用 $dn/dt = -26$。

① 刘朝阳：《殷末周初日月食初考》，《中国文化汇刊》1944 年第 2 期，第 85—119 页。
② 董作宾：《西周年历谱》，《历史语言研究所集刊》第二十三本下册，1952 年。
③ 方善柱：《西周年代学上的几个问题》，《大陆杂志》1975 年第 1 期；又见北京师范大学国学所：《武王克商之年研究》，北京师范大学出版社，1997 年，第 554 页。
④ 葛真：《用日食、月相来研究西周的年代学》，《贵州工学院学报》1980 年第 2 期；又见北京师范大学国学所：《武王克商之年研究》，北京师范大学出版社，1997 年，第 234 页。
⑤ 张培瑜、徐振韬、卢央：《中国早期的日食记录和公元前十四至公元前十一世纪日食表》，《南京大学学报（自然科学版）》1982 年第 2 期。
⑥ 张培瑜：《西周天象和年代问题》，《西周史论文集》，陕西人民教育出版社，1993 年。
⑦ Pang K D, Yan K K, Chou H H, et al. Computer analysis of some ancient Chinese sunrise eclipse records to determine the earth's rotation rate. *Vistas in Astronomy*, 1988, 31: 833-847.
⑧ 刘次沅、周晓陆：《"懿王元年天再旦于郑"考证》，《自然科学史研究》1999 年第 1 期；刘次沅、李建科、周晓陆：《"天再旦"研究》，《中国科学》（A 辑）1999 年第 12 期。

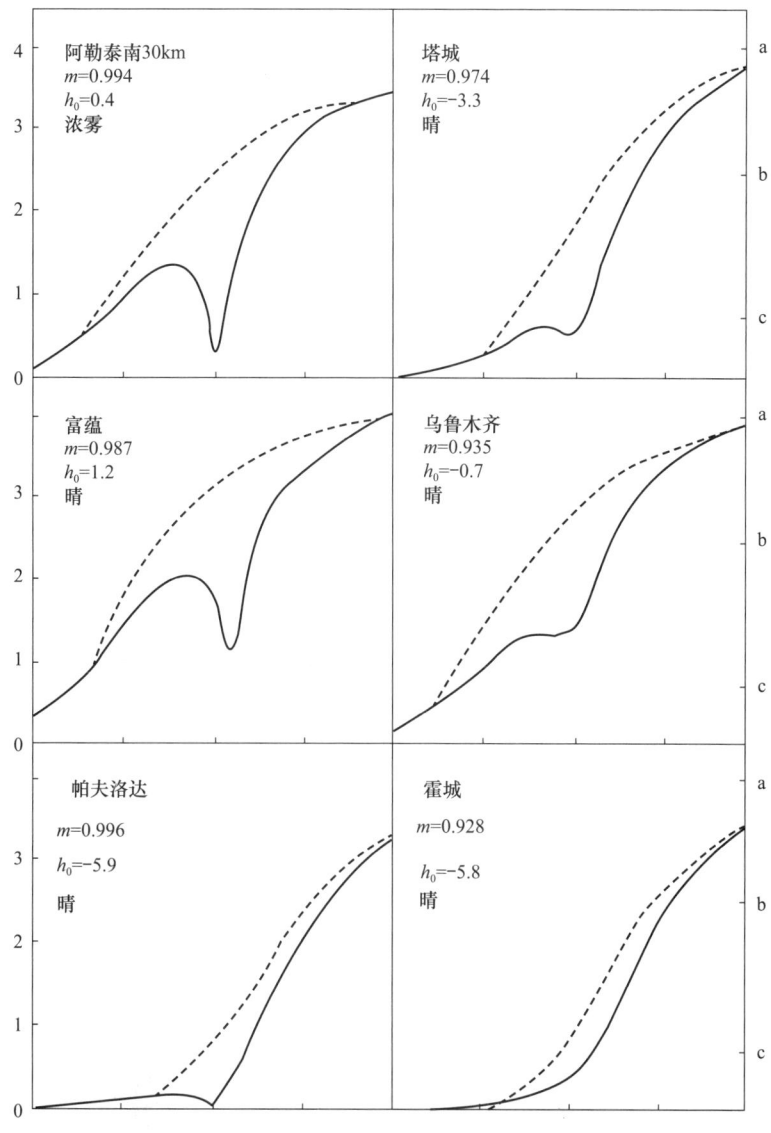

图 2-14　理论计算得到的各地点视亮度变化过程

经对公元前 1000—前 840 年的日食进行全面计算，求解每次日食所造成"天再旦"现象的地面区域。根据其天光视亮度的变化判定是否合于"懿王元年天再旦于郑"，最终得出公元前 899 年 4 月 21 日的日食可以在西周郑地造成"天再旦"现象，并且是唯一的一次（表 2-8）。由此确定了懿王元年为公元前 899 年。

图 2-15 取地球自转长期平均加速度 $c=28''\,cy^{-2}$，计算出公元前 1000—前 840 年的全部日食，并给出日食带西端点位于中国附近的情形。图中绘有每次日食所造成的"天再旦"等强度线。疏点区域强度 >0.1，密点区域 >0.2，斜线区域 >0.5，交叉线区域 >1.0。强度在 0.1 以上为明显有感区（如 1997 年 3 月 9 日日食的塔城 0.09，正处于其边缘），0.5 以上为强烈有感区（富蕴、阿勒泰）。每次日食的日期、类型、食分等，也注在图中。其中黑点所示为凤翔（左）、西安（中）、华县（右）三个地点。

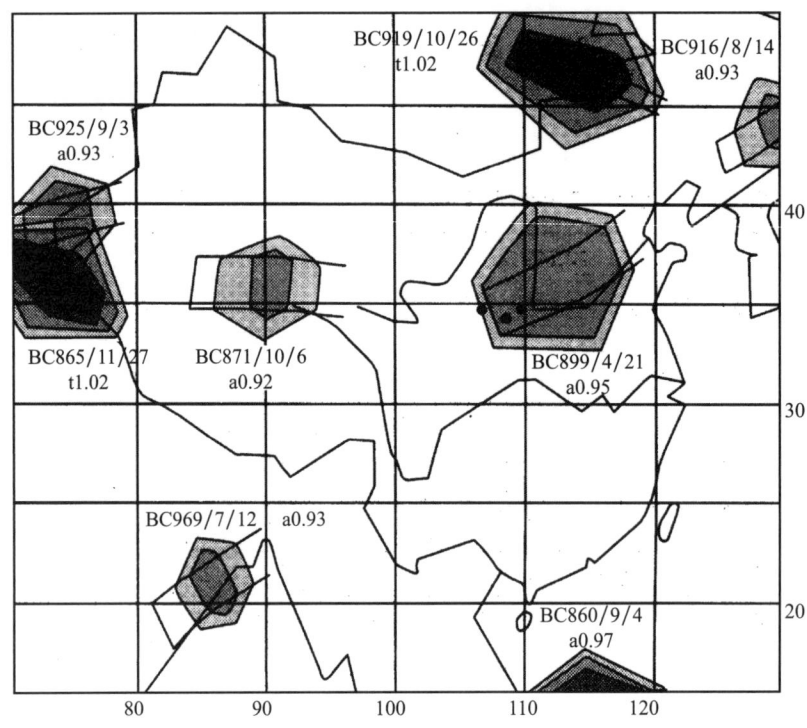

图 2-15　公元前 1000—前 840 年中国可见的"天再旦"现象

**表 2-8　公元前 899 年 4 月 21 日日食凤翔、华县见食情况**

| 地点及经纬度 | 凤翔（107.4 / 34.5） | | | | 华县（109.7 / 34.5） | | | |
|---|---|---|---|---|---|---|---|---|
| "天再旦"光变强度 | 0.10 | | | | 0.24 | | | |
| | 时刻 | 高度 | 方向 | 食分 | 时刻 | 高度 | 方向 | 食分 |
| 初亏 | 5：23 | -12.4 | 东偏北 19 | 0.000 | 5：22 | -10.9 | 东偏北 18 | 0.000 |
| 华县日出 | | | | | 6：12 | -0.8 | 东偏北 11 | 0.831 |
| 食甚 | 6：21 | -0.9 | 东偏北 11 | 0.952 | 6：20 | 0.9 | 东偏北 9 | 0.953 |
| 凤翔日出 | 6：21 | -0.8 | 东偏北 11 | 0.946 | | | | |
| 太阳高度 5° 时 | 6：50 | 5.0 | 东偏北 7 | 0.518 | 6：40 | 5.0 | 东偏北 7 | 0.662 |
| 食分 0.1 时 | 7：17 | 10.7 | 东偏北 3 | 0.100 | 7：17 | 12.6 | 东偏北 1 | 0.100 |
| 复圆 | 7：24 | 12.1 | 东偏北 2 | 0.000 | 7：24 | 14.0 | 正东 | 0.000 |

注：高度和方向的单位为"°"；表中的常数采用 dn/dt=-26，c=28，ΔT=34min。另外，两地的最大食分为 0.953，经历时间 2min57s。

由于地球自转长期变化的不确定性，日食带在地图上向东可以有 18° 的平移（相当于 c=34）。在此区间内的任何一组解，都是与当今对于地球自转的已知结果不矛盾的。由图 2-15 可见，只有公元前 899 年 4 月 21 日（取 c=28—30）和公元前 871 年 10 月 6 日（取 c=32—34）两次日食符合"天再旦"的天文条件。就天文条件而言，前者较强。就历史条件而言，后者似无可能。以图中情况而言（c=28），公元前 899 年日食凤翔的强度为 0.10，华县的强度为 0.24，都比 1997 年 3 月 9 日塔城的"天再旦"感觉强。陕西关中地区的其他地点，情况处于这两者之间。

中国历代有由史官观察并记录天象的传统，殷墟甲骨卜辞证实，这一传统至少在商代已经形成，当时已有日食的记录，但恐仍不能预报日食。有关西周的文献及金文也表明，在王的身边有史官随侍，注意观察天象与气象，他们对日月食、风云之类的现象是熟悉的。就天色突然变暗这一现象而言，食分很大的日食、沙尘暴、很浓厚的乌云、遮天蔽日的蝗虫等都可能引起，但对于专事观察天象的史官，甚至对于普通人，这些现象都是不难识别的。《竹书纪年》只记作"天再旦"，日食是"天再旦"最合理的解释。这一点，我们在阿勒泰等地所进行的实地观察给出了最好的说明：对于一个注意观察天空而又未得到日食预报的人，这一现象的确是震撼人心的。

由图 2-15 可见，公元前 1000—前 840 年的 160 年间"天再旦"发生区域的面积约占总面积的五分之一。这也就是说，对于某一地点，平均 800 年发生一次"天再旦"现象。另一方面，懿王仅在共和之前四代，从历史角度来说，懿王元年的可能范围是比较小的，如不超过 40 年（公元前 930—前 890 年）。在很小的范围内恰恰找到了很稀有的天象事件，这对于其真实性是有力的支持[①]。

（2）懿、孝、夷三王年代的推排

依据古本《竹书纪年》把懿王元年定在公元前 899 年，而厉王元年是公元前 877 年，这样，其间的懿、孝、夷三王在位年总和只有 22 年。

懿、孝、夷三王的年数如此之短，不同于过去多数学者的观点，在金文中却有一定的证据。例如，扶风庄白一号青铜器窖藏所出土的器物，属于微氏家族，其中的史墙生活于共王时，而他的儿子痶却活到厉王时，至少到厉王十三年[②]，是上文已经提到的，可见懿、孝、夷三王的在位年数都不能较长。

这三王的具体年数，可以从金文历谱的编排试推。

如上文所说，厉王前半包括有"在周师录宫""内史失"等内容的青铜器，而纪年为"二年"也有"内史失"的王臣簋，纪年为"六年"也有"在周师录宫"的宰兽簋，历日不能排在厉王，应为夷王时器。

前述根据类型学方法当排在这一时期的，还有两组纪年为"元年"的，即师虎簋、曶鼎与元年师旋簋，它们都不合夷王、厉王。师虎簋有人物"井伯""内史吴"，与共王时金文联系，故应在懿王时，元年师旋簋则只能在孝王时。有关器物的系联，请看附录二。

按照这样的排列，可以推定夷王的元年是公元前 885 年，孝王的元年在公元前 891

---

① 关于《竹书纪年》"天再旦"问题的进一步讨论，参看下列各文：

Stephenson F R. Are-investigation of the double dawn event recorded in the bamboo annals，Q J R astro Soc, 1992, 33: 91-98。张培瑜：《张台长的天文年代与古天文研究》，《紫金山天文台台刊》2002 年第 1–4 期。Keenan D J. Astro-historiographic chronologies of early China are unfounded. *East Asian History*, 2002(23)：61-68。刘次沅：《天再旦日食的根据与计算——对 Keenan 质疑的注释》，《陕西天文台台刊》2002 年第 1 期。刘次沅：《从天再旦到武王伐纣：西周天文年代问题》，世界图书出版公司，2006 年。

② 参看李学勤：《西周中期青铜器的重要标尺——周原庄白、强家两处青铜器窖藏的综合研究》，《中国历史博物馆馆刊》1979 年第 1 期。

年。值得注意的是师虎簋的历日正吻合于由"天再旦"推定的懿王元年。

师虎簋现藏上海博物馆，失盖，器内底有铭文10行121字，其开首云：

惟元年六月既望甲戌，王在杜庈，格于大室，井伯入右师虎，即位中廷，北向，王乎内史吴曰：……

以懿王元年为公元前899年，该年六月丙辰朔，甲戌为十九日，与"既望"正合。

师虎簋定在懿王元年，还与下面将要说到的虎簋盖联系，是编排这一时期历谱的重要链环。

## 4. 共王年代的推定

下列一批青铜器，铭文多有四要素齐全的历日，包括：

元年　师询簋[①]
三年　卫盉
五年　五祀卫鼎
七年　七年趞曹鼎
九年　九年卫鼎
　　　乖伯簋
十二年　师永盂
　　　　走簋
十五年　十五年趞曹鼎
十七年　询簋
二十年　休盘

其互相联系的关系，详见附录二。由于五祀卫鼎和十五年趞曹鼎铭文里都有当时在位的"龚（共）王"名号，这些铭文记事属于共王时是明显的。

考察有四要素历日的师询簋、卫盉、五祀卫鼎、九年卫鼎、十五年趞曹鼎和休盘，结果互相调谐。考虑到懿王元年是公元前899年，同时共王年数不可能太长，将共王元年定在公元前922年，能够容纳目前有关金文的历日。

## 5. 穆王年代的推定

（1）裘卫簋与穆王二十七年

1975年陕西岐山董家村发现的青铜器窖藏[②]，有裘卫一人所作器物4件，都有四要素俱全的历日：

---

① 师询簋旧多误以为是西周晚期器物，参看李学勤：《西周青铜器研究的坚实基础——读西周青铜器分期断代研究》，《文物》2000年第5期；《师询簋与〈祭公〉》，《古文字研究（第二十二辑）》，中华书局，2000年。

② 岐山县文化馆、陕西省文管会等：《陕西省岐山县董家村西周铜器窖穴发掘简报》，《文物》1976年第5期。

裘卫簋： 廿又七年三月既生霸
卫盉： 三年三月既生霸壬寅
五祀卫鼎：五祀正月初吉庚戌
九年卫鼎：九年正月既死霸庚辰

后三件历日互相调谐，上文已讨论都属于共王，裘卫簋则与之不能排在一王，同时由于懿王没有二十七年，簋的纪年只能归于穆王。有学者指出，裘卫簋"记述裘卫初受册命，应在穆王世，二十七年正月应是穆王纪年"[①]，是正确的。

（2）虎簋盖与穆王三十年

虎簋盖有两件，一件1996年8月出土于陕西丹凤山沟村，现藏丹凤县文化馆[②]；另一件流散到港、台。有出土记录的一件直径23.5厘米，盖内有铭文13行161字（图2-16）。盖面满饰直棱纹，铭文云：

图2-16 虎簋盖铭文

---

① 吴镇烽：《陕西金文汇编（下）》，三秦出版社，1989年，第857页。

② 王翰章、陈良和、李保林等：《虎簋盖铭简释》，《考古与文物》1997年第3期。

惟卅年四月初吉甲戌，王在周新宫，格于大室，密叔内（入）右虎，即位，王呼入（内）史曰：……①

图 2-17　鲜簋铭文

虎簋盖与师虎簋铭文均有"文考日庚"，用字措辞也多相同，可知二器为同一人所作。虎簋盖铭记王命虎"胥（佐助）师戏"，当是虎初袭职时之事。师虎簋为懿王元年器，虎簋盖必在其前，而历日与共王诸器不能调谐，故肯定为穆王时器。

（3）鲜簋与穆王三十四年

鲜簋的铭文拓本最早著录于《中日欧美澳纽所见所拓所摹金文汇编》②，但误器名为"盘"。1986 年，原器在英国伦敦埃斯肯纳齐拍卖行出现，李学勤、艾兰做了鉴定，收录于《欧洲所藏中国青铜器遗珠》书中③。

簋铭共 5 行 44 字（图 2-17），其开首是：

惟王卅又四祀，唯五月既望戊午，王在菶京，禘于昭王……

"禘"为祭名，铭云"禘于昭王"，则作器时代必然晚于昭王。考虑到鲜簋的形制纹饰尚有西周早期遗风，其年代不可能太迟。据文献，西周早期昭王以后至西周中期夷王之前，在位 33 年以上者，唯有穆王，因此鲜簋当为穆王器。

按《史记·周本纪》云："穆王立五十五年崩。"是司马迁关于厉、宣以前列王在位年的唯一记载。看上述三器铭文，穆王纪年超过 34 年，五十五年之说应当可据。现以共王当年改元推算，穆王元年是公元前 976 年，二十七年为公元前 950 年，三十年为公元前 947 年，三十四年是公元前 943 年，查历表，依建丑，三器历日是这样的：

裘卫簋　廿又七年三月既生霸戊戌　三月甲申朔，戊戌十五日；
虎簋盖　卅年四月初吉甲戌　　　　四月丙寅朔，甲戌初九日；
鲜簋　　卅又四祀五月既望戊午　　五月壬寅朔，戊午十七日。

都能够相合。

① 另一盖"四月"的"四"作"三"，系范损，见张光裕：《虎簋甲、乙盖铭合校小记》，《古文字研究（第二十四辑）》，中华书局，2002 年。
② 巴纳、张光裕：《中日欧美澳纽所见所拓所摹金文汇编》，艺文印书馆，1978 年，156 号。
③ 李学勤、艾兰：《欧洲所藏中国青铜器遗珠》，文物出版社，1995 年，108 号。

## 6. 昭王年代的推定

（1）古本《竹书纪年》所记昭王年数

《初学记》、《太平御览》及《开元占经》所引古本《纪年》有关于昭王晚年的以下记事：

> 周昭王十六年，伐楚荆，涉汉，遇大兕。
> 周昭王十九年，天大曀，雉兔皆震。
> 周昭王末年，夜有五色光贯紫微，其年王南巡不返。

今本《纪年》则将后两条合并，作：

> 十九年春，有星孛于紫微。祭公、辛伯从王伐楚，天大曀，雉兔皆震，丧六师于汉，王陟[①]。

结合《左传》僖公四年，齐桓公伐楚时称："昭王南征而不复，寡人是问。"《吕氏春秋·音初》所说"周昭王亲将征荆，……还反涉汉，梁败，王及祭公抎于汉中"等内容，昭王卒于汉水，确应当就在其十九年，或最多其后一年。

唐兰曾根据上述文献，判断北宋重和时（1118年）在今湖北孝感发现的中方鼎（有记月、不记月两器）、中甗、中觯等，趞尊、卣和作册睘尊、卣和扶风庄白一号窖藏出土的作册析尊、方彝、觥等均属昭王[②]。

（2）静方鼎的考释

静方鼎1996年始见于著录[③]，现藏于日本出光美术馆。方鼎内壁有铭文9行78字（图2-18）：

> 惟十月甲子，王在宗周，命师中眔（暨）静省南国相，㞢（设）应。八月初吉庚申，至，告于成周。月既望丁丑，王在成周大室，命静曰："司汝采，司在曾噩（鄂）师。"王曰："静，锡汝鬯、旂、巿、采㝃。"曰："用事。"静扬天子休，用作父丁宝障彝[④]。

静方鼎铭文可以和上述中（即静方鼎的"师中"）、趞、睘、析等人所作器铭联系起来：

| 十八年 | 十月甲子 | 王在宗周，命师中暨静省南国相（静方鼎）； |
|---|---|---|
| 十九年 | 五月 | 王在庤（析尊等）； |

① 方诗铭、王修龄：《古本竹书纪年辑证》，上海古籍出版社，1981年，第43—44、244页。
② 唐兰：《西周青铜器铭文分代史征》，中华书局，1986年，第283—296页。
③ 〔日〕出光美术馆：《馆藏名品选（第三集）》，67，出光美术馆，1996年。
④ 李学勤：《夏商周年代学札记》，辽宁大学出版社，1999年，第76页。

图 2-18　静方鼎铭文

六月戊子　　　王命作册析觐望土于相侯（析尊等）；

八月初吉庚申　静至，告于成周（静方鼎）；

　　　月既望丁丑　王在成周大室，锡静采（静方鼎）；

十三月庚寅　　王在寒次，王命大史锡中采（记月中方鼎）；

　　　辛卯　　　王在庠，锡趞采（趞尊等）；

　　　　　　　王在庠，王姜命作册睘安夷伯（睘尊等）。①

其中析尊等铭文有"十又九祀"，睘卣有"十又九年"，由此决定静方鼎等历日所属之年。

　　以穆王元年为公元前976年，上推昭王十八年为公元前978年，十九年为公元前977年，则昭王：

十八年十月癸亥朔，　　甲子初二日；

十九年六月己未朔，　　戊子三十日；

八月戊午朔，　　　　　庚申初三日，合初吉；

　　　　　　　　　　　丁丑二十日，合既望；

十三月丁亥朔，　　　　庚寅初四日；

　　　　　　　　　　　辛卯初五日。

昭王死于汉水，应在其十九年末，或次年而穆王当年改元。

　　这样，昭王元年是公元前995年。

---

① 静方鼎以外各器铭文见唐兰：《西周青铜器铭文分代史征》，中华书局，1986年，第290—296页。

## 7. 成王、康王年代的推定

（1）《尚书》中《召诰》、《洛诰》及《毕命》的历日

《史记·周本纪》称："成、康之际，天下安宁，刑错四十余年不用。"《文选》注和《太平御览》所引《纪年》也有相同文句①。据此，成王、康王两世年数之和当超过40年，考虑到"天下安宁"恐不包括成王初平定三监之乱的时期，这一年数还应估计得多一些。前已推得昭王元年为公元前995年，则成王元年一定要早过公元前1035年，甚至公元前1040年。

《尚书·周书》中《召诰》历来公认为可据的周初文献，篇文前半云：

> 惟二月既望，越六日乙未，王朝步自周，则至于丰，惟太保先周公相宅。越若来三月，惟丙午胐，越三日戊申，太保朝至于洛，卜宅。厥既得卜，则经营。越三日庚戌，太保乃以庶殷攻位于洛汭。越五日甲寅，位成。若翼日乙卯，周公朝至于洛，则达观于新邑营……

所记三月"乙卯，周公朝至于洛"，即《洛诰》周公所说："予惟乙卯朝至于洛师。"《洛诰》篇末有"惟周公诞保文武受命，惟七年"，说明这些历日都属于成王七年②。

《汉书·律历志》引记康王时事的《毕命丰刑》云：

> 惟十有二年六月庚午胐，王命作策丰刑。

所引系"逸《书》"，与今《孔传》本《尚书》中的《毕命》文字不同③，但历日是一样的。

以上历日，可用来推算成王、康王的年代。

（2）关于庚嬴鼎、小盂鼎的讨论

成王时青铜器铭文，尚未发现有四要素齐全的历日的。常被用来探讨康王年代的，有庚嬴鼎和小盂鼎。

庚嬴鼎原为清宫所藏，著录于《西清古鉴》卷三，旧名"周丁子鼎"，据称"高七寸八分"，立耳，口沿下饰长鸟纹，鸟体与尾相连，有前垂的花冠，深腹，三柱足，足上部有兽首。从器形看，属于西周早期，近似康王时大盂鼎，郭沫若、陈梦家都认为是康王时器④。鼎铭开首历日看刊本是：

> 惟廿又二年四月既望己酉。

① 方诗铭、王修龄：《古本竹书纪年辑证》，上海古籍出版社，1981年，第42—43页。
② 杨筠如：《尚书覈诂》，陕西人民出版社，2005年，第333—334页。
③ 孔颖达：《尚书正义》卷十九，《十三经注疏》，中华书局影印本，1980年，第244页。
④ 陈梦家：《西周铜器断代》，中华书局，2004年，第98—100页。

这同《毕命丰刑》历日不能调谐。考虑到这件鼎的铭文刊本文字有多处错讹，"廿又二年"的"二"字上笔短下笔长，可能有锈覆或者脱误，试改为"三"字，就与《毕命丰刑》相配合了。

大盂鼎清道光时出土于陕西岐山（一说眉县）礼村，铭文首记"惟九月"，末云"惟王廿又三祀"，但没有详细的历日。同时出土的同一器主的小盂鼎原器久已佚失，形制不明，铭文拓本也极少见，陈梦家《西周铜器断代》印有该鼎拓本的整张照片[①]，罗振玉《三代吉金文存》所印拓本则经剪裱。

小盂鼎铭文有"用牲禘周王（指文王）、武王、成王"之句，表明器系作于康王之世。其铭末尾有"惟王廿又五祀"，"廿"字中央《三代吉金文存》本隐约有一竖笔，以致有学者疑为"卅"，但细察鼎的原拓本[②]，该竖笔实不存在。鼎铭开首，吴式芬《攈古录金文》摹本作"惟八月既望辰在甲申"，与后面"雩若翌日乙酉"呼应，但拓本上"在甲申"等字难于辨识，铭文中段缺字又很多，或有可能插有其他干支。因此，这里对小盂鼎暂置不论。

以昭王元年为公元前995年上推，寻找合于《召诰》《毕命丰刑》以及改动后的庚嬴鼎的年份：康王十二年应为公元前1009年，该年六月丙寅朔，庚午初五日，合于胐[③]；康王二十三年为公元前998年，该年四月壬辰朔，己酉十八日，合既望。成王七年应为公元前1036年，该年二月甲戌朔，乙未二十二日；三月甲辰朔，丙午初三日，合于胐。

据此，成王元年在公元前1042年，康王元年在公元前1020年[④]。

关于武王伐纣之年及武王在位年数，以及《尚书·武成》与《逸周书·世俘》历日的研究，详见下章，这里只在金文历谱（表2-9）中列出其结果。

## 8. 2000年以后新见的金文材料

（1）穆王以下的新见材料

在2000年秋"夏商周断代工程"验收之后，又有几件铭文有四要素齐全历日的西周青铜器出现。蒙有关方面惠助，"夏商周断代工程"做了观察和研究，吴盂和七年师兑簋在香港，但也观察了照片等材料，现将这些材料排入"西周金文历谱"（表2-9）。

1）親簋

親簋（图2-19）系中国国家博物馆2005年自陕西宝鸡征集。簋高19.5厘米，侈唇收颈，腹下部略鼓；其双耳作鸟形，颈饰夔纹，腹饰垂冠的大鸟纹；低圈足，足下有镂空的山形支座[⑤]。这件簋除有支座外，器形、纹饰都类似扶风庄白出土的夨簋，其大

---

① 陈梦家：《西周铜器断代（四）》，《考古学报》1956年第2期，图版拾；《西周铜器断代》中华书局版第656页图则更缩小。
② 现藏历史语言研究所傅斯年图书馆，承该所惠助，在此致谢。
③ 清代回民遵经派尚有以初五日为新月即斋日的情形，见陈久金：《西周王年研究和推定》第十章第三节，待刊。
④ 因为觉公簋的发现，成王、康王年代需要改订，见下面"2000年以后新见的金文材料"中相关部分。
⑤ 王冠英：《親簋考释》，《中国历史文物》2006年第3期。

鸟纹又接近庄白所出丰尊、丰卣，羧和丰器的年代一般都认为在穆王时。

图 2-19　親簋器形及铭文

親簋有铭文 11 行 110 字，开首历日是：

惟廿又四年九月既望庚寅……

所述是器主親受封任司马一事。按师瘨簋盖有"司马井伯親"，所以親即井伯，他见于共王时五祀卫鼎等一系列铭文，而且在共王十二年的走簋铭文里，已经是司马了。这说明親簋早于共王，应在穆王二十四年[①]。

依上文的推算，穆王二十四年是公元前 953 年，该年九月戊辰朔，庚寅二十三日，合于既望。这一历日与前述穆王二十七年的裘卫簋、三十年的虎簋盖、三十四年的鲜簋都是调谐的。

2）吴盉

吴盉（图 2-20）曾在香港私人处，发表于朱凤瀚主编的《新出金文与西周历史》[②]，现已入藏中国国家博物馆。盉通高 20.5 厘米，通长 47 厘米，器身作圆罐形，颈及腹上部饰有目的窃曲纹带，长流饰蕉叶纹，鋬饰鳞纹，腹底有三小足。盉内底有铭文 6 行 60 字，前半云：

图 2-20　吴盉器形

惟卅年四月既死霸壬午，
王在䣎，执驹于䣎南林。卒

① 李学勤：《论親簋的年代》，《中国历史文物》2006 年第 3 期。
② 朱凤瀚：《简论与西周年代学有关的几件铜器》，《新出金文与西周历史》，上海古籍出版社，2011 年，图版一二、图版一三，第 47—48 页图一四—图一七。

执驹，王呼鸞（携）鄐召作册吴，

立厝（廍）门，王曰："锡驹。"……

此盉器形少见，较接近的如朱文所说，有西周中期的师转盉，但形制、纹饰均有较大差异。美国学者夏含夷已指出，吴盉的纹饰"与穆王标准器长由盉和共王标准器裘卫盉非常相似"[①]。铭文历日可试排于穆王三十年（公元前 947 年），该年已有虎簋盖

图 2-21　士山盘铭文

"惟卅年四月初吉甲戌"，其月丙寅朔，甲戌九日，壬午十七日。

作册吴或称内史吴，已见师癋簋盖、师虎簋、吴方彝盖和牧簋，后三器已排在懿王元年至七年。值得注意的是，懿王元年的师虎簋铭文正好也有吴其人存在。

3）士山盘

士山盘新入藏于中国国家博物馆，材料于 2002 年发表[②]。盘高 11.5 厘米，口径 38厘米，浅腹附耳，腹外壁饰顾首龙纹，圈足饰目雷纹，有典型的西周中期的特征。

士山盘有铭文 8 行 96 字（图 2-21），其开首为：

惟王十又六年九月即（既）生霸甲申，王在周新宫……

与十五年趞曹鼎铭文相似，后者是：

惟十又五年五月既生霸壬午，龚（共）王在周新宫……

两者的历日也互相调谐。

共王十六年是公元前 907 年，依建亥，该年九月壬申朔，甲申十三日，合既生霸。

4）伯吕父盨

上海博物馆藏伯吕父盨，材料发表于 2004 年[③]。盨失盖，器高 17.5 厘米，深腹附耳，饰内凹的瓦纹，有四曲尺形足。这种类型的盨，属于王世民等《西周青铜器分期断代研究》所分盨的Ⅰ型 2 式，其时代在西周中期后段到晚期前段[④]。

① 夏含夷：《从作册吴盉再看周穆王在位年数及年代问题》，《新出金文与西周历史》，上海古籍出版社，2011 年。

② 朱凤瀚：《士山盘铭文初释》，《中国历史文物》2002 年第 1 期。

③ 陈佩芬：《夏商周青铜器研究·西周篇下》，上海古籍出版社，2004 年，三九五。书中原名"伯吕盨"，铭中"又"字当系"父"字之讹。

④ 王世民、陈公柔、张长寿：《西周青铜器分期断代研究》，文物出版社，1999 年，第 102 页。

盨内底有铭文5行27字（图2-22），开首历日是：

惟王元年六月既眚（生）霸庚
戌……

与夷王、宣王元年不合，与厉王元年的逆
钟、元年师兑簋、郑季盨等也不相调谐，
但和应排在孝王元年（公元前891年）的
元年师旋簋和师颖簋互相配合：

图2-22　伯吕父盨铭文

元年师旋簋　惟王元年四月
既生霸甲寅：四月辛丑朔，甲寅
十四日，合既生霸；

伯吕父盨　惟王元年六月既
生霸庚戌：六月庚子朔，庚戌十
一日，合既生霸；

师颖簋　惟王元年九月既望
丁亥：九月己巳朔，丁亥十九日，
合既望。

5）师酉鼎

入藏于保利艺术博物馆[①]。这是一件典
型的西周中期的鼎，附耳，浅腹，口沿下
饰一道夔纹，有向前披垂的冠，平底柱足。铭文在内壁，共10行92字，开首历日是：

惟王四祀九月初吉丁亥……

鼎的器主师酉，也是久见著录的师酉簋的器主。师酉簋是饰重环纹的瓦纹簋，圈足下
有三小足，属西周晚期常见型式，但其铭文字体有较早风格，刘启益《西周纪年》列
之于厉王元年[②]，而厉王三年的师晨鼎有人物"师俗"，师酉鼎铭也有该人，可见鼎距厉
王初年不远[③]。

师酉鼎的历日不合于夷王、厉王，而与孝王四年吻合。该年九月辛巳朔，丁亥初
七日，合于初吉。

6）七年师兑簋盖

七年师兑簋（图2-23）现在香港私人处，发表于朱凤瀚主编的《新出金文与西周
历史》[④]。盖径23.5厘米，设捉手，面饰瓦纹，围以两道重环纹。有直缘，饰一大一小

① 朱凤瀚：《师酉鼎与师酉簋》，《中国历史文物》2004年第1期。
② 刘启益：《西周纪年》，广东教育出版社，2002年，第371页。
③ 李学勤：《中国古代文明研究》，华东师范大学出版社，2005年，第339—340页。
④ 朱凤瀚：《简论与西周年代学有关的几件铜器》，《新出金文与西周历史》，上海古籍出版社，2011年，图版
一五、图版一六，第39页图七—图九。

的重环纹。有铭文 7 行 74 字，前半云：

> 惟七年五月初吉甲寅，王
> 在康邵（昭）宫，格康室，即位，毕
> 叔右师兑入门，立中廷，王呼
> 内史尹册："锡汝师兑句（钧）雁（膺），
> 用事。"……

此器应在已排于厉王元年的元年师兑簋之后，列于厉王七年（公元前 871 年），五月甲辰朔，甲寅为十一日。

图 2-23　七年师兑簋盖器形及铭文

7）四十二年逨鼎、四十三年逨鼎

2003 年，陕西眉县杨家村发现一处青铜器窖藏，出土器物 27 件，其中有具备四要素历日的四十二年逨鼎 2 件、四十三年逨鼎 10 件和同人所作逨盘等器[1]。逨盘铭文历叙周朝列王事迹，从文王、武王一直到剌（厉）王，表明当时在位的是宣王。两组逨鼎的纪年四十二年和四十三年，也正与《史记》宣王在位有四十六年符合。

两组逨鼎的历日分别是：

> 惟卅（四十）又二年五月既生霸乙卯；
> 惟卅（四十）又三年六月既生霸丁亥。

---

① 陕西省考古研究所、宝鸡市考古工作队、眉县文化馆（杨家村联合考古队）：《陕西眉县杨家村西周青铜器窖藏发掘简报》，《文物》2003 年第 6 期。

后者合于宣王四十三年，该年六月乙酉朔，丁亥初三日，合既生霸，然而四十二年逨鼎的历日则不合于宣王四十二年，该年五月壬戌朔，没有乙卯日。

四十二年逨鼎的历日恐怕不能简单地认为有错字，因为两组逨鼎铭文有"史减"，此人又见于逨盘。"夏商周断代工程"曾将后者排在厉王世[1]，从逨鼎看可能是不对的。逨盘的历日为：

惟廿又八年五月既望庚寅。

这与两组逨鼎的历日放在一起，可以彼此调谐。不过，它们和上文提到的宣王标准器虞虎鼎仍相矛盾，而且与年代邻接的伊簋也不相调谐[2]。

伊簋的历日是：

惟王廿又七年正月既望丁亥。

铭文有人物"申季"，又见大克鼎，应该也是宣王时器，然而这一历日虽与虞虎鼎勉强可合，却同趞鼎绝不相容，和寰鼎、逨盘、两组逨鼎也是放不在一起的[3]。

这些可能反映宣王这一时期历法存在某种问题，目前尚没有给出满意的解释[4]，这里采用改动干支的办法，只是暂时的措施。

除上面几件器物之外，还有一件倗伯再簋也需要特别提出讨论。2004年底至2005年夏，山西省考古研究所等在山西绛县横水发掘两座西周大墓，倗伯再簋出土于其中的M1[5]。簋盖上设捉手，盖面饰瓦纹，环绕着一圈分解的窃曲纹和涡纹。有竖立的盖缘。器体颈部也饰窃曲纹、涡纹，肩有小兽首衔环，腹饰瓦纹，腹下部略凸，低圈足，这一形制类似共王九年的乖伯簋、十三年的无叀簋、十七年的询簋，懿王元年的师虎簋，只是倗伯再簋圈足下有四兽首形小足。

簋盖器对铭，计5行45字。其开首为：

惟廿又三年初吉戊戌，益公蔑倗伯再历……

综合考察两座墓中出土的相关器物，这件簋排在共王时正合适。铭中"益公"多见于共王时器，如九年的乖伯簋、十二年的师永盂、十七年的询簋、二十年的休盘，所以这件簋一定作于共王二十三年。

"夏商周断代工程"的"西周金文历谱"，共王只有二十三年，而懿王元年由"天再

① 夏商周断代工程专家组：《夏商周断代工程1996—2000年阶段成果报告：简本》，世界图书出版公司，2000年，第33页。
② 徐凤先：《西周晚期四要素俱全的高王年金文历日的相容性研究》，《华学（第8辑）》，紫禁城出版社，2006年。
③ 徐凤先：《西周晚期四要素俱全的高王年金文历日的相容性研究》，《华学（第8辑）》，紫禁城出版社，2006年。
④ 参看《陕西眉县出土窖藏青铜器笔谈》，《文物》2003年第6期；张培瑜：《逨鼎的月相纪日和西周年代》，《文物》2003年第6期；陈久金：《吴逨鼎月相历日发现的重大科学意义》，《自然科学史研究》2003年第4期；李学勤：《眉县杨家村器铭历日的难题》，《宝鸡文理学院学报》2003年第5期。
⑤ 山西省考古研究所、运城市文物工作站、绛县文化局：《山西绛县横水西周墓发掘简报》，《文物》2006年第8期。倗伯再簋编号M1：205。

旦"日食推算是公元前 899 年，因此共王二十三年即公元前 900 年。虽然簋铭历日没有月份，不够四要素俱全，不过"历谱"该年能否有一月有初吉戊戌，仍然是应该核查的。

查张培瑜《中国先秦史历表》，相当公元前 900 年的这一年，依建子：

> 二月甲午朔，戊戌初五日；
>
> 四月癸巳朔，戊戌初六日；
>
> 六月癸巳朔，戊戌初六日；
>
> 八月壬辰朔，戊戌初七日；
>
> 十月辛卯朔，戊戌初八日；
>
> 十二月庚寅朔，戊戌初九日。

也便是说，这一年的偶数月都在初吉有戊戌。

（2）觉公簋与成、康年代的改订

2007 年春，朱凤瀚在《考古》刊出了《覎公簋与唐伯侯于晋》一文，发表了当时香港私人收藏的一件簋（现已入藏中国国家博物馆）[①]。该器高 12 厘米，口微外侈，颈部饰顾首卷体夔纹，腹部饰直棱纹，双耳上有兽首，下有垂珥，低圈足饰夔纹及涡纹，花纹均无衬地，有铭文 4 行 22 字（图 2-24）：

> 覎公作夒（妻）姚
>
> 毁（簋），遘于王命
>
> 易（唐）伯侯于晋，
>
> 唯王廿又八祀。▨。

第 1 行首字暂依朱文读为"觉"[②]。

图 2-24　觉公簋器形及铭文

---

① 朱凤瀚：《覎公簋与唐伯侯于晋》，《考古》2007 年第 3 期。

② 李学勤释为"疏"，见其《释"疏"》，《考古》2009 年第 9 期。

铭文所说"唐伯",应即晋国的燮父。《毛诗正义》引郑玄《诗谱》云:"成王封母弟叔虞于尧之故墟,曰唐侯。南有晋水,至子燮改为晋侯。"孔颖达疏:"盖时王命使改之也。"正与簋铭相合,表明铭文中的"唐伯"就是燮父。据《左传》昭公十二年,燮父与楚熊绎、齐吕伋、卫王孙牟、鲁禽父并事康王。但燮父继承父位是在成王在世时,还是到了康王之世,文献没有记载。他究竟在成王时还是康王时徙居,典籍也不见明文。

簋铭只记"王命唐伯侯于晋"的年祀,未说明月日,然而"廿又八祀"只可能属于成王或康王,是明确的。从簋的类型学特点看,属于《西周青铜器分期断代研究》所划分的 I 型 3 式[①]。型式相同,纹饰也类似的簋,上述朱文已指出还可上溯到商末。也有文章指出,这样的簋下延到康王较晚的时候仍然是可能的[②]。

关于这件簋属于成王时还是康王时,以及其对西周年代研究带来的影响,"夏商周断代工程"曾在 2007 年 4 月举行专题研讨会[③]。随后学术界有一系列讨论,详细情况可看朱凤瀚《简论与西周年代学有关的几件铜器》[④]一文中的概述,迄今尚未达成一致意见。

无论定该簋于成王时还是康王时,都会使"夏商周断代工程"所推成、康年代需要修改。希望今后还会有相关材料发现,为这方面工作提供更明确的证据。

以上概述了 2000 年以后新出现的有关西周金文,其出现时间的下限约在 2010 年。在 2010 年之后,陆续又有一些铭文四要素齐全的器物出现,其间个别例子还可能导致"西周金文历谱"做出调整[⑤],但这些新材料迄今还没有经过比较深入的讨论,这里就暂不涉及。

## 9. "西周金文历谱"及有关问题

根据以上讨论和推算,并将其他有四要素齐全历日的青铜器铭文尽可能适合排入,构成"西周金文历谱"如下(表 2-9)。

表 2-9　西周金文历谱

| 编号 | 文献或器名 | 王年 | 公元前 | 文献与铭文中年、月、日干支与纪时词语 | 推排结果 |
|---|---|---|---|---|---|
| 1 | 《武成》 | 武元 | 1046 | 惟一月壬辰旁死霸 | 正月癸酉朔,壬辰二十日 |
| | | | | 粤若来三(二)月既死霸,粤五日甲子 | 二月癸卯朔,甲子二十二日 |
| | | | | 惟四月既旁生霸,粤六日庚戌 | 四月壬寅朔,庚戌初九日 |
| 2 | 《召诰》 | 成七 | 1036 | 惟二月既望,粤六日乙未 | 二月甲戌朔,乙未二十二日 |
| | | | | 惟三月丙午朏 | 三月甲辰朔,丙午初三日 |

---

① 王世民、陈公柔、张长寿等:《西周青铜器分期断代研究》,文物出版社,1999 年,第 58 页。
② 李学勤:《论觉公簋年代及有关问题》,《庆祝何炳棣先生九十华诞论文集》,三秦出版社,2008 年。
③ 王泽文整理:《觉公簋研讨会纪要》,《"夏商周断代工程"简报》第 164 期,2007 年 5 月 28 日。
④ 朱凤瀚:《简论与西周年代学有关的几件铜器》,《新出金文与西周历史》,上海古籍出版社,2011 年。
⑤ 参看朱凤瀚:《关于西周金文历日的新资料》,《故宫博物院院刊》2014 年第 6 期。

| 编号 | 文献或器名 | 王年 | 公元前 | 文献与铭文中年、月、日干支与纪时词语 | 推排结果 |
|---|---|---|---|---|---|
| 3 | 《毕命丰刑》 | 康十二 | 1009 | 惟十又二年六月庚午朏 | 六月丙寅朔，庚午初五日 |
| 4 | 庚嬴鼎 | 康二十三 | 998 | 惟廿又二（三）年四月既望己酉 | 四月壬辰朔，己酉十八日 |
| 5 | 静方鼎 | 昭十九 | 977 | （十九年）八月初吉庚申，月既望丁丑 | 八月戊午朔，庚申初三日，丁丑二十日 |
| 6 | 𣄰簋 | 穆二十四 | 953 | 惟廿又四年九月既望庚寅 | 九月戊辰朔，庚寅二十三日 |
| 7 | 二十七年卫簋 | 穆二十七 | 950 | 惟廿又七年三月既生霸戊戌 | 三月甲申朔，戊戌十五日 |
| 8 | 虎簋盖 | 穆三十 | 947 | 惟卅年四月初吉甲戌 | 四月丙寅朔，甲戌初九日 |
| 9 | 吴盉 | 穆三十 | 947 | 惟卅年四月既生霸壬午 | 四月丙寅朔，壬午十七日 |
| 10 | 鲜簋 | 穆三十四 | 943 | 惟王卅又四祀唯五月既望戊午 | 五月壬寅朔，戊午十七日 |
| 11 | 师询簋 | 共元 | 922 | 惟元年二月既望庚寅 | 二月壬申朔，庚寅十九日 |
| 12 | 三年卫盉 | 共三 | 920 | 惟三年三月既生霸壬寅 | 三月庚寅朔，壬寅十三日 |
| 13 | 师遽簋盖 | 共三 | 920 | 惟王三祀四月既生霸辛酉 | 四月庚申朔，辛酉初二日 |
| 14 | 五祀卫鼎 | 共五 | 918 | 惟正月初吉庚戌……惟王五祀 | 正月己酉朔，庚戌初二日 |
| 15 | 齐生鲁方彝盖 | 共八 | 915 | 惟八年十又二月初吉丁亥 | 十二月丁亥朔，丁亥初一日 |
| 16 | 九年卫鼎 | 共九 | 914 | 惟九年正月既死霸庚辰 | 正月丁巳朔，庚辰二十四日 |
| 17 | 走簋 | 共十二 | 911 | 惟王十又二年三月既望庚寅 | 三月戊辰朔，庚寅二十三日 |
| 18 | 无㠱簋 | 共十三 | 910 | 惟十又三年正月初吉壬寅 | 正月壬辰朔，壬寅十一日 |
| 19 | 十五年趞曹鼎 | 共十五 | 908 | 惟十又五年五月既生霸壬午 | 五月己卯朔，壬午初四日 |
| 20 | 士山盘 | 共十六 | 907 | 惟王十又六年九月即（既）生霸甲申 | 九月壬申朔，甲申十三日 |
| 21 | 休盘 | 共二十 | 903 | 惟廿年正月既望甲戌 | 正月壬子朔，甲戌二十三日 |
| 22 | 师虎簋 | 懿元 | 899 | 惟元年六月既望甲戌 | 六月丙辰朔，甲戌十九日 |
| 23 | 𠭯鼎 | 懿元 | 899 | 惟王元年六月既望乙亥 | 六月丙辰朔，乙亥二十日 |
| 24 | 吴方彝盖 | 懿二 | 898 | 惟二月初吉丁亥……惟王二祀 | 二月壬午朔，丁亥初六日 |
| 25 | 趞尊 | 懿二 | 898 | 惟三月初吉乙卯……惟王二祀 | 三月壬子朔，乙卯初四日 |
| 26 | 牧簋 | 懿七 | 893 | 惟王七年十又三月既生霸甲寅 | 十三月戊申朔，甲寅初七日 |
| 27 | 元年师旋簋 | 孝元 | 891 | 惟王元年四月既生霸……甲寅 | 四月辛丑朔，甲寅十四日 |
| 28 | 伯吕父盨 | 孝元 | 891 | 惟王元年六月既眚（生）霸庚戌 | 六月庚子朔，庚戌十一日 |
| 29 | 师颖簋 | 孝元 | 891 | 惟王元年九月既望丁亥 | 九月己巳朔，丁亥十九日 |
| 30 | 达盨盖 | 孝三 | 889 | 惟三年五月既生霸壬寅 | 五月戊子朔，壬寅十五日 |

| 编号 | 文献或器名 | 王年 | 公元前 | 文献与铭文中年、月、日干支与纪时词语 | 推排结果 |
|---|---|---|---|---|---|
| 31 | 师西鼎 | 孝四 | 888 | 惟王四祀九月初吉丁亥 | 九月辛巳朔，丁亥初七日 |
| 32 | 五年师旋簋 | 孝五 | 887 | 惟五年九月既生霸壬午 | 九月乙亥朔，壬午初八日 |
| 33 | 师兑簋 | 夷元 | 885 | 惟王元年正月初吉丁亥（丑） | 正月戊辰朔，丁丑初十日 |
| 34 | 王臣簋 | 夷二 | 884 | 惟二年三月初吉庚寅 | 三月辛卯朔，庚寅朔前一日 |
| 35 | 三年师兑簋 | 夷三 | 883 | 惟三年二月初吉丁亥 | 二月乙酉朔，丁亥初三日 |
| 36 | 散伯车父鼎 | 夷四 | 882 | 惟王四年八月初吉丁亥 | 八月丁丑朔，丁亥十一日 |
| 37 | 散季簋 | 夷四 | 882 | 惟王四年八月初吉丁亥 | 八月丁丑朔，丁亥十一日 |
| 38 | 宰兽簋 | 夷六 | 880 | 唯六年二月初吉甲戌 | 二月己巳朔，甲戌初六日 |
| 39 | 逆钟 | 厉元 | 877 | 惟王元年三月既生霸庚申 | 三月辛亥朔，庚申初十日 |
| 40 | 元年师兑簋 | 厉元 | 877 | 惟元年五月初吉甲寅 | 五月庚戌朔，甲寅初五日 |
| 41 | 郑季盨 | 厉元 | 877 | 惟王元年……六月初吉丁亥 | 六月庚辰朔，丁亥初八日 |
| 42 | 师俞簋盖 | 厉三 | 875 | 惟三年三月初吉甲戌 | 三月己巳朔，甲戌初六日 |
| 43 | 师晨鼎 | 厉三 | 875 | 惟三年三月初吉甲戌 | 三月己巳朔，甲戌初六日 |
| 44 | 四年疾盨 | 厉四 | 874 | 惟四年二月既生霸戊戌 | 二月癸巳朔，戊戌初六日 |
| 45 | 谏簋 | 厉五 | 873 | 惟五年三月初吉庚寅 | 三月丁亥朔，庚寅初四日 |
| 46 | 七年师兑簋盖 | 厉七 | 871 | 惟七年五月初吉甲寅 | 五月甲辰朔，甲寅十一日 |
| 47 | 师嫠簋 | 厉十一 | 867 | 惟十又一年九月初吉丁亥 | 九月己卯朔，丁亥初九日 |
| 48 | 大师虘簋 | 厉十二 | 866 | 正月既望甲午……惟十又二年 | 正月丁丑朔，甲午十八日 |
| 49 | 大簋盖 | 厉十二 | 866 | 惟十又二年三月既生霸丁亥 | 三月丁丑朔，丁亥十一日 |
| 50 | 望簋 | 厉十三 | 865 | 惟王十又三年六月初吉戊戌 | 六月庚子朔，戊戌朔前二日 |
| 51 | 十三年疾壶 | 厉十三 | 865 | 惟十又三年九月初吉戊寅 | 九月戊辰朔，戊寅十一日 |
| 52 | 大鼎 | 厉十五 | 863 | 惟十又五年三月既死霸丁亥 | 三月庚申朔，丁亥二十八日 |
| 53 | 伯克壶 | 厉十六 | 862 | 惟十又六年七月既生霸乙未 | 七月辛巳朔，乙未十五日 |
| 54 | 番匊生壶 | 厉二十六 | 852 | 惟廿又六年十月初吉己卯 | 十月辛巳朔，己卯朔前二日 |
| 55 | 鬲攸从鼎 | 厉三十一 | 847 | 惟卅又一年三月初吉壬辰 | 三月丙戌朔，壬辰初七日 |
| 56 | 伯大祝追鼎 | 厉三十二 | 846 | 惟卅又二年八月初吉辛巳 | 八月戊寅朔，辛巳初四日 |

续表

| 编号 | 文献或器名 | 王年 | 公元前 | 文献与铭文中年、月、日干支与纪时词语 | 推排结果 |
|---|---|---|---|---|---|
| 57 | 晋侯苏钟 | 厉三十三 | 845 | 惟王卅又三年……正月既生霸戊午 | 正月丙午朔，戊午十三日 |
| | | | | 二月既望癸（辛）卯 | 二月乙亥朔，辛卯十七日 |
| | | | | 二月既死霸壬寅 | 二月乙亥朔，壬寅二十八日 |
| | | | | 六月初吉戊寅 | 六月癸酉朔，戊寅初六日 |
| 58 | 伯寏父盨 | 厉三十三 | 845 | 惟卅又三年八月既死〔霸〕辛卯 | 八月壬申朔，辛卯二十日 |
| 59 | 膳夫山鼎 | 厉三十七 | 841 | 惟卅又七年正月初吉庚戌 | 正月壬子朔，庚戌朔前二日 |
| 60 | 鄀簋 | 宣二 | 826 | 惟二年正月初吉……丁亥 | 正月丙戌朔，丁亥初二日 |
| 61 | 颂鼎、壶、簋 | 宣三 | 825 | 惟三年五月既死霸甲戌 | 五月戊申朔，甲戌二十七日 |
| 62 | 兮甲盘 | 宣五 | 823 | 惟五年三月既死霸庚寅 | 三月丁卯朔，庚寅二十四日 |
| 63 | 虢季子白盘 | 宣十二 | 816 | 惟十又二年正月初吉丁亥 | 正月戊子朔，丁亥朔前一日 |
| 64 | 克镈、钟 | 宣十六 | 812 | 惟十又六年九月初吉庚寅 | 九月庚寅朔，庚寅初一日 |
| 65 | 此鼎、簋 | 宣十七 | 811 | 惟十又七年十又二月既生霸乙卯 | 十二月癸丑朔，乙卯初三日 |
| 66 | 克盨 | 宣十八 | 810 | 惟十又八年十又二月初吉庚（甲）寅 | 十二月丁未朔，甲寅初八日 |
| 67 | 虞虎鼎 | 宣十八 | 810 | 惟十又八年十又三月既生霸丙戌 | 十三月丁丑朔，丙戌初十日 |
| 68 | 赵鼎 | 宣十九 | 809 | 惟十又九年四月既望辛卯 | 四月甲戌朔，辛卯十八日 |
| 69 | 伊簋 | 宣二十七 | 801 | 惟王廿又七年正月既望丁亥（丑） | 正月庚申朔，丁丑十八日 |
| 70 | 寰盘、鼎 | 宣二十八 | 800 | 惟廿又八年五月既望庚寅（午） | 五月壬子朔，庚午十九日 |
| 71 | 四十二年逑鼎 | 宣四十二 | 786 | 惟卌又二年五月既生霸乙卯（丑） | 五月壬戌朔，乙丑初四日 |
| 72 | 四十三年逑鼎 | 宣四十三 | 785 | 惟卌又三年六月既生霸丁亥 | 六月乙酉朔，丁亥初三日 |
| 73 | 柞钟 | 幽三 | 779 | 惟王三年四月初吉甲寅 | 四月辛亥朔，甲寅初四日 |
| 74 | 史伯硕父鼎 | 幽六 | 776 | 惟六年八月初吉己巳 | 八月辛酉朔，己巳初九日 |

这一金文历谱还有若干遗留问题，特别是庚嬴鼎、师𫇭簋、克盨、伊簋、寰鼎和寰盘、四十二年逑鼎等历日不合，不得不改动干支。王臣簋、望簋、番匊生壶、膳夫山鼎、虢季子白盘等历日在朔前一、二日，也不够理想。这一类不足之处，说明历谱还有待改进。

为了大家更多地了解历谱的编排情况，将作为推算基础的"西周拟年长历表"附于本章之后（附录一）。

## 10. 列入金文历谱的青铜器系联

对于"西周金文历谱"中列入的青铜器铭文，不仅力求其历日的调谐，还有必要从其内容及其间的联系，来验证历谱编排是否合理。有些铭文包含特定人名或称谓，足以表明其所属王世。有些铭文彼此有共同的标志性词语或人名，则体现出年代相同或者相近的关系。当然，有的人名，如"周公""召伯"之类，不一定是指同一个人，在考虑铭文关系时必须注意。

附录二为列表说明"西周金文历谱"涉及的青铜器间的系联，凡列入历谱有四要素历日的用灰底色表示。只据历日列入历谱而没有其他系联的器物，不收进该表。

| 周王纪年 | 公元前 | 冬至 | 正月 | 二月 | 三月 | 四月 | 五月 | 六月 | 七月 | 八月 | 九 |
|---|---|---|---|---|---|---|---|---|---|---|---|
| 武王元 | 1046 | 癸卯 | 11 30 | 12 30 | 1 28 | 2 27 | 3 28 | 4 26 | 5 26 | 6 24 | 7 |
| | | | 癸酉 | 癸卯 | 壬申 | 壬寅 | 辛未 | 庚子 | 庚午 | 己亥 | 戊 |
| | | | 13 35 | 06 01 | 19 46 | 06 57 | 15 56 | 23 19 | 06 01 | 13 09 | 22 |
| 武王二 | 1045 | 己酉 | 12 19 | 1 18 | 2 16 | 3 17 | 4 15 | 5 14 | 6 13 | 7 12 | 8 |
| | | | 丁酉 | 丁卯 | 丙申 | 丙寅 | 乙未 | 甲子 | 甲午 | 癸亥 | 壬 |
| | | | 08 47 | 02 42 | 18 07 | 06 25 | 15 51 | 23 15 | 05 52 | 13 00 | 21 |
| 武王三 | 1044 | 甲寅 | 12 7 | 1 6 | 2 4 | 3 6 | 4 5 | 5 4 | 6 2 | 7 2 | 7 |
| | | | 辛卯 | 辛酉 | 庚寅 | 庚申 | 庚寅 | 己未 | 戊子 | 戊午 | 丁 |
| | | | 07 52 | 03 08 | 21 50 | 14 15 | 03 36 | 13 59 | 22 27 | 06 08 | 13 |
| 武王四 | 1043 | 己未 | 12 26 | 1 24 | 2 23 | 3 25 | 4 23 | 5 23 | 6 21 | 7 21 | 8 |
| | | | 乙卯 | 甲申 | 甲寅 | 甲申 | 癸丑 | 癸未 | 壬子 | 壬午 | 辛 |
| | | | 03 28 | 21 31 | 15 27 | 07 58 | 22 17 | 10 26 | 20 55 | 06 18 | 15 |
| 成王元 | 1042 | 甲子 | 12 15 | 1 14 | 2 12 | 3 14 | 4 13 | 5 12 | 6 11 | 7 10 | 8 |
| | | | 己酉 | 乙卯 | 戊申 | 戊寅 | 戊申 | 丁丑 | 丁未 | 丙子 | 丙 |
| | | | 10 04 | 00 37 | 16 09 | 08 08 | 00 00 | 15 11 | 05 21 | 18 04 | 05 |
| 成王二 | 1041 | 庚午 | 12 4 | 1 3 | 2 1 | 3 2 | 4 1 | 4 30 | 5 30 | 6 28 | 7 |
| | | | 癸卯 | 癸酉 | 壬寅 | 壬申 | 壬寅 | 辛未 | 辛丑 | 庚午 | 庚 |
| | | | 23 13 | 10 49 | 22 50 | 11 31 | 01 09 | 15 50 | 07 19 | 22 43 | 13 |
| 成王三 | 1040 | 乙亥 | 12 23 | 1 21 | 2 19 | 3 21 | 4 19 | 5 19 | 6 17 | 7 17 | 8 |
| | | | 戊辰 | 丁酉 | 丙寅 | 丙申 | 乙丑 | 乙未 | 甲子 | 甲午 | 甲 |
| | | | 01 53 | 12 04 | 21 57 | 08 16 | 19 43 | 08 47 | 23 18 | 14 55 | 07 |
| 成王四 | 1039 | 庚辰 | 12 12 | 1 11 | 2 9 | 3 10 | 4 9 | 5 8 | 6 7 | 7 6 | 8 |
| | | | 壬戌 | 壬辰 | 辛酉 | 庚寅 | 庚申 | 己丑 | 己未 | 戊子 | 戊 |
| | | | 17 22 | 04 04 | 13 23 | 22 00 | 06 44 | 16 16 | 03 08 | 15 59 | 07 |
| 成王五 | 1038 | 乙酉 | 12 2 | 12 31 | 1 30 | 2 28 | 3 29 | 4 28 | 5 27 | 6 25 | 7 |
| | | | 丁巳 | 丙戌 | 丙辰 | 乙酉 | 甲寅 | 甲申 | 癸丑 | 壬午 | 壬 |
| | | | 04 36 | 18 14 | 05 24 | 14 42 | 22 49 | 06 27 | 14 13 | 23 11 | 10 |
| 成王六 | 1037 | 庚寅 | 12 21 | 1 19 | 2 18 | 3 18 | 4 16 | 5 16 | 6 14 | 7 13 | 8 |
| | | | 辛巳 | 庚戌 | 庚辰 | 己酉 | 戊寅 | 戊申 | 丁丑 | 丙午 | 丙 |
| | | | 02 15 | 17 21 | 05 44 | 15 37 | 23 38 | 06 27 | 13 12 | 21 04 | 07 |
| 成王七 | 1036 | 丙申 | 1 7 | 2 6 | 3 8 | 4 6 | 5 5 | 6 4 | 7 3 | 8 1 | 8 |
| | | | 甲辰 | 甲戌 | 甲辰 | 癸酉 | 壬寅 | 壬申 | 辛丑 | 庚午 | 庚 |
| | | | 21 59 | 14 42 | 04 29 | 15 14 | 23 28 | 06 21 | 13 07 | 21 00 | 06 |
| 成王八 | 1035 | 辛丑 | 12 27 | 1 26 | 2 25 | 3 27 | 4 25 | 5 24 | 6 23 | 7 22 | 8 |
| | | | 戊戌 | 戊辰 | 戊戌 | 戊辰 | 丁酉 | 丙寅 | 丙申 | 乙丑 | |
| | | | 21 27 | 16 30 | 10 04 | 00 56 | 12 41 | 22 01 | 06 04 | 13 55 | 22 |

① 表中冬至所在月份以灰底色区别，如果排在当年的十二月或十三月，其所对应的冬至日干支在下一年的"冬至"栏中。

# 西周拟年长历表 ①

| …月 | 十一月 | 十二月 | 十三月 | 文献与铭文中年、月、日干支与纪时词语 | 推排结果 |
|---|---|---|---|---|---|
| 22 | 9  21 | 10  20 | 11  19 | 《武成》：惟一月壬辰旁死霸；二月既死霸，粤五日甲子；惟四月既旁生霸，粤六日庚戌 | 正月癸酉朔，既死霸辛卯十九日，壬辰旁死霸二十日；二月癸卯朔，既死霸庚申十八日，粤五日甲子二十二日；四月壬寅朔，既生霸乙巳初四日，粤六日庚戌初九日 |
| 戊戌 | 戊辰 | 丁酉 | 丁卯 | | |
| 44 | 00  36 | 18  12 | 13  24 | | |
| 9 | 10  8 | 11  7 | | | |
| 壬戌 | 辛卯 | 辛酉 | | | |
| 21 | 21  40 | 13  39 | | | |
| 29 | 9  28 | 10  27 | 11  26 | | |
| 丙辰 | 丙戌 | 乙卯 | 乙酉 | | |
| 35 | 08  32 | 20  29 | 10  50 | | |
| 18 | 10  17 | 11  15 | | | |
| 辛巳 | 庚戌 | 己卯 | | | |
| 07 | 09  51 | 21  07 | | | |
| 7 | 10  7 | 11  5 | | | |
| 乙亥 | 乙巳 | 甲戌 | | | |
| 44 | 01  48 | 12  12 | | | |
| 27 | 9  25 | 10  25 | 11  23 | | |
| 庚午 | 己亥 | 己巳 | 戊戌 | | |
| 55 | 15  33 | 03  34 | 15  02 | | |
| 14 | 10  14 | 11  13 | | | |
| 癸巳 | 癸亥 | 癸巳 | | | |
| 08 | 14  36 | 04  50 | | | |
| 4 | 10  3 | 11  2 | | | |
| 戊子 | 丁巳 | 丁亥 | | | |
| 14 | 18  33 | 12  27 | | | |
| 24 | 9  22 | 10  22 | 11  21 | 何尊：惟王初迁宅于成周；在四月丙戌，惟王五祀 | 四月乙酉朔，丙戌初二日 |
| 壬午 | 辛亥 | 辛巳 | 辛亥 | | |
| 44 | 18  07 | 13  19 | 08  35 | | |
| 10 | 10  10 | 11  9 | 12  9 | | |
| 乙巳 | 乙亥 | 乙巳 | 乙亥 | | |
| 42 | 13  06 | 07  45 | 03  12 | | |
| 29 | 10  29 | 11  28 | | 《召诰》：惟二月既望，粤六日乙未；惟三月丙午朏 | 二月甲戌朔，既望庚寅十七日，粤六日乙未二十二日；三月甲辰朔，丙午朏初三日 |
| 己巳 | 己亥 | 己巳 | | | |
| 48 | 09  30 | 02  36 | | | |
| 19 | 10  18 | 11  17 | | | |
| 甲子 | 癸巳 | 癸亥 | | | |
| 35 | 18  31 | 07  37 | | | |

| 周王纪年 | 公元前 | 冬至 | 正月 | 二月 | 三月 | 四月 | 五月 | 六月 | 七月 | 八月 | 九 |
|---|---|---|---|---|---|---|---|---|---|---|---|
| 成王九 | 1034 | 丙午 | 12 16<br>壬辰<br>23 03 | 1 15<br>壬戌<br>16 20 | 2 14<br>壬辰<br>10 14 | 3 16<br>壬戌<br>03 25 | 4 14<br>辛卯<br>18 46 | 5 14<br>辛酉<br>08 00 | 6 12<br>庚寅<br>19 22 | 7 12<br>庚申<br>05 25 | 8<br>己<br>14 |
| 成王十 | 1033 | 辛亥 | 12 6<br>丁亥<br>07 43 | 1 4<br>丙辰<br>21 21 | 2 3<br>丙戌<br>12 11 | 3 4<br>丙辰<br>03 43 | 4 2<br>乙酉<br>19 26 | 5 2<br>乙卯<br>10 56 | 6 1<br>乙酉<br>01 43 | 6 30<br>甲寅<br>15 21 | 7<br>甲<br>03 |
| 成王十一 | 1032 | 丁巳 | 12 24<br>辛亥<br>09 21 | 1 22<br>庚辰<br>20 57 | 2 21<br>庚戌<br>09 00 | 3 22<br>己卯<br>21 46 | 4 21<br>己酉<br>11 42 | 5 21<br>己卯<br>02 44 | 6 19<br>戊申<br>18 20 | 7 19<br>戊寅<br>09 38 | 8<br>戊<br>00 |
| 成王十二 | 1031 | 壬戌 | 12 14<br>丙午<br>01 01 | 1 12<br>乙亥<br>11 24 | 2 10<br>甲辰<br>21 10 | 3 12<br>甲戌<br>06 53 | 4 10<br>癸卯<br>17 26 | 5 10<br>癸酉<br>05 26 | 6 8<br>壬寅<br>19 10 | 7 8<br>壬申<br>10 20 | 8<br>壬<br>02 |
| 成王十三 | 1030 | 丁卯 | 12 3<br>庚子<br>15 46 | 1 2<br>庚午<br>03 20 | 1 31<br>己亥<br>13 07 | 3 1<br>戊辰<br>21 47 | 3 31<br>戊戌<br>06 10 | 4 29<br>丁卯<br>15 00 | 5 29<br>丁酉<br>01 00 | 6 27<br>丙寅<br>12 44 | 7<br>丙<br>02 |
| 成王十四 | 1029 | 壬申 | 12 22<br>甲子<br>16 01 | 1 21<br>甲午<br>04 20 | 2 19<br>癸亥<br>14 21 | 3 19<br>壬辰<br>22 49 | 4 18<br>壬戌<br>06 27 | 5 17<br>辛卯<br>13 58 | 6 15<br>庚申<br>22 07 | 7 15<br>庚寅<br>08 02 | 8<br>己<br>20 |
| 成王十五 | 1028 | 戊寅 | 12 10<br>戊午<br>21 47 | 1 9<br>戊子<br>14 15 | 2 8<br>戊午<br>03 53 | 3 9<br>丁亥<br>14 52 | 4 7<br>丙辰<br>23 39 | 5 7<br>丙戌<br>06 54 | 6 5<br>乙卯<br>13 32 | 7 4<br>甲申<br>20 41 | 8<br>甲<br>05 |
| 成王十六 | 1027 | 癸未 | 12 29<br>壬午<br>16 46 | 1 28<br>壬子<br>10 33 | 2 27<br>壬午<br>01 48 | 3 28<br>辛亥<br>13 58 | 4 26<br>庚辰<br>23 19 | 5 26<br>庚戌<br>06 46 | 6 24<br>己卯<br>13 29 | 7 23<br>戊申<br>20 48 | 8<br>戊<br>05 |
| 成王十七 | 1026 | 戊子 | 12 18<br>丙子<br>15 57 | 1 17<br>丙午<br>10 55 | 2 16<br>丙子<br>05 16 | 3 17<br>乙巳<br>21 28 | 4 16<br>乙亥<br>10 43 | 5 15<br>甲辰<br>21 12 | 6 14<br>甲戌<br>05 51 | 7 13<br>癸卯<br>13 49 | 8<br>壬<br>21 |
| 成王十八 | 1025 | 癸巳 | 12 7<br>庚午<br>19 19 | 1 6<br>庚子<br>11 32 | 2 5<br>庚午<br>05 05 | 3 5<br>己亥<br>22 32 | 4 4<br>己巳<br>14 45 | 5 4<br>己亥<br>05 02 | 6 2<br>戊辰<br>17 21 | 7 2<br>戊戌<br>04 10 | 7<br>丁<br>13 |
| 成王十九 | 1024 | 己亥 | 12 25<br>甲午<br>18 38 | 1 24<br>甲子<br>08 41 | 2 22<br>癸巳<br>23 36 | 3 24<br>癸亥<br>15 01 | 4 23<br>癸巳<br>06 31 | 5 22<br>壬戌<br>21 41 | 6 21<br>壬辰<br>12 04 | 7 21<br>壬戌<br>01 14 | 8<br>辛<br>13 |
| 成王廿 | 1023 | 甲辰 | 12 15<br>己丑<br>08 05 | 1 13<br>戊午<br>19 22 | 2 12<br>戊子<br>06 53 | 3 13<br>丁巳<br>18 57 | 4 12<br>丁亥<br>08 00 | 5 11<br>丙辰<br>22 20 | 6 10<br>丙戌<br>13 45 | 7 10<br>丙辰<br>05 24 | 8<br>乙<br>20 |

| 十月 | 十一月 | 十二月 | 十三月 | 文献与铭文中年、月、日<br>干支与纪时词语 | 推排结果 |
|---|---|---|---|---|---|
| 8 | 10 8 | 11 6 | | | |
| 戊午 | 戊子 | 丁巳 | | | |
| 44 | 09 11 | 19 40 | | | |
| 28 | 9 27 | 10 26 | 11 24 | | |
| 癸丑 | 癸未 | 壬子 | 辛巳 | | |
| 38 | 01 00 | 11 21 | 22 07 | | |
| 16 | 10 16 | 11 14 | | | |
| 丁丑 | 丁未 | 丙子 | | | |
| 22 | 01 55 | 13 49 | | | |
| 5 | 10 5 | 11 4 | | | |
| 辛未 | 辛丑 | 辛未 | | | |
| 53 | 11 02 | 02 12 | | | |
| 25 | 9 24 | 10 24 | 11 23 | | |
| 乙丑 | 乙未 | 乙丑 | 乙未 | | |
| 03 | 13 09 | 07 40 | 01 03 | | |
| 12 | 10 12 | 11 11 | | | |
| 己丑 | 己未 | 己丑 | | | |
| 50 | 07 29 | 03 05 | | | |
| 1 | 10 1 | 10 31 | 11 29 | | |
| 癸未 | 癸丑 | 癸未 | 壬子 | | |
| 31 | 08 34 | 02 16 | 21 30 | | |
| 20 | 10 20 | 11 18 | | | |
| 丁未 | 丁丑 | 丙午 | | | |
| 36 | 06 01 | 21 57 | | | |
| 10 | 10 9 | 11 8 | | | |
| 壬寅 | 辛未 | 辛丑 | | | |
| 56 | 17 08 | 05 08 | | | |
| 29 | 9 28 | 10 27 | 11 26 | | |
| 丙申 | 丙寅 | 乙未 | 乙丑 | | |
| 19 | 08 39 | 18 41 | 05 55 | | |
| 18 | 10 17 | 11 15 | | | |
| 辛酉 | 庚寅 | 己未 | | | |
| 01 | 10 30 | 21 08 | | | |
| 7 | 10 6 | 11 5 | | | |
| 乙卯 | 甲申 | 甲寅 | | | |
| 40 | 23 54 | 12 20 | | | |

| 周王纪年 | 公元前 | 冬至 | 正月 | 二月 | 三月 | 四月 | 五月 | 六月 | 七月 | 八月 | 九 |
|---|---|---|---|---|---|---|---|---|---|---|---|
| 成王廿一 | 1022 | 己酉 | 12 4 | 1 3 | 2 1 | 3 3 | 4 1 | 5 1 | 5 30 | 6 29 | 7 |
| | | | 癸未 | 癸丑 | 壬午 | 壬子 | 辛巳 | 辛亥 | 庚辰 | 庚戌 | 己 |
| | | | 23 57 | 10 42 | 20 32 | 05 57 | 15 44 | 02 42 | 15 27 | 05 54 | 21 |
| 成王廿二 | 1021 | 甲寅 | 11 24 | 12 24 | 1 22 | 2 20 | 3 21 | 4 19 | 5 18 | 6 17 | 7 |
| | | | 戊寅 | 戊申 | 丁丑 | 丙午 | 丙子 | 乙巳 | 甲戌 | 甲辰 | 癸 |
| | | | 13 33 | 02 11 | 12 43 | 21 41 | 05 54 | 14 12 | 23 25 | 10 06 | 22 |
| 康王元 | 1020 | 庚申 | 12 12 | 1 11 | 2 9 | 3 10 | 4 9 | 5 8 | 6 6 | 7 6 | 8 |
| | | | 壬寅 | 壬申 | 辛丑 | 庚午 | 庚子 | 己巳 | 戊戌 | 戊辰 | 丁 |
| | | | 13 07 | 02 45 | 13 45 | 22 45 | 06 34 | 13 56 | 21 34 | 06 27 | 17 |
| 康王二 | 1019 | 乙丑 | 12 1 | 12 31 | 1 30 | 2 28 | 3 29 | 4 28 | 5 27 | 6 25 | 7 |
| | | | 丙申 | 丙寅 | 丙申 | 乙丑 | 甲午 | 甲子 | 癸巳 | 壬戌 | 壬 |
| | | | 16 45 | 10 26 | 01 27 | 13 40 | 23 22 | 07 14 | 13 59 | 20 44 | 04 |
| 康王三 | 1018 | 庚午 | 12 20 | 1 19 | 2 17 | 3 19 | 4 17 | 5 17 | 6 15 | 7 14 | 8 |
| | | | 庚申 | 庚寅 | 己未 | 己丑 | 戊午 | 戊子 | 丁巳 | 丙戌 | 丙 |
| | | | 11 12 | 05 49 | 22 22 | 12 00 | 22 39 | 06 54 | 13 53 | 20 51 | 04 |
| 康王四 | 1017 | 乙亥 | 12 9 | 1 8 | 2 7 | 3 7 | 4 6 | 5 5 | 6 4 | 7 3 | 8 |
| | | | 甲寅 | 甲申 | 甲寅 | 癸未 | 癸丑 | 壬午 | 壬子 | 辛巳 | 庚 |
| | | | 10 49 | 05 18 | 00 00 | 17 16 | 07 59 | 19 46 | 05 18 | 13 37 | 21 |
| 康王五 | 1016 | 辛巳 | 12 27 | 1 26 | 2 24 | 3 26 | 4 25 | 5 24 | 6 23 | 7 22 | 8 |
| | | | 戊寅 | 戊申 | 丁丑 | 丁未 | 丁丑 | 丙午 | 丙子 | 乙巳 | 甲 |
| | | | 07 20 | 00 07 | 17 31 | 10 17 | 01 29 | 14 48 | 02 28 | 12 57 | 22 |
| 康王六 | 1015 | 丙戌 | 12 16 | 1 15 | 2 13 | 3 15 | 4 14 | 5 13 | 6 12 | 7 11 | 8 |
| | | | 壬申 | 壬寅 | 辛未 | 辛丑 | 辛未 | 庚子 | 庚午 | 己亥 | 己 |
| | | | 16 27 | 05 38 | 19 55 | 10 50 | 02 06 | 17 24 | 08 16 | 22 19 | 11 |
| 康王七 | 1014 | 辛卯 | 12 6 | 1 4 | 2 3 | 3 4 | 4 3 | 5 2 | 6 1 | 7 1 | 7 |
| | | | 丁卯 | 丙申 | 丙寅 | 乙未 | 乙丑 | 甲午 | 甲子 | 甲午 | 癸 |
| | | | 07 01 | 18 02 | 05 12 | 16 40 | 04 52 | 18 20 | 09 10 | 00 51 | 16 |
| 康王八 | 1013 | 丙申 | 12 25 | 1 23 | 2 22 | 3 22 | 4 21 | 5 20 | 6 19 | 7 18 | 8 |
| | | | 辛卯 | 庚申 | 庚寅 | 己未 | 己丑 | 戊午 | 戊子 | 丁巳 | 丁 |
| | | | 09 51 | 19 59 | 05 19 | 14 32 | 00 36 | 12 12 | 01 46 | 17 02 | 09 |
| 康王九 | 1012 | 壬寅 | 12 14 | 1 12 | 2 10 | 3 12 | 4 10 | 5 9 | 6 8 | 7 7 | 8 |
| | | | 丙戌 | 乙卯 | 甲申 | 甲寅 | 癸未 | 壬子 | 壬午 | 辛亥 | 辛 |
| | | | 00 28 | 12 00 | 21 31 | 05 48 | 13 46 | 22 16 | 08 02 | 19 40 | 09 |
| 康王十 | 1011 | 丁未 | 12 3 | 1 2 | 1 31 | 3 1 | 3 31 | 4 29 | 5 28 | 6 27 | 7 |
| | | | 庚辰 | 庚戌 | 己卯 | 戊申 | 戊寅 | 丁未 | 丙子 | 丙午 | 乙 |
| | | | 09 27 | 00 33 | 12 44 | 22 29 | 06 41 | 14 03 | 21 23 | 05 29 | 15 |

| 十月 | 十一月 | 十二月 | 十三月 | 文献与铭文中年、月、日<br>干支与纪时词语 | 推排结果 |
|---|---|---|---|---|---|
| 27 | 9 26 | 10 25 | | | |
| 己酉 | 己卯 | 戊申 | | | |
| 18 | 06 59 | 22 59 | | | |
| 15 | 9 14 | 10 14 | 11 12 | 《顾命》：惟四月哉生魄王不怿。甲子王乃洮颒水 | 四月丙午朔，甲子十九日 |
| 癸卯 | 癸酉 | 癸卯 | 壬申 | | |
| 09 | 07 42 | 02 26 | 20 44 | | |
| 3 | 10 3 | 11 1 | | | |
| 丁卯 | 丁酉 | 丙寅 | | | |
| 13 | 01 49 | 21 17 | | | |
| 23 | 9 22 | 10 21 | 11 20 | | |
| 辛酉 | 辛卯 | 庚申 | 庚寅 | | |
| 08 | 04 39 | 21 10 | 15 48 | | |
| 11 | 10 11 | 11 9 | | | |
| 乙酉 | 乙卯 | 甲申 | | | |
| 55 | 03 10 | 17 52 | | | |
| 31 | 9 29 | 10 29 | 11 27 | | |
| 庚辰 | 己酉 | 己卯 | 戊申 | | |
| 28 | 16 07 | 03 14 | 16 14 | | |
| 19 | 10 18 | 11 17 | | | |
| 甲辰 | 癸酉 | 癸卯 | | | |
| 12 | 17 58 | 04 35 | | | |
| 8 | 10 8 | 11 6 | | | |
| 戊戌 | 戊辰 | 丁酉 | | | |
| 43 | 09 36 | 20 13 | | | |
| 29 | 9 27 | 10 27 | 11 25 | | |
| 癸巳 | 壬戌 | 壬辰 | 辛酉 | | |
| 32 | 21 30 | 10 32 | 22 42 | | |
| 16 | 10 15 | 11 14 | | | |
| 丁巳 | 丙戌 | 丙辰 | | | |
| 29 | 19 10 | 10 45 | | | |
| 5 | 10 4 | 11 3 | | | |
| 辛亥 | 庚辰 | 庚戌 | | | |
| 22 | 20 51 | 15 48 | | | |
| 25 | 9 23 | 10 23 | 11 22 | | |
| 乙巳 | 甲戌 | 甲辰 | 甲戌 | | |
| 20 | 20 32 | 15 24 | 11 09 | | |

| 周王纪年 | 公元前 | 冬至 | 正月 | 二月 | 三月 | 四月 | 五月 | 六月 | 七月 | 八月 | 九 |
|---|---|---|---|---|---|---|---|---|---|---|---|
| 康王十一 | 1010 | 壬子 | 12 22<br>甲辰<br>05 58 | 1 20<br>癸酉<br>22 23 | 2 19<br>癸卯<br>11 51 | 3 20<br>壬申<br>22 40 | 4 19<br>壬寅<br>07 17 | 5 18<br>辛未<br>14 28 | 6 16<br>庚子<br>21 05 | 7 16<br>庚午<br>04 20 | 8<br>己<br>13 |
| 康王十二 | 1009 | 丁巳 | 12 11<br>戊戌<br>05 32 | 1 10<br>戊辰<br>00 38 | 2 8<br>丁酉<br>18 14 | 3 9<br>丁卯<br>09 17 | 4 7<br>丙申<br>21 21 | 5 7<br>丙寅<br>06 43 | 6 5<br>乙未<br>14 13 | 7 4<br>甲子<br>21 08 | 8<br>甲<br>04 |
| 康王十三 | 1008 | 癸亥 | 12 28<br>辛酉<br>23 57 | 1 27<br>辛卯<br>18 31 | 2 26<br>辛酉<br>12 31 | 3 28<br>辛卯<br>04 30 | 4 26<br>庚申<br>17 42 | 5 26<br>庚寅<br>04 20 | 6 24<br>己未<br>13 14 | 7 23<br>戊子<br>21 34 | 8<br>戊<br>06 |
| 康王十四 | 1007 | 戊辰 | 12 18<br>丙辰<br>03 16 | 1 16<br>乙酉<br>19 32 | 2 15<br>乙卯<br>12 30 | 3 17<br>乙酉<br>05 29 | 4 15<br>甲寅<br>21 25 | 5 15<br>甲申<br>11 41 | 6 14<br>甲寅<br>00 14 | 7 13<br>癸未<br>11 29 | 8<br>壬<br>21 |
| 康王十五 | 1006 | 癸酉 | 12 7<br>庚戌<br>14 45 | 1 6<br>庚辰<br>03 07 | 2 4<br>己酉<br>16 37 | 3 6<br>己卯<br>06 59 | 4 4<br>戊申<br>21 51 | 5 4<br>戊寅<br>13 01 | 6 3<br>戊申<br>04 10 | 7 2<br>丁丑<br>18 50 | 8<br>丁<br>08 |
| 康王十六 | 1005 | 戊寅 | 12 26<br>甲戌<br>16 56 | 1 25<br>甲辰<br>03 50 | 2 23<br>癸酉<br>14 49 | 3 24<br>癸卯<br>02 18 | 4 22<br>壬申<br>14 49 | 5 22<br>壬寅<br>04 50 | 6 20<br>辛未<br>20 13 | 7 20<br>辛丑<br>12 10 | 8<br>辛<br>03 |
| 康王十七 | 1004 | 甲申 | 12 15<br>己巳<br>08 51 | 1 13<br>戊戌<br>19 24 | 2 12<br>戊辰<br>04 53 | 3 13<br>丁酉<br>13 49 | 4 11<br>丙寅<br>23 06 | 5 11<br>丙申<br>09 38 | 6 9<br>乙丑<br>22 07 | 7 9<br>乙未<br>12 33 | 8<br>乙<br>04 |
| 康王十八 | 1003 | 己丑 | 12 4<br>癸亥<br>22 13 | 1 3<br>癸巳<br>10 52 | 2 1<br>壬戌<br>21 12 | 3 3<br>壬辰<br>05 51 | 4 1<br>辛酉<br>13 39 | 4 30<br>庚寅<br>21 38 | 5 30<br>庚申<br>06 34 | 6 28<br>己丑<br>17 06 | 7<br>己<br>05 |
| 康王十九 | 1002 | 甲午 | 12 23<br>丁亥<br>21 34 | 1 22<br>丁巳<br>11 08 | 2 20<br>丙戌<br>21 54 | 3 22<br>丙辰<br>06 38 | 4 20<br>乙酉<br>14 15 | 5 19<br>甲寅<br>21 25 | 6 18<br>甲申<br>04 58 | 7 17<br>癸丑<br>13 50 | 8<br>癸<br>01 |
| 康王廿 | 1001 | 己亥 | 12 13<br>壬午<br>00 50 | 1 11<br>辛亥<br>18 31 | 2 10<br>辛巳<br>09 25 | 3 10<br>庚戌<br>21 25 | 4 9<br>庚辰<br>07 00 | 5 8<br>己酉<br>14 47 | 6 6<br>戊寅<br>21 31 | 7 6<br>戊申<br>04 22 | 8<br>丁<br>12 |
| 康王廿一 | 1000 | 甲辰 | 11 30<br>乙亥<br>23 55 | 12 30<br>乙巳<br>19 09 | 1 29<br>乙亥<br>13 32 | 2 28<br>乙巳<br>05 51 | 3 29<br>甲戌<br>19 22 | 4 28<br>甲辰<br>06 00 | 5 27<br>癸酉<br>14 19 | 6 25<br>壬寅<br>21 28 | 7<br>壬<br>04 |
| 康王廿二 | 999 | 庚戌 | 12 19<br>己亥<br>19 00 | 1 18<br>己巳<br>13 04 | 2 17<br>己亥<br>07 20 | 3 19<br>己巳<br>00 21 | 4 17<br>戊戌<br>14 57 | 5 17<br>戊辰<br>02 48 | 6 15<br>丁酉<br>12 33 | 7 14<br>丙寅<br>21 12 | 8<br>丙<br>05 |

| 十月 | 十一月 | 十二月 | 十三月 | 文献与铭文中年、月、日干支与纪时词语 | 推排结果 |
|---|---|---|---|---|---|
| 13 | 10　12 | 11　11 | | | |
| 己巳 | 戊戌 | 戊辰 | | | |
| 29 | 16　37 | 10　22 | | | |
| 1 | 10　1 | 10　30 | 11　29 | 《毕命》：惟十又二年六月庚午朏 | 六月丙寅朔，庚午初五日 |
| 癸亥 | 癸巳 | 壬戌 | 壬辰 | | |
| 46 | 00　57 | 14　26 | 06　15 | | |
| 20 | 10　20 | 11　18 | | | |
| 丁亥 | 丁巳 | 丙戌 | | | |
| 24 | 01　48 | 13　49 | | | |
| 10 | 10　9 | 11　8 | | | |
| 壬午 | 辛亥 | 辛巳 | | | |
| 37 | 17　21 | 03　34 | | | |
| 30 | 9　29 | 10　28 | 11　27 | | |
| 丙子 | 丙午 | 乙亥 | 乙巳 | | |
| 01 | 08　26 | 19　20 | 06　05 | | |
| 17 | 10　17 | 11　15 | | | |
| 庚子 | 庚午 | 己亥 | | | |
| 36 | 08　22 | 21　08 | | | |
| 6 | 10　6 | 11　5 | | | |
| 甲午 | 甲子 | 甲午 | | | |
| 41 | 14　54 | 07　23 | | | |
| 26 | 9　25 | 10　25 | 11　24 | | |
| 戊子 | 戊午 | 戊子 | 戊午 | | |
| 23 | 15　15 | 10　23 | 05　00 | | |
| 14 | 10　14 | 11　13 | | | |
| 壬子 | 壬午 | 壬子 | | | |
| 53 | 09　40 | 05　18 | | | |
| 2 | 10　2 | 11　1 | | | |
| 丙午 | 丙子 | 丙午 | | | |
| 06 | 12　47 | 05　21 | | | |
| 23 | 9　21 | 10　21 | 11　20 | | |
| 辛丑 | 庚午 | 庚子 | 庚午 | | |
| 04 | 23　18 | 11　41 | 02　19 | | |
| 11 | 10　11 | 11　9 | 12　9 | | |
| 乙丑 | 乙未 | 甲子 | 甲午 | | |
| 51 | 00　47 | 12　00 | 00　50 | | |

| 周王纪年 | 公元前 | 冬至 | 正月 | 二月 | 三月 | 四月 | 五月 | 六月 | 七月 | 八月 | 九 |
|---|---|---|---|---|---|---|---|---|---|---|---|
| 康王廿三 | 998 | 乙卯 | 1 7 | 2 6 | 3 8 | 4 6 | 5 6 | 6 4 | 7 4 | 8 2 | 9 |
| | | | 癸亥 | 癸巳 | 癸亥 | 壬辰 | 壬戌 | 辛卯 | 辛酉 | 庚寅 | 庚 |
| | | | 15 33 | 07 45 | 00 36 | 17 00 | 08 05 | 21 33 | 09 34 | 20 34 | 06 |
| 康王廿四 | 997 | 庚申 | 12 28 | 1 26 | 2 25 | 3 25 | 4 24 | 5 23 | 6 22 | 7 22 | 8 |
| | | | 戊午 | 丁亥 | 丁巳 | 丙戌 | 丙辰 | 乙酉 | 乙卯 | 乙酉 | 甲 |
| | | | 01 07 | 13 50 | 03 30 | 17 51 | 08 39 | 23 49 | 14 52 | 05 21 | 18 |
| 康王廿五 | 996 | 乙丑 | 12 16 | 1 15 | 2 13 | 3 15 | 4 13 | 5 13 | 6 11 | 7 11 | 8 |
| | | | 壬子 | 壬午 | 辛亥 | 辛巳 | 庚戌 | 庚辰 | 己酉 | 己卯 | 戊 |
| | | | 15 56 | 02 39 | 13 22 | 00 14 | 11 52 | 00 56 | 15 36 | 07 29 | 23 |
| 昭王元 | 995 | 辛未 | 12 6 | 1 4 | 2 3 | 3 4 | 4 2 | 5 2 | 5 31 | 6 30 | 7 |
| | | | 丁未 | 丙子 | 丙午 | 乙亥 | 甲辰 | 甲戌 | 癸卯 | 癸酉 | 壬 |
| | | | 07 35 | 18 40 | 04 30 | 13 23 | 22 07 | 07 43 | 19 01 | 08 28 | 23 |
| 昭王二 | 994 | 丙子 | 12 25 | 1 23 | 2 22 | 3 23 | 4 21 | 5 21 | 6 19 | 7 19 | 8 |
| | | | 辛未 | 庚子 | 庚午 | 己亥 | 戊辰 | 戊戌 | 丁卯 | 丁酉 | 丙 |
| | | | 09 10 | 20 34 | 05 49 | 13 43 | 21 21 | 05 34 | 15 10 | 02 47 | 16 |
| 昭王三 | 993 | 辛巳 | 12 14 | 1 13 | 2 11 | 3 12 | 4 10 | 5 9 | 6 8 | 7 7 | 8 |
| | | | 乙丑 | 乙未 | 甲子 | 甲午 | 癸亥 | 壬辰 | 壬戌 | 辛卯 | 庚 |
| | | | 17 48 | 08 54 | 20 57 | 06 28 | 14 25 | 21 37 | 04 49 | 12 54 | 22 |
| 昭王四 | 992 | 丙戌 | 12 2 | 1 1 | 1 31 | 3 1 | 3 31 | 4 29 | 5 28 | 6 27 | 7 |
| | | | 己未 | 己丑 | 己未 | 戊子 | 戊午 | 丁亥 | 丙辰 | 丙戌 | 乙 |
| | | | 19 14 | 14 02 | 06 20 | 19 39 | 06 18 | 14 44 | 21 54 | 04 35 | 12 |
| 昭王五 | 991 | 壬辰 | 12 21 | 1 20 | 2 19 | 3 20 | 4 19 | 5 18 | 6 16 | 7 16 | 8 |
| | | | 癸未 | 癸丑 | 癸未 | 壬子 | 壬午 | 辛亥 | 庚辰 | 庚戌 | 己 |
| | | | 13 24 | 08 15 | 01 37 | 16 30 | 04 30 | 13 56 | 21 32 | 04 46 | 12 |
| 昭王六 | 990 | 丁酉 | 12 10 | 1 9 | 2 8 | 3 9 | 4 8 | 5 8 | 6 6 | 7 5 | 8 |
| | | | 丁丑 | 丁未 | 丁丑 | 丙午 | 丙子 | 丙午 | 乙亥 | 甲辰 | 甲 |
| | | | 14 28 | 07 46 | 01 52 | 19 30 | 11 16 | 00 33 | 11 19 | 20 35 | 05 |
| 昭王七 | 989 | 壬寅 | 12 29 | 1 28 | 2 26 | 3 27 | 4 26 | 5 25 | 6 24 | 7 23 | 8 |
| | | | 辛丑 | 辛未 | 庚子 | 庚午 | 庚子 | 己巳 | 己亥 | 戊辰 | 戊 |
| | | | 12 04 | 03 20 | 19 42 | 12 12 | 03 56 | 18 12 | 07 04 | 18 47 | 05 |
| 昭王八 | 988 | 丁未 | 12 17 | 1 16 | 2 15 | 3 16 | 4 15 | 5 14 | 6 13 | 7 13 | 8 |
| | | | 乙未 | 乙丑 | 乙未 | 甲子 | 甲午 | 癸亥 | 癸巳 | 癸亥 | 壬 |
| | | | 23 26 | 11 28 | 00 24 | 14 05 | 04 27 | 19 20 | 10 32 | 01 33 | 15 |
| 昭王九 | 987 | 癸丑 | 12 7 | 1 6 | 2 4 | 3 5 | 4 4 | 5 3 | 6 2 | 7 2 | 7 |
| | | | 庚寅 | 庚申 | 己丑 | 戊午 | 戊子 | 丁巳 | 丁亥 | 丁巳 | 丙 |
| | | | 14 55 | 01 35 | 12 05 | 22 32 | 09 27 | 21 28 | 11 15 | 02 38 | 18 |

| 十月 | 十一月 | 十二月 | 十三月 | 文献与铭文中年、月、日干支与纪时词语 | 推排结果 |
|---|---|---|---|---|---|
| 30 | 10 30 | 11 28 | | 庚嬴鼎：惟廿又二（三）年四月既望己酉 | 四月壬辰朔，既望己酉十八日 |
| 己丑 | 己未 | 戊子 | | | |
| 46 | 02 49 | 13 27 | | | |
| 19 | 10 18 | 11 17 | | | |
| 甲申 | 癸丑 | 癸未 | | | |
| 56 | 18 15 | 05 09 | | | |
| 8 | 10 8 | 11 6 | | | |
| 戊寅 | 戊申 | 丁丑 | | | |
| 10 | 05 45 | 19 12 | | | |
| 28 | 9 27 | 10 27 | 11 25 | | |
| 壬申 | 壬寅 | 壬申 | 辛丑 | | |
| 43 | 10 13 | 03 24 | 19 20 | | |
| 16 | 10 16 | 11 14 | | | |
| 丙申 | 丙寅 | 乙未 | | | |
| 51 | 04 42 | 23 58 | | | |
| 4 | 10 4 | 11 2 | | | |
| 庚寅 | 庚申 | 己丑 | | | |
| 58 | 04 22 | 23 22 | | | |
| 24 | 9 23 | 10 23 | 11 21 | | |
| 甲申 | 甲寅 | 甲申 | 癸丑 | | |
| 18 | 09 30 | 00 44 | 18 25 | | |
| 12 | 10 12 | 11 10 | | | |
| 戊申 | 戊寅 | 丁未 | | | |
| 59 | 09 21 | 22 52 | | | |
| 2 | 10 1 | 10 31 | 11 29 | | |
| 癸卯 | 壬申 | 壬寅 | 辛未 | | |
| 16 | 23 55 | 10 30 | 22 29 | | |
| 20 | 10 20 | 11 18 | | | |
| 丁卯 | 丁酉 | 丙寅 | | | |
| 59 | 02 03 | 12 25 | | | |
| 10 | 10 9 | 11 8 | | | |
| 壬戌 | 辛卯 | 辛酉 | | | |
| 53 | 16 52 | 04 06 | | | |
| 30 | 9 29 | 10 28 | 11 27 | | |
| 丙辰 | 丙戌 | 乙卯 | 乙酉 | | |
| 08 | 02 31 | 16 48 | 05 49 | | |

| 周王纪年 | 公元前 | 冬至 | 正月 | 二月 | 三月 | 四月 | 五月 | 六月 | 七月 | 八月 | 九 |
|---|---|---|---|---|---|---|---|---|---|---|---|
| 昭王十 | 986 | 戊午 | 12 26<br>甲寅<br>17 35 | 1 25<br>甲申<br>03 56 | 2 23<br>突丑<br>13 00 | 3 24<br>壬午<br>21 28 | 4 23<br>壬子<br>06 17 | 5 22<br>辛巳<br>16 29 | 6 21<br>辛亥<br>04 46 | 7 20<br>庚辰<br>19 14 | 8<br>庚<br>11 |
| 昭王十一 | 985 | 癸亥 | 12 16<br>己酉<br>06 44 | 1 14<br>戊寅<br>19 22 | 2 13<br>戊申<br>05 28 | 3 13<br>丁丑<br>13 46 | 4 11<br>丙午<br>21 15 | 5 11<br>丙子<br>04 56 | 6 9<br>乙巳<br>13 39 | 7 9<br>乙亥<br>00 07 | 8<br>甲<br>13 |
| 昭王十二 | 984 | 戊辰 | 12 4<br>癸卯<br>13 12 | 1 3<br>癸酉<br>05 48 | 2 1<br>壬寅<br>19 17 | 3 3<br>壬申<br>05 52 | 4 1<br>辛丑<br>14 22 | 4 30<br>庚午<br>21 47 | 5 30<br>庚子<br>04 50 | 6 28<br>己巳<br>12 21 | 7<br>戊<br>21 |
| 昭王十三 | 983 | 甲戌 | 12 23<br>丁卯<br>08 48 | 1 22<br>丁酉<br>02 24 | 2 20<br>丙寅<br>17 09 | 3 22<br>丙申<br>04 59 | 4 20<br>乙丑<br>14 28 | 5 19<br>甲午<br>22 13 | 6 18<br>甲子<br>05 02 | 7 17<br>癸巳<br>12 00 | 8<br>壬<br>20 |
| 昭王十四 | 982 | 己卯 | 12 12<br>辛酉<br>07 55 | 1 11<br>辛卯<br>02 51 | 2 9<br>庚申<br>20 58 | 3 11<br>庚寅<br>13 03 | 4 10<br>庚申<br>02 28 | 5 9<br>己丑<br>13 09 | 6 7<br>戊午<br>21 37 | 7 7<br>戊子<br>05 00 | 8<br>丁<br>12 |
| 昭王十五 | 981 | 甲申 | 12 1<br>乙卯<br>10 40 | 12 31<br>乙酉<br>03 00 | 1 29<br>甲寅<br>20 36 | 2 28<br>甲申<br>14 25 | 3 29<br>甲寅<br>07 07 | 4 27<br>癸未<br>21 10 | 5 27<br>癸丑<br>09 40 | 6 25<br>壬午<br>19 43 | 7<br>壬<br>04 |
| 昭王十六 | 980 | 己丑 | 12 19<br>己卯<br>09 20 | 1 17<br>戊申<br>23 34 | 2 16<br>戊寅<br>15 10 | 3 18<br>戊申<br>07 27 | 4 16<br>丁丑<br>23 31 | 5 16<br>丁未<br>14 29 | 6 15<br>丁丑<br>04 10 | 7 14<br>丙午<br>16 37 | 8<br>丙<br>04 |
| 昭王十七 | 979 | 乙未 | 12 8<br>癸酉<br>22 14 | 1 7<br>癸卯<br>09 37 | 2 5<br>壬申<br>21 50 | 3 7<br>壬寅<br>10 53 | 4 6<br>壬申<br>00 40 | 5 5<br>辛丑<br>15 05 | 6 4<br>辛未<br>06 10 | 7 3<br>庚子<br>21 25 | 8<br>庚<br>12 |
| 昭王十八 | 978 | 庚子 | 12 28<br>戊戌<br>00 43 | 1 26<br>丁卯<br>11 06 | 2 24<br>丙申<br>21 18 | 3 26<br>丙寅<br>07 39 | 4 24<br>乙未<br>18 46 | 5 24<br>乙丑<br>07 27 | 6 22<br>甲午<br>22 01 | 7 22<br>甲子<br>14 06 | 8<br>甲<br>06 |
| 昭王十九 | 977 | 乙巳 | 12 17<br>壬辰<br>16 19 | 1 16<br>壬戌<br>03 15 | 2 14<br>辛卯<br>12 46 | 3 14<br>庚申<br>21 14 | 4 13<br>庚寅<br>05 31 | 5 12<br>己未<br>14 44 | 6 11<br>己丑<br>01 46 | 7 10<br>戊午<br>15 10 | 8<br>戊<br>06 |
| 穆王元 | 976 | 庚戌 | 1 4<br>丙辰<br>17 39 | 2 3<br>丙戌<br>04 55 | 3 4<br>乙卯<br>13 52 | 4 2<br>甲申<br>21 27 | 5 2<br>甲寅<br>04 48 | 5 31<br>癸未<br>12 46 | 6 29<br>壬子<br>22 14 | 7 29<br>壬午<br>09 53 | 8<br>00 |
| 穆王二 | 975 | 丙辰 | 12 25<br>辛亥<br>01 58 | 1 23<br>庚辰<br>17 02 | 2 22<br>庚戌<br>04 55 | 3 23<br>己卯<br>14 13 | 4 21<br>戊申<br>21 59 | 5 21<br>戊寅<br>05 02 | 6 19<br>丁未<br>12 14 | 7 18<br>丙子<br>20 22 | 8<br>丙<br>06 |

| 〔十〕月 | 十一月 | 十二月 | 十三月 | 文献与铭文中年、月、日 干支与纪时词语 | 推排结果 |
|---|---|---|---|---|---|
| 18 | 10 17 | 11 16 | | | |
| 庚辰 | 己酉 | 己卯 | | | |
| 05 | 22 49 | 15 41 | | | |
| 6 | 10 5 | 11 4 | | | |
| 甲戌 | 癸卯 | 癸酉 | | | |
| 40 | 22 53 | 18 18 | | | |
| 26 | 9 24 | 10 24 | 11 23 | | |
| 戊辰 | 丁酉 | 丁卯 | 丁酉 | | |
| 47 | 23 36 | 17 32 | 13 16 | | |
| 14 | 10 13 | 11 12 | | | |
| 壬辰 | 辛酉 | 辛卯 | | | |
| 07 | 20 54 | 13 27 | | | |
| 3 | 10 3 | 11 1 | | | |
| 丙戌 | 丙辰 | 乙酉 | | | |
| 12 | 07 40 | 20 09 | | | |
| 23 | 9 21 | 10 21 | 11 19 | | |
| 辛巳 | 庚戌 | 庚辰 | 己酉 | | |
| 48 | 23 13 | 09 27 | 20 42 | | |
| 11 | 10 11 | 11 9 | | | |
| 乙巳 | 乙亥 | 甲辰 | | | |
| 00 | 01 20 | 11 38 | | | |
| 1 | 9 30 | 10 30 | 11 28 | | |
| 庚子 | 己巳 | 己亥 | 戊辰 | | |
| 24 | 15 11 | 02 57 | 14 00 | | |
| 19 | 10 19 | 11 18 | | 静方鼎：惟十月甲子，王在宗周，令师中罕静省南国相 | 十月癸亥朔，甲子初二日 |
| 癸亥 | 癸巳 | 癸亥 | | | |
| 52 | 14 00 | 03 50 | | | |
| 7 | 10 7 | 11 6 | 12 6 | 静方鼎：八月初吉庚申至，告于成周，月既望丁丑，王在成周大室。中方鼎二：惟十又三月庚寅王在寒次 | 八月戊午朔，初吉庚申初三日，既望丁丑二十日，十三月丁亥朔，庚寅初四日 |
| 丁巳 | 丁亥 | 丁巳 | 丁亥 | | |
| 57 | 17 57 | 11 35 | 03 47 | | |
| 26 | 10 26 | 11 25 | | | |
| 辛巳 | 辛亥 | 辛巳 | | | |
| 22 | 12 31 | 08 02 | | | |
| 15 | 10 15 | 11 14 | | | |
| 乙亥 | 乙巳 | 乙亥 | | | |
| 42 | 12 14 | 07 19 | | | |

| 周王纪年 | 公元前 | 冬至 | 正月 | 二月 | 三月 | 四月 | 五月 | 六月 | 七月 | 八月 | 九 |
|---|---|---|---|---|---|---|---|---|---|---|---|
| 穆王三 | 974 | 辛酉 | 12 14 | 1 12 | 2 11 | 3 13 | 4 11 | 5 10 | 6 9 | 7 8 | 8 |
|  |  |  | 乙巳 | 甲戌 | 甲辰 | 甲戌 | 癸卯 | 壬申 | 壬寅 | 辛未 | 庚 |
|  |  |  | 03 10 | 21 51 | 14 00 | 03 11 | 13 43 | 22 13 | 05 25 | 12 15 | 19 |
| 穆王四 | 973 | 丙寅 | 12 3 | 1 1 | 1 31 | 3 1 | 3 30 | 4 29 | 5 28 | 6 27 | 7 |
|  |  |  | 己亥 | 戊辰 | 戊戌 | 戊辰 | 丁酉 | 丁卯 | 丙申 | 丙寅 | 乙 |
|  |  |  | 02 36 | 21 21 | 15 54 | 08 58 | 23 42 | 11 41 | 21 14 | 05 09 | 12 |
| 穆王五 | 972 | 辛未 | 12 20 | 1 19 | 2 18 | 3 20 | 4 18 | 5 18 | 6 16 | 7 16 | 8 |
|  |  |  | 壬戌 | 壬辰 | 壬戌 | 壬辰 | 辛酉 | 辛卯 | 庚申 | 庚寅 | 己 |
|  |  |  | 22 46 | 15 37 | 09 14 | 02 28 | 18 04 | 07 22 | 18 27 | 04 04 | 13 |
| 穆王六 | 971 | 丁丑 | 12 10 | 1 8 | 2 7 | 3 9 | 4 7 | 5 7 | 6 6 | 7 5 | 8 |
|  |  |  | 丁巳 | 丙戌 | 丙辰 | 丙戌 | 乙卯 | 乙酉 | 乙卯 | 甲申 | 甲 |
|  |  |  | 07 12 | 20 25 | 11 05 | 02 52 | 18 54 | 10 24 | 00 50 | 14 02 | 02 |
| 穆王七 | 970 | 壬午 | 12 29 | 1 27 | 2 26 | 3 27 | 4 26 | 5 26 | 6 24 | 7 24 | 8 |
|  |  |  | 辛巳 | 庚戌 | 庚辰 | 己酉 | 己卯 | 己酉 | 戊寅 | 戊申 | 丁 |
|  |  |  | 08 12 | 19 46 | 08 08 | 21 12 | 11 06 | 01 46 | 17 02 | 08 26 | 23 |
| 穆王八 | 969 | 丁亥 | 12 18 | 1 17 | 2 15 | 3 16 | 4 14 | 5 14 | 6 12 | 7 12 | 8 |
|  |  |  | 乙亥 | 乙巳 | 甲戌 | 甲辰 | 癸酉 | 癸卯 | 壬申 | 壬寅 | 壬 |
|  |  |  | 23 49 | 10 14 | 20 19 | 06 14 | 16 36 | 04 16 | 17 47 | 09 15 | 01 |
| 穆王九 | 968 | 壬辰 | 12 7 | 1 6 | 2 4 | 3 5 | 4 4 | 5 3 | 6 1 | 7 1 | 7 |
|  |  |  | 庚午 | 庚子 | 己巳 | 戊戌 | 戊辰 | 丁酉 | 丙寅 | 丙申 | 丙 |
|  |  |  | 14 38 | 02 19 | 12 25 | 21 07 | 05 11 | 13 36 | 23 29 | 11 38 | 02 |
| 穆王十 | 967 | 戊戌 | 12 26 | 1 25 | 2 23 | 3 24 | 4 23 | 5 22 | 6 20 | 7 20 | 8 |
|  |  |  | 甲午 | 甲子 | 癸巳 | 壬戌 | 壬辰 | 辛酉 | 庚寅 | 庚申 |  |
|  |  |  | 15 20 | 03 50 | 13 43 | 21 43 | 04 55 | 12 21 | 20 57 | 07 23 | 20 |
| 穆王十一 | 966 | 癸卯 | 12 15 | 1 14 | 2 13 | 3 14 | 4 12 | 5 12 | 6 10 | 7 9 | 8 |
|  |  |  | 戊子 | 戊午 | 戊子 | 丁巳 | 丙戌 | 丙辰 | 乙酉 | 甲寅 | 甲 |
|  |  |  | 21 24 | 14 00 | 03 23 | 13 46 | 22 06 | 05 19 | 12 21 | 19 55 | 04 |
| 穆王十二 | 965 | 戊申 | 12 4 | 1 3 | 2 2 | 3 3 | 4 1 | 4 30 | 5 30 | 6 28 | 7 |
|  |  |  | 壬午 | 壬子 | 壬午 | 壬子 | 辛巳 | 庚戌 | 庚辰 | 己酉 | 戊 |
|  |  |  | 21 18 | 16 45 | 10 10 | 00 46 | 12 30 | 21 54 | 05 41 | 12 38 | 19 |
| 穆王十三 | 964 | 癸丑 | 12 22 | 1 21 | 2 20 | 3 21 | 4 20 | 5 19 | 6 18 | 7 17 | 8 |
|  |  |  | 丙午 | 丙子 | 丙午 | 乙亥 | 乙巳 | 甲戌 | 甲辰 | 癸酉 | 壬 |
|  |  |  | 15 56 | 10 33 | 04 20 | 20 13 | 09 33 | 20 19 | 05 00 | 12 43 | 20 |
| 穆王十四 | 963 | 戊午 | 12 11 | 1 10 | 2 9 | 3 10 | 4 9 | 5 9 | 6 7 | 7 7 | 8 |
|  |  |  | 庚子 | 庚午 | 庚子 | 己巳 | 己亥 | 己巳 | 戊戌 | 戊辰 |  |
|  |  |  | 19 07 | 11 02 | 04 07 | 21 28 | 13 53 | 04 23 | 16 35 | 03 02 | 12 |

| 一月 | 十一月 | 十二月 | 十三月 | 文献与铭文中年、月、日干支与纪时词语 | 推排结果 |
|---|---|---|---|---|---|
| 5 | 10 4 | 11 3 | | | |
| 庚午 | 己亥 | 己巳 | | | |
| 28 | 17 47 | 09 04 | | | |
| 24 | 9 23 | 10 22 | 11 21 | | |
| 甲子 | 甲午 | 癸亥 | 癸巳 | | |
| 48 | 06 27 | 18 00 | 07 27 | | |
| 12 | 10 12 | 11 10 | | | |
| 戊子 | 戊午 | 丁亥 | | | |
| 39 | 08 36 | 19 22 | | | |
| 2 | 10 2 | 10 31 | 11 29 | | |
| 癸未 | 癸丑 | 壬午 | 辛亥 | | |
| 40 | 00 30 | 10 56 | 21 21 | | |
| 21 | 10 21 | 11 19 | | | |
| 丁未 | 丁丑 | 丙午 | | | |
| 59 | 01 29 | 12 59 | | | |
| 9 | 10 9 | 11 8 | | | |
| 辛丑 | 辛未 | 辛丑 | | | |
| 40 | 10 39 | 01 22 | | | |
| 29 | 9 28 | 10 28 | 11 27 | | |
| 乙未 | 乙丑 | 乙未 | 乙丑 | | |
| 50 | 12 47 | 06 57 | 00 10 | | |
| 17 | 10 17 | 11 16 | | | |
| 己未 | 己丑 | 己未 | | | |
| 18 | 06 43 | 02 25 | | | |
| 6 | 10 6 | 11 5 | | | |
| 癸丑 | 癸未 | 癸丑 | | | |
| 39 | 07 35 | 01 36 | | | |
| 26 | 9 24 | 10 24 | 11 22 | | |
| 戊申 | 丁丑 | 丁未 | 丙子 | | |
| 24 | 15 23 | 05 16 | 21 44 | | |
| 14 | 10 13 | 11 12 | | | |
| 壬申 | 辛丑 | 辛未 | | | |
| 35 | 16 17 | 04 48 | | | |
| 3 | 10 3 | 11 1 | 12 1 | | |
| 丙寅 | 丙申 | 乙丑 | 乙未 | | |
| 01 | 07 53 | 18 18 | 05 32 | | |

| 周王纪年 | 公元前 | 冬至 | 正月 | 二月 | 三月 | 四月 | 五月 | 六月 | 七月 | 八月 | 九 |
|---|---|---|---|---|---|---|---|---|---|---|---|
| 穆王十五 | 962 | 甲子 | 12 30<br>甲子<br>17 54 | 1 29<br>甲午<br>07 35 | 2 27<br>癸亥<br>22 36 | 3 29<br>癸巳<br>14 19 | 4 28<br>癸亥<br>06 02 | 5 27<br>壬辰<br>21 01 | 6 26<br>壬戌<br>10 58 | 7 25<br>辛卯<br>23 54 | 8<br>辛<br>11 |
| 穆王十六 | 961 | 己巳 | 12 20<br>己未<br>07 09 | 1 18<br>戊子<br>18 08 | 2 17<br>戊午<br>05 51 | 3 17<br>丁亥<br>18 15 | 4 16<br>丁巳<br>07 29 | 5 15<br>丙戌<br>21 34 | 6 14<br>丙辰<br>12 36 | 7 14<br>丙戌<br>04 09 | 8<br>乙<br>19 |
| 穆王十七 | 960 | 甲戌 | 12 8<br>癸丑<br>22 56 | 1 7<br>癸未<br>09 27 | 2 5<br>壬子<br>19 32 | 3 7<br>壬午<br>05 13 | 4 5<br>辛亥<br>15 01 | 5 5<br>辛巳<br>01 42 | 6 3<br>庚戌<br>14 06 | 7 3<br>庚辰<br>04 37 | 8<br>己<br>20 |
| 穆王十八 | 959 | 己卯 | 12 28<br>戊寅<br>01 03 | 1 26<br>丁未<br>11 51 | 2 24<br>丙子<br>21 00 | 3 26<br>丙午<br>05 03 | 4 24<br>乙亥<br>12 57 | 5 23<br>甲辰<br>21 51 | 6 22<br>甲戌<br>08 44 | 7 21<br>癸卯<br>22 04 | 8<br>癸<br>13 |
| 穆王十九 | 958 | 乙酉 | 12 17<br>壬申<br>12 17 | 1 16<br>壬寅<br>02 09 | 2 14<br>辛未<br>13 12 | 3 15<br>庚子<br>21 53 | 4 14<br>庚午<br>05 11 | 5 13<br>己亥<br>12 15 | 6 11<br>戊辰<br>20 08 | 7 11<br>戊戌<br>05 32 | 8<br>丁<br>17 |
| 穆王廿 | 957 | 庚寅 | 12 6<br>丙寅<br>16 10 | 1 5<br>丙申<br>10 12 | 2 4<br>丙寅<br>01 09 | 3 4<br>乙未<br>12 51 | 4 2<br>甲子<br>21 57 | 5 2<br>甲午<br>05 35 | 5 31<br>癸亥<br>12 37 | 6 29<br>壬辰<br>19 49 | 7<br>壬<br>04 |
| 穆王廿一 | 956 | 乙未 | 12 24<br>庚寅<br>11 11 | 1 23<br>庚申<br>05 41 | 2 21<br>己丑<br>21 40 | 3 23<br>己未<br>10 40 | 4 21<br>戊子<br>21 08 | 5 21<br>戊午<br>05 41 | 6 19<br>丁亥<br>13 00 | 7 18<br>丙辰<br>20 02 | 8<br>丙<br>03 |
| 穆王廿二 | 955 | 庚子 | 12 13<br>甲申<br>10 48 | 1 12<br>甲寅<br>05 11 | 2 10<br>癸未<br>23 21 | 3 12<br>癸丑<br>16 07 | 4 11<br>癸未<br>06 44 | 5 10<br>壬子<br>18 47 | 6 9<br>壬午<br>04 30 | 7 8<br>辛亥<br>12 44 | 8<br>20 |
| 穆王廿三 | 954 | 丙午 | 1 1<br>戊申<br>07 00 | 1 30<br>丁丑<br>23 21 | 3 1<br>丁未<br>16 24 | 3 31<br>丁丑<br>09 15 | 4 30<br>丁未<br>00 46 | 5 29<br>丙子<br>14 09 | 6 28<br>丙午<br>01 33 | 7 27<br>乙亥<br>11 38 | 8<br>甲<br>21 |
| 穆王廿四 | 953 | 辛亥 | 1 20<br>壬申<br>04 39 | 2 18<br>辛丑<br>18 46 | 3 19<br>辛未<br>09 54 | 4 18<br>辛丑<br>01 32 | 5 17<br>庚午<br>16 52 | 6 16<br>庚子<br>07 24 | 7 15<br>己巳<br>21 01 | 8 14<br>己亥<br>09 48 | 9<br>戊<br>21 |
| 穆王廿五 | 952 | 丙辰 | 1 8<br>丙寅<br>16 53 | 2 7<br>丙申<br>03 59 | 3 8<br>乙丑<br>15 44 | 4 7<br>乙未<br>04 16 | 5 6<br>甲子<br>17 42 | 6 5<br>甲午<br>08 12 | 7 4<br>癸亥<br>23 38 | 8 3<br>癸巳<br>15 27 | 9<br>癸<br>06 |
| 穆王廿六 | 951 | 辛酉 | 12 29<br>辛酉<br>08 41 | 1 27<br>庚寅<br>18 50 | 2 26<br>庚申<br>04 26 | 3 27<br>己丑<br>13 53 | 4 25<br>戊午<br>23 45 | 5 25<br>戊子<br>11 02 | 6 24<br>戊午<br>00 25 | 7 23<br>丁亥<br>16 00 | 8<br>09 |

| 十月 | 十一月 | 十二月 | 十三月 | 文献与铭文中年、月、日干支与纪时词语 | 推排结果 |
|---|---|---|---|---|---|
| 22 | 10 22 | 11 20 | | | |
| 庚寅 | 庚申 | 己丑 | | | |
| 21 | 10 07 | 20 35 | | | |
| 11 | 10 10 | 11 9 | | | |
| 乙酉 | 甲寅 | 甲申 | | | |
| 14 | 23 35 | 11 44 | | | |
| 31 | 9 30 | 10 29 | 11 28 | | |
| 己卯 | 己酉 | 戊寅 | 戊申 | | |
| 00 | 06 44 | 22 24 | 12 34 | | |
| 19 | 10 19 | 11 17 | | | |
| 癸卯 | 癸酉 | 壬寅 | | | |
| 27 | 01 52 | 19 53 | | | |
| 8 | 10 8 | 11 6 | | | |
| 丁酉 | 丁卯 | 丙申 | | | |
| 45 | 01 09 | 20 31 | | | |
| 27 | 9 26 | 10 25 | 11 24 | | |
| 辛卯 | 辛酉 | 庚寅 | 庚申 | | |
| 22 | 03 43 | 20 21 | 15 24 | | |
| 15 | 10 15 | 11 13 | | | |
| 乙卯 | 乙酉 | 甲寅 | | | |
| 42 | 02 12 | 17 25 | | | |
| 5 | 10 4 | 11 3 | 12 2 | | |
| 庚戌 | 己卯 | 己酉 | 戊寅 | | |
| 05 | 15 02 | 02 41 | 16 03 | | |
| 24 | 10 23 | 11 22 | 12 21 | | |
| 甲戌 | 癸卯 | 癸酉 | 壬寅 | | |
| 09 | 17 24 | 04 14 | 15 53 | | |
| 12 | 11 10 | 12 10 | | | |
| 戊戌 | 丁卯 | 丁酉 | | 親簋：惟廿又四年九月既望庚寅 | 九月戊辰朔，既望庚寅二十三日 |
| 07 | 19 50 | 06 15 | | | |
| 1 | 10 31 | 11 29 | | | |
| 壬辰 | 壬戌 | 辛卯 | | | |
| 12 | 10 10 | 21 53 | | | |
| 21 | 10 20 | 11 19 | 12 18 | | |
| 丁亥 | 丙辰 | 丙戌 | 乙卯 | | |
| 19 | 18 53 | 09 59 | 23 24 | | |

| 周王纪年 | 公元前 | 冬至 | 正月 | 二月 | 三月 | 四月 | 五月 | 六月 | 七月 | 八月 | 九 |
|---|---|---|---|---|---|---|---|---|---|---|---|
| 穆王廿七 | 950 | 丁卯 | 1 17 | 2 15 | 3 17 | 4 15 | 5 14 | 6 13 | 7 12 | 8 11 | 9 |
| | | | 乙酉 | 甲寅 | 甲申 | 癸丑 | 壬午 | 壬子 | 辛巳 | 辛亥 | 辛 |
| | | | 10 59 | 20 47 | 05 08 | 12 46 | 20 51 | 06 31 | 18 36 | 09 17 | 02 |
| 穆王廿八 | 949 | 壬申 | 1 6 | 2 5 | 3 5 | 4 4 | 5 3 | 6 1 | 7 1 | 7 30 | 8 |
| | | | 己卯 | 己酉 | 戊寅 | 戊申 | 丁丑 | 丙午 | 丙子 | 乙巳 | 乙 |
| | | | 23 48 | 12 10 | 21 48 | 05 31 | 12 28 | 19 45 | 04 17 | 14 48 | 03 |
| 穆王廿九 | 948 | 丁丑 | 12 26 | 1 24 | 2 23 | 3 24 | 4 23 | 5 22 | 6 20 | 7 20 | 8 |
| | | | 甲戌 | 癸卯 | 癸酉 | 壬寅 | 壬申 | 辛丑 | 庚午 | 庚子 | 己 |
| | | | 05 34 | 22 06 | 11 19 | 21 30 | 05 41 | 12 51 | 19 55 | 03 36 | 12 |
| 穆王卅 | 947 | 壬午 | 1 14 | 2 12 | 3 14 | 4 12 | 5 12 | 6 10 | 7 9 | 8 8 | 9 |
| | | | 戊戌 | 丁卯 | 丁酉 | 丙寅 | 丙申 | 乙丑 | 甲午 | 甲子 | 癸 |
| | | | 00 36 | 17 49 | 08 13 | 19 52 | 05 15 | 13 10 | 20 21 | 03 46 | 12 |
| 穆王卅一 | 946 | 戊子 | 1 2 | 2 1 | 3 3 | 4 2 | 5 1 | 5 31 | 6 29 | 7 28 | 8 |
| | | | 辛卯 | 辛酉 | 辛卯 | 辛酉 | 庚寅 | 庚申 | 己丑 | 戊午 | 戊 |
| | | | 23 55 | 18 10 | 11 34 | 03 14 | 16 33 | 03 28 | 12 28 | 20 31 | 04 |
| 穆王卅二 | 945 | 癸巳 | 12 23 | 1 21 | 2 20 | 3 21 | 4 19 | 5 19 | 6 17 | 7 17 | 8 |
| | | | 丙戌 | 乙卯 | 乙酉 | 乙卯 | 甲申 | 甲寅 | 癸未 | 癸丑 | 壬 |
| | | | 03 34 | 19 00 | 11 31 | 04 23 | 20 34 | 11 03 | 23 34 | 10 24 | 20 |
| 穆王卅三 | 944 | 戊戌 | 12 11 | 1 10 | 2 8 | 3 10 | 4 8 | 5 8 | 6 7 | 7 6 | 8 |
| | | | 庚辰 | 庚戌 | 己卯 | 己酉 | 戊寅 | 戊申 | 戊寅 | 丁未 | 丁 |
| | | | 14 21 | 02 21 | 15 28 | 05 52 | 21 05 | 12 30 | 03 31 | 17 45 | 07 |
| 穆王卅四 | 943 | 癸卯 | 12 30 | 1 29 | 2 27 | 3 29 | 4 27 | 5 27 | 6 25 | 7 25 | 8 |
| | | | 甲辰 | 甲戌 | 癸卯 | 癸酉 | 壬寅 | 壬申 | 辛丑 | 辛未 | 辛 |
| | | | 15 56 | 02 32 | 13 42 | 01 33 | 14 15 | 04 04 | 19 04 | 10 56 | 02 |
| 穆王卅五 | 942 | 己酉 | 12 20 | 1 18 | 2 17 | 3 18 | 4 16 | 5 16 | 6 14 | 7 14 | 8 |
| | | | 己亥 | 戊辰 | 戊戌 | 丁卯 | 丙申 | 丙寅 | 乙未 | 乙丑 | 乙 |
| | | | 07 48 | 18 07 | 03 48 | 13 03 | 22 22 | 08 38 | 20 47 | 11 19 | 03 |
| 穆王卅六 | 941 | 甲寅 | 12 9 | 1 8 | 2 6 | 3 7 | 4 5 | 5 4 | 6 3 | 7 2 | 8 |
| | | | 癸巳 | 癸亥 | 壬辰 | 壬戌 | 辛卯 | 庚申 | 庚寅 | 己未 | |
| | | | 21 14 | 09 43 | 20 18 | 05 08 | 12 48 | 20 22 | 04 59 | 15 47 | 05 |
| 穆王卅七 | 940 | 己未 | 12 27 | 1 26 | 2 24 | 3 26 | 4 24 | 5 23 | 6 22 | 7 21 | 8 |
| | | | 丁巳 | 丁亥 | 丙辰 | 丙戌 | 乙卯 | 甲申 | 甲寅 | 癸未 | 癸 |
| | | | 20 42 | 10 30 | 21 23 | 05 47 | 12 51 | 19 46 | 03 33 | 12 59 | 00 |
| 穆王卅八 | 939 | 甲子 | 12 17 | 1 15 | 2 14 | 3 15 | 4 14 | 5 13 | 6 11 | 7 11 | 8 |
| | | | 壬子 | 辛巳 | 辛亥 | 庚辰 | 庚戌 | 己卯 | 戊申 | 戊寅 | |
| | | | 00 17 | 18 14 | 09 05 | 20 36 | 05 35 | 13 06 | 20 09 | 03 27 | 11 |

| 十月 | 十一月 | 十二月 | 十三月 | 文献与铭文中年、月、日干支与纪时词语 | 推排结果 |
|---|---|---|---|---|---|
| 0 9 | 11 8 | 12 8 |  | 二十七年卫簋：惟廿又七年三月既生霸戊戌 | 三月甲申朔，既生霸戊戌十五日 |
| 庚戌 | 庚辰 | 庚戌 |  |  |  |
| 34 | 15 05 | 08 34 |  |  |  |
| 27 | 10 27 | 11 26 |  |  |  |
| 甲辰 | 甲戌 | 甲辰 |  |  |  |
| 02 | 14 39 | 10 29 |  |  |  |
| 17 | 10 16 | 11 15 | 12 15 |  |  |
| 己亥 | 戊辰 | 戊戌 | 戊辰 |  |  |
| 38 | 15 41 | 09 43 | 05 21 |  |  |
| 0 5 | 11 4 | 12 4 |  | 虎簋盖：惟卅年四月初吉甲戌；吴盉：惟卅年四月既生霸壬午 | 四月丙寅朔，初吉甲戌初九日；四月丙寅朔，既生霸壬午十七日 |
| 壬戌 | 壬辰 | 壬戌 |  |  |  |
| 47 | 13 42 | 06 04 |  |  |  |
| 25 | 10 25 | 11 23 |  |  |  |
| 丁巳 | 丁亥 | 丙辰 |  |  |  |
| 06 | 01 01 | 13 32 |  |  |  |
| 14 | 10 13 | 11 12 |  |  |  |
| 壬子 | 辛巳 | 辛亥 |  |  |  |
| 23 | 16 36 | 03 12 |  |  |  |
| 9 3 | 10 3 | 11 1 | 12 1 |  |  |
| 丙午 | 丙子 | 乙巳 | 乙亥 |  |  |
| 53 | 07 49 | 18 59 | 05 32 |  |  |
| 22 | 10 22 | 11 20 |  | 鲜簋：惟王卅又四祀唯五月既望戊午 | 五月壬寅朔，既望戊午十七日 |
| 庚午 | 庚子 | 己巳 |  |  |  |
| 11 | 08 06 | 20 34 |  |  |  |
| 11 | 10 11 | 11 10 |  |  |  |
| 甲子 | 甲午 | 甲子 |  |  |  |
| 27 | 14 45 | 06 50 |  |  |  |
| 30 | 9 29 | 10 29 | 11 28 |  |  |
| 戊午 | 戊子 | 戊午 | 戊子 |  |  |
| 10 | 15 08 | 09 54 | 04 13 |  |  |
| 18 | 10 18 | 11 17 |  |  |  |
| 壬午 | 壬子 | 壬午 |  |  |  |
| 30 | 09 02 | 04 35 |  |  |  |
| 9 7 | 10 7 | 11 6 |  |  |  |
| 丙子 | 丙午 | 丙子 |  |  |  |
| 2 23 | 11 51 | 04 30 |  |  |  |

| 周王纪年 | 公元前 | 冬至 | 正月 | 二月 | 三月 | 四月 | 五月 | 六月 | 七月 | 八月 | 九 |
|---|---|---|---|---|---|---|---|---|---|---|---|---|
| 穆王卅九 | 938 | 庚午 | 12 5<br>乙巳<br>23 29 | 1 4<br>乙亥<br>19 04 | 2 3<br>乙巳<br>13 22 | 3 5<br>乙亥<br>05 06 | 4 3<br>甲辰<br>18 01 | 5 3<br>甲戌<br>04 27 | 6 1<br>癸卯<br>13 04 | 6 30<br>壬申<br>20 35 | 7<br>壬<br>03 |
| 穆王卅 | 937 | 乙亥 | 12 24<br>己巳<br>18 56 | 1 23<br>己亥<br>12 56 | 2 22<br>己巳<br>06 38 | 3 22<br>戊戌<br>23 09 | 4 21<br>戊辰<br>13 37 | 5 21<br>戊戌<br>01 48 | 6 19<br>丁卯<br>11 47 | 7 18<br>丙申<br>20 21 | 8<br>丙<br>04 |
| 穆王卅一 | 936 | 庚辰 | 12 13<br>甲子<br>00 38 | 1 11<br>癸巳<br>15 11 | 2 10<br>癸亥<br>06 56 | 3 11<br>壬辰<br>23 28 | 4 10<br>壬戌<br>15 56 | 5 10<br>壬辰<br>07 20 | 6 8<br>辛酉<br>20 57 | 7 8<br>辛卯<br>08 42 | 8<br>庚<br>19 |
| 穆王卅二 | 935 | 乙酉 | 12 2<br>戊午<br>13 07 | 1 1<br>戊子<br>00 33 | 1 30<br>丁巳<br>12 50 | 3 1<br>丁亥<br>02 18 | 3 30<br>丙辰<br>16 52 | 4 29<br>丙戌<br>08 05 | 5 28<br>乙卯<br>23 19 | 6 27<br>乙酉<br>14 03 | 7<br>乙<br>04 |
| 穆王卅三 | 934 | 辛卯 | 12 21<br>壬午<br>15 11 | 1 20<br>壬子<br>01 29 | 2 18<br>辛巳<br>12 05 | 3 19<br>庚戌<br>23 16 | 4 18<br>庚辰<br>11 15 | 5 18<br>庚戌<br>00 20 | 6 16<br>己卯<br>14 41 | 7 16<br>己酉<br>06 18 | 8<br>戊<br>22 |
| 穆王卅四 | 933 | 丙申 | 12 11<br>丁丑<br>06 46 | 1 9<br>丙午<br>17 26 | 2 8<br>丙子<br>03 15 | 3 8<br>乙巳<br>12 25 | 4 6<br>甲戌<br>21 24 | 5 6<br>甲辰<br>06 53 | 6 4<br>癸酉<br>17 51 | 7 4<br>癸卯<br>07 09 | 8<br>壬<br>22 |
| 穆王卅五 | 932 | 辛丑 | 12 29<br>辛丑<br>08 03 | 1 27<br>庚午<br>19 30 | 2 26<br>庚子<br>04 59 | 3 27<br>己巳<br>12 59 | 4 25<br>戊戌<br>20 19 | 5 25<br>戊辰<br>04 07 | 6 23<br>丁酉<br>13 39 | 7 23<br>丁卯<br>01 40 | 8<br>丙<br>16 |
| 穆王卅六 | 931 | 丙午 | 12 18<br>乙未<br>16 55 | 1 17<br>乙丑<br>08 08 | 2 15<br>甲午<br>20 19 | 3 17<br>甲子<br>05 45 | 4 15<br>癸巳<br>13 16 | 5 14<br>壬戌<br>20 00 | 6 13<br>壬辰<br>03 12 | 7 12<br>辛酉<br>11 44 | 8<br>庚<br>22 |
| 穆王卅七 | 930 | 壬子 | 12 7<br>己丑<br>18 33 | 1 6<br>己未<br>13 35 | 2 5<br>己丑<br>06 00 | 3 6<br>戊午<br>19 04 | 4 5<br>戊子<br>05 08 | 5 4<br>丁巳<br>13 13 | 6 2<br>丙戌<br>20 24 | 7 2<br>丙辰<br>03 33 | 7<br>乙<br>11 |
| 穆王卅八 | 929 | 丁巳 | 12 26<br>癸丑<br>13 19 | 1 25<br>癸未<br>08 18 | 2 24<br>癸丑<br>01 19 | 3 24<br>壬午<br>15 34 | 4 23<br>壬子<br>03 08 | 5 22<br>辛巳<br>12 37 | 6 20<br>庚戌<br>20 41 | 7 20<br>庚辰<br>04 07 | 8<br>己<br>11 |
| 穆王卅九 | 928 | 壬戌 | 12 14<br>丁未<br>14 22 | 1 13<br>丁丑<br>07 49 | 2 12<br>丁未<br>01 35 | 3 13<br>丙子<br>18 38 | 4 12<br>丙午<br>10 06 | 5 11<br>乙亥<br>23 28 | 6 10<br>乙巳<br>10 35 | 7 9<br>甲戌<br>19 56 | 8<br>甲<br>04 |
| 穆王五十 | 927 | 丁卯 | 12 3<br>辛丑<br>22 14 | 1 2<br>辛未<br>11 55 | 2 1<br>辛丑<br>02 49 | 3 2<br>庚午<br>18 46 | 4 1<br>庚子<br>11 09 | 5 1<br>庚午<br>03 07 | 5 30<br>己亥<br>17 41 | 6 29<br>己巳<br>06 31 | 7<br>戊<br>17 |

| 十月 | 十一月 | 十二月 | 十三月 | 文献与铭文中年、月、日干支与纪时词语 | 推排结果 |
|---|---|---|---|---|---|
| 28 | 9 26 | 10 26 | 11 25 |  |  |
| 辛未 | 庚子 | 庚午 | 庚子 |  |  |
| 2 04 | 22 04 | 10 42 | 01 50 |  |  |
| 15 | 10 14 | 11 13 |  |  |  |
| 乙未 | 甲子 | 甲午 |  |  |  |
| 3 29 | 23 42 | 11 26 |  |  |  |
| 5 | 10 4 | 11 3 |  |  |  |
| 庚寅 | 己未 | 己丑 |  |  |  |
| 5 28 | 15 44 | 02 16 |  |  |  |
| 25 | 9 24 | 10 23 | 11 22 |  |  |
| 甲申 | 甲寅 | 癸未 | 癸丑 |  |  |
| 7 31 | 06 07 | 17 51 | 04 48 |  |  |
| 13 | 10 13 | 11 11 |  |  |  |
| 戊申 | 戊寅 | 丁未 |  |  |  |
| 4 35 | 05 29 | 18 53 |  |  |  |
| 1 | 10 1 | 10 31 | 11 29 |  |  |
| 壬寅 | 壬申 | 壬寅 | 辛未 |  |  |
| 5 17 | 10 06 | 03 08 | 18 34 |  |  |
| 20 | 10 20 | 11 18 |  |  |  |
| 丙寅 | 丙申 | 乙丑 |  |  |  |
| 9 43 | 04 26 | 23 18 |  |  |  |
| 9 | 10 9 | 11 7 |  |  |  |
| 庚申 | 庚寅 | 己未 |  |  |  |
| 1 36 | 03 53 | 22 40 |  |  |  |
| 29 | 9 28 | 10 27 | 11 26 |  |  |
| 甲寅 | 甲申 | 癸丑 | 癸未 |  |  |
| 0 48 | 08 48 | 23 57 | 17 54 |  |  |
| 16 | 10 16 | 11 14 |  |  |  |
| 戊寅 | 戊申 | 丁丑 |  |  |  |
| 1 00 | 08 21 | 22 14 |  |  |  |
| 6 | 10 5 | 11 4 |  |  |  |
| 癸酉 | 壬寅 | 壬申 |  |  |  |
| 3 04 | 22 46 | 09 48 |  |  |  |
| 27 | 9 25 | 10 25 | 11 23 |  |  |
| 戊辰 | 丁酉 | 丁卯 | 丙申 |  |  |
| 4 24 | 14 51 | 01 23 | 12 08 |  |  |

| 周王纪年 | 公元前 | 冬至 | 正月 | 二月 | 三月 | 四月 | 五月 | 六月 | 七月 | 八月 | 九 |
|---|---|---|---|---|---|---|---|---|---|---|---|
| 穆王五一 | 926 | 壬申 | 12 22 / 乙丑 / 23 08 | 1 21 / 乙未 / 10 42 | 2 19 / 甲子 / 23 18 | 3 21 / 甲午 / 13 01 | 4 20 / 甲子 / 03 46 | 5 19 / 癸巳 / 18 56 | 6 18 / 癸亥 / 10 00 | 7 18 / 癸巳 / 00 38 | 8 / 壬 / 14 |
| 穆王五二 | 925 | 戊寅 | 12 12 / 庚申 / 14 28 | 1 11 / 庚寅 / 00 38 | 2 9 / 己未 / 10 52 | 3 9 / 戊子 / 21 27 | 4 8 / 戊午 / 08 44 | 5 7 / 丁亥 / 21 00 | 6 6 / 丁巳 / 10 35 | 7 6 / 丁亥 / 01 39 | 8 / 丙 / 17 |
| 穆王五三 | 924 | 癸未 | 12 1 / 乙卯 / 05 22 | 12 30 / 甲申 / 16 36 | 1 29 / 甲寅 / 02 44 | 2 27 / 癸未 / 11 58 | 3 28 / 壬子 / 20 47 | 4 27 / 壬午 / 05 39 | 5 26 / 辛亥 / 15 36 | 6 25 / 辛巳 / 03 36 | 7 / 庚 / 18 |
| 穆王五四 | 923 | 戊子 | 12 20 / 己卯 / 05 52 | 1 18 / 戊申 / 18 18 | 2 17 / 戊寅 / 04 37 | 3 18 / 丁未 / 13 09 | 4 16 / 丙子 / 20 29 | 5 16 / 丙午 / 03 47 | 6 14 / 乙亥 / 12 14 | 7 13 / 甲辰 / 22 55 | 8 / 甲 / 12 |
| 穆王五五 共王元 | 922 | 癸巳 | 1 8 / 癸卯 / 05 02 | 2 6 / 壬申 / 18 41 | 3 8 / 壬寅 / 05 21 | 4 6 / 辛未 / 13 33 | 5 5 / 庚子 / 20 26 | 6 4 / 庚午 / 03 15 | 7 3 / 己亥 / 11 00 | 8 1 / 戊辰 / 20 34 | 8 / 戊 / 08 |
| 共王二 | 921 | 己亥 | 12 28 / 丁酉 / 08 19 | 1 27 / 丁卯 / 02 08 | 2 25 / 丙申 / 16 50 | 3 26 / 丙寅 / 04 13 | 4 24 / 乙未 / 13 06 | 5 23 / 甲子 / 20 38 | 6 22 / 甲午 / 03 43 | 7 21 / 癸亥 / 11 12 | 8 / 壬 / 19 |
| 共王三 | 920 | 甲辰 | 12 16 / 辛卯 / 07 33 | 1 15 / 辛酉 / 02 51 | 2 13 / 庚寅 / 20 51 | 3 15 / 庚申 / 12 23 | 4 14 / 庚寅 / 01 13 | 5 13 / 己未 / 11 42 | 6 11 / 戊子 / 20 28 | 7 11 / 戊午 / 04 16 | 8 / 丁 / 11 |
| 共王四 | 919 | 己酉 | 12 5 / 乙酉 / 10 17 | 1 4 / 乙卯 / 03 00 | 2 2 / 甲申 / 20 31 | 3 4 / 甲寅 / 13 48 | 4 3 / 甲申 / 06 01 | 5 2 / 癸丑 / 20 28 | 6 1 / 癸未 / 08 45 | 6 30 / 壬子 / 19 04 | 7 / 壬 / 04 |
| 共王五 | 918 | 甲寅 | 12 24 / 己酉 / 09 12 | 1 22 / 戊寅 / 23 16 | 2 21 / 戊申 / 14 25 | 3 23 / 戊寅 / 06 24 | 4 21 / 丁未 / 22 33 | 5 21 / 丁丑 / 13 53 | 6 20 / 丁未 / 03 43 | 7 19 / 丙子 / 15 56 | 8 / 丙 / 03 |
| 共王六 | 917 | 庚申 | 12 13 / 癸卯 / 22 01 | 1 12 / 癸酉 / 09 07 | 2 10 / 壬寅 / 20 51 | 3 11 / 壬申 / 09 43 | 4 9 / 辛丑 / 23 44 | 5 9 / 辛未 / 14 35 | 6 8 / 辛丑 / 05 45 | 7 7 / 庚午 / 20 44 | 8 / 庚 / 11 |
| 共王七 | 916 | 乙丑 | 12 2 / 戊戌 / 13 43 | 1 1 / 戊辰 / 00 01 | 1 30 / 丁酉 / 09 57 | 2 28 / 丙寅 / 20 03 | 3 30 / 丙申 / 06 41 | 4 28 / 乙丑 / 18 11 | 5 28 / 乙未 / 06 56 | 6 26 / 甲子 / 21 12 | 7 / 甲 / 13 |
| 共王八 | 915 | 庚午 | 12 21 / 壬戌 / 15 34 | 1 20 / 壬辰 / 02 05 | 2 18 / 辛酉 / 11 34 | 3 19 / 庚寅 / 20 21 | 4 18 / 庚申 / 04 50 | 5 17 / 己丑 / 13 58 | 6 16 / 己未 / 00 41 | 7 15 / 戊子 / 13 58 | 8 / 戊 / 05 |

| 十月 | 十一月 | 十二月 | 十三月 | 文献与铭文中年、月、日干支与纪时词语 | 推排结果 |
|---|---|---|---|---|---|
| 15 | 10　14 | 11　13 | | | |
| 壬辰 | 辛酉 | 辛卯 | | | |
| 8　56 | 16　22 | 03　50 | | | |
| 　3 | 10　3 | 11　1 | | | |
| 丙戌 | 丙辰 | 乙酉 | | | |
| 　24 | 02　15 | 16　40 | | | |
| 23 | 9　22 | 10　21 | 11　20 | | |
| 庚辰 | 庚戌 | 己卯 | 己酉 | | |
| 　02 | 05　02 | 22　52 | 15　18 | | |
| 11 | 10　10 | 11　9 | 12　9 | | |
| 甲辰 | 癸酉 | 癸卯 | 癸酉 | | |
| 4　37 | 22　53 | 17　58 | 12　28 | | |
| 29 | 10　29 | 11　28 | | 师询簋：惟元年二月既望庚寅 | 二月壬申朔，既望庚寅十九日 |
| 丁卯 | 丁酉 | 丁卯 | | | |
| 　22 | 17　02 | 12　37 | | | |
| 18 | 10　17 | 11　16 | | | |
| 壬戌 | 辛卯 | 辛酉 | | | |
| 5　31 | 20　06 | 12　44 | | | |
| 　7 | 10　7 | 11　5 | | 三年卫盉：惟三年三月既生霸壬寅；师遽簋盖：惟王三祀四月既生霸辛酉 | 三月庚寅朔，既生霸壬寅十三日；四月庚申朔，既生霸辛酉初二日 |
| 丙辰 | 丙戌 | 乙卯 | | | |
| 　21 | 06　36 | 19　16 | | | |
| 28 | 9　26 | 10　26 | 11　24 | | |
| 辛亥 | 庚辰 | 庚戌 | 己卯 | | |
| 2　46 | 22　04 | 08　31 | 20　16 | | |
| 16 | 10　16 | 11　14 | | 五祀卫鼎：惟正月初吉庚戌，惟王五祀 | 正月己酉朔，初吉庚戌初二日 |
| 乙亥 | 乙巳 | 甲戌 | | | |
| 3　48 | 00　28 | 11　13 | | | |
| 　5 | 10　4 | 11　3 | | | |
| 庚午 | 己亥 | 己巳 | | | |
| 　19 | 14　28 | 02　38 | | | |
| 25 | 9　23 | 10　23 | 11　22 | | |
| 甲子 | 癸巳 | 癸亥 | 癸巳 | | |
| 5　48 | 22　24 | 13　53 | 03　36 | | |
| 12 | 10　12 | 11　11 | | 齐生鲁方彝盖：惟八年十又二月初吉丁亥 | 十二月丁亥朔，初吉丁亥初一日 |
| 丁亥 | 丁巳 | 丁亥 | | | |
| 3　41 | 18　01 | 11　26 | | | |

| 周王纪年 | 公元前 | 冬至 | 正月 | 二月 | 三月 | 四月 | 五月 | 六月 | 七月 | 八月 | 九... |
|---|---|---|---|---|---|---|---|---|---|---|---|
| 共王九 | 914 | 乙亥 | 12 11 | 1 9 | 2 8 | 3 9 | 4 7 | 5 7 | 6 5 | 7 4 | 8 |
| | | | 丁巳 | 丙戌 | 丙辰 | 乙酉 | 甲寅 | 甲申 | 癸丑 | 壬午 | 壬 |
| | | | 03 07 | 16 36 | 03 53 | 13 06 | 20 45 | 03 48 | 11 25 | 20 51 | 08 |
| 共王十 | 913 | 辛巳 | 12 30 | 1 28 | 2 27 | 3 27 | 4 25 | 5 25 | 6 23 | 7 22 | 8 |
| | | | 辛巳 | 庚戌 | 庚辰 | 己酉 | 戊寅 | 戊申 | 丁丑 | 丙午 | 丙 |
| | | | 01 10 | 16 19 | 04 24 | 13 36 | 20 55 | 03 33 | 10 45 | 19 20 | 06 |
| 共王十一 | 912 | 丙戌 | 12 18 | 1 16 | 2 15 | 3 17 | 4 15 | 5 14 | 6 13 | 7 12 | 8 |
| | | | 乙亥 | 甲辰 | 甲戌 | 甲辰 | 癸酉 | 壬寅 | 壬申 | 辛丑 | 庚 |
| | | | 02 35 | 21 31 | 13 48 | 02 41 | 12 40 | 20 42 | 03 57 | 11 15 | 19 |
| 共王十二 | 911 | 辛卯 | 12 7 | 1 5 | 2 4 | 3 6 | 4 4 | 5 4 | 6 2 | 7 2 | 7 |
| | | | 己巳 | 戊戌 | 戊辰 | 戊戌 | 丁卯 | 丁酉 | 丙寅 | 丙申 | 乙 |
| | | | 02 03 | 21 11 | 15 53 | 08 36 | 22 42 | 10 16 | 19 55 | 04 14 | 11 |
| 共王十三 | 910 | 丙申 | 12 25 | 1 24 | 2 23 | 3 25 | 4 23 | 5 23 | 6 21 | 7 21 | 8 |
| | | | 壬辰 | 壬戌 | 壬辰 | 壬戌 | 辛卯 | 辛酉 | 庚寅 | 庚申 | 己 |
| | | | 22 36 | 15 37 | 08 51 | 01 32 | 16 50 | 06 18 | 17 44 | 03 28 | 12 |
| 共王十四 | 909 | 壬寅 | 12 15 | 1 13 | 2 12 | 3 13 | 4 11 | 5 11 | 6 10 | 7 9 | 8 |
| | | | 丁亥 | 丙辰 | 丙戌 | 丙辰 | 乙酉 | 乙卯 | 乙酉 | 甲寅 | 甲 |
| | | | 06 56 | 20 13 | 10 32 | 01 52 | 17 48 | 09 36 | 00 18 | 13 30 | 01 |
| 共王十五 | 908 | 丁未 | 12 3 | 1 2 | 1 31 | 3 2 | 3 31 | 4 30 | 5 30 | 6 28 | 7 |
| | | | 辛巳 | 辛亥 | 庚辰 | 庚戌 | 己卯 | 己酉 | 己卯 | 戊申 | 戊 |
| | | | 21 04 | 07 50 | 18 57 | 06 57 | 20 05 | 10 22 | 01 22 | 16 33 | 07 |
| 共王十六 | 907 | 壬子 | 11 23 | 12 22 | 1 21 | 2 19 | 3 21 | 4 19 | 5 19 | 6 17 | 7 |
| | | | 丙子 | 乙巳 | 乙亥 | 甲辰 | 甲戌 | 癸卯 | 癸酉 | 壬寅 | 壬 |
| | | | 12 46 | 23 24 | 09 17 | 19 03 | 05 06 | 15 53 | 03 46 | 17 11 | 08 |
| 共王十七 | 906 | 丁巳 | 12 12 | 1 11 | 2 9 | 3 10 | 4 9 | 5 8 | 6 6 | 7 6 | 8 |
| | | | 庚子 | 庚午 | 己亥 | 戊辰 | 戊戌 | 丁卯 | 丙申 | 丙寅 | 丙 |
| | | | 14 12 | 01 20 | 11 09 | 20 00 | 04 23 | 12 56 | 22 35 | 10 27 | 01 |
| 共王十八 | 905 | 癸亥 | 12 1 | 12 31 | 1 30 | 2 28 | 3 28 | 4 27 | 5 26 | 6 24 | 7 |
| | | | 甲午 | 甲子 | 甲午 | 癸亥 | 壬辰 | 壬戌 | 辛卯 | 庚申 | 庚 |
| | | | 23 47 | 14 25 | 02 44 | 12 47 | 21 01 | 04 06 | 11 09 | 19 30 | 06 |
| 共王十九 | 904 | 戊辰 | 12 19 | 1 18 | 2 17 | 3 18 | 4 16 | 5 16 | 6 14 | 7 13 | 8 |
| | | | 戊午 | 戊子 | 戊午 | 丁亥 | 丙辰 | 丙戌 | 乙卯 | 甲申 | 甲 |
| | | | 20 41 | 13 12 | 02 44 | 13 12 | 21 14 | 04 00 | 10 46 | 18 36 | 04 |
| 共王廿 | 903 | 癸酉 | 12 8 | 1 7 | 2 6 | 3 8 | 4 6 | 5 5 | 6 4 | 7 3 | 8 |
| | | | 壬子 | 壬午 | 壬子 | 壬午 | 辛亥 | 庚辰 | 庚戌 | 己卯 | 戊 |
| | | | 20 39 | 16 14 | 09 53 | 00 25 | 11 42 | 20 32 | 04 06 | 11 21 | 19 |

| 十月 | 十一月 | 十二月 | 十三月 | 文献与铭文中年、月、日<br>干支与纪时词语 | 推排结果 |
|---|---|---|---|---|---|
| … 1 | 10 1 | 10 31 | 11 30 | 九年卫鼎：惟九年正月既死霸庚辰 | 正月丁巳朔，既死霸庚辰二十四日 |
| 辛巳 | 辛亥 | 辛巳 | 辛亥 | | |
| … 55 | 17 25 | 12 23 | 07 29 | | |
| … 19 | 10 19 | 11 18 | | | |
| 乙巳 | 乙亥 | 乙巳 | | | |
| … 32 | 11 55 | 06 46 | | | |
| … 9 | 10 8 | 11 7 | | | |
| 庚子 | 己巳 | 己亥 | | | |
| … 58 | 17 06 | 08 16 | | | |
| … 29 | 9 28 | 10 27 | 11 26 | 走簋：惟王十又二年三月既望庚寅 | 三月戊辰朔，既望庚寅二十三日 |
| 甲午 | 甲子 | 癸巳 | 癸亥 | | |
| … 05 | 05 28 | 16 59 | 06 47 | | |
| … 17 | 10 17 | 11 15 | | 无曩簋：惟十又三年正月初吉壬寅 | 正月壬辰朔，初吉壬寅十一日 |
| 戊午 | 戊子 | 丁巳 | | | |
| … 30 | 07 29 | 18 40 | | | |
| … 6 | 10 5 | 11 4 | | | |
| 癸丑 | 壬午 | 壬子 | | | |
| … 30 | 23 25 | 10 17 | | | |
| … 26 | 9 25 | 10 25 | | 十五年趞曹鼎：惟十又五年五月既生霸<br>壬午 | 五月己卯朔，既生霸壬午初四日 |
| 丁未 | 丁丑 | 丁未 | | | |
| … 10 | 12 07 | 01 01 | | | |
| … 16 | 9 14 | 10 14 | 11 13 | 士山盘：惟王十又六年九月既生霸甲申 | 九月壬申朔，既生霸甲申十三日 |
| 壬寅 | 辛未 | 辛丑 | 辛未 | | |
| … 54 | 18 01 | 10 27 | 01 17 | | |
| … 3 | 10 3 | 11 2 | | | |
| 乙丑 | 乙未 | 乙丑 | | | |
| … 18 | 12 46 | 07 00 | | | |
| … 22 | 9 21 | 10 21 | 11 20 | | |
| 己未 | 己丑 | 己未 | 己丑 | | |
| … 48 | 12 15 | 06 46 | 02 05 | | |
| … 10 | 10 10 | 11 9 | | | |
| 癸未 | 癸丑 | 癸未 | | | |
| … 23 | 07 23 | 01 09 | | | |
| … 31 | 9 29 | 10 29 | 11 27 | 休盘：惟廿年正月既望甲戌 | 正月壬子朔，既望甲戌二十三日 |
| 戊寅 | 丁未 | 丁丑 | 丙午 | | |
| … 56 | 14 49 | 04 30 | 21 01 | | |

| 周王纪年 | 公元前 | 冬至 | 正月 | 二月 | 三月 | 四月 | 五月 | 六月 | 七月 | 八月 | 九 |
|---|---|---|---|---|---|---|---|---|---|---|---|
| 共王廿一 | 902 | 戊寅 | 12 27<br>丙子<br>15 33 | 1 26<br>丙午<br>10 29 | 2 25<br>丙子<br>04 10 | 3 26<br>乙巳<br>19 32 | 4 25<br>乙亥<br>08 18 | 5 24<br>甲辰<br>18 54 | 6 23<br>甲戌<br>03 54 | 7 22<br>癸卯<br>12 01 | 8<br>壬<br>20 |
| 共王廿二 | 901 | 甲申 | 12 16<br>庚午<br>18 43 | 1 15<br>庚子<br>11 00 | 2 14<br>庚午<br>03 59 | 3 14<br>己亥<br>20 49 | 4 13<br>己巳<br>12 46 | 5 13<br>己亥<br>03 12 | 6 11<br>戊辰<br>15 43 | 7 11<br>戊戌<br>02 26 | 8<br>丁<br>11 |
| 共王廿三 | 900 | 己丑 | 12 5<br>乙丑<br>05 05 | 1 3<br>甲午<br>17 42 | 2 2<br>甲子<br>07 14 | 3 3<br>癸巳<br>21 46 | 4 2<br>癸亥<br>13 12 | 5 2<br>癸巳<br>05 02 | 5 31<br>壬戌<br>20 22 | 6 30<br>壬辰<br>10 30 | 7<br>辛<br>23 |
| 懿王元 | 899 | 甲午 | 12 24<br>己丑<br>06 51 | 1 22<br>戊午<br>17 34 | 2 21<br>戊子<br>04 48 | 3 22<br>丁巳<br>17 00 | 4 21<br>丁亥<br>06 31 | 5 20<br>丙辰<br>21 02 | 6 19<br>丙戌<br>12 12 | 7 19<br>丙辰<br>03 31 | 8<br>乙<br>18 |
| 懿王二 | 898 | 己亥 | 1 12<br>癸丑<br>08 44 | 2 10<br>壬午<br>18 18 | 3 12<br>壬子<br>03 54 | 4 10<br>辛巳<br>14 02 | 5 10<br>辛亥<br>01 04 | 6 8<br>庚辰<br>13 33 | 7 8<br>庚戌<br>03 51 | 8 6<br>己卯<br>19 56 | 9<br>己<br>13 |
| 懿王三 | 897 | 乙巳 | 1 2<br>戊申<br>00 18 | 1 31<br>丁丑<br>10 37 | 2 29<br>丙午<br>19 45 | 3 30<br>丙子<br>04 07 | 4 28<br>乙巳<br>12 15 | 5 27<br>甲戌<br>21 04 | 6 26<br>甲辰<br>07 39 | 7 25<br>癸酉<br>20 55 | 8<br>癸<br>13 |
| 懿王四 | 896 | 庚戌 | 12 21<br>壬寅<br>11 38 | 1 20<br>壬申<br>01 06 | 2 18<br>辛丑<br>12 08 | 3 19<br>庚午<br>21 05 | 4 18<br>庚子<br>04 27 | 5 17<br>己巳<br>11 18 | 6 15<br>戊戌<br>18 48 | 7 15<br>戊辰<br>04 12 | 8<br>丁<br>16 |
| 懿王五 | 895 | 乙卯 | 12 10<br>丙申<br>15 38 | 1 9<br>丙寅<br>09 21 | 2 8<br>丙申<br>00 23 | 3 9<br>乙丑<br>12 15 | 4 7<br>甲午<br>21 17 | 5 7<br>甲子<br>04 29 | 6 5<br>癸巳<br>11 06 | 7 4<br>壬戌<br>18 18 | 8<br>壬<br>03 |
| 懿王六 | 894 | 庚申 | 12 29<br>庚申<br>10 33 | 1 28<br>庚寅<br>05 16 | 2 26<br>己未<br>21 23 | 3 28<br>己丑<br>10 07 | 4 26<br>戊午<br>20 02 | 5 26<br>戊子<br>04 09 | 6 24<br>丁巳<br>11 31 | 7 23<br>丙戌<br>19 01 | 8<br>丙<br>03 |
| 懿王七 | 893 | 乙丑 | 12 18<br>甲寅<br>10 13 | 1 17<br>甲申<br>04 58 | 2 15<br>癸丑<br>23 16 | 3 16<br>癸未<br>15 43 | 4 15<br>癸丑<br>05 42 | 5 14<br>壬午<br>17 22 | 6 13<br>壬子<br>03 11 | 7 12<br>辛巳<br>11 49 | 8<br>庚<br>19 |
| 懿王八 | 892 | 辛未 | 1 5<br>戊寅<br>06 47 | 2 3<br>丁未<br>23 16 | 3 5<br>丁丑<br>16 01 | 4 4<br>丁未<br>08 18 | 5 3<br>丙子<br>23 31 | 6 2<br>丙午<br>13 04 | 7 2<br>丙子<br>00 51 | 7 31<br>乙巳<br>11 05 | 8<br>甲<br>20 |
| 孝王元 | 891 | 丙子 | 12 25<br>壬申<br>15 34 | 1 24<br>壬寅<br>04 26 | 2 22<br>辛未<br>18 10 | 3 24<br>辛丑<br>08 52 | 4 23<br>辛未<br>00 24 | 5 22<br>庚子<br>16 01 | 6 21<br>庚午<br>06 56 | 7 20<br>己亥<br>20 35 | 8<br>己<br>09 |

| 十月 | 十一月 | 十二月 | 十三月 | 文献与铭文中年、月、日<br>干支与纪时词语 | 推排结果 |
|---|---|---|---|---|---|
| 19<br>壬寅<br>48 | 10　18<br>辛未<br>15　17 | 11　17<br>辛丑<br>03　57 |  |  |  |
| 7<br>丙申<br>02 | 10　7<br>丙寅<br>06　43 | 11　5<br>乙未<br>17　22 |  |  |  |
| 28<br>辛卯<br>58 | 9　26<br>庚申<br>22　12 | 10　26<br>庚寅<br>09　15 | 11　24<br>己未<br>20　09 |  |  |
| 16<br>乙卯<br>12 | 10　15<br>甲申<br>22　55 | 11　14<br>甲寅<br>11　26 | 12　13<br>癸未<br>22　39 | 师虎簋：惟元年六月既望甲戌；曶鼎：惟王元年六月既望乙亥 | 六月丙辰朔，既望甲戌十九日；六月丙辰朔，既望乙亥二十日 |
| 0　5<br>壬卯<br>21 | 11　3<br>戊申<br>22　19 | 12　3<br>戊寅<br>12　20 |  | 吴方彝盖：惟二月初吉丁亥，惟王二祀；趠尊：惟三月初吉乙卯，惟王二祀 | 二月壬午朔，初吉丁亥初六日；三月壬子朔，初吉乙卯初四日 |
| 23<br>癸酉<br>13 | 10　23<br>癸卯<br>01　59 | 11　21<br>壬申<br>19　49 |  |  |  |
| 12<br>丁卯<br>30 | 10　12<br>丁酉<br>01　14 | 11　10<br>丙寅<br>20　26 |  |  |  |
| 1<br>辛酉<br>56 | 10　1<br>辛卯<br>03　34 | 10　30<br>庚申<br>20　02 | 11　29<br>庚寅<br>14　49 |  |  |
| 20<br>乙酉<br>14 | 10　20<br>乙卯<br>01　33 | 11　18<br>甲申<br>16　37 |  |  |  |
| 9<br>庚辰<br>24 | 10　8<br>己酉<br>14　06 | 11　7<br>己卯<br>01　40 | 12　6<br>戊申<br>15　23 | 牧簋：惟王七年十又三月既生霸甲寅 | 十三月戊申朔，既生霸甲寅初七日 |
| 28<br>甲辰<br>04 | 10　27<br>癸酉<br>16　19 | 11　26<br>癸卯<br>03　31 |  |  |  |
| 17<br>戊戌<br>45 | 10　17<br>戊辰<br>08　06 | 11　15<br>丁酉<br>19　13 |  | 元年师旋簋：惟王元年四月既生霸甲寅；伯吕父盨：惟王元年六月既生霸庚戌；师颖簋：惟王元年九月既望丁亥 | 四月辛丑朔，既生霸甲寅十四日；六月庚子朔，既生霸庚戌十一日；九月己巳朔，既望丁亥十九日 |

| 周王纪年 | 公元前 | 冬至 | 正月 | 二月 | 三月 | 四月 | 五月 | 六月 | 七月 | 八月 | 九 |
|---|---|---|---|---|---|---|---|---|---|---|---|
| 孝王二 | 890 | 辛巳 | 12 15 | 1 13 | 2 12 | 3 13 | 4 12 | 5 11 | 6 10 | 7 9 | 8 |
| | | | 丁卯 | 丙申 | 丙寅 | 乙未 | 乙丑 | 甲午 | 甲子 | 癸巳 | 癸 |
| | | | 06 00 | 16 30 | 03 10 | 14 32 | 03 07 | 16 58 | 7 49 | 23 11 | 14 |
| 孝王三 | 889 | 丙戌 | 1 3 | 2 1 | 3 2 | 3 31 | 4 29 | 5 29 | 6 27 | 7 27 | 8 |
| | | | 辛卯 | 庚申 | 庚寅 | 己未 | 戊子 | 戊午 | 丁亥 | 丁巳 | 丁 |
| | | | 08 12 | 17 49 | 03 07 | 12 40 | 22 58 | 10 30 | 23 48 | 15 07 | 08 |
| 孝王四 | 888 | 壬辰 | 12 22 | 1 21 | 2 19 | 3 21 | 4 19 | 5 18 | 6 17 | 7 16 | 8 |
| | | | 乙酉 | 乙卯 | 甲申 | 甲寅 | 癸未 | 壬子 | 壬午 | 辛亥 | 辛 |
| | | | 22 55 | 09 57 | 19 27 | 03 57 | 11 57 | 20 09 | 05 36 | 17 26 | 08 |
| 孝王五 | 887 | 丁酉 | 12 12 | 1 10 | 2 9 | 3 10 | 4 9 | 5 8 | 6 6 | 7 6 | 8 |
| | | | 庚辰 | 己酉 | 己卯 | 戊申 | 戊寅 | 丁未 | 丙子 | 丙午 | 乙 |
| | | | 08 12 | 22 52 | 11 00 | 20 49 | 04 46 | 11 39 | 18 34 | 02 52 | 13 |
| 孝王六 | 886 | 壬寅 | 12 1 | 12 31 | 1 29 | 2 28 | 3 29 | 4 28 | 5 27 | 6 25 | 7 |
| | | | 甲戌 | 甲辰 | 癸酉 | 癸卯 | 壬申 | 壬寅 | 辛未 | 庚子 | 庚 |
| | | | 10 10 | 04 49 | 21 14 | 10 37 | 20 54 | 04 49 | 11 31 | 18 21 | 02 |
| 夷王元 | 885 | 丁未 | 11 20 | 12 20 | 1 19 | 2 17 | 3 18 | 4 16 | 5 16 | 6 14 | 7 |
| | | | 戊辰 | 戊戌 | 戊辰 | 丁酉 | 丁卯 | 丙申 | 丙寅 | 乙未 | 甲 |
| | | | 09 15 | 04 40 | 00 01 | 17 31 | 07 52 | 19 04 | 03 56 | 11 36 | 19 |
| 夷王二 | 884 | 癸丑 | 12 8 | 1 6 | 2 5 | 3 7 | 4 6 | 5 5 | 6 4 | 7 3 | 8 |
| | | | 壬辰 | 辛酉 | 辛卯 | 辛酉 | 辛卯 | 庚申 | 庚寅 | 己未 | 戊 |
| | | | 05 21 | 23 29 | 18 02 | 11 22 | 02 31 | 15 17 | 02 02 | 11 21 | 19 |
| 夷王三 | 883 | 戊午 | 12 27 | 1 25 | 2 24 | 3 26 | 4 24 | 5 24 | 6 22 | 7 22 | 8 |
| | | | 丙辰 | 乙酉 | 乙卯 | 乙酉 | 甲寅 | 甲申 | 癸丑 | 癸未 | 壬 |
| | | | 03 05 | 18 53 | 11 18 | 03 40 | 19 24 | 09 51 | 22 42 | 09 50 | 19 |
| 夷王四 | 882 | 癸亥 | 12 16 | 1 15 | 2 13 | 3 15 | 4 13 | 5 13 | 6 12 | 7 11 | 8 |
| | | | 庚戌 | 庚辰 | 己酉 | 己卯 | 戊申 | 戊寅 | 戊申 | 丁丑 | 丁 |
| | | | 13 50 | 02 06 | 15 04 | 04 59 | 19 56 | 11 28 | 02 52 | 17 21 | 06 |
| 夷王五 | 881 | 戊辰 | 12 6 | 1 4 | 2 3 | 3 3 | 4 2 | 5 1 | 5 31 | 6 29 | 7 |
| | | | 乙巳 | 甲戌 | 甲辰 | 癸酉 | 癸卯 | 壬申 | 壬寅 | 辛未 | 辛 |
| | | | 05 06 | 15 37 | 01 55 | 12 36 | 00 15 | 13 14 | 03 31 | 18 43 | 10 |
| 夷王六 | 880 | 甲戌 | 11 24 | 12 24 | 1 22 | 2 21 | 3 22 | 4 20 | 5 20 | 6 18 | 7 |
| | | | 己亥 | 己巳 | 戊戌 | 戊辰 | 丁酉 | 丙寅 | 丙申 | 乙丑 | 乙 |
| | | | 20 16 | 07 29 | 17 22 | 02 32 | 11 41 | 21 18 | 08 00 | 20 15 | 10 |
| 夷王七 | 879 | 己卯 | 12 13 | 1 12 | 2 10 | 3 12 | 4 10 | 5 9 | 6 8 | 7 7 | 8 |
| | | | 癸亥 | 癸巳 | 壬戌 | 壬辰 | 辛酉 | 庚寅 | 庚申 | 己丑 | |
| | | | 21 02 | 08 58 | 19 03 | 03 50 | 11 49 | 19 40 | 04 14 | 14 44 | 04 |

| …月 | 十一月 | 十二月 | 十三月 | 文献与铭文中年、月、日干支与纪时词语 | 推排结果 |
|---|---|---|---|---|---|
| 7 | 10 6 | 11 5 | 12 4 | | |
| 癸巳 | 壬戌 | 壬辰 | 辛酉 | | |
| 52 | 20 21 | 09 44 | 21 38 | | |
| 25 | 10 24 | 11 23 | | | |
| 丁巳 | 丙戌 | 丙辰 | | 达盨盖：惟三年五月既生霸壬寅 | 五月戊子朔，既生霸壬寅十五日 |
| 43 | 18 41 | 09 54 | | | |
| 14 | 10 13 | 11 12 | | | |
| 辛亥 | 庚辰 | 庚戌 | | 师西鼎：惟王四祀九月初吉丁亥 | 九月辛巳朔，初吉丁亥初七日 |
| 43 | 20 35 | 15 11 | | | |
| 3 | 10 2 | 11 1 | | | |
| 乙巳 | 甲戌 | 甲辰 | | 五年师旋簋：惟五年九月既生霸壬午 | 九月乙亥朔，既生霸壬午初八日 |
| 21 | 20 00 | 14 42 | | | |
| 23 | 9 22 | 10 21 | | | |
| 己亥 | 己巳 | 戊戌 | | | |
| 07 | 00 25 | 15 31 | | | |
| 12 | 9 10 | 10 9 | 11 8 | | |
| 午 | 癸亥 | 壬辰 | 壬戌 | 师獣簋：惟王元年正月初吉丁亥（丑） | 正月戊辰朔，初吉丁丑初十日 |
| 04 | 12 12 | 23 18 | 12 59 | | |
| 31 | 9 29 | 10 29 | 11 27 | | |
| 午 | 丁亥 | 丁巳 | 丙戌 | 王臣簋：惟二年三月初吉庚寅 | 三月辛卯朔，初吉庚寅朔前一日 |
| 13 | 13 20 | 00 01 | 12 38 | | |
| 19 | 10 18 | 11 17 | | | |
| 午 | 辛亥 | 辛巳 | | 三年师兑簋：惟三年二月初吉丁亥 | 二月乙酉朔，初吉丁亥初三日 |
| 26 | 15 27 | 02 16 | | | |
| 8 | 10 8 | 11 6 | | | |
| 子 | 丙午 | 乙亥 | | 散伯车父鼎、散季簋：惟王四年八月初吉丁亥 | 八月丁丑朔，初吉丁亥十一日 |
| 56 | 06 41 | 18 07 | | | |
| 28 | 9 26 | 10 26 | | | |
| 未 | 庚子 | 庚午 | | | |
| 00 | 17 13 | 07 29 | | | |
| 17 | 9 15 | 10 15 | 11 14 | | |
| 丑 | 甲午 | 甲子 | 甲午 | 宰兽簋：唯六年二月初吉甲戌 | 二月己巳朔，初吉甲戌初六日 |
| 57 | 20 39 | 14 25 | 06 48 | | |
| 4 | 10 4 | 11 3 | | | |
| 子 | 戊午 | 戊子 | | | |
| 25 | 14 57 | 10 03 | | | |

| 周王纪年 | 公元前 | 冬至 | 正月 | 二月 | 三月 | 四月 | 五月 | 六月 | 七月 | 八月 | 九 |
|---|---|---|---|---|---|---|---|---|---|---|---|
| 夷王八 | 878 | 甲申 | 12 3 | 1 1 | 1 31 | 3 1 | 3 31 | 4 29 | 5 28 | 6 27 | 7 |
| | | | 戊午 | 丁亥 | 丁巳 | 丙戌 | 丙辰 | 乙酉 | 甲寅 | 甲申 | 癸 |
| | | | 04 07 | 20 02 | 09 24 | 20 15 | 04 55 | 12 07 | 18 47 | 02 13 | 11 |
| 厉王元 | 877 | 己丑 | 11 22 | 12 21 | 1 20 | 2 19 | 3 19 | 4 18 | 5 17 | 6 15 | 7 |
| | | | 壬子 | 辛巳 | 辛亥 | 辛巳 | 庚戌 | 庚辰 | 己酉 | 戊寅 | 戊 |
| | | | 04 30 | 23 44 | 17 22 | 08 16 | 19 58 | 04 53 | 12 01 | 18 40 | 01 |
| 厉王二 | 876 | 乙未 | 12 9 | 1 8 | 2 7 | 3 9 | 4 7 | 5 7 | 6 5 | 7 4 | 8 |
| | | | 乙亥 | 乙巳 | 乙亥 | 乙巳 | 甲戌 | 甲辰 | 癸酉 | 壬寅 | 壬 |
| | | | 22 53 | 18 24 | 12 54 | 04 46 | 17 26 | 03 20 | 11 34 | 19 07 | 02 |
| 厉王三 | 875 | 庚子 | 11 29 | 12 28 | 1 27 | 2 26 | 3 27 | 4 26 | 5 26 | 6 24 | 7 |
| | | | 庚午 | 己亥 | 己巳 | 己亥 | 戊辰 | 戊戌 | 戊辰 | 丁酉 | 丙 |
| | | | 01 03 | 18 18 | 12 38 | 06 31 | 22 43 | 12 36 | 00 23 | 10 29 | 19 |
| 厉王四 | 874 | 乙巳 | 11 18 | 12 17 | 1 16 | 2 15 | 3 16 | 4 15 | 5 15 | 6 13 | 7 |
| | | | 甲子 | 癸巳 | 癸亥 | 癸巳 | 壬戌 | 壬辰 | 壬戌 | 辛卯 | 辛 |
| | | | 10 26 | 23 55 | 14 55 | 06 47 | 23 00 | 14 57 | 06 05 | 19 55 | 08 |
| 厉王五 | 873 | 庚戌 | 12 7 | 1 6 | 2 4 | 3 5 | 4 3 | 5 3 | 6 1 | 7 1 | 7 |
| | | | 戊子 | 戊午 | 丁亥 | 丁巳 | 丙戌 | 丙辰 | 乙酉 | 乙卯 | 乙 |
| | | | 12 25 | 00 12 | 12 31 | 01 39 | 15 47 | 06 56 | 22 29 | 13 36 | 03 |
| 厉王六 | 872 | 丙辰 | 12 25 | 1 24 | 2 22 | 3 23 | 4 22 | 5 21 | 6 20 | 7 20 | 8 |
| | | | 壬子 | 壬午 | 辛亥 | 庚辰 | 庚戌 | 己卯 | 己酉 | 己卯 | 戊 |
| | | | 14 51 | 01 01 | 11 11 | 21 59 | 10 03 | 23 34 | 14 18 | 05 54 | 21 |
| 厉王七 | 871 | 辛酉 | 12 15 | 1 13 | 2 12 | 3 13 | 4 11 | 5 11 | 6 9 | 7 9 | 7 |
| | | | 丁未 | 丙子 | 丙午 | 乙亥 | 甲辰 | 甲戌 | 癸卯 | 癸酉 | 壬 |
| | | | 06 31 | 16 55 | 02 12 | 11 02 | 20 08 | 06 02 | 17 19 | 06 33 | 22 |
| 厉王八 | 870 | 丙寅 | 12 4 | 1 3 | 2 1 | 3 3 | 4 1 | 4 30 | 5 30 | 6 28 | 7 |
| | | | 辛丑 | 辛未 | 庚子 | 庚午 | 己亥 | 戊辰 | 戊戌 | 丁卯 | 丁 |
| | | | 18 30 | 07 35 | 18 25 | 03 37 | 11 47 | 19 27 | 03 25 | 12 44 | 00 |
| 厉王九 | 869 | 辛未 | 12 23 | 1 22 | 2 20 | 3 21 | 4 19 | 5 18 | 6 17 | 7 16 | 8 |
| | | | 乙丑 | 乙未 | 甲子 | 甲午 | 癸亥 | 壬辰 | 壬戌 | 辛卯 | 庚 |
| | | | 16 32 | 07 10 | 19 09 | 04 43 | 12 28 | 19 10 | 02 03 | 10 20 | 21 |
| 厉王十 | 868 | 丁丑 | 12 11 | 1 10 | 2 9 | 3 10 | 4 9 | 5 8 | 6 6 | 7 6 | 8 |
| | | | 己未 | 己丑 | 己未 | 戊子 | 戊午 | 丁亥 | 丙辰 | 丙戌 | 乙 |
| | | | 18 14 | 12 48 | 05 08 | 18 21 | 04 32 | 12 21 | 19 06 | 02 00 | 10 |
| 厉王十一 | 867 | 壬午 | 12 30 | 1 29 | 2 28 | 3 29 | 4 28 | 5 27 | 6 25 | 7 25 | 8 |
| | | | 癸未 | 癸丑 | 癸未 | 壬子 | 壬午 | 辛亥 | 庚辰 | 庚戌 | |
| | | | 12 38 | 07 42 | 00 56 | 15 08 | 02 18 | 11 16 | 19 07 | 02 54 | 11 |

| 十月 | 十一月 | 十二月 | 十三月 | 文献与铭文中年、月、日干支与纪时词语 | 推排结果 |
|---|---|---|---|---|---|
| 24 | 9 23 | 10 23 | | | |
| 壬午 | 壬子 | 壬午 | | | |
| 55 | 15 17 | 09 10 | 21 38 | | |
| 13 | 9 11 | 10 11 | 11 10 | 逆钟：惟王元年三月既生霸庚申；元年师兑簋：惟元年五月初吉甲寅；郑季盨：惟王元年，六月初吉丁亥 | 三月辛亥朔，既生霸庚申初十日；五月庚戌朔，初吉甲寅初五日；六月庚辰朔，初吉丁亥初八日 |
| 丁丑 | 丙午 | 丙子 | 丙午 | | |
| 53 | 22 00 | 11 44 | 04 13 | | |
| 1 | 9 30 | 10 30 | | | |
| 辛丑 | 庚午 | 庚子 | | | |
| 32 | 21 41 | 10 04 | | | |
| 22 | 9 20 | 10 19 | | 师俞簋盖、师晨鼎：惟三年三月初吉甲戌 | 三月己巳朔，初吉甲戌初六日 |
| 丙申 | 乙丑 | 甲午 | | | |
| 03 | 12 51 | 22 49 | | | |
| 11 | 9 10 | 10 9 | 11 8 | 四年瘨簋：惟四年二月既生霸戊戌 | 二月癸巳朔，既生霸戊戌六日 |
| 庚寅 | 庚申 | 己丑 | 己未 | | |
| 50 | 04 46 | 14 44 | 01 13 | | |
| 29 | 9 28 | 10 27 | 11 26 | 谏簋：惟五年三月初吉庚寅 | 三月丁亥朔，初吉庚寅初四日 |
| 甲寅 | 甲申 | 癸丑 | 癸未 | | |
| 46 | 05 03 | 16 50 | 04 09 | | |
| 17 | 10 17 | 11 15 | | | |
| 戊寅 | 戊申 | 丁丑 | | | |
| 37 | 04 40 | 18 27 | | | |
| 6 | 10 6 | 11 5 | | 七年师兑簋盖：惟七年五月初吉甲寅 | 五月甲辰朔，初吉甲寅十一日 |
| 壬申 | 壬寅 | 壬申 | | | |
| 24 | 09 33 | 03 00 | | | |
| 26 | 9 25 | 10 25 | 11 23 | | |
| 丙寅 | 丙申 | 丙寅 | 乙未 | | |
| 33 | 09 17 | 04 29 | 23 24 | | |
| 13 | 10 13 | 11 11 | | | |
| 庚寅 | 庚申 | 己丑 | | | |
| 06 | 03 56 | 22 46 | | | |
| 2 | 10 2 | 10 31 | 11 30 | | |
| 甲申 | 甲寅 | 癸未 | 癸丑 | | |
| 09 | 08 38 | 23 48 | 17 26 | | |
| 21 | 10 21 | 11 19 | | 师嫠簋：惟十又一年九月初吉丁亥 | 九月己卯朔，初吉丁亥初九日 |
| 戊申 | 戊寅 | 丁未 | | | |
| 36 | 07 52 | 21 30 | | | |

| 周王纪年 | 公元前 | 冬至 | 正月 | 二月 | 三月 | 四月 | 五月 | 六月 | 七月 | 八月 | 九 |
|---|---|---|---|---|---|---|---|---|---|---|---|
| 厉王十二 | 866 | 丁亥 | 12 19 | 1 18 | 2 17 | 3 18 | 4 17 | 5 16 | 6 15 | 7 14 | 8 |
| | | | 丁丑 | 丁未 | 丁丑 | 丙午 | 丙子 | 乙巳 | 乙亥 | 甲辰 | 甲 |
| | | | 13 35 | 07 19 | 01 24 | 18 24 | 09 21 | 22 12 | 09 10 | 18 51 | 03 |
| 厉王十三 | 865 | 壬辰 | 12 8 | 1 7 | 2 6 | 3 6 | 4 5 | 5 5 | 6 3 | 7 3 | 8 |
| | | | 辛未 | 辛丑 | 辛未 | 庚子 | 庚午 | 庚子 | 己巳 | 己亥 | 戊 |
| | | | 21 20 | 11 25 | 02 39 | 18 30 | 10 24 | 01 56 | 16 29 | 05 39 | 17 |
| 厉王十四 | 864 | 戊戌 | 11 27 | 12 26 | 1 25 | 2 23 | 3 25 | 4 24 | 5 23 | 6 22 | 7 |
| | | | 丙寅 | 乙未 | 乙丑 | 甲午 | 甲子 | 甲午 | 癸亥 | 癸巳 | 癸 |
| | | | 11 11 | 22 35 | 10 26 | 22 49 | 12 05 | 02 34 | 17 52 | 09 24 | 00 |
| 厉王十五 | 863 | 癸卯 | 11 17 | 12 16 | 1 15 | 2 13 | 3 14 | 4 13 | 5 12 | 6 11 | 7 |
| | | | 辛酉 | 庚寅 | 庚申 | 己丑 | 戊午 | 戊子 | 丁巳 | 丁亥 | 丁 |
| | | | 03 00 | 14 00 | 00 18 | 10 10 | 20 16 | 07 23 | 19 56 | 10 01 | 01 |
| 厉王十六 | 862 | 戊申 | 12 6 | 1 4 | 2 3 | 3 4 | 4 2 | 5 2 | 5 31 | 6 30 | 7 |
| | | | 乙酉 | 甲寅 | 甲申 | 癸丑 | 壬午 | 壬子 | 辛巳 | 辛亥 | 庚 |
| | | | 05 06 | 16 17 | 01 56 | 10 40 | 19 22 | 04 35 | 14 57 | 03 05 | 17 |
| 厉王十七 | 861 | 癸丑 | 12 25 | 1 23 | 2 22 | 3 22 | 4 20 | 5 20 | 6 18 | 7 17 | 8 |
| | | | 己酉 | 戊寅 | 戊申 | 丁丑 | 丙午 | 丙子 | 乙巳 | 甲戌 | 甲 |
| | | | 05 39 | 17 31 | 03 20 | 11 47 | 19 26 | 03 02 | 11 28 | 21 54 | 11 |
| 厉王十八 | 860 | 己未 | 12 13 | 1 12 | 2 10 | 3 12 | 4 10 | 5 9 | 6 8 | 7 7 | 8 |
| | | | 癸卯 | 癸酉 | 壬寅 | 壬申 | 辛丑 | 庚午 | 庚子 | 己巳 | 戊 |
| | | | 12 23 | 04 20 | 17 32 | 04 12 | 12 38 | 19 40 | 02 18 | 09 43 | 19 |
| 厉王十九 | 859 | 甲子 | 12 2 | 1 1 | 1 31 | 3 1 | 3 31 | 4 29 | 5 28 | 6 27 | 7 |
| | | | 丁酉 | 丁卯 | 丁酉 | 丙寅 | 丙申 | 乙丑 | 甲午 | 甲子 | 癸 |
| | | | 12 33 | 07 45 | 01 14 | 15 59 | 03 33 | 12 23 | 19 32 | 02 15 | 09 |
| 厉王廿 | 858 | 己巳 | 12 21 | 1 20 | 2 18 | 3 20 | 4 19 | 5 18 | 6 16 | 7 16 | 8 |
| | | | 辛酉 | 辛卯 | 庚申 | 庚寅 | 庚申 | 己丑 | 戊午 | 戊子 | |
| | | | 06 57 | 02 08 | 20 21 | 12 01 | 00 37 | 10 36 | 18 57 | 02 49 | 10 |
| 厉王廿一 | 857 | 甲戌 | 12 10 | 1 9 | 2 7 | 3 8 | 4 7 | 5 6 | 6 5 | 7 4 | 8 |
| | | | 乙卯 | 乙酉 | 甲寅 | 甲申 | 甲寅 | 癸未 | 癸丑 | 壬午 | 壬 |
| | | | 09 28 | 02 18 | 20 09 | 13 36 | 05 32 | 19 26 | 07 22 | 17 49 | 03 |
| 厉王廿二 | 856 | 己卯 | 12 28 | 1 26 | 2 25 | 3 27 | 4 25 | 5 25 | 6 24 | 7 23 | 8 |
| | | | 己卯 | 戊申 | 戊寅 | 戊申 | 丁丑 | 丁未 | 丁丑 | 丙午 | 丙 |
| | | | 08 26 | 22 56 | 14 13 | 05 54 | 21 33 | 12 38 | 02 41 | 15 18 | 02 |
| 厉王廿三 | 855 | 乙酉 | 12 17 | 1 16 | 2 14 | 3 16 | 4 14 | 5 14 | 6 13 | 7 12 | 8 |
| | | | 癸酉 | 癸卯 | 壬申 | 壬寅 | 辛未 | 辛丑 | 辛未 | 庚子 | 庚 |
| | | | 21 15 | 08 42 | 20 31 | 09 00 | 22 36 | 13 23 | 04 55 | 20 19 | 10 |

| 十月 | 十一月 | 十二月 | 十三月 | 文献与铭文中年、月、日干支与纪时词语 | 推排结果 |
|---|---|---|---|---|---|
| 11<br>癸卯<br>2 34 | 10 10<br>壬申<br>22 01 | 11 9<br>壬寅<br>08 48 | | 大师虘簋：正月既望甲午，惟十又二年；大簋盖：惟十又二年三月既生霸丁亥 | 正月丁丑朔，既望甲午十八日；三月丁丑朔，既生霸丁亥十一日 |
| 31<br>戊戌<br>3 51 | 9 29<br>丁卯<br>13 58 | 10 29<br>丁酉<br>00 17 | | 望簋：惟王十又三年六月初吉戊戌；十三年疾壶：惟十又三年九月初吉戊寅 | 六月庚子朔，初吉戊戌朔前二日；九月戊辰朔，初吉戊寅十一日 |
| 20<br>壬辰<br>4 06 | 9 19<br>壬戌<br>03 02 | 10 18<br>辛卯<br>15 18 | | | |
| 9<br>丙戌<br>7 19 | 9 8<br>丙辰<br>09 34 | 10 8<br>丙戌<br>01 22 | 11 6<br>乙卯<br>16 04 | 大鼎：惟十又五年三月既霸丁亥 | 三月庚申朔，既[死]霸丁亥二十八日 |
| 28<br>庚戌<br>0 09 | 9 27<br>庚辰<br>04 19 | 10 26<br>己酉<br>22 32 | 11 25<br>己卯<br>15 17 | 伯克壶：惟十又六年七月既生霸乙未 | 七月辛巳朔，既生霸乙未十五日 |
| 15<br>甲戌<br>3 54 | 10 14<br>癸卯<br>22 45 | 11 13<br>癸酉<br>18 08 | | | |
| 4<br>戊辰<br>7 39 | 10 3<br>丁酉<br>23 11 | 11 2<br>丁卯<br>17 11 | | | |
| 24<br>壬戌<br>3 51 | 9 23<br>壬辰<br>06 11 | 10 22<br>辛酉<br>20 00 | 11 21<br>辛卯<br>12 28 | | |
| 12<br>丙戌<br>9 52 | 10 12<br>丙辰<br>06 14 | 11 10<br>乙酉<br>18 40 | | | |
| 1<br>辛巳<br>2 17 | 9 30<br>庚戌<br>21 30 | 10 30<br>庚辰<br>07 39 | 11 28<br>己酉<br>19 16 | | |
| 20<br>乙巳<br>3 09 | 10 19<br>甲戌<br>23 28 | 11 18<br>甲辰<br>10 09 | | | |
| 10<br>庚子<br>0 38 | 10 9<br>己巳<br>13 29 | 11 8<br>己亥<br>01 39 | | | |

| 周王纪年 | 公元前 | 冬至 | 正月 | 二月 | 三月 | 四月 | 五月 | 六月 | 七月 | 八月 | 九 |
|---|---|---|---|---|---|---|---|---|---|---|---|
| 厉王廿四 | 854 | 庚寅 | 12 7<br>戊辰<br>13 04 | 1 5<br>丁酉<br>23 38 | 2 4<br>丁卯<br>09 27 | 3 5<br>丙申<br>19 06 | 4 4<br>丙寅<br>05 22 | 5 3<br>乙未<br>16 56 | 6 2<br>乙丑<br>06 08 | 7 1<br>甲午<br>20 51 | 7<br>甲<br>12 |
| 厉王廿五 | 853 | 乙未 | 12 26<br>壬辰<br>15 18 | 1 25<br>壬戌<br>01 32 | 2 23<br>辛卯<br>10 27 | 3 23<br>庚申<br>18 53 | 4 22<br>庚寅<br>03 33 | 5 21<br>己未<br>13 07 | 6 20<br>己丑<br>00 10 | 7 19<br>戊午<br>13 24 | 8<br>戊<br>05 |
| 厉王廿六 | 852 | 庚子 | 1 13<br>丙辰<br>16 06 | 2 12<br>丙戌<br>02 47 | 3 13<br>乙卯<br>11 41 | 4 11<br>甲申<br>19 30 | 5 11<br>甲寅<br>02 55 | 6 9<br>癸未<br>10 42 | 7 8<br>壬子<br>19 58 | 8 7<br>壬午<br>07 52 | 9<br>辛<br>22 |
| 厉王廿七 | 851 | 丙午 | 1 3<br>辛亥<br>00 47 | 2 1<br>庚辰<br>15 20 | 3 3<br>庚戌<br>03 10 | 4 1<br>己卯<br>12 31 | 4 30<br>戊申<br>20 06 | 5 30<br>戊寅<br>02 44 | 6 28<br>丁未<br>09 36 | 7 27<br>丙子<br>18 00 | 8<br>丙<br>04 |
| 厉王廿八 | 850 | 辛亥 | 12 23<br>乙巳<br>02 16 | 1 21<br>甲戌<br>20 42 | 2 20<br>甲辰<br>12 51 | 3 22<br>甲戌<br>01 55 | 4 20<br>癸卯<br>12 00 | 5 19<br>壬申<br>19 49 | 6 18<br>壬寅<br>02 39 | 7 17<br>辛未<br>09 44 | 8<br>庚<br>18 |
| 厉王廿九 | 849 | 丙辰 | 12 12<br>己亥<br>01 35 | 1 10<br>戊辰<br>20 28 | 2 9<br>戊戌<br>15 14 | 3 10<br>戊辰<br>08 09 | 4 8<br>丁酉<br>22 16 | 5 8<br>丁卯<br>09 25 | 6 6<br>丙申<br>18 34 | 7 6<br>丙寅<br>02 42 | 8<br>乙<br>10 |
| 厉王卅 | 848 | 辛酉 | 11 30<br>癸巳<br>06 04 | 12 29<br>壬戌<br>21 47 | 1 28<br>壬辰<br>15 04 | 2 27<br>壬戌<br>08 36 | 3 29<br>壬辰<br>01 14 | 4 27<br>辛酉<br>16 06 | 5 27<br>辛卯<br>05 02 | 6 25<br>庚申<br>16 20 | 7<br>庚<br>02 |
| 厉王卅一 | 847 | 丁卯 | 11 19<br>丁亥<br>17 41 | 12 19<br>丁巳<br>06 00 | 1 17<br>丙戌<br>19 39 | 2 16<br>丙辰<br>10 17 | 3 18<br>丙戌<br>01 33 | 4 16<br>乙卯<br>17 02 | 5 16<br>乙酉<br>08 24 | 6 14<br>甲寅<br>23 08 | 7<br>甲<br>12 |
| 厉王卅二 | 846 | 壬申 | 12 8<br>辛亥<br>20 06 | 1 7<br>辛巳<br>07 16 | 2 5<br>庚戌<br>18 37 | 3 7<br>庚辰<br>06 25 | 4 5<br>己酉<br>19 07 | 5 5<br>己卯<br>09 08 | 6 4<br>己酉<br>00 18 | 7 3<br>戊寅<br>15 57 | 8<br>戊<br>07 |
| 厉王卅三 | 845 | 丁丑 | 11 28<br>丙午<br>11 55 | 12 27<br>乙亥<br>22 55 | 1 26<br>乙巳<br>08 54 | 2 24<br>甲戌<br>18 20 | 3 25<br>甲辰<br>03 54 | 4 23<br>癸酉<br>14 31 | 5 23<br>癸卯<br>02 42 | 6 21<br>壬申<br>16 37 | 7<br>壬<br>08 |
| 厉王卅四 | 844 | 壬午 | 12 16<br>庚午<br>13 55 | 1 15<br>庚子<br>00 59 | 2 13<br>己巳<br>10 19 | 3 14<br>戊戌<br>18 40 | 4 13<br>戊辰<br>02 57 | 5 12<br>丁酉<br>11 48 | 6 10<br>丙寅<br>21 54 | 7 10<br>丙申<br>09 59 | 8<br>丙<br>00 |
| 厉王卅五 | 843 | 戊子 | 12 5<br>甲子<br>23 45 | 1 4<br>甲午<br>14 11 | 2 3<br>甲子<br>01 53 | 3 4<br>癸巳<br>11 26 | 4 2<br>壬戌<br>19 36 | 5 2<br>壬辰<br>03 01 | 5 31<br>辛酉<br>10 24 | 6 29<br>庚寅<br>18 46 | 7<br>庚<br>05 |

| 十月 | 十一月 | 十二月 | 十三月 | 文献与铭文中年、月、日 干支与纪时词语 | 推排结果 |
|---|---|---|---|---|---|
| 30 | 9 28 | 10 28 | 11 27 | | |
| 甲午 | 癸亥 | 癸巳 | 癸亥 | | |
| 09 | 21 31 | 13 07 | 03 11 | | |
| 16 | 10 16 | 11 15 | 12 15 | | |
| 丁巳 | 丁亥 | 丁巳 | 丁亥 | | |
| 52 | 17 29 | 11 19 | 03 04 | | |
| 0 5 | 11 4 | 12 4 | | 番匊生壶：惟廿又六年十月初吉己卯 | 十月辛巳朔，初吉己卯朔前二日 |
| 辛巳 | 辛亥 | 辛巳 | | | |
| 00 | 12 28 | 07 35 | | | |
| 24 | 10 24 | 11 23 | | | |
| 乙亥 | 乙巳 | 乙亥 | | | |
| 03 | 11 58 | 06 51 | | | |
| 14 | 10 13 | 11 12 | | | |
| 庚午 | 己亥 | 己巳 | | | |
| 22 | 16 58 | 08 08 | | | |
| 2 | 10 2 | 10 31 | | | |
| 甲子 | 甲午 | 癸亥 | | | |
| 24 | 05 08 | 16 32 | | | |
| 23 | 9 21 | 10 21 | | | |
| 己未 | 戊子 | 戊午 | | | |
| 49 | 21 02 | 06 47 | | | |
| 13 | 9 11 | 10 10 | 11 9 | 夐攸从鼎：惟卅又一年三月初吉壬辰 | 三月丙戌朔，初吉壬辰初七日 |
| 甲寅 | 癸未 | 壬子 | 壬午 | | |
| 56 | 12 01 | 22 35 | 09 12 | | |
| 31 | 9 30 | 10 30 | | 伯大祝追鼎：惟卅又二年八月初吉辛巳 | 八月戊寅朔，初吉辛巳初四日 |
| 丁丑 | 丁未 | 丁丑 | | | |
| 43 | 11 15 | 00 01 | | | |
| 20 | 9 18 | 10 18 | 11 17 | 晋侯苏钟：惟王卅又三年，正月既生霸戊午，二月既望癸卯（辛卯），二月既死霸壬寅，六月初吉戊寅。伯寛父盨：惟卅又三年八月既死〔霸〕辛卯 | 正月丙午朔，既生霸戊午十三日；二月乙亥朔，既望辛卯十七日，既死霸壬寅二十八日；六月癸酉朔，初吉戊寅六日。八月壬申朔，既死霸辛卯二十日 |
| 壬申 | 辛丑 | 辛未 | 辛丑 | | |
| 27 | 17 13 | 09 36 | 00 41 | | |
| 7 | 10 7 | 11 6 | | | |
| 乙未 | 乙丑 | 乙未 | | | |
| 28 | 12 05 | 06 41 | | | |
| 27 | 9 26 | 10 26 | 11 25 | | |
| 己丑 | 己未 | 己丑 | 己未 | | |
| 46 | 11 35 | 06 38 | 02 15 | | |

| 周王纪年 | 公元前 | 冬至 | 正月 | 二月 | 三月 | 四月 | 五月 | 六月 | 七月 | 八月 | 九 |
|---|---|---|---|---|---|---|---|---|---|---|---|
| 厉王卅六 | 842 | 癸巳 | 12 24 | 1 23 | 2 22 | 3 23 | 4 21 | 5 21 | 6 19 | 7 18 | 8 |
| | | | 戊子 | 戊午 | 戊子 | 丁巳 | 丙戌 | 丙辰 | 己酉 | 甲寅 | 甲 |
| | | | 20 35 | 12 28 | 01 32 | 12 00 | 20 18 | 03 12 | 09 48 | 17 19 | 02 |
| 厉王卅七共和元 | 841 | 戊戌 | 1 12 | 2 11 | 3 11 | 4 10 | 5 9 | 6 8 | 7 7 | 8 5 | 9 |
| | | | 壬子 | 壬午 | 辛亥 | 辛巳 | 庚戌 | 庚辰 | 己酉 | 戊寅 | |
| | | | 15 38 | 08 57 | 23 31 | 10 59 | 19 48 | 03 01 | 09 54 | 17 39 | 03 |
| 共和二 | 840 | 癸卯 | 12 31 | 1 30 | 3 1 | 3 30 | 4 29 | 5 28 | 6 27 | 7 26 | 8 |
| | | | 丙午 | 丙子 | 丙午 | 乙亥 | 乙巳 | 甲戌 | 甲辰 | 癸酉 | 壬 |
| | | | 14 55 | 09 44 | 03 37 | 19 07 | 07 40 | 17 47 | 02 24 | 10 37 | 19 |
| 共和三 | 839 | 己酉 | 12 20 | 1 19 | 2 18 | 3 19 | 4 18 | 5 18 | 6 16 | 7 16 | 8 |
| | | | 庚子 | 庚午 | 庚子 | 己巳 | 己亥 | 己巳 | 戊戌 | 戊辰 | 丁 |
| | | | 17 52 | 10 16 | 03 34 | 20 36 | 12 15 | 02 11 | 14 21 | 01 12 | 11 |
| 共和四 | 838 | 甲寅 | 12 10 | 1 8 | 2 7 | 3 8 | 4 7 | 5 7 | 6 5 | 7 5 | 8 |
| | | | 乙未 | 甲子 | 甲午 | 癸亥 | 癸巳 | 癸亥 | 壬辰 | 壬戌 | 辛 |
| | | | 04 03 | 16 55 | 06 50 | 21 31 | 12 40 | 04 01 | 19 07 | 09 30 | 22 |
| 共和五 | 837 | 己未 | 12 29 | 1 27 | 2 26 | 3 26 | 4 25 | 5 24 | 6 23 | 7 23 | 8 |
| | | | 己未 | 戊子 | 戊午 | 丁亥 | 丁巳 | 丙戌 | 丙辰 | 丙戌 | 乙 |
| | | | 06 04 | 17 08 | 04 23 | 16 14 | 05 21 | 19 50 | 11 22 | 03 08 | 18 |
| 共和六 | 836 | 甲子 | 12 17 | 1 16 | 2 14 | 3 16 | 4 14 | 5 13 | 6 12 | 7 12 | 8 |
| | | | 癸丑 | 癸未 | 壬子 | 壬午 | 辛亥 | 庚辰 | 庚戌 | 庚辰 | 己 |
| | | | 21 59 | 08 19 | 17 47 | 02 55 | 12 40 | 23 48 | 12 46 | 03 30 | 19 |
| 共和七 | 835 | 庚午 | 12 7 | 1 6 | 2 4 | 3 5 | 4 4 | 5 3 | 6 1 | 7 1 | 7 |
| | | | 戊申 | 戊寅 | 丁未 | 丙子 | 丙午 | 乙亥 | 甲辰 | 甲戌 | 癸 |
| | | | 11 55 | 00 01 | 10 03 | 18 36 | 02 38 | 10 55 | 20 12 | 07 09 | 20 |
| 共和八 | 834 | 乙亥 | 12 26 | 1 25 | 2 23 | 3 24 | 4 23 | 5 22 | 6 20 | 7 20 | 8 |
| | | | 壬申 | 壬寅 | 辛未 | 庚子 | 庚午 | 己亥 | 戊辰 | 戊戌 | 丁 |
| | | | 11 32 | 00 33 | 10 58 | 19 36 | 03 11 | 10 24 | 18 07 | 03 20 | 15 |
| 共和九 | 833 | 庚辰 | 12 15 | 1 14 | 2 12 | 3 13 | 4 11 | 5 11 | 6 9 | 7 8 | 8 |
| | | | 丙寅 | 丙申 | 乙丑 | 乙未 | 甲子 | 甲午 | 癸亥 | 壬辰 | 壬 |
| | | | 15 44 | 08 57 | 23 21 | 10 59 | 20 11 | 03 40 | 10 16 | 17 12 | 01 |
| 共和十 | 832 | 乙酉 | 12 3 | 1 2 | 2 1 | 3 2 | 4 1 | 4 30 | 5 30 | 6 28 | 7 |
| | | | 庚申 | 庚寅 | 庚申 | 己丑 | 己未 | 戊子 | 戊午 | 丁亥 | 丙 |
| | | | 14 55 | 10 13 | 04 26 | 20 22 | 09 18 | 19 22 | 03 17 | 10 14 | 17 |
| 共和十一 | 831 | 辛卯 | 12 22 | 1 21 | 2 19 | 3 21 | 4 20 | 5 19 | 6 18 | 7 17 | 8 |
| | | | 甲申 | 甲寅 | 癸未 | 癸丑 | 癸未 | 壬子 | 壬午 | 辛亥 | 庚 |
| | | | 09 43 | 04 12 | 22 35 | 15 14 | 05 15 | 16 32 | 01 52 | 10 20 | 18 |

| 十月 | 十一月 | 十二月 | 十三月 | 文献与铭文中年、月、日<br>干支与纪时词语 | 推排结果 |
|---|---|---|---|---|---|
| 15 | 10 15 | 11 14 | 12 13 | | |
| 癸丑 | 癸未 | 癸丑 | 壬午 | | |
| 5 36 | 07 13 | 01 17 | 20 35 | | |
| 0 3 | 11 2 | 12 1 | | 膳夫山鼎：惟卅又七年正月初吉庚戌 | 正月壬子朔，初吉庚戌朔前二日 |
| 丁丑 | 丁未 | 丙子 | | | |
| 4 31 | 04 26 | 20 44 | | | |
| 23 | 10 22 | 11 21 | | | |
| 壬申 | 辛丑 | 辛未 | | | |
| 4 22 | 14 57 | 03 20 | | | |
| 12 | 10 12 | 11 10 | | | |
| 丙寅 | 丙申 | 乙丑 | | | |
| 0 35 | 06 11 | 16 30 | | | |
| 2 | 10 1 | 10 31 | 11 29 | | |
| 辛酉 | 庚寅 | 庚申 | 己丑 | | |
| 0 33 | 21 36 | 08 16 | 19 06 | | |
| 20 | 10 19 | 11 18 | | | |
| 乙酉 | 甲寅 | 甲申 | | | |
| 8 36 | 21 59 | 10 29 | | | |
| 9 9 | 10 9 | 11 7 | | | |
| 己卯 | 己酉 | 戊寅 | | | |
| 2 34 | 05 31 | 21 34 | | | |
| 8 29 | 9 28 | 10 28 | 11 26 | | |
| 癸酉 | 癸卯 | 癸酉 | 壬寅 | | |
| 2 20 | 06 27 | 01 30 | 19 40 | | |
| 17 | 10 17 | 11 15 | | | |
| 丁酉 | 丁卯 | 丙申 | | | |
| 6 38 | 00 51 | 20 32 | | | |
| 9 5 | 10 5 | 11 3 | | | |
| 辛卯 | 辛酉 | 庚寅 | | | |
| 2 51 | 03 05 | 20 06 | | | |
| 8 26 | 9 24 | 10 24 | 11 22 | | |
| 丙戌 | 乙卯 | 乙酉 | 甲寅 | | |
| 2 09 | 12 40 | 01 24 | 16 30 | | |
| 14 | 10 13 | 11 12 | | | |
| 庚戌 | 己卯 | 乙酉 | | | |
| 3 47 | 13 48 | 01 14 | | | |

| 周王纪年 | 公元前 | 冬至 | 正月 | 二月 | 三月 | 四月 | 五月 | 六月 | 七月 | 八月 | 九 |
|---|---|---|---|---|---|---|---|---|---|---|---|
| 共和十二 | 830 | 丙申 | 12 11 | 1 10 | 2 8 | 3 10 | 4 9 | 5 8 | 6 7 | 7 6 | 8 |
| | | | 戊寅 | 戊申 | 丁丑 | 丁未 | 丁丑 | 丙午 | 丙子 | 乙巳 | 乙 |
| | | | 14 36 | 05 55 | 22 39 | 15 43 | 07 59 | 22 45 | 11 49 | 23 29 | 10 |
| 共和十三 | 829 | 辛丑 | 12 1 | 12 30 | 1 29 | 2 27 | 3 28 | 4 26 | 5 26 | 6 25 | 7 |
| | | | 癸酉 | 壬寅 | 壬申 | 辛丑 | 辛未 | 庚子 | 庚午 | 庚子 | 己 |
| | | | 02 32 | 14 36 | 03 47 | 17 51 | 08 29 | 23 35 | 14 49 | 05 47 | 19 |
| 共和十四 | 828 | 丙午 | 12 19 | 1 17 | 2 16 | 3 17 | 4 16 | 5 15 | 6 14 | 7 13 | 8 |
| | | | 丁酉 | 丙寅 | 丙申 | 乙丑 | 乙未 | 甲子 | 甲午 | 癸亥 | 癸 |
| | | | 04 59 | 15 53 | 02 45 | 13 56 | 02 06 | 15 43 | 06 46 | 22 37 | 14 |
| 宣王元 | 827 | 壬子 | 12 8 | 1 7 | 2 5 | 3 7 | 4 5 | 5 4 | 6 3 | 7 2 | 8 |
| | | | 辛卯 | 辛酉 | 庚寅 | 庚申 | 己丑 | 戊午 | 戊子 | 丁巳 | 丁 |
| | | | 20 48 | 07 40 | 17 22 | 02 19 | 11 25 | 21 33 | 09 27 | 23 15 | 14 |
| 宣王二 | 826 | 丁巳 | 11 28 | 12 27 | 1 26 | 2 24 | 3 26 | 4 24 | 5 23 | 6 22 | 7 |
| | | | 丙戌 | 乙卯 | 乙酉 | 甲寅 | 甲申 | 癸丑 | 壬午 | 壬子 | 辛 |
| | | | 09 18 | 22 36 | 09 33 | 18 34 | 02 35 | 10 27 | 19 01 | 04 58 | 16 |
| 宣王三 | 825 | 壬戌 | 12 17 | 1 15 | 2 14 | 3 14 | 4 13 | 5 12 | 6 10 | 7 10 | 8 |
| | | | 庚戌 | 己卯 | 己酉 | 戊寅 | 戊申 | 丁丑 | 丙午 | 丙子 | 乙 |
| | | | 08 09 | 22 36 | 10 09 | 19 27 | 03 20 | 10 33 | 17 49 | 02 09 | 12 |
| 宣王四 | 824 | 丁卯 | 12 5 | 1 4 | 2 2 | 3 4 | 4 2 | 5 2 | 5 31 | 6 29 | 7 |
| | | | 甲辰 | 甲戌 | 癸卯 | 癸酉 | 壬寅 | 壬申 | 辛丑 | 庚午 | 庚 |
| | | | 10 20 | 04 42 | 20 29 | 09 24 | 19 39 | 03 51 | 10 45 | 17 24 | 01 |
| 宣王五 | 823 | 癸酉 | 12 24 | 1 22 | 2 21 | 3 23 | 4 21 | 5 21 | 6 19 | 7 18 | 8 |
| | | | 戊辰 | 丁酉 | 丁卯 | 丁酉 | 丙寅 | 丙申 | 乙丑 | 甲午 | 甲 |
| | | | 04 36 | 23 24 | 16 30 | 06 53 | 18 18 | 03 10 | 10 32 | 17 39 | 01 |
| 宣王六 | 822 | 戊寅 | 12 13 | 1 11 | 2 10 | 3 12 | 4 11 | 5 10 | 6 9 | 7 8 | 8 |
| | | | 壬戌 | 辛卯 | 辛酉 | 辛卯 | 辛酉 | 庚寅 | 庚申 | 己丑 | 戊 |
| | | | 05 02 | 22 49 | 17 13 | 10 45 | 02 05 | 14 41 | 00 57 | 09 54 | 18 |
| 宣王七 | 821 | 癸未 | 12 2 | 1 1 | 1 30 | 2 29 | 3 30 | 4 28 | 5 28 | 6 26 | 7 |
| | | | 丙辰 | 丙戌 | 乙卯 | 乙酉 | 乙卯 | 甲申 | 甲寅 | 癸未 | 癸 |
| | | | 12 02 | 02 13 | 18 05 | 10 49 | 03 24 | 18 53 | 08 49 | 21 20 | 08 |
| 宣王八 | 820 | 戊子 | 12 20 | 1 19 | 2 17 | 3 19 | 4 17 | 5 17 | 6 16 | 7 15 | 8 |
| | | | 庚辰 | 庚戌 | 己卯 | 己酉 | 戊寅 | 戊申 | 戊寅 | 丁未 | 丁 |
| | | | 12 48 | 01 16 | 14 35 | 04 40 | 19 20 | 10 26 | 01 39 | 16 23 | 06 |
| 宣王九 | 819 | 癸巳 | 12 10 | 1 8 | 2 7 | 3 8 | 4 6 | 5 6 | 6 5 | 7 4 | 8 |
| | | | 乙亥 | 甲辰 | 甲戌 | 癸卯 | 壬申 | 壬寅 | 壬申 | 辛丑 | 辛 |
| | | | 04 01 | 14 47 | 01 24 | 12 07 | 23 26 | 12 02 | 02 19 | 17 54 | 10 |

| 十月 | 十一月 | 十二月 | 十三月 | 文献与铭文中年、月、日<br>干支与纪时词语 | 推排结果 |
|---|---|---|---|---|---|
| 3 | 10　3 | 11　1 | | | |
| 甲辰 | 甲戌 | 癸卯 | | | |
| 59 | 05　38 | 15　38 | | | |
| 23 | 9　21 | 10　21 | 11　19 | | |
| 己亥 | 戊辰 | 戊戌 | 丁卯 | | |
| 36 | 20　18 | 07　17 | 18　08 | | |
| 11 | 10　10 | 11　9 | | | |
| 癸亥 | 壬辰 | 壬戌 | | | |
| 29 | 19　35 | 08　44 | | | |
| 31 | 9　30 | 10　29 | | | |
| 丁巳 | 丁亥 | 丙辰 | | | |
| 42 | 01　00 | 17　52 | | | |
| 20 | 9　19 | 10　18 | 11　17 | 郘簋：惟二年正月初吉，丁亥 | 正月丙戌朔，初吉丁亥初二日 |
| 辛亥 | 辛巳 | 庚戌 | 庚辰 | | |
| 40 | 00　56 | 19　56 | 14　54 | | |
| 7 | 10　6 | 11　5 | | 颂鼎、壶、簋：惟三年五月既死霸甲戌 | 五月戊申朔，既死霸甲戌二十七日 |
| 乙亥 | 甲辰 | 甲戌 | | | |
| 22 | 19　23 | 14　36 | | | |
| 27 | 9　25 | 10　25 | 11　24 | | |
| 己巳 | 戊戌 | 戊辰 | 戊戌 | | |
| 52 | 23　38 | 15　21 | 09　25 | | |
| 15 | 10　14 | 11　13 | | 兮甲盘：惟五年三月既死霸庚寅 | 三月丁卯朔，既死霸庚寅二十四日 |
| 癸巳 | 壬戌 | 壬辰 | | | |
| 18 | 23　00 | 12　56 | | | |
| 5 | 10　4 | 11　2 | | | |
| 戊子 | 丁巳 | 丙戌 | | | |
| 21 | 12　57 | 23　42 | | | |
| 24 | 9　23 | 10　22 | 11　21 | | |
| 壬午 | 壬子 | 辛巳 | 辛亥 | | |
| 06 | 05　02 | 14　58 | 01　26 | | |
| 12 | 10　12 | 11　10 | | | |
| 丙午 | 丙子 | 乙巳 | | | |
| 36 | 06　08 | 17　11 | | | |
| 2 | 10　1 | 10　31 | 11　29 | | |
| 辛丑 | 庚午 | 庚子 | 己巳 | | |
| 48 | 16　42 | 06　34 | 19　19 | | |

| 周王纪年 | 公元前 | 冬至 | 正月 | 二月 | 三月 | 四月 | 五月 | 六月 | 七月 | 八月 | 九 |
|---|---|---|---|---|---|---|---|---|---|---|---|
| 宣王十 | 818 | 己亥 | 12 29<br>己亥<br>06 47 | 1 27<br>戊辰<br>16 55 | 2 26<br>戊戌<br>01 58 | 3 27<br>丁卯<br>10 39 | 4 25<br>丙申<br>19 55 | 5 25<br>丙寅<br>06 41 | 6 23<br>乙未<br>19 27 | 7 23<br>乙丑<br>10 16 | 8<br>乙<br>02 |
| 宣王十一 | 817 | 甲辰 | 12 18<br>癸巳<br>20 35 | 1 17<br>癸亥<br>08 38 | 2 15<br>壬辰<br>18 24 | 3 16<br>壬戌<br>02 38 | 4 14<br>辛卯<br>10 17 | 5 13<br>庚申<br>18 17 | 6 12<br>庚寅<br>03 20 | 7 11<br>己未<br>14 12 | 8<br>己<br>03 |
| 宣王十二 | 816 | 己酉 | 12 7<br>戊子<br>04 00 | 1 5<br>丁巳<br>19 56 | 2 4<br>丁亥<br>08 49 | 3 5<br>丙辰<br>19 03 | 4 4<br>丙戌<br>03 25 | 5 3<br>乙卯<br>10 48 | 6 1<br>甲申<br>17 52 | 7 1<br>甲寅<br>01 32 | 7<br>癸<br>10 |
| 宣王十三 | 815 | 甲寅 | 12 25<br>辛亥<br>23 49 | 1 24<br>辛巳<br>16 56 | 2 23<br>辛亥<br>07 13 | 3 24<br>庚辰<br>18 38 | 4 23<br>庚戌<br>03 46 | 5 22<br>己卯<br>11 11 | 6 20<br>戊申<br>17 51 | 7 20<br>戊寅<br>00 53 | 8<br>丁<br>09 |
| 宣王十四 | 814 | 庚申 | 12 14<br>乙巳<br>22 59 | 1 13<br>乙亥<br>18 02 | 2 12<br>乙巳<br>12 01 | 3 14<br>乙亥<br>03 44 | 4 12<br>甲辰<br>16 36 | 5 12<br>甲戌<br>02 39 | 6 10<br>癸卯<br>10 42 | 7 9<br>壬申<br>17 54 | 8<br>壬<br>01 |
| 宣王十五 | 813 | 乙丑 | 1 2<br>己巳<br>17 47 | 2 1<br>己亥<br>11 49 | 3 2<br>己巳<br>05 45 | 3 31<br>戊戌<br>22 12 | 4 30<br>戊辰<br>12 07 | 5 29<br>丁酉<br>23 34 | 6 28<br>丁卯<br>9 12 | 7 27<br>丙申<br>18 02 | 8<br>丙<br>02 |
| 宣王十六 | 812 | 庚午 | 1 20<br>癸巳<br>13 59 | 2 19<br>癸亥<br>06 07 | 3 20<br>壬辰<br>22 39 | 4 19<br>壬戌<br>14 35 | 5 19<br>壬辰<br>05 19 | 6 17<br>辛酉<br>18 40 | 7 17<br>辛卯<br>06 44 | 8 15<br>庚申<br>17 51 | 9<br>庚<br>04 |
| 宣王十七 | 811 | 乙亥 | 1 9<br>丁亥<br>23 09 | 2 8<br>丁巳<br>11 48 | 3 10<br>丁亥<br>01 14 | 4 8<br>丙辰<br>15 20 | 5 8<br>丙戌<br>06 07 | 6 6<br>乙卯<br>21 18 | 7 6<br>乙酉<br>12 28 | 8 5<br>乙卯<br>03 01 | 9<br>甲<br>16 |
| 宣王十八 | 810 | 辛巳 | 12 30<br>壬午<br>13 50 | 1 29<br>壬子<br>00 21 | 2 27<br>辛巳<br>10 43 | 3 28<br>庚戌<br>21 21 | 4 27<br>庚辰<br>09 00 | 5 26<br>己酉<br>22 17 | 6 25<br>己卯<br>13 16 | 7 25<br>己酉<br>05 22 | 8<br>戊<br>21 |
| 宣王十九 | 809 | 丙戌 | 1 18<br>丙午<br>16 22 | 2 17<br>丙子<br>01 43 | 3 17<br>乙巳<br>10 13 | 4 15<br>甲戌<br>18 51 | 5 15<br>甲辰<br>04 36 | 6 13<br>癸酉<br>16 13 | 7 13<br>癸卯<br>06 02 | 8 11<br>壬申<br>21 50 | 9<br>壬<br>15 |
| 宣王廿 | 808 | 辛卯 | 1 7<br>辛丑<br>07 13 | 2 5<br>庚午<br>18 00 | 3 7<br>庚子<br>02 42 | 4 5<br>己巳<br>10 22 | 5 4<br>戊戌<br>17 57 | 6 3<br>戊辰<br>02 16 | 7 2<br>丁酉<br>12 07 | 8 1<br>丁卯<br>00 08 | 8<br>丙<br>15 |
| 宣王廿一 | 807 | 丙申 | 12 27<br>乙未<br>16 29 | 1 26<br>乙丑<br>06 53 | 2 24<br>甲午<br>18 14 | 3 26<br>甲子<br>03 18 | 4 24<br>癸巳<br>11 00 | 5 23<br>壬戌<br>18 04 | 6 22<br>壬辰<br>01 19 | 7 21<br>辛酉<br>09 38 | 8<br>庚<br>20 |

| 十月 | 十一月 | 十二月 | 十三月 | 文献与铭文中年、月、日干支与纪时词语 | 推排结果 |
|---|---|---|---|---|---|
| 20 | 10 20 | 11 19 | | | |
| 甲子 | 甲午 | 甲子 | | | |
| 08 | 13 36 | 06 04 | | | |
| 8 | 10 8 | 11 7 | | | |
| 戊午 | 戊子 | 戊午 | | | |
| 45 | 14 13 | 09 36 | | | |
| 28 | 9 27 | 10 27 | 11 26 | 虢季子白盘：惟十又二年正月初吉丁亥 | 正月戊子朔,初吉丁亥朔前一日 |
| 壬子 | 壬午 | 壬子 | 壬午 | | |
| 56 | 14 26 | 08 48 | 04 36 | | |
| 16 | 10 16 | 11 15 | | | |
| 丙子 | 丙午 | 丙子 | | | |
| 57 | 11 16 | 04 17 | | | |
| 6 | 10 5 | 11 4 | 12 4 | | |
| 辛未 | 庚子 | 庚午 | 庚子 | | |
| 24 | 21 08 | 09 57 | 00 54 | | |
| 24 | 10 23 | 11 22 | 12 21 | | |
| 乙未 | 甲子 | 甲午 | 癸亥 | | |
| 17 | 22 32 | 10 00 | 23 08 | | |
| 13 | 11 12 | 12 11 | | 克镈、钟：惟十又六年九月初吉庚寅 | 九月庚寅朔,初吉庚寅初一日 |
| 己未 | 己丑 | 戊午 | | | |
| 21 | 00 33 | 11 24 | | | |
| 3 | 11 1 | 12 1 | | 此鼎、簋：惟十又七年十又二月既生霸乙卯 | 十二月癸丑朔,既生霸乙卯初三日 |
| 甲寅 | 癸未 | 癸丑 | | | |
| 42 | 16 06 | 03 05 | | | |
| 22 | 10 22 | 11 20 | 12 20 | 克盨：惟十又八年十又二月初吉庚（甲）寅；虞虎鼎：惟十又八年十又三月既生霸丙戌 | 十二月丁未朔,初吉甲寅初八日;十三月丁丑朔,既生霸丙戌初十日 |
| 戊申 | 戊寅 | 丁未 | 丁丑 | | |
| 19 | 03 59 | 17 28 | 05 39 | | |
| 10 | 11 9 | 12 8 | | 趞鼎：惟十又九年四月既望辛卯 | 四月甲戌朔,既望辛卯十八日 |
| 壬申 | 壬寅 | 辛未 | | | |
| 52 | 02 12 | 17 55 | | | |
| 29 | 10 29 | 11 27 | | | |
| 丙寅 | 丙申 | 乙丑 | | | |
| 34 | 03 53 | 23 08 | | | |
| 18 | 10 18 | 11 16 | | | |
| 庚申 | 庚寅 | 己未 | | | |
| 09 | 03 18 | 22 40 | | | |

| 周王纪年 | 公元前 | 冬至 | 正月 | 二月 | 三月 | 四月 | 五月 | 六月 | 七月 | 八月 | 九 |
|---|---|---|---|---|---|---|---|---|---|---|---|
| 宣王廿二 | 806 | 壬寅 | 12 16 | 1 15 | 2 14 | 3 15 | 4 14 | 5 13 | 6 11 | 7 11 | 8 |
| | | | 己丑 | 己未 | 己丑 | 戊午 | 戊子 | 丁巳 | 丙戌 | 丙辰 | 乙 |
| | | | 18 24 | 12 41 | 04 19 | 17 03 | 03 12 | 11 21 | 18 18 | 01 04 | 08 |
| 宣王廿三 | 805 | 丁未 | 12 5 | 1 4 | 2 3 | 3 3 | 4 2 | 5 2 | 5 31 | 6 29 | 7 |
| | | | 癸未 | 癸丑 | 癸未 | 壬子 | 壬午 | 壬子 | 辛巳 | 庚戌 | 庚 |
| | | | 17 34 | 12 30 | 07 00 | 23 52 | 14 09 | 01 33 | 10 33 | 18 07 | 01 |
| 宣王廿四 | 804 | 壬子 | 12 23 | 1 22 | 2 21 | 3 22 | 4 21 | 5 20 | 6 19 | 7 18 | 8 |
| | | | 丁未 | 丁丑 | 丁未 | 丙子 | 丙午 | 乙亥 | 乙巳 | 甲戌 | 甲 |
| | | | 13 16 | 06 36 | 00 33 | 17 44 | 08 54 | 21 36 | 08 08 | 17 26 | 02 |
| 宣王廿五 | 803 | 丁巳 | 12 12 | 1 11 | 2 10 | 3 11 | 4 10 | 5 10 | 6 8 | 7 8 | 8 |
| | | | 辛丑 | 辛未 | 辛丑 | 庚午 | 庚子 | 庚午 | 己亥 | 己巳 | 戊 |
| | | | 20 42 | 10 29 | 01 48 | 17 58 | 10 04 | 01 24 | 15 28 | 04 22 | 16 |
| 宣王廿六 | 802 | 癸亥 | 12 2 | 12 31 | 1 30 | 2 28 | 3 30 | 4 29 | 5 28 | 6 27 | 7 |
| | | | 丙申 | 乙丑 | 乙未 | 甲子 | 甲午 | 甲子 | 癸巳 | 癸亥 | 壬 |
| | | | 10 20 | 21 30 | 09 30 | 22 16 | 11 44 | 01 56 | 16 50 | 08 12 | 23 |
| 宣王廿七 | 801 | 戊辰 | 12 21 | 1 19 | 2 18 | 3 18 | 4 17 | 5 16 | 6 15 | 7 15 | 8 |
| | | | 庚申 | 己丑 | 己未 | 戊子 | 戊午 | 丁亥 | 丁巳 | 丁亥 | 丙 |
| | | | 12 54 | 23 25 | 09 37 | 19 46 | 06 33 | 18 44 | 08 49 | 00 33 | 17 |
| 宣王廿八 | 800 | 癸酉 | 12 10 | 1 8 | 2 7 | 3 8 | 4 6 | 5 6 | 6 4 | 7 4 | 8 |
| | | | 乙卯 | 甲申 | 甲寅 | 癸未 | 壬子 | 壬午 | 辛亥 | 辛巳 | 庚 |
| | | | 04 07 | 15 33 | 01 24 | 10 01 | 18 15 | 03 07 | 13 36 | 02 16 | 17 |
| 宣王廿九 | 799 | 戊寅 | 11 29 | 12 29 | 1 27 | 2 26 | 3 27 | 4 25 | 5 25 | 6 23 | 7 |
| | | | 己酉 | 己卯 | 戊申 | 戊寅 | 丁未 | 丙子 | 丙午 | 乙亥 | |
| | | | 14 32 | 05 12 | 17 09 | 02 39 | 10 33 | 17 54 | 01 39 | 10 36 | 21 |
| 宣王卅 | 798 | 甲申 | 12 18 | 1 17 | 2 15 | 3 17 | 4 15 | 5 14 | 6 13 | 7 12 | 8 |
| | | | 癸酉 | 癸卯 | 壬申 | 壬寅 | 辛未 | 庚子 | 庚午 | 己亥 | 戊 |
| | | | 12 15 | 04 13 | 16 58 | 02 58 | 11 08 | 18 21 | 01 23 | 09 02 | 18 |
| 宣王卅一 | 797 | 己丑 | 12 7 | 1 6 | 2 5 | 3 5 | 4 4 | 5 3 | 6 1 | 7 1 | 7 |
| | | | 丁卯 | 丁酉 | 丁卯 | 丙申 | 丙寅 | 乙未 | 甲子 | 甲午 | 癸 |
| | | | 12 38 | 07 49 | 00 46 | 14 52 | 02 11 | 11 13 | 18 41 | 01 27 | 08 |
| 宣王卅二 | 796 | 甲午 | 12 25 | 1 24 | 2 22 | 3 24 | 4 22 | 5 22 | 6 20 | 7 20 | 8 |
| | | | 辛卯 | 辛酉 | 庚寅 | 庚申 | 己丑 | 己未 | 戊子 | 戊午 | 丁 |
| | | | 07 00 | 01 43 | 19 24 | 10 56 | 23 45 | 09 54 | 18 08 | 01 37 | 09 |
| 宣王卅三 | 795 | 己亥 | 12 14 | 1 13 | 2 11 | 3 13 | 4 12 | 5 11 | 6 10 | 7 9 | 8 |
| | | | 乙酉 | 乙卯 | 甲申 | 甲寅 | 甲申 | 癸丑 | 癸未 | 壬子 | 壬 |
| | | | 09 18 | 01 45 | 19 17 | 12 47 | 04 58 | 18 56 | 06 33 | 16 33 | 01 |

| 十月 | 十一月 | 十二月 | 十三月 | 文献与铭文中年、月、日<br>干支与纪时词语 | 推排结果 |
|---|---|---|---|---|---|
| 7 | 10 7 | 11 5 | | | |
| 甲寅 | 甲申 | 癸丑 | | | |
| 56 | 07 52 | 23 38 | | | |
| 27 | 9 25 | 10 25 | 11 23 | | |
| 己酉 | 戊寅 | 戊申 | 丁丑 | | |
| 50 | 19 45 | 07 36 | 21 25 | | |
| 15 | 10 14 | 11 13 | | | |
| 癸酉 | 壬寅 | 壬申 | | | |
| 45 | 21 40 | 08 31 | | | |
| 5 | 10 4 | 11 2 | | | |
| 戊辰 | 丁酉 | 丙寅 | | | |
| 11 | 13 37 | 23 51 | | | |
| 25 | 9 24 | 10 23 | 11 22 | | |
| 壬戌 | 壬辰 | 辛酉 | 辛卯 | | |
| 39 | 02 47 | 14 47 | 02 05 | | |
| 12 | 10 12 | 11 10 | | 伊簋：惟王廿又七年正月既望丁亥〔丑〕 | 正月庚申朔，既望丁丑十八日 |
| 丙戌 | 丙辰 | 乙酉 | | | |
| 24 | 00 53 | 15 11 | | | |
| 1 | 10 1 | 10 30 | | 寰盘、鼎：惟廿又八年五月既望庚寅（午） | 五月壬子朔，既望庚午十九日 |
| 庚辰 | 庚戌 | 己卯 | | | |
| 57 | 03 48 | 21 46 | | | |
| 21 | 9 20 | 10 19 | 11 18 | | |
| 甲戌 | 甲辰 | 癸酉 | 癸卯 | | |
| 55 | 03 17 | 22 03 | 17 41 | | |
| 9 | 10 8 | 11 7 | | | |
| 戊戌 | 丁卯 | 丁酉 | | | |
| 43 | 22 22 | 16 50 | | | |
| 28 | 9 27 | 10 26 | 11 25 | | |
| 壬辰 | 壬戌 | 辛卯 | 辛酉 | | |
| 38 | 05 11 | 19 35 | 12 31 | | |
| 16 | 10 16 | 11 14 | | | |
| 丙辰 | 丙戌 | 乙卯 | | | |
| 46 | 05 44 | 18 33 | | | |
| 6 | 10 5 | 11 4 | | | |
| 辛亥 | 庚辰 | 庚戌 | | | |
| 11 | 20 55 | 07 22 | | | |

| 周王纪年 | 公元前 | 冬至 | 正月 | 二月 | 三月 | 四月 | 五月 | 六月 | 七月 | 八月 | 九月 |
|---|---|---|---|---|---|---|---|---|---|---|---|
| 宣王卅四 | 794 | 乙巳 | 12 3<br>己卯<br>18 48 | 1 2<br>己酉<br>07 36 | 1 31<br>戊寅<br>21 56 | 3 2<br>戊申<br>13 26 | 4 1<br>戊寅<br>05 28 | 4 30<br>丁未<br>21 08 | 5 30<br>丁丑<br>11 51 | 6 29<br>丁未<br>01 29 | 7<br>丙<br>14 |
| 宣王卅五 | 793 | 庚戌 | 12 22<br>癸卯<br>20 15 | 1 21<br>癸酉<br>07 39 | 2 19<br>壬寅<br>19 45 | 3 20<br>壬申<br>08 34 | 4 18<br>辛丑<br>22 09 | 5 18<br>辛未<br>12 33 | 6 17<br>辛丑<br>03 46 | 7 16<br>庚午<br>19 13 | 8<br>庚<br>10 |
| 宣王卅六 | 792 | 乙卯 | 12 11<br>戊戌<br>12 00 | 1 9<br>丁卯<br>22 35 | 2 8<br>丁酉<br>08 42 | 3 9<br>丙寅<br>18 36 | 4 8<br>丙申<br>04 42 | 5 7<br>乙丑<br>15 51 | 6 6<br>乙未<br>04 52 | 7 5<br>甲子<br>19 49 | 8<br>甲<br>12 |
| 宣王卅七 | 791 | 庚申 | 12 1<br>癸巳<br>02 12 | 12 30<br>壬戌<br>14 25 | 1 29<br>壬辰<br>00 56 | 2 27<br>辛酉<br>09 56 | 3 28<br>庚寅<br>18 02 | 4 27<br>庚申<br>02 13 | 5 26<br>己丑<br>11 39 | 6 24<br>戊午<br>23 05 | 7<br>戊<br>12 |
| 宣王卅八 | 790 | 丙寅 | 12 20<br>丁巳<br>02 28 | 1 18<br>丙戌<br>15 44 | 2 17<br>丙辰<br>02 18 | 3 18<br>乙酉<br>10 43 | 4 16<br>甲寅<br>18 04 | 5 16<br>甲申<br>01 23 | 6 14<br>癸丑<br>09 33 | 7 13<br>壬午<br>19 20 | 8<br>壬<br>07 |
| 宣王卅九 | 789 | 辛未 | 12 9<br>辛亥<br>07 19 | 1 8<br>辛巳<br>00 41 | 2 6<br>庚戌<br>15 00 | 3 7<br>庚辰<br>02 12 | 4 5<br>己酉<br>11 03 | 5 4<br>戊寅<br>18 36 | 6 3<br>戊申<br>01 35 | 7 2<br>丁丑<br>08 51 | 7<br>丙<br>17 |
| 宣王卌 | 788 | 丙子 | 12 27<br>乙亥<br>02 24 | 1 25<br>甲辰<br>20 31 | 2 24<br>甲戌<br>12 01 | 3 26<br>甲辰<br>00 36 | 4 24<br>癸酉<br>10 39 | 5 23<br>壬寅<br>18 48 | 6 22<br>壬申<br>01 52 | 7 21<br>辛丑<br>08 51 | 8<br>庚<br>16 |
| 宣王卌一 | 787 | 辛巳 | 12 16<br>己巳<br>01 42 | 1 14<br>戊戌<br>20 19 | 2 13<br>戊辰<br>14 31 | 3 15<br>戊戌<br>07 04 | 4 13<br>丁卯<br>21 14 | 5 13<br>丁酉<br>08 41 | 6 11<br>丙寅<br>17 51 | 7 11<br>丙申<br>01 43 | 8<br>乙<br>09 |
| 宣王卌二 | 786 | 丁亥 | 12 5<br>癸亥<br>06 00 | 1 3<br>壬辰<br>21 25 | 2 2<br>壬戌<br>14 16 | 3 4<br>壬辰<br>07 42 | 4 3<br>壬戌<br>00 31 | 5 2<br>辛卯<br>15 36 | 6 1<br>辛酉<br>04 26 | 6 30<br>庚寅<br>15 20 | 7<br>庚<br>01 |
| 宣王卌三 | 785 | 壬辰 | 11 24<br>丁巳<br>17 22 | 12 24<br>丁亥<br>05 21 | 1 22<br>丙辰<br>18 41 | 2 21<br>丙戌<br>09 21 | 3 22<br>丙辰<br>00 57 | 4 20<br>乙酉<br>16 40 | 5 20<br>乙卯<br>07 52 | 6 18<br>甲申<br>22 10 | 7<br>甲<br>11 |
| 宣王卌四 | 784 | 丁酉 | 12 12<br>辛巳<br>19 14 | 1 11<br>辛亥<br>06 10 | 2 9<br>庚辰<br>17 38 | 3 11<br>庚戌<br>05 49 | 4 9<br>己卯<br>18 41 | 5 9<br>己酉<br>08 29 | 6 7<br>戊寅<br>23 18 | 7 7<br>戊申<br>14 48 | 8<br>戊<br>06 |
| 宣王卌五 | 783 | 壬寅 | 12 2<br>丙子<br>10 59 | 12 31<br>乙巳<br>21 46 | 1 30<br>乙亥<br>07 56 | 2 28<br>甲辰<br>17 41 | 3 30<br>甲戌<br>03 18 | 4 28<br>癸卯<br>13 36 | 5 28<br>癸酉<br>01 27 | 6 26<br>壬寅<br>15 24 | 7<br>07 |

| 月 | 十一月 | 十二月 | 十三月 | 文献与铭文中年、月、日干支与纪时词语 | 推排结果 |
|---|---|---|---|---|---|
| 27 | 9　25 | 10　24 | 11　23 | | |
| 午 | 乙亥 | 甲辰 | 甲戌 | | |
| 42 | 12　40 | 23　08 | 09　31 | | |
| 14 | 10　13 | 11　12 | | | |
| 午 | 己亥 | 己巳 | | | |
| 21 | 13　10 | 00　56 | | | |
| 3 | 10　2 | 11　1 | | | |
| 子 | 癸巳 | 癸亥 | | | |
| 00 | 21　17 | 12　27 | | | |
| 23 | 9　21 | 10　21 | 11　20 | | |
| 午 | 丁亥 | 丁巳 | 丁亥 | | |
| 58 | 22　36 | 16　53 | 10　33 | | |
| 10 | 10　10 | 11　9 | | | |
| 巳 | 辛亥 | 辛巳 | | | |
| 30 | 16　20 | 11　52 | | | |
| 30 | 9　28 | 10　28 | 11　27 | | |
| 子 | 乙巳 | 乙亥 | 乙巳 | | |
| 06 | 18　07 | 11　21 | 06　44 | | |
| 18 | 10　17 | 11　16 | | | |
| 子 | 己巳 | 己亥 | | | |
| 11 | 16　13 | 07　59 | | | |
| 7 | 10　7 | 11　5 | | | |
| 午 | 甲子 | 癸巳 | | | |
| 08 | 04　19 | 16　14 | | | |
| 28 | 9　26 | 10　26 | | 四十二年逨鼎：惟卌又二年五月既生霸乙卯〔丑〕 | 五月壬戌朔，既生霸乙丑初四日 |
| 丑 | 戊午 | 戊子 | | | |
| 33 | 20　15 | 06　27 | | | |
| 16 | 9　15 | 10　14 | 11　13 | 四十三年逨鼎：惟卌又三年六月既生霸丁亥 | 六月乙酉朔，既生霸丁亥初三日 |
| 未 | 癸丑 | 壬午 | 壬子 | | |
| 49 | 11　22 | 22　17 | 08　47 | | |
| 4 | 10　4 | 11　2 | | | |
| 未 | 丁丑 | 丙午 | | | |
| 18 | 11　02 | 23　31 | | | |
| 25 | 9　23 | 10　23 | 11　21 | | |
| 寅 | 辛未 | 辛丑 | 庚午 | | |
| 12 | 17　06 | 09　10 | 23　49 | | |

| 周王纪年 | 公元前 | 冬至 | 正月 | 二月 | 三月 | 四月 | 五月 | 六月 | 七月 | 八月 | 九 |
|---|---|---|---|---|---|---|---|---|---|---|---|
| 宣王卅六 | 782 | 丁未 | 12 21<br>庚子<br>12 53 | 1 20<br>庚午<br>00 11 | 2 18<br>己亥<br>09 44 | 3 19<br>戊辰<br>17 58 | 4 18<br>戊戌<br>01 48 | 5 17<br>丁卯<br>10 20 | 6 15<br>丙申<br>20 34 | 7 15<br>丙寅<br>09 11 | 8<br>丙<br>00 |
| 幽王元 | 781 | 癸丑 | 12 10<br>甲午<br>23 02 | 1 9<br>甲子<br>13 42 | 2 8<br>甲午<br>01 30 | 3 8<br>癸亥<br>10 45 | 4 6<br>壬辰<br>18 21 | 5 6<br>壬戌<br>01 27 | 6 4<br>辛卯<br>09 01 | 7 3<br>庚申<br>17 54 | 8<br>庚<br>04 |
| 幽王二 | 780 | 戊午 | 12 28<br>戊午<br>20 26 | 1 27<br>戊子<br>12 20 | 2 26<br>戊午<br>00 54 | 3 27<br>丁亥<br>10 45 | 4 25<br>丙辰<br>18 44 | 5 25<br>丙戌<br>01 52 | 6 23<br>乙卯<br>08 55 | 7 22<br>甲申<br>16 40 | 甲<br>02 |
| 幽王三 | 779 | 癸亥 | 1 16<br>壬午<br>15 40 | 2 15<br>壬子<br>08 26 | 3 16<br>辛巳<br>22 23 | 4 15<br>辛亥<br>09 37 | 5 14<br>庚辰<br>18 38 | 6 13<br>庚戌<br>02 12 | 7 12<br>己卯<br>09 10 | 8 10<br>戊申<br>16 39 | 9<br>01 |
| 幽王四 | 778 | 戊辰 | 1 5<br>丙子<br>14 57 | 2 4<br>丙午<br>09 18 | 3 6<br>丙子<br>02 38 | 4 4<br>乙巳<br>18 00 | 5 4<br>乙亥<br>06 47 | 6 2<br>甲辰<br>17 06 | 7 2<br>甲戌<br>01 36 | 7 31<br>癸卯<br>09 27 | 壬<br>17 |
| 幽王五 | 777 | 甲戌 | 12 25<br>庚午<br>17 39 | 1 24<br>庚子<br>09 38 | 2 23<br>庚午<br>02 36 | 3 23<br>己亥<br>19 42 | 4 22<br>己巳<br>11 38 | 5 22<br>己亥<br>01 39 | 6 20<br>戊辰<br>13 33 | 7 20<br>戊戌<br>00 00 | 8<br>丁<br>09 |
| 幽王六 | 776 | 己卯 | 1 12<br>甲午<br>16 01 | 2 11<br>甲子<br>05 45 | 3 12<br>癸巳<br>20 41 | 4 11<br>癸亥<br>12 10 | 5 11<br>癸巳<br>03 37 | 6 9<br>壬戌<br>18 24 | 7 9<br>壬辰<br>08 22 | 8 7<br>辛酉<br>21 27 | 9<br>辛<br>09 |
| 幽王七 | 775 | 甲申 | 1 2<br>己丑<br>05 02 | 1 31<br>戊午<br>16 00 | 3 2<br>戊子<br>03 33 | 3 31<br>丁巳<br>15 46 | 4 30<br>丁亥<br>04 50 | 5 29<br>丙辰<br>19 00 | 6 28<br>丙戌<br>10 14 | 7 28<br>丙辰<br>02 06 | 乙<br>17 |
| 幽王八 | 774 | 己丑 | 12 22<br>癸未<br>20 54 | 1 21<br>癸丑<br>07 14 | 2 19<br>壬午<br>16 59 | 3 21<br>壬子<br>02 21 | 4 19<br>辛巳<br>11 57 | 5 18<br>庚戌<br>22 42 | 6 17<br>庚辰<br>11 29 | 7 17<br>庚戌<br>02 31 | 辛<br>19 |
| 幽王九 | 773 | 乙未 | 12 12<br>戊寅<br>10 56 | 1 10<br>丁未<br>23 06 | 2 9<br>丁丑<br>09 23 | 3 9<br>丙午<br>18 01 | 4 8<br>丙子<br>01 43 | 5 7<br>乙巳<br>09 34 | 6 5<br>甲戌<br>18 44 | 7 5<br>甲辰<br>06 04 | 8<br>癸<br>19 |
| 幽王十 | 772 | 庚子 | 11 30<br>壬申<br>18 56 | 12 30<br>壬寅<br>10 55 | 1 29<br>壬申<br>00 07 | 2 27<br>辛丑<br>10 26 | 3 28<br>庚午<br>18 37 | 4 27<br>庚子<br>01 42 | 5 26<br>己巳<br>08 49 | 6 24<br>戊戌<br>16 56 | 7<br>戊<br>02 |
| 幽王十一 | 771 | 乙巳 | 12 19<br>丙申<br>15 25 | 1 18<br>丙寅<br>08 49 | 2 16<br>乙未<br>22 58 | 3 18<br>乙丑<br>09 59 | 4 16<br>甲午<br>18 41 | 5 16<br>甲子<br>02 08 | 6 14<br>癸巳<br>09 08 | 7 13<br>壬戌<br>16 27 | 8<br>01 |

| 一月 | 十一月 | 十二月 | 十三月 | 文献与铭文中年、月、日<br>干支与纪时词语 | 推排结果 |
|---|---|---|---|---|---|
| 12 | 10 12 | 11 11 | | | |
| 乙丑 | 乙未 | 乙丑 | | | |
| 21 | 11 41 | 06 00 | | | |
| 31 | 9 30 | 10 30 | 11 29 | 《诗·小雅》：十〔七〕月之交，朔日辛卯，日有食之 | 七月辛卯朔，日食 |
| 未 | 己丑 | 己未 | 己丑 | | |
| 23 | 11 00 | 06 00 | 01 49 | | |
| 19 | 10 19 | 11 18 | 12 17 | | |
| 未 | 癸丑 | 癸未 | 壬子 | | |
| 41 | 06 25 | 00 57 | 20 39 | | |
| 8 | 11 7 | 12 6 | | 柞钟：惟王三年四月初吉甲寅 | 四月辛亥朔，初吉甲寅初四日 |
| 未 | 丁丑 | 丙午 | | | |
| 32 | 04 00 | 20 47 | | | |
| 28 | 10 27 | 11 26 | | | |
| 寅 | 辛未 | 辛丑 | | | |
| 15 | 14 25 | 03 12 | | | |
| 16 | 10 16 | 11 14 | 12 14 | | |
| 申 | 丙寅 | 乙未 | 乙丑 | | |
| 33 | 05 39 | 16 14 | 03 34 | | |
| 5 | 11 4 | 12 3 | | 史伯硕父鼎：惟六年八月初吉己巳 | 八月辛酉朔，初吉己巳初九日 |
| 申 | 庚寅 | 己未 | | | |
| 11 | 07 59 | 18 28 | | | |
| 25 | 10 24 | 11 23 | | | |
| 卯 | 甲申 | 甲寅 | | | |
| 24 | 21 43 | 09 47 | | | |
| 14 | 10 14 | 11 12 | | | |
| 酉 | 己卯 | 戊申 | | | |
| 30 | 05 19 | 20 57 | | | |
| 2 | 10 2 | 11 1 | | | |
| 卯 | 癸酉 | 癸卯 | | | |
| 14 | 06 14 | 00 56 | | | |
| 22 | 9 21 | 10 21 | 11 19 | | |
| 酉 | 丁卯 | 丁酉 | 丙寅 | | |
| 58 | 06 10 | 00 12 | 19 56 | | |
| 10 | 10 10 | 11 8 | | | |
| 酉 | 辛卯 | 庚申 | | | |
| 02 | 02 12 | 19 30 | | | |

# 三、武王克商年研究

## （一）武王克商年研究的思路

### 1. 研究的背景和现状

　　武王克商之年是商、周的分界。确定这一年代，既是推定西周列王年代的起点，又是上溯商代纪年的前提，因而历来被视为夏商周年代学的关键。

　　最早探索武王克商之年的，是西汉末年的刘歆。其后，特别是现代，中外许多学者致力于武王克商年的研究，取得了一系列重要进展，然而结论不一。"夏商周断代工程"把搜集前人既有的研究成果，分析各家之说的得失利弊，寻找症结所在，作为解决克商年代的基础性工作。为此，在"夏商周断代工程"启动伊始，就编辑出版了《武王克商之年研究》一书，汇集了武王克商年代 44 种结论的代表性论文，提供参考（表 3-1）。

**表 3-1　武王克商年的各家学说**[①]

| 序号 | B.C. | 提出者 | 论著题目 | 刊物及版本 |
|---|---|---|---|---|
| 1 | 1130 | 林春溥 | 《古史考年异同表》（据《毛诗正义》推算） | 《竹柏山房丛书》 |
| 2 | 1127 | 谢元震 | 《西周年代论》 | 《文史（第二十八辑）》《文史（第二十九辑）》，1987、1988 |
| 3 | 1123 | | *胡厚宣《古代研究的史料问题》引 | 商务印书馆，1950 |
| 4 | 1122 | 刘歆 | 《世经》 | 《汉书·律历志》 |
| | | 邵雍 | 《皇极经世》 | |
| | | 刘恕 | 《通鉴外纪》 | |
| | | 郑樵 | 《通志》 | |
| | | 金履祥 | 《通鉴前编》 | |
| | | 马端临 | 《文献通考》 | |
| | | 吴其昌 | 《金文历朔疏证》 | 《燕京学报》6 期，1929 |
| | | | 《殷周之际年历推证》 | 《国学论丛》2 卷 1 期，1929 |
| | | 岛邦男 | 《克殷年月考》 | 《东洋学》14 号，1965 |

---

① 本表引自北京师范大学国学研究所：《武王克商之年研究》，北京师范大学出版社，1997 年，略有改订。表中所列文献大多已辑入该书。

续表

| 序号 | B.C. | 提出者 | 论著题目 | 刊物及版本 |
|---|---|---|---|---|
| 4 | 1122 | 岛邦男 | *《伐殷考》 | 《文经论丛》创刊号，1965.11 |
|  |  |  | 《帝辛三十三年殷亡说》 | 《甲骨学》第 11 期，1976 |
| 5 | 1118 | 成家彻郎 | 《武王克商的年代》 | 《西周史论文集》上，陕西人民教育出版社，1993 |
| 6 | 1117 |  | *同（3） |  |
| 7 | 1116 | 皇甫谧 | 《帝王世纪》 | 《帝王世纪辑存》，中华书局，1964 |
| 8 | 1112 | 刘朝阳 | 《周初历法考》 | 《华西协合大学中国文化研究所专刊》乙种第 2 册，1944 |
|  |  |  | 《中国古代天文历法史研究的矛盾形势和今后出路》 | 《天文学报》1 卷 1 期，1953 |
| 9 | 1111 | 一行 | 《大衍历议》 | 《新唐书·律历志》 |
|  |  | 董作宾 | 《中国年历总谱之西周年历谱》 | 《历史语言研究所集刊》23 本下册，1952 |
|  |  |  | 《武王伐纣年月日今考》 | 《文史哲学报》3 期，1951 |
|  |  | 严一萍 | 《何尊与周初的年代》 | 《董作宾先生逝世十四周年纪念刊》，艺文印书馆，1978 |
|  |  |  | 《从利簋铭看伐纣年》 | 《中国文字》新 8 期，1983 |
|  |  | 郑天杰 | 《周初历法与周初年代》 | 《史学汇刊》11 期，1981 |
| 10 | 1106 | 张汝舟 | 《西周考年》 | 《二毋室古代天文历法论丛》，浙江古籍出版社，1987 |
|  |  | 张闻玉 | 《西周王年论稿》 | 贵州人民出版社，1996 |
| 11 | 1105 | 马承源 | 《西周金文和周历的研究》 | 《上海博物馆集刊：建馆三十周年特辑（1982）》，1983 |
| 12 | 1102 | 黎东方 | 《西周青铜器铭文中之年代学资料》 | 台北学生书局，1975 |
| 13 | 1093 | 葛真 | 《用日食、月相来研究西周的年代学》 | 《贵州工学院学报》1980 年 2 期 |
| 14 | 1088 | 水野清一 | *《武王克商的年代问题》 | 据 巴 纳（Noel Barnard），Metallurgical Remains of Ancient China，1975 |
| 15 | 1087 | 白川静 | 《金文通释》卷五 | 白鹤美术馆，1975 |
| 16 | 1078 |  | *同（3） |  |
| 17 | 1076 | 丁骕 | 《西周王年与殷世新说》 | 《中国文字》新 4 期，1981 |
|  |  |  | 《西周王年新说更正》 | 《中国文字》新 5 期，1981 |
|  |  |  | 《伐周之记载检讨》 | 《中国文字》新 13 期，1990 |
| 18 | 1075 | 唐兰 | 《中国古代历史上的年代问题》 | 《新建设》1955 年 3 期 |
|  |  | 刘启益 | 《西周纪年铜器与武王至厉王在位年数》 | 《文史（第十三辑）》，1982 |
| 19 | 1071 | 李仲操 | 《对武王克商年份的更正——兼论夏商周年代》 | 《中原文物》1997 年 1 期 |

续表

| 序号 | B.C. | 提出者 | 论著题目 | 刊物及版本 |
|---|---|---|---|---|
| 20 | 1070 | | 殷历家据《易纬·乾凿度》推算 | |
| | | 邹伯奇 | 《太岁无超辰说》 | 《学计一得》，1873 |
| | | 李仲操 | 《西周年代》 | 文物出版社，1991 |
| | | 张政烺 | 《武王克殷之年》 | 《洛阳考古四十年》，科学出版社，1996 |
| | | 刘启益 | 《文王受命至成王五年年表》 | 《传统文化与现代化》1996 年 5 期，又见《西周纪年》，广东教育出版社，2002 |
| 21 | 1067 | 姚文田 | 《周初年月日岁星考》（按殷正） | 《邃雅堂学古录》，1827 |
| 22 | 1066 | 姚文田 | 《周初年月日岁星考》（按周正） | 《邃雅堂学古录》，1827 |
| | | 新城新藏 | 《周初之年代》 | 《中国天文学史研究》 |
| 23 | 1065 | 姚文田 | 《周初年月日岁星考》（按董作宾推算） | 《邃雅堂学古录》，1827 |
| | | 哈特纳 | 《殷商的某些消息》 | 《第 14 届科技史国际会议论文集》，1974 |
| | | 白光琦 | 《西周的年代与历法》 | 《西周史论文集》上，陕西人民教育出版社，1993 |
| 24 | 1063 | 山田统 | 《周初的绝对年代》 | 《大陆杂志》15 卷 5、6 期，1957 |
| 25 | 1059 | 彭瓞钧 | 《古代和现代中国的行星天文学》 | 《美国天文学通报》15，1983 |
| | | | 《通过 17 次交食确定夏商周绝对年代》 | 《武王克商之年研究》，北京师范大学出版社，1997 |
| 26 | 1057 | 朱右曾 | 张汝舟据《逸周书集训校释》推算 | |
| | | 张钰哲 | 《哈雷彗星的轨道演变的趋势和它的古代史》 | 《天文学报》19 卷 1 期，1978 |
| | | 赵光贤 | 《从天象推算武王伐纣之年》 | 《历史研究》1979 年 10 期 |
| | | 张培瑜 | 《殷周天象和征商年代》 | 《人文杂志》1985 年 5 期 |
| 27 | 1055 | 章鸿钊 | 《中国古历析疑》 | 科学出版社，1958 |
| | | 荣孟源 | 《试谈西周纪年》 | 《中华文史论丛》1980 年 1 期 |
| 28 | 1051 | 高木森 | 《略论西周武王的年代问题与重要青铜彝器》 | 《华学月刊》107 期，1980 年 11 月 |
| | | 姜文奎 | 《西周年代考》 | 《大陆杂志》82 卷 4 期，1991 |
| 29 | 1050 | | 今本《竹书纪年》 | |
| | | 李兆洛 | 《初建元以前历代甲子》 | 《李氏五种合刻》卷三，扫叶山房刻本，1888 |
| | | 叶慈（W.P.Yetts） | 《三代年表》（Chronological Tables of the Three Dynasties），"West" and "East" and the Chou Dynasty | The Rulers of China，1957 |
| 30 | 1049 | 王保德 | 《书经〈武成〉篇之生霸死霸及武王伐纣的年代月日考》 | 《东方杂志》复刊 17 卷 7 期，1984 |
| 31 | 1047 | 林春溥 | 《古史考年异同表》（按《史记》推算） | 《竹柏山房丛书》 |

续表

| 序号 | B.C. | 提出者 | 论著题目 | 刊物及版本 |
|---|---|---|---|---|
| 32 | 1046 | 班大为（David W. Pankenier） | 《商西周的天文年代》（Astronomical Dates in Shang and Western Chou） | 《古代中国》（Early China）7, 1981—1982 |
| | | | 《天命的宇宙——政治背景》（The Cosmo-political Background of Heaven's Mandate） | 《古代中国》（Early China）20, 1995 |
| | | 高明 | 《中国古文字学通论》 | 文物出版社, 1987 |
| 33 | 1045 | 倪德卫（David S. Nivison） | 《西周之年历》（The Dates of Western Chou） | 《哈佛亚洲研究学报》（Harvard Journal of Asiatic Studies）43 卷第 2 期, 1983 |
| | | | 《〈国语〉"武王伐纣"天象辨伪》 | 《古文字研究（第十二辑）》, 1985 |
| | | 夏含夷 | 《竹书纪年》与武王克商的年代 | 《文史（第三十八辑）》, 1994 |
| | | 周法高 | 《西周年代新考》 | 《大陆杂志》65 卷 5 期, 1984 |
| | | | 《武王克商的年代问题》 | 台湾"中央"图书馆馆刊》19 卷 2 期, 1986 |
| | | 赵光贤 | 《关于周初年代的几个问题》 | 《人文杂志》1987 年 2 期 |
| | | | 《武王克商与西周诸王年代考》 | 《北京文博》1995 年 1 期 |
| 34 | 1044 | 李丕基 | 《武王克殷年月考》 | 《国民杂志》1 卷 5 期, 1941 |
| 35 | 1041 | 吉德炜（David N. Keightley） | 《晚商的绝对年代》 | 《商史资料集》（Sources of Shang History）, 1978 |
| 36 | 1040 | 倪德卫 | 《1040 当为武王克商之年》（1040 as the Date of the Chou Conquest） | 《古代中国》（Early China）8, 1982—1983 |
| | | | 《武王克商之日期》 | 《竹书纪年解谜》第 8 章 |
| | | 周文康 | 《武王伐纣年代考》 | 《徐州师范学院学报》1983 年 4 期 |
| 37 | 1039 | 何幼琦 | 《武王伐纣的年代问题》 | 《中山大学学报》1981 年 1 期 |
| | | | 《西周的年代问题》 | 《西周年代学论丛》, 湖北人民出版社, 1989 |
| | | | 《周武王克商的年代问题》 | |
| 38 | 1035 | 萧子显 | 《南齐书·祥瑞志》 | |
| 39 | 1030 | 丁山 | 《周武王克殷日历》 | 《责善》1 卷 20 期, 1940 |
| | | | 《文武周公疑年》 | 《责善》2 卷 1 期, 1941 |
| | | 方善柱 | 《西周年代学上的几个问题》 | 《大陆杂志》51 卷 1 期, 1975 |
| | | 周流溪 | 《公元前 1030 年克殷新说》 | 《武王克商之年研究》, 北京师范大学出版社, 1997 |
| | | | 《西周年代考辨》 | 《史学史研究》1997 年 2 期 |
| 40 | 1029 | 黄宝权、陈华新 | 《周武王克殷年代考》 | 《中国历史文献研究集刊》1, 1980 |
| 41 | 1027 | 梁启超 | 《最初可纪之年代》 | 《饮冰室合集》专集之四十七 |
| | | 雷海宗 | 《殷周年代考》 | 《武汉大学文史哲季刊》2 卷 1 期, 1931 |
| | | 莫非斯 | 《西周历朔新谱及其他》 | 《考古社刊》第 5 期, 1936 |

续表

| 序号 | B.C. | 提出者 | 论著题目 | 刊物及版本 |
|------|------|--------|----------|-----------|
| 41 | 1027 | 陈梦家 | 《西周年代考》 | 商务印书馆，1955 |
| | | | 《商殷与夏周的年代问题》 | 《历史研究》1955 年 2 期 |
| | | 高本汉 | 《殷代的兵器与工具》 | 《瑞典斯德哥尔摩远东古物博物馆馆刊》（*BMFEA*）17 期，1945 |
| | | 屈万里 | 《西周史事概述》 | 《历史语言研究所集刊》42 本 4 分，1971 |
| | | 何炳棣 | 《周初年代平议》 | 《香港中文大学学报》第一卷，1974 |
| 42 | 1025 | 劳榦 | 《论周初年代问题与月相问题的新看法》 | 《香港中文大学中国文化研究所学报》7 卷 1 期，1974 |
| | | | 《论周初年代和召诰洛诰新证明》 | （台北）《"中研院"国际汉学会议论文集》历史考古组，1981 |
| | | | 《从甲午月食讨论殷周年代的关键问题》 | 《历史语言研究所集刊》64 本 1 分，1993 |
| | | | 《殷周年代的问题——长期求证的结果及其处理的方法》 | 《历史语言研究所集刊》67 本 2 分，1996 |
| 43 | 1024 | 平势隆郎 | 《试论西周纪年》 | 《中国古代纪年的研究》，东京大学东洋文化研究所，1996 |
| 44 | 1018 | 周法高 | 《西周年代考》 | 《香港中文大学中国文化研究所学报》4 卷 1 期，1971 |

*：原文未见。

在此需要说明，现知最早提出武王克商年为公元前 1046 年的，是天文学家卢景贵（1891—1967 年）[1]。据竺可桢 1948 年 11 月 15 日日记[2]，卢景贵著有《汤武伐桀纣年代考》，其中"定武王伐纣之年份为 1046 年 B.C."。竺氏所见系手稿，该著作不曾发表[3]，具体如何论证不详，故未列入表内。

历代学者所得出的武王克商之年，依其年数长短及推求方法，可以大别为三类。

第一类属长年说，年代范围在公元前 1127 至前 1066 年之间，其推求方法多以历术推算为主。

第二类属短年说，年代范围以公元前 1027 年为中心，其立论依据主要是古本《竹书纪年》的西周积年。

第三类的年代范围居于以上两说之间，研究途径多系以古文《尚书·武成》等文献与金文历日相互印证。

---

① 这一点是席泽宗在读竺氏日记时发现的，参考《中国科技史杂志》第 30 卷第 1 期席泽宗在中国古天文联合研究中心成立仪式上的讲话。

② 竺可桢：《竺可桢全集（第 11 卷）》，上海科技教育出版社，2006 年，第 257 页。

③ 卢景贵传记见叶叔华：《20 世纪中国知名科学家学术成就概览·天文学卷》第一分册，科学出版社，2014 年，第 69-75 页。传中称卢景贵有《武王伐纣之岁考》，未及出版，稿在"文革"中遗失。

对各家推求方法进一步分析，则上述三类学说分别有如下情况。

（1）以历术推算为主的诸说

秦汉之际，殷历家用殷历推算文王受命之年，进而推求克商之年，有关记载见于汉代纬书。《易纬·乾凿度》云："今入天元二百七十五万九千二百八十岁，昌以西伯受命，入戊午蔀二十九年。"郑玄注："受命后五年乃为此。"

殷历以七十六岁为一蔀，二十蔀为一纪，一纪为一千五百二十年。《易纬·乾凿度》所给天元为二百七十五万九千二百八十岁，用以除一纪的年数，得一千八百一十五纪，余四百八十年。再以四百八十年除以一蔀的年数，得六蔀余二十四年，所以当入第七蔀戊午蔀的二十四年。殷历家得到的这一结果，与《易纬·乾凿度》入戊午蔀二十九年之说相差五年。《诗经·文王》孔疏云：天元之尾数"当云二百八十五岁"，由于篇中已经明确提到入戊午蔀二十九年，"故略其残数，整言二百八十，而不言五也"。可见，这五年是原本存在，只是为了取其整数，才被省略的。因此，戊午蔀二十四年加五年为二十九年，是为殷历家推算的文王受命之年。武王克殷与文王受命相隔十三年，按照纬书殷历甲寅元推算，则文王受命在公元前1083年，受命后十三年武王克殷，在戊午蔀四十二年，即公元前1070年。

刘歆用三统历推勘殷历，发现其历日均后天一日，表明殷历不合于天，殷历家的结论不可据信。刘歆认为，上元至伐纣之年共十四万二千一百九岁，岁在鹑火张十三度，用三统历推之，伐纣当在己卯，即公元前1122年。刘歆以此与《书序》、《大传》及古文《武成》所记年数历日天象勘验，认为一一相合[1]。

唐开元九年，一行奉诏制新历，因撰《大衍历议》。一行认为，"（刘歆）三统以己卯为克商之岁，非也"[2]。他将《竹书纪年》与《武成》历日相参证，以康王十一年岁在甲申作为定点，再用大衍历推算，认定克商之年应该在庚寅，即公元前1111年。

董作宾主张，殷历虽然不很精确，但只要消除其误差，就可以求得正确的克商之年。他以殷历产生于公元前370年左右、每300余年即先天一日作为基本前提，推定其误差，然后在殷历家所定克商之年的附近寻找适合他的月相说（死霸为朔，生霸为望）的年代和历日。他采用刘歆的殷周积年（殷629，周867），又采用一行的伐纣年月，认定殷亡于公元前1111年[3]。

唐兰认为殷历家所定的年代比较可靠，故以公元前1070年为基础，将《竹书纪年》中的商周积年调整为商504年，周820年，考定克商之年为公元前1075年[4]。

清人姚文田《周初年月日岁星考》用颛顼历推克商之年，以古本《竹书纪年》"十一年庚寅，周始伐商"[5]作为基点，下推《召诰》《洛诰》《顾命》《毕命》所记周初

① 参见《汉书·律历志》，中华书局，1962年。
② 《旧唐书·律志》，中华书局，1975年。
③ 董作宾：《武王伐纣年月日今考》，《文史哲学报》1951年第3期。
④ 唐兰：《中国古代历史上的年代问题》，《新建设》1955年第3期。
⑤ 《新唐书·历志》引，中华书局，1975年。

年代，认为无不吻合。又从颛顼历的第三纪（甲午岁正月甲寅朔立春为起点）"下推八百二十一年，入甲寅蔀第四章第四年，岁在甲戌"，两者相合，认为甲戌（公元前1067年）为克商之年。

张汝舟认为，中国最早使用的历法是"天正甲寅元"的殷历，即见存于《史记·历书》的《历术甲子篇》，他据此编撰《西周经朔谱》，推算出克商之年为公元前1106年[1]。

谢元震则以周历推克商之年，得公元前1127年，比刘歆所定克商之年更早。他将古本《竹书纪年》西周积年257年改为357年，以与所推年代配合[2]。

（2）依据古本或今本《竹书纪年》的诸说

《竹书纪年》于西晋太康年间在汲郡古墓出土，原是战国时魏国的史书，出土后曾经当时学者整理，其后亡佚。清有朱右曾辑本《汲冢纪年存真》，后有王国维重辑《竹书纪年辑校》，是为古本。明代天一阁所刻《竹书纪年》为今本，学者认为也有较早渊源[3]。古本、今本《竹书纪年》记载古史年代甚多，故均有研究者据以推考武王克商之年。

古本《竹书纪年》云："自武王灭殷，以至于幽王，凡二百五十七年。"[4]梁启超最早用这一积年来推周初之年，他以东周的始年公元前770年与西周积年257年相加，得公元前1027年，即以此年为周武王元年[5]。

梁氏之说得到许多学者赞同。雷海宗从人类生理规律出发，印证古本《竹书纪年》西周积年为257年的可信。他在肯定周代王位大半由长子继承的前提下，提出西周诸王平均每世为二十五年，认为据此"西周年代虽不可确知，然大概年代必可求出"。他以共和以下周代年表（共23世，如每世25年，得575年，实际年数572年），与西汉以下各朝年表（除晋、清例外，晋除武帝外，每世皆兄终弟及，清不立太子）为例，作为其四世百年说之证据。雷海宗还提到，《鲁世家》所记鲁公年数为156年或157年，加上共和元年为公元前841年，得997年或998年，则成王元年在公元前1020年左右，证明克商在公元前1027年之说大致近是[6]。何炳棣也认为，《鲁世家》的鲁公年数与古本《竹书纪年》257年之说都有高度的可靠性，两者结合，证明梁启超之说的可信[7]。莫非斯[8]、陈梦家[9]对文献所见的西周列王之年做了累计，并对文献失载的王年做了推求，认为两者相加所得之数，与古本《竹书纪年》西周257年的记载基本

① 张汝舟：《西周考年》，《二毋室古代天文历法论丛》，浙江古籍出版社，1987年。
② 谢元震：《西周年代论（下）》，《文史（第二十九辑）》，中华书局，1988年。
③ 方诗铭、王修龄：《古本竹书纪年辑证》，上海古籍出版社，1981年，第2—3页。
④ 《史记·周本纪》集解引，中华书局，1959年。
⑤ 梁启超：《最初可纪之年代》，《饮冰室合集》专集之四十七附，中华书局，1936年。
⑥ 雷海宗：《殷周年代考》，《武汉大学文史哲季刊》第2卷第1期，1931年。
⑦ 何炳棣：《周初年代平议》，《香港中文大学学报》1974年第1期。
⑧ 莫非斯：《西周历朔新谱及其他》，《考古社刊》第5期，1936年。
⑨ 陈梦家：《商殷与夏周的年代问题》，《历史研究》1955年第2期。

一致。

高本汉累计《鲁世家》鲁公积年得 157 年，加共和元年 841 年，得 998 年，再推伯禽在位 22 年，武王在位 7 年，三者相加，即得公元前 1027 年。高氏还对文献所载及失载的西周列王之年做了推算，认为古本《竹书纪年》257 年说不误[①]。屈万里所论[②]，与高本汉略同。

周法高根据古本《竹书纪年》，将公元前 1028 年定为文王崩、武王成君之年，而武王成君后 11 年才克商，故克商之年应为公元前 1018 年，认为如此方可合于《武成》《召诰》《洛诰》的历日天象[③]。

劳榦认为，《竹书纪年》固然是可信的史料，但据此得出的公元前 1027 年说，不仅与真古文《武成》的历日不符，而且与甲骨文月食的年代不能配合。因此，他将克商的年代调整为公元前 1025 年，认为"与天象密合无间"，"对于每个月食都可以不改日期直接适应"。他说，他的结论之所以与梁启超之说有两年之差，一是周历建子，古本《竹书纪年》建寅，而牧野之战在周历年初，改为建寅就有一年之差；二是平王东迁不是在元年，而是在二年，古本《竹书纪年》将平王元年归入西周最后一年，故又有一年之差。减去这两年之差，古本《竹书纪年》所记西周的实际积年应为 255 年，则克商之年应在公元前 1025 年[④]。

黄宝权、陈华新认为，克商之年当以公元前 771 年幽王灭亡之年为起点，加古本《竹书纪年》257 年，为公元前 1028 年。但是，根据《国语》"岁在鹑火"的记载，克殷之年应为酉年，而与公元前 1028 年最接近的酉年是公元前 1032 年。岁星的周密率为 11.8622，每隔 86 年便误差 1 年，257 年的岁星之差正好为 3 年。以 1032 减去 3 年误差，则为公元前 1029 年，所以，此年就是武王克商之年[⑤]。

古本《竹书纪年》云，自武王灭殷以至幽王，凡二百五十七年。但是，在推求克商之年时，此 257 年究竟应该加于哪一王之前，学者间却颇有异说。梁启超以周平王元年（公元前 770 年），加上此 257 年，得公元前 1027 年，作为克商之年。雷海宗《殷周年代考》、陈梦家《西周年代考》同其说。董作宾《中国年历总谱》认为古人每每以幽、厉并称，故《竹书纪年》此语之幽王实为厉王，所以将 257 年加于共和元年（公元前 841 年）之前，得公元前 1098 年，再加成王 6 年、武王 7 年，得公元前 1111 年，以为克商之年[⑥]。姜文奎《西周年代考》认为，所谓"灭殷"，是指成王七年，成周营作既成，迁殷顽民于此，所以应将此 257 年加在幽王元年（公元前 781 年）之前，得公元前 1038 年，再加成王 6 年、武王 7 年，得公元前 1051 年，是为克商之年[⑦]。

① 高本汉：《殷代的兵器与工具》，《瑞典斯德哥尔摩远东古物博物馆刊》（BMFEA）第 17 期，1945 年。

② 屈万里：《西周史事概述》，《历史语言研究所集刊》第 42 本第 4 分，1971 年 12 月。

③ 周法高：《西周年代考》，《香港中文大学中国文化研究所学报》第 4 卷第 1 期，1971 年。

④ 劳榦：《殷周年代的问题——长期求证的结果及其处理的方法》，《历史语言研究所集刊》第 67 本第 2 分，1996 年。

⑤ 黄宝权、陈华新：《周武王克殷年代考》，《中国历史文献研究集刊》第 1 期，1980 年。

⑥ 董作宾：《中国年历总谱》，香港大学出版社，1960 年。

⑦ 姜文奎：《西周年代考》，《大陆杂志》第 82 卷第 4 期，1991 年。

最早引据今本《竹书纪年》的是清代学者林春溥、李兆洛。今本《竹书纪年》所载西周列王的年代，累加之得 280 年，林春溥的《古史纪年》、李兆洛的《补历代建元篇》等，均据此定公元前 1051 年（庚寅）为伐纣之年，公元前 1050 年（辛卯）为克商之年。

今本《竹书纪年》云："武王灭殷，岁在庚寅。二十四年，岁在甲寅，定鼎洛邑，至幽王二百五十七年，共二百八十一年。自武王元年己卯至幽王庚午，二百九十二年。"美国学者倪德卫曾认为，今本《竹书纪年》的"庚寅"，当公元前 1050 年，恰与《尚书·武成》和《逸周书·世俘》所记灭殷的年月日相合。所以今本《竹书纪年》中的西周年历"不可能是后来伪造者的'发明'，而必然是一套早在周末或汉初便已为学者所熟知的年历"[1]。由此，他结合其他文献的记载，以公元前 1045 年为武王克商之年。但后来他又推翻此说，改以公元前 1040 年为克商年[2]。

关于武王的卒年，《尚书·金縢》《史记·周本纪》系于武王十四年，今本《竹书纪年》却在武王十七年，相差三年。美国学者夏含夷认为今本《竹书纪年》保存了一千七百年以前出土的可信资料。今本《竹书纪年》武王"十五年肃慎氏来宾"以下 40 字为错简，抽去后，则武王崩陟的记载与十四年条直接连读，可知原本记载武王亡于十四年，即十二年克商后 2 年，恰好与《尚书·金縢》《逸周书·作雒》，以及《史记》《管子》《淮南子》相符。夏含夷将克商之年定为公元前 1045 年[3]。

（3）累计王公之年的诸说

《史记》所记诸侯国世系，以《鲁世家》最为详细，除第一代鲁公伯禽的年数阙失之外，自第二代考公起到隐公止的十二位鲁公的年数完整无缺，因而历来被认为是比照西周纪年的重要标尺。刘歆《世经》有伯禽在位 46 年之说，似正可补《鲁世家》之缺，故学者多有通过累加鲁公之年来推求克商之年者。但是《世经》所记其余鲁公之年却与《鲁世家》互有异同，而各家对《鲁世家》《世经》取舍以及计算方法有歧异，故结论相去颇远。

林春溥的《古史考年异同表》，将共和前一年定为厉王三十七年，再加《史记》鲁公积年 156 年以及《世经》伯禽在位 46 年，得公元前 1047 年克商[4]。王保德将考公至共和各鲁公之年相加，再加伯禽 46 年，共得 202 年，再与共和元年 841 相加，得公元前 1043 年，作为成王元年，再上推 7 年得公元前 1049 年，定为伐纣之年[5]。

刘恕《通鉴外纪》、齐召南《历代帝王年表》参酌诸说定列王年代，虽互有歧异，但累积均为 352 年，故所得克商之年同为公元前 1122 年。

此外，杂采史书纪年为说者也为数不少。有些学者是通过累加西周列王之年来推

① 倪德卫：《西周之年历》，《哈佛亚洲研究学报》（*Harvard Journal of Asiatic Studies*）第 43 卷第 2 期，1983 年。
② 倪德卫：《〈竹书纪年〉解谜》第八章《武王克商之日期》，上海古籍出版社，2015 年。
③ 夏含夷：《竹书纪年与周武王克商的年代》，《文史（第三十八辑）》，中华书局，1994 年。
④ 林春溥：《古史考年异同表》，《竹柏山房丛书》。
⑤ 王保德：《书经〈武成〉篇之生霸死霸及武王伐纣的年代月日考》，《东方杂志》复刊第 17 卷第 7 期，1984 年。

求克商之年的。皇甫谧的《帝王世纪》一书，原有西周列王在位年数，《史记·周本纪》集解云"皇甫谧曰：武王定位元年，岁在乙酉，六年庚寅崩"，此乙酉为公元前1116年。

萧子显《南齐书·祥瑞志》云"谶曰：周文王受命千五百岁，河雒出圣人，受命于己未，至丙子为十八周。……案周灭殷后七百八十年，秦四十九年，汉四百二十五年，魏四十五年，晋百五十年，（刘）宋六十年，至（齐高帝）建元元年（公元479年），千五百九年也"，这一说法罕有人注意。韩国学者方善柱认为，周赧王终于公元前256年，上推780年，是萧子显所说克商年在公元前1035年。他又主张，萧子显为了保全周灭殷至齐高帝建元元年己未的年数不违背1509年，把晋年减去5年，刘宋年减去1年。方善柱自己则认为萧子显时可能已存在如今本《竹书纪年》所说"定鼎洛邑至幽王二百五十七年"之说，并采用武王克商后在位3年的说法，提出克商在公元前1030年，该年岁在鹑火，合于《国语·周语》伶州鸠的话[①]。

高木森推算《史记·鲁世家》，以鲁隐公元年（公元前722年）为基点，则考公元年为公元前996年。考公之父伯禽受封于成王元年，取《世经》伯禽在位46年之说，则成王元年在公元前1041年。成王元年在周公摄政7年之后，此前有武王克商后在位的2年，所以伐商之年在公元前1051年，克商之年在公元前1050年[②]。英国学者叶慈认为，《竹书纪年》一书在"发现、整理和流传过程中经常被篡改"，该书西周积年为257年的记载仅是孤证，很难取信，所以根据《尚书》《竹书纪年》《史记》《汉书》以及某些青铜器铭文，将共和以前西周列王之年重新排定，其总积年为209年，从而推出克商之年为公元前1050年[③]。

（4）回推克商天象的诸说

最早用天象记载来推算克商年代问题的是刘歆，他在《世经》中对《国语》"武王伐殷，岁在鹑火，月在天驷，日在析木之津，辰在斗柄，星在天鼋"记载做了具体推算，以证成其克商之年在公元前1122年的结论。

刘朝阳是近代学者中最早利用天象来推定克商之年的学者之一。他对文献中某些含义晦涩的记载做了新解，有些则做了年代推算，如《逸周书·小开》"惟三十有五祀正月丙子，拜望食无时"，他认为是文王三十五年的月食，时在公元前1137年1月29日。刘朝阳反对王国维的月相四分说，不信《国语》岁在鹑火的记载，认为《荀子》《尸子》关于武王伐纣、岁在星纪的记载是可据的，通过计算，推定公元前1112年为克商之年。

张钰哲、张培瑜从寻找岁在鹑火、五星会聚、哈雷彗星、伐纣历日等四种天象的结合点来推求克商之年。他们认为，桓谭《新论》（严可均辑本）等文献关于武王克商时"五星聚"的记载是可信的，并统计分析了两千多年间的五星会聚的情况，只有公

① 方善柱：《西周年代学上的几个问题》，《大陆杂志》第51卷第1期，1975年。
② 高木森：《略论西周武王的年代问题与重要青铜彝器》，《华学月刊》107期，1980年11月。
③ 叶慈：《三代年表》，*The Rulers of China*，1957年。

元前 1059 年 5 月 28 日这一次，"会聚的角度最小（仅 6 度），几成一线，又适值甲子日，并且会聚的位置又明朗可见"，与《新论》相符。他们认为，伐纣所见的彗星即哈雷彗星，据此，从公元 1910 年 4 月 19 日哈雷彗星最后一次出现逆推 40 次，至公元前 1057 年 3 月 7 日的哈雷彗星回归近日点，"视见情况与《淮南·兵略》的记载也很符合。……不仅'岁在鹑火'，而且在向牧野进军及癸亥夜陈时岁星当空、昏见东方，明朗醒目，也符合利簋'岁星当空'及'武王伐纣，东面而迎岁'的说法"，认为此年应该就是伐纣之年 [1]。

尤曼、江涛计算的哈雷彗星第 40 次回归的近日点与张钰哲、张培瑜不同，在公元前 1059 年 12 月 3.66376 日 [2]，彭瓞钧据此将伐纣之年定在公元前 1059 年 12 月 [3]。其后，张钰哲、张培瑜采用了尤曼等人的计算结果，但仍坚持公元前 1057 年为克商之年的结论，认为"岁在鹑火""五星聚""彗星出"很可能是前后出现的，而被后人附会在一起 [4]。

美国学者吉德炜认为，由于所掌握的史料不充分，而且模糊不清，要解决关于克殷之年很困难。他利用 R. 牛顿（Robert R. Newton）的《公元前 1500 年至公元前 1000 年月食典（附安阳见食推定法）》，推知武丁时期的四次月食发生在公元前 1198—前 1180 年的 18 年中，并参照毕晓普（Bishop）的研究，西周列王的平均在位年数为 20 年，得出武王克商在公元前 1041 年左右 [5]。

美国学者班大为认为，古代中国"在分野理论中，由朱雀星座占据的天区与周王朝有关"，而在"征兆观念中，五星合聚与王朝更替具有必然的联系"。他根据黄一农的计算，在公元前的两千年中发生过 24 次五星合聚，其中公元前 1953 年和公元前 1059 年的两次五星合聚，分别聚于 4° 和 7° 的范围之内。今本《竹书纪年》云帝辛（纣）末年"五星聚于房，有大赤乌聚于周社"，《逸周书·小开》云文王三十五年正月丙子月食，班大为定为公元前 1065 年 3 月 13 日，而公元前 1059 年的五星聚在文王四十一年。五星聚的次年，文王宣布受天命，但 9 年后文王去世。直到公元前 1046 年，木星再次回到朱雀的喙的位置，此时武王发动了伐纣的战争，推翻了商朝 [6]。

刘启益将《周语》的"武王伐纣，岁在鹑火"和《世经》的"自文王受命而至此十三年"作为依据，定文王受命之年为公元前 1082 年，武王克商之年为公元前 1070 年。他据张培瑜《中国先秦史历表》推算，公元前 1150—前 1000 年的 150 年中有 12 次岁在鹑火，其中第六次在公元前 1082 年，第七次在公元前 1070 年，认为正好证成其说。刘启益还认为，他所推定的《世经》"周公摄政五年，正月丁巳朔旦冬至"，"成王元年正月己巳朔，此命伯禽俾侯于鲁之岁也"和《世经》引《武成》"粤若来三月既

---

[1] 张钰哲、张培瑜：《殷周天象和征商年代》，《人文杂志》1985 年第 5 期。

[2] 尤曼、江涛：《哈雷彗星的长期运动》，《英国皇家天文学会会刊》（MNRAS）197 卷，1981 年。

[3] 彭瓞钧：《古代和现代的行星天文学》，《美国天文学会通报》（BAAS）15 期，1983 年。

[4] 张钰哲、张培瑜：《殷周天象和征商年代》，《人文杂志》1985 年第 5 期。

[5] 吉德炜：《晚商的绝对年代》，《商史资料集》（Sources of Shang History），1978 年。

[6] 班大为：《天命的宇宙——政治背景》，《古代中国》（Early China）20 卷，1995 年。

死霸，粤五日甲子，咸刘商王纣"等几个历日的时间，与张培瑜历表完全符合（刘启益持定点说，以既死霸为朔）①。

李仲操推定西周积年为 363 年，克商之年为公元前 1071 年，也引据了天象方面的材料。他认为《春秋元命苞》云"殷纣之时，五星聚于房。房者，苍神之精，周据而兴"，是文王受命称王时的天象，"房"是周的分野，公元前 1078 年的五星聚，正好是他所推的文王受命五年，即"改正朔，布王号"之年，《逸周书·小开》"惟三十有五祀，正月丙子，拜望食无时"，是文王三十五年正月望日丙子发生的月食，当公元前 1089 年。由此推得公元前 1070 年为克商之年，此年岁在鹑火②。

（5）证诸文献、金文历日的诸说

《尚书》等文献及金文多载伐纣前后的历日，学者多以两者相为证验，以推求克商之年。章鸿钊认为，《竹书纪年》"十一年庚寅，周始伐商"的"庚寅"二字"必为《竹书》原文"，以《孟子·公孙丑》"由周而来七百有余岁矣"一语考之，此庚寅当公元前 1051 年。如从太阴元始年（公元前 365 年）为甲寅计之，则公元前 1050 年为庚寅。以此为前提，再求出离此年最近的"岁在鹑火"之年，合以《周书》历日，可知以公元前 1045 年与公元前 1055 年之可能性为最大。然后，以王公在位年数与金文历日验证，确定公元前 1055 年为克商之年③。

丁山认为，"武王十一年庚寅，周始伐商"，"十一年"下本当有"十二月"三字，"庚寅"为周师初发的吉日而非指年。自庚寅顺数十七日得丙午，即古文《泰誓》"惟丙午，王逮师"；再数十三日为戊午，即《周本纪》"十一年十二月戊午，师毕渡盟津"。《周本纪》"二月甲子昧爽，武王朝至于商郊牧野"之"二月"，与《泰誓》之十二月乖违，必为后人增窜。由此，他推算伐纣之年为公元前 1030 年④。

周法高根据四分术来安排年、月、月相、干支俱全的金文，对列王年代做了调整，又以古文《武成》《召诰》《洛诰》《顾命》《毕命》中的历日对照，考定公元前 1045 年为克商之年⑤。

马承源根据年、月、月相、干支俱全的 52 件青铜器的铭文来推算月相的相对幅度，提出自己的金文合历，推求共和以前列王的年代，得出克商之年为公元前 1105 年的结论⑥。

何幼琦以小盂鼎和庚嬴鼎为康王时器，推算两器的历日，认为公元前 1013 年为康王元年。以此为基点，根据《周本纪》"成康之际，天下安宁，刑错四十余年不用"，

---

①　刘启益：《文王受命至成王五年年表》，《传统文化与现代化》1996 年第 5 期。

②　李仲操：《对武王克商年份的更正——兼论夏商周年代》，《中原文物》1997 年第 1 期。

③　章鸿钊：《武王克殷年考》，《中国古历析疑》，科学出版社，1958 年。《淮南子·天文》"太阴元始建于甲寅"之年，新城新藏推定为周显王四年，即公元前 365 年。

④　丁山：《周武王克殷日历》，《责善》第 1 卷第 20 期，1940 年。

⑤　周法高：《西周年代新考——论金文月相与西周王年》，《大陆杂志》第 65 卷第 5 期，1984 年。

⑥　马承源：《西周金文和周历的研究》，《上海博物馆集刊：建馆三十周年特辑（1982）》，上海古籍出版社，1983 年。

判定成、康二世为四十至四十五六年。又以《洛诰》《召诰》是周公摄政七年的作品，推得成王元年为公元前 1030 年。认为《周本纪》伐纣的"十二年二月"当作"十二年正月甲子"，于是定克商年为公元前 1039 年①。

赵光贤认为，《召诰》《洛诰》皆作于周公摄政七年，又用张培瑜《中国先秦史历表》与两诰中所记"惟二月既望""来三月丙午朏"等历日，以及古文《尚书·武成》《逸周书·世俘》《尚书·顾命》的"惟一月壬辰旁死霸""惟四月乙未日""惟四月哉生魄"等历日对照。他还以 50 件年代比较清楚的金文分配于共和以前诸王，再以铭文中的历日与张表对照，证明公元前 1045 年为克商之年②。

李丕基以金文与古籍参照核订，推定列王在位年数，得出自武王至厉王总计 203 年，与 841 年相加，得公元前 1044 年，是为武王克殷之年③。再如荣孟源《试谈西周纪年》，也是根据金文逐一推出列王年数，再求出克商之年公元前 1055 年④。

## 2. 推求武王克商年的多学科结合路线

自西汉刘歆以来，两千余年间，学者为推定武王克商之年，可谓殚精竭虑，然而问题不仅没有解决，反而分歧更形纷繁。如上所述，迄今为止各家提出的克商年代已有 44 种之多，最早的是公元前 1130 年，最晚的是公元前 1018 年，上下相距竟达 112 年。

造成此种局面的原因，有客观与主观两个方面。

客观的原因，首先是史料证据的不足。传世典籍，与武王克商之年有关的记载有限，大多比较模糊，互相矛盾，而且可以给予不同解释，有些还真伪杂糅，不堪凭信。因此学者对之每每见仁见智，各执一端，不能取得共识。考古学与古文字学提供的证据也很少，尚难直接回答种种问题。

主观的原因，很重要的一点，是学者大多难于做总体的研究。从过去研究的历史来看，武王克商年的问题涉及历史学、文献学、古文字学、考古学、天文历法等学科领域，其范围之宽广，不是一人之力所能兼及。研究者一般出于自己专长，由其间一二学科的角度着手，在论证上未能覆盖全局，从而其结果自本身学科看是合理的，参以其他学科则显不足。

鉴于这种情况，"夏商周断代工程"将武王克商年列为专门课题，在前人成果的基础上，强调多学科结合，共同攻关。对有关克商年的史料进行详细的审查研讨，判断其可信据的程度，同时，寻找考古学与科技测年的证据，以尽量缩小克商年的可能范围。在新划定的年代范围内，进行克商的天象历法记载的推算，力求所选取的克商年下与已建立的"西周金文历谱"连接，上和从甲骨卜辞月食记录等推定的殷商年代相洽。

① 何幼琦：《周武王克商的年代问题》，《中山大学学报》1981 年第 1 期。
② 赵光贤：《武王克商与西周诸王年代考》，《北京图书馆刊》1992 年第 1 期。
③ 李丕基：《武王克殷年月考》，《国民杂志》第 1 卷第 5 期，1941 年。
④ 荣孟源：《试谈西周纪年》，《中华文史论丛》1980 年第 1 期。

# （二）文献所见西周积年的讨论

文献关于西周积年的记载相当零散，年代多不精确，文意也每每可有不同理解，但其中确实隐含着某些重要的年代信息，是研究克商之年应予参考的。"夏商周断代工程"对有关史料及其研究成果做了清理分析，汇辑为《西周诸王年代研究》[①]一书。现将一些重要问题历述于下。

## 1. 由《左传》推论的西周积年

《左传》宣公三年载，楚庄王伐陆浑之戎至于雒，观兵于周疆，周定王使王孙满慰劳庄王。庄王问鼎之大小、轻重，王孙满以"在德不在鼎"回答，同时，提及"成王定鼎于郏鄏，卜世三十，卜年七百，天所命也"。这是现存文献中有关周代年数的最早记载之一。《汉书·律历志》说："周凡三十六王，八百六十七岁。"故孔颖达《左传正义》说："过卜数也。"即使不依《汉书·律历志》的推算，整个周代总不会只有七百年。

成王定鼎郏鄏一事，当在成周建成，周公还政成王之后。杨伯峻《春秋左传注》认为王孙满所说卜世卜年"盖卜有周一代所传之世"，也就是"卜世三十，卜年七百"是从武王起算[②]，与《左传》文意不合。今本《竹书纪年》云成王"十八年春正月，王如洛邑定鼎"，事在所记武王克商后第二十四年，也没有根据。

《左传》此文是作者假过去人物之口所作预言。学者多有论证，凡《左传》所预言而大致应验者，就是作者亲见的事实，可以由此推断《左传》成书年代。陈梦家《西周年代考》认为，"卜世三十，卜年七百"所预言的周王朝衰亡年代，当在周显王之末，即六国次第称王，周天子威望已尽之时，约在公元前329至前320年之间，并假定为公元前325年[③]。按"卜世三十"推算，同一代为一世，则从周成王至周显王共30世，如不计哀王、思王，共31王。《左传》作者认为显王时诸侯多称王，周王室气数已尽，则恰合"卜世三十"。周显王卒于公元前321年，自此上溯七百年为公元前1020年，则成王定鼎至幽王末年为250年。再加上武王及定鼎以前的成王之年，则西周积年约270年左右。

## 2. 由《孟子》推论的西周积年

《孟子》一书有两处涉及周代年数：《孟子·公孙丑下》记孟子去齐，答充虞问话时说："五百年必有王者兴，其间必有名世者。由周而来，七百有余岁矣。"《孟子·尽心下》则记孟子云："由文王至于孔子，五百有余岁……由孔子而来至于今，百有余

① 朱凤瀚、张荣明：《西周诸王年代研究》，贵州人民出版社，1998年。
② 杨伯峻：《春秋左传注（二）》，中华书局，1990年修订本，第672页。
③ 陈梦家：《西周年代考》，商务印书馆，1955年，第24页。

岁。"

陈梦家《西周年代考》指出，这两段文字应该联系在一起考虑[1]。《孟子·尽心下》所言文王至孔子五百有余岁，正是对《孟子·公孙丑下》"五百年必有王者兴"的说明。"五百年"是约数，包括"五百余年"在内。两段文字中所谓"有余岁"，应该不少于 50 年，否则五百有余加一百有余不能成为七百有余。这一点还可从《孟子·尽心下》"由孔子而来至于今，百有余岁"推出。孔子生卒年为公元前 551—前 479 年，孟子生卒年约为公元前 390—前 305 年[2]。"由孔子而来"，应从孔子卒年，至少从其晚年算起，其说可从。《孟子·尽心下》孟子之语当系孟子晚年与门徒著书时所言，至晚不过公元前 305 年。孔子之卒公元前 479 年到公元前 305 年有 174 年，所以，"有余岁"当指 50 年或 50 年以上，可假设为 50（+20）年，即 50 至 70 年。

《孟子·公孙丑下》孟子语在去齐时。孟子去齐的时间，杨伯峻《孟子译注》认为是在齐宣王七年后，宣王五年齐伐燕，七年诸侯谋救燕，孟子劝宣王归还掳掠的重器而遭宣王拒绝，孟子遂辞职离齐，中途在赢地停留过，"由周而来七百有余岁"即此时所言，时在宣王七年（公元前 313 年）后不久。阎若璩《孟子生卒年月考》、江永《群经补义》等于此都有论说。江氏认为在周赧王三年，即公元前 312 年，陈梦家《西周年代考》也从此说。两说相去甚少，今以公元前 312 年计，则"由周而来"即自武王克商至公元前 312 年，"七百有余岁"即 750 至 770 年，东周之始至公元前 312 年有 459 年，由此西周积年约在 290 至 310 年之间。

《孟子·尽心下》将《孟子·公孙丑下》的"由周而来七百有余岁"分解为"由文王至于孔子，五百有余岁"与"由孔子而来至于今，百有余岁"两部分，后一部分的年数上文已言，至多是 174 年，则"由文王至于孔子"约有 576（+20）年即 576—596 年，也大致合于"五百有余岁"。孟子在"由文王至于孔子，五百有余岁"下，接着说"若太公望、散宜生，则见而知之；若孔子，则闻而知之"，可见"五百有余岁"是包括孔子生活年代在内的，"由文王"则应当是从文王受命算起。东周之始（公元前 770 年）至孔子之末（公元前 479 年）共 292 年，则文王受命至幽王末年（十一年）约为 285（+20）年。如果武王克商在文王受命十一年，则西周积年约为 275（+20）年，即 275 至 295 年之间。

综合《孟子》上引两段文字，西周积年在 275 至 310 年之间，取其中则为 290 年左右。

司马迁《史记·太史公自序》云："先人有言：自周公卒五百岁而有孔子，孔子卒后至于今五百岁，有能昭明世，正《易传》，继《春秋》，本《诗》《书》《礼》《乐》之际，意在斯乎！意在斯乎！小子何敢让焉。"[3]《索隐》谓文中"先人"是指"先代贤人"。《正义》则认为即其父司马谈，从文义看当以《正义》为是。上引《孟子·尽心下》讲文王至孔子五百有余岁，可能是司马谈所言周公距孔子五百岁的根据。然而

---

① 陈梦家：《西周年代考》，商务印书馆，1955 年，第 24—25 页。

② 钱穆：《先秦诸子系年（下）》，中华书局，1985 年，第 617 页。

③ 司马迁：《史记·太史公自序》，中华书局，1959 年。

司马谈卒于公元前 110 年，孔子卒于公元前 479 年，相距仅三百余年，故梁玉绳《史记志疑》、崔述《史记探源》均认为不必视为实数。

### 3. 古本《竹书纪年》的西周积年

《竹书纪年》是西晋魏武帝时发现的汲冢竹书的一种。发现的具体时间，文献中有咸宁五年、太康元年和太康二年三说，即 279—281 三年。据学者研究，应以咸宁五年为最可信[①]。出简之墓系战国魏墓，《竹书纪年》是魏人撰写的编年体史书，记事称魏襄王为"今王"，下限为襄王二十年（公元前 299 年），而襄王终于二十三年（公元前 296年），这表明了该书撰成的年代。

《竹书纪年》出土后曾经学者整理，写出释文，但渐归亡佚。清代学者朱右曾辑录北宋以前书籍里的《竹书纪年》佚文，成《汲冢纪年存真》一书，后王国维在其基础上补充为《古本竹书纪年辑校》，近年方诗铭、王修龄有《古本竹书纪年辑证》[②]，是为古本《竹书纪年》。

《史记·周本纪》集解有："《汲冢纪年》曰：自武王灭殷以至于幽王，凡二百五十七年。"[③]《通鉴外纪》卷三云"《汲冢纪年》曰：自武王至幽王二百五十七年"，又说"《汲冢纪年》西周二百五十七年"，应均本于裴骃这一引文。这是现存先秦文献中唯一以明确年数表示的西周积年，从而受到中外许多学者的重视，梁启超以来的武王克商在公元前 1027 年之说即本于此，已见前述。

采用这一积年并加以论证的，可以陈梦家的《西周年代考》为代表。他举出三点来证明古本《竹书纪年》257 年的记载可信。第一、二点是上文所引《左传》宣公（陈氏误为"定公"）三年与《孟子》的材料，第三点则是根据《史记·鲁世家》所记西周鲁公年数。但他解释《孟子·尽心下》文王至于孔子"五百有余岁"时，是从文王的卒年始算，不够合理。同时，他论鲁公年数，"假定伯禽在位三十年"，也是先肯定 257年之数，然后计算考公至孝公三十六年（相当于幽王十一年）共 227 年，与 257 年差30 年。他又引《左传》昭公十二年"燮父、禽父（即伯禽）并事康王"，并引《太平御览》卷八五所引《纪年》"成康之世天下安宁，刑错四十余年不用"，以证明"成康之世四十余年，则成王在位尚不足三十年"，但成康之世有四十余年刑错不用，并不能肯定是指成康全部年数，故伯禽事成、康两王，在位恐不止 30 年。

王国维认为古本《竹书纪年》所计年代并不足据，他说：司马迁作《史记》"于《三代世表》取《世本》而斥黄帝以来皆有年数之谍记，其术至为谨慎。……汲冢所出《竹书纪年》自夏以来皆有年数，亦谍记之流亚，……此信古之过也"[④]。

有些学者不赞成《竹书纪年》的西周积年，认为这一年数有其渊源，但因后人传写而有误，需要订正。如朱右曾《汲冢纪年存真》，援引《史记·鲁世家》所记鲁考公

---

① 朱希祖：《汲冢书考》，中华书局，1960 年。
② 方诗铭、王修龄：《古本竹书纪年辑证》，上海古籍出版社，1981 年。此书有 2005 年版，但无大差异。
③ 方诗铭等《古本竹书纪年辑证》据日本古钞本补"于"字，见该书第 61 页。
④ 王国维：《古史新证》，清华大学出版社，1994 年，第 1—2 页。

至孝公十四年（宣王卒年）共 216 年，加伯禽 46 年、周公摄政 7 年、武王 6 年，凡 59 年，总计 275 年，认为"二百五十七年"为二百七十五年之误倒。但此说有两个问题：一是将古本《竹书纪年》"自武王灭殷以至于幽王"解释成自武王到宣王卒年而不包括幽王；二是鲁武公年数不从《鲁世家》作 9 年而是依《十二诸侯年表》作 10 年，均有勉强之处。

谢元震参照文献记载安排西周诸王年数，对 257 年说也持否定立场。他指出，《晋书·束皙传》引《纪年》"自周受命至穆王百年"（谢氏持文王受命 13 年说），而自共和元年至幽王十一年为 71 年亦是确定的，如是则 257 年减去以上两者只剩 99 年。古本《竹书纪年》又有"穆王三十七年大起六师，至于九江"，则 99 年至少要再减去 37 年，仅剩 62 年，这无法排入共、懿、孝、夷、厉五王，所以 257 年说不可从。谢元震以古代三十年为一世之说为据，认为武王至幽王十一世加上共和 14 年，共 344 年，与 257 年也相差甚远。故主张"二百五十七年"乃是"三百五十七年"之误[1]。

总之，不赞成古本《竹书纪年》西周积年 257 年之说者，一个主要原因是嫌其过短，故都有从不同程度加长其年数的考虑。

## 4. 今本《竹书纪年》的西周积年

今本《竹书纪年》，前已提及，就全书而言，现存版本以明天一阁刊本为最早。王国维作《今本竹书纪年疏证》，认为"今本所载殆无一不袭他书。其不见他书者，不过百分之一，又率空洞无事实，所增加者年月而已。且其所出，本非一源，古今杂陈，矛盾斯起。既有违异，乃生调停，纠纷之因，皆可剖析"[2]，对今本《竹书纪年》完全否定。

近年有中外学者对今本《竹书纪年》提出不同看法，认为今本的某些特有内容有些见于很早的书籍征引，应该有一定渊源，不是明代人所能臆造，从而主张系出自与被称为古本《竹书纪年》的不同的整理本。最早在西周年代研究中引据今本《竹书纪年》的是美国学者倪德卫 1983 年的论文《西周之年历》[3]。1985 年，陈力作《今本〈竹书纪年〉研究》，系统地探讨了这个问题[4]，并引起一系列讨论。有关详情，美国学者夏含夷曾有详细叙述[5]。

今本《竹书纪年》在西周部分末尾也有西周积年的记载："武王灭殷，岁在庚寅。二十四年，岁在甲寅，定鼎洛邑，至幽王二百五十七年，共二百八十一年。自武王元年己卯至幽王庚午，二百九十二年。"此处虽然仍有 257 年之数，但却是从定鼎洛邑到幽王的年数，与古本《竹书纪年》不同，其西周积年则要以 257 年加 24 年，成为 281 年。

① 谢元震：《西周年代论》，《文史（第二十八辑）》《文史（第二十九辑）》，中华书局，1987、1988 年。
② 原见《广仓学宭丛书》第一、二集，仓圣明智大学，1916 年，后收入《王国维遗书》第十二册，上海古籍书店，1983 年。
③ 倪德卫：《西周之年历》，《哈佛亚洲研究学报》（*Harvard Journal of Asiatic Studies*）第 43 卷第 2 期，1983 年。
④ 陈力：《今本〈竹书纪年〉研究》，《四川大学学报丛刊（第二十八辑）·研究生论文选刊》，1985 年；又，《今古本〈竹书纪年〉之三代积年及相关问题》，《四川大学学报》1997 年第 4 期。
⑤ 夏含夷：《〈竹书纪年〉的整理和整理本——兼论汲冢竹书的不同整理本》，《古史异观》，上海古籍出版社，2005 年。

王国维认为，今本《竹书纪年》西周积年为281年之说"乃自幽王十一年逆数，至其前二百五十七年，以此为成王定鼎之岁，以与古《纪年》之积年相调停"。今本系"从《唐志》所引《纪年》，以武王伐殷之岁为庚寅"[①]。今本《竹书纪年》从周幽王十一年庚午逆数至其前257年，正是公元前1027年甲寅，但甲寅年与《新唐书·历志》引《竹书纪年》所记庚寅年不合，所以从此甲寅上溯至最近的庚寅年（公元前1051年），以迎合庚寅年伐殷之说。又为了调和与古本《竹书纪年》的矛盾，遂以甲寅年为定鼎年。

实际上，今本《竹书纪年》自帝尧以下有一系列的纪年干支，有关西周年代的上引"武王灭殷，岁在庚寅"等只是这个干支体系的一部分。张培瑜曾详加分析，指出其间比古本《竹书纪年》多出的纪年干支源于唐代的《大衍历议》。《大衍历议》与今本《竹书纪年》的三代积年本来不是同一系统，今本《竹书纪年》的编者误加混淆，于是造成种种差误[②]。这说明，即使今本《竹书纪年》某些部分可能有较早的来源，但其年代体系很可能是晚出的。

值得研究的是，今本《竹书纪年》定鼎洛邑的年数与上文所引《左传》宣公三年王孙满所言"成王定鼎于郏鄏，卜世三十，卜年七百"是否有关。《左传》"卜世三十，卜年七百"，学者多认为是暗指九鼎沦于泗。《史记·封禅书》"或曰：宋太丘社亡，而鼎没于泗水彭城下，其后百一十五年而秦并天下"。由秦并天下之年即公元前221年上推115年，为公元前336年，即周显王三十三年，上推700年，为公元前1035年，按今本《竹书纪年》的体系，公元前1051年为武王克商年（取庚寅年灭殷说），公元前1035年是自灭殷起算之第十七年，成王第十一年，但今本《竹书纪年》却记成王十八年定鼎，九鼎沦泗在周显王四十二年（公元前327年），与《史记·封禅书》有出入。但如按约数言之，仍与《左传》所言相近。

又，宋代刘恕《资治通鉴外纪》卷三引《左传》宣公三年"成王定鼎"一段后说："七百年间，约计前代三十世矣，而后世谓《左传》在周未亡之前逆知享国之年，时之兴废，专归于术，舍弃德政，不亦野哉。《汲冢纪年》'西周二百五十七年'，通东周适于七百之数；而三统历西周三百五十二年，并东周八百余年，既演百年，乃曰周过其历，是前后错谬，不可得强通者也。"学者或认为刘恕所见《汲冢纪年》"西周二百五十七年"当出自今本《竹书纪年》所记"二十四年，岁在甲寅，定鼎洛邑，至幽王二百五十七年"，可见今本之说来历甚早。但刘恕在同书卷三"共和行政"下引《汲冢纪年》云："自武王至幽王二百五十七年。"同时上引刘恕之语还引了《三统历》西周352年的说法，可见他所说257年是指整个西周积年。刘恕的意思是，如果西周积年为257年，至周三十世时恰为七百年，如按《三统历》西周352年[③]，至周三十世时即已八百余年，所以他认为两者"不可得强通"。因此，依据《通鉴外纪》来证明今

①　王国维：《今本竹书纪年疏证》，《广仓学窘丛书》第一、二集，仓圣明智大学，1916年。又附见方诗铭、王修龄《古本竹书纪年辑证》书后，上海古籍出版社，1981年。

②　张培瑜：《〈大衍历议〉与今本〈竹书纪年〉》，《历史研究》1999年第3期。

③　刘恕本人在《通鉴外纪》中采用此说。

本《竹书纪年》定鼎洛邑之岁至幽王十一年的年数来源甚早，理由并不充分。

综上所述，今本《竹书纪年》有关西周积年的记载，可以看作是一种将古本《竹书纪年》西周积年 257 年之年数做了适当加长的体系，不宜简单斥之为伪书而否定其参考价值。

## 5.《史记・鲁世家》与《世经》的鲁公年数

《史记・鲁世家》所记西周时代的鲁公，除伯禽之外皆有在位年数。鲁公承继方式基本是一继一及，即：伯禽子考公 4 年、弟炀公 6 年、子幽公 14 年、弟魏公 50 年、子厉公 37 年、弟献公 32 年、子真公 30 年、弟武公 9 年（《史记・十二诸侯年表》作 10 年）、子懿公 9 年、兄之子伯御 11 年、懿公弟孝公 27 年。

《史记・鲁世家》不仅有伯禽以下诸公年数，于某些年代还给出了对应的王室纪事：真公十四年厉王出奔；二十九年宣王即位；伯御十一年宣王伐鲁杀伯御；孝公二十五年犬戎杀幽王等，为后人以鲁公年数估算周王年数提供了标尺。

据《史记・鲁世家》鲁公年数推算西周积年，最大的困难是伯禽在位年数付之阙如，研究者的看法也难以统一。《集解》引"徐广曰：皇甫谧云伯禽以成王元年封，四十六年，康王十六年卒"，按以上《史记》鲁公年数（用《史记・十二诸侯年表》武公 10 年），自幽王卒上数，加上伯禽 46 年，共 274 年。此年数加上《史记》所载成王亲政前周公摄政 7 年与武王克商后在位之 3 年，共 284 年。

实际上，这里仍有问题。首先是，皇甫谧的伯禽年数很可能来自刘歆的《世经》，而《世经》鲁公年数有些不同于《史记・鲁世家》（见下文）。即使用伯禽 46 年，如章鸿钊《武王克殷年考》[①] 所论，伯禽侯鲁之年有二说：一谓就封于成王即位、周公摄政之元年，见于《史记・周本纪》与《史记・鲁世家》；一谓在周公致政后成王亲政时，见于《世经》及今本《竹书纪年》。章鸿钊调和二说，称"盖伯禽或初代周公就封，后成王复锡之命也"，并据此设伯禽受命后在位 47 年，加代就封 7 年，为 54 年。

《艺文类聚》卷十二引皇甫谧《帝王世纪》："成王元年，周公为冢宰，摄政。……八年春正月朔，王始躬政事，以周公为太师，封伯禽于鲁。"这段话与上引《史记集解》皇甫谧语显有矛盾，所说"成王元年"所指也不一致。皇甫谧究竟持什么意见，他认为伯禽的 46 年应怎样排算，均不清楚。

《汉书・律历志》引刘歆《世经》说明"鲁自周昭王以下亡年数，故据周公、伯禽以下为记"。所述鲁公年数，均言根据《史记・鲁世家》，但以下几位鲁公年数与《史记・鲁世家》有差异：炀公，《史记・鲁世家》云"六年卒"，《世经》引为"六十年"；献公，《史记・鲁世家》"三十二年卒"，《世经》引为"五十年"；武公，《史记・鲁世家》作"九年卒"，《世经》引作"二年"。这样按《世经》所设定伯禽 46 年，加上武王 8 年、周公摄政 7 年（其摄政元年与武王卒年重合），再加其所述鲁公年数（截至鲁孝公 25 年，即幽王末年），则西周积年为 352 年，从而使武王克商年适为公元前 1122 年。

---

① 章鸿钊：《武王克殷年考》，《中国古历析疑》，科学出版社，1958 年。

陈梦家分析《世经》与《史记·鲁世家》年数上的差异，认为炀公6年与60年之差异，"尚可谓今本《史记》脱误，然其它相异之原因不外（1）刘歆所改如《世俘》之例。（2）刘歆所见本不同于今本。然武公年数，世家与年表虽有一年之差而大致相近，故知《世经》所述鲁系年数为可疑也"。他又指出，刘歆"周初五十六年以后至春秋用《史记·鲁世家》（间或改易年数）补足其西周年数"，也就是说，为了凑足其所定西周年数而对《史记·鲁世家》做了改窜①。董作宾《西周年历谱》也认为，《世经》因先考定了伐纣年，"必于鲁公年稍事调整乃能密合，这是可以断言的"②。

刘歆《世经》鲁炀公在位长达60年，而武公在位仅2年，这两个年代与《史记·鲁世家》差距甚大，学者对此多有辩难。如姜文奎否定刘歆《世经》炀公60年之说，理由是伯禽即位时年龄必在20岁以上，在位46年，则其年寿在70岁左右。其子炀公继兄考公而立，当在30或40岁以上，如在位再有60年，则其寿近百岁，甚或逾百。其子魏公杀兄幽公（在位14年）自立时年当已在五六十岁以上，若其在位50年不误，卒时非一百余岁不可。父子两代三人在位共达124年之久，于事理不合③。至于《世经》改鲁武公为7年，董作宾认为是因《世经》列共和元年为真公7年，而《史记·鲁世家》为14年，《世经》遂减少《史记·鲁世家》武公9年为2年，以作调整④。

当代学者虽然都不相信《世经》的西周积年说，但仍有采用其中个别鲁公年数者。例如，董作宾否定《世经》中献公50年、武公2年的说法，却采其炀公60年说⑤，这显然是为了配合他的公元前1111年克商之说。又如张汝舟取《世经》炀公60年说，并以伯禽为53年，遂使伐纣年为公元前1106年。他认为《世经》改动《史记·鲁世家》的仅仅是献公、武公，炀公之年未经改窜。张汝舟认为，刘歆尊信战国历家，以成王五年为蔀首年（按即《世经》所云："当周公摄政五年，正月丁巳朔旦冬至，殷历以为元年戊午，距炀公七十六岁，入孟统二十九章首也。"），由此年至鲁僖公四年，中经六蔀，每蔀76年，共456年。但如依《史记·鲁世家》鲁公纪年，只有445年，比六蔀少11年，所以刘歆改易《史记·鲁世家》，给献公加了18年，武公减了7年，其余皆同于《史记·鲁世家》⑥。但何以知炀公原必是60年，张氏未予证明。

陈梦家的《西周年代考》及其《商殷与夏周的年代问题》分析了刘歆西周积年数的推算方法，认为是从殷历天元（2760320年）减去三统会元（2626560年）及《世经》所引古四分上元至伐桀之年数（132113年）所得之余数（1647年），然后在此范围内，用其所建超辰法，据《国语·周语下》"昔武王伐殷，岁在鹑火"，求可适合其所拟周初56年（武王克商至康王十二年）的鹑火所在之年，遂定公元前1122年为克商之年，然后用三统历法解释有关周初史料中的历日。至于周初56年后至春秋则采用

① 陈梦家：《西周年代考》，商务印书馆，1955年，第16页。
② 董作宾：《西周年历谱》，《历史语言研究所集刊》第23本下，历史语言研究所，1952年。
③ 姜文奎：《西周年代考》，《大陆杂志》第82卷第4、5期，1991年。
④ 董作宾：《西周年历谱》，《历史语言研究所集刊》第23本下，历史语言研究所，1952年。
⑤ 董作宾：《西周年历谱》，《历史语言研究所集刊》第23本下，历史语言研究所，1952年。
⑥ 张汝舟：《西周考年》，《二毋室古代天文历法论丛》，浙江古籍出版社，1987年。

《史记·鲁世家》鲁公年数，加以改易，使积年适合于其所设克商之年①。

张培瑜《西周年代历法与金文月相纪日》提出，刘歆岁星 144 年超辰一次的认识，是他据《左传》《国语》所记岁星位置推算得出的。但并不准确，仍不合实际天象。祖冲之曾做过更正，提出岁星 11.858 年运行一周，84 年超辰一次，而现代天文学证明木星实际上是约 11.86 年运行一周，过 86 年超辰一次。因此，刘歆以公元前 1122 年为克商之年，虽合于三统历，但按现代天文学方法计算，该年岁星并不在鹑火，而是与鹑火相距 5 次，岁在娵訾，所以如伐纣确是岁在鹑火之年，也不会是公元前 1122 年。此外，刘歆三统历基本上是承袭太初历，朔策为 29.530864（现代朔望月平均数值为 29.530588），岁实为 365.2502 日（现代回归年为 365.2422 日），由太初元年（公元前 104 年）上溯，每 307 年即将先天一日。所以，刘歆用超辰法推得的克商之年及其对文献中周初历日的解释，都不合实际。同时，刘歆为了编排文献中并无记载的昭王以下诸王年代，又必须采用与今所见《史记·鲁世家》不同的鲁公年数。在这种情况下，无论刘歆所引鲁公年数有无其他根据，都会因其历法不合天以及克商年岁的不确，而难为人信从②。

## 6. 汉人依殷历推定的西周积年

据朱文鑫《历法通志》考证，传为古六历之一的殷历，制定于公元前 5 世纪的战国时期③。在流传至今的汉代谶纬及注中，可见汉人依殷历所推定的西周积年。例如，《诗经·文王》序："文王，文王受命作周也。"孔颖达疏载《书纬·运期授》引《河图》曰："仓帝之治八百二十岁，立戊午蔀。"注云："周文王以戊午蔀二十九年受命。"又引《尚书中候·雒师谋》注："数文王受命至鲁公末年（按指鲁惠公末年，公元前 723 年）三百六十五岁。"两"注"均指郑玄注，《河图》则为《河图·帝览嬉》。

《河图·帝览嬉》所谓"八百二十岁"是指周的积年，即自文王受命十三年克殷（公元前 1075 年）起历 820 年至公元前 256 年，即周赧王五十九年，则文王受命年是公元前 1088 年。《尚书中候·雒师谋》郑注从文王受命至鲁惠公末年（公元前 723 年）共 365 岁，此文王受命年也是公元前 1088 年。《易纬·乾凿度》云："今入天元二百七十五万九千二百八十岁，昌以西伯受命。入戊午蔀二十九年伐崇侯，作灵台，改正朔，布王号于天下，受录，应河图。"郑注："受命后五年乃为此。"天元为 2759280 岁，一蔀 76 年，20 蔀为一纪，1520 年。2759280 岁除以 1520 年为 1875 纪，余 480 年，480 年除以蔀年 76，得 6 蔀余 24 年，即是入戊午蔀 24 年，殷历戊午蔀首是公元前 1111 年，这是将戊午蔀 24 年作为文王受命年，29 年（公元前 1083 年）作为受命后五年。但《诗经·文王》正义引《易纬·是类谋》言："文王比隆兴始霸，伐崇，作灵台，受赤雀丹书，称王制命示王意。"郑注："入戊午蔀二十九年时，赤雀衔

---

① 陈梦家：《西周年代考》，商务印书馆，1955 年，第 16 页；又《商殷与夏周的年代问题》，《历史研究》1955 年第 2 期。

② 张培瑜：《西周年代历法与金文月相纪日》，《中原文物》1997 年第 1 期。

③ 参看张汝舟：《〈历术甲子篇〉浅释》，《二毋室古代天文历法论丛》，浙江古籍出版社，1987 年。

丹书而命之。"与《易纬·乾凿度》皆讲戊午蔀 29 年伐崇、称王，但没提到《河图》而多了赤雀衔丹书之事。赤雀衔丹书之事又见于《墨子·非攻下》："逮乎商王纣，天不序其德，……赤鸟衔珪，降周之岐社，曰：'天命周文王伐殷有国。'"《太平御览》引此文"鸟"作"雀"，《初学记》引"珪"作"书"。如按《非攻下》，则赤雀衔丹书即是授文王以天命，则文王受命当在戊午蔀 29 年，即公元前 1083 年。郑玄在《书纬·运期授》注中即言，文王受命是在"戊午蔀二十九年"，即以文王称王之年为受命年。陈梦家同意此说[①]。郑玄《书纬·运期授》注与《尚中书候·雒师谋》及《易纬·乾凿度》注中的说法不同，唐兰《中国古代历史上的年代问题》已指出，依文王受命在公元前 1088 年计算，受命 13 年（公元前 1075 年）克商，西周积年为 306 年。依受命在公元前 1083 年计算，受命 13 年（公元前 1071 年）克商，西周积年为 301 年[②]。

　　当代学者对汉人依殷历所定西周积年给予重视并持肯定态度的有唐兰、李仲操等。上举唐兰文论证，殷历西周积年 305 年（文王受命为公元前 1088 年，但从公元前 1087 年计），是"比较可靠的年代"，因为这是"刘歆以外汉代唯一的通行的说法"，而且"是有历法的根据保存下来的，不会有数目字的错误"。他据此将西周始年定在公元前 1075 年，认为这一年代与《尚书·武成》所记历日也没有矛盾。李仲操《对武王克商年份的更正——兼论夏商周年代》一文，亦据汉人依殷历所推西周积年，肯定戊午蔀 41 年即文王受命 13 年（公元前 1071 年）克商[③]。此外，谢元震《西周年代论》虽不赞成殷历具体年代，但认为殷历与周历都有文王受命入戊午蔀 29 年说，也有文王受命 13 年后克商说。因为周历戊午蔀蔀首比殷历多 57 年，在公元前 1168 年，所以殷历在戊午蔀 42 年（即公元前 1070 年）克商，周历则在公元前 1127 年[④]。按谢元震是取文王受命后 13 年克商说，故克商年在戊午蔀 41 年（公元前 1070 年），与李仲操取受命 13 年，克商在戊午蔀 42 年（公元前 1071 年）说有异。

　　这里，还可以提到汉至南北朝有关西周年数的其他几条材料。

　　《史记·平津侯主父列传》引严安《言世务书》："臣闻周有天下，其治三百余岁，成康其隆也，刑错四十余年不用；及其衰也，亦三百余岁，故五伯更起。"陈梦家《西周年代考》认为，周有天下的治世三百余岁，"似指西周而言"，其衰三百余岁，当主要指春秋时期，但前者三百余岁是约数，后者"三百余岁"的下限也不清楚，难以作为凭据。

　　《史记·匈奴列传》："武王伐纣而营洛邑，……其后二百有余年周道衰，而穆王伐犬戎。……穆王之后二百有余年，周幽王用宠姬褒姒之故与申侯有隙，申侯怒而与犬戎共攻杀幽王于骊山之下。"如此，则西周有四百余年，超出其他较为可信的文献太多，自不可信，故除了陈梦家《西周年代考》引及而未加论述之外，尚未有学者引用。

　　又南朝梁萧子显所撰《南齐书·祥瑞志》的一条材料，上面介绍韩国学者方善柱的工作时，已经引述过了。

---

① 陈梦家：《商殷与夏周的年代问题》，《历史研究》1955 年第 2 期。
② 唐兰：《中国古代历史上的年代问题》，《新建设》1955 年第 3 期。
③ 李仲操：《对武王克商年份的更正——兼论夏商周年代》，《中原文物》1997 年第 1 期。
④ 谢元震：《西周年代论》，《文史（第二十八辑）》《文史（第二十九辑）》，中华书局，1987、1988 年。

综上所论，战国到南北朝文献所见西周积年，自二百余年至三百余年不等，差距甚大，这是学者各家推求武王克商年难以折中一是的一个重要原因。由此足见，推求武王克商年不能仅靠文献，还有待于其他的研究途径。

# （三）沣西 97SCMH18 的发现与测年

## 1. 丰镐遗址分期与沣西 97SCMH18

考古学上所说的先周文化，是指武王克商建立西周王朝之前的周人的文化遗存。陕西长安沣西地区是周人旧都丰京所在，武王克商以前，文王就已迁都于此。丰镐遗址作为西周王朝的都城一直延续到平王东迁洛邑，贯穿整个西周之世，因此，丰镐遗址的分期在西周考古学研究中具有标尺意义。

丰镐地区的考古工作开展较早，早在 20 世纪三四十年代，就有学者对这一地区进行了考古调查 ①。自 20 世纪 50 年代以来，中国社会科学院考古研究所在丰镐遗址进行了多次大规模发掘，其中最主要的有以下三次。

1955—1957 年在张家坡和客省庄一带发掘西周墓葬 131 座（包括车马坑）和大面积的遗存，发掘者将西周居址分为早、晚两期，墓葬分为五期，居址和墓葬从早到晚的相对年代是早期居住遗址、第一期墓葬、第二期墓葬、第三期墓葬、晚期居住遗址和第四期墓葬、第五期墓葬。根据出土青铜器等器物的特征，发掘者将第一期墓葬的年代推定在西周初年的成康时期，并据此推断以张家坡早期居住遗址为代表的一类遗存，其起始年代可能在文王作邑于丰之时 ②。

1967 年在张家坡发掘西周墓葬 136 座（包括车马坑），发掘者将这批墓葬分为六期，其中第二期墓葬年代约为西周初年至成康时期，而第一期墓葬年代则和张家坡早期居址同时，相当于文王作邑于丰时期 ③。

1983—1986 年又在张家坡发掘西周墓葬 390 座（包括车马坑），共分为五期，第一期相当于武成康时期，而第五期则相当于西周晚期的宣幽时期 ④。

经过上述大规模的发掘所建立起来的丰镐地区周人墓葬的分期序列，其整体框架已经为其他地区西周墓葬发掘情况所证实，从而被学术界广泛接受。此外，也有研究者对丰镐地区周文化居址出土陶器进行分期研究，进一步完善了该地区周文化的年代序列 ⑤。尤其需要提到的是，1959 年在客省庄村南发掘了两座灰坑 H10 和 H11，有研究者根据灰坑内的包含物将 H10 的时代定为西周早期，而将被 H10 打破的 H11 视为周人

① 徐旭生、常惠：《陕西调查古迹报告》，《国立北平研究院院务汇报》第 4 卷第 6 期，1933 年；石璋如：《传说中周都的实地考察》，《历史语言研究所集刊》第 20 本下册，历史语言研究所，1949 年。

② 中国科学院考古研究所：《沣西发掘报告》，文物出版社，1962 年。

③ 中国社会科学院考古研究所沣西发掘队：《1967 年长安张家坡西周墓葬的发掘》，《考古学报》1980 年第 4 期。

④ 中国社会科学院考古研究所：《张家坡西周墓地》，中国大百科全书出版社，1999 年，第 368 页。

⑤ 蒋祖棣：《论丰镐周文化遗址陶器分期》，《考古学研究（一）》，文物出版社，1992 年，第 256—286 页。

灭商前的遗存 ①，这是考古学上对先周文化探索的关键一步。

　　为了获得更为翔实的分期材料，承担"夏商周断代工程""丰、镐遗址分期与年代测定"专题的中国社会科学院考古研究所沣西工作队，于1997年春在丰镐遗址区内的沣西毛纺厂和东马王乳品厂北部进行了考古发掘，揭露遗址面积120平方米和西周墓葬17座；同年秋天，在遗址区内大原村北发掘约60平方米遗址和西周墓葬3座 ②；1998年春，又在大原村北发掘较大型的西周墓葬3座。这些发掘发现了多组重要的地层关系，出土了一批具有较高学术价值的文物，取得了一批文化属性和相对年代清楚的系列测年样品。

　　1997年春季在沣西毛纺厂北发掘的沣西97SCMT1探方 ③，为综合考察丰镐遗址周文化遗存的分期断代提供了丰富的资料。沣西97SCMT1由一组系列地层单位构成，主要的叠压打破关系有（"→"表示打破或叠压）：T1③层→H3、H8→H11→H16→T1④层→H18。其中最底层的灰坑H18内堆积呈南北向中间倾斜状，依据土质、土色，可划分为四个小层（图3-1）。

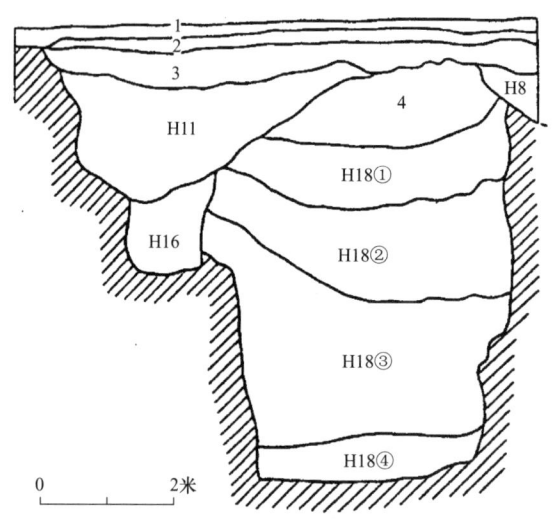

图 3-1　沣西 97SCMT1 西壁剖面及 H18 层位图

　　第1层：灰土层，夹杂红烧土、木炭，草拌泥块和夯土墙皮。出土罐、鬲、簋等陶器以及兽骨等。陶鬲包括袋足鬲和联裆鬲两种。

　　第2层：浅灰土层，质软。包含陶片、兽骨丰富，另出有炭化小米粒和大量螺壳。

　　第3层：浅灰土层。含兽骨、陶片和炭屑较多。

　　第4层：黄土层，质较软。陶片较少，器类有鬲、罐等。

　　在对97SCMH18出土器物整理过程中，发现该灰坑四小层内的陶片经常可以拼对在一起，而且各小层内的包含物也无明显的时代差别，这表明灰坑97SCMH18中的堆

① 徐锡台：《早周文化的特点及其渊源的探索》，《文物》1979年第10期。按，该文中的"早周文化"即是现在考古学上所习称的"先周文化"。
② 中国社会科学院考古研究所丰镐工作队：《1997年沣西发掘报告》，《考古学报》2000年第2期。
③ 中国社会科学院考古研究所丰镐工作队：《1997年沣西发掘报告》，《考古学报》2000年第2期。

积是在一个较短的时间内形成的。

依据地层关系和典型陶器的特征，可将 1997 年在沣西毛纺厂北发掘的相关遗迹分为六期，其中第一期的典型单位有 97SCMH18、97SCMH12 和 97SCMH7 等。本期陶器中泥质陶和夹砂陶均较多，其中泥质陶多为罐、簋和盆类容器，夹砂陶为鬲、甗类炊器。泥质陶和夹砂陶均以褐色为主，另有少量灰陶、红陶和黑陶。从纹饰看，细绳纹占大部分，粗绳纹极少，另有少量麦粒状绳纹和几何印纹。陶器器类庞杂，主要有联裆鬲、乳状袋足鬲、上折沿矮足鬲、周式簋、直口锁链状腰饰甗、敞口甗、盆、罐和大口尊等，不见分裆鬲、仿铜鬲、殷式簋、豆和双耳罐等。

从上述出土器物组合和特征看，以 97SCMH18 为代表的这一期遗存的年代当在文王迁丰至武王伐纣之间的先周文化晚期，这是因为：

第一，本期遗存是沣西地区几十年来考古发掘所见的最早的周人文化遗存。而据《史记·周本纪》记载，文王晚年伐邘、伐崇侯虎之后，"而作丰邑，自岐下而徙都丰"。丰邑的所在，一般认为在今沣河西岸马王镇一带。建丰两年后，文王去世，武王继位，迁都于沣河东岸的镐京。本期遗存即是周人在丰镐一带的最早遗存，所以它们的时代应与周人始居丰相当。

第二，本期陶器具有明显的商末风格，如 97SCMH18 出土的一件方唇折沿鬲[①]，其口沿（97SCMH18：111）及素面矮足跟（97SCMH18：112）和殷墟晚期陶鬲风格相似；本期的乳状袋足鬲的形制则与出典型商末青铜器的先周墓中的同类陶器接近，表明本期时代当在商代末年（图 3-2）。

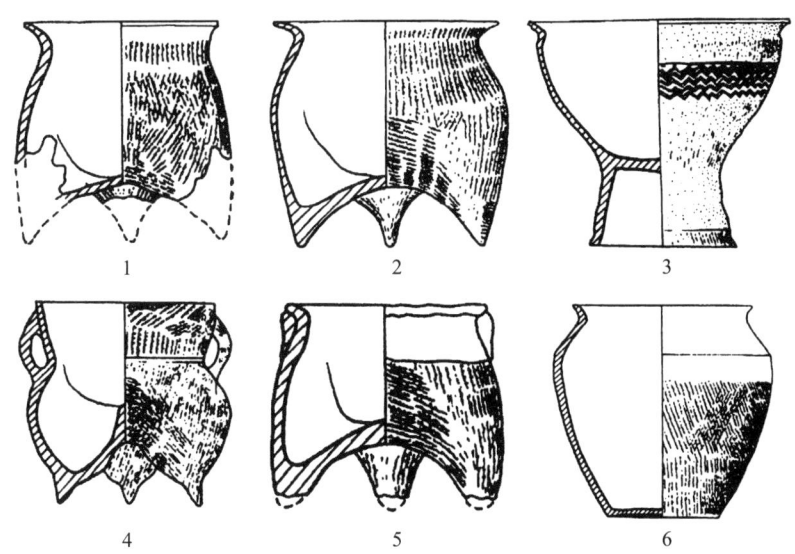

图 3-2　沣西 97SCMH18 出土陶器

1、2、5. 联裆鬲（97SCMH18：39、97SCMH18：50、97SCMH18：56）　3. 簋（97SCMH18：44）

4. 乳状袋足鬲（97SCMH18：53）　6. 尊（97SCMH18：41）

① 中国社会科学院考古研究所丰镐工作队：《1997 年沣西发掘报告》，《考古学报》2000 年第 2 期，第 211 页，图一二，4、15。

第三，在此次发掘的地层关系中，打破第一期97SCMH18、97SCMH7和97SCMF1的地层单位如97SCMH16、97SCMH11、97SCMT1④、97SCMM5和97SCMM7中均出土了西周早期的典型器物，如商式簋、豆、肩部饰几何纹的小口折肩罐等。尤其是在第二期陶器群中，一方面先周文化典型陶器袋足鬲已经消失、直口锁链状腰饰瓶则有少量保存，另一方面周式簋和商式簋共存，而且出现商文化典型特征的器物分裆鬲。这些现象均表明这一时期正处于从先周文化向西周文化的过渡，据此可以将第一期的时代推定在先周晚期（图3-3）。

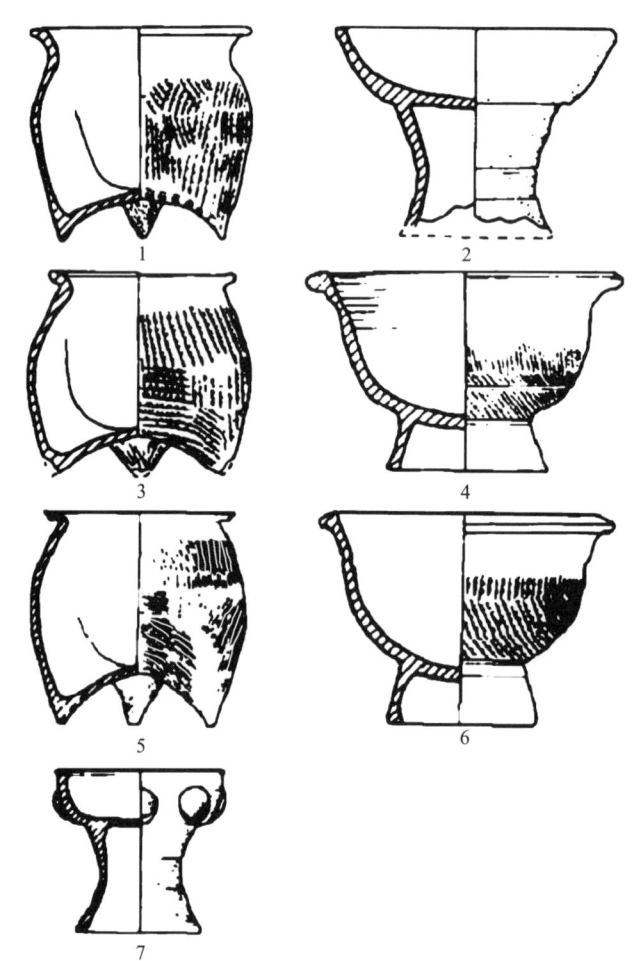

图3-3　打破97SCMH18诸单位出土陶器

1、3、5. 联裆鬲（97SCMH11：19、 97SCMH11：16、97SCMH16：3） 2、7. 豆（97SCMH11：17、
97SCMH16：1） 4、6. 簋（97SCMH11：18、97SCMH16：2）

第四，在此次发掘的属于西周早期的第二、三期遗迹中开始出现大量有商文化因素的器物，如分裆鬲、商式簋和豆等，这些器物应是周人灭商后大量吸收商文化因素所致，而第一期遗存中极少见商文化因素，则表明仍处于克商前的先周时期。

因此，作为先周文化晚期即商代末期典型单位的97SCMH18和作为灭商后西周初期文化典型单位的97SCMT1④层，为从考古学上划分商周界限提供了理想的地层依据，武王克商之年应该包含在这一年代范围之内。

用常规法和 AMS 法对从这组地层中采集的系列含碳样品做了 $^{14}$C 年代测定。其中常规法的测年数据见表 3-2，用 1998 年数轮校正曲线对这组数据进行高精度扭摆匹配，得到武王克商年的年代范围为公元前 1050—前 1010 年。AMS 法的测年结果见表 3-3，根据这组数据，武王克商年的范围为公元前 1060—前 1000 年。

**表 3-2　沣西 97SCMH18 及相关遗存常规 $^{14}$C 测年数据**

| 分期 | 单位 | 样品 | 实验室编号 | $^{14}$C 年代（BP） | 系列样品校正年代（BC） |
|---|---|---|---|---|---|
| 先周 | 97SCMT1H18 ③ | 木炭 | ZK5725 | 2893±34 | 1130—1080 |
| | 97SCMT1H18 ② | 炭化粟<br>木炭 | ZK5724<br>XSZ002 | 2860±33<br>2860±33 | 1067—1027 |
| | 97SCMT1H18 ① | 木炭<br>骨头 | ZK5727<br>XSZ032 | 2837±37<br>2838±43 | 1052—1016 |
| 分界年代范围 | | | | | 1050—1020 |
| 西周初 | 97SCMT1 ④ 2.4 米 | 木炭 | ZK5730 | 2872±33 | 1040—1002 |
| | 97SCMT1 ④上层 | 木炭 | ZK5728 | 2854±33 | 1021—980 |
| 西周中 | 97SCMT1 ③ | 木炭<br>骨头 | ZK5732<br>XSZ037 | 2845±33<br>2831±35 | 985—930 |

**表 3-3　沣西 97SCMH18 及相关遗存 AMS$^{14}$C 测年数据**

| 分期 | | 单位 | 样品 | 实验室编号 | $^{14}$C 年代（BP） | 系列样品校正年代（BC） |
|---|---|---|---|---|---|---|
| 起始边界 | | | | | | 1170—1070 |
| 先周 | 一期 | 97SCMT2H7 | 骨头 | SA97022 | 2935±35 | 1130—1040 |
| | | 97SCMT1H18 ③ | 炭化粟 | SA97029 | 2850±50 | 1115—1025 |
| | | 97SCMT1H18 ② | 炭化粟 | SA97030 | 2900±50 | 1120—1035 |
| | | 97SCMT1H18 ② | 木炭 | SA97002 | 2905±50 | 1120—1035 |
| | | 97SCMT1H18 ① | 木炭 | SA97003 | 2895±50 | 1115—1030 |
| 武王克商 | | | | | | 1060—1000 |
| 西周早期 | 二期 | 97SCMT1 ④下 | 木炭 | SA97004 | 2855±55 | 1035—975 |
| | | 97SCMT1 ④下 | 木炭 | SA97009 | 2840±55 | 1030—975 |
| | 三期 | 97SCMT1H16 | 木炭 | SA97010 | 2810±45 | 998—952 |
| | | 97SCMT1H11 | 木炭 | SA97011 | 2845±45 | 1005—945 |
| 西周中 | 四期 | 97SCMTlH8 | 木炭 | SA97012 | 2890±40 | 958—922 |
| | | 97SCMT1H8 | 骨头 | SA97013 | 2860±35 | 959—920 |
| | | 97SCMT1H3 | 木炭 | SA97014 | 2685±45 | 905—825 |
| | | 97SCMT1H3 底 | 木炭 | SA97015 | 2695±50 | 915—840 |
| | | 97SCMT1 ③ | 木炭 | SA97023 | 2730±45 | 920—845 |
| | 五期 | | | | | 860—800 |

| 分期 | 单位 | 样品 | 实验室编号 | ${}^{14}$C 年代（BP） | 系列样品校正年代（BC） |
|---|---|---|---|---|---|
| 西周晚 | 97SCMT2M8 | 人骨 | SA97025 | 2620±55 | 832—785 |
| 终止边界 | | | | | 825—755 |

## 2. 由相关系列 ${}^{14}$C 测年推定克商年的范围

与推定克商年范围有比较直接联系的考古遗址样品系列，除上述沣西系列外，还有商后期的殷墟系列、西周的琉璃河系列和天马—曲村系列。经 ${}^{14}$C 年代测定，其年代范围分别为：

$$\begin{array}{ll} \text{殷墟四期} & \text{公元前 1090—前 1040 年左右} \\ \text{琉璃河一期 1 段墓葬} & \text{公元前 1040—前 1006 年左右} \\ \text{曲村一期 1 段} & \text{公元前 1020—前 970 年左右} \end{array}$$

考虑到殷墟文化四期的年代有可能延续到西周初，故克商年范围的上限可取为公元前 1050 年。琉璃河遗址一期 H108 出土有"成周"甲骨，其年代不得早于成王，因此其上界可以作为克商年范围的下限，该遗址第一期墓葬中最早的年代数据的中值为公元前 1020 年。由此得出克商年的范围为公元前 1050—前 1020 年之间。

这里还应提到，经多学科合作，对殷墟宾组卜辞中 5 次月食的年代进行证认，并计算出 5 次月食的绝对年代，参照文献所见的商代积年和武丁及其后诸王年代的记载，以及由周祭卜辞对商末三王年祀的研究，得出的克商年范围也在公元前 1050—前 1020 年之间（详见下文"商代后期年代学研究"）。

上述结果排除了武王克商年的长年说的可能性，将克商年的范围从各家学说相距的 112 年缩短到 30 年。

# （四）武王克商年的天象史料

## 1. 对传世文献中有关记载的讨论

武王克商是中国古代历史上最重大的事件之一，传世文献多有记载，有的记其历日；同时古人的认识与信仰，一般认为战争胜负与天象相关，从而在各种文献中对武王伐纣时的天文气象有不少叙述，现大致依文献时代次第摘录如下。

①《尚书·牧誓》：

> 时甲子昧爽，王朝至于商郊牧野，乃誓。

②《汉书·律历志》引《周书·武成篇》：

> 惟一月壬辰旁死霸，若翌日癸巳，武王乃朝步自周，于征伐纣。
> 粤若来三（二）月既死霸，粤五日甲子，咸刘商王纣。

惟四月既旁生霸，粤六日庚戌，武王燎于周庙。翌日辛亥，祀于天位。粤五日乙卯，乃以庶国祀馘于周庙。

③《逸周书·世俘》：

惟一月丙辰旁生魄，若翼日丁巳，王乃步自于周，征伐商王纣。越若来二月既死魄，越五日甲子，朝至接于商。则咸刘商王纣……

时四月既旁生魄，越六日庚戌，武王朝至燎于周。……若翼日辛亥，祀于位，用籥于天位。越五日乙卯，武王乃以庶祀馘于国周庙……[①]

④《逸周书·小开》：

维三十有五祀，王念曰：多口，正月丙子拜望食无时。[②]

⑤《尚书·泰誓》序：

惟十有一年，武王伐殷。一月戊午，师渡孟津。

⑥《国语·周语下》：

（周景）王将铸无射，问律于伶州鸠。对曰："……昔武王伐殷，岁在鹑火，月在天驷，日在析木之津，辰在斗柄，星在天鼋。星与日辰之位，皆在北维。……（武）王以二月癸亥夜陈，未毕而雨……"

⑦《尸子》（《荀子·儒效》杨倞注引）：

武王伐纣，鱼辛谏曰："岁在北方不北征"，武王不从。

⑧《荀子·儒效》：

武王之诛纣也，行之日以兵忌，东面而迎太岁，至氾（汜）而汎，至怀而坏，至共头而山隧。

⑨《六韬》（《旧唐书·礼仪志一》引）：

武王伐纣，雪深丈余。

⑩《淮南子·兵略》：

武王伐纣，东面而迎岁，至氾而水，至共头而坠，彗星出而授殷人其柄。当战之时，十日乱于上，风雨击于中。

① 黄怀信、张懋镕、田旭东：《逸周书汇校集注》（修订本），上海古籍出版社，2007 年，第 412—415、436—441 页。
② 黄怀信、张懋镕、田旭东：《逸周书汇校集注》（修订本），上海古籍出版社，2007 年，第 217 页。

⑪《史记·周本纪》：

　　十一年十二月戊午，师毕渡盟津。……二月甲子昧爽，武王朝至于商郊牧野，乃誓。

⑫《春秋纬·元命包》：

　　殷纣之时，五星聚于房。房者，苍神之精，周据而兴。①

⑬ 桓谭《新论》（《太平御览》三二九引）：

　　甲子，日月若连璧，五星若连珠。昧爽，武王朝至于商郊牧野，从天以讨纣，故兵不血刃而定天下。②

⑭《越绝书·外传纪策考》：

　　（伍）子胥曰：……昔者武王伐纣时，彗星出而兴周。武王问，太公曰："臣闻以彗斗，倒之则胜。"③

⑮ 皇甫谧《帝王世纪》（《开元占经》卷十九注引）：

　　文王在丰，九州诸侯咸至，五星聚于房。④

⑯ 皇甫谧《帝王世纪》（《初学记》卷九、《尚书·武成》正义引）：

　　武王四年，起师而东，遂率戎车至鲔水。……王军至鲔水，纣使胶鬲候周师，见王问曰："西伯将焉之？"王曰："将攻薛也。"胶鬲曰："然，愿西伯无我欺。"王曰："不子欺也，将之殷。"胶鬲曰："何日至？"王曰："以甲子日，以是报矣。"胶鬲去而报命于纣，而雨甚。军卒皆谏王曰："卒病，请休之。"王曰："吾已令胶鬲以甲子报其主矣。吾雨而行，所以救胶鬲之死也。"遂行，甲子至于商郊。⑤

⑰《宋书·天文志》：

　　今案遗文所存，五星聚者有三，周、汉以王，齐以霸：周将伐殷，五星聚房；齐桓将霸，五星聚箕；汉高入秦，五星聚东井。

① 安居香山、中村璋八：《纬书集成（中）》，河北人民出版社，1994 年，第 593 页。
② 严可均：《全上古三代秦汉三国六朝文（第二册）》，河北教育出版社，1997 年，第 145 页。
③ 李步嘉：《越绝书校释》，武汉大学出版社，1992 年，第 134 页。
④ 徐宗元：《帝王世纪辑存》，中华书局，1964 年，第 84 页。
⑤ 徐宗元：《帝王世纪辑存》，中华书局，1964 年，第 88—89 页。

⑱《宋书・符瑞志》:

> 文王梦日月著其身,又鸑鷟鸣于岐山。孟春六旬,五纬聚房。[1]

⑲《魏书・张渊传》:

> 桀斩谏以星孛,纣酖荒而致彗。

⑳《周书・刘璠传》载刘璠《雪赋》:

> 庚辰有七尺之厚,甲子有一丈之深。

㉑ 今本《竹书纪年》卷上:

> (帝辛)三十二年,五星聚于房。

以上 21 条材料,按照内容可分为若干类别。大部分是直接关系到武王伐纣的,又可分作如下五类:

讲到当时历日的,有①、②、③、⑤和 ⑪。

讲到"岁"的,有⑥、⑦、⑧和 ⑩,其中⑥又述及其他星象。唯⑧明言是指"太岁",其余则可能指岁星,即木星。

讲到"日月如合璧,五星如连珠"的,有⑬。

讲到彗星的,有⑭。

讲到降水的,有⑨、⑯和⑳,其中⑨、⑳ 讲雪,⑯则说是雨。

还有一部分说的是文王和纣时的天象,可作为武王伐纣年代的参考。分作如下三类:

④ 有学者认为是月食。

⑫、⑮、⑰、㉑讲的是五星聚房。

⑲ 讲的是彗星。

这些记载,时代有早有晚,有的还存在真伪问题,其史料价值有很大差别,不能一概而论。

## 2. 利簋及"岁鼎"的解释

利簋(图 3-4)1976 年出土于陕西临潼西段村的一处青铜器窖藏[2],其铭文是直接记述武王克商的唯一古文字材料,簋铭共四行,33 字,释读为:

> 武王征商,惟甲子朝,岁
> 鼎,克闻,夙有商。辛未,
> 王在阑自,锡右吏(史)利

---

① 今本《竹书纪年》卷下文同。

② 临潼县文化馆:《陕西临潼发现武王征商簋》,《文物》1977 年第 8 期。

金，用作檀公宝 障彝。

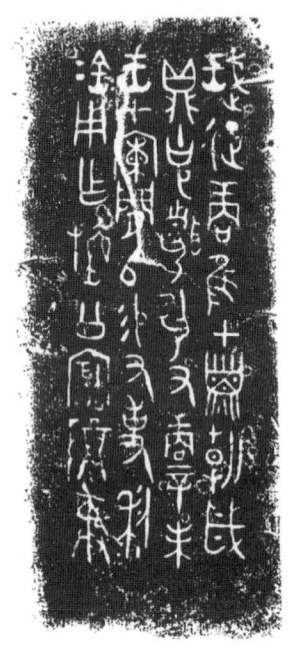

图 3-4　利簋器形及铭文

（引自《陕西金文集成》第 13 册第 2-3 页）

克商之战发生于甲子日晨，铭文与《尚书·牧誓》等文献一致。"夙有商"意谓至次日天明占有商都，也同文献吻合。辛未，则为甲子后七天。

"岁鼎，克闻"四字，学者曾提出多种解释。以其中"岁"为岁星之说，是于省吾最早提出，经张政烺加以发挥的①。

簋的器主利职为"右史"。《左传》哀公元年和《国语·周语》都曾讲到周人史官主知天道。《周礼·大史》也提到在大规模出征时，大（太）史要"抱天时"即式盘从行，执行观测天象以决吉凶的任务。

"岁鼎"的"鼎"应读为"贞"，《楚辞·离骚》云："摄提贞于孟陬，惟庚寅吾以降。"摄提系星名，文例与簋铭"惟甲子朝，岁鼎（贞）"相似，贞均训为当，岁星之当，指其中天而言②。"克闻"的"闻"意为报告。殷墟卜辞记月食之变，有"三日己酉夕，月有食，闻"③，是说见月食而上报于商王武丁，簋铭则是见岁星中天而上报武王，这正是右史利立功获赏的原因④。

前引文献有好几条说到武王伐纣时岁星的位置，虽然互有不同，但可以说明当时

---

① 于省吾：《利簋铭文考释》，《文物》1977 年第 8 期，但未坚持此说；张政烺：《〈利簋〉释文》，《考古》1978 年第 1 期。

② "岁鼎（贞）"应指在短时段内的现象，故不能解为"岁在鹑火"。

③ 郭沫若：《甲骨文合集》，11485 号、11486 号，中华书局，1999 年。

④ 李学勤：《夏商周年代学札记》，辽宁大学出版社，1999 年，第 204—205 页。

行军要一直对岁星进行观察。牧野决战之际，周的史官报告岁星的状况，是理所当然的。

## 3.《武成》与《世俘》

《汉书·律历志》所录刘歆《世经》引《周书·武成篇》，应为西汉景帝末年孔壁所出古文《尚书》的一篇，后已亡佚。今传《孔传》本《武成》，前人早已指出不能作为依据。但刘歆所引各条，都见于流传至今的《逸周书·世俘》，清代陈逢衡《逸周书补注》即称"《世俘》旧亦有《武成》之目"，并指出应当用刘引《武成》校正《世俘》历日干支的讹字。朱右曾《逸周书集训校释》还说明："《武成》、《世俘》文多大同，但《孟子》所读《武成》，有'血之流杵'，《世俘》无之。"这可能是《世俘》为《武成》异本，或者有脱失的段落①。

现代不少学者对《世俘》做过研究，认为其确系周初文献。郭沫若认为："《逸周书》中可信为周初文字者仅有三二篇，《世俘解》即其一，最为可信。……《世俘解》之可信，除文字体例当属于周初以外，其中所纪社会情形与习尚多与卜辞及古金中所载者相合。"他举出了"国族之多与卜辞合""国族称方与卜辞合""猎兽之多与卜辞合""用牲之多与卜辞合""用人为牲与卜辞合"等一系列例证②。有关讨论详见顾颉刚《〈逸周书·世俘篇〉校注、写定与评论》③一文。

因此，在推排武王伐纣历日的时候，可以将《世俘》作为《武成》异本看待。

## 4.《国语》伶州鸠语的性质

《国语》所载周人伶州鸠的一段话，由于其中天象与《武成》历日相合，历来受到学者的重视。

伶州鸠这段话，见今传世本《国语》卷三《周语下》。按《周语》记周穆王至敬王及贞定王时事，其间有关景王的记述比较详细，一共有四条：

> "景王二十一年（公元前524年），将铸大钱。"
> "二十三年（公元前522年），王将铸无射而为之大林。"
> "王将铸无射，问律于伶州鸠。"
> "景王既杀下门子，宾孟适郊，见雄鸡自断其尾。"

这四条在文字上是互相关联的。第一、二两条均叙单穆公进谏。第二条讲到铸钟，末尾有王与伶州鸠谈话，伶州鸠说："三年之中而害金再兴焉。"即兼指二十一年铸钱、二十三年铸钟而言。第三条追记景王将铸钟时对伶州鸠的询问，条首不再纪年。第四条载景王"将杀单子，未克而崩"，也是联系前文单穆公两次进谏的事。这些文字组织

---

严密，先后呼应，看不出插改的痕迹。

上引《周语下》"王将铸无射而为之大林"和"王将铸无射"等语，近年已经得到金文的印证。韦昭注引贾逵云："大林，无射之覆也。作无射，为大林以覆之，其律中林锺也。"唐固和韦昭本人都支持此说，韦昭还据下文有"细抑大陵，不容于耳，非和也；听声越远，非平也"，认为大林大过其律，无射之声将为大林所陵。"大林"即《左传》襄公十九年鲁季武子所作林钟。杨树达1946年撰《楚公钟跋》[①]，释定金文中相当"大林"之"林"的字，指出钟铭常有"大林钟""宝林钟""龢（和）林钟""宝大林钟""大林和钟"一类名称。1979年，陕西扶风豹子沟出土一件南宫乎钟[②]，其甬部铭云：

> 司徒南宫乎作大林协钟，兹钟名曰无昊（射）。

据测定，该钟音阶确合于无射[③]。看来"大林"是指成组的编钟[④]，无射只是其中的一件，这种古义汉代人们已不能了解了，从而做出律中林锺的错误解释。

"岁在鹑火"一段，系在"王将铸无射"条的中间。这一条记载，景王先问一般的乐律，伶州鸠对答时，详细列举十二律，与《周礼·大师》相合。接着景王又问七律，即七声音阶（宫、商、角、徵、羽、变宫、变徵），伶州鸠答复说：

> 昔武王伐殷，岁在鹑火，月在天驷，日在析木之津，辰在斗柄，星在天鼋。星与日辰之位，皆在北维。颛顼之所建也，帝喾受之。我姬氏出自天鼋，及析木者，有建星及牵牛焉，则我皇妣大姜之侄伯陵之后逄公之所凭神也。岁之所在，则我有周之分野也。月之所在，辰马农祥也，我大祖后稷之所经纬也。王欲合是五位三所而用之。自鹑及驷七列也，南北之揆七同也，凡人、神以数合之，以声昭之。数合声和，然后可同也，故以七同其数而以律和其声，于是乎有七律。

"五位"即岁、月、日、星、辰，"三所"即逄公所凭神、周分野所在、后稷所经纬，见于韦昭注。注文又说，"自鹑及驷"指鹑火之分张宿到天驷所在房宿共七宿（张、翼、轸、角、亢、氐、房），"南北之揆"指岁在鹑火午至辰星在天鼋（玄枵）子七同（午、未、申、酉、戌、亥、子），前者为数，后者为声，是故以律同其数而规定了七律。这种对七律的解释，自然是充满神秘主义色彩的，但不难证明，从"岁在鹑火"到"星在天鼋"，都是这一理论不可缺的因素，因此绝不是后人臆加的，它们一定是《周语》本文。

关于伶州鸠的身份，可由《周语》本身来推求。"二十三年"条载，单穆公谏，景王不听，"问之伶州鸠"，韦注："伶，司乐官。"这从伶州鸠说"臣之守官弗及也"，即

---

① 杨树达：《积微居金文说》，中华书局，1997年，第79—80页。
② 吴镇烽：《陕西金文汇编》，三秦出版社，1989年。
③ 罗西章：《扶风出土的商周青铜器》，《考古与文物》1980年第4期。
④ 李纯一：《中国上古出土乐器综论》，文物出版社，1996年，第188页。

可证明。按《诗经·简兮》序有"伶官",郑玄注：

> 伶官，乐官也。伶氏世掌乐官而善焉，故后世多号乐官为伶官。

伶氏世掌乐官，传说始于黄帝时的伶伦，详见《诗经·简兮》疏及《左传》成公九年疏。这就和《史记·太史公自序》上溯祖先于"重黎氏世序天地"，至周"司马氏世典周史"是一样的。伶州鸠出自乐官世家，能传述古事并非奇怪。

伶州鸠的官职，相当于《周礼》的大师。《大师》职云"掌六律六同，以合阴阳之声"，阳声、阴声即伶州鸠所述十二律。值得注意的是大师与军旅之事有关。《大师》称："大师，执同律以听军声而诏吉凶。"郑玄注：

> 大师，大起军师。兵书曰："王者行师，出军之日授将弓矢，士卒振旅，将张弓大呼，大师吹律合音……"

原来古代有一种占术，在征伐时由乐官吹律合音，借以占候吉凶。《左传》襄公十八年，楚军侵郑，晋人闻有楚师，师旷说：

> 不害吾。骤歌北风，又歌南风。南风不竞，多死声，楚必无功。

就是这一类占术。

上面郑玄所引"兵书"，贾公彦疏认为是"武王出兵之书"。《史记·律书》云[①]：

> 六律为万事根本焉。其于兵械尤所重，故云望敌知吉凶，闻声效胜负，百王不易之道也。武王伐纣，吹律听声，推孟春以至于季冬，杀气相并，而音尚宫。同声相从，物之自然，何足怪哉？

所说"武王伐纣，吹律听声"，便是指《周语下》伶州鸠的话。

伶州鸠在解说了"七律"的形成之后，又说：

> 王以二月癸亥夜陈（阵），未毕而雨，以夷则之上宫毕，当辰，辰在戌上，故长夷则之上宫，名之曰《羽》，所以藩屏民则也。
>
> 王以黄钟之下宫布戎于牧之野，故谓之《厉》，所以厉六师也。
>
> 以太簇之下宫布令于商，昭显文德，底纣之多罪，故谓之《宣》，所以宣三王之德也。
>
> 反及嬴内，以无射之上宫布宪施舍于百姓，故谓之《嬴乱》，所以优柔容民也。

由此可见，周朝乐官世代相传着一套与武王伐纣事迹有关的乐律及占候的理论，其起源有可能早到周初。"岁在鹑火"等天象，就是在这套理论中流传下来的。

---

① 《律书》可能有残缺，但非出褚少孙所补，参看泷川资言、水泽利忠：《史记会注考证（附校补）》，上海古籍出版社，1986年，第710页。

《国语》《左传》岁星行十二次的记载，大多见于其中预言，前人如新城新藏和刘坦，已推算是在公元前 478 年前后根据那时的天文知识推衍而得 ①。但《周语下》伶州鸠所说与预言无关 ②，可能使用了伶州鸠当时的术语，保存着过去遗留的传说。

# （五）武王克商年的天文推算

在前述武王克商年的可能范围（即公元前 1050—前 1020 年）之内，"夏商周断代工程"通过现代天文方法回推克商天象，推定克商之年，曾考虑公元前 1027 年、公元前 1044 年、公元前 1046 年三个方案。

## 1. 公元前 1027 年方案

此说通过殷墟甲骨文宾组五次月食记录的年代计算，得出两组商王武丁在位年的范围：

① 公元前 1239—前 1181 年（乙酉夕月食当武丁末年）；

② 公元前 1250—前 1192 年（壬申夕、乙酉夕月食在祖庚世）③。

古本《竹书纪年》的盘庚迁殷以后的商代晚期积年一般认为是 273 年，鉴于迁殷到武丁即位年数不能过长，古本《竹书纪年》的西周积年 257 年是可取的。

公元前 1027 年说见于古本《竹书纪年》，是现存最早的典籍记载，又能与上述甲骨文月食推算匹配，但此说不合于《国语·周语下》伶州鸠天象，也不能与"夏商周断代工程"推定的西周金文历谱有理想的整合。

## 2. 公元前 1044 年方案

公元前 1044 年方案的详细内容，已有《回天：武王伐纣与天文历史年代学》④ 一书发表。这一方案指出，通过对文献可信性的分析判断，从天文学计算出发，重建的武王伐纣日程表应该同时满足如下七项条件。

第一，克商之日的日干支为甲子。（据利簋铭文）

第二，克商之日的清晨应有岁星当头的天象。（据利簋铭文）

第三，周师出发时应能在当地东方见到岁星。（据《淮南子·兵略》及《荀子·儒效》）

第四，在周师出发前后，应有"月在天驷"和"日在析木之津"的天象。（据《国语》伶州鸠语及《世经》的有关讨论）

---

① 陈美东：《岁星纪年法、太岁纪年法与干支纪年法》，《中国科学技术史·天文学卷》，科学出版社，2003 年，第 61—67 页。

② 李学勤：《武王伐殷天象的特点——札记第四十三》，《张家口职业技术学院学报》1999 年第 4 期。

③ 详见本书"四、商代后期的年代学研究"。

④ 江晓原、钮卫星：《回天：武王伐纣与天文历史年代学》，上海人民出版社，2000 年。

　　第五，从周师出发到克商之间应有一段日子，其长度应使周师从周地出发行进至牧野有合乎常理的时间。（据《武成》、《世俘》历日及《世经》中的有关讨论）

　　第六，在周师出发后、甲子日克商前，应有两次朔发生，考虑周初对朔的确定有误差，第一次日干支为辛卯或壬辰；第二次则约在克商前五日，日干支为庚申或辛酉。（据《武成》《世俘》历日）

　　第七，在武王伐纣的过程中，应能见到"星在天鼋"的天象。（据《国语》伶州鸠语）

　　将以上七项条件逐条筛选。首先从"月在天驷"和"日在析木之津"入手，设定：

　　① 太阳黄经在 215°～255°范围内（比析木之津略宽）。

　　② 月球黄经在天驷四星（该四星黄经在公元前 1050 年左右都在 200°～201°之间）前后 ±15° 之间（明显比"月在天驷"宽泛）。

　　③ 月球黄纬不限。

经计算，在公元前 1122 至前 1021 年之间，共有 145 个可以满足"日在析木之津，月在天驷"条件的日期（其中有一年两个的情况）。对有连续二、三日满足"日在析木之津，月在天驷"的情况，则取其中月亮近天驷之日（所有位置都指当天世界时 0 时的位置，具体讨论时，月黄经需增加一个与时差改正相应的量，3.5°左右）。结果可得出 145 个日子 [①]，这 145 个日子附近都有可能是周师出发的时间。

　　其次，从上述日期中寻找"日在析木之津，月在天驷"日期之后日干支为甲子的日期。两者必须相隔合理的天数，然后计算这些甲子日的月龄——距离前一个定朔的日序，再根据《武成》推算既死魄的日序（在此过程中，两个"师初发"日期有时只对应一个合适的甲子日）。

　　专题组采用刘歆对月相名词的解释，以死霸为朔、生霸为望。首先可以认定：初三至十六不可能为既死魄定点日，故按《武成》历日，克商之甲子日不会在初七到二十之间。删除不合部分（甲子日重复的日期取其中适当的一组）后，剩下 59 个符合的日期。

　　接着，利用两种岁星天象进行筛选：第一，"日在析木之津，月在天驷"之日及此后若干日能否见到"东面而迎岁"；第二，甲子日岁星上中天的情况：是否在白天，是否在日出前。如此即可做进一步筛选：删除：a. 在"师初发"前后不能在早晨东方天空见到岁星的日子；b."克商"之甲子日，岁星上中天时间在日出之后（看不见）和半夜之前（属前一天）的日子，可选的结果减少到 14 个。

　　然后做天象综合检验，包括月与天驷四星的位置关系、"月在天驷"天象发生的时间、"岁鼎"时岁星的地平高度、其他亮天体的情况等，详见表 3-4。

---

① 江晓原、钮卫星：《回天：武王伐纣与天文历史年代学》，上海人民出版社，2000 年，第 109—114 页。

表3-4　伐纣天象综合检验表

| 事件 | 年（公元前） | 月 | 日 | 时刻 | "岁鼎"高度 | 其他天象 | 检验结果 |
|------|------|------|------|------|------|------|------|
| 师初发 | 1117 | 11 | 20 | 19：00 | | 晨见时，月离天驷四星太远 | 不可取 |
| 克商 | 1116 | 1 | 27 | 2：00 | 高 | "岁鼎"偏早 | |
| 师初发 | 1104 | 11 | 27 | 3：30 | | | 不可取 |
| 克商 | 1103 | 1 | 19 | 4：46 | 高 | 岁星合下弦月 | |
| 师初发 | 1103 | 11 | 17 | 12：00 | | 晨见时，月离天驷四星较远 | 不可取 |
| 克商 | 1102 | 1 | 14 | 6：54 | 较低 | "岁鼎"偏晚 | |
| 师初发 | 1093 | 11 | 25 | 16：00 | | 晨见时，月离天驷四星太远 | 不可取 |
| 克商 | 1092 | 1 | 21 | 3：01 | 高 | | |
| 师初发 | 1092 | 12 | 13 | 0：30 | | 月在天驷四星外侧 | 勉强可取1 |
| 克商 | 1091 | 1 | 16 | 5：12 | 高 | | |
| 师初发 | 1082 | 11 | 24 | 9：30 | | | 勉强可取2 |
| 克商 | 1081 | 1 | 24 | 0：57 | 高 | 火星在岁星左侧 | |
| 师初发 | 1081 | 12 | 10 | 14：00 | | 月离天驷较远，金星为晨星 | 勉强可取3 |
| 克商 | 1080 | 1 | 18 | 3：31 | 高 | | |
| 师初发 | 1068 | 11 | 19 | 22：30 | | 木星、金星在月上下 | 不可取 |
| 克商 | 1067 | 1 | 10 | 6：05 | 低 | 右上有明月 | |
| 师初发 | 1057 | 11 | 18 | 6：00 | | | 勉强可取4 |
| 克商 | 1056 | 1 | 12 | 4：28 | 高 | 岁星左下有下弦月 | |
| 师初发 | 1056 | 11 | 8 | 4：00 | | 太靠近太阳，不可见 | 不可取 |
| 克商 | 1055 | 1 | 7 | 6：30 | 低 | | |
| 师初发 | 1046 | 11 | 16 | 22：00 | | 近太阳 | 勉强可取5 |
| 克商 | 1045 | 1 | 15 | 2：35 | 高 | | |
| **师初发** | **1045** | **12** | **3** | **5：30** | | | **可取6** |
| **克商** | **1044** | **1** | **9** | **4：55** | **高** | | |
| 师初发 | 1021 | 11 | 10 | 18：30 | | 太靠近太阳，不可见 | 不可取 |
| 克商 | 1020 | 1 | 3 | 5：44 | 高 | 下弦月在岁星边上 | |
| 师初发 | 1021 | 12 | 8 | 2：30 | | | 可取7 |
| 克商 | 1020 | 3 | 4 | 1：50 | 高 | | |

至此，可选的日期只剩下七组，以表中这七组日期，按《武成》历日进行具体的日程编排，即可发现：

第1组："一月壬辰旁死霸"与"一月戊午师渡孟津"分在两个月里，甲子为三月朔日。不可取。

第2组与第4、第5组："一月壬辰旁死霸"与"一月戊午师渡孟津"分在两个月里。"师初发"与"武王乃朝步自周"相隔时间太长，不合情理。

第7组："一月壬辰旁死霸"与"一月戊午师渡孟津"分在两个月里，"师初发"到"克商"长达87天，从"师初发"与"武王乃朝步自周"相隔时间也太长，不合情理。

用《武成》历日检验，要求周师出发到甲子克商之间，应有两次朔发生，第一次为辛卯或壬辰，第二次在甲子前5日左右的庚申或辛酉，结果只有第3、6两组符合。而就这两组日期来说，公元前1080年1月18日甲子日"岁鼎"时间偏早，只有第6组：公元前1045年12月3日（或4日及附近日子）武王出师，公元前1044年1月9日甲子日克商，此日"岁鼎"时间为4：55，紧扣利簋铭文"甲子朝岁鼎"的记载，成为唯一可取的日期。

天文计算显示，公元前1045年从12月21日起，水星进入玄枵之次，此时它与太阳距角达到18°以上，可在日落后被观测到。在甲子克商之后，从公元前1044年2月4日起，直至24日，水星再次处于玄枵之次，此时水星成为"在天鼋"之晨星，更容易观测到。

"武王伐纣"是一个时间段的概念。它应有广、狭二义。就狭义言之，可以认为是从周师出发到甲子克商；若取广义言之，则可视为一个自武王观兵于孟津开始的长达两年多的过程。计算结果，公元前1047年下半年的大部分时间岁星都在鹑火之次，因此，公元前1044年克商方案也可认为满足了"岁在鹑火"的条件。

依公元前1044年这一方案，武王伐纣年份与克商日程可用表3-5简要表示。

**表3-5　武王伐纣年份与克商日程表**

| 年月日（公元前） | 干支 | 天象 | 天象记载之出处 | 事件 | 事件记载之出处 |
|---|---|---|---|---|---|
| 1047 | | 岁在鹑火<br>（持续了约半年） | 《国语》 | 孟津之会，伐纣之始 | 《史记·周本纪》 |
| 1045.12.3 | 丁亥 | 月在天驷<br>日在析木之津 | 《国语》 | | |
| 1045.12.4 | 戊子 | 东面而迎岁<br>（此后多日皆如此） | 《淮南子》 | 周师出发 | 《世经》 |
| 1045.12.7 | 辛卯 | 朔 | 《武成》 | | |
| 1045.12.9 | 癸巳 | | | 武王乃朝步自周 | 《武成》 |
| 1045.12.21 | 乙巳 | 星在天鼋<br>（此后可见5日） | 《国语》 | | |
| 1045.12.22 | 丙午 | 望（旁生魄） | 《世俘》 | | |
| 1044.1.3 | 戊午 | | | 师渡孟津 | 《史记·周本纪》 |
| 1044.1.5 | 庚申 | 既死霸 | 《武成》 | | |
| 1044.1.6 | 辛酉 | 朔 | | | |
| 1044.1.9 | 甲子 | 岁鼎 | 利簋铭文 | 牧野之战，克商 | 利簋铭文<br>《武成》<br>《世俘》 |
| 1044.2.4 | 庚寅 | 朔　星在天鼋<br>（此后可见20日） | 《国语》 | | |

续表

| 年月日（公元前） | 干支 | 天象 | 天象记载之出处 | 事件 | 事件记载之出处 |
|---|---|---|---|---|---|
| 1044.2.19 | 乙巳 | 望（既旁生霸） | 《武成》 | | |
| 1044.2.24 | 庚戌 | | | 武王燎于周庙 | 《武成》 |
| 1044.3.1 | 乙卯 | | | 乃以庶国祀馘于周庙 | 《武成》 |

公元前 1044 年方案难于克服的缺点，是对"月相"的解释与西周金文的研究不合，经过反复考虑，终于放弃。

## 3. 公元前 1046 年方案

在决定不采用公元前 1044 方案后，"夏商周断代工程"学者又提出了公元前 1046 年方案。

此方案从研究《武成》历日入手，逐一排比不同的"月相"说与克商年的对应关系。又对《国语》伶州鸠语的每月情况进行分析和排列，认为其所述"日月星辰"的位置浑然一体，其中"日在析木"限定了一月朔的日期（11 月 12 日至 12 月 11 日）。为谨慎起见，将《武成》一月朔放宽到 11 月 1 日至 1 月 31 日期间（即建亥、建子、建丑）进行筛选，得到公元前 1120—前 1020 年的 100 年之间约 150 组克商的可能日期。再按"夏商周断代工程"关于金文纪时词语的理解筛选，得到 10 组密合、15 组粗合的日期。最后用"岁在鹑火"作为检验条件，得到 3 组克商甲子日：

公元前 1093 年 1 月 27 日；

公元前 1082 年 1 月 29 日；

公元前 1046 年 1 月 20 日。

其中第三组为密合，其余为粗合。结合文献记载、考古信息及天文条件的符合程度，选出克商日为公元前 1046 年 1 月 20 日。

以下介绍此方案的内容[①]：

（1）《武成》历日的推排

《武成》中关于武王伐纣的一系列历日，历来被认为是解开武王伐纣年代之谜的关键之一。由《武成》可以得出三个月相日期：

　　　A 一月壬辰旁死霸

　　　B 二月庚申既死霸

　　　C 四月乙巳既旁生霸

这些月相日期是定点的，是记数月内其他日期的出发点（即"越几日"）。它们应当是容易判断的特殊月相，开始时由实际观察得到，用以作为一个月内的标准日期。随着

---

① 详见刘次沅：《从天再旦到武王伐纣：西周天文年代学问题》，世界图书出版公司，2006 年。

历法的建立，这些标准点也可能由推算得出，进而失去作用，只留形式。这一过程大约发生在先周至西周末。据此可以用来解释生霸死霸不见于商代甲骨、定点于西周早期文献和分段于西周中后期金文等史实。

方案采用"夏商周断代工程"西周金文历谱所推设的"月相"含义，设一月壬辰旁死霸的最佳日期为阴历 19 日。为了便于讨论，将范围扩大到阴历 17—22 日，列于表 3-6a 第二行。以 19 为例，由壬辰上推到一月朔日（1 日），应该是甲戌。以此类推，得到各自对应的一月朔日干支，列于第一行。由一月朔日干支加 29 或 30 日，得第三行二月朔日干支。由二月朔日干支可以得到二月庚申的阴历日数。例如，如果二月朔（1 日）为癸卯，则庚申应为第 18。由二月朔日干支加 59 天又得到（第 5 行）四月朔日干支。同理，又得到四月乙巳的阴历日数。

**表 3-6a 《武成》历日之间的关系**

| 一月朔 | 丙子 | 乙亥 | 甲戌 | 癸酉 | 壬申 | 辛未 |
|---|---|---|---|---|---|---|
| A 壬辰旁死霸 | 17 | 18 | 19 | 20 | 21 | 22 |
| 二月朔 | | 乙巳 | 甲辰 | 癸卯 | 壬寅 | 辛丑 |
| B 庚申既死霸 | | 16 | 17 | 18 | 19 | 20 |
| 四月朔 | | 甲辰 | 癸卯 | 壬寅 | 辛丑 | 庚子 |
| C 乙巳既旁生霸 | | 2 | 3 | 4 | 5 | 6 |

由表 3-6a 可知，如果设旁死霸为阴历 19，则有既死霸在 17 或 18，既旁生霸在 3 或 4。证明了前文所论《武成》历日的自洽性。

"夏商周断代工程"相关研究已将武王伐纣的年代范围定在公元前 1050—前 1020 年［参前文三（三）和下文"商代后期的年代学研究"］，并确认西周历法在建子左右。在以下的讨论中，稍作扩大，设年代在公元前 1095—前 1020 年，一月朔日在公历 11 月 1 日至次年 1 月 31 日之间，相当于亥、子、丑三个月。

用现代天文方法可以计算出当时每个朔日和每个冬至（12 月 30 日左右）的公历日期，称为合朔表，如张培瑜《三千五百年历日天象》[①]中的合朔满月表。在合朔表中查出所有适合表 3-6a 所列一月朔干支的日期以及其后的二月、四月朔日及干支，列于表 3-6b。然后将 A、B、C 三个《武成》历日所对应的阴历日数也列入表中。

下面检验表 3-6b 中的每组日期是否符合月相假说。壬辰旁死霸应在阴历 18—20 日，庚申既死霸应在阴历 17—19 日，乙巳既旁生霸应在阴历 3—5 日。符合的为"密合"，在"月相"栏下注●；向前和向后各扩展一天为"粗合"，注○。超出这一范围的日期组取消。"岁在""日在"两栏是对"岁在鹑火"和"日在析木"的讨论，下文述及。

---

① 张培瑜：《三千五百年历日天象》，河南教育出版社，1990 年。

表 3-6b　满足《武成》历日的日期（BC）

| No. | 一月朔及月建 | A | 二月朔 | B | 四月朔 | C | 月相 | 岁在 | 日在 |
|---|---|---|---|---|---|---|---|---|---|
| 1 | 1094.12.10 丙子（子） | 17 | 1.8 乙巳 | 16 | 3.7 甲辰 | 2 | ○ | ● | ● |
| 2 | 1083.12.8 壬申（子） | 21 | 1.7 壬寅 | 19 | 3.6 庚子 | 6 | ○ | ● | ● |
| 3 | 1078.11.13 癸酉（亥） | 20 | 12.12 壬寅 | 19 | 2.9 辛丑 | 5 | ● | | ● |
| 4 | 1077.1.11 壬申（丑） | 21 | 2.9 辛丑 | 20 | 4.9 辛丑 | 5 | ○ | | |
| 5 | 1073.12.17 甲戌（子） | 19 | 1.15 癸卯 | 18 | 3.15 壬寅 | 4 | ● | | ○ |
| 6 | 1068.11.22 乙亥（亥） | 18 | 12.21 甲辰 | 17 | 2.18 癸卯 | 3 | ● | | ● |
| 7 | 1067.1.20 甲戌（丑） | 19 | 2.18 癸卯 | 18 | 4.18 壬寅 | 4 | ● | | |
| 8 | 1063.12.26 乙亥（子） | 18 | 1.25 乙巳 | 16 | 3.25 甲辰 | 2 | ○ | | |
| 9 | 1057.1.30 丙子（丑） | 17 | 2.28 乙巳 | 16 | 4.27 甲辰 | 2 | ○ | ○ | |
| 10 | 1052.12.24 辛未（子） | 22 | 1.23 辛丑 | 20 | 3.23 庚子 | 6 | ○ | | |
| 11 | 1047.11.30 癸酉（亥） | 20 | 12.30 癸卯 | 18 | 2.27 壬寅 | 4 | ● | ● | ● |
| 12 | 1046.1.28 壬申（丑） | 21 | 2.27 壬寅 | 19 | 4.26 庚子 | 6 | ○ | ● | |
| 13 | 1042.11.5 甲戌（亥） | 19 | 12.4 癸卯 | 18 | 2.1 壬寅 | 4 | ● | | ○ |
| 14 | 1041.1.3 癸酉（丑） | 20 | 2.1 壬寅 | 19 | 4.1 壬寅 | 4 | ● | | |
| 15 | 1037.12.9 乙亥（子） | 18 | 1.7 甲辰 | 17 | 3.8 甲辰 | 2 | ○ | | ● |
| 16 | 1031.1.12 乙亥（丑） | 18 | 2.10 甲辰 | 17 | 4.10 癸卯 | 3 | ● | | |
| 17 | 1021.11.12 壬申（亥） | 21 | 12.12 壬寅 | 19 | 2.9 辛丑 | 5 | ● | | ● |
| 18 | 1020.1.11 壬申（丑） | 21 | 2.9 辛丑 | 20 | 4.9 庚子 | 6 | ○ | | |

由表 3-6b 可知，对于所假定的"月相"说，与《武成》历日的符合程度以第 3、5、6、7、11、13、14、16、17 组日期为密合，第 1、2、4、8、9、10、12、15、18 组

为粗合。由于多数日期组都跨公历两年（从出发到回师），而在谈论伐纣年时，指的是甲子克商所在的年，因此在读表 3-6b 时需要注意。例如，表 3-6b 第 11 组，尽管从公元前 1047 年开始，但仍称之为公元前 1046 年方案。

由以上分析可见，对于《武成》历日来说，一定的月相定义对应一组伐纣年代。反过来说，每一年也就对应于一种月相定义。如前所述，《武成》中的生霸死霸是一对相差半个月的月相，因此可以用一个月相词所对应的阴历日期来代表某一种月相定义。选择《武成》中位置居中而且含义最明确的"二月既死霸"为标志，以它对应的阴历日期来表达月相定义，上文中月相说可以用既死霸 18 来表达。

在合朔表中考察每年的子、丑、寅、卯四个月的朔日干支（相当于假设一月在亥、子、丑、寅），找出庚申（既死霸）各相当于每月的第几日（显然庚申出现在其中两个月中）。例如，公元前 1049 年的朔日干支为庚申（子）、庚寅（丑）、己未（寅）、戊子（卯），若子月为二月，则庚申为初一，若寅月为二月，则庚申为初二。将每年的结果填入表 3-6c，得到二月庚申既死霸在各年所对应的不同月相（阴历日期）。

**表 3-6c  二月庚申既死霸所对应的阴历日期**

| BC | 子 | 丑 | 寅 | 卯 | BC | 子 | 丑 | 寅 | 卯 |
|---|---|---|---|---|---|---|---|---|---|
| 1087 | 21 | | 21 | | 1069 | | 6 | | 6 |
| 1086 | | 27 | | 28 | 1068 | | 11 | | 12 |
| 1085 | 2 | | 3 | | 1067 | 17 | | 18 | |
| 1084 | | 9 | | 10 | 1066 | 22 | | 23 | |
| 1083 | | 14 | | 15 | 1065 | | 29 | | 30 |
| 1082 | | 19 | | 21 | 1064 | 4 | | 5 | |
| 1081 | 25 | | 26 | | 1063 | 9 | | 10 | |
| 1080 | | 1 | | 2 | 1062 | | 16 | | 17 |
| 1079 | | 7 | | 8 | 1061 | | 22 | | 22 |
| 1078 | 13 | | 14 | | 1060 | | 28 | | 28 |
| 1077 | 19 | | 20 | | 1059 | | 4 | | 5 |
| 1076 | | 25 | | 26 | 1058 | | 9 | | 10 |
| 1075 | 0 | | 1 | | 1057 | 15 | | 16 | |
| 1074 | 5 | | 7 | | 1056 | 20 | | 21 | |
| 1073 | | 12 | | 13 | 1055 | 26 | | 27 | |
| 1072 | | 18 | | 19 | 1054 | 2 | | 3 | |
| 1071 | | 23 | | 24 | 1053 | 8 | | 8 | |
| 1070 | | 0 | | 0 | 1052 | 14 | | 14 | |

续表

| BC | 子 | 丑 | 寅 | 卯 | BC | 子 | 丑 | 寅 | 卯 |
|----|----|----|----|----|----|----|----|----|----|
| 1051 |  | 20 |  | 21 | 1035 |  | 23 |  | 23 |
| 1050 |  | 26 |  | 27 | 1034 | 29 |  | 29 |  |
| 1049 | 1 |  | 2 |  | 1033 |  | 5 |  | 5 |
| 1048 |  | 7 |  | 9 | 1032 | 10 |  | 11 |  |
| 1047 |  | 13 |  | 14 | 1031 | 15 |  | 17 |  |
| 1046 | 18 |  | 19 |  | 1030 | 21 |  | 22 |  |
| 1045 | 24 |  | 25 |  | 1029 |  | 27 |  | 29 |
| 1044 |  | 0 |  | 1 | 1028 | 3 |  | 3 |  |
| 1043 | 6 |  | 7 |  | 1027 |  | 9 |  | 10 |
| 1042 | 12 |  | 13 |  | 1026 |  | 15 |  | 16 |
| 1041 | 18 |  | 19 |  | 1025 |  | 21 |  | 22 |
| 1040 |  | 24 |  | 25 | 1024 | 27 |  | 28 |  |
| 1039 |  | 29 | 0 |  | 1023 |  | 3 |  | 4 |
| 1038 | 4 |  | 5 |  | 1022 |  | 8 |  | 9 |
| 1037 |  | 11 |  | 12 | 1021 | 13 |  | 15 |  |
| 1036 |  | 17 |  | 17 | 1020 | 19 |  | 20 |  |

　　由表 3-6c 不难查出每种月相定义所对应的年份。例如，定义既死霸日期为 0、1、2（既生霸为 15、16、17），可以既死霸 1 为代表（生霸为望，死霸为朔）。在表 3-6c 中查既死霸 0、1、2，可以找到公元前 1085、公元前 1080、公元前 1075、公元前 1070、公元前 1054、公元前 1049、公元前 1044、公元前 1039 年等。如果定义既死霸日期为22、23、24（既生霸为 7、8、9），可以既死霸 23 为代表（生霸上弦，死霸下弦）。在表 3-6c 中查既死霸 22、23、24，可以找到公元前 1071、公元前 1066、公元前 1061、公元前 1045、公元前 1040、公元前 1035、公元前 1030、公元前 1025 年等。

　　对于所采用的既死霸 18（生霸月初，死霸望后），在表 3-6c 可以查得公元前 1082、公元前 1077、公元前 1072、公元前 1067、公元前 1062、公元前 1046、公元前 1041、公元前 1036、公元前 1031 年等。在表 3-6b 的 B 栏中，有完全一样的结果。不同的只是表 3-6b 考虑 A、B、C 三个日期，而表 3-6c 只考虑 B 一个日期。由于在前文中所论的自洽性，两者没有本质的差异。

　　由表 3-6c 可以查出每种月相说所对应的伐纣年。反之，如果认定某年为伐纣之年，也可以查出它适合怎样的月相说。例如，公元前 1027 年，丑月庚申既死霸初九，这相当于认为死霸上弦，生霸下弦。

　　表 3-6c 中只列出每年前四个月。不难想象表列日数在以后的 8—9 个月中递增，与下一年衔接。大约每 10 年形成一个周期，因为每个干支周期与两个朔望月相差 1天，每 5 年差一个月。这一规律在表 3-6b 中也可以看出。表 3-6c 的月份（四个月）比

表 3-6b（三个月）的分析放宽了一个月，这样每年都有两次相似的结果，相差两个月。

《武成》不仅给出 A、B、C 三个月相历日，其他信息也值得分析。例如，以四月既旁生霸起算的几个日期，从乙巳（42）延续到乙卯（52）长达 10 天。这 10 天应在同一个月内，而且不跨越别的月相点。由于生霸上弦的月相说跨越了既望，因而是不能成立的。此外，如果设死霸为朔，生霸为望，四月就没有乙巳日（如假设壬辰旁死霸为阴历 2 日，则一月朔在辛卯，加 29 或 30 得二月朔在辛酉或庚申，再加 59 得四月朔在庚申或己未。《武成》中的既旁生霸乙巳及其后的庚戌、辛亥、乙卯等日都不在四月），因此这种月相说也有严重困难（有假说克商以前用殷历建丑，克商后立即改用周历建子）。同时，这样的"月相"说也没有了既望的位置。

（2）关于《国语》伶州鸠语天象

"夏商周断代工程"公元前 1044 年方案参照刘歆的说法，将伶州鸠的"月日辰星"解释为某天月在房星，日在析木，两三天后日月合会在斗柄（《武成》之一月朔），此为武王出征之信号[1]。此后征战过程中水星在天鼋被看到，且日、水星、合朔一直在北方七宿之中。这种解释比较通畅，可以作为参考。

天驷即房宿四星，正当黄道，月亮每月行经天驷一次。加上日在析木的限制，基本上每年一次。从天文学角度来看，某日日在析木，月在天驷，过两三天日月合会在斗柄，势在必然。如果说岁在某次表示年，日在某次则正表示月。"日在析木之津"直接指出了一个月份（公历）。按照《汉书·律历志》的十二次定义，计算得到公元前 1050 年前后每年公历 11.9—12.9 太阳运行在析木之次（每百年会变化一天）；而"辰在斗柄"（一月朔）对应于 11.14—11.21。当时冬至在 12.30 左右，因此《武成》的这个"一月"肯定是建亥。于此可以看到，"辰在斗柄"（7 天）落在"日在析木"（30 天）之中，条件相当严格。为了扩大讨论的范围，仅讨论后者。

水星可见的天文条件取决于日落（或日出）时的水星高度和星等，但很难给出一个绝对的界限。中国古代根据经验通常认为水星与太阳距离 15°（半次）以上即可以见到（《汉书·律历志下》五步）。在水星 116 天的会合周期中，总有两次大距，与太阳距离超过 15°，时间在几天至二十几天之间。在伐纣过程的几个月中，由于太阳在析木、星纪，水星在它的相邻次"天鼋"（即玄枵）出现、"星与日辰皆在北维"（即十二次中的星纪、玄枵、取訾）就几乎是必然的了。

实际上，伶州鸠的"月日辰星"之说，只是说明了一个时间段："日在析木"对应于公历 11.9—12.9（按照"辰在斗柄"的说法则更加严格：一月朔在 11.14—11.21），这便是武王出发的时间。如果说伶州鸠传达了古时的信息，这信息便是：武王伐纣出发于冬至前月，而这与《武成》记载的武王一月出发是基本相符的。

---

[1] 江晓原、钮卫星：《〈国语〉所载武王伐纣天象及其年代与日程》，《自然科学史研究》1999 年第 4 期。

（3）关于岁星天象

对于岁星天象,张钰哲等计算了"岁在鹑火"对应的年代[1]。实际上岁星所在与十二次并不准确对应,公元前1095—前1020年岁星在鹑火（柳、星、张三宿）的公历年月为:

BC1095.9—1093.7,　BC1083.8—1081.6,　BC1071.8—1070.9,　BC1069.2—1069.5

BC1059.7—1058.9,　BC1047.7—1046.8,　BC1035.6—1034.8,　BC1023.5—1022.7

可以看到,某些时候（如公元前1083—前1081年、公元前1071—前1069年）岁星在进退之间,盘桓于鹑火附近几近两年。

不仅岁星所在星宿有12年的周期,岁星的中天、方向、亮度也有相应的规律。

张政烺解释利簋铭文中"岁鼎"为"岁星正当",并结合伶州鸠所言推论为"岁星正当鹑火"[2],此说赞成者不少;此外,还可以解释为"岁星正当中天"[3],在这里亦加讨论。岁星上中天的机会很多,每年都有半年时间岁星在夜里某个时间中天（白天中天通常看不到）。但如果限制在某个季节,机会会少一些。从《武成》来看,克商之日（甲子）应在公历1—2月。参照"日在析木"之说,可大约设定在1月5日至2月5日,计算得到这时太阳黄经应在276°—307°。行星要在夜间中天,其黄经应与太阳相差90°以上,因而岁星黄经应在6°—217°,大约在每个12年的岁星周期里,有6或7年满足条件（公历1月5日至2月5日之间能在夜间看到岁星中天）,6或5年不满足。计算得到公元前1096—前1020年期间满足这一条件的年份如下:

BC1096—1090,　BC1084—1078,　BC1072—1067,　BC1060—1055,

BC1048—1043,　BC1037—1031,　BC1025—1020

在这些年份中,岁星的可见情况有一定规律,随着这6、7年的次序变化。现以公元前1048—前1043年为例列成表3-6d。

表3-6d　每年1月20日的岁星天象（西安天象,北京时间。7：58日出,17：58日落）

| | BC1048 | BC1047 | BC1046 | BC1045 | BC1044 | BC1043 |
|---|---|---|---|---|---|---|
| 中天 | 19：39 | 21：56 | 0：33 | 2：27 | 4：55 | 6：45 |
| 升落 | 13：01/2：21 | 14：48/5：08 | 17：16/7：46 | 20：03/9：47 | 22：35/11：12 | 1：02/12：28 |
| 亮度 | −2.37 | −2.49 | −2.53 | −2.42 | −2.26 | −2.10 |
| 天象 | 昏中 | 前半夜中 | 子夜中 | 后半夜中 | | 旦中 |
| | 前半夜见西方 | | 前半夜见东方,后半夜见西方 | | | 后半夜见东方 |
| 中天高度 | 69 | 78 | 80 | 72 | 61 | 49 |
| 岁次 | 实沈 | 鹑首 | 鹑火 | 鹑尾 | 寿星 | 大火 |

其他年与此类似,如公元前1096、公元前1084、公元前1072年等类似公元前1048年;而公元前1090、公元前1078、公元前1067年等则类似公元前1043年。又如,欲

①　张钰哲、张培瑜:《殷周天象和征商年代》,《人文杂志》1985年第5期。

②　张政烺:《〈利簋〉释文》,《考古》1978年第1期。

③　李学勤:《夏商周年代学札记》,辽宁大学出版社,1999年,第204—205页。

求公元前 1032 年 1 月岁星天象。先从上述年份周期看出它与公元前 1044 年类似，再查表 3-6d 得知岁星前半夜升起，子夜前后在东方，后半夜中天，转向西方。

表 3-6d 是 1 月天象。随着月份向后移动一个月，表中中天、升落、亮度、天象等项目向前移动一年，中天高度和岁次则变化很小。例如，公元前 1046 年 3 月 20 日岁星天象与表中公元前 1048 年 1 月 20 日相似：昏中，前半夜见西方；而岁次鹑火和中天高度则变化不大。

由以上讨论可见，对于 1、2 月天象，旦中天和岁在鹑火是不相容的。

（4）其他天象记载的讨论

① "五星聚于房" "日月如合璧，五星若连珠"：对公元前 1100—前 1020 年的行星运动进行了搜索，设定的条件是五星在太阳的同一侧，距离太阳 10°—70°，结果如表 3-6e 所示。其中公元前 1059 年和公元前 1039 年的两次可称为五星聚舍，其余几次可称五星连珠。值得一提的有两次。

一次是公元前 1059 年 5 月 20 日日月合朔，傍晚五星在西天相距 14°，可称为 "日月如合璧，五星若连珠"。5 月 28 日日落后，五星出现在西边天空，相距不过 6°，高度达十几度，极为罕见，但是在井而不在房。据表 3-6e，这次五星合聚时间长达 47 天，若放宽条件，还可以更长。《宋书·符瑞志》"孟春六旬"，以此解释为孟春开始，延续六旬，倒也贴切。

另一次是公元前 1019 年。7 月底，木星和土星在房宿，昏中天，十分醒目；火星和金星在西边天空。8—9 月，随着房星逐渐西沉，金、火迅速向土、木靠拢，而土木非常缓慢地移向心宿。进入 9 月后水星也开始昏见西方。9 月 17 日金火木土四星相距仅 5°，在心、尾之交，水星则在 20° 以外，景色壮观。由于位置较低，观察者看不清恒星背景，很可能根据印象将四星认作在房（房、心两宿都很小）而记作五星聚房。

表 3-6e　公元前 1100—前 1020 年间的五星合聚现象［最近距离的单位为（°）］

| 日期（BC） | 最近 | 所在宿 | 可见情况 |
| --- | --- | --- | --- |
| 1097.1.5—1.9 | 56 | 危室壁奎 | 夕见西方 |
| 1059.4.25—6.10 | 6 | 井 | 夕见西方 |
| 1039.3.1—4.2 | 17 | 室 | 晨见东方 |
| 1037.5.15—5.19 | 47 | 胃昴毕 | 晨见东方 |
| 1019.8.21—9.24 | 26 | 氐房心 | 夕见西方 |

必须指出，五星合聚的天象极易被附会和伪造，唐以前的记录未有与计算结果符合者。《宋书·天文志三》载："今案遗文所存，五星聚者有三，周、汉以王，齐以霸；周将伐殷，五星聚房；齐桓将霸，五星聚箕；汉高入秦，五星聚东井。"张培瑜发现五星聚井在汉高祖入秦的次年，齐桓始霸之后 18 年方有五星聚箕。因为周人崇拜房星，可能将井篡改为房（按星占五星所聚之国得天下），也可能时间上有较大的位移[①]。

---

① 张培瑜：《五星合聚与历史记载》，《人文杂志》1991 年第 5 期。

总之，很难以五星聚来推定武王克商的年代。

　　②丙子月食。搜索了公元前1100—前1020年的全部发生在乙亥、丙子、丁丑的月食表3-6f。

表 3-6f　公元前1100—前1020年间发生于乙亥、丙子、丁丑的月食

| 日期（BC） | 干支 | 北京时间 | 食分 | 方位/高度 |
|---|---|---|---|---|
| 1091.7.26 | 乙亥 | 21：19 | 0.46 | 126/11 |
| 1086.5.3 | 丁丑 | 22：55 | 1.33 | 148/36 |
| 1065.3.13 | 丁丑 | 3：21 | 1.51 | 232/51 |
| 1060.6.13 | 乙亥 | 21：56 | 0.53 | 135/18 |
| 1044.1.20 | 乙亥 | 19：59 | 0.46 | 75/19 |
| 1040.10.28 | 丁丑 | 13：58 | 1.33 | 不可见 |
| 1039.4.24 | 乙亥 | 17：35 | 1.16 | 不可见 |

表3-6f中食甚时的方位和高度是按照西安计算的（发生时间与观测地点无关），方位由北向东计算，单位为度。从表中看出，公元前1065年3月13日的一次可能性最大。这次月食初亏1：25（北京时间），食既2：32，生光4：10，复圆5：17；开始于丁丑日子夜，若从头一日算，就是丙子（这是中国古代常用的算法①）。若按建寅，3月13日是正月无误。若按建子（这种可能似乎更大一些），应是三月，可能将三月误为正月了。但是由于文王在位年数不清楚，也难以由此直接得出武王克商年代。

　　③"彗星出而授殷人其柄"：张钰哲在研究了哈雷彗星的轨道演变后指出，假如当时所见彗星是哈雷彗星的话，那么武王伐纣之年便是公元前1057—前1056年②。问题是，即使这一记载属实，也无法证明当时出现的是哈雷彗星。它可能是其他哈雷型彗星，也完全可能是一颗非周期彗星或特长周期彗星③。

　　目前已发现的哈雷型彗星共23颗，其中6颗周期大于100年。在公元前1100—前1000年间，至少有17颗出现。因此，要判定是其中哪一颗哈雷型彗星，概率相当之小。即使可以确指《淮南子·兵略》的彗星为哪一颗哈雷型彗星，也很难确定它在公元前1000—前1100年出现的精确时间。例如，哈雷彗星的回归有30多次被证实，是哈雷型彗星中轨道参数被掌握得最为精确的一颗，但回推它在公元前1000—前1100年回归过近日点的精确时间，不同学者所得相差2年多，这些结果不可能同时与观测记录相符合。从彗星星历表可知，张钰哲所推与武王伐纣时彗星记载相符，而尤曼和江涛所推就与之不符④。也就是说，武王伐纣时的彗星很可能不是哈雷彗星。其他的彗星差别只能更大。

① 江涛：《论我国史籍中记录下半夜观测所用的日期》，《天文学报》1980年第4期。
② 张钰哲：《哈雷彗星的轨道演变的趋势和它的古代历史》，《天文学报》1978年第1期。
③ 卢仙文、江晓原、钮卫星：《古代彗星的证认与年代学》，《天文学报》1999年第3期。
④ 尤曼、江涛：《哈雷彗星的长期运动》，《英国皇家天文学会会刊》（MNRAS）第197卷，1981年。

（5）武王克商的可能日期

前述各种天象、历日中，对于武王伐纣日期最直接有关的当属《武成》历日、岁在鹑火和日在析木。与《武成》相符的18组日期已列于表3-6b，现在将后两项（岁在、日在）也注入该表。岁在鹑火当时相符的为密合，当年相符的为粗合。一月朔在公历11.12—12.11的与日在析木密合，前后各扩展10天为粗合。发现第11组（BC1047—1046）可以完全密合；第2组（BC1083—1082）和第1组（BC1094—1093）月相稍差。下面分别对这三条做进一步梳理。此外第12组在第11组以后60天，《武成》历日、岁在鹑火都是符合的，只是日在析木不符。

这三组日期的一月朔附近"月在天驷、日在析木、辰在斗柄"的符合情况见表3-6g。"月在天驷，日在析木"，指一月朔的前三天天亮前（西安天象，北京时间6：40），残月出现在东南方低空房宿附近，同时太阳黄经在析木之次（218°—248°）。表中列出月亮的黄经黄纬以及它与房星（黄经200.6°）的距离（黄经差），以及太阳黄经。"辰在斗柄"指一月朔日的太阳黄经和与斗柄（黄经231°—238°）的距离（黄经差）。由表3-6g可见，这三项的符合，都以第11组为最佳。

**表 3-6g 三组选定日期（武王出师）的日月天象**

| No. | 日期（BC） | 月在天驷<br>月黄经黄纬 | | 距离 | 日在析木<br>日黄经 | 辰在斗柄 | | |
| --- | --- | --- | --- | --- | --- | --- | --- | --- |
| | | | | | | 日期（BC） | 日黄经 | 距离 |
| 11 | 1047.11.27 | 200.0 | −3.2 | 0.7 | 235.7 | 1047.11.30 | 239.1 | 1 |
| 2 | 1083.12.5 | 205.9 | −4.9 | −5.3 | 243.6 | 1083.12.8 | 247.2 | 9 |
| 1 | 1094.12.7 | 206.9 | 2.6 | −6.3 | 245.3 | 1094.12.10 | 248.3 | 10 |

计算表明，在这三个时期都可能看到水星：公元前1046年1月16—28日（日落后西天边），公元前1083年12月20日至公元前1082年1月29日（日出前东天边），公元前1093年2月1—13日（日落后西天边）期间，若天气良好，都能够看到水星。就"星在天鼋"而言，公元前1046年1月19日以前符合，其后可谓基本符合；公元前1082年1月27日以后符合，其前基本符合；公元前1093年差得稍远一点。考虑到这一说法只是估计（因为看到水星时天边明亮，不可能看到它周围的星宿），三条都可以认为符合（第11、2组更好一些）。

下面就选出的三个甲子日来分析岁星天象。计算结果见表3-6h。

**表 3-6h 三个甲子日的岁星天象（淇县即朝歌天象，北京时间）**

| No. | 日期（BC） | 升/落时间 | 中天 | 亮度 | 入宿度 |
| --- | --- | --- | --- | --- | --- |
| 11 | 1046.1.20 | 16：53/7：30 | 0：14/79 | −2.5 | 星二度 |
| 2 | 1082.1.29 | 15：11/5：53 | 22：30/79 | −2.5 | 柳一度 |
| 1 | 1093.1.27 | 17：34/7：58 | 0：48/77 | −2.5 | 张十度 |

表中给出木星的升落时间、中天时间和高度、亮度、入宿度。三者的情形相当类似，这是因为它们都是岁在鹑火，又都是1月天象。当夜幕降临时，岁星出现在东边天空，逐渐升高。到子夜时，岁星中天，几乎在天顶。然后在西边天空，逐渐降低，天明时隐去。需要特别指出的是，我国中原地区岁星中天时的地平高度在30°—80°变化，岁星的亮度通常也在 −1.3—−2.5 等变化，而所举的这三例中，岁星的亮度和高度都达到了极限，这对于古人会有极强的印象。这对于利簋铭文的理解，或许有新的启示。

以上分析可见，从天象的角度来看，公元前1046年（表3-6b第11组，即从公元前1047年末到公元前1046年初，下同）、公元前1082年和公元前1093年都是适合的。只是公元前1082年（表3-6a第2组）三个《武成》月相点都显得有点太靠后，公元前1093年（第1组）又太靠前。星在天鼋、辰在斗柄和月在天驷的符合程度也都以公元前1046年（第11组）为最佳。此外，如前所述，最新的考古和 ${}^{14}$C 测年研究结果认为武王伐纣在公元前1050—前1020年之间。因此，将公元前1046年定在首选。下面以此为准，对《武成》中记载的伐纣历日，配合天象做详细叙述。需要再说明的是，岁在鹑火、东面迎岁、月相、月在天驷等是可见天象，应要求比较严格。星在天鼋的星（行星）应当可见，但天鼋（恒星）不可见。辰在斗柄、日在析木之津、冬至（用以确定月建）、星与日辰之位皆在北维是不可见天象，应适当放宽。

图3-5是公元前1046年1月20日甲子子夜朝歌地方的天象。木星几乎正当天顶，入星2°，在轩辕大星旁边（是它的40倍亮。轩辕大星是一颗明亮的星，在传统天文学中意义重大，也许木星靠近它也是"岁在鹑火"之说的起因之一）。南方中天前后的柳、星、张、翼正是整个南方朱鸟。月亮（阴历廿二，下弦）在东偏南，高度50°。可以想象，这正是周武王在商郊牧野作《牧誓》演说，发动总攻击的时刻。

按照公元前1046年方案，可以对《武成》中记载的伐纣日程进行注释，如表3-6i，可见"月相"（表中括号内的阴历日期）和其他天象都与文献相符。

从表3-6a到表3-6i可见：

第一，自周师出发到甲子灭商，前半夜岁星在东边天空，合"东面而迎岁"。

第二，公元前1046年1月16—28日日落后水星见西方低空，合"星在天鼋"。

第三，甲子岁星在星2°，自前半年至后半年岁星均在鹑火之次，合"岁在鹑火"。

第四，太阳与水星自公元前1047年12月入斗，一、二、三月日月合朔皆在北方七宿，合"星与日辰之位皆在北维"。

第五，公元前1047年11月9日至12月9日"日在析木"，与"月在天驷，辰在斗柄"相合。

第六，甲子日其他天象：水星、金星昏见西方低空，很接近，在玄枵之尾。火星昏见西南方，土星晨见东南。木星通夜可见，极亮。

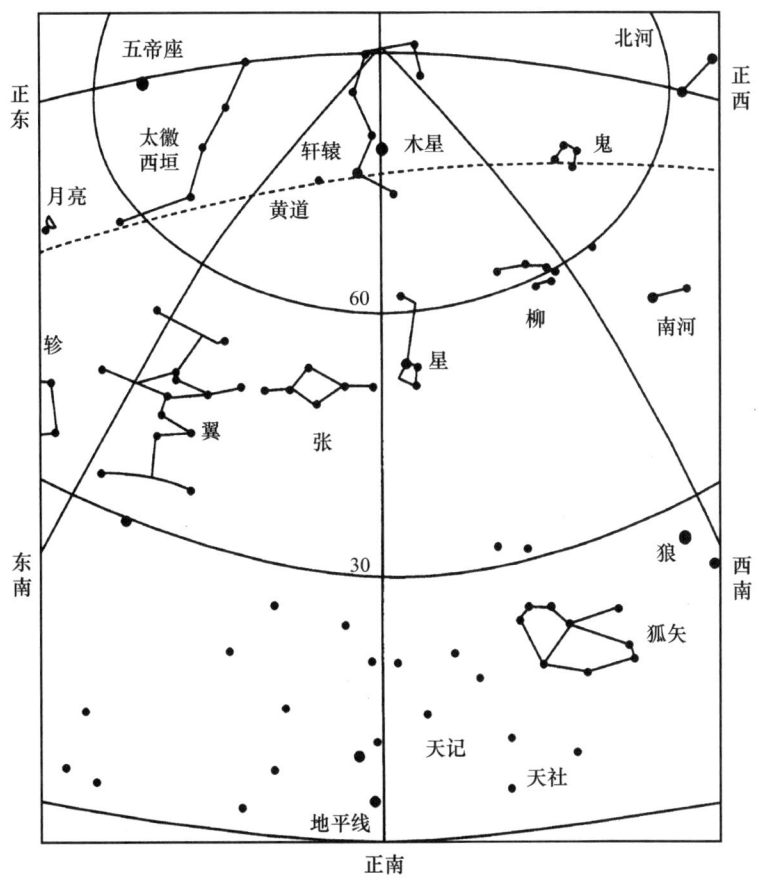

图 3-5　公元前 1046 年 1 月 20 日甲子子夜朝歌天象图[①]

**表 3-6i　武王伐纣日程天象（公元前 1046 年方案）**

| 年 | 日期 | 文献 | 计算结果 |
|---|---|---|---|
| 公元前<br>1047 | 11.27　十二月庚午（28） | 月在天驷 | 凌晨见月亮在东偏南低空，房四星的正中间 |
| | 11.30　一月朔癸酉（1） | 辰在斗柄 | 日月合，在斗 2 度，建亥 |
| | 12.14　望丁亥　　（15） | | |
| | 12.19　壬辰　　　（20） | 一月壬辰旁死霸 | 望后 5 日 |
| | 12.20　癸巳　　　（21） | 翌日癸巳王步自周 | |
| | 12.30　二月朔癸卯（1） | | 冬至 |
| 公元前<br>1046 | 1.13　　望丁巳　　（15） | | |
| | 1.16　　庚申　　　（18） | 二月既死霸 | 望后 3 日 |

---

① 图中显示公元前 1046 年 1 月 20 日（甲子日）子夜，武王在商郊牧野誓师时的天象，它形象地印证了利簋、
《周语》、《武成》、《牧誓》等文献中的记载。

续表

| 年 | 日期 | | 文献 | 计算结果 |
|---|---|---|---|---|
| 公元前 1046 | 1.20 | 甲子　　（22） | 粤五日甲子咸刘商王纣 | 子夜岁星中天，几达天顶（79°），特别明亮 |
| | | | 甲子朝岁鼎克昏夙有商 | |
| | 1.28 | 三月朔壬申（1） | | |
| | 2.27 | 四月朔壬寅（1） | | |
| | 3.2 | 乙巳　　（4） | 四月乙巳既旁生霸 | 朔后 3 日 |
| | 3.7 | 庚戌　　（9） | 粤六日庚戌燎于周庙 | |
| | 3.8 | 辛亥　　（10） | 翌日辛亥祀于天位 | |
| | 3.12 | 乙卯　　（14） | 粤五日乙卯祀臧于周庙 | |

（6）几个问题的说明

关于公元前 1046 年方案，还有几个问题须做补充说明。

① 建正问题。一般认为西周建子，东周出现了建丑、建寅。公元前 1046 年方案建亥，不免使人有点意外。事实上，早期历法只是追求将年首定在某个天象、气象、物候点，由于年长、冬至的测定不准确，建正是不可能保持稳定的[①]。如果认为西周一般建子，那么出现建亥与建丑就是正常不过的事了。具体以公元前 1046 年方案为例（参见表 3-6i），冬至、合朔同在公元前 1047 年 12 月 30 日。如果冬至计算误为 12 月 29 日或朔日计算误为 12 月 31 日，那么表中的一月就建子了，而这样的误差在那个时代是很正常的；再如，若以朏为月首，该年一月也就成了建子了。因此，公元前 1046 年方案中的建亥，并不成为困难问题。

② 戊午渡孟津。按照公元前 1046 年方案，戊午应在二月，而《史记》云十二月，《尚书·泰誓》云一月，矛盾已不可避免。从《史记》中与后文的连接来看，戊午誓师与甲子灭商不应分在两年。若戊午在甲子前 6 天（而不是 66 或 126 天），从孟津誓师到朝歌取胜是合乎逻辑的。《武成》中戊午师逾孟津、癸亥陈于商郊、甲子灭商一气呵成，中间不像有大间隔。若按《泰誓》，在一月戊午到二月甲子这 6 天中间夹着一个二月庚申既死霸，这既死霸就只能是月初了。列于古文《尚书》的《泰誓》系晚出之作，这也是一个证明。

③《尸子》说岁在北方，实际上岁星不可能在正北方，只是在某些时期岁星出（没）时在东北（西北）方，而"岁在鹑火"正是这样的时期。

④《国语·周语下》"王以癸亥夜陈，未毕而雨"，《淮南子·兵略》"至氾而水"，似乎指伐纣在洪水季节，而诸多文献指出伐纣在一、二月，《国语》本文又有全套天象指示在冬季。《旧唐书·礼仪志一》"武王伐纣雪深丈余"，《周书·刘璠传》"庚辰有七尺之厚，甲子有一丈之深"，也都意味着严寒冬季。所谓"雨""水"当指雨雪降水而言。

---

① 刘次沅：《周初历法问题两议》，《陕西天文台台刊》2001 年第 2 期。

公元前 1046 年方案是将已知的文献所及各种条件作为基本依据，全面分析了有关天象的规律以及它们对克商年的可能影响，利用"夏商周断代工程"研究采用的"月相"词含义分析《武成》历日，并采用"岁在鹑火"和伐纣在冬季的信息，通过天文计算逐层筛选而直接得出的结果，与绝大多数天象历日记载都能吻合或相容，并能与"夏商周断代工程"西周金文历谱衔接较好，是迄今为止符合条件最多的一个年代，所以"夏商周断代工程"定其为武王克商之年。

前已述及，在"夏商周断代工程"之前，美国学者班大为教授和北京大学高明教授已提出武王克商在公元前 1046 年之说。其中班大为的论文《商西周的天文年代》《天命的宇宙——政治背景》对此有详细论证，但其取径和"夏商周断代工程"公元前 1046 年方案不同，主要依据是今本《竹书纪年》帝辛三十二年"五星聚于房，有赤鸟集于周社"，并将《逸周书·小开》的月会理解为周文王三十五年正月丙子发生的月全食，而"夏商周断代工程"没有依靠这些论据。

## 4. 武王克商年与西周金文历谱的衔接

"夏商周断代工程"西周金文历谱已推定成王元年为公元前 1042 年，现在将武王克商定于公元前 1046 年，则武王克商后在位共 4 年，这一点需要有文献的支持。

现存有关周武王之死事迹的记载，最早见于《尚书·金縢》，篇文云："既克商二年，王有疾弗豫。"于是周公作坛，告于大王、王季、文王，欲以身代武王，占卜得吉，"王翌日乃瘳"。接着篇文又说"武王既丧，管叔及其群弟乃流言于国"云云。据此，武王在"既克商二年"曾经患病，周公祈告之后，次日即已痊愈。至于武王丧于哪一年，篇文并无明确叙述。

《史记·封禅书》："武王克殷二年，天下未宁而崩。"即本于《尚书·金縢》，而将武王之丧坐实在"有疾弗豫"的同一年。

"既克商二年"是哪一年？杨筠如《尚书覈诂》说："此篇在克商二年，据《史记》十一年克商，则此当在十三年，与《洪范》同时也。"[①] 按《洪范》首言"惟十有三祀，王访于箕子"，明在武王十三年。司马迁正是这样认识的，《史记·周本纪》称：

> 武王已克殷后二年，问箕子殷所以亡。箕子不忍言殷恶，以存亡国宜告，武王亦醜，故问以天道。

系隐括《洪范》，接着讲：

> 武王病，天下未集。群公惧，穆卜。周公乃祓斋，自为质，欲代武王，武王有瘳。后而崩，太子诵代立，是为成王。

则综述《尚书·金縢》。由此足知，"既克商二年"是在克商之年后面的第二年，也就是说，武王自克商到有病那一年，共为三年。

---

① 杨筠如：《尚书覈诂》，陕西人民出版社，2005 年，第 224 页。

对"既克商二年"还可以有另一种解释，即克商当年为一年，次年为二年。这样，《尚书·金縢》所记周公祷告的事，要比《洪范》早出一年。

《史记·周本纪》说"后而崩"，并未肯定武王即崩于患病有瘳之年。在这一点上，本纪显然比《史记·封禅书》更贴近《尚书·金縢》的本义。

就因为这样，历代论述武王在位年数的学者各据所见，不拘泥于《史记·封禅书》之说。清代梁玉绳《史记志疑》对于这一问题做过详细记述，他说：

> 案武王在位之年，无经典明文可据。此（《封禅书》）作二年；《汉书·律历志》作八年，并为西伯十一年，故《广宏明集》载陶隐居《年纪》称周武王治十一年也；而《诗·豳风谱》疏谓郑氏以武王疾瘳后二年崩，是在位四年；疏又引王肃云伐纣后六年崩，《周书·明堂解》、《竹书纪年》及《周纪》集解引皇甫谧并云六年；《管子·小问篇》作七年；《淮南子·要略训》作三年，《路史·发挥·梦龄篇》注合武王嗣西伯为七年，所说不同。后儒多从《管子》，如《稽古录》、《外纪》、《通志》等，俱是七年①。

据此，武王在位有二年、三年、四年、六年、七年、八年等异说。其中四年之说，需要在这里仔细介绍。

如《史记志疑》所引，四年说见《毛诗正义》所收郑玄《诗谱》的《豳谱》之疏：

> 郑以为周公避居之初，是武王崩后三年，成王年十三也。居东二年，罪人斯得，成王年十四也。迎周公反而居摄，成王年十五也。七年致政成王，年二十一也。故《金縢》注云：文王十五生武王，九十七而终，终时武王八十三矣，于文王受命为七年。后六年伐纣；后二年有疾，疾瘳；后二年崩，崩时年九十三矣……

原来孔颖达这段话本于汉郑玄的《尚书注》。

必须说明，郑玄讲伐纣后二年武王有疾，疾瘳，后二年崩，很可能有特殊的根据。

《史记·周本纪》"后而崩"句，文法有些问题，梁玉绳已指出：

> 案"后"字下有阙，史文未必如是②。

日本泷川资言《史记会注考证》云：

> 愚按古钞本"后"下有"二年"二字③。

这个"古钞本"应即高山寺藏《周本纪》钞本④，作"后二年而崩"，恰与郑玄说相应。

① 梁玉绳：《史记志疑》，中华书局，1981年，第798—799页。
② 梁玉绳：《史记志疑》，中华书局，1981年，第92页。
③ 泷川资言、水泽利忠：《史记会注考证（附校补）》，上海古籍出版社，1986年，第84页。
④ 泷川资言、水泽利忠：《史记会注考证校补校雠资料一览》，《史记会注考证（附校补）》，上海古籍出版社，1986年。

设武王克商在公元前 1046 年，依郑玄说，有疾不豫在公元前 1044 年，崩在公元前 1042 年，成王继位改元，即与"夏商周断代工程"西周金文历谱一致 [①]。因此，武王克商公元前 1046 年方案能够与西周金文历谱顺利衔接。

① 李学勤：《武王在位有四年说》，《东岳论丛》2000 年第 3 期。

# 四、商代后期的年代学研究

## （一）商代后期年代学研究的设想

《史记·殷本纪》载有商王世系，自成汤代夏，建立王朝，到帝辛即纣为周所灭，相当完整详细。在殷墟甲骨文发现后，经过罗振玉、王国维以来许多学者反复研讨，已经证明《史记·殷本纪》的世系大体符合史实，只有个别需要订正的地方。现在知道，自汤至帝辛共有 17 世 31 王。

学者大多将商代划分为前、后两期，以盘庚迁殷为其分界。盘庚是自成汤以来的第 10 世第 20 王。文献记载，盘庚以前，商人曾屡次迁都，自商人先祖契至成汤，徙居八次；成汤建国至盘庚，又迁都五次，汤居亳，仲丁都隞，河亶甲都相，祖乙迁邢，南庚迁奄。又据《史记·殷本纪》，盘庚之前，商王朝曾经历了"自中丁以来，废适（嫡）而更立诸弟子，弟子或争相代立，比九世乱，于是诸侯莫朝"的一个不稳定期。《水经·洹水注》引古本《竹书纪年》云："盘庚自奄迁于北蒙，曰殷。"盘庚迁殷以后，商人不再迁都，直至商灭。故商从盘庚迁殷以后，又称殷。以盘庚迁殷划分商代前后期，是有理由的。

也有学者主张商后期始于武丁。武丁是盘庚之弟小乙之子，是商朝著名的中兴之主。殷墟发掘出土的武丁以前的遗存有限，而且没有甲骨文证明其所属王世，而武丁时代的遗存大量出现，这表明从武丁之世开始殷墟进入繁荣时期。殷墟遗址中，武丁至商末的考古学文化序列是连续的，面貌上没有太大的变化[1]。

"夏商周断代工程"采用盘庚迁殷为商代后期的开始。自盘庚至商亡，共有 8 世 12 王，其世系如下：

```
┌─¹ 盘庚
├─² 小辛
└─³ 小乙—⁴ 武丁┌─⁵ 祖庚
              └─⁶ 祖甲┌─⁷ 廪辛
                     └─⁸ 康丁—⁹ 武乙—¹⁰ 文丁—¹¹ 帝乙—¹² 帝辛
```

商代后期年代学的研究，经过学者长期探索，已经开辟出若干途径：

传为盘庚所迁的殷墟文化的分期与 $^{14}C$ 测年，是这一时期年代学研究的一项基础。在长期的发掘和研究之后，殷墟文化分期已有很好的系统成果。就此进一步整理研究，

---

[1] 北京大学历史系考古教研室商周组：《商周考古》，文物出版社，1979 年，第 32—36 页。

取得各期的 $^{14}$C 测年样品进行测定，由之得出各期的年代范围，可以建立商代后期的考古学年代框架。

殷墟出土的卜用甲骨有丰富的文字材料，即举世闻名的甲骨文，自 1899 年为学者发现鉴定以来，得到国内外许多学者研究分析，其分组分期及其与王世的对应关系，目前大体已经清楚。用 AMS$^{14}$C 测年方法对各期甲骨样品进行系列测定，有可能建立又一个独立的 $^{14}$C 年代序列，与上述殷墟文化各期的测年结果相参照，这是前人没有做过的。

殷墟甲骨文有若干卜辞，被认为是日月食的记录，主要见于武丁到祖庚时的宾组卜辞。对这些卜辞进行古文字学的考释论证，确定其作为日月食记录的性质，对于确定的日月食用现代天文学方法回推其发生时间，可以作为估定武丁等王年代的重要论据。

商代后期自祖甲以后，逐渐形成一种被甲骨学者称作"周祭"的系统祭祀制度，见于卜辞和金文记载。特别是到商末，这种周祭与历法结合，实际上起到纪时的作用。自董作宾等先生以来，国内外学者对周祭有较深入的研究。对周祭的进一步研讨，有利于推定商末的王年。

最后结合传世文献有关商代后期年代的记述，整合上述几个方面所得，给出商代后期比较详细的王年。

# （二）殷墟文化分期与 $^{14}$C 测年

## 1. 殷墟文化分期

位于河南安阳的殷墟是商代后期都城所在，遗址面积约 30 平方千米，有洹河自西向东穿过（图 4-1）。

殷墟是在 20 世纪初寻找甲骨出土地时发现的，并通过考证甲骨文中商王名号，认识出该遗址为商代都城。1908 年，罗振玉首先了解到甲骨出土的真实地点，提出"发现之地乃在安阳县西五里之小屯而非汤阴，其地为武乙之墟，又于刻辞中得殷帝王名谥十余，乃恍然悟此卜辞者实为殷室王朝之遗物"[①]，后又进一步认为"洹水故墟，旧称亶甲，今证之卜辞，则是徙于武乙，去于帝乙"[②]，即以殷墟为武乙、文丁、帝乙三代之都。随后，王国维通过对卜辞中先王之名的考订，结合古本《竹书纪年》的研究，进一步得出"盘庚以后，帝乙以前，皆宅殷虚，知《竹书纪年》所载，独得其实"的推论[③]。

自 1928 年始对殷墟进行科学发掘，经过 10 年的工作，发现了小屯北地的宫殿、宗庙基址，侯家庄和武官村北的王陵区，同时在殷墟其他地区也进行了发掘。除发掘到房基、灰坑、窖穴和墓葬外，还出土了大量的甲骨文和青铜器。通过发掘，确认了殷墟是商后期的都城所在，殷墟的位置也正符合《史记·项羽本纪》"洹水南，殷虚上"的记载。抗日战争开始后，发掘中断，自 1950 年开始，又恢复了发掘。1958 年，中国

---

① 罗振玉：《殷商贞卜文字考·自序》，玉简斋石印本，1910 年。
② 罗振玉：《殷虚书契考释·自序》，石印本，1915 年。
③ 王国维：《古史新证》，清华大学出版社，1996 年，第 56 页。

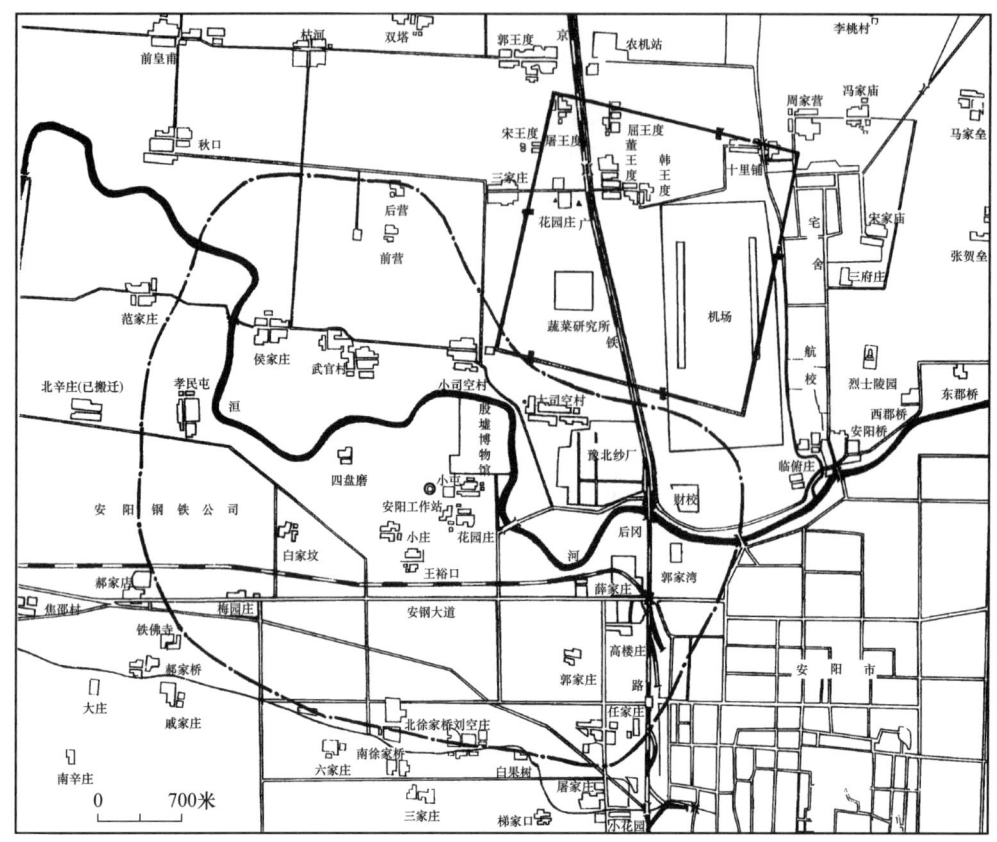

图 4-1　殷墟示意图

科学院考古研究所成立了安阳工作队，开始对殷墟进行长期有计划的发掘研究，在洹河南北都有大量的考古发现。

通过 70 余年的发掘，对殷墟的范围和布局有了初步了解。传统的殷墟保护区有两个中心，一个是位于洹河南岸的小屯、花园庄范围内的宫殿、宗庙区，一个是洹河北岸的侯家庄、武官村北的"西北冈"王陵区。在洹河两岸，分布着居民住宅区和手工业作坊区，再外即是墓葬区。因为殷墟沿用二百多年，其间居民多有迁徙，所以居民区内也有墓葬。

对于解决商后期的年代问题，殷墟文化的分期及各期所属王世的确认是基础。1928—1937 年对殷墟进行了 15 次发掘，但并没有提出文化分期问题。从 20 世纪 50 年代起，学者始对殷墟文化进行分期研究，目前分期已经基本成熟。殷墟各期所属王世的确认，是通过同期单位中出土的甲骨文实现的。1933 年，董作宾将甲骨文分为五期，以第一期属盘庚、小辛、小乙、武丁，第二期属祖庚、祖甲，第三期属廪辛、康丁，第四期属武乙、文丁，第五期属帝乙、帝辛[1]。后来甲骨文分类分期研究有了进一步发展，对各类卜辞做了更细致的分期断代，依出土的甲骨文来推定王世有了更可靠的标准。

---

[1] 董作宾：《甲骨文断代研究例》，《历史语言研究所集刊》外编第一种《庆祝蔡元培先生六十五岁论文集》，1933 年。

　　1961 年，中国科学院考古研究所安阳发掘队根据 1958—1959 年殷墟发掘材料，将殷墟文化分为两期，称为大司空村一期和大司空村二期，并根据大司空村一期与属于武丁时代的一期卜骨共存，推定其年代在公元前 13 世纪左右；大司空村二期的上限可能相当于廪辛到文丁时期，即公元前 12—前 11 世纪，下限应接近商代覆亡的帝辛时期，即公元前 11 世纪[①]。1964 年，在原来两期的基础上，中国科学院考古研究所安阳发掘队根据 1962 年大司空村的发掘，又对殷墟文化做了进一步的分期，以原来的大司空村一期为第一期，其年代"大约相当于武丁前后"，将新发现的晚于原大司空村一期而早于原大司空村二期的文化层列为第二期，该期"未发现可供断定年代的证据，从陶器观察与第一期比较接近"；将过去的大司空村二期分为两期，成为第三期和第四期，第三期出土了一块刻字卜骨，"在甲骨文断代中，大约是第三期晚或第四期早的"，也就是约当廪辛到文丁之世，第四期"年代大约相当于殷代晚期"，"可能是从殷代晚期延续到西周初年"[②]。

　　1964 年，邹衡根据 20 世纪 30 年代和 50 年代的考古资料，提出了对殷墟文化比较全面的分期研究结果，将殷墟文化分为四期七组，并推定各期年代：第一期无甲骨文，或属盘庚、小辛、小乙时代；第二期出土多片自组、宾组、午组等一期甲骨卜辞，并出 3 片二期甲骨卜辞，约当武丁、祖庚、祖甲时代；第三期出土 1 片三期甲骨卜辞和 3 片四期卜辞（3 片四期卜辞即 Y35 坑的 3 片，属历组，认为历组属武丁到祖庚时期的学者，推测这 3 片是一期的遗留[③]），出土青铜器与司（或释为"后"）母戊鼎相近，约当廪辛、康丁、武乙、文丁时代；第四期出土五期甲骨，出土青铜器有与属于帝辛时的戊辰彝（肄簋）相近者，有与西周青铜器相近者，约当帝乙、帝辛时代[④]。后在邹衡先生参加撰写的著作中，又将殷墟一期归入早商文化晚期，将二、三、四期列为晚商早期、中期、晚期[⑤]。

　　上述中国科学院考古研究所安阳发掘队的分期和邹衡的分期，虽然都是将殷墟文化分为四期，但二者是有区别的。邹衡的一期在考古所安阳队的分期中是没有的，邹衡的二期二组、三组大致分别相当于考古所的一期、二期，二者的三、四期基本相同。

　　此外，又有根据具体材料，提出对殷墟不同遗址区的分期方案的。中国科学院考古研究所根据苗圃北地的发掘，将苗圃北地遗址分为三期，其一、二期分别与殷墟一、二期基本相当，三期墓葬分为早、晚两期，遗址未分，相当于殷墟三、四两期[⑥]。1980 年，中国科学院考古研究所根据小屯南地的新发现，将小屯南地分为三期，称为小屯南地早期、中期、晚期，早期相当于殷墟一期，中期属于殷墟三期，晚期相当于殷墟四期[⑦]。

　　1976 年发现了妇好墓。妇好为武丁时期宾组卜辞常见的人物，推测为武丁配偶，

① 中国科学院考古研究所安阳发掘队：《1958—1959 年殷墟发掘简报》，《考古》1961 年第 2 期。
② 中国科学院考古研究所安阳发掘队：《1962 年安阳大司空村发掘简报》，《考古》1964 年第 8 期。
③ 裘锡圭：《论"历组卜辞"的时代》，《古文字研究（第六辑）》，中华书局，1981 年。
④ 邹衡：《试论殷墟文化分期》，《北京大学学报（哲学社会科学版）》1964 年第 4、5 期；收入《夏商周考古学论文集》，文物出版社，1980 年。
⑤ 北京大学历史系考古教研室商周组：《商周考古》，文物出版社，1979 年，第 32—36 页。
⑥ 中国社会科学院考古研究所：《殷墟发掘报告（1958—1961）》，文物出版社，1987 年，第 5—10 页。
⑦ 中国社会科学院考古研究所：《小屯南地甲骨》上册第一分册，中华书局，1980 年，第 11—22 页。

该墓中出土一陶爵，在文化分期上属于中国科学院考古研究所安阳发掘队的殷墟二期，这说明武丁的后期可进入考古研究所划分的殷墟二期①。1986年，郑振香将考古所的殷墟一、二期各细分为偏早、偏晚阶段②。

1994年出版的《殷墟的发现与研究》③一书中，由郑振香执笔的殷墟文化分期一节，采用了四期6段分法：第一期早段，早于大司空村一期，推测其时代约当盘庚迁殷至小辛、小乙；第一期晚段，相当于大司空村一期，出土自组、午组卜辞，其时代约当武丁早期；第二期早段，出宾组卜辞，时代约当武丁晚期；第二期晚段，尚未发现确切证实其年代的材料，大致相当于祖庚、祖甲时代；第三期，出土卜辞大致是康丁至武乙时代的，约当廪辛至文丁时代；第四期，属帝乙、帝辛时代，是否延续到西周尚无文字材料可证实。

从上述各家分期可见，殷墟作为商后期都城，从哪一个王开始，这是一个没有最后解决的问题。邹衡的第一期，即早于大司空村一期的遗存，在传统的殷墟保护区范围内发现较少。该期没有甲骨文，所属王世难以确定。后来该期被并入早商文化中，"晚商文化早期以'殷墟文化第二期'为代表。大体相当于甲骨文第一、二期，绝对年代约为武丁、祖庚、祖甲时代"④，对殷墟一期是否为盘庚迁殷以后的遗存，没有加以讨论。有学者提出，因为第一，殷墟保护区范围迄今未发现确切属于盘庚、小辛、小乙时代的卜辞；第二，在小屯发掘的六十几座宫殿、宗庙基址没有武丁以前的；第三，西北冈没有早于武丁时期的大墓，所以，殷墟是自武丁至帝辛时的都城⑤。也有学者认为西北冈有早于武丁时期的墓⑥，或认为后冈有武丁以前的王陵⑦，不过其证据受到质疑⑧。

在"夏商周断代工程"进行期间，殷墟考古又有了重大发现。1997年和1998年，在洹河以北原殷墟保护区范围之外的花园庄、三家庄、董王度一带进行发掘和钻探，发现大面积商代遗址。洹北花园庄遗址可分为两期，早期年代接近郑州白家庄阶段而略晚，晚期早于大司空村一期，属于原殷墟文化一期偏早阶段⑨。1999年12月，发现了面积超过400万平方米的商代城址，称为洹北商城。洹北商城属花园庄早期，关于这个商城的性质，目前主要有河亶甲所都之相⑩和盘庚所迁之殷⑪两种意见，究竟是哪

① 郑振香、陈志达：《论妇好墓对殷墟文化和卜辞断代的意义》，《考古》1981年第6期。
② 郑振香：《论殷墟文化分期及其相关问题》，《中国考古学研究》，文物出版社，1986年，第116—124页。
③ 中国社会科学院考古研究所：《殷墟的发现与研究》，科学出版社，1994年，第38—39页。
④ 北京大学历史系考古教研室商周组：《商周考古》，文物出版社，1979年，第32—33页。
⑤ 杨锡璋：《安阳殷墟西北大墓的分期及其有关问题》，《中原文物》1981年第3期。
⑥ 邹衡：《试论殷墟文化分期》，《北京大学学报（哲学社会科学版）》1964年第4、5期；郑振香：《侯家庄1001号大墓的年代与相关问题》，《揖芬集：张政烺先生九十华诞纪念文集》，社会科学文献出版社，2002年。
⑦ 曹定云：《殷墟初期王陵试探》，《文物资料丛刊（10）》，文物出版社，1987年。
⑧ 杨锡璋：《关于殷墟初期王陵问题》，《华夏考古》1988年第1期。
⑨ 中国社会科学院考古研究所安阳工作队：《河南安阳市洹北花园庄遗址1997年发掘简报》，《考古》1998年第10期。
⑩ 文雨：《洹北花园庄遗址与河亶甲居相》，《中国文物报》1998年11月25日。
⑪ 唐际根、徐广德：《洹北花园庄遗址与盘庚迁殷问题》，《中国文物报》1999年4月14日；杨锡璋、徐广德、高炜：《盘庚迁殷地点蠡测》，《中原文物》2000年第1期。

个王的都城尚无定论。

殷墟作为王朝都城，是否一直沿用到商末，在文献中也有不同的记载。《史记·殷本纪》正义引古本《竹书纪年》："自盘庚徙殷，至纣之灭，七百七十三年，更不徙都。"① 即认为盘庚迁殷后商的都城没有再迁徙。但《帝王世纪》记载："帝乙复济河北，徙朝歌，其子纣仍都焉。"认为帝乙徙居朝歌，帝辛也都朝歌。从殷墟考古上判断，帝乙以后，殷墟仍是一座人口很多的城市，甲骨文中有大量属于帝乙、帝辛世的黄组卜辞，殷墟四期的墓葬也较前几期多，这都说明，帝乙、帝辛时期，殷墟仍是当时的都城。另外，"夏商周断代工程"于 1998 年对河南淇县朝歌遗址进行调查发掘，未发现大面积晚商时期的文化遗存② 。所以，《帝王世纪》关于帝乙徙居朝歌的记载尚无证据证明。商亡以后，殷人是否立即迁出殷墟，史籍记载语焉不详。殷墟的考古发掘表明，基本没有在年代上紧接四期又晚于四期的墓葬，这说明，商亡后不久，殷墟即不再是城市。

"夏商周断代工程"采用《殷墟的发现与研究》的分期方案，将殷墟文化分为四期。

第一期：分偏早和偏晚两个阶段。

早段遗存相当于洹北花园庄晚段，分布于洹北花园庄、三家庄、小屯等地，代表单位有小屯 M333、M232、M388、87AXT1H1，洹北花园庄 97H1、97H2、98M6，三家庄 80M3、80ASJM1。过去，属于此段的遗存仅发现灰坑和小型铜器墓。晚商文化的特征虽已基本具备，但文化内涵中还保留有若干早商文化因素。长方体高裆鬲的折沿较斜，唇外缘下侧勾棱不甚明显，鼓腹矮足根鬲的折沿外缘基本不现凸棱，另有一种饰有极细绳纹外套圈络纹的方体鼓腹鬲。陶豆豆把粗大，豆盘腹壁较直，大口尊明显无肩。此外，常见陶器还有小型盂、圜底盆、圈足盘、平底盘等。墓葬中的随葬陶器有斝、觚、爵和盆等。觚、爵体粗矮，敞口，爵流窄长，腹分上下两节。墓葬中的青铜器组合有觚、爵，或加鼎、斝、尊，或加瓿、卣等。鼎为圆形，爵为圜底，尚未发现铭文。青铜器纹饰较多地保存二里冈上层文化青铜器的作风，多以饕餮纹为主纹，夔纹极少见，还有几何纹。开始出现"将军盔"式的坩埚。

晚段相当于考古研究所殷墟一期，以苗圃北地 62H15、H109、T290A ⑥、M248，武官 59M1，白家坟东南 M199 为代表单位。本期陶鬲有两种：一种是常型鬲，鬲体呈长方形，窄沿，高裆，满身饰绳纹；另一种是小型鬲，小口，肩腹外鼓，高裆，满身饰细绳纹，腹上有由附加堆纹组成的圈络纹。陶簋的器形如覆钟，大口，深腹，下腹稍外鼓，矮圈足。陶豆为深盘，口沿外撇，矮圈足。在墓葬的随葬陶器中，鬲、簋、豆与日用器同，而觚、爵等则为明器。陶觚体形较大，喇叭形口，高圈足，腹较粗，体高近 20 厘米。陶爵容器部分似一圜底杯，带流及鋬，三高锥足，体较大，高约 14 厘米。墓葬中的青铜礼器组合与早段略有变化，少尊多瓿。铜器花纹比早段繁缛。

本期早段尚无直接确定王世的依据。其中 1937 年安阳第十五次发掘的 YM331 填

① "七百七十三年"显然有误，多数学者认为当改作"二百七十三年"，也另有版本作"二百五十三年"者，详见本章第六节。

② 夏商周断代工程朝歌遗址调查组：《1998 年鹤壁市、淇县晚商遗址考古调查报告》，《华夏考古》2006 年第 1 期。

土中出带字卜骨一片，即《合集》22458，大致同时的 YM362 出卜骨、卜甲各一片，即《合集》21478、22427，书体、钻凿形态都很接近自组卜辞中的大字扶卜辞，是自组中最早的。自组卜辞属武丁早期，有学者曾认为《合集》22458 可能早到武丁前[①]，但后来考虑到大字扶卜辞已有"父乙""母庚"的称谓，又倾向认为它们"一般来说仍然是武丁时物"，其上限应在武丁之初或更早[②]。有学者从 YM331 的一组青铜器判断，认为此墓似当早于大司空村一期，结合小屯南地最早的 H115 的地层和出土的一片卜甲书体的研究，认为 M331 和 H115 可能早于武丁，属盘庚、小辛、小乙时代[③]。由于 M331 是殷墟一期偏早阶段中时代最晚的，当属大司空村一期，据盘庚迁殷的记载，结合晚段的年代，大致推断一期早段年代约当盘庚、小辛、小乙时代。

一期晚段同出自组、午组卜辞。1973 年小屯南地的发掘中，在 T53④A 中发现自组卜辞，在 H102 发现午组卜辞，在 H107 发现自组与午组共出。从地层叠压关系和出土器物判断，这三个单位均属小屯南地早期，相当于大司空村一期[④]。在甲骨分期上，自组、午组卜辞属武丁早期。1991 年在小屯附近的花园庄东地发现一甲骨坑，该坑甲骨属武丁时代，由地层关系及陶器判断，该坑属大司空村一期[⑤]，即殷墟文化一期晚段。因此，殷墟一期晚段的时代相当于武丁早期。

第二期：以 H94、PNM17、H136、63M129、M211、小屯 M5 妇好墓、M17、M18、白家坟东南 M272 等为代表。该期已经相当繁盛，发现有王及各级贵族墓葬。陶鬲仍是两种：常型鬲与一期晚段的近似，唯裆稍矮，足尖稍短，满身饰绳纹；小型鬲接近一期晚段的，但腹壁较一期的内收，满身饰细绳纹。部分鬲上有圜络纹。陶簋近于一期晚段，但下腹稍瘦，近底处不外鼓，口沿下有凹弦纹一周，矮圈足。陶豆盘稍浅，平沿，矮圈足，但比一期晚段稍高。随葬陶器多半接近实用器，但觚、爵已有明器化的趋势。陶觚近一期，但腹稍瘦。爵亦近于一期，但腹较瘦，流较短。少数墓中开始出现陶盘，口径较大。但大量使用陶盘则在三期后。随葬青铜礼器种类、数量大增，器物组合多样，与一期青铜器墓规格相当者，器物组合中少瓿，而多见簋、卣、罍。器类有鼎、斝、觚、爵、尊、甗、瓿、卣、壶、中柱盂、锅形器、斗和盖等。鼎为柱足，爵卵形底，斝腹较浅。纹饰有饕餮、夔、龙等神话动物，也有写实动物，还有几何纹饰。铭文较普遍，多数仅二、三字，以"族徽"、方国名、私名为多。

本期单位中，小屯 M5、M17、M18 出土有多件铸有"妇好""子渔"铭文的青铜器，这两个人名都是宾组卜辞中常见的，属武丁时代。另外，1958—1959 年在大司空村东南的一个灰坑中出土一片卜骨，上刻"辛贞在衣"四个字，从字体上看属武丁时代，从陶器上判断该灰坑属大司空村二期[⑥]。可见殷墟二期的上限是武丁晚期。二期下

---

① 胡厚宣：《战后京津新获甲骨集》序要，群联出版社，1954 年；李学勤：《小屯丙组基址与大卜辞》，《甲骨探史录》，生活·读书·新知三联书店，1982 年，第 69—76 页。
② 李学勤、彭裕商：《殷墟甲骨分期研究》，上海古籍出版社，1996 年，第 81—82 页。
③ 刘一曼、郭振禄、温明荣：《考古发掘与卜辞断代》，《考古》1986 年第 6 期。
④ 中国社会科学院考古研究所：《小屯南地甲骨》上册"前言"，中华书局，1980 年。
⑤ 中国社会科学院考古研究所安阳工作队：《1991 年安阳花园庄东地、南地发掘简报》，《考古》1993 年第 6 期。
⑥ 中国社会科学院考古研究所：《殷墟发掘报告（1958—1961）》，文物出版社，1987 年，第 200—201 页。

限没有发现可以确定王世的材料，但由发展序列看约当祖庚、祖甲时代。

第三期：以苗圃北地 T251 第 4 层，T250 第 4、5 层，PNM172，王裕口南 M389 等为代表。本期保存较好的墓葬多为中、小型墓。陶器中泥质红陶比例大增。只见常型鬲，小型鬲已不见。常型鬲体呈方形，沿稍宽，裆稍低，矮足尖，满腹饰稍粗的绳纹。陶簋接近第二期，但下腹更瘦，沿内侧的凹弦纹下移，圈足加高。新出方唇、侈口、高圈足、腹饰大三角划纹的簋。陶豆为敛口，圆唇，深盘，高圈足。直肩罐大量出现，器形较大。墓葬中的陶觚仍是喇叭口，但中腰呈圆柱形，圈足较矮，体高在 14—20 厘米。陶爵体较瘦，容器部分似一束腰杯，有流及三锥足，高度在 10 厘米左右。新出高侈领的鬲和素面鬲，其颜色有灰色的和红色的。一、二期墓中常见的圆肩鼓腹罐已不见，出现了折肩罐，三期的较大。从三期始，盘较多地出现在墓中，越早越大。青铜礼器的类别、形制均有所变化，组合有觚、爵，或加鼎，或加斝，或加簋、卣、尊、罍等，不见细体长颈的提梁卣，新出粗体矮领扁罐式者。出现觚形尊。青铜器花纹与第二期一般墓中出土的青铜礼器花纹相似。铭文以二、三字为多，且多被框在"亚"字形之内。

1955 年，小屯东南地发掘的一号灰坑出土一片刻字卜骨[1]，编号为《合集》27767，从出土陶器看，属殷墟三期。该卜骨字体接近康丁至武乙时代[2]，有学者提出，从其用语有"引吉"来看，当属武乙时期[3]。相当于殷墟三期的小屯南地中期二组地层，出土的卜辞基本上是康丁、武乙时代的，大体属无名组和历组[4]。因此，殷墟三期约当廪辛、康丁、武乙、文丁时代。

第四期：以小屯 82M1、西区墓 M1713、后冈圆形祭祀坑、白家坟东南 M693 等为代表。常型鬲呈扁方体，宽沿，裆近无，足尖也几乎消失，满身饰粗绳纹。陶簋的容器部分呈半球形，厚唇，高圈足，满腹饰绳纹和三角划纹。陶豆在第四期几乎消失。直肩罐和盘继续存在，器形较第三期变小。墓葬中觚、爵已高度明器化。陶觚已缩小成敞口小杯，高度在 6—10 厘米，陶爵体较小，其容器部分似一锥形小杯，鋬或无，或仅剩一半圆形小泥饼，三足成三小泥点，最小的只有 3 厘米高。折肩罐和盘都小于三期的。青铜器组合中觯增多，簋更普遍。发现有较多成组的铜质明器、铅质礼器和仿铜的陶礼器。纹饰有简化的趋势，满花器物减少，有的减去地纹。铭文字数明显增多，纪事铭文字数多者达 49 字。

该期陶器与五期黄组甲骨共存的资料较丰富。第七次发掘的 E181 坑出黄组卜辞三片：《合集》37834、《合集》23878、《合集》36535，C64 出五期卜辞一片：《合集》36743；第十三次发掘的 YH006 南井出属甲骨五期的牛距骨刻辞一片：《合集》35501，这些卜辞属帝乙、帝辛时代，上限或可到文丁世。小屯南地晚期属大司空村四期，该层出土的甲骨文已进入帝乙时期。本期墓葬所出青铜器有器形似西周早期者，所以，殷墟四期约当帝乙、帝辛时代（图 4-2、图 4-3）。

---

[1] 河南省文化局文物工作队第一队：《一九五五年秋安阳小屯殷墟的发掘》，《考古学报》1958 年第 3 期。

[2] 中国社会科学院考古研究所：《殷墟的发现与研究》，科学出版社，1994 年，第 16 页。

[3] 李学勤、彭裕商：《殷墟甲骨分期研究》，上海古籍出版社，1996 年，第 54、283—301 页。

[4] 中国社会科学院考古研究所：《小屯南地甲骨》，中华书局，1980 年。

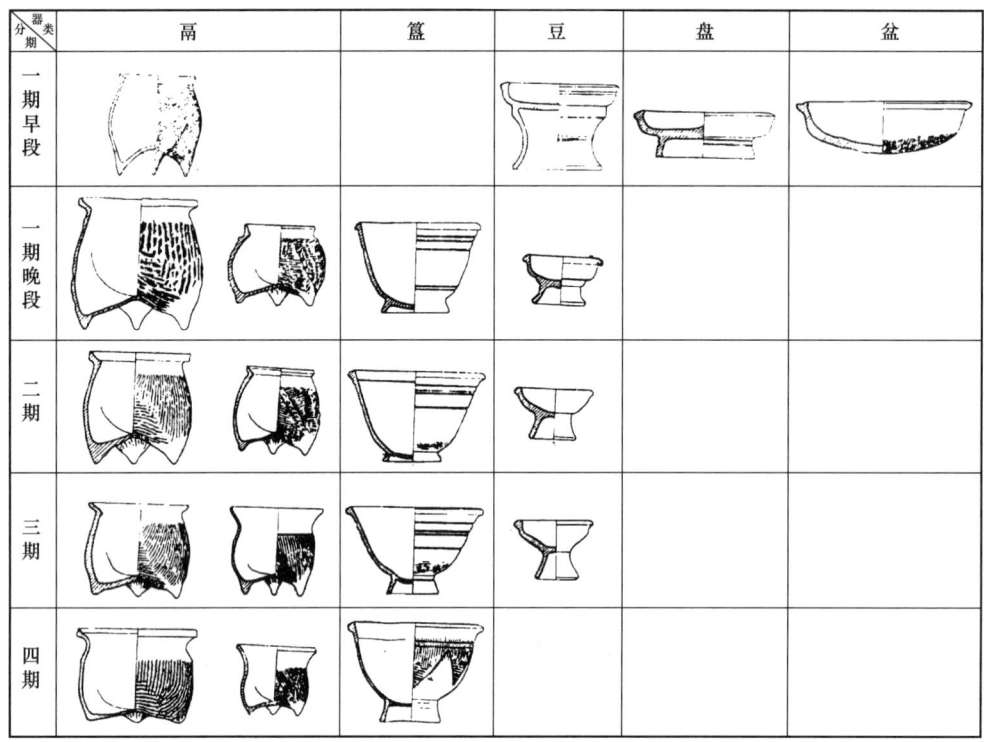

图 4-2　殷墟遗址陶器分期图

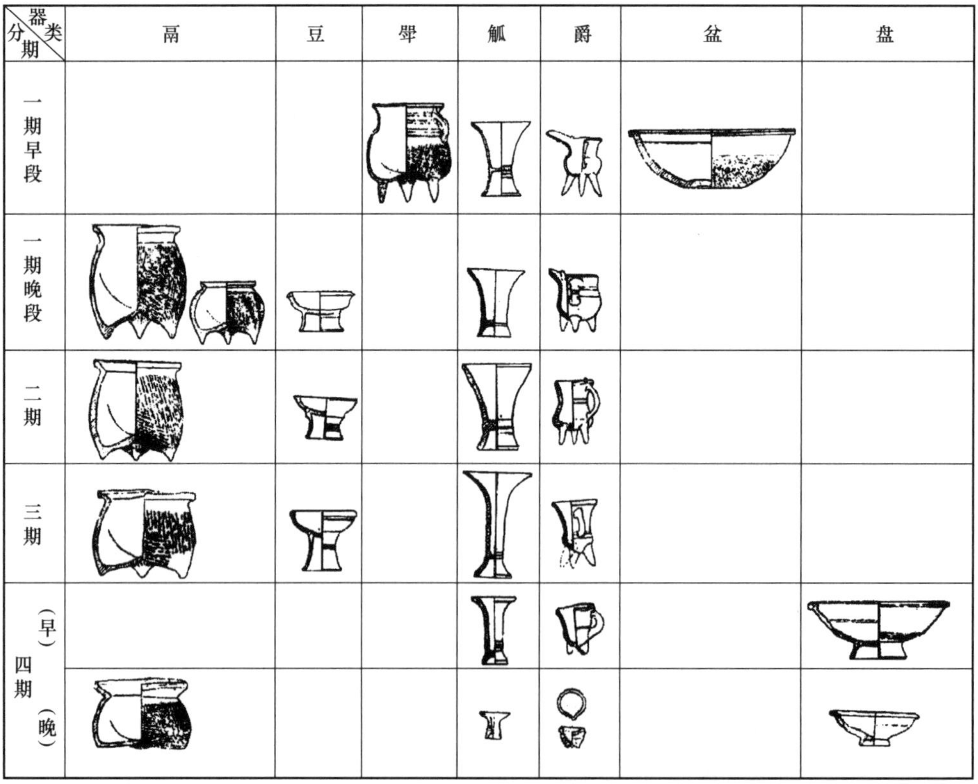

图 4-3　殷墟墓葬陶器分期图

## 2. 殷墟各期 $^{14}$C 测年结果

"夏商周断代工程"在殷墟采集了分期清楚的测年样品 117 个。对各期采集的样品做常规 $^{14}$C 测年（表 4-1），经树轮曲线校正（参图 7-36），得到 25 个系列样品的日历年代。

表 4-1 殷墟文化分期及常规 $^{14}$C 测年数据

| 实验室编号 | 样品来源（原编号） | 考古分期 | 测定物质 | $^{14}$C 年代数据（5568，1950） | 单个样品数据校正年代（BC）（68.2%） | 系列样品数据校正年代（BC）（68.2%） |
|---|---|---|---|---|---|---|
| | | | | Boundary 上边界 | | 1340—1260 |
| ZK-5586 | AHM9 | 殷一期 | 人骨 | 3030±35 | 1380—1330（19.8%）<br>1320—1250（39.2%）<br>1240—1210（9.2%） | 1305—1250（58.5%）<br>1235—1220（9.7%） |
| ZK-5595 | AHT3③ | | 兽骨 | 3039±42 | 1390—1250（61.6%）<br>1240—1210（6.6%） | 1310—1250（59.6%）<br>1235—1220（8.6%） |
| ZK-5501 | ABM199 | 殷二期 | 人骨 | 2920±3 5 | 1210—1200（4.0%）<br>1190—1040（63.2%）<br>1030—1020（1.0%） | 1290—1280（3.8%）<br>1265—1235（64.4%） |
| ZK-5511 | ABM272 | | 人骨 | 2964±33 | 1260—1120 | 1255—1195 |
| ZK-5523 | ABM451 | | 人骨 | 2994±37 | 1370—1360（0.7%）<br>1310—1120（67.5%） | 1250—1205（61.7%）<br>1200—1190（6.5%） |
| ZK-5521 | ABM82 | | 人骨 | 2908±32 | 1290—1180（3.8%）<br>1150—1140（3.0%）<br>1130—1010（61.3%） | 1255—1235（28.1%）<br>1215—1195（35.1%）<br>1190—1180（4.9%） |
| ZK-5578 | AWM389 | 殷三期 | 人骨 | 2937±35 | 1260—1240（4.3%）<br>1220—1050（63.9%） | 1195—1105 |
| ZK-5579 | AWM396 | | 人骨 | 2962±35 | 1260—1120 | 1200—1125 |
| ZK-5581 | AWM395 | | 人骨 | 2966±37 | 1270—1120 | 1200—1125 |
| ZK-5582 | AWM398 | | 人骨 | 2888±35 | 1130—1000 | 1190—1170（7.6%）<br>1160—1140（6.3%）<br>1130—1080（54.3%） |
| ZK-5587 | ADM1278 | | 人骨 | 2856±35 | 1110—1100（2.7%）<br>1070—970（53.6%）<br>960—930（11.9%） | 1190—1180（3.9%）<br>1130—1080（64.3%） |
| ZK-5588 | ADM1281 | | 人骨 | 2956±35 | 1260—1230（14.5%）<br>1220—1110（52.6%）<br>1100—1090（1.1%） | 1205—1120 |
| ZK-5590 | ALM875 | | 人骨 | 2935±35 | 1260—1240（2.5%）<br>1220—1040（65.7%） | 1190—1095 |
| ZK-5592a | ALM878 | | 人骨 | 2946±35 | 1260—1230（8.8%）<br>1220—1110（49.7%）<br>1100—1080（6.4%）<br>1070—1050（3.3%） | 1195—1110 |

续表

| 实验室编号 | 样品来源（原编号） | 考古分期 | 测定物质 | ¹⁴C 年代数据（5568，1950） | 单个样品数据校正年代（BC）（68.2%） | 系列样品数据校正年代（BC）（68.2%） |
|---|---|---|---|---|---|---|
| ZK-5525 | ABM3 | 殷三期 | 人骨 | 2882±37 | 1130—1000 | 1190—1170（7.2%）<br>1160—1140（7.0%）<br>1130—1080（54.0%） |
| ZK-5543 | ABM156 | | 人骨 | 2983±34 | 1300—1120 | 1200—1125 |
| ZK-5538 | ABM441 | | 人骨 | 2954±37 | 1260—1230（13.0%）<br>1220—1110（49.9%）<br>1100—1080（3.5%）<br>1060—1050（1.8%） | 1195—1110 |
| ZK-5529 | ABM60 | | 人骨 | 2951±35 | 1260—1230（11.5%）<br>1220—1110（50.1%）<br>1100—1080（4.3%）<br>1060—1050（2.3%） | 1200—1110 |
| ZK-5534 | ABM296 | | 人骨 | 2870±35 | 1130—970 | 1190—1180（4.5%）<br>1150—1140（2.7%）<br>1130—1080（61.0%） |
| XSZ085 | M701 | 殷四期 | 人骨 | 2890±45 | 1190—1180（2.7%）<br>1150—1140（1.8%）<br>1130—1000（63.7%） | 1084—1040 |
| ZK-5572 | ABM693 | | 人骨 | 2942±35 | 1260—1240（7.0%）<br>1220—1110（49.1%）<br>1100—1080（8.1%）<br>1070—1050（4.1%） | 1089—1048 |
| ZK-5551 | ABM23 | | 人骨 | 2912±31 | 1210—1200（1.0%）<br>1190—1170（5.0%）<br>1160—1140（4.7%）<br>1130—1040（56.7%）<br>1030—1020（0.9%） | 1088—1045 |
| ZK-5559 | ABM477 | | 人骨 | 2900±35 | 1190—1180（1.9%）<br>1130—1010（66.3%） | 1088—1040 |
| ZK-5558 | ABM432 | | 人骨 | 2892±33 | 1130—1010 | 1085—1040 |
| ZK-358 | AXF11① | | 木炭 | 2948±34 | 1260—1230（10.1%）<br>1220—1110（50.2%）<br>1110—1080（5.1%）<br>1060—1050（2.8%） | 1090—1048 |
| Boundary 殷墟—琉璃河遗址年代交界处 | | | | | | 1049—1018 |

注：出土地点代号：AB——白家坟；AD——大司空村；AH——洹北花园；AL——刘家庄；AS——三家庄；AW——王裕口；AX——小屯。

从测年结果可见，殷墟一期的年代范围约为公元前 1320—前 1239 年，二期年代范围约为公元前 1255—前 1195 年，殷墟三期年代范围约为公元前 1205—前 1080 年，四期年代范围约为公元前 1090—前 1040 年。

# （三）殷墟甲骨分期与 $^{14}$C 测年

殷墟甲骨文目前已经有了比较成熟的分期断代标准。选择分期明确、有断代价值的卜骨，用 AMS 法进行系列 $^{14}$C 年代测定尚属首次，使商代后期的年代学研究增加了新的手段。

## 1. 殷墟甲骨分期

1931 年，董作宾发表《大龟四版考释》[①]，从甲骨文卜辞文例中发现了"卜问命龟之人"名字的习惯位置，首创"贞人"说，并提出甲骨文分期断代的八项标准。1933年，他又发表《甲骨文断代研究例》[②]，将八项标准扩展为十项，即世系、称谓、贞人、坑位、方国、人物、事类、文法、字形、书体。他根据这十项标准，将殷墟甲骨文分为五期：

第一期，武丁及其以前（盘庚，小辛，小乙）；

第二期，祖庚，祖甲；

第三期，廪辛，康丁；

第四期，武乙，文丁；

第五期，帝乙，帝辛。

此后，又有学者根据王世提出四期[③]、三期和九期[④]等分期方案，均系在董说基础上进行调整。

虽然董作宾的五期分法可以作为判断多数卜辞所属王世的标准，但他将卜辞按王世划分，认为同一王世只能有一种类型的卜辞。后来的研究证明，这在方法上是失之偏颇的，实际上同一王世可以有不同类型的卜辞，而某一类型的卜辞也不会随着一个王世的结束而立即消失。董作宾基于当时认识，将武丁时代的一些字体、文例、称谓与他所说的一期卜辞（即后来的宾组卜辞）不大相同的卜辞（即后来的自组、子组、午组卜辞），都定为文武丁（即文丁）时的四期卜辞。由于这些卜辞本来属于武丁时代，在很多方面与宾组卜辞相似，董作宾便认为是文武丁"复古"，从而提出商代的礼制和卜辞有新旧两派之说[⑤]。

① 董作宾：《大龟四版考释》，《安阳发掘报告（第二期）》，历史语言研究所，1930 年。

② 董作宾：《甲骨文断代研究例》，《历史语言研究所集刊》外编第一种《庆祝蔡元培先生六十五岁论文集》，历史语言研究所，1933 年。

③ 胡厚宣：《甲骨六录》，成都《齐鲁大学国学研究所专刊》之一，齐鲁大学国学研究所，1945 年。

④ 陈梦家：《殷虚卜辞综述》，科学出版社，1956 年。

⑤ 董作宾：《殷虚文字乙编序》，《中国考古学报（第四册）》，商务印书馆，1949 年。

1949 年，陈梦家开始发表《甲骨断代学》[①]，后收入 1956 年印行的《殷虚卜辞综述》，他首先将卜辞主要按照卜人的系联进行分组，提出自组、宾组、子组、午组、出组、何组等分组名称，并推断各组的年代：

自组、子组、午组、宾组：属武丁时代；

出组：属祖庚、祖甲时代；

何组：属廪辛时代。

康丁、武乙、文丁和帝乙、帝辛卜辞未以贞人组命名。

1953 年，日本学者贝塚茂树、伊藤道治将董作宾的"文武丁卜辞"分为"王族卜辞"（略当自组）、"多子族卜辞"（相当子组），也论证其时代为武丁时期[②]。

1964 年，邹衡在研究殷墟文化分期时，注意到自组、子组卜辞出于殷墟二期地层，得到它们属武丁时代的结论[③]。1973 年，在小屯南地的发掘中，发现了自组、午组卜辞出于属小屯南地分期的早期地层或窖穴中，相当于殷墟文化第一期，为断定这两类卜辞的时代提供了地层上的依据[④]。目前，大多数学者都认为自组、子组、午组卜辞为武丁时代卜辞。

卜辞分期的成果与分期理论的发展是密不可分的。1957 年，李学勤提出："卜辞的分类与断代是两个不同的步骤。我们应先根据字体、字形等特征分卜辞为若干类，然后分别判定各类所属时代。"[⑤] 在理论上提出了把分类和断代分开、将考古学类型学应用于甲骨分期的思想。1981 年，林沄提出将卜人和书体风格作为分类的两大标准，把称谓系统和地层关系作为断代的两大标准[⑥]；1984 年，又修正了自己的观点，提出："无论是有卜人名的卜辞还是无卜人名的卜辞，科学分类的唯一标准是字体。"[⑦] 1996 年，李学勤、彭裕商对林沄的标准加以推敲，提出分类的标准有字体和卜人两项，断代的标准有称谓系统、考古学依据和卜辞间的相互关系三项[⑧]。

在新的卜辞分类和分期理论的指导下，甲骨文新的分期学说不断完善。1978 年，在第一次全国古文字会议上，李学勤首次提出卜辞可以分为小屯村北、村南两个系统

① 陈梦家：《甲骨断代学》甲篇，《燕京学报（第四十期）》，燕京大学燕京学报社，1949 年；《甲骨断代学》丁篇，《中国考古学报（第五册）》，中国科学院，1951 年；《甲骨断代学》丙篇，《考古学报（第六册）》，中国科学院，1953 年。

② 贝塚茂树、伊藤道治：《甲骨文断代研究的再检讨——以董氏的文武丁时代之卜辞为中心》，《东方学报》第 23 册，1953 年；《京都大学人文科学研究所藏甲骨文字》（本文篇）序论，京都大学人文科学研究所，1959 年。

③ 邹衡：《试论殷墟文化分期》，《北京大学学报》1964 年第 4、5 期；收入《夏商周考古学论文集》，文物出版社，1980 年。

④ 肖楠：《安阳小屯南地发现的"自组卜甲"兼论"自组卜辞"的时代及其相关问题》，《考古》1976 年第 4 期；《小屯南地甲骨》上册"前言"，中华书局，1980 年；《略论"午组卜辞"》，《考古》1979 年第 6 期。

⑤ 李学勤：《评陈梦家殷虚卜辞综述》，《考古学报》1957 年第 3 期。

⑥ 林沄：《小屯南地发掘与殷墟甲骨断代》，《古文字研究（第九辑）》，中华书局，1984 年；据李学勤、彭裕商《殷墟甲骨分期研究》（上海古籍出版社，第 13 页），该文撰写于 1981 年。

⑦ 林沄：《无名组卜辞父丁称谓的研究》，《古文字研究（第十三辑）》，中华书局，1986 年。

⑧ 李学勤、彭裕商：《殷墟甲骨分期研究》，上海古籍出版社，1996 年，第 21 页。

的"两系说"①。1981 年，李学勤将甲骨分为 9 组：宾组、自组、子组、午组、出组、历组、无名组、何组、黄组②。1990 年，李学勤、彭裕商又在原 9 组之上加上了非王无名组，总共成为 10 组③。1991 年出版的黄天树《殷墟王卜辞的分类与断代》一书，将殷墟王卜辞分作两系共 20 类，并论证了每一类的年代④。1994 年，彭裕商《殷墟甲骨断代》一书出版，该书对殷墟早期卜辞进行分类与断代，包括自组、宾组、出组、历组等王卜辞和子组、午组、非王无名组等非王卜辞。1996 年出版的李学勤、彭裕商的《殷墟甲骨分期研究》在彭裕商书的基础上，又增加了对何组、黄组、无名组三组卜辞的分类与断代研究，这样，两系说的体系基本完备。根据这一学说，自组卜辞是两系的共同起源，黄组是两系的共同归宿。村北系的发展是：

自组—自宾间组—宾组—出组—何组—黄组

村南系的发展是：

自组—自历间组—历组—无名组—无名黄间类—黄组⑤

在两系说建立发展的同时，五期分法的研究体系也在逐步严密和进步⑥。两种方案沿着不同道路的发展，是甲骨学分期断代研究深化的反映。

在学者讨论根据甲骨文本身对甲骨文进行分类断代的同时，另有学者从钻凿形态入手，研究甲骨的类别和时代⑦。

按照新的甲骨分期分类理论，全部殷墟甲骨可以根据卜人集团和字体的联系，主要划分为 10 组，10 组名称、所属王世及与董作宾五期对应关系见表 4-2。

表 4-2　殷墟甲骨分期分类对照

| 自组 | 武丁早、中期 | 董氏第四期卜辞 |
| --- | --- | --- |
| 子组 | 武丁中期 | 董氏第四期卜辞 |
| 午组 | 武丁中期 | 董氏第四期卜辞 |
| 宾组 | 武丁中、晚期 | 董氏第一期卜辞 |
| 非王无名组 | 武丁中期 | |
| 出组 | 祖庚、祖甲 | 董氏第二期卜辞 |

---

① 据王宇信、杨升南主编《甲骨学一百年》（社会科学文献出版社，1999 年，第 179 页），两系说首先由李学勤于 1978 年在长春第一届全国古文字会议上提出。代表论著可见：《殷墟甲骨两系说与历组卜辞》，《李学勤集》，黑龙江教育出版社，1989 年。

② 李学勤：《小屯南地甲骨与甲骨分期》，《文物》1981 年第 5 期。

③ 李学勤、彭裕商：《殷墟甲骨分期新论》，《中原文物》1990 年第 3 期。

④ 黄天树：《殷墟王卜辞的分类与断代》，（台北）文津出版社，1991 年；科学出版社，2007 年。

⑤ 关于无名黄间类卜辞的时代，又有进一步的探讨，参见李学勤：《帝辛征夷方卜辞的扩大》，《中国史研究》2008 年第 1 期。

⑥ 陈炜湛：《读〈甲骨文断代研究例〉小记——为纪念董作宾先生百年诞辰而作》，《中山大学学报》1997 年第 4 期。

⑦ 许进雄：《甲骨上的钻凿形态的研究》，艺文印书馆，1979 年；于秀卿、贾双喜、徐自强：《甲骨的钻凿形态与分期断代研究》，《古文字研究（第六辑）》，中华书局，1981 年；郭振禄：《小屯南地甲骨综论》，《考古学报》1997 年第 1 期。

续表

| 何组 | 武丁晚至武乙前 | 董氏第三期卜辞 |
|---|---|---|
| 无名组 | 祖甲至武乙中、晚 | 董氏第三期卜辞 |
| 黄组 | 文丁至帝辛 | 董氏第五期卜辞 |
| 历组 | 有争议 | 董氏第四期卜辞 |

每一组下又可进一步细分。学者又特别着意于介于前后两组之间的类型的划分，每一类所属的王世可以从该类卜辞中的称谓系统、考古学依据和人物关系等方面来确定。这样，当判别了一版卜辞所属的类以后，根据各类所属王世，就可以决定这版卜辞所属的王世。

到目前为止，上述各组卜辞中只有历组卜辞的时代学者间尚无一致认识。历组属董作宾的四期卜辞，董作宾认为属于武乙、文丁时代。1976 年殷墟妇好墓的发现促使李学勤提出历组卜辞属"武丁晚年到祖庚时代的卜辞"[1]，支持这一观点和反对这一观点的学者都举出大量论据来证明自己的见解[2]，目前这一讨论还在继续进行中。

认为历组卜辞属武丁到祖庚世说的主要证据是：历组卜辞可分为二类，历组一类卜辞，有父乙、母庚、兄丁的称谓，是武丁对父小乙、母妣庚和兄丁的称呼；历组二类卜辞有父丁、母辛称谓，是祖庚对父武丁及母妣辛的称呼。历组二类卜辞合祭先王，常把父丁排在小乙之后，这父丁显然是指武丁。把父丁理解为康丁，在祀典中竟省去称为高宗的武丁及祖甲两位名王，是很难想象的。同时，历组卜辞与宾组卜辞有不少相同的人名，应为同一个人。

认为历组卜辞属武乙文丁世的主要证据是：历组卜辞出土于小屯南地中、晚期地层中，相当于殷墟文化三、四期，其中，出历组一类卜辞（即父乙类）的灰坑又打破出历组二类卜辞（即父丁类）的灰坑，说明父乙类应稍晚于父丁类卜辞。在历组二类卜辞中父辈称谓以父丁为主，也偶见父辛，这是武乙对廪辛、康丁的称呼，这类卜辞属武乙时代；历组一类卜辞既然比历组二类卜辞稍晚，其上的父乙是指武乙，是文丁对其父的称呼，此类卜辞当属文丁时代。历组卜辞中与宾组、出组卜辞同名的现象，是由于殷代的人名往往又是族名、方国名、地名，属于异代同名的现象。

前文已提到，殷墟甲骨分期中，还有一个较重要的问题悬而未决，就是殷墟是否有武丁以前的甲骨。董作宾将第一期的时代定在盘庚至武丁，但他并未证明哪些卜辞

---

① 李学勤：《论"妇好"墓的年代及有关问题》，《文物》1977 年第 11 期。

② 主张历组卜辞为武丁到祖庚时代的代表性论文有裘锡圭：《论"历组卜辞"的时代》，《古文字研究（第六辑）》，中华书局，1981 年；彭裕商：《也论历组卜辞的年代》，《四川大学学报》1983 年第 1 期；林沄：《小屯南地发掘与殷墟甲骨断代》，《古文字研究（第九辑）》，中华书局，1984 年。主张历组卜辞为武乙文丁时代的代表性论文有肖楠：《论武乙、文丁卜辞》，《古文字研究（第三辑）》，中华书局，1980 年；罗琨、张永山：《论历组卜辞的年代》，《古文字研究（第三辑）》，中华书局，1980 年；肖楠：《小屯南地甲骨》"前言"，中华书局，1981 年；谢济：《试论历组卜辞分期》，《甲骨探史录》，生活·读书·新知三联书店，1982 年；陈炜湛：《"历组卜辞"的讨论与甲骨文断代研究》，《出土文献研究》，文物出版社，1985 年。

属盘庚、小辛、小乙时代 [①]。数十年来,对这一问题的探索仍未取得突破性进展。少数学者认为殷墟不出武丁以前的卜辞,是因为殷墟不是盘庚所迁,而是武丁所迁之都,但大多数学者仍相信文献中有关盘庚迁殷的记载,认为殷墟既然存在第一期及比第一期稍早的遗址、墓葬和各类遗物,也应当有这一段的甲骨文,有的还指出某几片卜辞的时代是早于武丁的,不过学者之间指出的这类片子互有差异,其中看法较一致的还不到 5 片,此问题仍需继续探索。

## 2. 卜骨的 $^{14}$C 测年

甲骨测年的目标,是用 AMS 法对各期、各组有字甲骨进行 $^{14}$C 年代测定,对照高精度树轮校正曲线研究,将测得的数据转换成日历年代,进而排出武丁至帝辛时的年代序列。由于龟甲不适合进行测定,所能采用的只有卜骨。

已出土的有字甲骨有十余万片,分散在国内外多个地点。有字甲骨是宝贵的文物,因此取样要经过十分慎重的考虑。为了取得各期有代表性、有价值的样品,"夏商周断代工程"首先制定了样品选取的原则。

第一,卜辞中有称谓、时代较明确的,特别注意选取记载了对断代有价值的父辈或兄辈称谓的,其中一版中有两或三个称谓可将时代定在某一王的卜骨更是取样的重点。

第二,有天象记录(如月食)的卜骨,包括记壬寅夕月有戠的《屯南》726(H23：66),记载庚辰日戠的《合集》33698。

第三,带年祀或周祭内容的卜骨。

第四,内容较重要的卜骨,如有重要的卜人或其他人名,记录重要事件等,如《合集》20138 为自组大字扶类。

第五,地层关系明确,有共存陶器作为考古文化时代依据的,如 91 花南 M99 上 3：1(中国社会科学院考古研究所藏品)[②],该片为午组卜辞,出土于 M99 墓口上的灰土层中,该灰土层的深度、土质、土色及所出陶片之形制,均与 91 花南 T3 ③的相同,时代属殷墟文化第一期。

按照上述原则,共提出备选的卜骨 300 多片,经过对这些卜骨现藏地的调查,提出能够找到的 220 片。将这拟选用的 220 片卜骨做出附有拓片或摹本的卡片,并按时代、组别排列。

由于对甲骨进行取样测试的工作在国内外尚属首次,为慎重起见,决定首先选择 7 片进行取样试验,以便积累经验。这 7 片是从中国社会科学院考古研究所发掘的小屯南地卜骨中选取的,其中 6 片有字、1 片无字。1997 年 4 月由负责取样的中国社会科学院考古研究所科技中心修复组的人员进行取样试验,经共同商议,确定了取样的几条原则:第一,不伤卜骨上的文字;第二,不伤卜骨背面的钻凿;第三,尽量从卜骨

---

① 董作宾在《殷历谱》(历史语言研究所,1945 年)等论著中关于宾组卜辞所见月食可早至武丁前的推算,未能得到学术界认可。

② 中国社会科学院考古研究所安阳工作队:《1991 年安阳花园庄东地、南地发掘简报》,《考古》1993 年第 6 期。

不大重要的部位去截取；第四，取样之后要进行修复。对 7 片卜骨取样试验后，经专家鉴定，认为修复效果较好，取样得到认可。

然后，经北京大学考古系常规 $^{14}$C 实验室（以下简称北大常规实验室）样品制备组进行制样试验，试验后提出三点要求：第一，卜骨取样的量应不少于 1 克；第二，卜骨的不同部位骨质不一样，最好在骨质好的中上部取样；第三，尽量不取表面涂有保护剂的卜骨，若取，须将保护剂清除掉。

经过取样试验，发现过去拟选用的 220 片卜骨有的不适于取样，所以在 1998 年 5 月又进行复选。复选只选取对甲骨分期断代最有价值、稍大又较易取样的卜骨，再提出 150 片作为取样的对象。在领导与各有关单位支持协助下，经过多方努力，自 1998 年 6 月至 2000 年，共采集到刻字卜骨样品 107 个、分期明确无字卜骨 9 片和骨器骨料样品 3 件，共 119 个样品。

这 107 片有字卜骨样品情况如下：

自组卜辞　　　　9 片

子组卜辞　　　　3 片

宾组卜辞　　　　14 片

午组卜辞　　　　4 片

其他卜辞[①]　　7 片

出组卜辞　　　　10 片

何组卜辞　　　　2 片

无名组卜辞　　26 片

历组卜辞　　　　24 片（历组一类卜辞 17 片，历组二类卜辞 7 片）

黄组卜辞　　　　8 片

这些样品包括殷墟甲骨五期十组近二十类，对确立商后期年代有重要价值。

因为甲骨是珍贵文物，AMS 法 $^{14}$C 测年组为了保证甲骨测年能顺利进行，提出先测一批无字卜骨样品。1998 年底，甲骨取样组向 AMS 测年组提供了 9 个殷墟文化一至四期的无字卜骨样品。

截至 2000 年 2 月，对 37 个有字卜骨样品和 9 个无字卜骨样品进行了明胶提取，其中 31 个有字卜骨样品和 8 个无字卜骨样品制备成石墨，做了 AMS 法 $^{14}$C 测量。31 个有字卜骨样品的测年数据，有 22 个在合理的年代范围之内，另外 9 个明显偏老。8 个无字卜骨样品的测年数据，也有 2 个明显偏老。专门的实验研究表明，偏老的主要原因当是样品受到老碳的污染。

为了清除甲骨样品的老碳污染，"骨质样品的制备研究"专题组于 2000—2004 年进行了多方面的探索与研究，在通用的处理骨样品流程之外，增加系列有机溶剂萃洗纯化和红外光谱分析检测流程，取得满意的效果，完成了全部甲骨样品的处理和年代测定。

---

① 　包括花东 H3 卜辞 3 片，花园庄南地 M99 上卜辞 1 片，近似自组字体的卜辞 3 片，以上均属武丁早、中期的卜骨。

1999—2008 年共测量了有字卜骨样品 95 个、无字卜骨和骨器骨料样品 11 个，所有甲骨样品的 $^{14}C$ 测年数据请参见附录四。在剔除分期存在争议的历组卜骨、来历不可靠与分期存疑的卜骨以及偏老和偏年轻的测年数据后，先后构建了两个系列样品年代校正模型"0811 全"与"0811 选"。前一个系列收入了尽可能多的样品（55 个有字卜骨、6 个无字卜骨和 3 个骨器骨料样品），后一个系列则选取了时代分期更可靠的样品（35 个有字卜骨、3 个无字卜骨和 3 个骨器骨料样品）。对这两个系列分别进行了年代校正，结果表明这两个系列样品校正后的日历年代基本吻合，详见"七、（三）AMS 方法技术改造、数据处理研究与年代测定"下面的"5. 殷墟甲骨的 AMS$^{14}C$ 年代测定结果"小节。表 4-3 是系列"0811 选"41 个样品的测年数据与年代校正结果。

表 4-3　殷墟甲骨系列"0811 选"样品 AMS $^{14}C$ 测年数据

| 分期 | 甲骨著录号 | 甲骨组别 | 实验室编号 | $^{14}C$ 年代（BP） | 校正后日历年代 68% 置信区间（BC） |
|---|---|---|---|---|---|
| 起始边界 | | | | | 1360—1260 |
| 早于武丁 | 屯东北 T1H1 | 骨料 | SA99101 | 3105±35 | **1340**—1250 |
| | 洹北 T2④ | 无字 | SA98158-2 | 3015±35 | 1315—1250 |
| | 屯南 H115* | 无字 | SA98160 | 2975±40 | 1300—**1235** |
| 边界 0-1 | | | | | 1268—1219 |
| 一期（武丁） | 花东 H3：707 | 无字 | SA98162 | 2985±55 | 1243—1212 |
| | 合集 10410 | 自组 | SA98168 | 2995±30 | 1242—1212 |
| | 合集 6774 | 自组 | SA98170c | 2995±30 | 1242—1212 |
| | 合集 6846 | 自宾间类 | SA00033 | 3000±30 | 1241—1212 |
| | 花南 M99 上 ③：1 | 午组 | SA98187 | 3040±35 | 1238—1213 |
| | 合集 19779 | 自组 | SA98172c | 3010±30 | 1240—1212 |
| | 合集 2140 | 自组 | SA98173 | 3070±55 | 1239—1212 |
| | 合集 9816 | 宾组 | SA98174 | 2995±30 | 1242—1212 |
| | 合集 2869 | 宾组 | SA00035 | 2930±30 | **1254**—**1210** |
| | 合集 302 | 宾组 | SA98175 | 3050±30 | 1236—1214 |
| | 合集 21565 | 子组 | SA98183 | 3035±40 | 1239—1213 |
| | 合集 21739 | 子组 | SA99092 | 2980±30 | 1243—1212 |
| | 合集 22116 | 午组 | SA99093 | 3015±30 | 1239—1213 |
| | 合集 22086 | 午组 | SA98186 | 3015±35 | 1240—1212 |
| | 合集 22594 | 宾组 | SA99089 | 2955±45 | 1244—1211 |
| | 合集 3013 | 宾组 | SA98177 | 2985±35 | 1243—1212 |
| | 合集 4122 | 宾组 | SA98178 | 2990±40 | 1243—1212 |
| | 合集 21784 | 宾组 | SA00036 | 2950±30 | 1247—1210 |
| | 合集 3089 | 宾组 | SA98181 | 2990±40 | 1243—1212 |
| | 妇好墓 | 骨簪 | SA99040-2 | 2945±50 | 1244—1211 |

续表

| 分期 | 甲骨著录号 | 甲骨组别 | 实验室编号 | $^{14}$C 年代（BP） | 校正后日历年代 68%置信区间（BC） |
|---|---|---|---|---|---|
| 边界 1-2 | | | | | 1227—1204 |
| 二期（祖庚祖甲） | 合集 24610 | 出组 | SA00037 | 2970±30 | **1217**—1187 |
| | 合集 23340 | 出组 | SA99095 | 2940±35 | 1215—**1180** |
| | 合集 23536 | 出组 | SA99096c | 2960±40 | 1216—1185 |
| | 合集 25015 | 出组 | SA98195c | 2950±30 | 1215—1180 |
| 边界 2-3 | | | | | 1208—1163 |
| 三期（廪辛康丁） | 合集 35249 | 何组 | SA98200c | 2970±30 | 1201—1152 |
| | 屯 173 | 无名组 | SA98202 | 2960±30 | 1201—1152 |
| | 屯 2294 | 无名组 | SA98205 | 2975±40 | 1201—1152 |
| | 屯 2315 | 无名组 | SA98206 | 2955±30 | 1201—1152 |
| | 屯 2557 | 无名组 | SA98207 | 2960±30 | 1201—1152 |
| | 屯 2996 | 无名组 | SA98208 | 2950±30 | 1200—1152 |
| | 合集 27364 | 无名组 | SA98210 | 2995±45 | **1205—1150** |
| | 屯 2742 | 无名组 | SA98217 | 2990±35 | 1200—1154 |
| 边界 3-4 | | | | | 1172—1128 |
| 四期（武乙文丁） | 屯 647 | 无名组 | SA98226 | 2945±35 | 1162—**1116** |
| | 屯 2281 | 无名组 | SA98227-2 | 2960±35 | **1164**—1120 |
| 边界 4-5 | | | | | 1150—1085 |
| 五期（帝乙帝辛） | 钢厂 M1713 | 羊肩胛骨 | SA98167c | 2845±35 | 1130—1060 |
| | 屯 3564 | 黄组 | SA98251 | 2920±35 | 1130—1060 |
| | 合集 35641 | 黄组 | SA98253 | 2885±40 | 1130—1060 |
| | 合集 36512 | 黄组 | SA99097p1 | 2925±35 | **1130—1055** |
| 终止边界 | | | | | 1115—1020 |

＊有一种观点认为《屯南》115 系早于武丁的甲骨。

以上测年与年代校正结果表明，殷墟甲骨一期的年代范围是公元前 1254—前 1210 年，二期的年代范围是公元前 1217—前 1180 年，三期的年代范围是公元前 1205—前 1150 年，四期的年代范围是公元前 1164—前 1116 年，五期的年代范围是公元前 1130—前 1055 年，与殷墟文化遗址各期所采系列含碳样品测年与年代校正结果基本一致。

# （四）殷墟甲骨文日月食与武丁年代

殷墟甲骨文中有日月食记录，记载了日月食发生日的干支，可以利用现代天文学方法回推其发生的年代，在年代学研究中有重要价值。"夏商周断代工程"对过去提出的甲骨文中所有记载了干支的日月食记录都进行了重新研究。

以前曾被认为是日、月食的带有干支的记录有如下一些。

宾组卜辞中的五次月食记录，其干支分别是壬申夕、乙酉夕、己未夕皿（向）庚申、癸未夕、〔甲〕午夕。这五次月食都记于验辞中，为确已发生的月食记录。五条记录都集中在宾组，时间间隔不会太长，对于武丁年代的推定有关键意义。

宾组卜辞中有一条，过去有学者释读其中四个字为"三焰食日"，认为是日全食见日珥的记录。对这条记录是否为日食，以前没有形成一致的认识。"夏商周断代工程"通过考察研究，否定了这一卜辞为日食记录。

历组卜辞中有若干记录，多数学者认为是日、月食。一组二条记"癸酉贞，日月有食"（《合集》33694、33695），三组七条记"日又哉"，干支分别为庚辰（《合集》33698 三条，《合集》33699 一条）、乙巳（《合集》33696）、乙丑（《合集》33697 一条，《合集》33700 一条），另有一条辛巳"日有哉"（《合集》33710），可能与庚辰日有哉为同一事[1]。一条"月又哉"，干支为壬寅（《屯南》726）。这些卜辞存在的不确定性较多，首先是"日月有食"，有日食说、月食说、日月频食说、日月薄食说等；其次是"哉"是否等同于"食"，仍有不同意见[2]；另外，历组卜辞的时代属武丁还是属武乙、文丁，目前也没有定论，所以"夏商周断代工程"尽管对历组日、月食进行了重新研究和推算，但暂不用这些材料来推定商王年代。

## 1. "三焰食日"的排除

1945 年，刘朝阳发表《甲骨文之日珥观测记录》[3]一文，提出中央研究院第 13 次发掘 YH127 坑中一版龟甲卜辞为日全食见日珥记录，他将卜辞释读为："贞翌乙卯，乙卯不其易日，王乩曰有祟，勿雨，乙卯允明雹，三㕚食日[4]，大星。"该卜辞后来收入《殷虚文字乙编》下辑，编号 6385 和 6386，《甲骨文合集》编号为 11506 正反。由于日全食在一个地区罕见，所以"三焰食日"如是日全食，对于宾组卜辞五次月食的证认以及武丁在位年代的推定会起到重要的限制作用。刘朝阳说："此必为一日全食之观测记录，因确见到大星及三㕚也。然最可注意之点乃为'三㕚'，即为三焰。全食时在日边见到之焰，乃为日珥 prominence。日面正由光亮变为黑暗之时，突有三焰出现，观测者遂疑此焰为日全食之主因，故有'三㕚食日'之辞。"他又说："从'翌乙卯'一辞，可知其为甲寅日所卜。从此卜辞之语气，又可知此次日全食，非发生于甲寅日，即发生于乙卯日。"他推算在武丁可能的年代内，在甲寅日可能发生日全食者两次，在乙卯日可能发生日全食者五次，其中有四次在中国北方能够见到。后来他又做了进一步研究，认为只有两种可能：一是公元前 1353 年 3 月 2 日上午 10.5 点，儒略日

---

① 李学勤：《日月又哉》，《夏商周年代学札记》，辽宁大学出版社，1999 年，第 79—87 页。

② 陈剑认为"哉"应读为"异"，见其《甲骨金文考释论集》，线装书局，2007 年，第 415—427 页。

③ 刘朝阳：《甲骨文之日珥观测记录》，《宇宙》第 15 卷 1—3 号，1945 年；又收入《刘朝阳中国天文学史论文选》，大象出版社，2000 年，第 187—190 页。

④ 原作"㕛"，疑系误排，下同。

1227300，甲寅；一是公元前 1302 年 6 月 5 日上午 9.8 点，儒略日 1246022，乙卯。他比较两次日食时太阳和水星的赤经赤纬，最后提出："上述一片卜辞的记录最可能是纪元前 1302 年 6 月 5 日的一次，它发生于乙卯日，而且水星几乎就在那被食尽了的日面上出现。"[①]

但刘朝阳所确认的干支实际上有问题。在推算公元前 1353 年的日食时，他使用了中国古代的日界，但在推算公元前 1302 年的日食时，却使用了儒略日的纪日法。儒略日严格地讲是以格林尼治时间正午起算，但有时学者为使用方便，也以地方时正午起算，而中国古代的日界是在夜半到平旦之间，刘朝阳自己已指出这一点。在后一例中，从公元前 1302 年 6 月 4 日正午到 6 月 5 日正午是 1246022 日，从 6 月 5 日正午到 6 月 6 日正午是 1246023 日。按照中国古代日界，从公元前 1302 年 6 月 4 日 0 时（或稍晚的平旦）到 6 月 5 日 0 时（或稍晚的平旦）是乙卯日，从 6 月 5 日 0 时（或稍晚的平旦）到 6 月 6 日 0 时（或稍晚的平旦）是丙辰日，所以 6 月 5 日上午的日食只能算在丙辰日，而不能跟随儒略日算在乙卯日。计算表明，在武丁可能的时间范围内，没有安阳可见的甲寅或乙卯的日全食，"三焰食日"遂成为甲骨文日月食证认的一个难题。

刘朝阳文发表后，这条卜辞多被天文学界作为日全食见日珥接受。陈遵妫据董作宾《殷历谱》推算，认为这次日食发生在公元前 1328 年 10 月 18 日，并认为根据刘朝阳的计算，水星与太阳相距太近，应看不到，大星"可能是指金星或明亮的恒星，当然所指的可能不只一颗大星"，他又介绍白赫推算的结果是公元前 1328 年 10 月 17 日[②]。根据新的计算[③]，公元前 1328 年 10 月 17 日北京时间 19：14 合朔，该日是甲寅，18 日乙卯为朔后一日，但这两天没有发生安阳可见的日食。

《殷虚文字乙编》下辑是 1953 年 12 月在台湾出版的，1956 年才由在北京的科学出版社翻印发行，所以大陆学者在刘朝阳文发表后很长时间才见到这版卜辞的拓本。古文字学家很少明确接受这版卜辞为日食说者，相反，有人对此提出反对意见。1981 年，李学勤撰文，根据曹锦炎对于甲骨文中"食日"一词的解释，指出此版卜辞"食日指上午的一段时间"，又根据杨树达读"星"为"晴"，提出"食日大星""就是至食日而大晴"[④]。对于关键的所谓"焰"字，姚孝遂等有保留地写作原形未释[⑤]。连劭名也认为这版卜辞的意思是"乙卯日破晓时有雾，至食日时，云消雾散，天气十分晴朗"[⑥]。

但仍有学者将此卜辞作为日食进行计算。因为在武丁在位的可能年代范围内，没有发生在乙卯的日食，有学者将"允"读为"于"，认为"乙卯于明"是指从乙卯日到明天，即丙辰日，所以此次日食发生在丙辰日，再通过计算得到公元前 1302 年 6 月 5

① 刘朝阳：《中国古代天文历法史研究的矛盾形式和今后出路》，《天文学报》1953 年第 1 期。

② 陈遵妫：《中国天文学史》，上海人民出版社，1984 年，第 857—858 页。

③ 张培瑜：《三千五百年历日天象》，大象出版社，1997 年，第 462 页。

④ 李学勤：《论殷墟卜辞的"星"》，《郑州大学学报》1981 年第 4 期。

⑤ 姚孝遂、肖丁：《殷墟甲骨刻辞摹释总集》，11506 反，中华书局，1988 年；参看白于蓝：《殷墟甲骨刻辞摹释总集校订》，福建人民出版社，2004 年，第 104 页。

⑥ 连劭名：《卜辞中的月与星》，《出土文献研究续集》，文物出版社，1989 年，第 122—124 页。

日和公元前 1250 年 3 月 4 日两个结果，并认为后一结果晚于武丁在位的可能年代，所以选择前一结果[①]。

近年研究证实，远古日食可见区域的计算要用到世界时的改正值 ΔT。ΔT 由地球自转的不均匀性造成，是时间的函数，要通过观测来确定，在一年内变化很小。历史上各个时期 ΔT 值的大小，主要通过观测时间和观测地点明确的古代日食记录得出，包括注明了交食时刻或发生在日出日没时刻、中心日食和近中心日食的记录。有学者将这条卜辞作为日全食见日珥的记录，在此前提下，结合其他日月食记录，计算公元前 14 世纪时 ΔT 值的大小[②]。

"夏商周断代工程"对这版卜甲进行了重新研究，发现以前的释读是不正确的[③]。这版卜辞在《殷虚文字乙编》上的拓本不够清楚，被读为"三焰食日"的卜辞位于腹甲上部反面，文字夹刻于钻凿之间，该处甲质疏松，在拓本上显示为一片麻点（图 4-4），字的笔画难于确辨。经仔细观察，并参照台湾学者严一萍的摹本，发现过去释读有误。

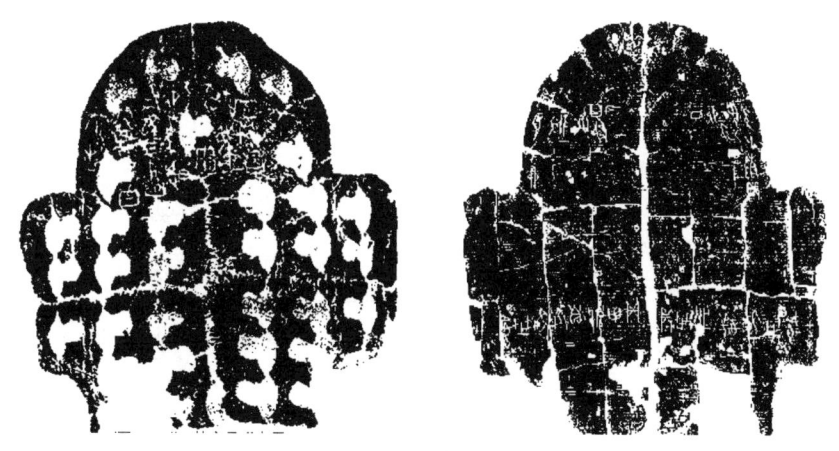

图 4-4 "三焰食日"卜甲

这块卜甲为一中型龟腹甲，反面有七排钻凿，在正面只显出六排兆。第一排兆附有一段卜辞，第二、三、四排兆没有附卜辞，第五、六排兆附有另一段卜辞。第一排兆反面的钻凿附近附有占辞及验辞，第五、六排兆的反面只附有占辞，没有验辞。第一排兆正面卜辞和反面的占辞与验辞是：

① Chou HH, Pang KD. *Interpretation and Dating of Tunyi 6386 Solar Eclipse*（对《屯乙》6386 日食的解释和年代推定）. paper presented at the International Symposium on Xia Culture, University of California, Los Angeles, California, USA, 1990.

② Pang K, Yau K, Chou H, et al. *Postglacial Rebound and Other Influences on the Earth's Secular Rotation Rate, From Analysis of Ancient Eclipse Records*（冰后期反弹和其他对地球长期自转速率的影响，从对古代交食记录的分析看）. Geo Research Forum, 1998, 3-4: 459-484；彭瓞钧、邱锦程、周鸿翔撰，周言、朱渊清译：《古代日月食的天文断代和统计研究》，《纪念殷墟甲骨文发现一百周年国际学术研讨会论文集》，社会科学文献出版社，2003 年，第 582—598 页。

③ 李学勤：《"三焰食日"卜辞辨误》，《夏商周年代学札记》，辽宁大学出版社，1999 年，第 17—21 页。

　　　　甲寅卜，设贞，翌乙卯易日。一。
　　　　贞，翌乙卯（乙卯）不其易日[①]。一。
　　　　王占曰：止勿鹰（荐），雨。乙卯允明衾（阴），乞岛（列），食日
　　大星。

反面的占辞和验辞从正面反贞的"不其易日"一辞的兆的钻凿旁刻起，说明是与反贞
辞联系的。

　　第五、六排兆正面的卜辞和反面的占辞为：

　　　　　　贞：有疾自（鼻），惟有蛊（害）。[一]、二、[三]、四。
　　　　　　　　王占曰：[②]
　　　　　　贞：有疾自（鼻），不惟有蛊（害）。一、二、三、四。
　　　　　　　　王臣占曰：止夵首，若。

没有干支和贞人，可能也是在甲寅日由设所贞，是卜问商王武丁的鼻子有病，是否神
灵为害。

　　第一段卜辞中的"易日"在甲骨文中常见，郭沫若云即《说文》之"晹"[③]，云：
"日复云暂见也。"清代王筠《说文句读》解释说："谓日在云中，倏出倏没也。"《广
韵》则解为："日无光也。"这与卜辞所见意义不合。通过对比其他卜辞可知其义为
"启"，即出太阳，已有学者指出这一点[④]。

　　"荐"，《尔雅·释诂》解为"陈也"。衾，字上从"今"，义为"阴"[⑤]。以前读为
"三"的字，中横略短，应是"乞"，读为"讫"，据《尔雅·释诂》，义为"止"。"岛"
当为"列"之初文[⑥]，"讫列"与"止荐"意思相同。"食日"为一天中的一个时段名，
即"大食"[⑦]，在"旦"之后，"中日"之前，董作宾有详论[⑧]。"星"读为"晴"，从杨树
达说[⑨]。"害"，字原作"蛊"，从裘锡圭说[⑩]。夵，上半是否从"余"，尚可推敲。"夵首"
一词又见《合集》6031、6032、6037等。《合集》6037卜"伐"，后云"王来夵首"，
可知是由王亲自执行的一种祭祀行为，可能与伐祭有关。

　　综上所论，这版卜辞可概述如下：在甲寅这天，由设贞问次日乙卯是否天晴，这
是为了祭祀的事。武丁根据占卜的结果，判断说：不要陈放祭品，天要下雨的。到了
乙卯，天亮时果然阴天，停止陈放祭品，上午吃饭的时候大晴。另外，甲寅日又贞问

①　原衍"乙卯"二字。
②　占辞原缺，或说有"吉""往"二字。
③　郭沫若：《易日解》，《古代铭刻汇考》，（日本）文求堂，1933年。
④　孟世凯：《甲骨学小词典》，上海辞书出版社，1987年，第116页。
⑤　孙常叙：《瞿衾一字变形说》，《古文字研究（第十九辑）》，中华书局，1992年。
⑥　于省吾：《甲骨文字释林》，中华书局，1979年，第329页。
⑦　陈梦家：《殷虚卜辞综述》，中华书局，1988年，第244页。
⑧　董作宾：《殷历谱》上编卷一《殷历鸟瞰》，历史语言研究所，1945年。
⑨　李学勤：《论殷墟卜辞中的"星"》，《郑州大学学报》1981年第4期。
⑩　裘锡圭：《释蛊》，《古文字学论集》初编，香港中文大学中国文化研究所、吴多泰中国语文研究中心，1983年。

武丁鼻子有病是否神灵降祸。正贞辞附记"王占曰"，却没有占辞，大概是武丁身体不适，活动中断。反贞改由王臣判断，认为应该停止"傘首"一事，这当是为了照顾武丁的健康状况。

由此可知，这版卜辞与日食没有关系。

## 2. 宾组月食年代的证认

（1）五次月食记录

甲骨文宾组卜辞中的五次月食记录，分刻在 7 片甲骨上（图 4-5～图 4-11）。

壬申夕月食：

> 癸亥贞，旬亡囚。旬壬申夕月有食。
>
> （《合集》11482）

乙酉夕月食：

> 癸未卜争贞，旬亡囚。三日乙酉夕月有食，闻，八月。
>
> （《合集》11485）
>
> ［癸未卜］古［贞，旬亡］囚。三日［乙］酉夕［月有］食。闻。
>
> （《合集》11486）

己未夕皿庚申月食：

> 癸丑卜贞，旬亡囚。七日己未皿（向）庚申月有食。
>
> （《英藏》886 正反）
>
> ［癸丑卜贞，旬亡囚。七日］己未夕皿（向）庚申月有［食］。
>
> （《英藏》885 正反）

癸未夕月食：

> ［癸］未［卜］争贞，翌甲申易日。之夕月有食，甲盦（阴）不雨。
>
> （《合集》11483）

甲午夕月食：

> ［己］丑卜宾贞，翌乙［未酌］黍登于祖乙。［王］占曰："有祟，不其雨。"六日［甲］午夕月有食，乙未酌，多工率条遣。
>
> （《合集》11484）

五次月食中，最先确认的是壬申夕月食、甲午夕月食和己未夕皿（向）庚申月食，而乙酉夕月食和癸未夕月食考释较晚，所以 20 世纪 40 年代和 50 年代提出的证认结果一般只有前三次。

壬申夕月食是一块胛骨刻辞，拓本最先发表于 1925 年王襄所编《簠室殷契征文》

图 4-5 《合集》11482 正反　　图 4-6 《合集》11485　　　　图 4-7 《合集》11486

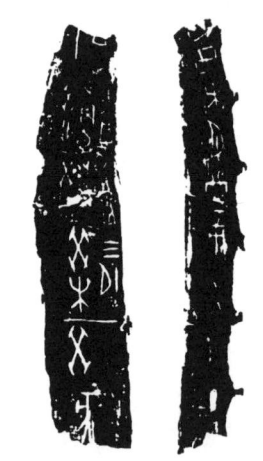

图 4-8 《英藏》886 正反　　　　　　　图 4-9 《英藏》885 正反

图 4-10 《合集》11483　　　　　　图 4-11 《合集》11484 正

中，但王氏将反面的"旬壬申夕月有食"与正面的卜旬卜辞分开了。

甲午夕月食是1936年殷墟第十三次发掘YH127坑所得，刻在一版大腹甲上。1945年，董作宾在《殷历谱·交食谱》中发表了其摹本。1948年出版的《殷虚文字乙编》收入该版，编号为3317；1957年张秉权作《殷虚文字丙编》时又拼缀上了《殷虚文字乙编》3435，编号为《丙编》57。

己未夕皿（向）庚申月食刻辞有两版，都是胛骨，《英藏》886记"己未皿庚申月有食"，1935年著录于《库方二氏藏甲骨卜辞》，编号1595；《英藏》885记"己未夕皿庚申月有食"，1939年著录于《金璋所藏甲骨卜辞》，编号594。该版卜辞有己未和庚申两个干支，又有十三月的记载。

乙酉夕月食有两版。一版是《合集》11486（《殷契卜辞》632），该腹甲残片较小，缺字严重，董作宾《殷历谱·交食谱》中拟补为"乙酉夕月有食"。另一版是《合集》11485，这是严一萍于1951年用殷墟第三次发掘所得5块腹甲残片拼合而成的[①]。在此之前，董作宾《殷历谱》曾引其中一片（《合集》11485）推测该食干支为癸卯，因在殷商可能的年代范围内找不到癸卯夕的月食，转而认为是壬子月食，后又认为是癸卯[②]，未能意识到该版所记与《合集》11486为同一次月食。

癸未夕月食是由张秉权、严一萍先后用6块碎甲拼合成的，张秉权首先用4块甲骨拼合，认为是"甲申夕有食"[③]，严一萍又找到两块，加以拼合，确认为癸未夕月食[④]。

这样，五次月食中除"己未夕皿庚申"之外，都有公认的明确的干支，但己未夕皿庚申月食仍有己未夜和庚申夜两种观点。

五次月食中有两次记有月份。乙酉夕月食记"八月"，己未夕皿庚申月食记"十三月"。乙酉月食的"八月"紧接在"月有食，闻"之后，所以八月是指月食所在月份，这一点没有异议。但己未夕皿庚申月食的"十三月"并不是紧接在月食记事的后面，而是记在与之相连的卜旬卜辞中。下面是两片的全文：

癸［卯卜］贞，［旬］亡［囚］。

癸丑卜贞，旬亡囚。七日己未皿（向）庚申月有食。二。

癸亥卜贞，旬亡囚。二。王占曰："有祟。"

癸酉卜贞，旬亡囚。二。

癸未卜争贞，旬亡囚。王占曰："有祟。"三日乙酉夕皿（向）丙戌允有来

入齿，十三月。二。

（《英藏》886正反）

［癸丑卜贞，旬亡囚］。［七日］己未夕皿（向）庚申月有食。

① 严一萍：《八月乙酉月食腹甲的拼合与考证的经过》，《大陆杂志》第9卷第1期，1954年。

② 董作宾：《殷代月食考》，《历史语言研究所集刊》第22本，1950年。

③ 张秉权：《卜辞甲申月食考》，《历史语言研究所集刊》第27本，1956年。

④ 严一萍：《卜辞癸未月食辨》，《大陆杂志》第13卷第5期，1956年；张秉权：《论卜辞癸未月食的求证方法》，《大陆杂志》第13卷第8期，1956年。

癸亥。

癸未，十三月。

癸巳卜贞，旬亡囚。

癸卯卜贞，旬亡囚。

（《英藏》885 正反）

"十三月"并不与月食同旬。董作宾认为月食发生在十二月，他说："月食必在望，庚申距癸丑八日，是癸丑在此月之上旬。此月当有丑、亥、酉三癸日也，依卜旬文例由下而上，癸未一旬，正相密接，而其下记有'十三月'、第三版（按指《英藏》885）有未、巳、卯三癸日，而癸未下亦有'十三月'之文，是癸未为十三月之第一次卜旬日无疑。由是逆推，则丑亥酉三癸日，必为十二月，亦无足疑也。"董作宾的观点得到一些学者的采用。也有学者主张月食发生在十三月，但没有说明理由，当是直接采用了卜辞上的十三月记载。陈梦家认为月食发生在一月，他将癸丑旬排在《英藏》885 癸卯之后，如此则"癸未为十三月，庚申为下月'一月'之望日，癸丑为一月初旬"[①]。我们认为，董作宾对于月份的分析是正确的，这次月食应该发生在十二月。

（2）以前的证认

从 20 世纪 40 年代开始，中外学者就致力于甲骨文月食的证认研究，给出了多种结果。

由于五次月食都明确记载"干支夕"，在甲骨文中"干支夕"可以指整个干支的夜晚，与今天所说的"某天夜晚"用法一样，这一点以前研究甲骨文的学者早已认识到。有学者对中国史籍中记录的下半夜观测的天象所载的干支做过研究，结果是，85% 的记录用上一天的干支，15% 的记录用下一天的干支[②]，表明记录后半夜的天象用前一天的干支是中国古代天文记录中一个连续的传统。因此，甲骨文中某"干支夕"的月食应当发生在所记干支的夜晚到下一干支的天明之前，而不应在所载干支的早晨。按照这一标准，公元前 1500—前 1000 年安阳可见的壬申夕、癸未夕、乙酉夕、甲午夕、己未夕、庚申夕月食见表 4-4。

表 4-4　公元前 1500—前 1000 年安阳可见的<br>壬申夕、癸未夕、乙酉夕、甲午夕、己未夕、庚申夕月食

| | 壬申夕 | 癸未夕 | 乙酉夕 | 甲午夕 | 己未夕 | 庚申夕 |
|---|---|---|---|---|---|---|
| 前 15 世纪 | 1473.8.17<br>20：02<br>1.418 | 1470.12.11<br>24：16<br>1.259 | 1496.10.30<br>18：25<br>1.186 | 1466.4.5<br>22：01<br>1.542 | 1481.7.18<br>28：08<br>1.318 | |

① 陈梦家：《殷虚卜辞综述》，中华书局，1988 年，第 239 页。

② 江涛：《论我国史籍中记录下半夜观测时所用的日期》，《天文学报》第 21 卷第 4 期，1980 年。

续表

| | 壬申夕 | 癸未夕 | 乙酉夕 | 甲午夕 | 己未夕 | 庚申夕 |
|---|---|---|---|---|---|---|
| 前 15 世纪 | 1426.2.12<br>23：03<br>1.346 | | 1418.3.16<br>29：53<br>0.061 | | 1434.1.13<br>25：22<br>1.225 | |
| | | | | | 1429.4.16<br>26：48<br>0.327 | |
| 前 14 世纪 | 1380.8.10<br>25：54<br>0.798 | 1377.12.2<br>22：12<br>0.843 | | | | 1311.11.24<br>26：52<br>1.639 |
| 前 13 世纪 | 1282.11.4<br>29：11<br>1.625 | 1278.2.27<br>26：26<br>1.554 | 1279.9.2<br>25：29<br>0.638 | 1229.12.17<br>25：25<br>0.761 | | 1264.5.20<br>17：34<br>1.323 |
| | | 1232.8.24<br>24：12<br>0.622 | 1227.6.1<br>24：05<br>1.332 | | | 1218.11.15<br>23：42<br>0.403 |
| | | 1201.7.11<br>23：38<br>0.500 | | | | |
| 前 12 世纪 | 1189.10.25<br>20：42<br>0.516 | 1185.2.18<br>23：48<br>0.697 | 1181.11.25<br>19：52<br>1.734 | 1198.11.4<br>21：52<br>0.716 | 1192.12.27<br>22：26<br>1.658 | 1119.2.9<br>29：29<br>1.796 |
| | 1183.1.28<br>29：10<br>0.409 | 1180.5.22<br>19：05<br>1.164 | | 1151.5.2<br>26：35<br>1.120 | 1166.8.14<br>29：10<br>1.630 | |
| | | | | 1130.3.12<br>16：32<br>1.743 | 1145.6.23<br>22：40<br>0.848 | |
| | | | | | 1114.5.13<br>24：02<br>0.085 | |
| 前 11 世纪 | | | 1082.2.19<br>20：02<br>0.694 | 1053.7.25<br>20：47<br>0.709 | 1099.12.19<br>17：25<br>0.523 | 1073.8.6<br>28：37<br>0.365 |
| | | | 1036.8.17<br>26：56<br>1.472 | | 1093.3.22<br>19：57<br>0.785 | 1042.6.25<br>28：57<br>0.665 |
| | | | | | 1068.11.7<br>30：46<br>0.825 | 1026.2.1<br>28：18<br>0.432 |

续表

| | 壬申夕 | 癸未夕 | 乙酉夕 | 甲午夕 | 己未夕 | 庚申夕 |
|---|---|---|---|---|---|---|
| 前 11 世纪 | | | | | | 1021.5.5<br>24：13<br>1.302 |

说明：① 每格中第一行为月食的日期，第二行为食甚时刻，第三行为食分。

　　　　② 表中的日期为月食所在夕的日期，发生在后半夜的月食用前一天的日期。

　　　　③ 为了表示整个夜晚都用前一天的日期，后半夜的时刻从 24：00 顺序递加。

近 60 年来有 22 家学者给出过月食证认结果。表 4-5 列出这些学者的 47 种结果。有的学者随着研究的深入，证认结果有所变化，表中只列出其最新认定的结果。另有学者认为有几种可能，则均予列出。

表 4-5　五次月食的 22 家 47 种证认结果

| 学者 | 壬申（9）<br>夕月食 | 癸未（20）<br>夕月食 | 乙酉（22）<br>夕月食 | 甲午（31）<br>夕月食 | 己未（56）夕皿<br>庚申（57）月食 |
|---|---|---|---|---|---|
| 刘朝阳（1944）[1] | 1282.11.4 | | | 1322.12.25 | 1311.11.24 |
| 董作宾[2]<br>严一萍[3]<br>（1945—1981） | 1282.11.4 | 1278.2.27 | 1279.9.2<br>1304.1.15 | 1373.3.27<br>1325.8.31 | 1311.11.24 |
| 德效骞（1951）[4] | 1189.10.25 | | 1227.6.1 | 1229.12.17 | 1192.12.27 |
| 陈遵妫（1955）[5] | 1328.5.8 | | | 1322.12.25 | 1311.11.24 |
| 陈梦家（1956）[6] | 1183.1.28 | | | 1229.12.17 | 1218.11.6 |
| 赵却民（1963）[7] | 1328.5.8 | 1278.2.27 | 1279.9.2 | 1342.2.15 | 1311.11.24 |
| 周法高（1967）[8] | 1189.10.25 | 1201.7.12 | 1227.6.1 | 1229.12.17 | 1192.12.27 |
| 吉德祎（1978）[9] | 1189.10.25 | 1180.5.22 | | 1198.11.4 | 1192.12.27 |
| 张光直（1979）[10] | 1426.2.12 | 1470.12.12 | 1444.7.29 | 1466.4.5 | 1434.1.13 |

① 刘朝阳：《殷末周初日月食初考》，《中国文化研究汇刊》第 4 卷，1944 年；又收入《刘朝阳中国天文学史论文选》，大象出版社，2000 年。

② 董作宾：《殷历谱》下编卷三《交食谱》，历史语言研究所，1945 年；《殷代月食考》，《历史语言研究所集刊》第 22 本，1950 年。

③ 严一萍：《续殷历谱》，艺文印书馆，1955 年。

④ Homer H. Dubs. *The Date of the Shang Period*（商的年代）. T'oung Pao, No. 40, 1951.

⑤ 陈遵妫：《中国古代天文学简史》，上海人民出版社，1955 年，第 58—59 页。

⑥ 陈梦家：《殷虚卜辞综述》，中华书局，1988 年，第 239 页。

⑦ 赵却民：《甲骨文中的日月食》，《南京大学学报》1963 年第 9 期。

⑧ 周法高著，赵林译：《论商代月蚀的记日法》，《大陆杂志》第 35 卷第 3 期，1967 年。

⑨ Keightley D. *Sources of Shang History: the Oracle Bone Inscriptions of Bronze Age*（商史资料集：青铜时代的甲骨文）. University of California Press, 1978.

⑩ 张光直：《商史新料三则》，《历史语言研究所集刊》第 54 本 4 分，1979 年。

续表

| 学者 | 壬申（9）夕月食 | 癸未（20）夕月食 | 乙酉（22）夕月食 | 甲午（31）夕月食 | 己未（56）夕皿 庚申（57）月食 |
|---|---|---|---|---|---|
| 1980 I [1] | 1189.10.25 | 1201.7.12 | 1181.11.25 | 1198.11.4 | 1192.12.27 |
| 1980 II | 1183.1.28 1189.10.25 | 1201.7.12 | 1227.6.1 | 1198.11.4 | 1218.11.16 |
| 1980 III | 1282.11.4 | 1278.2.27 | 1279.9.2 | 1229.12.17 | 1264.5.20 |
| 丁骕（1981）[2] | 1282.11.4 | | 1279.9.2 | 1301.5.9 1275.6.21 | 1311.11.24 |
| 温少峰、袁庭栋（1983）[3] | 1282.11.4 | 1278.2.27 | 1279.9.2 | 1229.12.17 | 1311.11.24 |
| 范毓周（1986）[4] | 1189.10.25 | 1201.7.12 | 1181.11.25 | 1198.11.4 | 1218.11.16 |
| 彭瓞钧（1989）[5] | 1282.11.4 | 1278.2.27 | 1279.9.2 | 1322.12.25 | 1311.11.24 |
| 冯时（1990）[6] | 1189.10.25 | 1201.7.12 | 1227.6.1 | 1198.11.4 | 1218.11.16 |
| 夏含夷（1990）[7] | 1189.10.25 | 1201.7.12 | 1181.11.25 | 1198.11.4 | 1192.12.27 |
| 黄竞新（1992）[8] | 1282.11.4 | | 1279.9.2 | | 1311.11.24 |
| 劳榦（1993）[9] | 1189.10.25 1214.3.10 | | | 1198.11.4 | 1212.2.16 |
| 成家彻郎（1993,1994）[10] | 1373.9.21 1342.8.10 1326.3.19 1321.6.19 | 1339.12.3 | 1365.10.22 | 1335.3.28 | 1355.4.7 |
| 徐振韬（1995）[11] | 1282.11.4 | 1278.2.27 | 1227.6.1 | 1229.12.17 | 1311.11.24 |
| 常玉芝（1998）[12] | 1189.10.25 1189.10.25 1189.10.25 | 1201.7.12 1201.7.12 1185.2.18 | 1181.11.25 | 1177.9.14 1198.11.4 1177.9.14 | 1166.8.14 |

[1] 张光直著，毛小雨译：《商代文明》，北京工艺美术出版社，1999 年，第 303—309 页。

[2] 丁骕：《西周王年与殷世新说》，《中国文字》新 4 期，1981 年。

[3] 温少峰、袁庭栋：《殷墟卜辞研究——科学技术篇》，四川省社会科学院出版社，1983 年，第 41—44 页。

[4] 范毓周：《甲骨文月食纪事刻辞考辨》，《甲骨文与殷商史（第二辑）》，上海古籍出版社，1986 年。

[5] Pang KD（彭瓞钧），et al. Shang Dynasty Oracle Bone Eclipse Records and the Earth's Rotation Rate in 1302 BC. Bulletin of the American Astronomical Society 21, 1989.

[6] 冯时：《殷历岁首研究》，《考古学报》1990 年第 1 期。

[7] 夏含夷：《商王武丁的末期：中国上古年代学的重构实验》，1990 年 5 月在美国洛杉矶加利福尼亚大学举行的"夏文化国际研讨会"宣读，收入夏含夷：《古史异观》，上海古籍出版社，2005 年，第 40—81 页。

[8] 黄竞新：《甲骨文所见日食月食及星象》，香港育成文化事业公司，1992 年，第 20—49 页。

[9] 劳榦：《从甲午月食讨论殷周年代的关键问题》，《历史语言研究所集刊》第 64 本第 3 分，1993 年。

[10] 成家彻郎：《武王克商的年代》，收入《西周史论文集（上）》，陕西人民教育出版社，1993 年；《中国年代学》，（日本）狼烟社，1994 年，第 139—161 页。

[11] 徐振韬：《甲骨文日月食和现代天文计算》，《夏商文明研究》，中州古籍出版社，1995 年。

[12] 常玉芝：《殷商历法研究》，吉林文史出版社，1998 年，第 58—65 页。

续表

| 学者 | 壬申（9）<br>夕月食 | 癸未（20）<br>夕月食 | 乙酉（22）<br>夕月食 | 甲午（31）<br>夕月食 | 己未（56）夕皿<br>庚申（57）月食 |
|---|---|---|---|---|---|
| 常玉芝（1998） | 1189.10.25 | 1185.2.18 | | 1198.11.4 | |
| | 1189.10.25 | 1180.5.22 | | 1177.9.14 | |
| | 1189.10.25 | 1180.5.22 | | 1198.11.4 | |
| | 1183.1.28 | 1201.7.12 | | 1177.9.14 | |
| | 1183.1.28 | 1201.7.12 | | 1198.11.4 | |
| | 1183.1.28 | 1185.2.18 | | 1177.9.14 | |
| | 1183.1.28 | 1185.2.18 | | 1198.11.4 | |
| | 1183.1.28 | 1180.5.22 | | 1177.9.14 | |
| | 1183.1.28 | 1180.5.22 | | 1198.11.4 | |
| | 1426.2.12 | 1470.12.12 | 1418.3.16 | 1466.4.5 | 1429.4.16 |
| | 1473.8.17 | 1470.12.12 | 1418.3.16 | 1466.4.5 | 1429.4.16 |
| 刘学顺（1998）[1] | 1189.10.25 | 1201.7.11<br>1185.2.18<br>1180.5.22 | 1227.5.31 | 1198.11.4 | 1166.8.14 |
| 张培瑜（1999）[2] | 1189.10.25 | 1201.7.12 | 1181.11.25 | 1198.11.4 | 1192.12.27 |

需要说明的是，上述各家中只有成家彻郎认为干支在商周之际发生断裂，他得到的五次月食的干支较连续计算得到的干支相差 19 天。干支纪日是中国古老的纪日方法，甲骨文大量的日干支记载表明，商代后期所用干支纪日是连续的，没有任何证据证明干支曾发生断裂。

除去成家彻郎的结果，各家对五次月食的证认共有 36 种选择（表 4-6）。

表 4-6　五次月食证认中共出现的 36 种选择

| | 壬申夕 | 癸未夕 | 乙酉夕 | 甲午夕 | 己未夕皿庚申 |
|---|---|---|---|---|---|
| 前 15 世纪 | 1473.8.17 | 1470.12.12 | （1444.7.29） | 1466.4.5 | 1434.1.13 |
| | 1426.2.12 | | 1418.3.16 | | 1429.4.16 |
| 前 14 世纪 | （1328.5.8） | | （1304.1.15） | （1373.3.27） | 1311.11.24 |
| | | | | （1342.2.15） | |
| | | | | （1325.8.31） | |
| | | | | （1322.12.25） | |
| | | | | （1301.5.9） | |
| 前 13 世纪 | 1282.11.4 | 1278.2.27 | 1279.9.2 | （1275.6.21） | 1264.5.20 |
| | （1214.3.10） | 1201.7.12 | 1227.6.1 | 1229.12.17 | 1218.11.16 |
| | | | | | （1212.2.16） |

---

[1]　刘学顺：《殷墟卜辞所记月食的年代》，《殷都学刊》1998 年第 1 期。

[2]　张培瑜：《甲骨文日月食与商王武丁的年代》，《文物》1999 年第 3 期。

续表

|  | 壬申夕 | 癸未夕 | 乙酉夕 | 甲午夕 | 己未夕皿庚申 |
|---|---|---|---|---|---|
| 前12世纪 | 1189.10.25 | 1185.2.19 | 1181.11.25 | 1198.11.4 | 1192.12.27 |
|  | 1183.1.28 | 1180.5.22 |  | （1177.9.14） | 1166.8.14 |

表中带括号的为我们认为不符合月食记载的结果。它们有三种情况：a.发生在白天，安阳不可见；b.发生在所载干支的早晨，不能算作所在干支的"夕"；c.发生在非所载干支。

按甲骨刻辞，乙酉月食发生在八月，己未夕皿庚申月食发生在十二月，如果按当时历法建丑算，则乙酉月食当发生在儒略历的8月或9月，己未夕皿庚申月食因该年有闰十三月，所以当发生在11月或12月。但从表4-6可见，学者并没有局限于乙酉月食的八月和己未夕皿庚申月食的十二月，这是由于从甲骨文的研究看，当时历法的岁首变化较大，目前还没有最后确定当时的历法以哪一个月为岁首，所以这两个月份对于最后结果的选定只有参考价值。

文献记载武丁在位59年，已被历代学者接受，以前的学者多认为五次月食均属武丁时代，所以都要求五次月食的证认结果在59年的范围内。武丁是盘庚迁殷后第2世第4王，武丁后至商灭还有6世8王。在后面还将讨论到，关于商代后期的总年数，文献上只有273年和253年两种说法，那么，自武丁元年至商灭应不超过250年。另外，从《史记·周本纪》及各世家分析，武王克商年不会早到公元前12世纪中叶（公元前1150年前后）。由此，武丁在位不会早到公元前15世纪（公元前1400年前），所以，公元前1400年可以作为五次月食可能的时间范围的上限。表4-5中各家证认的结果，最晚的是公元前1166年，这可以作为五次月食可能的时间范围的下限。近年的甲骨分期研究认为，宾组卜辞有一部分已经晚到祖庚时代[①]。武丁在位59年，祖庚、祖甲同为武丁之子，所以祖庚在位时间不会太长，文献多作7年，若以7年计，则武丁和祖庚在位总年数为66年。根据表4-4排列得到，从公元前1400到前1160年，五次月食在66年之内的组合共有104组。由于结果失去了唯一性，在诸多组合中确定哪一组是卜辞所载的结果是很困难的。

最近十几年，甲骨文研究的新进展为确定最可能的结果提供了条件。首先，以前由于"皿"字不识，使得"己未夕皿庚申月食"发生在己未夜还是庚申夜难于确定，新近的研究确认了该月食发生在己未夜。其次，甲骨分期分类的研究已经能够对宾组卜辞进行进一步的细分，提出五次月食大致的先后顺序，从而能够限制五次月食的证认结果。

（3）己未夕皿庚申月食干支的确认

"己未夕皿庚申月有食"卜辞有两版，一版是《英藏》886，一版是《英藏》885，

---

[①] 黄天树：《殷墟王卜辞的分类与断代》，科学出版社，2007年，第100—104页；彭裕商：《殷墟甲骨断代》，中国社会科学出版社，1994年，第151—163页。

都是刻在牛胛骨的反面，为正面卜旬卜辞的验辞，唯《英藏》885有"夕"，《英藏》886无"夕"。这两版是一次月食的两次记录，此月食前有己未和庚申两个干支，月食是发生于己未夜还是庚申夜，取决于对连接两个干支的"皿"字的解释。

"皿"字在甲骨上写作 𡇡、𡇡、𡇡 等形，学者有不同解释，董作宾认为是祭名，或是天象[1]，陈梦家认为"夕 𡇡 一定指晚上的气候"[2]。如果该字指祭祀或气象，则"己未夕皿庚申"月食当读为"己未夕皿，庚申月有食"，月食应该发生在庚申夜。

德效骞首先猜测到该字当指从一个干支到下一个干支。他不是从考证字义入手，而是从商代日界在夜半出发，计算出与此月食相吻合的结果只有两次，认定只有其中的1192年12月27日干支完全正确，"月食是从下午8：48开始的，安阳当地的日期是干支第56日己未，时间是下午9：53。月全食的时间共计为1小时又3刻钟。生光的时间从下午11：37分开始，复圆的时间是在干支第57日庚申的凌晨0：40。而那个待考的字'垔'，由此意味着'中夜'（midnight），或意味着'连续到'（continuing into），以指出这次月食持续到干支第57日庚申的凌晨"。周法高从德效骞说，认为："商代的记日法有两种，第一种，即当殷人说今夕或某夕，他们的意思是指一整个晚上，而我们今日仍旧袭用着。……其次，当殷人用那个在两个干支日中间的字，垔，他们试着去将一个完整的夜分成两部分，每一部赋予一个专门的干支数目。"[3]

张秉权搜集了33个两个干支之间加"𡇡"的例子，其中20个带"夕"字，13个不带"夕"字，他指出，带"夕"与不带"夕"的"意义似乎并无分别"[4]，连接两个干支的这个字"似乎是当作连接词用的"，"德氏的解释固属望文生义，但这个字之作为连接词如'及''和''与'等之用，也不是绝无可能的"[5]。

裘锡圭研究了大量带有这个字的甲骨文材料，指出此字当释为"皿"，"插在前后相接的两个日名之间而构成的词组（前一日名之后有时加'夕'字，这种日名并可用'之'代替），如'甲子皿乙丑'、'庚午皿辛未'、'之夕皿丁酉'、'丙皿丁'……都应该是表示介于前后两天之间的一段时间的"，"应该读为郷（向）"，"'甲子郷乙丑'犹言'甲子夕郷乙丑'，指甲子日即将结束乙丑日即将开始之时"[6]。由此，己未夕皿庚申的月食当发生在从己未到庚申的夜晚。

（4）商代日界与己未夕皿庚申月食的证认

裘锡圭的解释从古文字学上肯定了月食发生在己未夜到庚申晨之间，排除了此月食发生在庚申夜的可能。从表4-4可见，公元前1499—前1000年发生在己未夜的月食有10次，其中3次在公元前15世纪，即公元前1481年、公元前1434年、公元前1429

① 董作宾：《殷历谱》下编卷三《交食谱》，历史语言研究所，1945年。
② 陈梦家：《殷虚卜辞综述》，中华书局，1988年，第246页。
③ 周法高著，赵林译：《论商代月蚀的记日法》，《大陆杂志》第35卷第3期，1967年。
④ 张秉权：《殷墟文字丙编考释》上辑第二册，历史语言研究所，1959年，第134—137页。
⑤ 张秉权：《殷墟文字丙编考释》上辑第一册，历史语言研究所，1959年，第13页。
⑥ 裘锡圭：《释殷虚卜辞中的"𡇡""𡇡、𡇡"等字》，《第二届国际中国古文字学术研讨会论文集》，香港中文大学中国语言及文学系，1993年。

年。接下来就是公元前 12 世纪 4 次、公元前 11 世纪 3 次，公元前 14 世纪和公元前 13 世纪没有发生在己未夜的月食。武丁和祖庚的年代不可能晚到公元前 12 世纪中叶，这样就使得己未夕皿庚申的月食只有公元前 1192 年和公元前 1166 年两种结果可供选择。

据计算，公元前 1192 年的月食食分 1.658，初亏 20：29，复圆 0：22；公元前 1166 年的月食食分 1.630，初亏 3：16，复圆 7：04[①]。

由于对商代日界的不同认识，和对"甲子皿乙丑"式的表示方式所指时段是否跨越两个干支理解不同，对"己未夕皿庚申月食"是指公元前 1192 年的月食还是指公元前 1166 年的月食仍有不同意见。关于殷商的日界，历来主要有两种观点：一种主张以夜半为界，以德效骞为代表，学者称为"罗马式"的；一种主张以天明为界，以董作宾为代表，学者称为"巴比伦式"的。对后者又有鸡鸣、拂晓、天明等多种理解。

常玉芝主张殷代的一日始于天明，她强调由"皿"即"向"连接的两个干支"是指前一干支日夜间即将结束，临近后一个干支日即将开始的一段时间，……它不包括后一个干支日，即不是指介于前后两天之间的一段时间的"。"一个干支表示一个完整的白昼加一个完整的黑夜。"对于己未夕皿庚申月食的具体时间，她说："我们说的'己未夕皿庚申月食'是指发生在己未日夜间临近庚申日天明时的月食。"[②] 按照这种理解，常玉芝认为己未夕皿庚申月食应当是公元前 1166 年 8 月 14 日这一次（她曾认为己未夕皿庚申月食还可能是公元前 1429 年的，但这一年代显然早于我们通过 ¹⁴C 测年和文献研究得到的武丁可能的年代范围，她本人后来也放弃此说）。刘学顺也认为此"月食的日期应该是殷历己未日之夜与庚申日之晨"[③]。常玉芝提出，如将己未夕皿庚申月食确定在公元前 1166 年 8 月 14 日，则其他几次月食可选择的日期为：

壬申月食　公元前 1189 年，公元前 1183 年。

癸未月食　公元前 1201 年，公元前 1185 年，公元前 1180 年。

乙酉月食　公元前 1181 年。

甲午月食　公元前 1198 年，公元前 1177 年，公元前 1151 年。

最早的是公元前 1201 年，最晚的是公元前 1151 年，时间跨度为公元前 51 年。

李学勤认为"甲子夕皿乙丑"的表示法横跨两个干支，商代日界在夜半。他搜集了 14 条有"甲子夕皿乙丑"形式的卜辞，归纳为天雨、战事、捕亡、生育、梦兆、疾病六类，指出这些卜辞中"一定要用'甲子向乙丑'句式，是因为那时两个干支日的分界不那么易于确定。以夜半作为分界，正是不易确定的"[④]。黄天树支持"甲子夕皿乙丑"横跨两个干支的观点，并通过具体甲骨文例证明，"殷代不是以天明的'旦'为日界。殷代的日界可能是以'夜半'为日界的。至少应定在'仍属夜间'的'夙'时"[⑤]。"夙"所指的时段从宋镇豪说，是"天未启明而星月犹见，故夙时是下半夜至天

① 张培瑜：《殷商时期日食及安阳地区见食情况》，《夏商周时期的天象和月相》，世界图书出版公司，2007 年。
② 常玉芝：《殷商历法研究》，吉林文史出版社，1998 年，第 35、124、59 页。
③ 刘学顺：《殷墟卜辞所记月食的年代》，《殷都学刊》1998 年第 1 期。
④ 李学勤：《夏商周年代学札记》，辽宁大学出版社，1999 年，第 31—39 页。
⑤ 黄天树：《殷代的日界》，《黄天树古文字论集》，学苑出版社，2006 年。

明前之间的时段"①。这样，己未夕皿庚申月食应是公元前 1192 年的一次。

（5）新的甲骨分期对结果的唯一限制

五次月食都属宾组卜辞，它们还可以进一步划分时代的先后，以前已有学者尝试利用五次月食的先后顺序确认月食的时间。表 4-5 中列出的 22 家证认结果中，吉德祎首先提出《合集》11483（癸未月食）和《合集》11484（甲午月食）都出自 YH127 坑，因此这两条月食时间上应该相对较近，范毓周也应用了五次月食在字体上的顺序，但他认为"己未夕皿庚申月食"系发生在庚申夜。彭瓞钧用了高岛谦一排的五次月食的顺序，他同样认为"己未夕皿庚申月食"在庚申夜。夏含夷在 1990 年综合当时已有的甲骨文分期成果，得到了表 4-5 中他自己的五次月食结果。

最近十几年，对宾组卜辞的分类有了进一步的发展，学者也不断地将卜辞分期研究的新成果运用于甲骨文月食的证认中。李学勤、彭裕商将宾组卜辞分为自宾间组、宾组一类和宾组二类，宾组一类又分为一 A 类和一 B 类。认为自宾间组不会晚到武丁晚期，上限可能到武丁中期偏早；宾组一类时代大致属武丁中期，下限可延及武丁晚期；宾组二类年代大致属武丁晚期，下限可延至祖庚之世②。黄天树将宾组卜辞分为三类：宾组一类，宾组二类（即典宾类），宾组三类。其中，宾组一类是宾组中时代最早的，大约是武丁中、晚期之物；宾组二类主要是武丁晚期之物，其下限有小部分应延伸到祖庚；宾组三类主要属于祖庚；其上限及于武丁晚期，下限有可能延伸到祖甲之初③。"夏商周断代工程"进行中，彭裕商和黄天树分别对五次月食的次序进行重新研究④，得到的结果见表 4-7。

表 4-7　五次月食甲骨所属类及次序

| 月食 | 彭裕商 | | | 黄天树 | | |
|---|---|---|---|---|---|---|
| | 分类 | 时代 | 次序 | 分类 | 时代 | 次序 |
| 癸未夕月食 | 宾一 A 稍晚 | 武丁中期后半 | 1 | 宾一偏晚 | 武丁中晚之交 | 1 |
| 甲午夕月食 | 宾一 B 偏早 | 武丁中晚之际 | 2 | 宾二偏早 | 武丁晚期 | 2 |
| 己未夕皿庚申月食 | 宾一 B | 武丁晚期偏早 | 3 | 宾二（典宾） | 武丁晚期到祖庚 | 3 |
| 壬申夕月食 | 宾一 B | 武丁晚期偏早 | 3 | 宾二（典宾） | 武丁晚期到祖庚 | 3 |
| 乙酉夕月食 | 宾二偏早 | 武丁晚期 | 4 | 宾三 | 可能在祖庚 | 4 |

无论是根据彭裕商的分法，还是根据黄天树的分法，五次月食的顺序是一致的：

癸未夕——甲午夕┬—己未夕皿庚申——乙酉夕
　　　　　　　　└—壬申夕

① 宋镇豪：《试论殷代的纪时制度》，《全国商史学术讨论会论文集》（《殷都学刊》1985 年增刊）。
② 李学勤、彭裕商：《殷墟甲骨分期研究》，上海古籍出版社，1996 年，第 105—128 页。
③ 黄天树：《殷墟王卜辞的分类与断代》，科学出版社，2007 年，第 42—94 页。
④ 彭裕商：《宾组卜辞五次月食的先后次序》，《中原文物》2003 年第 3 期；黄天树：《宾组"月有食"卜辞的分类及其时代位序》，《黄天树古文字论集》，学苑出版社，2006 年。

根据新的分期，五次月食都属于武丁晚期到祖庚之间，历时以不超过 30 年为好，至多不超过 60 年。在公元前 1500—前 1000 年，只有一组既符合卜辞干支，又符合月食顺序的结果，就是：

| | |
|---|---|
| 癸未夕月食 | 公元前 1201 年 7 月 12 日 |
| 甲午夕月食 | 公元前 1198 年 11 月 4 日 |
| 己未夕皿庚申月食 | 公元前 1192 年 12 月 27 日 |
| 壬申夕月食 | 公元前 1189 年 10 月 25 日 |
| 乙酉夕月食 | 公元前 1181 年 11 月 25 日 |

对照表 4-5，这一组的年代与夏含夷的结果一致，从而证实了夏含夷根据甲骨文分期得到的五次月食的年代。五次月食限制在 21 年之内，完全符合新的卜辞分期得到的五次月食的时间跨度。

前面论述过，由于殷代的岁首在什么位置目前尚不十分清楚，从甲骨文记载看，当时的岁首可能有较大的变化，所以不能主要依乙酉和己未夕皿庚申两次月食所记载的月份来限定月食的证认结果，但证认的结果不能违反历法的基本原则。在上述证认结果中，己未夕皿庚申月食发生在公元前 1192 年 12 月 27 日，为冬至所在月，月食发生的月份为当时的十二月，该年有十三月，则下一年的正月为建寅之月。乙酉月食在公元前 1181 年 11 月 25 日，为冬至所在月的前一个月，月食发生的月份为当时的八月，该年正月初一在儒略历 4 月 18 日，为建辰之月。两次月食之间相隔 11 年，岁首后移两个月，相当于多加了两个闰月，这按当时的历法水平是可能出现的。

## 3. 武丁年代的推定

（1）根据五次月食证认的推定

《尚书·无逸》记载，武丁在位 59 年，为学者公认。根据甲骨分期理论，最早的甲午月食当在武丁中期偏晚，最晚的乙酉夕月食当在武丁晚期或祖庚世，因而由五次月食可大致推定武丁在位的年代：

如果乙酉夕月食当武丁末年，那么，武丁在位的年代约为公元前 1239—前 1181 年。

如果壬申夕、乙酉夕月食下延至祖庚世，那么，武丁在位的年代约为公元前 1250—前 1192 年。

前文表 4-7 已提到，彭裕商和黄天树都指出五次月食的后三次约当武丁晚期，特别是黄天树估计都可能迟到祖庚。结合各方面考虑，我们认为壬申夕、乙酉夕下延至祖庚世比较好，所以定武丁在位年代为公元前 1250—前 1192 年。

（2）甲午月食对武丁年代的限制

新的卜辞分期在甲骨学界尚有不同意见，也有学者不接受裘锡圭对"皿（向）"字的考释，仍坚持己未夕皿庚申月食发生在庚申夜，这样，五次月食的证认就没有唯一的结果。但有一点应指出，就是即使不采用新的分期的结果和对"皿"字的读释，武丁在位年代也不会有大的变化，这是由甲午夕月食决定的。

　　甲午夕月食是殷墟第十三次发掘中 YH127 坑出土的一版大腹甲，甲首的右上角残缺，正好将前辞和验辞的天干及命辞的地支残掉。刘朝阳[①]、董作宾[②]分别根据下文是"乙未"，指出当是"甲午夕月食"，张秉权根据卜辞的对贞关系，进一步论证了补为"甲午"无误[③]，"甲午"的拟补遂被认可。

　　计算结果显示，在公元前 1500—前 1000 年安阳可见的甲午夕月食共有 6 次（表4-4），最早的一次是在公元前 1466 年 4 月 5 日，接下来就是公元前 1229 年 12 月 17日。过去五次月食的证认，多是先通过其他方法提出武丁在位年代，然后在相关的年代范围内寻找五次月食。因为公元前 1300 年前后没有真正的甲午夕月食，所以如果将武丁在位年代确定在公元前 1300 年前后，安排这次月食的时间必然遇到困难。学者虽提出了各种方案（表 4-6），但这些方案都存在问题，遂有学者怀疑"甲"字的拟补是否正确，提出"壬午"说[④]，但这一意见受到反对，"壬午"的拟补是没有道理的[⑤]。这版卜甲上有对贞两辞：

　　　　［己］丑卜宾贞，翌乙［未酚］彚登于祖乙。［王］占曰："有祟，不其
　　　雨。"六日［甲］午夕月虫食，乙未酚，多工率条遣。
　　　　己［丑］卜［宾］贞，勿酚，登。

根据卜辞对贞的规律，所补的字是固定的，"六日□午"必为甲午，没有其他可能。

　　因为公元前 1466 年即使作为武丁元年也太早，不在可选范围内，甲午月食最早的选择只能是公元前 1229 年 12 月 17 日，这决定了武丁在位年代的范围。即使以这一年为武丁最后一年，其元年也不会早到公元前 1300 年。

　　如果同时接受己未夕皿庚申月食发生在己未夜，那么武丁在位年的范围还要晚。从表 4-4 可见，在公元前 1500—前 1000 年之间，发生在己未夜的月食有 10 次。其中3 次在公元前 15 世纪，公元前 14 世纪和公元前 13 世纪是空白，接下来就是公元前1192 年 12 月 29 日这一次。如前所述，武丁在位年不能早到公元前 15 世纪，所以，最早可供选择的己未夜的月食是公元前 1192 年，这决定了武丁元年不会早于公元前 13世纪中叶，即公元前 1250 年前后。如果己未夕皿庚申月食选择公元前 1166 年的那一次，不采用新的甲骨分期关于五次月食顺序的判断，武丁在位年代还要晚。但结合前面关于西周年代和武王克商之年的研究结果，武丁年代不应晚到公元前 12 世纪中叶。因此，根据五次月食的证认结果提出的武丁在位年为公元前 1250—前 1192 年不会有大的差误。

①　刘朝阳：《殷末周初日月食初考》，《刘朝阳中国天文学史论文选》，大象出版社，2000 年。
②　董作宾：《殷历谱》下编卷三《交食谱》，历史语言研究所，1945 年。
③　张秉权：《殷墟文字丙编考释》上辑第一册，《丙》57 考释，历史语言研究所，1957 年。
④　严一萍：《壬午月食考》，《中国文字》新 4 期，1981 年。
⑤　张秉权：《甲骨文中的"甲午月食"问题》，《历史语言研究所集刊》第 58 本第 4 分，1987 年；常玉芝：《殷商历法研究》，吉林文史出版社，1998 年，第 49—51 页。

# （五）周祭祀谱与帝乙、帝辛年代

商代晚期，商王用五种祭祀方法按固定顺序轮流祭祀先王及若干先妣即直系先王的法定配偶[①]，学者称这种祭祀为周祭。周祭有纪时作用。商末的周祭材料见于黄组卜辞和同时的青铜器铭文，属文丁、帝乙、帝辛三王。帝辛的周祭材料中有较多卜辞和青铜器铭文，互相联系紧密，可依之排出周祭祀谱，通过研究祀谱与历日的关系，确定帝辛在位年代。利用周祭材料也可排出帝乙祀谱，与帝辛祀谱连接，推定帝乙在位的可能年代。文丁的材料较少，尚不能依祀谱推断文丁的在位年。

## 1. 商末周祭制度和三个周祭系统

（1）周祭制度与商世系

先王先妣的周祭遵循两个原则：一是祀日的天干必与其庙号名中的天干（商王庙号均含十天干之一）相同，如庙号名中有甲的先王只能在甲日祭祀；二是先王先妣都要按先王在位先后顺序祭祀。五种祀典称为翌、祭、壹、劦、肜，其中翌、肜单独举行，祭、壹、劦联合复叠举行。具体方式：按先王先妣顺序依日干翌祀完所有先王先妣，进入祭、壹、劦阶段；祭先开始，壹较祭推迟一旬，劦较壹推迟一旬，均按先王先妣顺序从第一位到最后一位；祭、壹、劦结束后，进入肜祀阶段，同样按顺序依日干进行，如此周而复始。因为祭、壹、劦联合举行，所以研究周祭的学者称其为一祀组，与翌和肜并列，这样五种祀典就分为三大祀组。五种祀典每种开始之前都有一旬"工典"之祀，该旬不祀任何先王先妣，只在甲日"工典"，工典下一旬就开始先王先妣的祭祀。因为一个祭祀周期约相当于一个太阳年，所以当时称一年为一"祀"。如在位王的第五年，称为"王五祀"。

最早发现并研究商末周祭系统的是董作宾，他在《殷历谱》中说："余于民国二十三年辑录第五期卜辞（按即黄组卜辞），于卜祀一类，发现当时之祀典。"[②] 即他发现周祭是在 1934 年。综合周祭卜辞材料，董作宾指出："由五期背甲上卜祀辞辑录整理之结果，得知帝乙、帝辛时祭祀先祖先妣之系统，其先祖始于上甲，终于文武丁，所谓'自上甲至于多后'者也。"他认为其先妣始于示壬之配妣庚，终于文武丁之配妣癸[③]。

后来董作宾发现，他所分第二期甲骨（按即出组卜辞）中也有周祭记载，他认为这些是祖甲时的甲骨。他说："新派所祀者，自上甲始，大宗小宗，依其世次日干，排入'祀典'，一一致祭；自示壬之配妣庚始，凡大宗之配，亦各依其世次日干，排入'祀典'，一一致祭。……其祀典以彡、翌、祭、壹、劦五种为其主干，由彡至劦，以次

---

① 先妣庙号系于先王，如"大乙爽妣丙"即先王大乙配偶妣丙。"爽"字暂从于省吾释，见其《甲骨文字释林》，中华书局，1979 年，第 45—47 页。只有直系先王配偶进入周祭。
② 董作宾：《殷历谱》上编卷三《祀与年》第二章，历史语言研究所，1945 年。
③ 董作宾：《殷历谱》上编卷三《祀与年》第二章，历史语言研究所，1945 年。

举行，遍及祖妣，周而复始。"①

董氏所说的新派，与他的甲骨分期有关，他根据甲骨文中反映的礼制、历法等制度，将殷商礼制分为两派，称为新派和旧派。他认为新派始自祖甲，继之以廪辛康丁，至文武丁时复古，袭旧派之制，至帝乙、帝辛时恢复新派之制。后来的学者大多认为新旧派的划分是不能成立的，这涉及甲骨文的分期问题，在此不做详述。

在董作宾之后，许多学者对周祭进行过研究和讨论，最主要的工作有陈梦家、岛邦男、许进雄、常玉芝各家②。

周祭研究的重要价值，是对商世系的验证。《史记·殷本纪》记载了商自契至帝辛的世系，依次为：

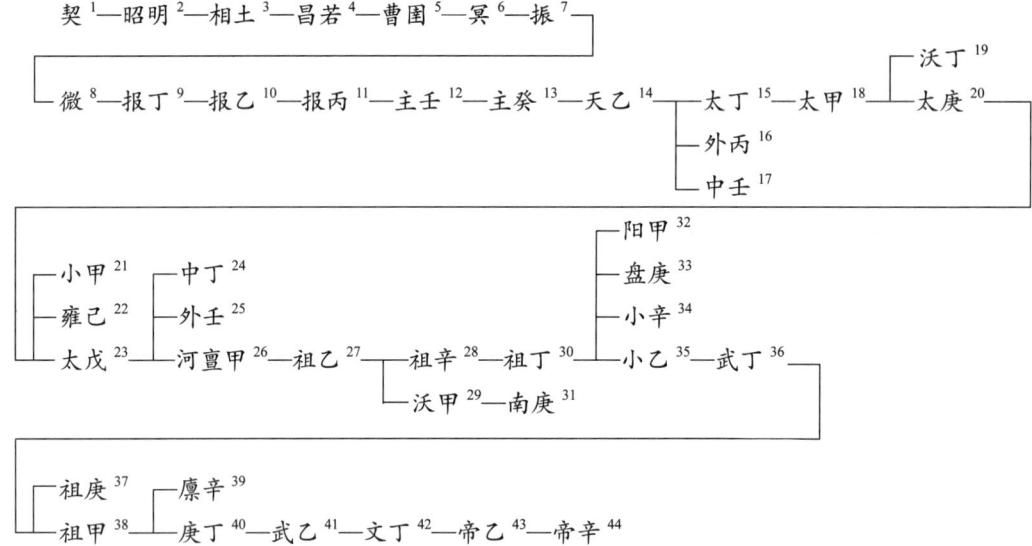

周祭系统是从上甲开始的，上甲即《史记·殷本纪》中的微，《国语·鲁语》中有"上甲微能帅契者也，商人报焉"，上甲微以前的先公不在周祭系统中。其后各代的顺序和庙号与《史记·殷本纪》所记只是稍有不同，如《史记·殷本纪》中上甲之后的顺序是报丁、报乙、报丙，而甲骨文表明其正确的顺序是报乙、报丙、报丁；《史记·殷本纪》中有中壬、沃丁、廪辛，但此三王却不入周祭系统。

由于对个别周祭材料的理解有异，各位研究者得到的周祭系统中的先王先妣略有差别，见表4-8。

① 董作宾：《殷历谱》上编卷一《殷历鸟瞰》第一章，历史语言研究所，1945年。
② 陈梦家：《殷虚卜辞综述》，科学出版社，1956年；又中华书局，1988年。
　　岛邦男：《殷墟卜辞研究》，（日本）弘前大学出版，1958年；又汲古书院，1959年。温天河、李寿林中译，（台北）鼎文书局，1975年。许进雄：《殷卜辞中五种祭祀的研究》，台湾大学文学院文史丛刊，1968年。常玉芝：《商代周祭制度》，中国社会科学出版社，1987年。

表 4-8　各家周祭先王先妣表

| | 董作宾 | 陈梦家 | 岛邦男 | 许进雄 | 常玉芝 |
|---|---|---|---|---|---|
| 第一旬 | 上甲　报乙　报丙　报丁　示壬　示癸 | | | | |
| 第二旬 | 大乙　大丁　示壬爽妣庚 | | | | |
| 第三旬 | 小甲　大戊　雍己　大戊爽妣壬 | 示癸爽妣甲 | 大乙爽妣丙 | 大丁爽妣戊 | 大甲爽妣辛 | 大庚爽妣壬 |
| 第四旬 | 小甲　大戊　雍己　大戊爽妣壬 | | | | |
| 第五旬 | 中丁　外壬　中丁爽妣己　中丁爽妣癸 | | | | |
| 第六旬 | 戋甲　祖乙<br>祖辛<br>祖乙爽妣己<br>祖辛爽妣庚 | 戋甲　祖乙<br>祖辛<br>祖乙爽妣己<br>祖乙爽妣庚 | 戋甲　祖乙<br>祖辛<br>祖乙爽妣己<br>祖辛爽妣壬 | 戋甲　祖乙<br>祖辛<br>祖乙爽妣己<br>祖乙爽妣庚 | 戋甲　祖乙<br>祖辛<br>祖乙爽妣己<br>祖辛爽妣庚 |
| 第七旬 | 羌甲　祖丁<br>南庚<br>祖辛爽妣甲<br>祖丁爽妣庚<br>祖丁爽妣辛 | 羌甲　祖丁<br>南庚<br>祖辛爽妣甲<br>祖丁爽妣己<br>祖丁爽妣庚 | 羌甲　祖丁<br>南庚<br>祖辛爽妣甲<br>祖辛爽妣庚<br>祖丁爽妣庚 | 羌甲　祖丁<br>南庚<br>祖辛爽妣甲<br>祖丁爽妣己<br>祖丁爽妣庚 | 羌甲　祖丁<br>南庚<br>祖辛爽妣甲<br>祖丁爽妣己<br>祖丁爽妣庚 |
| 第八旬 | 阳甲　盘庚<br>小辛<br>祖丁爽妣己<br>祖丁爽妣癸 | 阳甲　盘庚<br>小辛 | 阳甲　盘庚<br>小辛<br>祖丁爽妣甲 | 阳甲　盘庚<br>小辛 | 阳甲　盘庚<br>小辛 |
| 第九旬 | 小乙　武丁<br>祖己　祖庚<br>小乙爽妣庚<br>武丁爽妣辛<br>武丁爽妣癸 | 小乙　武丁<br>祖己　祖庚<br>小乙爽妣庚<br>武丁爽妣辛<br>武丁爽妣癸 | 小乙　武丁<br>祖己　祖庚<br>小乙爽妣己<br>武丁爽妣辛<br>武丁爽妣癸 | 小乙　武丁<br>祖己　祖庚<br>小乙爽妣庚<br>武丁爽妣辛<br>武丁爽妣癸 | 小乙　武丁<br>祖己　祖庚<br>小乙爽妣庚<br>武丁爽妣辛<br>武丁爽妣癸 |
| 第十旬 | 祖甲　康丁<br>武丁爽妣戊 | 祖甲　康丁<br>武丁爽妣戊 | 祖甲　康丁<br>武丁爽妣戊<br>祖甲爽妣戊<br>康丁爽妣辛 | 祖甲　康丁<br>武丁爽妣戊<br>祖甲爽妣戊<br>康丁爽妣辛 | 祖甲　康丁<br>武丁爽妣戊<br>祖甲爽妣戊<br>康丁爽妣辛 |
| 第十一旬 | 武乙　文丁<br>祖甲爽妣戊<br>康丁爽妣辛 | 武乙　文丁<br>祖甲爽妣戊<br>康丁爽妣辛 | 武乙　文丁<br>武乙爽妣戊<br>文丁爽妣癸 | 武乙　文丁<br>武乙爽妣戊<br>文丁爽妣癸 | |
| 第十二旬 | 武乙爽妣戊<br>文武丁爽妣癸 | 帝乙<br>武乙爽妣戊<br>文丁爽妣癸 | | | |

从表 4-8 可见，各家从第一旬到第五旬完全相同，从第六旬到第十旬先王也全同，差别在于第六旬以后的先妣和最后的武乙、文丁、帝乙三王。

（2）五种祀典的关系

如前所述，周祭包括五种祀典，称为翌、祭、壹、彡、肜。其中翌和肜单独举行，祭、壹、壹联合举行，对先王先妣依次进行祭祀，简要论证如下。

1）翌祀的规则

翌祀不与其他几种祀典同时举行，是单独举行的。如：

> 癸酉王卜贞，旬亡祸？王占曰："大吉。"在九月，甲戌翌戔甲。
> 癸未王卜贞，旬亡祸？王占曰："大吉。"在九月。甲申翌羌［甲］。
> 癸巳王卜贞，旬亡祸？王占曰："大吉。"在九月。甲午翌阳甲。
> 癸卯王卜贞，旬亡祸？在十月。王占曰："大吉。"
>
> （《合集》35644）

这是在相继的甲戌、甲申、甲午三旬，依次翌祭戔甲、羌甲、阳甲，没有与肜、祭、壹或劦重叠的，即进行翌祭的时候，不同时进行其他几种祭祀。

2）肜祀的规则

肜祀与翌祀一样，也是单独举行，如：

> 癸丑王卜贞，旬亡祸？王占曰："吉。"在五月。
> 癸亥王卜贞，旬亡祸？王占曰："吉。"在五月，甲子肜大甲。
> 癸酉王卜贞，旬亡祸？在六月，甲戌肜小甲。王占曰："吉。"
> 癸未王卜贞，旬亡祸？王占曰："吉。"在六月。
> 癸巳王卜贞，旬亡祸？王占曰："吉。"在六月，甲午肜戔甲。
> 癸卯王卜贞，旬亡祸？王占曰："吉。"在七月，甲辰肜羌甲。
>
> （《合集》35589）

这也是卜旬卜辞，从甲寅到甲辰六旬，依次为没有甲名先王、肜大甲、肜小甲、没有甲名先王、肜戔甲、肜羌甲，没有同时举行其他祀典。

3）祭、壹、劦祀的规则

祭、壹、劦三种祀典是联合复叠举行的，如：

> 癸酉王卜贞，旬亡祸？王占曰："弘吉。"在二月，甲戌祭小甲壹大甲。隹
> 王八祀。
> 癸未王卜贞，旬亡祸？王占曰："吉。"在三月，甲申壹小甲劦大甲。
> 癸巳王卜贞，旬亡祸？王占曰："吉。"在三月，甲午祭戔甲劦小甲。
> 癸卯王卜贞，旬亡祸？王占曰："吉。"在三月，甲辰祭羌甲壹戔甲。
> 癸丑王卜贞，旬亡祸？王占曰："吉。"在三月，甲寅祭阳甲壹羌甲劦戔甲。
> 癸亥王卜贞，旬亡祸？王占曰："吉。"在四月，甲子壹阳甲劦羌甲。
> ［癸酉］王卜［贞］，旬亡祸？［在四］月，甲戌［祭］祖甲劦阳甲。
>
> （《合补》10958）[①]

将周祭与历日逐句排列出来，就是：

---

① 董作宾拼合，见其《殷历谱后记》，《历史语言研究所集刊》第13本，1948年。

| 甲戌 | 祭小甲 | 壴大甲 |  |
|---|---|---|---|
| 甲申 |  | 壴小甲 | 魯大甲 |
| 甲午 | 祭戋甲 |  | 魯小甲 |
| 甲辰 | 祭羌甲 | 壴戋甲 |  |
| 甲寅 | 祭阳甲 | 壴羌甲 | 魯戋甲 |
| 甲子 |  | 壴阳甲 | 魯羌甲 |
| 甲戌 | 祭祖甲 |  | 魯阳甲 |

壴小甲较祭小甲推后一旬，魯小甲较壴小甲又推后一旬，而单独看祭祀从小甲到祖甲、壴祀从大甲到阳甲、魯祀从大甲到阳甲，是和翌、肜的形式一样的，都符合前述各甲名先王之间相距的旬数，只是三种祀典逐一推迟一旬复叠进行。

4）五种祀典的顺序

以翌、肜和祭、壴、魯三大祀组祭祀先王先妣，各祀组的祭祀方式已如前述，那么，五种祀典之间的顺序关系是怎样的呢？研究表明，翌祀后是祭、壴、魯，祭、壴、魯后是肜祀。每种祀典之前都有"工典"一旬，如此循环往复。

翌结束后是祭、壴、魯，可举下例：

> 癸亥卜贞，王旬亡祸？在十〔二〕月，甲子翌阳甲。
>
> 癸未卜贞，王旬亡祸？甲申翌日祖甲。
>
> 癸卯卜贞，王旬亡祸？
>
> 癸亥卜贞，王旬亡祸？在二月，甲子祭大甲。
>
> 癸未卜贞，王旬亡祸？在二月。

（《合集》35745）

这五条卜辞都是卜旬卜辞，均刻在龟腹甲的右半部，前后两条卜辞都间隔一旬。当时龟腹甲的契刻有一个惯例，就是刻辞都是从右到左的。上例中每两条卜辞之间隔的一旬当是刻在了龟腹甲的左半部。根据常玉芝研究，第一辞中的十二月，原文漏刻了"二"。经对所缺四条卜辞进行增补，即从这五条卜辞排出连续九旬的周祭[①]：

第1旬：癸亥日卜甲子日翌阳甲

第2旬：癸酉日卜，无甲名先王受祭（在腹甲左半部）

第3旬：癸未日卜甲申日翌祖甲

第4旬：癸巳日卜甲午日祭工典（在腹甲左半部）

第5旬：癸卯日卜甲辰日祭上甲

第6旬：癸丑日卜，无甲名先王受祭（在腹甲左半部）

第7旬：癸亥日卜甲子日祭大甲

第8旬：癸酉日卜甲戌日祭小甲（在腹甲左半部）

第9旬：癸未日卜，无甲名先王受祭

甲申日翌祖甲，下一个甲日祭工典，在缺失的腹甲左半部，再下一个甲日是祭上甲，

---

① 常玉芝：《商代周祭制度》，中国社会科学出版社，1987年，第175—179页。

空一旬后是祭大甲旬，可见，翌之后是祭。

祭、壹、叠后是肜，可举下例：

> 癸丑王卜贞，旬亡祸？在二月，王占曰："大吉。"甲寅壹祖甲。
> 癸亥王卜贞，旬亡祸？在三月，王占曰："大吉。"甲子叠祖甲。
> 癸酉王卜贞，旬亡祸？在三月，王占曰："大吉。"
> 癸未王卜贞，旬亡祸？在三月，王占曰："大吉。"甲申肜上甲。

（《合集》41695）

其连续的甲寅、甲子、甲戌、甲申四旬，分别是壹祖甲、叠祖甲、没有甲名先王受祭、肜上甲。其中没有甲名先王受祭的一旬当是省略了肜工典。由这版卜辞可见祭、壹、叠祀之后是肜。

肜祀后是翌祀，可举下例：

> ［癸］亥王卜贞，旬亡祸？王占曰："吉。"在七月，甲子肜祖甲。
> ［癸酉王卜贞，旬亡祸？］王占曰："吉。"在七月。
> 癸未王卜贞，旬亡祸？王占曰："吉。"在八月，甲申工典其幼。
> 癸巳王卜贞，旬亡祸？王占曰："吉。"在八月，甲午翌上甲。

（《合集》35756）

甲子肜祖甲之后空一旬，这个空旬是固定的，见下面论述。接下来的甲申旬是工典，在翌上甲之前，故即翌工典，下面一旬的甲日为甲午翌上甲，可证肜之后是翌。

关于工典，其含义目前还不太清楚，前面几例中已见到。在《合集》35756这版卜辞中，连续的甲子、甲戌、甲申、甲午4个甲日，分别是肜祖甲、空旬、工典和翌上甲。祖甲是周祭系统中最后一位甲名先王，上甲是第一位甲名先王，在上甲之前有工典一旬。类似的，《合集》35745、41695等例子表明，不仅在翌上甲之前有工典，祭上甲、肜上甲之前也都有工典一旬，叠祀的工典也见于卜辞，只有壹上甲之前尚未发现工典的实例，但因壹夹在祭和叠之间，三者之间差一旬的关系在所有周祭甲骨上都是相同的，没有混乱，所以壹祀也当有工典，只是没有发现而已。

这表明，在五种祀典的接续中，翌祀之后是祭、壹、叠祀，祭、壹、叠祀之后是肜祀。

（3）周祭的完整周期

1）董、陈、岛、许、常诸家得到的周祭周期

对于年代学研究，起决定作用的是周祭一周的时间，即周祭的周期。周祭的周期由两点决定：第一，先王先妣共占多少旬；第二，几种祀典之间如何接续。虽然各家所论周祭先妣的顺序在第六旬到第十旬也有差别，但所涉先妣对于年代学研究不起作用，这里不必多论，要着重讨论的是先王先妣所占的总旬数和各祀典之间的接续关系。

董作宾、陈梦家的先王先妣顺序共占12旬，岛邦男、许进雄占11旬，常玉芝占10旬。还有工典的问题，董作宾对工典的认识比较模糊，他一方面认为五种祀典都有工典，另一方面又认为肜祀的工典占一旬是常例，翌祀和祭祀的工典占一旬只是例外，

如他说："彡翌之各十一旬，祭壹劦之共十三旬，皆属固定之日数，绝对无可增减。祀系之间，如彡与翌，翌与祭，亦有多间一旬者，则'工典'亦占一旬之故也。"[①] 此后其他学者都认识到五种祀典的工典之祀均占一旬。

① 董作宾的周祭周期。董作宾认为彡祀是三大祀组的祀首。他虽给出 12 旬的先王先妣表，但他又说"彡翌之各十一旬，祭壹劦之共十三旬，皆属固定之日数，绝对无可增减"，实际上他的周祭顺序是：

第 1 旬：彡工典

第 2—13 旬：彡上甲→彡武乙爽妣戊、文武丁爽妣癸

第 13—24 旬：翌上甲→翌武乙爽妣戊、文武丁爽妣癸

第 24—37 旬：祭上甲→劦武乙爽妣戊、文武丁爽妣癸

第 37 旬：彡工典（新一祀周开始）

因为在先王先妣表中第 12 旬的武乙爽妣戊与文武丁爽妣癸被安排在下一种祀典之初旬，所以先王先妣表的 12 旬在具体翌和彡的祀典中变成 11 旬，在祭壹劦祀典中变成 13 旬。但这只是他的基本原则，他认为同时还有变例存在。他说："帝乙帝辛时……祀统间关系……约略言之，可分三种：一，祀统密接者。如帝乙六祀五月，七祀六月，皆为甲寅统，皆包含三十六旬。二，祀统间一旬者。如帝辛十祀正月甲申统，其八祀十二月甲子统，皆为三十七旬。三，祀统间二旬者。如帝乙二十一祀甲申统，其二十祀甲寅统为三十八旬。"

"除上述三类外，尚有祀统本身之变例二。其一，在翌之前加工典占一旬，如帝乙十三祀；或在祭之前加工典占一旬，如帝乙五祀。此二者，皆可使一祀统需时三十七旬，与祀统间一旬者，其统与统之距离正相同也。其二，为翌祭与彡祭相叠一旬，如帝乙二十一祀；或彡祭与劦祭相叠一旬，如帝乙二十祀。此二者，皆可使一祀统缩短为三十五旬。"[②]

在董作宾排出的帝乙帝辛周祭表中，有 35 旬一周者，36 旬一周者，37 旬一周者，还有 38 旬一周者，主要是为了将有关材料排入他认为合适的位置。这表明他自己对于周祭周期的认识在有些地方是含混的。

② 陈梦家的周祭周期。陈梦家没有排出周祭祀谱，他排的先王先妣祀序，彡、翌各用 12 旬，祭、壹、劦合用 14 旬。他认为帝乙帝辛时代实际祭祀时，前一种祀典与后一种祀典首尾相接，"彡羽之第十二旬在下一季的工册旬内举行，劦季之第十三旬和十四旬在彡季的工册和第一旬内举行，如此构成此祭法尾部与彼祭法首部的重叠"，"两工册之间祀季所占之旬短于各祭法用旬之数一旬或二旬"[③]，据此，他的各种祀典接续方式是：

第 1 旬：彡工典

第 2—13 旬：彡上甲→彡帝乙、武乙爽妣戊、文丁爽妣癸

第 13 旬：翌工典

① 董作宾：《殷历谱》上编卷三《祀与年》第二章《乙辛祀谱》，历史语言研究所，1945 年。

② 董作宾：《殷历谱》下编卷二《祀谱》，历史语言研究所，1945 年。

③ 陈梦家：《殷虚卜辞综述》，中华书局，1988 年，第 396 页。

第14—25 旬：翌上甲→翌帝乙、武乙奭妣戊、文丁奭妣癸

第25 旬：祭工典

第26—39 旬：祭上甲→祭帝乙、武乙奭妣戊、文丁奭妣癸

第38 旬：肜工典（新一祀周开始）

如此"重叠"，实则他已经意识到肜祖甲后隔一旬为翌工典，翌祖甲后隔一旬为祭工典，祭祖甲后紧接肜工典，即肜祖甲→空旬→翌工典，翌祖甲→空旬→祭工典，祭祖甲→肜工典，这样一周必为 37 旬，但他又认为周祭的周期有 36 旬和 37 旬两种长度[1]。

③ 岛邦男的周祭周期。岛邦男认为祭、壹、祭祀是三大祀组的祀首。他也采取了前一种祀典与后一种祀典首尾相接的办法。认为祭祀祖甲的下一旬是肜工典，同时还举行祭武乙、文丁、武乙奭妣戊和文丁奭妣癸。关于肜祀与翌祀的接续，他认为，肜祀祖甲的次旬没有周祭，然后是翌祀之工典，此无肜祀记载之旬当为"彡祀武乙、文武丁之旬"。翌祀与祭祀的接续方式是"翌祀祖甲的下一旬举行祭祀工典"[2]，即翌祀的武乙、文武丁之旬与祭祀之工典重叠，这样一个祭祀周期需要 36 旬。他的周祭一周的顺序是：

第1 旬：祭工典

第2—14 旬：祭上甲→祭武乙、文丁

第14 旬：肜工典

第15—25 旬：肜上甲→肜武乙文丁

第26 旬：翌工典

第27—37 旬：翌上甲→翌武乙文丁

第37 旬：祭工典（新一祀周开始）

首尾重叠的结果是，祭祖甲后一旬即肜工典，肜祖甲后隔一旬为翌工典，翌祖甲后一旬即祭工典。他又认为，有时"祭工典在翌祀终了之下旬举行"，即祭工典在第38 旬，这样的一个祀周就是 37 旬。

④ 许进雄的周祭周期。许进雄认为翌祀是三大祀组的祀首，他最初列出先王先妣共 11 旬的祀谱，认为各祀典的接续方式是：

第1 旬：翌工典

第2—11 旬：翌上甲→翌祖甲、翌武乙、文丁

第12 旬：祭工典

第13—24 旬：祭壹祭上甲→祭壹祭祖甲、祭壹祭武乙、文丁

第25 旬：肜工典

第26—35 旬：肜上甲→肜祖甲

第36 旬：肜武乙、文丁

第37 旬：翌工典（新一祀周开始）

如前"各家周祭先王先妣表"所示，许进雄在祖甲旬后还有武乙、文丁、武乙奭妣戊、文丁奭妣癸一旬，但在他实际排的祀谱中，翌工典到翌祖甲共 11 旬，后紧接祭工典到

① 陈梦家：《殷虚卜辞综述》，中华书局，1988 年，第 396 页。

② 岛邦男：《殷墟卜辞研究》，（日本）汲古书院，1959 年，第 114 页。

酓祖甲 13 旬，然后是肜工典到肜祖甲 11 旬，加 1 旬肜武乙、文丁。实际上他是将翌祀和祭、壴、酓祀的武乙、文丁、武乙爽妣戊、文丁爽妣癸放在了祖甲同一旬[1]。以 36 旬型为基本型，此外还有多一旬的 37 旬型。后来许进雄改从了岛邦男首尾相接的说法[2]。

⑤ 常玉芝的周祭周期。常玉芝认为先王先妣终于第 10 旬，翌祀和肜祀自工典至祖甲旬为 11 旬，祭、壴、酓自工典至祖甲旬为 13 旬，肜祖甲后翌工典前有一个固定的不举行任何周祭的空旬，因此她认为周祭始于翌祀。这样一个祀周为 36 旬，有些年份插入一个额外的旬，使祀周成为 37 旬。她的一个周祭周期的顺序是：

第 1 旬：翌工典

第 2—11 旬：翌上甲→康丁爽妣辛

第 12 旬：祭工典

第 13—24 旬：祭、壴、酓上甲→康丁爽妣辛

第 25 旬：肜工典

第 26—35 旬：肜上甲→康丁爽妣辛

第 36 旬：休息旬

以上董作宾、陈梦家、岛邦男、许进雄、常玉芝对被祭先王先妣的认识虽有差别，但在祀典接续的认识上逐渐趋近。

⑥ 各家五种祀典的接续关系。因为从上甲到祖甲之间的先王顺序各家一致，所以各家祀序从上甲到祖甲之间的旬数相同，工典在上甲之前一旬。董作宾只有肜祀有工典，其他人五种祀典都有工典，列在上甲之前。翌祀和肜祀从工典到祖甲都为 11 旬，祭、壴、酓从工典到祖甲共 13 旬，在这点上各家一致，因此，只要比较各家前一祀法的祖甲之祀与下一祀法的工典之祀之间的接续关系，即可见其祀周之同异。因董氏认为翌和祭、壴、酓无工典，为便于比较，将上甲也列出（表 4-9）。

表 4-9　各家五种祀典的接续关系

| | 董作宾 | 陈梦家 | 岛邦男 | 许进雄 | 常玉芝 |
|---|---|---|---|---|---|
| 祖甲→肜工典 | 隔 1 旬 | 紧接 | 紧接 | 紧接 | 紧接 |
| 酓祖甲→肜上甲 | 隔 2 旬 | 隔 1 旬 | 隔 1 旬 | 隔 1 旬 | 隔 1 旬 |
| 肜祖甲→翌工典 | | 隔 1 旬 | 隔 1 旬 | 隔 1 旬 | 隔 1 旬 |
| 肜祖甲→翌上甲 | 隔 1 旬 | 隔 2 旬 | 隔 2 旬 | 隔 2 旬 | 隔 2 旬 |
| 翌祖甲→祭工典 | | 隔 1 旬 | 紧接 | 紧接 | 紧接 |
| 翌祖甲→祭上甲 | 隔 1 旬 | 隔 2 旬 | 隔 1 旬 | 隔 1 旬 | 隔 1 旬 |

陈梦家在祭工典前较岛邦男、许进雄、常玉芝多隔 1 旬，一周 37 旬，但他也承认有 36 旬型周期。岛邦男、许进雄、常玉芝的接续完全相同，肜工典和祭工典紧接在前一祀典的祖甲后，翌工典与其前的肜祖甲之间隔一旬，一周 36 旬，三人都承认有时有

① 许进雄：《殷卜辞中五种祭祀的研究》，台湾大学文学院文史丛刊，1968 年，第 121 页。
② 许进雄：《殷卜辞中五种祭祀研究的新观念》，《中国文字》第 35 册，艺文印书馆，1970 年。

多一空旬的 37 旬周期。但岛邦男、许进雄实际上认为其间有重一旬的，而常玉芝没有重叠的。常玉芝梳理了所有周祭材料，分析了董作宾、陈梦家、岛邦男、许进雄的研究，得到黄组卜辞周祭系统的先王终于康丁，先妣终于康丁奭妣辛，先王先妣之祭序实际上只有 10 旬，终于祖甲旬，这样就不存在首尾相接的问题，翌祀和肜祀从工典到祖甲各 11 旬，祭、壹、𠅤从工典到祖甲 13 旬，肜祀后翌祀前有一个固定的不举行任何周祭的休息旬，有些年份中间加入一个空旬。这样，周祭一周有 36 旬型和 37 旬型两种。

　　2）有关周祭周期材料的再分析

　　关于先王先妣究竟占多少旬，各种祀典之间有无首尾重叠的现象，只能从甲骨文和商末金文材料中探求。在周祭中对先王先妣先后关系的复原是通过同一版卜辞上记载的一位以上的先王先妣实现的。如果某一先王或先妣只是单独记载，没有与之联系的其他先王或先妣，就不能判定被祀者在周祭系统中的位置。

　　关于翌祀之尾与祭、壹、𠅤之首的接续，见于前面引用过的《合集》35745。该版从翌祖甲到祭大甲中间隔三旬，只能是祭工典、祭上甲和祭大乙旬，在祀谱中这三旬之间的关系是没有疑问的。由此得到，翌祖甲后必当紧接以祭工典。

　　祭、壹、𠅤祀之尾与肜祀之首的接续关系，在三版卜辞上有记载，即《合集》35891、41695（《英藏》2513）和《甲骨文合集补编》10962（《合集》35892+38274）[①]。

　　《合集》35891 为：

　　　　癸卯卜遘贞，王旬亡祸？在二月，甲辰𠅤日祖甲。
　　　　癸丑卜遘贞，王旬亡祸？在二月，甲寅工典其酉彡肜。

甲辰𠅤祖甲，下旬甲寅就是肜工典，可知肜工典紧接在𠅤祖甲下旬。

　　《英藏》2513 为：

　　　　癸丑王卜贞，旬亡祸？在二月，王占曰："大吉。"甲寅壹祖甲。
　　　　癸亥王卜贞，旬亡祸？在三月，王占曰："大吉。"甲子𠅤祖甲。
　　　　癸酉王卜贞，旬亡祸？在三月，王占曰："大吉。"
　　　　癸未王卜贞，旬亡祸？在三月，王占曰："大吉。"甲申肜上甲。

从甲寅到甲申四旬，𠅤祖甲与肜上甲之间空一甲戌旬，这应该是省略了肜工典。陈梦家认为这是"彡𠅤两季之间不置工册"[②]的例子，岛邦男已经做了纠正[③]，常玉芝认为这是省略了肜工典，她说："此旬卜辞未记肜祀工典祭，可见工典祭有时可以省略不记。卜辞中所以不见壹祀工典祭和少见𠅤祀工典祭的记载，大约也是由于省略不记的缘故。"[④]这版卜辞表明，肜工典紧接在𠅤祖甲之后。

① 彭邦炯、谢济、马季凡：《甲骨文合集补编》，语文出版社，1999 年；下文简称《合补》。此条由许进雄缀合。
② 陈梦家：《殷虚卜辞综述》，中华书局，1988 年，第 394 页。
③ 岛邦男：《殷墟卜辞研究》，（日本）汲古书院，1959 年，第 113 页。
④ 常玉芝：《商代周祭制度》，中国社会科学出版社，1987 年，第 183 页注。

《合集》35892 为：

> 癸酉卜贞，王旬亡祸？ 在三月，甲戌劦日祖甲。
>
> 癸丑卜贞，王旬亡祸？ 在五月，甲寅肜日大甲。

甲戌旬与甲寅旬中间有甲申、甲午、甲辰三旬，从所载月份看，这三旬当为四月。按照周祭先王的顺序排出五旬的祀典，当如下：

| 甲戌 | 劦祖甲 |
| 甲申 | 肜工典 |
| 甲午 | 肜上甲 |
| 甲辰 | （无甲名先王） |
| 甲寅 | 肜大甲 |

可见，劦祖甲之后也是紧跟肜工典旬。

肜祀之尾与翌祀之首的关系，仅见于一版卜辞，即前引的《合集》35756。该版甲子肜祖甲次旬没有周祭记载，再次旬甲申旬为翌祭的工典。这表明，肜祀与翌祀的接续关系不同于其他两种接续关系，肜祀结束后有一个空旬，然后才是翌祀的工典。这一点另外有两版可作旁证，一是《合集》35399，癸巳甲午旬无周祭记载，癸卯甲辰旬翌工典；二是《英藏》2605，癸未甲申旬无周祭记载，癸巳甲午旬翌工典[1]，可知肜祖甲与翌工典之间有一个固定的空旬。

康丁以后的武乙、文丁、帝乙、帝辛以及武乙奭妣戊、文丁奭妣癸是否属于周祭系统，学者间尚有争论。目前已见以五种祀典祭祀武乙的甲骨卜辞有 4 条，即《合集》36025、《合集》36027、《合集》36028、《合集》36026，另有金文 1 条，即宋代《考古图》等著录的"父丁彝"铭[2]；祭祀文丁的卜辞有 2 条，即《合集》36128 和《合集》36129；祭祀帝乙的金文有 1 条，即现藏于保利艺术博物馆的�方鼎的铭文[3]。至于武乙奭妣戊，仅见于肆簋的铭文[4]。这些材料有一个共同特征，就是不与其他周祭材料联系，从而学者认为同其他王、妣不属于同一祭祀系统[5]，这里也不能做更多的推论。

下面给出周祭系统中的先王先妣表（表 4-10）。

**表 4-10　周祭先王先妣表**

| | 甲日 | 乙日 | 丙日 | 丁日 | 戊日 | 己日 | 庚日 | 辛日 | 壬日 | 癸日 |
|---|---|---|---|---|---|---|---|---|---|---|
| 第 3 旬 | 大甲 | | 外丙 | | | | 大庚 | | | |
| | 示癸奭妣甲 | | 大乙奭妣丙 | | 大丁奭妣戊 | | | 大甲奭妣辛 | 大庚奭妣壬 | |

[1] 常玉芝：《商代周祭制度》，中国社会科学出版社，1987 年，第 185 页。

[2] 此青铜器形制不明，铭文见《考古图》4.29、《历代钟鼎彝器款识法帖》4.22，参看刘昭瑞：《宋代著录商周青铜器铭文笺证》，中山大学出版社，2000 年，第 45—46 页。

[3] 李学勤：《试论新发现的�方鼎与荣仲方鼎》，《文物》2005 年第 9 期。

[4] 中国社会科学院考古研究所：《殷周金文集成》，中华书局，1994 年，第 4144 号。

[5] 常玉芝：《商代周祭制度》，中国社会科学出版社，1987 年，第 128 页。

续表

| | 甲日 | 乙日 | 丙日 | 丁日 | 戊日 | 己日 | 庚日 | 辛日 | 壬日 | 癸日 |
|---|---|---|---|---|---|---|---|---|---|---|
| 第4旬 | 小甲 | | | | 大戊 | 雍己 | | | | |
| | | | | | | | | | 大戊爽妣壬 | |
| 第5旬 | | | | 中丁 | | | | | 外壬 | |
| | | | | | | 中丁爽妣己 | | | | 中丁爽妣癸 |
| 第6旬 | 戋甲 | 祖乙 | | | | | | 祖辛 | | |
| | | | | | | 祖乙爽妣己 | 祖乙爽妣庚 | | | |
| 第7旬 | 羌甲 | | | 祖丁 | | | 南庚 | | | |
| | 祖辛爽妣甲 | | | | | 祖丁爽妣己 | 祖丁爽妣庚 | | | |
| 第8旬 | 阳甲 | | | | | | 盘庚 | 小辛 | | |
| 第9旬 | | 小乙 | | 武丁 | | 祖己 | 祖庚 | | | |
| | | | | | | | 小乙爽妣庚 | 武丁爽妣辛 | | 武丁爽妣癸 |
| 第10旬 | 祖甲 | | | 康丁 | | | | | | |
| | | | | | 武丁爽妣戊 祖甲爽妣戊 | | | | 康丁爽妣辛 | |

以五种祀典祭祀先王先妣，一周需要 36 旬。下面以每一旬的甲名先王代表该旬，列出五种祀典顺序表（表 4-11）。

**表 4-11　五种祀典顺序表**

| | | | |
|---|---|---|---|
| 1. 翌工典 | 12. 祭工典 | | 25. 肜工典 |
| 2. 翌上甲 | 13. 祭上甲 | 壹工典 | 26. 肜上甲 |
| 3. ○ | 14. ○ | 壹上甲 | 27. ○ |
| 4. 翌大甲 | 15. 祭大甲 | ○ | 鲁工典 | 28. 肜大甲 |
| 5. 翌小甲 | 16. 祭小甲 | 壹大甲 | 鲁上甲 | 29. 肜小甲 |
| 6. ○ | 17. 祭小甲 | 壹小甲 | ○ | 30. ○ |
| 7. 翌戋甲 | 18. 祭戋甲 | ○ | 鲁大甲 | 31. 肜戋甲 |
| 8. 翌羌甲 | 19. 祭羌甲 | 壹戋甲 | ○ | 32. 肜羌甲 |
| 9. 翌阳甲 | 20. 祭阳甲 | 壹羌甲 | 鲁戋甲 | 33. 肜阳甲 |
| 10. ○ | 21. ○ | 壹阳甲 | 鲁羌甲 | 34. ○ |
| 11. 翌祖甲 | 22. 祭祖甲 | ○ | 鲁阳甲 | 35. 肜祖甲 |
| | 23. | 壹祖甲 | ○ | 36. 休息旬 |
| | 24. | | 鲁祖甲 | |

注：表中○表示该旬没有甲名先王受祭。

有时，在上述 36 旬之外还再多加一个没有任何祭祀的旬，这是为了调节祭祀周期与太阳年长，可称之为闰旬。

（4）黄组卜辞及同时金文中的三个周祭系统

1）三个周祭系统的确认

在黄组卜辞和同时的金文中，二祀和六祀材料各有三套，表明周祭当有三个系统，对应商末文丁、帝乙、帝辛三王。这一认识是逐渐形成的。

董作宾发现周祭时，也是他建立甲骨五期分法问世不久，他的第五期属于帝乙帝辛时代，所以当他发现他所说第五期卜辞中的周祭有两个系统，自然将之分属于帝乙和帝辛二王。实际上他也看到了存在着这两个系统都无法容纳的材料，即六祀的宰丰雕骨，但限于对第五期王世的认识，他并没有指出第五期甲骨中有第三个周祭系统存在。陈梦家、岛邦男同样没有认识到五期卜辞中有三个周祭系统。1975 年，严一萍最早提出宰丰雕骨属于文丁，由此认为黄组卜辞当有三个系统[①]。后来，李学勤和许进雄也有类似看法[②]。常玉芝在《商代周祭制度》中更对三个系统给予了充分讨论。

三个系统的存在是由这样的事实推知的。在周祭卜辞和金文中，有的记载了王年，有的没有记载王年。没有记载王年的卜辞对于排定各王逐年、逐月、逐旬的祀谱不起决定作用，而记载了王年的那些卜辞由于年份、月份、日干支、周祭俱全，所以对排逐年的祀谱有决定作用。黄组卜辞和同时金文中属于帝辛时代的带王年的周祭材料坚实可靠，自二祀至十一祀共有 11 条，对这些材料的研究表明，它们在历法上和周祭上都是自洽的，可以组成一个系统（详见下节）。此外还有一批材料，自二祀至十祀十分密集，这些材料在历法和周祭上也能够组成一个自洽的系统，学者认为这个系统属于帝乙。在以上两个系统中，每一年每一旬周祭的先王和每个月所包含的甲日几乎都是确定的，只有很少有调整的余地。但是，除排入以上两个系统的材料之外，还有一条二祀的材料和一条六祀的材料所载的历日干支和周祭不能合于这两个系统中的任何一个，当属于文丁，所以黄组卜辞和同时青铜器铭文中的周祭材料当属于三个周祭系统。

其中三条二祀材料互不相容，可以很明显地看出，这三条材料是：

① 《合集》35427+37837：二祀五月甲辰肜上甲

② 《合集》37836：二祀四月癸未卜肜上甲（甲申肜上甲）

③ 二祀卹其卣：二祀正月丙辰肜大乙爽妣丙（甲寅肜大甲）

这三条材料中①和②都记载肜上甲，①在五月甲辰，②在四月甲申，自然不属同一系统。③记载二祀正月肜大乙爽妣丙，可见肜上甲当在两旬以前的甲午，月份当为二祀正月或元祀十二月。所以三条中的任何两条都不能合到一年中，即三条材料当属三个不同年份，也就是属于三个王。

六祀的材料有四条，它们是：

① 宰丰雕骨：六祀五月壬午肜

② 《合集》37845：六祀十二月甲申翌祖甲

① 严一萍：《文武丁祀谱》，《历史语言研究所集刊》第 46 本第 2 分，1975 年。
② 李学勤：《小屯南地甲骨与甲骨分期》，《文物》1981 年第 5 期；许进雄：《第五期五种祭祀祀谱的复原——兼谈晚商的历法》，《大陆杂志》第 73 卷第 3 期，1986 年。

③ 邑斝：六祀四月癸巳肜日

④ 作册𡚸卣：六祀六月乙亥翌日

这四条材料中邑斝和作册𡚸卣属于同一系统，并且属帝辛世（详见下节）。《合集》37845与被认为属于帝乙的周祭系统是相合的，而宰丰雕骨则与帝乙和帝辛周祭系统都不合，这里显示的仍是三个周祭系统。

2）关于所谓二十祀材料

已发现的带有祀数的商末周祭材料中，记载祀数最高的是二十五祀的宰椃角，接下来就是一批过去学者释读为“廿祀”或“廿司”、解释为二十祀的材料。目前这样的材料总共有9件，包括7片卜辞和两条青铜器铭文。7片卜辞中有3片记载商王在上𩁹，没有周祭记载，事件和历日前后相连，可以合为1条，另有2片为一事二卜，当算作1条，所以实际上独立的材料共有6条。其中在上𩁹的3片卜辞均有被一些学者认为是“廿司”的两个字，而其他材料均有所谓“廿祀”。下面列出这些材料的内容，对于过去释为“廿”的字，在此也暂时仍释作“廿”。这些材料是：

①《合集》37868：有“惟王廿［祀］”

②《合集》37851+37864、37865同文：有“惟王廿祀肜”

③《合集》37867：有“王廿祀”

④《合集》37856、37863、36856：有“在上𩁹”和“王廿司”

⑤ 寝孳方鼎：有“惟王廿祀”

⑥ 肄簋：有“惟王廿祀魯日”

如果这些材料确系二十祀，那么，二十祀材料至少当分属三个周祭系统①，也就意味着商末三王在位都超过20年。“夏商周断代工程”实施期间，裘锡圭重新研究，认为这些材料上旧以为“廿”的字在释读上有误。在殷墟卜辞中，“廿”字一般都写作“U”“凵”等形，商代金文中的“廿”字也作“U”，如“廿五祀”的宰椃角。在周代金文里，“廿”字一般作“U”“U”等形，直到战国时代才出现“廿”字的写法②，但作“ᗜ”的写法从未见到。上引材料中，《合集》37865上的所谓“廿”字写作“ᗨ”，这与同时甲骨文、金文屡见的“曰”字写法相同，应该就是“曰”字。因此，“夏商周断代工程”不采用商末三王都超过20年的说法③。

## 2. 帝辛祀谱与帝辛在位年

黄组卜辞和同时金文的三个周祭系统中，属于帝辛的周祭系统最为可靠。这个系

① 常玉芝：《商代周祭制度》，中国社会科学出版社，1987年，第292—299页；李学勤：《论商王廿祀在上𩁹》，《夏商周年代学札记》，辽宁大学出版社，1999年。

② 裘锡圭：《关于殷墟卜辞中的所谓“廿祀”和“廿司”》，《文物》1999年第12期。

③ 2003年，李学勤对寝孳方鼎原件做了观察，发现过去该器铭文摹本上的“廿”字有误。方鼎上有一纵向裂纹，贯穿所谓的“廿”字，摹本将这条裂纹作为“廿”字左边的竖画，这样这一竖画就偏右，横笔的右边不清晰处也被认为是与左边对称突出出来。方鼎上的所谓“廿”字原也作“ᗜ”。见李学勤：《谈寝孳方鼎的所谓“惟王廿祀”》，《中国历史文物》2003年第6期。

统的材料联系清楚，得出的周祭祀谱在历法上和周祭上都合理，是已知周祭系统中最有根据的一段①。

（1）帝辛周祭系统的材料

帝辛元祀到十一祀之间有记载了祀数的6件青铜器和5条卜辞，这11条材料是：

① 二祀邲其卣（图4-12）：二祀正月丙辰肜日大乙爽妣丙（甲寅肜大甲）

② 四祀邲其卣（图4-13）：四祀四月乙巳，遘乙翌日（甲辰旬）

③ 作册睘卣（六祀邲其卣，图4-14）：六祀六月乙亥翌日（甲戌旬）

④ 邑睘：六祀四月癸巳肜日（甲申旬）

⑤《怀特》1915虎上膊骨：三祀十月辛酉酓日（甲寅旬）

⑥ 殷墟西区1713号墓亚鱼鼎：七祀六月壬申翌日（甲子旬）

⑦《合集》37855：九祀正月癸丑，遘小甲肜夕（甲寅肜小甲）

⑧《合集》37852：九祀二月［乙］亥遘祖乙肜（甲戌肜戔甲）

⑨ 寓笛卣：九祀九月丁巳酓日（甲寅旬）

⑩《合集》36482：十祀九月甲午遘上甲宜

⑪《合集》41757（《英藏》2563）：十祀十二月甲午肜，（十一祀）正月丁酉

⑧、⑩、⑪是"征人方"卜辞，所记是商王对人方的同一次征伐。

董作宾排《殷历谱》时，就将这个系统定为帝辛世，他所依据的是"征人方"卜辞，认为征人方即"纣克东夷"。后来他见到了邲其三卣铭文，且有郭沫若函告"以为帝辛时器"，于是对帝辛祀谱略加调整，使三器都可排入②。

图4-12　二祀邲其卣铭文　　图4-13　四祀邲其卣铭文　　图4-14　作册睘卣铭文

邲其三卣是帝辛周祭系统的基石，四祀卣有文武帝乙名号，无疑当属帝辛世。邑睘的器形与1991年陕西岐山樊村出土的刻有"亚邲其"铭文的青铜睘酷似，后者的主

①　李学勤：《帝辛元至十一祀祀谱的补充与检验》，《夏商周年代学札记》，辽宁大学出版社，1999年。

②　董作宾：《殷历谱后记》，《六同别录》中册，历史语言研究所，1945年。

人以"亚㠱其"为族氏，必为㠱其的后人。《怀特》1915 刻辞胡厚宣推定为帝辛时代[①]。殷墟 1713 号墓是 1984 年发掘的，该墓出土的陶器"属殷墟四期晚期之遗物"，青铜器"器形与西区小墓 M269 及 M2579 出土的同类器相似"，而后两墓均为殷墟四期晚期，简报已指出："从该墓出土的陶器、铜器的器形和组合特征来看，此墓应属殷墟四期的晚期，其具体年代属帝辛时期。"[②] 征人方卜辞经董作宾《殷历谱》、岛邦男《殷墟卜辞研究》、陈梦家《殷虚卜辞综述》、李学勤《殷代地理简论》等再三整理排比[③]，已经推定。而《合集》37855 的九祀正月遘小甲肜夕与雟㕣卣都恰与帝辛其他材料成一系统。由此足知，这段祀谱的材料是可靠的[④]。

（2）帝辛周祭系统材料在历法上的自洽性

董作宾的《殷历谱》曾排出祖甲、帝乙、帝辛祀谱，即将祀谱放入具体年代中，但当时对周祭制度的认识刚刚开始，祀谱尚有若干不确定之处。此后，经岛邦男、许进雄、常玉芝等学者的梳理，帝辛祀谱逐渐确立下来，但祀谱与具体历日的关系问题始终没有得到解决，因而无法利用祀谱来研究晚商王年。"夏商周断代工程"通过对祀谱的合历研究，首先研究帝辛周祭材料所记载的历日在历法上的自洽性，进而确定这段时间的历日特征，然后根据这一特征，确定帝辛周祭系统的可能年代。

首先要阐述清楚的是当时历法的年和月。黄组卜辞和同时金文中出现的"王几祀"是指在位王的第几年，如《尔雅·释天》所说："夏曰岁，商曰祀，周曰年，唐虞曰载。"而不是进行了几个祀周。这一点早已有学者反复论证，如董作宾说：帝乙、帝辛时周祭"一周之期，恰满三十六旬，近于一年之日数，故即称一年为一祀，时王在位之年，即以'惟王几祀'纪之也"[⑤]。常玉芝以更多的实例进行了论证[⑥]。

关于商代的月，曾有过两种意见。一种以董作宾为代表，认为当时的历法是阴阳历，其月长是经过精密推算得到的朔望月[⑦]，后来多数学者将这种观点发展成为当时的月是以朔望月为基础，但推算并不十分精密，常玉芝积极主张这一观点[⑧]。另一种认为当时的历法是每个月的第一日都是甲日，最后一日都是癸日，这就是"一甲十癸"说。其中束世澂主张每个月都是 30 日，平年 360 日，闰年 390 日，5 年一闰，每月 30 天[⑨]；而刘朝阳提出殷时似有两套安排月份于四季的方法，一种是如束世澂所说，另

① Hsü Chin-hsiung（许进雄）. *Oracle Bones From the White and Other Collections*（怀特氏等收藏甲骨文集）.The Royal Ontario Museum, Toronto, Canada, 1979. 胡厚宣：《殷墟发掘》，学习生活出版社，1955 年，第 35 页。

② 中国社会科学院考古研究所安阳工作队：《安阳殷墟西区一七一三号墓的发掘》，《考古》1986 年第 8 期。

③ 参看王恩田：《人方位置与征人方路线新证》，《胡厚宣先生纪念文集》，科学出版社，1998 年。

④ 参看李学勤：《帝辛元祀至十一祀祀谱的补充与检验》，《夏商周年代学札记》，辽宁大学出版社，1999 年。

⑤ 董作宾：《殷历谱》上编卷三《祀与年》，历史语言研究所，1945 年。

⑥ 常玉芝：《商代周祭制度》，中国社会科学出版社，1987 年，第 218—225 页。

⑦ 董作宾：《卜辞中所见之殷历》，《安阳发掘报告》第 3 期，历史语言研究所，1931 年；吴其昌：《丛瓶甲骨金文中所涵殷历推证》，《历史语言研究所集刊》第四本第三分，1934 年。

⑧ 常玉芝：《商代历法研究》，吉林文史出版社，1998 年，第 266—340 页。

⑨ 束世澂：《殷商制度考》，《国立中央大学半月刊》第 2 卷第 4 期，1930 年。

一种是如董作宾所说，有大小月，大月 30 天，小月 29 天，但他本人认为当时闰月的"日数有时和普通的月份大不相同，它比它们要少十天"①。后来他甚至认为这个小月不能称为闰月，"殷朝通行的历法每年都固定为十二月，每月通常都为三十日，不过有的时候，曾因某种原因，特别附加二十日，时或特别附加十日到某个月份上去，但这某种原因一定不是那里（指其《殷历质疑》一文）所谓发现他们的历法和天时不合的现象，所以这特别附加的二十日和十日实在不能称为闰月"②。经学者反复讨论，现在看来，这种说法的证据是不充分的③，当时的月份有大月，有小月，只能是根据朔望月制定的月份。

由于周祭、月份、干支都是循环的，所以，两个记载了祀数、月份、干支、祀典的材料之间相距的日数可以准确地计算出来④。在帝辛周祭系统中，符合这样的条件的是二祀𠀠其卣，《合集》37855、37852、36482，而《合集》41757 载十祀十二月有甲午，十一祀正月有丁酉，由此规定了十一祀元旦干支必为乙未、丙申、丁酉三个之一。

周祭一周是 36 或 37 旬。如果是 36 旬，则以某一祀典祭祀某先王或先妣在前后两年中所在干支相同；如果是 37 旬，则向后推一旬。二祀𠀠其卣正月丙辰肜大乙爽妣丙，则两天之前的甲寅肜大甲。而据《合集》37855，九祀正月甲寅肜小甲，从周祭表可知，肜小甲在肜大甲下一旬，所以九祀肜大甲在甲辰日。从二祀的甲寅肜大甲到九祀的甲辰肜大甲，其间经过了 5 个闰旬，二祀正月到九祀正月共 7 年，二祀甲寅肜大甲到九祀甲辰肜大甲之间相距的日数是：$360 \times 7 + 50 = 2570$ 日，二祀𠀠其卣的正月丙辰在甲寅肜大甲前两天，《合集》37855 九祀正月癸丑小甲肜夕在肜大甲后 9 天，所以，二祀𠀠其卣正月丙辰到《合集》37855 九祀正月癸丑之间的日数为：$2570 - 2 + 9 = 2577$ 日。用这种方法，其他材料之间相距的日数和闰月情况都可以确定。

通过研究这些材料所载周祭和历日之间的关系得到，二祀𠀠其卣的正月丙辰日当为正月第一日或最后一日，即二祀正月初一当为丙辰日或二月初一当为丁巳日。前述 11 条材料中，除《合集》36482 的"十祀九月甲午遘上甲壹"有 2—3 日之差外，其他 10 条都可以自洽地放入一个历日系统中。各条材料之间相距的日数是固定的，如果以二祀𠀠其卣正月丙辰前的甲寅日为第 1 日，则这些材料的日序分别为：

二祀𠀠其卣丙辰 = 3

《怀特》1915 虎上膊骨辛酉 = 668

四祀𠀠其卣乙未 = 832

邑瞏癸巳 = 1540

作册夒卣乙亥 = 1642

殷墟西区 1713 号墓亚鱼鼎壬申 = 1999

《合集》37855 癸丑 = 2580

① 刘朝阳：《殷历质疑》，《燕京学报》第 10 期，1931 年。

② 刘朝阳：《再论殷历》，《燕京学报》第 13 期，1933 年。

③ 常玉芝：《殷商历法研究》，吉林文史出版社，1998 年，第 267—299 页。

④ 徐凤先：《帝辛周祭系统的可能年代》，《自然科学史研究》第 20 卷第 3 期，2001 年。

《合集》37852 乙亥 = 2602

𢆷𠦪𠥘丁巳 = 2824

《合集》36482 甲午 = 3161

《合集》41757 甲午 = 3281

十一祀元旦为乙未日，正符合《合集》41757 的记载。由这些材料决定的祀谱在历法上符合阴阳合历的原则，当属可信。

如果正月初一为丙辰日，帝辛二祀到十一祀之间有 3 个闰月，一个在二祀四月到三祀十月之间，一个在六祀四月到六月之间，一个在七祀六月到九祀正月之间。如果二月初一为丁巳日，则有 4 个闰月，除上述 3 个外，另 1 个在二祀二月到四月之间。由此可见，以二祀正月初一为丙辰日，其间有 3 个闰月为好。二祀到十一祀的 9 年中有 4 个闰旬，分布均匀。这期间周祭与月份的对应关系是翌工典始于三月中、下旬到四月，祭工典始于七月中、下旬到八月，肜工典始于十一月中、下旬到十二月。

（3）帝辛周祭系统与帝辛在位年

确定了二祀正月初一为丙辰日或二月初一为丁巳日，要定出其具体的可能年代，涉及月首和岁首两个问题。

关于商代的岁首，《左传》《尚书大传》《逸周书·周月》《史记·历书》等文献以及汉代的若干纬书都认为是建丑，即以冬至之后的月份为正月。学者研究甲骨文所反映的商代农业、气象和天象，曾经得出商代历法建辰[1]、建巳[2]、建午[3]、建未[4]、建申酉戌[5] 等诸说，但所依靠的主要是较早的宾组等卜辞，商末岁首可能有过较大变动。帝辛时的历法应该是以子月、丑月或寅月为岁首，个别情况可能到亥月，其证据有如下两点。第一，记载九祀征人方的卜辞《合集》37852 说"自今春至〔于〕翌"，其时为二月份肜祖乙之日，从周祭先王先妣表可知，肜祖乙五旬后进入翌季，该年翌季始于四月，所以春季当在二、三月份。第二，没有任何文献记载武王克商后把岁首做了几个月的调整。有学者据《逸周书·世俘》和《汉书·律历志》引《武成》所载克商前后历日，认为克商前所记月份为殷之月份，在克商后改行周正[6]，周正较殷正早一个月，殷二月下一个月为周四月。《国语·周语》载武王克商时的天象有"日在析木之津"，这是冬季天象，《汉书·律历志》引《武成》记克商在"二月甲子"，这是指殷之二月，可见一月、二月是冬季。

二祀𠦪𠥘其卣的正月丙辰当是正月初一或最后一日，当时的月首是朔或朏。把这两点组合起来，符合的月份可有下列四种情况：a. 朔为月首，丙辰为正月初一，即朔日

---

① 温少峰、袁庭栋：《殷墟卜辞研究——科学技术篇》，四川省社会科学院出版社，1983 年，第 118 页。

② 常正光：《殷历考辨》，《古文字研究（第六辑）》，中华书局，1981 年。

③ 王晖：《殷历岁首新论》，《陕西师范大学学报》1994 年第 2 期；常玉芝：《殷商历法研究》，吉林文史出版社，1998 年，第 383—422 页。

④ 郑慧生：《"殷正建未"说》，《史学月刊》1984 年第 1 期。

⑤ 张培瑜、孟世凯：《殷代历法的月名、季节和岁首》，《先秦史研究》，云南人民出版社，1987 年。

⑥ 孔广森：《经学卮言》，《𪩘轩孔氏所著书》，嘉庆二十二年刊本。

为丙辰；b. 朏为月首，丙辰为正月初一，则甲寅或乙卯为朔日； c. 朔为月首，丙辰为正月最后一日，则丁巳为二月朔日； d. 朏为月首，丙辰为正月最后一日，二月初一为丁巳，则乙卯或丙辰为朔日。

在二祀卲其卣正月丙辰为正月初一的前提下，如果月首是朔，那么符合的年份就应该是子月、丑月或寅月朔日为丙辰的年份；如果月首是朏，那么二祀卲其卣的位置就应该是子月、丑月或寅月朔日为甲寅或乙卯的年份。在二祀卲其卣正月丙辰为正月最后一日的前提下，该年二月初一为丁巳，如果月首是朔，那么符合的年份就应该是丑月、寅月或卯月朔日为丁巳的年份；如果月首是朏，那么符合的年份就应该是丑月、寅月或卯月朔日为乙卯或丙辰的年份。

在公元前 1100—前 1050 年期间，冬至在儒略历 12 月 30 日或 31 日，子月的朔日当在 12 月 1 日到 31 日之间，寅月的朔日当在 2 月 1 日到 3 月 2 日之间。考虑到当时历法的不准确性，将子月朔日范围向前扩大到 11 月 15 日，将寅月朔日范围向后扩大到 3 月 15 日，则：

> 子月、丑月或寅月朔日为丙辰的年份有：公元前 1095 年 1 月 29 日，公元前 1075 年 12 月 10 日，公元前 1064 年 2 月 15 日。
>
> 子月、丑月或寅月朔日为乙卯的年份有：公元前 1100 年 2 月 23 日，公元前 1069 年 1 月 12 日。
>
> 子月、丑月或寅月朔日为甲寅的年份有：公元前 1085 年 11 月 30 日，公元前 1079 年 1 月 3 日，公元前 1074 年 2 月 6 日。
>
> 丑月、寅月、卯月朔日为丁巳的年份有：公元前 1090 年 3 月 5 日，公元前 1065 年 12 月 18 日，公元前 1059 年 1 月 21 日。
>
> 丑月、寅月、卯月朔日为丙辰的年份有：公元前 1095 年 1 月 29 日，公元前 1064 年 2 月 15 日，公元前 1059 年 3 月 21 日。
>
> 丑月、寅月、卯月朔日为乙卯的年份有：公元前 1100 年 2 月 23 日，公元前 1095 年 3 月 29 日，公元前 1069 年 1 月 12 日。

总结成表 4-12。

**表 4-12　二祀卲其卣的可能月份**

| | 正月初一丙辰 | | 二月初一丁巳 |
|---|---|---|---|
| 朔为月首，正月丙辰朔 | 公元前 1095 年 1 月 29 日<br>公元前 1075 年 12 月 10 日<br>公元前 1064 年 2 月 15 日 | 朔为月首，二月丁巳朔 | 公元前 1090 年 3 月 5 日<br>公元前 1065 年 12 月 18 日<br>公元前 1059 年 1 月 21 日 |
| 朏为月首，正月甲寅或乙卯朔 | 公元前 1100 年 2 月 23 日<br>公元前 1069 年 1 月 12 日<br>公元前 1085 年 11 月 30 日<br>公元前 1079 年 1 月 3 日<br>公元前 1074 年 2 月 6 日 | 朏为月首，二月乙卯或丙辰朔 | 公元前 1095 年 1 月 29 日<br>公元前 1064 年 2 月 15 日<br>公元前 1059 年 3 月 21 日<br>公元前 1100 年 2 月 23 日<br>公元前 1095 年 3 月 29 日<br>公元前 1069 年 1 月 12 日 |

单从表 4-12 看，符合帝辛二祀的年份有公元前 1100、公元前 1095、公元前 1090、公元前 1084、公元前 1079、公元前 1074、公元前 1069、公元前 1064、公元前 1059

年，相应地，符合帝辛元年的年份分别为公元前 1101、公元前 1096、公元前 1091、公元前 1085、公元前 1080、公元前 1075、公元前 1070、公元前 1065、公元前 1060 年。

在商末青铜器中，铭文记载最高祀数的是二十五祀的宰椃角，所载周祭及历日为廿五祀六月庚申翌。在帝辛周祭系统中，六月正值翌季，此器当属帝辛世。因武王克商之年定为公元前 1046 年，帝辛在位应超过 25 年，所以帝辛元年以在公元前 1075 年为宜。

### 3. 帝乙祀谱与帝乙在位年

商末黄组卜辞和同时金文中的周祭和历日属于三个系统，属于帝辛周祭系统的材料已如前述。此外，还有一批材料从二祀到十祀十分密集，周祭和历日完全可以连接起来，构成一个完整的"板块"，当属于同一王世，学者认为这批材料属于帝乙。

（1）帝乙祀谱的材料

被认为属于帝乙的带有年祀的周祭材料有如下一些：

| | |
|---|---|
| 《合集》37836： | 二祀四月癸未卜肜上甲（甲申肜上甲） |
| 《合集》35756+37838： | 三祀六月甲午肜羌甲 |
| | 三祀六月甲辰肜阳甲 |
| | 三祀七月癸丑 |
| | 三祀七月甲子肜祖甲 |
| | 三祀八月甲申翌工典 |
| | 三祀八月甲午翌上甲 |
| | 三祀八月癸卯 |
| 《合集》37840+35529： | 三祀十一月甲戌祭工典 |
| | 三祀十二月甲申祭上甲 |
| | 三祀十二月甲午壹上甲 |
| | 三祀十二月甲辰祭大甲劦上甲 |
| | 四祀正月甲寅祭小甲壹大甲 |
| 《合集》37839： | 四祀七月甲寅［肜］阳甲 |
| 《合集》37841： | 四祀［四月］［癸］巳卜［肜］上甲（甲午肜上甲） |
| 《英藏》2568： | 四祀［四月］癸巳卜［肜］上甲（甲午肜上甲） |
| 《合集》37843： | 五祀九月癸卯卜翌上甲（甲辰翌上甲） |
| 《合集》37845： | 六祀十二月癸酉 |
| | 六祀十二月［甲］申翌祖甲 |
| 《合集》35422+37846： | 七祀五月［甲申］壹祖甲 |
| （即《合补》11002） | 七祀五月甲午劦祖甲 |
| | 七祀五月甲辰肜工典 |
| | 七祀六月甲寅肜上甲 |
| | 七祀六月甲子肜夕大乙 |

《英藏》2503+《甲》297：　八祀二月甲戌祭小甲壹大甲

（即《合补》10958）　　八祀三月甲申壹小甲魯大甲

　　　　　　　　　　　八祀三月甲午祭戔甲魯小甲

　　　　　　　　　　　八祀三月甲辰祭羌甲壹戔甲

　　　　　　　　　　　八祀三月甲寅祭阳甲壹羌甲魯戔甲

　　　　　　　　　　　八祀四月甲子壹阳甲魯羌甲

　　　　　　　　　　　八祀［四］月甲戌［祭］祖甲魯阳甲

《合集》37847+37872：　八祀七月癸巳肜

　　　　　　　　　　　八祀甲辰肜戔甲

《合集》36511（征盂方）：［九祀］十月丁卯翌大丁（甲子旬）

《合集》36509（征盂方）：三月甲申祭小甲［壹大甲］①

《合集》36516（征盂方）：甲辰魯祖甲

《合集》37398：　　　　十祀九月肜

自董作宾以来的研究已经指出，由这批材料决定的历法自二祀到十祀三月没有闰月。其间有 4 个闰旬，分布情况是：二祀四月甲申肜上甲到三祀六月甲午肜羌甲之间，四祀正月甲寅祭小甲到四祀七月甲寅肜阳甲之间，五祀九月甲辰翌上甲到六祀十二月甲申翌祖甲之间，九祀十月丁卯翌大丁到十祀三月甲申祭小甲之间。

与帝辛周祭一样，各条材料之间相距的日数是固定的、可以计算出来的。这批材料中三祀十二月与七祀五月各记载了 3 个甲日，都是甲申、甲午、甲辰，对这段时间历法中各月份的干支起到了严格的限制作用，决定了二祀四月初一应当是癸未或甲申，相应地，帝乙十祀三月初一当是戊辰或己巳，甲申为十七或十六。

（2）帝乙在位年的推定

帝乙十祀以后没有确定的材料，帝乙在位年的确定是通过帝乙祀谱与帝辛祀谱的连接实现的。当然，这样做有一个假设，就是帝乙到帝辛之间周祭没有中断。

连接帝乙十祀与帝辛二祀的祀谱，是通过周祭周期和历日的计算得到的。帝乙十祀三月甲申祭小甲，12 旬以后的甲申肜大甲。帝辛二祀正月初一丙辰，前 2 日甲寅肜大甲。如果从帝乙十祀到帝辛二祀之间都是 36 旬的周期，没有闰旬，则帝辛二祀时应仍是甲申肜大甲。而材料表明，帝辛二祀是甲寅肜大甲，这是由于其间加了 $3+6n$ 个闰旬。设帝乙十祀甲申肜大甲到帝辛二祀甲寅肜大甲之间经过了 $x$ 个周祭周期，二者之间相距的日数就是 $360x+(3+6n)\times 10$。因帝乙十祀三月初一戊辰到该年的甲申肜大甲之间的日数明确，所以，对于每个 $x$，帝乙十祀三月戊辰到帝辛二祀正月丙辰之间的日数都可以计算。

对于 $n=0$，有 3 个闰旬，所以 $x$ 不应小于 3，对于 $n=1$，有 9 个闰旬，所以 $x$ 不应小于 9。

---

① 据《合集》35532 号以同文例补。

对于 $n=0$，从 $x=3$ 开始，对于 $n=1$，从 $x=9$ 开始，逐一计算帝乙十祀三月戊辰到帝辛二祀正月丙辰之间的日数。因为对帝辛周祭系统的研究已得到帝辛二祀正月丙辰为正月初一日或最后一日，对帝乙二到十祀祀谱的历日计算已得到十祀三月初一当为戊辰或己巳，所以如果帝乙十祀三月戊辰到帝辛二祀正月丙辰之间的日数恰能满足帝辛二祀正月丙辰和帝乙十祀三月戊辰在月份的日序，那么得到的结果就是可选的。

最后得到可选的有 $n=0$、$x=12$，$n=0$、$x=23$，$n=1$、$x=17$ 三组结果。在 $n=0$、$x=12$ 的情况下，12 个历年中有 10 个闰月、3 个闰旬，显然都不合理。通到帝乙二祀，从帝乙二祀算到帝辛二祀，则 20 个历年中总共有 10 个闰月、7 个闰旬。周祭与月份都不能作为季节的标志，建议不取 $n=0$、$x=12$ 的情况。

在 $n=0$、$x=23$ 的情况下，23 个历年中有 13 个闰月、3 个闰旬，闰月多 5 个，周祭与季节亦不对应。

在 $n=1$、$x=17$ 的情况下，17 个历年中有 13 个闰月、9 个闰旬。闰旬合理，闰月多 7 个。通到帝乙二祀，帝乙二祀到帝辛二祀 25 历年中共 13 个闰月、13 个闰旬。闰月多 3 或 4 个，闰旬合理，即周祭与季节基本对应。学者认为当时周祭实际上具有纪时功能，所以当取这一结果。

从概念上讲，$x$ 的含义是帝乙十祀肜上甲到帝辛二祀肜上甲之间的祀数，$x-2$ 当为帝乙总祀数。但帝乙十祀肜上甲在七月，帝辛二祀肜上甲在正月，这是由于闰月的插入造成的。对于 $x=12$ 和 $x=17$，虽从历年上说帝乙在位当分别为 20 年和 25 年，但对于前者，帝乙元年始于公元前 1096 年 9 月或 10 月，对于后者，帝乙元年始于公元前 1101 年 7 月或 8 月。帝辛元年为公元前 1075 年，从公元前 1096 年到公元前 1076 年，应按 21 年计。从公元前 1101 年到公元前 1076 年，应按 26 年计。

据此，帝乙在位由公元前 1101 年到公元前 1076 年，共 26 年。

# （六）文献中的商后期王年

文献中关于商后期诸王年代的记载，对后世影响最大的是《尚书·无逸》中的一段话。其他文献也有一些记载，但往往各家不一致，且后期文献反较早期文献记载详细，无疑其间有后期整理者所加。

## 1.《尚书·无逸》商王年数的研究

《尚书·无逸》一篇，述及商代王年，对年代学研究甚有价值，为历代学者所引用。其中相关的一段话为：

> 周公曰：呜呼！我闻曰：昔在殷王中宗，严恭寅畏，天命自度，治民祗惧，不敢荒宁，肆中宗之享国七十有五年。其在高宗，时旧劳于外，爰暨小人。作其即位，乃或亮阴，三年不言。其惟不言，言乃雍，不敢荒宁，嘉靖殷邦，至于小大，无时或怨，肆高宗之享国五十有九年。其在祖甲，不义惟王，旧为小人，作其即位，爰知小人之依，能保惠于庶民，不敢侮鳏寡，肆

祖甲之享国三十有三年。自时厥后，立王生则逸。生则逸，不知稼穑之艰难，不闻小人之劳，惟耽乐之从。自时厥后，亦罔或克寿，或十年，或七八年，或五六年，或四三年。

按《书序》云：“周公作《无逸》。”《史记·周本纪》和《鲁世家》均云《无逸》之作在还政成王后，《鲁世家》还说系周公“恐成王壮，治有所淫佚”而作。此篇当在成王前期，上距商朝覆亡为时不远，殷商遗民尚在，因此周公讲的商王年数，应该合乎实际，而非出于臆撰。文中明确提到了中宗、高宗、祖甲三王在位年数，高宗是武丁，没有异说；中宗旧以为大戊，但“中宗祖乙”见于甲骨卜辞，已经论定；祖甲则有两说，《孔传》以为是成汤孙太甲：“汤孙太甲，为王不义，久为小人之行，伊尹放之桐。”“在桐三年，思集用光，起就王位，于是知小人之所依，依于仁政，故能安顺于众民，不敢侮慢惸独。”马融、郑玄则认为是武丁子祖甲，杨筠如《尚书覈诂》说：“祖甲，郑谓武丁子帝甲也。祖甲有兄祖庚贤，武丁欲废兄立弟，祖甲以此为不义，逃于人间，故曰‘久为小人’。马注与郑同。按《史记》：‘帝甲淫乱，殷复衰’，《周语》：‘帝甲乱之，七世而陨’，则祖甲非令主。”[1]武丁子有孝己逃于民间之事，至于祖甲避位，实无根据，可能为郑玄误记。《无逸》描绘祖甲是保惠庶民的贤君，与《国语·周语》《史记·殷本纪》确有明显矛盾，已有学者指出这一点[2]。

其实，对于祖甲的不同解释，是出于今古文经的不同，王国维曾论及这一问题，见吴其昌《王观堂先生尚书讲授记》：

祖甲，有二说。郑康成说“高宗之子帝甲”，《孔传》与王肃皆说为太甲。又此二节次序，今古文大相径庭。今文家说，可据宋儒所见之汉石经考之，今按洪适《隶释》所引汉石经云：“肆高宗之享国百年，自是厥后，立王……”，无祖甲一节。又《汉书》中引殷之三宗，为太宗、中宗、高宗，汉人旧说皆有太宗，贾谊《治安策》：“使顾成之庙，称为太宗。”太宗为太甲，中宗为太戊，高宗为武丁，其次序以高宗为最后，是今文《尚书》当无祖甲而有太宗矣。古文《尚书》则如今本，三体石经有下文“殷王中宗及高宗及祖甲”一段，则可以反证此段次序亦当无太宗而有祖甲。郑康成所见亦为古文，故以祖甲为武丁之子帝甲，而不以为太甲也。今古文不同如此[3]。

王国维所引《隶释》所载《熹平石经》，见该书卷十四，是欧阳一派的今文经，看其上下文及字数，肯定在中宗前面有太宗一段。《史记·鲁世家》引《毋（无）逸》则祖甲在高宗之后，这是由于司马迁曾从学于孔安国，所据是古文经的缘故。其《集解》云：“孔安国、王肃曰：祖甲，汤孙太甲也。马融、郑玄曰：祖甲，武丁子帝甲也。”王国维所论即由此而来。

事实上，历代学者除马融、郑玄外，罕有用武丁子帝甲之说的，一般认为应是太

---

① 杨筠如：《尚书覈诂》，陕西人民出版社，2005年，第352页。

② 彭邦炯：《商史探微》，重庆出版社，1988年，第162页。

③ 参见王国维：《古史新证》，清华大学出版社，1994年，第249页。

甲。《隶释》即说："孔氏叙商三宗，以年多少为先后。此碑独缺祖甲，计其字盖在中宗之上，以传序为次也。"[①]历代研究商代王年的，对于《无逸》中祖甲的解释采用二说的都有，也另有他说，如《帝王世纪》太甲33年、祖甲缺，《通鉴外纪》太甲33年、祖甲16年，《太平御览》引《史记》太甲无年数、祖甲16年，《皇极经世》太甲33年、祖甲33年，《册府元龟》太甲14年、祖甲32年，今本《竹书纪年》太甲12年、祖甲33年。据此可知，祖甲33年说并不是坚强有力的。

如以《无逸》祖甲为武丁子，"自时厥后"一段便无法解释。按祖甲之后尚有廪辛、康丁、武乙、文丁、帝乙、帝辛6王，如这6王在位都不长，确如《无逸》所言，"或十年，或七八年，或五六年，或四三年"，总计不过50年左右，五代人只有50年，显然于理不通，这也不符合殷墟考古的结果。而且，古本《竹书纪年》记载武乙"三十五年，周王季伐西落鬼戎"，文丁"十一年，周人伐翳徒之戎"，商末黄组卜辞有"廿祀三"即二十三祀[②]，青铜器宰椃角有廿祀翼又五即二十五祀，足证武丁子祖甲后的王并非在位时间都短。因此，《无逸》中"自时厥后"一段当指三王之后某些王而言[③]。

## 2. 其他文献中的商王年数

古本《竹书纪年》、《帝王世纪》、《太平御览》引《史记》、《皇极经世》、《通鉴外纪》、《册府元龟》、今本《竹书纪年》中都记有部分或全部的商后期王年。为了讨论这些记载的可靠性，讨论要从祖丁开始（表4-13）。

表4-13　文献所记商晚期诸王在位年数

| | | 古本《竹书纪年》 | 《帝王世纪》 | 《太平御览》引《史记》 | 《皇极经世》 | 《通鉴外纪》 | 《册府元龟》 | 今本《竹书纪年》 |
|---|---|---|---|---|---|---|---|---|
| | 祖丁 | | | 32 | 32 | 32 | 32 | 9 |
| 祖丁弟沃甲子 | 南庚 | | | 29 | 25 | 29 | 29 | 6 |
| 祖丁子 | 阳甲 | | 17 | 17 | 7 | 7 | 7 | 4 |
| 阳甲弟 | 盘庚 | | | 18 | 28 | 28 | 28 | 28（14迁殷） |
| 盘庚弟 | 小辛 | | | 21 | 21 | 21 | 21 | 3 |
| 小辛弟 | 小乙 | | | 20 | 28 | 21 | 20 | 10 |
| 南庚至小乙之总年数 | | | | 105 | 109 | 106 | 105 | 51 |
| 小乙子 | 武丁 | | 59 | | 59 | 59 | 59 | 59 |
| 武丁子 | 祖庚 | | | 7 | 7 | 7 | 7 | 11 |

---

① 洪适：《隶释》，中华书局，1985年，第151页。

② 东洋文库古代史研究委员会：《东洋文库所藏甲骨文字》，（日本）东洋文库，1979年，525号。

③ 李学勤：《〈无逸〉商王年数》，《夏商周年代学札记》，辽宁大学出版社，1999年，第270—273页。

续表

| | | 古本《竹书纪年》 | 《帝王世纪》 | 《太平御览》引《史记》 | 《皇极经世》 | 《通鉴外纪》 | 《册府元龟》 | 今本《竹书纪年》 |
|---|---|---|---|---|---|---|---|---|
| 祖庚弟 | 祖甲 | | | 16 | 33 | 16 | 32 | 33 |
| 祖甲子 | 廪辛 | | | 6 | 6 | 6 | 6 | 4 |
| 廪辛弟 | 康丁 | | 23 | 31 | 21 | 6 | 21 | 8 |
| 康丁子 | 武乙 | 35+ | 4（？） | | 4 | 4 | 4 | |
| 武乙子 | 文丁 | 11+ | 3（？） | 3 | 3 | 3 | 3 | 13 |
| 文丁子 | 帝乙 | 2+ | 37 | | 37 | 37 | 37 | 9 |
| 帝乙子 | 帝辛 | | 33 | 33 | 32 | 33 | 32 | 53 |

从表 4-13 可见，只有武丁 59 年各种文献相同，这无疑是本自《无逸》。前四种文献中同一王在位年数相同者较多，表明可能有共同的来源，而今本《竹书纪年》与前 4 种除武丁 59 年外，均不相同。这些文献的可信性，可以祖丁至小乙的总年数来说明。祖丁和南庚同为祖乙孙，阳甲、盘庚、小辛、小乙都是祖丁子。南庚即位时祖丁已死，所以小乙至晚应在南庚即位之年出生。上述《太平御览》、《皇极经世》、《通鉴外纪》、《册府元龟》、今本《竹书纪年》五种文献，从南庚到小乙五王的总年数分别是：105 年、109 年、106 年、105 年、51 年，可以看到，前四种文献中五王在位总年数都超过了 100 年，又互不一致，这样的可能性是很小的，因而不能据之确定商王年数。总之，由于各种记载不同，有些又明显不合理，所以不能仅据这一类文献推断商后期王年。

### 3. 盘庚迁殷年的估计

盘庚迁殷至殷亡的总年数，仅见于一种文献，即《史记·殷本纪》张守节《正义》引古本《竹书纪年》。在《史记·殷本纪》帝辛"益广沙丘苑台"句后，《正义》云"《竹书纪年》云自盘庚徙殷，至纣之灭，七百七十三年，更不徙都"。此"七百七十三年"见于明嘉靖四年汪谅刻本（即柯维熊校正本），盖本自南宋黄善夫本。群碧楼藏明嘉靖震泽王廷喆刊本、清乾隆武英殿刻本均同。

对于上述"七百七十三年"，清代以来不同刊本的《史记》出现了"二百五十三年"和"二百七十五年"两种异文。清同治年间金陵书局刊本作"二百五十三年"，新印中华书局标点本因以金陵书局本作底本，亦作"二百五十三年"。武昌书局翻明震泽王廷喆刻本作"二百七十五年"。日本泷川资言《史记会注考证》本所据主要为金陵书局本，但此处亦作"二百七十五年"。

对于二百五十三年和二百七十五年两说，范祥雍《古本竹书纪年辑校订补》认为："泷川本《正义》多据古抄本，比较可信，而二百七十五年与下文'汤灭夏以至于受，用岁四百九十六年'语不悖，当近得实，宜从之。"金陵书局本之二百五十三则"系据吴春照依今本《竹书纪年》所校改，不足凭"[1]，因为今本《竹书纪年》从盘庚到

---

① 范祥雍：《古本竹书纪年辑校订补》，上海人民出版社，1962 年，第 21 页。

商亡，各王年数合计恰为二百五十三年。水泽利忠《史记会注考证校补》则认为泷川本是将金陵本之"二百五十三"误作"二百七十五"[①]。方诗铭、王修龄《古本竹书纪年辑证》亦认为泷川本之"二百七十五年""非有古抄本为据"[②]。

朱右曾《汲冢纪年存真》改"七百七十三年"为"二百七十三年"，此说本于赵绍祖《校补竹书纪年》和陈逢衡《竹书纪年集证》，现代学者多予接受。但这样改动正如饶宗颐所言："亦乏据依，盖其揣数，靡得而详。"[③]其优点只是改动的字数最少，并无明确的版本依据。二百七十三年作为商后期积年长度合适，但二百七十五与二百七十三只有二年之差，即使是二百五十三年也未尝不可，所以，从文献学上难以判定三说之正误。

武王克商之年选为公元前 1046 年。如采用二百七十五年，则盘庚迁殷在公元前 1320 年，如采用二百七十三年，则盘庚迁殷在公元前 1318 年，如采用二百五十三年，则盘庚迁殷在公元前 1298 年。从宾组卜辞五次月食的研究知道，武丁当于公元前 1250—前 1192 年在位，阳甲、盘庚、小辛、小乙四王兄弟相及，总年数不应太长，从这点考虑，以二百五十三年说较妥。如此，则盘庚迁殷约在公元前 1298 年，今取整为公元前 1300 年。

# （七）商代后期年代的整合

盘庚迁殷推定在公元前 1300 年，武王克商在公元前 1046 年。商后期 8 世 12 王的年代当在这段时间之内。

如前所论，武丁在位的年代当为公元前 1250—前 1192 年。从公元前 1192 年到公元前 1046 年，共 146 年。这期间，因为古本《竹书纪年》有武乙三十五年的记载，所以武乙至少在位 35 年，古本《竹书纪年》又有文丁十一年的记载，文丁当不少于 11 年。帝辛周祭系统有二十五年的青铜器，而周祭系统合历的研究又规定了帝辛元年不能是任意一年，在武王克商为公元前 1046 年的前提下，帝辛元年最晚要选公元前 1075 年，即帝辛在位 30 年。根据帝乙祀谱与帝辛祀谱连接的结果，帝乙在位至少 26 年。146 年除去武乙 35 年、文丁 11 年、帝乙 26 年、帝辛 30 年，剩 44 年，这是祖庚、祖甲、廪辛、康丁在位总年数的上限。因祖庚、祖甲、廪辛、康丁二代四王在位总年数不应太短，所以武乙、文丁、帝乙、帝辛年代不能较这里估定的最低年数多出很多，以上述最低年为这四王的在位年数当距史实不远。由此，得到商后期王年如下：

盘庚迁殷：公元前 1300 年。

盘庚（迁殷后）、小辛、小乙：共 50 年，公元前 1300—前 1251 年。

武丁：59 年，公元前 1250—前 1192 年。

祖庚、祖甲、廪辛、康丁：共 44 年，公元前 1191—前 1148 年。

①　水泽利忠：《史记会注考证校补》卷三，（日本）史记会注考证校补刊行会，1957 年，第 30 页。
②　方诗铭、王修龄：《古本竹书纪年辑证（修订本）》，上海古籍出版社，2005 年，第 31—32 页。
③　饶宗颐：《明嘉靖汪本〈史记殷本纪〉跋》，《饶宗颐史学论著选》，上海古籍出版社，1993 年，第 23—30 页。

武乙：35 年，公元前 1147—前 1113 年。

文丁：11 年，公元前 1112—前 1102 年。

帝乙：26 年，公元前 1101—前 1076 年。

帝辛：30 年，公元前 1075—前 1046 年。

对照表 4-1 可知，以上得到的商后期王年的大致情况与殷墟文化各期的测年结果大体吻合。

# 附录三　帝辛元祀至二十五祀周祭祀谱

| 儒略历（公元前） | 朔干支 | 帝辛在位年月 | 甲日 | 周祭 | 材料月龄 | 材料 |
|---|---|---|---|---|---|---|
| 1076.11.20 | 辛卯 | 元祀正月 | 甲午<br>甲辰<br>甲寅 | ○<br>肜大甲<br>肜小甲 | | |
| 1076.12.20 | 辛酉 | 元祀二月 | 甲子<br>甲戌<br>甲申 | ○<br>肜戋甲<br>肜羌甲 | | |
| 1075.1.18 | 庚寅 | 元祀三月 | 甲午<br>甲辰<br>甲寅 | 肜阳甲<br>○<br>肜祖甲 | | |
| 1075.2.17 | 庚申 | 元祀四月 | 甲子<br>甲戌<br>甲申 | ▲<br>翌工典<br>翌上甲 | | |
| 1075.3.18 | 己丑 | 元祀五月 | 甲午<br>甲辰<br>甲寅 | ○<br>翌大甲<br>翌小甲 | | |
| 1075.4.17 | 己未 | 元祀六月 | 甲子<br>甲戌<br>甲申 | ○<br>翌戋甲<br>翌羌甲 | | |
| 1075.5.16 | 戊子 | 元祀七月 | 甲午<br>甲辰<br>甲寅 | 翌阳甲<br>○<br>翌祖甲 | | |
| 1075.6.15 | 戊午 | 元祀八月 | 甲子<br>甲戌<br>甲申 | 祭工典<br>祭上甲<br>○ | | |
| 1075.7.14 | 丁亥 | 元祀九月 | 甲午<br>甲辰<br>甲寅 | 祭大甲<br>祭小甲<br>○ | | |
| 1075.8.13 | 丁巳 | 元祀十月 | 甲子<br>甲戌<br>甲申 | 祭戋甲<br>祭羌甲<br>祭阳甲 | | |
| 1075.9.12 | 丁亥 | 元祀十一月 | 甲午<br>甲辰<br>甲寅 | ○<br>祭祖甲<br>○ | | |

| 儒略历（公元前） | 朔干支 | 帝辛在位年月 | 甲日 | 周祭 | 材料月龄 | 材料 |
|---|---|---|---|---|---|---|
| 1075.10.11 | 丙辰 | 元祀十二月 | 甲子<br>甲戌<br>甲申 | ○<br>肜工典<br>⊗ | 甲子 初九<br>戊辰 十三 | 寝孳方鼎：元祀十二月<br>甲子鲁祖甲<br>肄簋：元祀十二月戊辰<br>鲁日 |
| 1075.11.10 | 丙戌 | 元祀闰十二月 | 甲午<br>甲辰<br>甲寅 | 肜上甲<br>○<br>肜大甲 | | |
| 1075.12.10 | 丙辰 | 二祀正月 | 甲子<br>甲戌<br>甲申 | 肜小甲<br>○<br>肜戔甲 | 丙辰 初一 | 二祀卯其卣：二祀正月<br>丙辰肜日大乙爽姒丙 |
| 1074.1.8 | 乙酉 | 二祀二月 | 甲午<br>甲辰 | 肜羌甲<br>肜阳甲 | | |
| 1074.2.6 | 甲寅 | 二祀三月 | 甲寅<br>甲子<br>甲戌 | ○<br>○<br>肜祖甲<br>▲ | | |
| 1074.3.8 | 甲申 | 二祀四月 | 甲申<br>甲午<br>甲辰 | 翌工典<br>翌上甲<br>○ | | |
| 1074.4.6 | 癸丑 | 二祀五月 | 甲寅<br>甲子<br>甲戌 | 翌大甲<br>翌小甲<br>○ | | |
| 1074.5.5 | 壬午 | 二祀六月 | 甲申<br>甲午<br>甲辰 | 翌戔甲<br>翌羌甲<br>翌阳甲 | | |
| 1074.6.4 | 壬子 | 二祀七月 | 甲寅<br>甲子<br>甲戌 | ○<br>翌祖甲<br>祭工典 | | |
| 1074.7.3 | 辛巳 | 二祀八月 | 甲申<br>甲午<br>甲辰 | 祭上甲<br>○<br>祭大甲 | | |
| 1074.8.2 | 辛亥 | 二祀九月 | 甲寅<br>甲子<br>甲戌 | 祭小甲<br>○<br>祭戔甲 | | |
| 1074.9.1 | 辛巳 | 二祀十月 | 甲申<br>甲午<br>甲辰 | 祭羌甲<br>祭阳甲<br>○ | | |
| 1074.9.30 | 庚戌 | 二祀十一月 | 甲寅<br>甲子<br>甲戌 | 祭祖甲<br>○<br>○ | | |
| 1074.10.30 | 庚辰 | 二祀十二月 | 甲申<br>甲午<br>甲辰 | 肜工典<br>肜上甲<br>○ | | |

| 儒略历（公元前） | 朔干支 | 帝辛在位年月 | 甲日 | 周祭 | 材料月龄 | 材料 |
|---|---|---|---|---|---|---|
| 1074.11.29 | 庚戌 | 三祀正月 | 甲寅<br>甲子<br>甲戌 | 肜大甲<br>肜小甲<br>○ | | |
| 1074.12.29 | 庚辰 | 三祀二月 | 甲申<br>甲午<br>甲辰 | 肜戋甲<br>肜羌甲<br>肜阳甲 | | |
| 1073.1.27 | 己酉 | 三祀三月 | 甲寅<br>甲子<br>甲戌 | ○<br>肜祖甲<br>▲ | | |
| 1073.2.25 | 戊寅 | 三祀四月 | 甲申<br>甲午<br>甲辰 | 翌工典<br>翌上甲<br>○ | | |
| 1073.3.26 | 戊申 | 三祀五月 | 甲寅<br>甲子<br>甲戌 | 翌大甲<br>翌小甲<br>○ | | |
| 1073.4.24 | 丁丑 | 三祀六月 | 甲申<br>甲午<br>甲辰 | 翌戋甲<br>翌羌甲<br>翌阳甲 | | |
| 1073.5.23 | 丙午 | 三祀七月 | 甲寅<br>甲子<br>甲戌 | ○<br>翌祖甲<br>祭工典 | | |
| 1073.6.22 | 丙子 | 三祀八月 | 甲申<br>甲午<br>甲辰 | 祭上甲<br>○<br>祭大甲 | | |
| 1073.7.21 | 乙巳 | 三祀闰八月 | 甲寅<br>甲子 | 祭小甲<br>○ | | |
| 1073.8.20 | 乙亥 | 三祀九月 | 甲戌<br>甲申<br>甲午 | 祭戋甲<br>祭羌甲<br>祭阳甲 | | |
| 1073.9.18 | 甲辰 | 三祀十月 | 甲辰<br>甲寅<br>甲子 | ○<br>祭祖甲<br>○ | 辛酉 十八 | 虎上膊骨：三祀十月辛酉鲁日 |
| 1073.10.18 | 甲戌 | 三祀十一月 | 甲戌<br>甲申<br>甲午 | ○<br>肜工典<br>肜上甲 | | |
| 1073.11.17 | 甲辰 | 三祀十二月 | 甲辰<br>甲寅<br>甲子 | ○<br>肜大甲<br>肜小甲 | | |
| 1073.12.17 | 甲戌 | 四祀正月 | 甲戌<br>甲申<br>甲午 | ○<br>肜戋甲<br>肜羌甲 | | |

| 儒略历（公元前） | 朔干支 | 帝辛在位年月 | 甲日 | 周祭 | 材料月龄 | 材料 |
|---|---|---|---|---|---|---|
| 1072.1.15 | 癸卯 | 四祀二月 | 甲辰<br>甲寅<br>甲子 | 肜阳甲<br>○<br>肜祖甲 | | |
| 1072.2.14 | 癸酉 | 四祀三月 | 甲戌<br>甲申<br>甲午 | ▲<br>翌工典<br>翌上甲 | | |
| 1072.3.15 | 壬寅 | 四祀四月 | 甲辰<br><br>甲寅<br>甲子 | ○<br><br>翌大甲<br>翌小甲 | 乙巳 初四 | 四祀卯其卣：四祀四月<br>乙巳遘乙翌日 |
| 1072.4.14 | 壬申 | 四祀五月 | 甲戌<br>甲申<br>甲午 | ○<br>翌戋甲<br>翌羌甲 | | |
| 1072.5.13 | 辛丑 | 四祀六月 | 甲辰<br>甲寅<br>甲子 | 翌阳甲<br>○<br>翌祖甲 | | |
| 1072.6.11 | 庚午 | 四祀七月 | 甲戌<br>甲申<br>甲午 | 祭工典<br>祭上甲<br>○ | | |
| 1072.7.11 | 庚子 | 四祀八月 | 甲辰<br>甲寅<br>甲子 | 祭大甲<br>祭小甲<br>○ | | |
| 1072.8.9 | 己巳 | 四祀九月 | 甲戌<br>甲申<br>甲午 | 祭戋甲<br>祭羌甲<br>祭阳甲 | | |
| 1072.9.8 | 己亥 | 四祀十月 | 甲辰<br>甲寅<br>甲子 | ○<br>祭祖甲<br>○ | | |
| 1072.10.7 | 戊辰 | 四祀十一月 | 甲戌<br>甲申<br>甲午 | ○<br>肜工典<br>⊗ | | |
| 1072.11.6 | 戊戌 | 四祀十二月 | 甲辰<br>甲寅<br>甲子 | 肜上甲<br>○<br>肜大甲 | | |
| 1072.12.6 | 戊辰 | 五祀正月 | 甲戌<br>甲申<br>甲午 | 肜小甲<br>○<br>肜戋甲 | | |
| 1071.1.5 | 戊戌 | 五祀二月 | 甲辰<br>甲寅<br>甲子 | 肜羌甲<br>肜阳甲<br>○ | | |

| 儒略历（公元前） | 朔干支 | 帝辛在位年月 | 甲日 | 周祭 | 材料月龄 | 材料 |
|---|---|---|---|---|---|---|
| 1071.2.3 | 丁卯 | 五祀三月 | 甲戌<br>甲申<br>甲午 | 肜祖甲<br>▲<br>翌工典 | | |
| 1071.3.5 | 丁酉 | 五祀四月 | 甲辰<br>甲寅<br>甲子 | 翌上甲<br>○<br>翌大甲 | | |
| 1071.4.3 | 丙寅 | 五祀五月 | 甲戌<br>甲申<br>甲午 | 翌小甲<br>○<br>翌戋甲 | | |
| 1071.5.3 | 丙申 | 五祀六月 | 甲辰<br>甲寅<br>甲子 | 翌羌甲<br>翌阳甲<br>○ | | |
| 1071.6.1 | 乙丑 | 五祀七月 | 甲戌<br>甲申 | 翌祖甲<br>祭工典 | | |
| 1071.6.30 | 甲午 | 五祀八月 | 甲午<br>甲辰<br>甲寅 | 祭上甲<br>○<br>祭大甲 | | |
| 1071.7.30 | 甲子 | 五祀九月 | 甲子<br>甲戌<br>甲申 | 祭小甲<br>○<br>祭戋甲 | | |
| 1071.8.28 | 癸巳 | 五祀十月 | 甲午<br>甲辰<br>甲寅 | 祭羌甲<br>祭阳甲<br>○ | | |
| 1071.9.27 | 癸亥 | 五祀十一月 | 甲子<br>甲戌<br>甲申 | 祭祖甲<br>○<br>○ | | |
| 1071.10.26 | 壬辰 | 五祀十二月 | 甲午<br>甲辰<br>甲寅 | 肜工典<br>⊗<br>肜上甲 | | |
| 1071.11.25 | 壬戌 | 六祀正月 | 甲子<br>甲戌<br>甲申 | ○<br>肜大甲<br>肜小甲 | | |
| 1071.12.25 | 壬辰 | 六祀二月 | 甲午<br>甲辰<br>甲寅 | ○<br>肜戋甲<br>肜羌甲 | | |
| 1070.1.23 | 辛酉 | 六祀三月 | 甲子<br>甲戌<br>甲申 | 肜阳甲<br>○<br>肜祖甲 | | |
| 1070.2.22 | 辛卯 | 六祀四月 | 甲午<br>甲辰<br>甲寅 | ▲<br>翌工典<br>翌上甲 | 癸巳　初三 | 邑翠：六祀四月癸巳肜日 |

续表

| 儒略历（公元前） | 朔干支 | 帝辛在位年月 | 甲日 | 周祭 | 材料月龄 | 材料 |
|---|---|---|---|---|---|---|
| 1070.3.24 | 辛酉 | 六祀闰四月 | 甲子<br>甲戌<br>甲申 | ○<br>翌大甲<br>翌小甲 | | |
| 1070.4.22 | 庚寅 | 六祀五月 | 甲午<br>甲辰<br>甲寅 | ○<br>翌戔甲<br>翌羌甲 | | |
| 1070.5.22 | 庚申 | 六祀六月 | 甲子<br>甲戌<br>甲申 | 翌阳甲<br>（翌小乙）<br>翌祖甲 | 乙亥　十六 | 作册夎卣：六祀六月乙亥翌日 |
| 1070.6.20 | 己丑 | 六祀七月 | 甲午<br>甲辰<br>甲寅 | 祭工典<br>祭上甲<br>○ | | |
| 1070.7.19 | 戊午 | 六祀八月 | 甲子<br>甲戌<br>甲申 | 祭大甲<br>祭小甲<br>○ | | |
| 1070.8.18 | 戊子 | 六祀九月 | 甲午<br>甲辰<br>甲寅 | 祭戔甲<br>祭羌甲<br>祭阳甲 | | |
| 1070.9.16 | 丁巳 | 六祀十月 | 甲子<br>甲戌<br>甲申 | ○<br>祭祖甲<br>○ | | |
| 1070.10.16 | 丁亥 | 六祀十一月 | 甲午<br>甲辰<br>甲寅 | ○<br>肜工典<br>⊗ | | |
| 1070.11.14 | 丙辰 | 六祀十二月 | 甲子<br>甲戌<br>甲申 | 肜上甲<br>○<br>肜大甲 | | |
| 1070.12.14 | 丙戌 | 七祀正月 | 甲午<br>甲辰<br>甲寅 | 肜小甲<br>○<br>肜戔甲 | | |
| 1069.1.12 | 乙卯 | 七祀二月 | 甲子<br>甲戌<br>甲申 | 肜羌甲<br>肜阳甲<br>○ | | |
| 1069.2.11 | 乙酉 | 七祀三月 | 甲午<br>甲辰<br>甲寅 | 肜祖甲<br>▲<br>翌工典 | | |
| 1069.3.12 | 乙卯 | 七祀四月 | 甲子<br>甲戌 | ⊗<br>翌上甲 | | |
| 1069.4.10 | 甲申 | 七祀五月 | 甲申<br>甲午<br>甲辰 | ○<br>翌大甲<br>翌小甲 | | |

| 儒略历（公元前） | 朔干支 | 帝辛在位年月 | 甲日 | 周祭 | 材料月龄 | 材料 |
|---|---|---|---|---|---|---|
| 1069.5.10 | 甲寅 | 七祀六月 | 甲寅<br>甲子<br>甲戌 | ○<br>翌戋甲<br>翌羌甲 | 壬申　十九 | 1713 号墓鼎：七祀六月<br>壬申翌日 |
| 1069.6.9 | 甲申 | 七祀七月 | 甲申<br>甲午<br>甲辰 | 翌阳甲<br>○<br>翌祖甲 | | |
| 1069.7.8 | 癸丑 | 七祀八月 | 甲寅<br>甲子<br>甲戌 | 祭工典<br>祭上甲<br>○ | | |
| 1069.8.6 | 壬午 | 七祀九月 | 甲申<br>甲午<br>甲辰 | 祭大甲<br>祭小甲<br>○ | | |
| 1069.9.5 | 壬子 | 七祀十月 | 甲寅<br>甲子<br>甲戌 | 祭戋甲<br>祭羌甲<br>祭阳甲 | | |
| 1069.10.4 | 辛巳 | 七祀十一月 | 甲申<br>甲午<br>甲辰 | ○<br>祭祖甲<br>○ | | |
| 1069.11.3 | 辛亥 | 七祀十二月 | 甲寅<br>甲子<br>甲戌 | ○<br>肜工典<br>肜上甲 | | |
| 1069.12.2 | 庚辰 | 八祀正月 | 甲申<br>甲午<br>甲辰 | ○<br>肜大甲<br>肜小甲 | | |
| 1068.1.1 | 庚戌 | 八祀二月 | 甲寅<br>甲子<br>甲戌 | ○<br>肜戋甲<br>肜羌甲 | | |
| 1068.1.30 | 己卯 | 八祀三月 | 甲申<br>甲午<br>甲辰 | 肜阳甲<br>○<br>肜祖甲 | | |
| 1068.3.1 | 己酉 | 八祀四月 | 甲寅<br>甲子<br>甲戌 | ▲<br>翌工典<br>⊗ | | |
| 1068.3.30 | 戊寅 | 八祀五月 | 甲申<br>甲午<br>甲辰 | 翌上甲<br>○<br>翌大甲 | | |
| 1068.4.29 | 戊申 | 八祀六月 | 甲寅<br>甲子<br>甲戌 | 翌小甲<br>○<br>翌戋甲 | | |
| 1068.5.29 | 戊寅 | 八祀七月 | 甲申<br>甲午<br>甲辰 | 翌羌甲<br>翌阳甲<br>○ | | |

| 儒略历（公元前） | 朔干支 | 帝辛在位年月 | 甲日 | 周祭 | 材料月龄 | 材料 |
|---|---|---|---|---|---|---|
| 1068.6.27 | 丁未 | 八祀八月 | 甲寅<br>甲子<br>甲戌 | 翌祖甲<br>祭工典<br>祭上甲 | | |
| 1068.7.27 | 丁丑 | 八祀九月 | 甲申<br>甲午<br>甲辰 | ○<br>祭大甲<br>祭小甲 | | |
| 1068.8.25 | 丙午 | 八祀十月 | 甲寅<br>甲子<br>甲戌 | ○<br>祭戋甲<br>祭羌甲 | | |
| 1068.9.24 | 丙子 | 八祀十一月 | 甲申<br>甲午<br>甲辰 | 祭阳甲<br>○<br>祭祖甲 | | |
| 1068.10.23 | 乙巳 | 八祀十二月 | 甲寅<br>甲子<br>甲戌 | ○<br>○<br>肜工典 | | |
| 1068.11.22 | 乙亥 | 八祀闰十二月 | 甲申<br>甲午 | 肜上甲<br>○ | | |
| 1068.12.21 | 甲辰 | 九祀正月 | 甲辰<br><br>甲寅<br>甲子 | 肜大甲<br><br>肜小甲<br>○ | 癸丑　初十 | 《合集》37855：九祀正月癸丑，遘小甲肜夕 |
| 1067.1.20 | 甲戌 | 九祀二月 | 甲戌<br><br>甲申<br>甲午 | 肜戋甲<br><br>肜羌甲<br>肜阳甲 | 乙亥　初二 | 《合集》37852：九祀二月［乙］亥遘祖乙肜 |
| 1067.2.18 | 癸卯 | 九祀三月 | 甲辰<br>甲寅<br>甲子 | 肜祖甲<br>▲ | | |
| 1067.3.20 | 癸酉 | 九祀四月 | 甲戌<br>甲申<br>甲午 | 翌工典<br>翌上甲<br>○ | | |
| 1067.4.18 | 壬寅 | 九祀五月 | 甲辰<br>甲寅<br>甲子 | 翌大甲<br>翌小甲<br>○ | | |
| 1067.5.15 | 壬申 | 九祀六月 | 甲戌<br>甲申<br>甲午 | 翌戋甲<br>翌羌甲<br>翌阳甲 | | |
| 1067.6.16 | 辛丑 | 九祀七月 | 甲辰<br>甲寅<br>甲子 | ○<br>翌祖甲<br>祭工典 | | |

| 儒略历（公元前） | 朔干支 | 帝辛在位年月 | 甲日 | 周祭 | 材料月龄 | 材料 |
|---|---|---|---|---|---|---|
| 1067.7.16 | 辛未 | 九祀八月 | 甲戌<br>甲申<br>甲午 | ⊗<br>祭上甲<br>○ | | |
| 1067.8.15 | 辛丑 | 九祀九月 | 甲辰<br>甲寅<br>甲子 | 祭大甲<br>祭小甲<br>○ | 丁巳　十七 | 嵩自卣：九祀九月丁巳鲁日 |
| 1067.9.13 | 庚午 | 九祀十月 | 甲戌<br>甲申<br>甲午 | 祭戔甲<br>祭羌甲<br>祭阳甲 | | |
| 1067.10.13 | 庚子 | 九祀十一月 | 甲辰<br>甲寅<br>甲子 | ○<br>祭祖甲<br>○ | | |
| 1067.11.11 | 己巳 | 九祀十二月 | 甲戌<br>甲申<br>甲午 | ○<br>肜工典<br>肜上甲 | | |
| 1067.12.11 | 己亥 | 十祀正月 | 甲辰<br>甲寅<br>甲子 | ○<br>肜大甲<br>肜小甲 | | |
| 1066.1.9. | 戊辰 | 十祀二月 | 甲戌<br>甲申<br>甲午 | ○<br>肜戔甲<br>肜羌甲 | | |
| 1066.2.8 | 戊戌 | 十祀三月 | 甲辰<br>甲寅<br>甲子 | 肜阳甲<br>○<br>肜祖甲 | | |
| 1066.3.9 | 丁卯 | 十祀四月 | 甲戌<br>甲申<br>甲午 | ▲<br>翌工典<br>翌上甲 | | |
| 1066.4.8 | 丁酉 | 十祀五月 | 甲辰<br>甲寅<br>甲子 | ○<br>翌大甲<br>翌小甲 | | |
| 1066.5.7 | 丙寅 | 十祀六月 | 甲戌<br>甲申<br>甲午 | ○<br>翌戔甲<br>翌羌甲 | | |
| 1066.6.5 | 乙未 | 十祀七月 | 甲辰<br>甲寅<br>甲子 | 翌阳甲<br>○<br>翌祖甲 | | |
| 1066.7.5 | 乙丑 | 十祀八月 | 甲戌<br>甲申<br>甲午 | 祭工典<br>祭上甲<br>壹上甲 | 甲午　三十 | 《合集》36482：十祀九月甲午遘上甲壹 |

续表

| 儒略历（公元前） | 朔干支 | 帝辛在位年月 | 甲日 | 周祭 | 材料月龄 | 材料 |
|---|---|---|---|---|---|---|
| 1066.8.4 | 乙未 | 十祀九月 | 甲辰<br>甲寅 | 祭大甲<br>祭小甲 | | |
| 1066.9.2 | 甲子 | 十祀十月 | 甲子<br>甲戌<br>甲申 | ○<br>祭戔甲<br>祭羌甲 | | |
| 1066.10.2 | 甲午 | 十祀十一月 | 甲午<br>甲辰<br>甲寅 | 祭阳甲<br>○<br>祭祖甲 | | |
| 1066.11.1 | 甲子 | 十祀十二月 | 甲子<br>甲戌<br>甲申 | ○<br>○<br>肜工典 | | |
| 1066.11.30 | 癸巳 | 十一祀正月 | 甲午<br><br>甲辰<br>甲寅 | 肜上甲<br><br>○<br>肜大甲 | 甲午　初二 | 《合集》41757：十祀<br>十二月甲午肜日 |
| 1066.12.30 | 癸亥 | 十一祀二月 | 甲子<br>甲戌<br>甲申 | 肜小甲<br>○<br>肜戔甲 | | |
| 1065.1.28 | 壬辰 | 十一祀三月 | 甲午<br>甲辰<br>甲寅 | 肜羌甲<br>肜阳甲<br>○ | | |
| 1065.2.27 | 壬戌 | 十一祀四月 | 甲子<br>甲戌<br>甲申 | 肜祖甲<br>▲<br>翌工典 | | |
| 1065.3.27 | 辛卯 | 十一祀五月 | 甲午<br>甲辰<br>甲寅 | ⊗<br>翌上甲<br>○ | | |
| 1065.4.25 | 庚申 | 十一祀六月 | 甲子<br>甲戌<br>甲申 | 翌大甲<br>翌小甲<br>○ | | |
| 1065.5.25 | 庚寅 | 十一祀七月 | 甲午<br>甲辰<br>甲寅 | 翌戔甲<br>翌羌甲<br>翌阳甲 | | |
| 1065.6.23 | 己未 | 十一祀八月 | 甲子<br>甲戌<br>甲申 | ○<br>翌祖甲<br>祭工典 | | |
| 1065.7.23 | 己丑 | 十一祀九月 | 甲午<br>甲辰<br>甲寅 | 祭上甲<br>○<br>祭大甲 | | |

| 儒略历（公元前） | 朔干支 | 帝辛在位年月 | 甲日 | 周祭 | 材料月龄 | 材料 |
|---|---|---|---|---|---|---|
| 1065.8.21 | 戊午 | 十一祀十月 | 甲子<br>甲戌<br>甲申 | 祭小甲<br>○<br>祭戋甲 | | |
| 1065.9.20 | 戊子 | 十一祀十一月 | 甲午<br>甲辰<br>甲寅 | 祭羌甲<br>祭阳甲<br>○ | | |
| 1065.10.20 | 戊午 | 十一祀十二月 | 甲子<br>甲戌<br>甲申 | 祭祖甲<br>○<br>○ | | |
| 1065.11.19 | 戊子 | 十一祀闰十二月 | 甲午<br>甲辰<br>甲寅 | 肜工典<br>肜上甲<br>○ | | |
| 1065.12.18 | 丁巳 | 十二祀正月 | 甲子<br>甲戌<br>甲申 | 肜大甲<br>肜小甲<br>○ | | |
| 1064.1.17 | 丁亥 | 十二祀二月 | 甲午<br>甲辰<br>甲寅 | 肜戋甲<br>肜羌甲<br>肜阳甲 | | |
| 1064.2.15 | 丙辰 | 十二祀三月 | 甲子<br>甲戌<br>甲申 | ○<br>肜祖甲<br>▲ | | |
| 1064.3.17 | 丙戌 | 十二祀四月 | 甲午<br>甲辰<br>甲寅 | 翌工典<br>翌上甲<br>○ | | |
| 1064.4.15 | 乙卯 | 十二祀五月 | 甲子<br>甲戌 | 翌大甲<br>翌小甲 | | |
| 1064.5.14 | 甲申 | 十二祀六月 | 甲申<br>甲午<br>甲辰 | ○<br>翌戋甲<br>翌羌甲 | | |
| 1064.6.13 | 甲寅 | 十二祀七月 | 甲寅<br>甲子<br>甲戌 | 翌阳甲<br>○<br>翌祖甲 | | |
| 1064.7.12 | 癸未 | 十二祀八月 | 甲申<br>甲午<br>甲辰 | 祭工典<br>祭上甲<br>○ | | |
| 1064.8.11 | 癸丑 | 十二祀九月 | 甲寅<br>甲子<br>甲戌 | 祭大甲<br>祭小甲<br>○ | | |
| 1064.9.9 | 壬午 | 十二祀十月 | 甲申<br>甲午<br>甲辰 | 祭戋甲<br>祭羌甲<br>祭阳甲 | | |

| 儒略历（公元前） | 朔干支 | 帝辛在位年月 | 甲日 | 周祭 | 材料月龄 | 材料 |
|---|---|---|---|---|---|---|
| 1064.10.9 | 壬子 | 十二祀十一月 | 甲寅<br>甲子<br>甲戌 | ○<br>祭祖甲<br>○ | | |
| 1064.11.8 | 壬午 | 十二祀十二月 | 甲申<br>甲午<br>甲辰 | ○<br>肜工典<br>肜上甲 | | |
| 1064.12.8 | 壬子 | 十三祀正月 | 甲寅<br>甲子<br>甲戌 | ○<br>肜大甲<br>肜小甲 | | |
| 1063.1.6 | 辛巳 | 十三祀二月 | 甲申<br>甲午<br>甲辰 | ○<br>肜戔甲<br>肜羌甲 | | |
| 1063.2.5 | 辛亥 | 十三祀三月 | 甲寅<br>甲子<br>甲戌 | 肜阳甲<br>○<br>肜祖甲 | | |
| 1063.3.6 | 庚辰 | 十三祀四月 | 甲申<br>甲午<br>甲辰 | ▲<br>翌工典<br>⊗ | | |
| 1063.4.5 | 庚戌 | 十三祀五月 | 甲寅<br>甲子<br>甲戌 | 翌上甲<br>○<br>翌大甲 | | |
| 1063.5.4 | 己卯 | 十三祀六月 | 甲申<br>甲午<br>甲辰 | 翌小甲<br>○<br>翌戔甲 | | |
| 1063.6.2 | 戊申 | 十三祀七月 | 甲寅<br>甲子<br>甲戌 | 翌羌甲<br>翌阳甲<br>○ | | |
| 1063.7.2 | 戊寅 | 十三祀八月 | 甲申<br>甲午<br>甲辰 | 翌祖甲<br>祭工典<br>祭上甲 | | |
| 1063.7.31 | 丁未 | 十三祀九月 | 甲寅<br>甲子<br>甲戌 | ○<br>祭大甲<br>祭小甲 | | |
| 1063.8.29 | 丙子 | 十三祀十月 | 甲申<br>甲午<br>甲辰 | ○<br>祭戔甲<br>祭羌甲 | | |
| 1063.9.28 | 丙午 | 十三祀十一月 | 甲寅<br>甲子<br>甲戌 | 祭阳甲<br>○<br>祭祖甲 | | |

续表

| 儒略历（公元前） | 朔干支 | 帝辛在位年月 | 甲日 | 周祭 | 材料月龄 | 材料 |
|---|---|---|---|---|---|---|
| 1063.10.28 | 丙子 | 十三祀十二月 | 甲申<br>甲午<br>甲辰 | ○<br>○<br>肜工典 | | |
| 1063.11.26 | 乙巳 | 十四祀正月 | 甲寅<br>甲子<br>甲戌 | 肜上甲<br>○<br>肜大甲 | | |
| 1063.12.26 | 乙亥 | 十四祀二月 | 甲申<br>甲午<br>甲辰 | 肜小甲<br>○<br>肜戔甲 | | |
| 1062.1.25 | 乙巳 | 十四祀三月 | 甲寅<br>甲子<br>甲戌 | 肜羌甲<br>肜阳甲<br>○ | | |
| 1062.2.24 | 乙亥 | 十四祀四月 | 甲申<br>甲午 | 肜祖甲<br>▲ | | |
| 1062.3.25 | 甲辰 | 十四祀五月 | 甲辰<br>甲寅<br>甲子 | 翌工典<br>⊗<br>翌上甲 | | |
| 1062.4.24 | 甲戌 | 十四祀六月 | 甲戌<br>甲申<br>甲午 | ○<br>翌大甲<br>翌小甲 | | |
| 1062.5.23 | 癸卯 | 十四祀七月 | 甲辰<br>甲寅<br>甲子 | ○<br>翌戔甲<br>翌羌甲 | | |
| 1062.6.21 | 壬申 | 十四祀八月 | 甲戌<br>甲申<br>甲午 | 翌阳甲<br>○<br>翌祖甲 | | |
| 1062.7.21 | 壬寅 | 十四祀九月 | 甲辰<br>甲寅<br>甲子 | 祭工典<br>祭上甲<br>○ | | |
| 1062.8.19 | 辛未 | 十四祀十月 | 甲戌<br>甲申<br>甲午 | 祭大甲<br>祭小甲<br>○ | | |
| 1062.9.17 | 庚子 | 十四祀十一月 | 甲辰<br>甲寅<br>甲子 | 祭戔甲<br>祭羌甲<br>祭阳甲 | | |
| 1062.10.17 | 庚午 | 十四祀十二月 | 甲戌<br>甲申<br>甲午 | ○<br>祭祖甲<br>○ | | |
| 1062.11.16 | 庚子 | 十五祀正月 | 甲辰<br>甲寅<br>甲子 | ○<br>肜工典<br>肜上甲 | | |

续表

| 儒略历（公元前） | 朔干支 | 帝辛在位年月 | 甲日 | 周祭 | 材料月龄 | 材料 |
|---|---|---|---|---|---|---|
| 1062.12.15 | 己巳 | 十五祀二月 | 甲戌<br>甲申<br>甲午 | ○<br>肜大甲<br>肜小甲 | | |
| 1061.1.14 | 己亥 | 十五祀三月 | 甲辰<br>甲寅<br>甲子 | ○<br>肜戔甲<br>肜羌甲 | | |
| 1061.2.13 | 己巳 | 十五祀四月 | 甲戌<br>甲申<br>甲午 | 肜阳甲<br>○<br>肜祖甲 | | |
| 1061.3.14 | 己亥 | 十五祀五月 | 甲辰<br>甲寅<br>甲子 | ▲<br>翌工典<br>翌上甲 | 癸卯 初五<br>癸亥 廿五 | 《合集》36495：五月癸<br>卯，五月癸亥 |
| 1061.4.12 | 戊辰 | 十五祀六月 | 甲戌<br>甲申<br>甲午 | ○<br>翌大甲<br>翌小甲 | | |
| 1061.5.12 | 戊戌 | 十五祀七月 | 甲辰<br>甲寅<br>甲子 | ○<br>翌戔甲<br>翌羌甲 | | |
| 1061.6.10 | 丁卯 | 十五祀八月 | 甲戌<br>甲申<br>甲午 | 翌阳甲<br>○<br>翌祖甲 | | |
| 1061.7.9 | 丙申 | 十五祀九月 | 甲辰<br><br>甲寅<br>甲子 | 祭工典<br><br>祭上甲<br>○ | 己酉 十四 | 己酉戋余令彝：十五祀<br>九月己酉鲁日 |
| 1061.8.8 | 丙寅 | 十五祀十月 | 甲戌<br>甲申<br>甲午 | 祭大甲<br>祭小甲<br>○ | | |
| 1061.9.6 | 乙未 | 十五祀闰十月 | 甲辰<br>甲寅<br>甲子 | 祭戔甲<br>祭羌甲<br>祭阳甲 | | |
| 1061.10.6 | 乙丑 | 十五祀十一月 | 甲戌<br>甲申 | ○<br>祭祖甲 | | |
| 1061.11.4 | 甲午 | 十五祀十二月 | 甲午<br>甲辰<br>甲寅 | ○<br>○<br>肜工典 | | |
| 1061.12.4 | 甲子 | 十六祀正月 | 甲子<br>甲戌<br>甲申 | 肜上甲<br>○<br>肜大甲 | | |

续表

| 儒略历（公元前） | 朔干支 | 帝辛在位年月 | 甲日 | 周祭 | 材料月龄 | 材料 |
|---|---|---|---|---|---|---|
| 1060.1.2 | 癸巳 | 十六祀二月 | 甲午<br>甲辰<br>甲寅 | 肜小甲<br>○<br>肜戋甲 | | |
| 1060.2.1 | 癸亥 | 十六祀三月 | 甲子<br>甲戌<br>甲申 | 肜羌甲<br>肜阳甲<br>○ | | |
| 1060.3.3 | 癸巳 | 十六祀四月 | 甲午<br>甲辰<br>甲寅 | 肜祖甲<br>▲<br>翌工典 | | |
| 1060.4.1 | 壬戌 | 十六祀五月 | 甲子<br>甲戌<br>甲申 | ⊗<br>翌上甲<br>○ | | |
| 1060.5.1 | 壬辰 | 十六祀六月 | 甲午<br>甲辰<br>甲寅 | 翌大甲<br>翌小甲<br>○ | | |
| 1060.5.30 | 辛酉 | 十六祀七月 | 甲子<br>甲戌<br>甲申 | 翌戋甲<br>翌羌甲<br>翌阳甲 | | |
| 1060.6.29 | 辛卯 | 十六祀八月 | 甲午<br>甲辰<br>甲寅 | ○<br>翌祖甲<br>祭工典 | | |
| 1060.7.28 | 庚申 | 十六祀九月 | 甲子<br>甲戌<br>甲申 | 祭上甲<br>○<br>祭大甲 | | |
| 1060.8.27 | 庚寅 | 十六祀十月 | 甲午<br>甲辰<br>甲寅 | 祭小甲<br>○<br>祭戋甲 | | |
| 1060.9.25 | 己未 | 十六祀十一月 | 甲子<br>甲戌<br>甲申 | 祭羌甲<br>祭阳甲<br>○ | | |
| 1060.10.25 | 己丑 | 十六祀十二月 | 甲午<br>甲辰<br>甲寅 | 祭祖甲<br>○<br>○ | | |
| 1060.11.23 | 戊午 | 十七祀正月 | 甲子<br>甲戌<br>甲申 | 肜工典<br>肜上甲<br>○ | | |
| 1060.12.23 | 戊子 | 十七祀二月 | 甲午<br>甲辰<br>甲寅 | 肜大甲<br>肜小甲<br>○ | | |

续表

| 儒略历（公元前） | 朔干支 | 帝辛在位年月 | 甲日 | 周祭 | 材料月龄 | 材料 |
|---|---|---|---|---|---|---|
| 1059.1.21 | 丁巳 | 十七祀三月 | 甲子<br>甲戌<br>甲申 | 肜戋甲<br>肜羌甲<br>肜阳甲 | | |
| 1059.2.20 | 丁亥 | 十七祀四月 | 甲午<br>甲辰<br>甲寅 | 肜祖甲<br>▲ | | |
| 1059.3.21 | 丙辰 | 十七祀五月 | 甲子<br>甲戌<br>甲申 | 翌工典<br>翌上甲<br>○ | | |
| 1059.4.20 | 丙戌 | 十七祀六月 | 甲午<br>甲辰<br>甲寅 | 翌大甲<br>翌小甲<br>○ | | |
| 1059.5.20 | 丙辰 | 十七祀闰六月 | 甲子<br>甲戌<br>甲申 | 翌戋甲<br>翌羌甲<br>翌阳甲 | | |
| 1059.6.18 | 乙酉 | 十七祀七月 | 甲午<br>甲辰<br>甲寅 | ○<br>翌祖甲<br>祭工典 | | |
| 1059.7.18 | 乙卯 | 十七祀八月 | 甲子<br>甲戌 | 祭上甲<br>○ | | |
| 1059.8.16 | 甲申 | 十七祀九月 | 甲申<br>甲午<br>甲辰 | 祭大甲<br>祭小甲<br>○ | | |
| 1059.9.15 | 甲寅 | 十七祀十月 | 甲寅<br>甲子<br>甲戌 | 祭戋甲<br>祭羌甲<br>祭阳甲 | | |
| 1059.10.14 | 癸未 | 十七祀十一月 | 甲申<br>甲午<br>甲辰 | ○<br>祭祖甲<br>○ | | |
| 1059.11.13 | 癸丑 | 十七祀十二月 | 甲寅<br>甲子<br>甲戌 | ○<br>肜工典<br>肜上甲 | | |
| 1059.12.12 | 壬午 | 十八祀正月 | 甲申<br>甲午<br>甲辰 | ○<br>肜大甲<br>肜小甲 | | |
| 1058.1.11 | 壬子 | 十八祀二月 | 甲寅<br>甲子<br>甲戌 | ○<br>肜戋甲<br>肜羌甲 | | |
| 1058.2.9 | 辛巳 | 十八祀三月 | 甲申<br>甲午<br>甲辰 | 肜阳甲<br>○<br>肜祖甲 | | |

| 儒略历（公元前） | 朔干支 | 帝辛在位年月 | 甲日 | 周祭 | 材料月龄 | 材料 |
|---|---|---|---|---|---|---|
| 1058.3.11 | 辛亥 | 十八祀四月 | 甲寅<br>甲子<br>甲戌 | ▲<br>翌工典<br>⊗ | | |
| 1058.4.9 | 庚辰 | 十八祀五月 | 甲申<br>甲午<br>甲辰 | 翌上甲<br>○<br>翌大甲 | | |
| 1058.5.9 | 庚戌 | 十八祀六月 | 甲寅<br>甲子<br>甲戌 | 翌小甲<br>○<br>翌戋甲 | | |
| 1058.6.7 | 己卯 | 十八祀七月 | 甲申<br>甲午<br>甲辰 | 翌羌甲<br>翌阳甲<br>○ | | |
| 1058.7.7 | 己酉 | 十八祀八月 | 甲寅<br>甲子<br>甲戌 | 翌祖甲<br>祭工典<br>祭上甲 | | |
| 1058.8.5 | 戊寅 | 十八祀九月 | 甲申<br>甲午<br>甲辰 | ○<br>祭大甲<br>祭小甲 | | |
| 1058.9.4 | 戊申 | 十八祀十月 | 甲寅<br>甲子<br>甲戌 | 祭戋甲<br>祭羌甲 | | |
| 1058.10.4 | 戊寅 | 十八祀十一月 | 甲申<br>甲午<br>甲辰 | 祭阳甲<br>○<br>祭祖甲 | | |
| 1058.11.2 | 丁未 | 十八祀十二月 | 甲寅<br>甲子<br>甲戌 | ○<br>○<br>肜工典 | | |
| 1058.12.2 | 丁丑 | 十九祀正月 | 甲申<br>甲午<br>甲辰 | 肜上甲<br>○<br>肜大甲 | | |
| 1058.12.31 | 丙午 | 十九祀二月 | 甲寅<br>甲子<br>甲戌 | 肜小甲<br>○<br>肜戋甲 | | |
| 1057.1.30 | 丙子 | 十九祀三月 | 甲申<br>甲午<br>甲辰 | 肜羌甲<br>肜阳甲<br>○ | | |
| 1057.2.28 | 乙巳 | 十九祀四月 | 甲寅<br>甲子 | 肜祖甲<br>▲ | | |
| 1057.3.28 | 甲戌 | 十九祀五月 | 甲戌<br>甲申<br>甲午 | 翌工典<br>翌上甲<br>○ | | |

续表

| 儒略历（公元前） | 朔干支 | 帝辛在位年月 | 甲日 | 周祭 | 材料月龄 | 材料 |
|---|---|---|---|---|---|---|
| 1057.4.27 | 甲辰 | 十九祀六月 | 甲辰<br>甲寅<br>甲子 | 翌大甲<br>翌小甲<br>○ | | |
| 1057.5.26 | 癸酉 | 十九祀七月 | 甲戌<br>甲申<br>甲午 | 翌戋甲<br>翌羌甲<br>翌阳甲 | | |
| 1057.6.25 | 癸卯 | 十九祀八月 | 甲辰<br>甲寅<br>甲子 | ○<br>翌祖甲<br>祭工典 | | |
| 1057.7.24 | 壬申 | 十九祀九月 | 甲戌<br>甲申<br>甲午 | 祭上甲<br>○<br>祭大甲 | | |
| 1057.8.23 | 壬寅 | 十九祀十月 | 甲辰<br>甲寅<br>甲子 | 祭小甲<br>○<br>祭戋甲 | | |
| 1057.9.22 | 壬申 | 十九祀十一月 | 甲戌<br>甲申<br>甲午 | 祭羌甲<br>祭阳甲<br>○ | | |
| 1057.10.22 | 壬寅 | 十九祀十二月 | 甲辰<br>甲寅<br>甲子 | 祭祖甲<br>○<br>○ | | |
| 1057.11.20 | 辛未 | 十九祀闰十二月 | 甲戌<br>甲申<br>甲午 | 肜工典<br>肜上甲<br>○ | | |
| 1057.12.20 | 辛丑 | 廿祀正月 | 甲辰<br>甲寅<br>甲子 | 肜大甲<br>肜小甲<br>○ | | |
| 1056.1.18 | 庚午 | 廿祀二月 | 甲戌<br>甲申<br>甲午 | 肜戋甲<br>肜羌甲<br>肜阳甲 | | |
| 1056.2.17 | 庚子 | 廿祀三月 | 甲辰<br>甲寅<br>甲子 | ○<br>肜祖甲<br>▲ | | |
| 1056.3.18 | 己巳 | 廿祀四月 | 甲戌<br>甲申<br>甲午 | 翌工典<br>⊗<br>翌上甲 | | |
| 1056.4.16 | 戊戌 | 廿祀五月 | 甲辰<br>甲寅<br>甲子 | ○<br>翌大甲<br>翌小甲 | | |
| 1056.5.16 | 戊辰 | 廿祀六月 | 甲戌<br>甲申<br>甲午 | ○<br>翌戋甲<br>翌羌甲 | | |

| 儒略历（公元前） | 朔干支 | 帝辛在位年月 | 甲日 | 周祭 | 材料月龄 | 材料 |
|---|---|---|---|---|---|---|
| 1056.6.14 | 丁酉 | 廿祀七月 | 甲辰<br>甲寅<br>甲子 | 翌阳甲<br>○<br>翌祖甲 | | |
| 1056.7.14 | 丁卯 | 廿祀八月 | 甲戌<br>甲申<br>甲午 | 祭工典<br>祭上甲<br>○ | | |
| 1056.8.12 | 丙申 | 廿祀九月 | 甲辰<br>甲寅<br>甲子 | 祭大甲<br>祭小甲<br>○ | | |
| 1056.9.11 | 丙寅 | 廿祀十月 | 甲戌<br>甲申<br>甲午 | 祭戔甲<br>祭羌甲<br>祭阳甲 | | |
| 1056.10.11 | 丙申 | 廿祀十一月 | 甲辰<br>甲寅<br>甲子 | ○<br>祭祖甲<br>○ | | |
| 1056.11.9 | 乙丑 | 廿祀十二月 | 甲戌<br>甲申<br>甲午 | ○<br>肜工典<br>肜上甲 | | |
| 1056.12.9 | 乙未 | 廿一祀正月 | 甲辰<br>甲寅<br>甲子 | ○<br>肜大甲<br>肜小甲 | | |
| 1055.1.8 | 乙丑 | 廿一祀二月 | 甲戌<br>甲申 | ○<br>肜戔甲 | | |
| 1055.2.6 | 甲午 | 廿一祀三月 | 甲午<br>甲辰<br>甲寅 | 肜羌甲<br>肜阳甲<br>○ | | |
| 1055.3.8 | 甲子 | 廿一祀四月 | 甲子<br>甲戌<br>甲申 | 肜祖甲<br>▲<br>翌工典 | | |
| 1055.4.6 | 癸巳 | 廿一祀五月 | 甲午<br>甲辰<br>甲寅 | 翌上甲<br>○<br>翌大甲 | | |
| 1055.5.5 | 壬戌 | 廿一祀六月 | 甲子<br>甲戌<br>甲申 | 翌小甲<br>○<br>翌戔甲 | | |
| 1055.6.4 | 壬辰 | 廿一祀七月 | 甲午<br>甲辰<br>甲寅 | 翌羌甲<br>翌阳甲<br>○ | | |
| 1055.7.3 | 辛酉 | 廿一祀八月 | 甲子<br>甲戌<br>甲申 | 翌祖甲<br>祭工典<br>祭上甲 | | |

| 儒略历（公元前） | 朔干支 | 帝辛在位年月 | 甲日 | 周祭 | 材料月龄 | 材料 |
|---|---|---|---|---|---|---|
| 1055.8.1 | 庚寅 | 廿一祀九月 | 甲午<br>甲辰<br>甲寅 | ○<br>祭大甲<br>祭小甲 | | |
| 1055.8.31 | 庚申 | 廿一祀十月 | 甲子<br>甲戌<br>甲申 | ○<br>祭戋甲<br>祭羌甲 | | |
| 1055.9.30 | 庚寅 | 廿一祀十一月 | 甲午<br>甲辰<br>甲寅 | 祭阳甲<br>○<br>祭祖甲 | | |
| 1055.10.29 | 己未 | 廿一祀十二月 | 甲子<br>甲戌<br>甲申 | ○<br>○<br>肜工典 | | |
| 1055.11.28 | 己丑 | 廿二祀正月 | 甲午<br>甲辰<br>甲寅 | ⊗<br>肜上甲<br>○ | | |
| 1055.12.28 | 己未 | 廿二祀二月 | 甲子<br>甲戌<br>甲申 | 肜大甲<br>肜小甲<br>○ | | |
| 1054.1.27 | 己丑 | 廿二祀三月 | 甲午<br>甲辰<br>甲寅 | 肜戋甲<br>肜羌甲<br>肜阳甲 | | |
| 1054.2.25 | 戊午 | 廿二祀四月 | 甲子<br>甲戌<br>甲申 | ○<br>肜祖甲<br>▲ | | |
| 1054.3.27 | 戊子 | 廿二祀五月 | 甲午<br>甲辰<br>甲寅 | 翌工典<br>翌上甲<br>○ | 乙未 初八 | 䟆方鼎：廿二祀五月乙<br>未文武帝乙肜日 |
| 1054.4.25 | 丁巳 | 廿二祀六月 | 甲子<br>甲戌<br>甲申 | 翌大甲<br>翌小甲<br>○ | | |
| 1054.5.24 | 丙戌 | 廿二祀七月 | 甲午<br>甲辰<br>甲寅 | 翌戋甲<br>翌羌甲<br>翌阳甲 | | |
| 1054.6.23 | 丙辰 | 廿二祀闰七月 | 甲子<br>甲戌<br>甲申 | ○<br>翌祖甲<br>祭工典 | | |
| 1054.7.22 | 乙酉 | 廿二祀八月 | 甲午<br>甲辰 | 祭上甲<br>○ | | |
| 1054.8.20 | 甲寅 | 廿二祀九月 | 甲寅<br>甲子<br>甲戌 | 祭大甲<br>祭小甲<br>○ | | |

| 儒略历（公元前） | 朔干支 | 帝辛在位年月 | 甲日 | 周祭 | 材料月龄 | 材料 |
|---|---|---|---|---|---|---|
| 1054.9.19 | 甲申 | 廿二祀十月 | 甲申<br>甲午<br>甲辰 | 祭戔甲<br>祭羌甲<br>祭阳甲 | | |
| 1054.10.19 | 甲寅 | 廿二祀十一月 | 甲寅<br>甲子<br>甲戌 | ○<br>祭祖甲<br>○ | | |
| 1054.11.17 | 癸未 | 廿二祀十二月 | 甲申<br>甲午<br>甲辰 | ○<br>肜工典<br>肜上甲 | | |
| 1054.12.17 | 癸丑 | 廿三祀正月 | 甲寅<br>甲子<br>甲戌 | ○<br>肜大甲<br>肜小甲 | | |
| 1053.1.16 | 癸未 | 廿三祀二月 | 甲申<br>甲午<br>甲辰 | ○<br>肜戔甲<br>肜羌甲 | | |
| 1053.2.15 | 癸丑 | 廿三祀三月 | 甲寅<br>甲子<br>甲戌 | 肜阳甲<br>○<br>肜祖甲 | | |
| 1053.3.15 | 壬午 | 廿三祀四月 | 甲申<br>甲午<br>甲辰 | ▲<br>翌工典<br>翌上甲 | | |
| 1053.4.14 | 壬子 | 廿三祀五月 | 甲寅<br>甲子<br>甲戌 | ○<br>翌大甲<br>翌小甲 | | |
| 1053.5.13 | 辛巳 | 廿三祀六月 | 甲申<br>甲午<br>甲辰 | ○<br>翌戔甲<br>翌羌甲 | | |
| 1053.6.11 | 庚戌 | 廿三祀七月 | 甲寅<br>甲子<br>甲戌 | 翌阳甲<br>○<br>翌祖甲 | | |
| 1053.7.11 | 庚辰 | 廿三祀八月 | 甲申<br>甲午<br>甲辰 | 祭工典<br>祭上甲<br>○ | | |
| 1053.8.9 | 己酉 | 廿三祀九月 | 甲寅<br>甲子<br>甲戌 | 祭大甲<br>祭小甲<br>○ | | |
| 1053.9.7 | 戊寅 | 廿三祀十月 | 甲申<br>甲午<br>甲辰 | 祭戔甲<br>祭羌甲<br>祭阳甲 | | |
| 1053.10.7 | 戊申 | 廿三祀十一月 | 甲寅<br>甲子<br>甲戌 | ○<br>祭祖甲<br>○ | | |

| 儒略历（公元前） | 朔干支 | 帝辛在位年月 | 甲日 | 周祭 | 材料月龄 | 材料 |
|---|---|---|---|---|---|---|
| 1053.11.5 | 丁丑 | 廿三祀十二月 | 甲申<br>甲午<br>甲辰 | ○<br>肜工典<br>肜上甲 | | |
| 1053.12.5 | 丁未 | 廿四祀正月 | 甲寅<br>甲子<br>甲戌 | ○<br>肜大甲<br>肜小甲 | | |
| 1052.1.4 | 丁丑 | 廿四祀二月 | 甲申<br>甲午<br>甲辰 | ○<br>肜戋甲<br>肜羌甲 | | |
| 1052.2.3 | 丁未 | 廿四祀三月 | 甲寅<br>甲子<br>甲戌 | 肜阳甲<br>○<br>肜祖甲 | | |
| 1052.3.4 | 丙子 | 廿四祀四月 | 甲申<br>甲午<br>甲辰 | ▲<br>翌工典<br>⊗ | | |
| 1052.4.3 | 丙午 | 廿四祀五月 | 甲寅<br>甲子<br>甲戌 | 翌上甲<br>○<br>翌大甲 | | |
| 1052.5.3 | 丙子 | 廿四祀六月 | 甲申<br>甲午<br>甲辰 | 翌小甲<br>○<br>翌戋甲 | | |
| 1052.6.1 | 乙巳 | 廿四祀七月 | 甲寅<br>甲子 | 翌羌甲<br>翌阳甲 | | |
| 1052.6.30 | 甲戌 | 廿四祀八月 | 甲戌<br>甲申<br>甲午 | ○<br>翌祖甲<br>祭工典 | | |
| 1052.7.30 | 甲辰 | 廿四祀九月 | 甲辰<br>甲寅<br>甲子 | 祭上甲<br>○<br>祭大甲 | | |
| 1052.8.28 | 癸酉 | 廿四祀十月 | 甲戌<br>甲申<br>甲午 | 祭小甲<br>○<br>祭戋甲 | | |
| 1052.9.26 | 壬寅 | 廿四祀十一月 | 甲辰<br>甲寅<br>甲子 | 祭羌甲<br>祭阳甲<br>○ | | |
| 1052.10.26 | 壬申 | 廿四祀十二月 | 甲戌<br>甲申<br>甲午 | 祭祖甲<br>○<br>○ | | |
| 1052.11.24 | 辛丑 | 廿五祀正月 | 甲辰<br>甲寅<br>甲子 | 肜工典<br>肜上甲<br>○ | | |

续表

| 儒略历（公元前） | 朔干支 | 帝辛在位年月 | 甲日 | 周祭 | 材料月龄 | 材料 |
|---|---|---|---|---|---|---|
| 1052.12.24 | 辛未 | 廿五祀二月 | 甲戌<br>甲申<br>甲午 | 肜大甲<br>肜小甲<br>○ | | |
| 1051.1.23 | 辛丑 | 廿五祀三月 | 甲辰<br>甲寅<br>甲子 | 肜戋甲<br>肜羌甲<br>肜阳甲 | | |
| 1051.2.21 | 庚午 | 廿五祀四月 | 甲戌<br>甲申<br>甲午 | ○<br>肜祖甲<br>▲ | | |
| 1051.3.23 | 庚子 | 廿五祀闰四月 | 甲辰<br>甲寅<br>甲子 | 翌工典<br>翌上甲<br>○ | | |
| 1051.4.22 | 庚午 | 廿五祀五月 | 甲戌<br>甲申<br>甲午 | 翌大甲<br>翌小甲<br>○ | | |
| 1051.5.21 | 己亥 | 廿五祀六月 | 甲辰<br>甲寅<br>甲子 | 翌戋甲<br>翌羌甲<br>翌阳甲 | 庚申 廿二 | 宰梂角：廿五祀六月庚申翌日 |
| 1051.6.20 | 己巳 | 廿五祀七月 | 甲戌<br>甲申<br>甲午 | ○<br>翌祖甲<br>祭工典 | | |
| 1051.7.19 | 戊戌 | 廿五祀八月 | 甲辰<br>甲寅<br>甲子 | 祭上甲<br>○<br>祭大甲 | | |
| 1051.8.18 | 戊辰 | 廿五祀九月 | 甲戌<br>甲申<br>甲午 | 祭小甲<br>○<br>祭戋甲 | | |
| 1051.9.16 | 丁酉 | 廿五祀十月 | 甲辰<br>甲寅<br>甲子 | 祭羌甲<br>祭阳甲<br>○ | | |
| 1051.10.16 | 丁卯 | 廿五祀十一月 | 甲戌<br>甲申<br>甲午 | 祭祖甲<br>○<br>○ | | |
| 1051.11.14 | 丙申 | 廿五祀十二月 | 甲辰<br>甲寅<br>甲子 | 肜工典<br>肜上甲<br>○ | | |

注：① 表中○表示该旬没有甲名先王，▲表示固定的休息旬，⊗ 表示闰旬。

② 本表中帝辛元祀排入了寝孳方鼎和肄簋，要求加入 1 个闰月、1 个闰旬。

# 五、商代前期的年代学研究

商前期是指从成汤建国到盘庚迁殷这一阶段，据《史记·殷本纪》记载，这一期间共有 10 世 20 位商王，分别是：

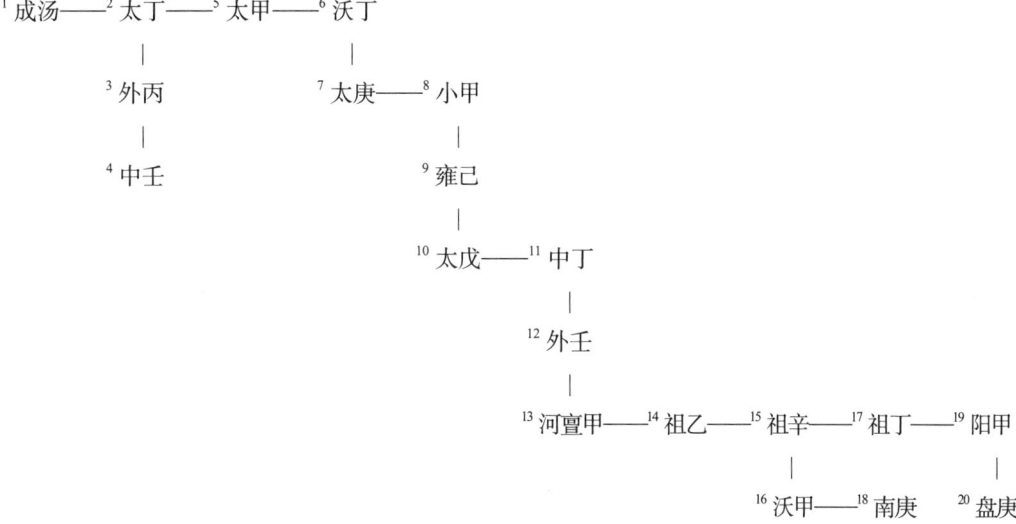

虽然《史记·殷本纪》记载了明确的商前期商王世系，但仅提供了外丙、中壬和太甲两代三王的在位年数，在其他早期文献中也同样缺乏有关商前期诸王纪年的记载，因此，商前期年代学框架的建立主要依赖于这一时期考古学文化的分期和 $^{14}$C 测年。此外，文献中关于商代积年的相关记载也可以作为确定商前期年代学框架的重要依据。

半个世纪以来，商前期考古取得巨大成就。20 世纪 50 年代，以郑州二里冈商代遗址、郑州商城的发现和发掘为基础，建立了较完整的商前期考古学文化序列，为其他地区商前期遗存的分期断代提供了年代标尺。在此后的数十年间，在商文化的中心区域——黄河中下游地区相继发现了若干大规模的商前期遗址，如邢台曹演庄遗址、偃师商城和小双桥遗址等。"夏商周断代工程"启动以后，又在河南安阳殷墟洹河北岸地区发现了洹北商城。这一系列重要遗址的发现极大地丰富和完善了商前期考古学文化序列。而据古本《竹书纪年》、《尚书序》和《史记·殷本纪》等文献的记载，在从成汤到盘庚的商代前期，商人曾经五次迁都。在综合考察上述商代遗址的规模、年代并结合商前期历史地理学研究成果的基础上，上述部分遗址已经被确定为商前期的都邑遗存。

"夏商周断代工程"中的"商前期年代学研究"课题，拟对若干重要商前期遗址，尤其是商前期的都城遗址进行系统的考古学分期研究，建立起完整的商前期商文化的年代序列并进行相应的 $^{14}$C 测年研究，由此获得商前期商文化的大致年代范围；同时结合有关商代积年和商前期诸王在位年数的文献记载，确定一个较准确的商前期积年。将商前期商文化 $^{14}$C 测年结果和从文献所得商前期积年加以整合研究，在此基础上构建商前期年代框架。

# （一）文献所见的商代积年

## 1. 文献所记的商代积年

关于商代的总积年，传世文献中有较多的记载，但概括起来主要有三种不同的说法。

一说是六百或六百余年，如《左传》宣公三年："桀有昏德，鼎迁于商，载祀六百。"《史记·殷本纪》集解引谯周曰："殷凡三十一世，六百余年。"《汉书·律历志》引《世经》："自伐桀至武王伐纣，六百二十九岁，故《传》曰殷'载祀六百。'……凡殷世继嗣三十一王，六百二十九岁。"

二说是五百余年，如《鬻子·汤政天下至纣》："汤之治天下也……二十七世，积岁五百七十六岁至纣。"《孟子·尽心下》："由汤至于文王，五百有余岁。"

三说则是四百余年，主要见于《史记·殷本纪》集解引《汲冢纪年》："汤灭夏以至于受，二十九王，用岁四百九十六年。"《易纬·稽览图》："殷四百九十六年。"

不难看出，以上三说均有较早文献为本，如六百年说所依据的《左传》和四百余年说所依据的古本《竹书纪年》都是战国时期成书的文献；五百余年说所本的《鬻子》，其确切的成书年代不明，但《汉书·艺文志》有小说家《鬻子说》十九篇，《四库全书总目》疑即今本《鬻子》，如是，则它也很可能是战国文献。

在以上三说中，前两种说法其实较为接近。首先，《鬻子》的 576 年说已经接近《左传》所说的"载祀六百"；其次，《孟子·尽心下》所谓的"由汤至于文王，五百有余岁"有可能是指从商汤到文王的初年，那么，商代的总积年还应该在此"五百有余岁"的基础上加上文王的在位年数和武王克商前的在位年数。以下对《孟子》所言的"五百有余岁"和文王在位年数、武王克商前的在位年数分别加以说明。

如陈梦家在《西周年代考》中所指出，要确定所谓《孟子》所谓"有余"的大致范围，必须将《孟子·尽心下》所记载"由尧舜至于汤五百有余岁……由汤至于文王，五百有余岁……由文王至于孔子，五百有余岁……由孔子而来至于今，百有余岁"和《孟子·公孙丑下》孟子答充虞问话而言及的"五百年必有王者兴，其间必有名世者。由周而来，七百有余岁矣"等事联系起来考虑。《孟子·尽心下》所言文王至孔子五百有余岁正是《孟子·公孙丑下》"五百年必有王者兴"的说明，后者所说的"五百年"是大致而言，五百有余岁也应包括在内，故《孟子·公孙丑下》的"由周而来，七百有余岁矣"可以分开为前后两段，即《孟子·尽心下》所说的"由文王至于孔子，五百有余岁"和"由孔子而来至于今，百有余岁"。因此，陈梦家指出："所谓'有余'至少当有五十年，否则五百有余与百有余不能合为七百有余（今暂假定为五十）。"[①] 此

---

① 陈梦家：《西周年代考》，商务印书馆，1955 年，第 24—25 页。

外,《孟子》所说的"有余"当在 50 年以上还可以从《孟子·尽心下》"由孔子而来至于今，百有余岁"推出。孔子生卒年约为公元前 551 年和公元前 479 年，孟子生卒年约为公元前 390 年和公元前 305 年。陈梦家在前引文中认为"孔子而来"是指孔子晚年或其卒年，而"今"则是指孟子去齐之时，也在孟子晚年，因此，若分别以孔子卒年公元前 479 年和孟子卒年公元前 305 年计算，则两者相距 174 年，故可知"百有余岁"当超过 150 年。

综合以上分析，《孟子·尽心下》所说的"由汤至于文王，五百有余岁"其年代跨度当在 550 年以上。

文王在位年数，相关记载较多。例如，《史记·周本纪》："西伯盖即位五十年。"《太平御览》卷八四皇王部引《帝王世纪》曰："文王嗣位五十年，即《周书》所谓文王受命享国五十年是也。"又《史记·周本纪》正义引《帝王世纪》云："文王即位四十二年，岁在鹑火，文王更为受命之元年，始称王矣。"同文又引《毛诗疏》云："文王九十七而终，终时受命九年，则受命之元年年八十九也。"按，文王即位四十二年始称王，受命九年而终，则文王崩时在位也为五十年。此外，《史记·周本纪》和《尚书大传》还有文王受命七年崩的说法，但这对于文王在位年数影响不大，文王在位 50 年的说法当接近于史实。武王克商前的在位年数，《史记·周本纪》正义已经论定为四年。因此文王的在位年数加上武王克商前的在位年数之和当在 54 年左右。

那么，以《孟子·尽心下》所记载的商积年以"由汤至于文王，五百有余岁"加上文王在位年数和武王克商前在位年数共计 54 年左右，其数略超过 600 年，正和《左传》宣公三年"载祀六百"、《史记·殷本纪》集解引谯周"殷凡三十一世，六百余年"以及《世经》"凡殷世继嗣三十一王，六百二十九岁"等记载相吻合。

虽然商代积年四百余年说和上述"载祀六百"差距较大，但因其源于古本《竹书纪年》，所以不宜轻易否定。不过，《竹书纪年》明确记载此"四百九十六年"是"二十九"王的积年，而据《史记·殷本纪》商代共历 30 王（如计入未立而卒的太丁则为 31 王），因此，陈梦家认为这里的"汤灭夏以至于受"一句可能是引述古本《竹书纪年》者所加的说明，而古本《竹书纪年》的原文则可能如《通鉴外纪》注所引的"二十九王四百九十六年"。陈氏还认为此"二十九王"是指自汤数至文丁（文王受命），而不包括帝乙、帝辛[①]。若按此解释，则商代总积年还应在此基础上加上帝乙、帝辛的在位年数。据上章所论晚商祀谱的排比，帝乙为公元前 1101—前 1076 在位，共 26 年，帝辛为公元前 1075—前 1046 年在位，共计 30 年，则帝乙、帝辛两王共计 56 年，如此，商代总积年当为 496+56 = 552 年（含公元前 1046 年），若将伐桀之年计入，则为 553 年，这一积年数大体上也可以纳入《左传》所谓"载祀六百"的纪年范围。但也有学者认为"汤灭夏以至于受"可能是指从汤至帝辛的即位，所以此二十九王不包括未立而卒的太丁和帝辛[②]。如是，则商积年为 496+30（帝辛在位年数），仅得

① 陈梦家:《商殷与夏周的年代问题》,《历史研究》1955 年第 2 期。今据朱凤瀚、张荣明主编《西周诸王年代研究》所收该文，贵州人民出版社，1998 年，第 72—73 页。

② 罗琨:《商积年的文献考察——对阶段性成果〈简稿〉的一点意见》,2000 年 1 月,"夏商周断代工程"档案，会议卷 05—67。

526 年，是诸说中最少者。

此外，盘庚迁殷之后商后期的积年数也可以作为推定商前期积年的依据。如前文所论，文献所见盘庚迁殷之后的积年有 275 年、273 年和 253 年三说，盘庚迁殷至纣之灭共历 8 代 12 王，则每代约有 34 年（275 年、273 年说）和 32 年（253 年说）。如以每代 34 年计，则商前期 10 代 20 王的总积年当在 340 年左右；而按每代 32 年计，则其积年约为 320 年。以 340 年加上商后期的 275 年或 273 年，得 615 年和 613 年；而以 320 年加上商后期的 253 年，则得 573 年。这些数据均接近 600 年，因此，《左传》之"载祀六百"可以看成是商积年的约数。

## 2. 文献所见商前期诸王的在位年数与商前期积年

商前期诸王的在位年数缺乏较早的文献记载，现存有关的最早记载是《史记·殷本纪》所记外丙、中壬和太甲之年代，其中外丙 3 年、中壬 4 年，而太甲在位年数则不少于 6 年。另外，西晋皇甫谧《帝王世纪》佚文中也保留有成汤和太甲的年代，其中记成汤 13 年，《太平御览》引《韩诗内传》也持此说，宋代诸书也多从之，故其当有所本；《帝王世纪》太甲作 33 年，则可能是将《尚书·无逸》中"肆祖甲之享国，三十有三年"的"祖甲"理解为太甲之故。

对商前期诸王年代记载较为系统的则是《太平御览》、《通鉴外纪》、《皇极经世》和《册府元龟》等宋代文献。为方便说明，现将有关文献所见商前期诸王在位年数列为表 5-1。

表 5-1　文献所见商前期诸王在位年数

| 王世 | 文献 | 《史记·殷本纪》 | 《帝王世纪》 | 《太平御览》引《史记》 | 《皇极经世》 | 《通鉴外纪》 | 《册府元龟》 | 今本《竹书纪年》 | 其他 |
|---|---|---|---|---|---|---|---|---|---|
| | 汤 | | 13 | | 13 | 13 | 13 | 29 | 《太平御览》引《韩诗内传》作 13 |
| 子 | 太丁 | 未立而卒 | | | | | | | |
| 弟 | 外丙 | 3 | | 3 | 不录 | 2 | 3 | 2 | 《史记会注考证》：外丙即位三年崩，三年当作二年 |
| 弟 | [中壬] | 4 | | 4 | 不录 | 4 | 4 | 4 | |
| 太丁子 | 太甲 | 6（+） | 33 | 6（+） | 33 | 33 | 14 | 12 | 《史记·鲁世家》索隐引《纪年》作 12 年 |
| 子 | [沃丁] | | 11（+） | | 29 | 29 | 30（一云 29） | 19 | |
| 弟 | 太庚 | | 25 | | 25 | 25 | 25 | 5（小庚） | |
| 子 | 小甲 | | 17 | | 17 | 36 | 17（一云 30） | 17 | 《通鉴外纪》引《帝王本纪》作 57 |
| 弟 | 雍己 | | 12 | | 12 | 13 | 12 | 12 | |

| 王世 | 文献 | 《史记・殷本纪》 | 《帝王世纪》 | 《太平御览》引《史记》 | 《皇极经世》 | 《通鉴外纪》 | 《册府元龟》 | 今本《竹书纪年》 | 其他 |
|---|---|---|---|---|---|---|---|---|---|
| 弟 | 太戊 | | | 75 | 75 | 75 | 15 | 75 | 《尚书・无逸》："肆中宗之享国七十有五年" |
| 子 | 中丁 | | | 11 | 13 | 11 | 11（一云 12） | 9 | |
| 弟 | 外壬 | | | 5 | 15 | 15 | 15 | 10 | |
| 弟 | 河亶甲 | | | 9 | 9 | 9 | 9 | 9 | |
| 子 | 祖乙 | | | 19 | 20 | 19 | 19 | 19 | |
| 子 | 祖辛 | | | 16 | 15 | 16 | 16 | 14 | |
| 弟 | 沃甲 | | | 25 | 25 | 20 | 25（开甲） | 5（开甲） | |
| 祖辛子 | 祖丁 | | | 32 | 32 | 32 | 32 | 9 | |
| 沃甲子 | 南庚 | | | 29 | 25 | 29 | 29 | 6 | |
| 祖丁子 | 阳甲 | | | 17 | 7 | 7 | 7 | 4 | |
| 弟 | 盘庚 | | | 18 | 28 | 28 | 28 | 28（14年迁殷） | |

注：①世系根据《史记・殷本纪》；②王名加 [ ] 者不见于卜辞；③年数后（+）表示"不少于"。

由表 5-1 可知，有关商前期诸王在位年数的记载以《皇极经世》、《通鉴外纪》和《册府元龟》三种宋代文献和今本《竹书纪年》最为完整。而商前期积年应由两部分组成：一是成汤到阳甲的积年，二是盘庚迁殷前的在位年数。如果以今本《竹书纪年》所记盘庚在位 28 年，十四年迁殷，迁殷前在位 13 年，可以获得四个商前期积年的可能数据：

> 《皇极经世》378 年
> 《通鉴外纪》401 年
> 《册府元龟》322 年（按小甲 30 年说）
> 今本《竹书纪年》282 年

四个数据中，前两者偏高，主要是因为两书均以太甲 33 年和太戊 75 年计。而《史记・鲁周公世家》索隐言"《纪年》太甲唯得十二年"，如以 12 年计，则可以减少 21 年。太戊在位 75 年，不合情理，如依《册府元龟》的 15 年，则可减少 60 年；如此，《皇极经世》和《通鉴外纪》两书的商前期积年分别是 297（378-60-21）年和 320（401-60-21）年。

以上数据中，以今本《竹书纪年》所记载的积年数最少，如果太戊的在位年数以 15 年计，则其所得商前期 10 世 20 王的积年仅为 222 年，尚不及商后期 8 世 12 王的积年，当不足信。

通过对上述文献记载的分析，商前期积年大体可以推定在 300—320 年左右，加上商后期可能的积年数 275 年、273 年或 253 年，则其总数也接近 600 年，这也合于《左传》所说的"载祀六百"。

# （二）文献所见商前期的都城迁徙

据文献记载，在商族的"先公"和"先王"时期，曾经发生过多次都邑迁徙，如《尚书序》："自契至于成汤八迁。汤始居亳，从先王居。"《尚书·盘庚上》："先王有服，恪谨天命。兹犹不常宁，不常厥邑，于今五邦。"

上述都城迁徙，习惯上称为"前八后五"。但从成汤都亳到盘庚迁殷之间的五次迁都，文献记载不尽相同，现将有关说法列为表 5-2。

表 5-2　文献所见商前期的都城迁徙

| 文献　　　　　王世 | 成汤 | 仲丁 | 河亶甲 | 祖乙 | 南庚 | 盘庚 |
|---|---|---|---|---|---|---|
| 古本《竹书纪年》 | | 嚣 | 相 | 庇 | 奄 | 殷 |
| 《尚书序》 | 亳 | 嚣 | 相 | 耿 | | 亳殷 |
| 《史记·殷本纪》 | 亳 | 隞 | 相 | 邢 | | 亳 |

文献中有关上述都邑具体地望的记载则更为错综复杂，如果单纯依靠文献考证，很难进行取舍，但如果结合有关考古发现，就有可能确定某些商前期都邑之所在，事实上也已经有学者在此方面进行过系统的研究[①]。以下对商前期的几处都邑分别加以说明。

## 1. 汤之亳都地望诸说

关于汤都，有亳（薄）和"下洛之阳"两种记载。

记载成汤居亳的文献较多，如《尚书序》："自契至于成汤八迁。汤始居亳，从先王居。"《史记·殷本纪》："自契至汤八迁。汤始居亳，从先王居。"《墨子·非命上》："古者汤封于亳，绝长继短，方地百里。"此外如《孟子·万章上》《吕氏春秋·慎大览》《荀子·正论》《战国策·楚策四》《淮南子·泰族训》《逸周书·殷祝解》《管子·轻重甲》《后汉书·逸民列传》等文献中均有汤居亳或薄的说法。

成汤都"下洛之阳"的说法仅见于《春秋繁露·三代改制质文》，其中说："故汤受命而王，应天变夏而作殷号……作宫邑于下洛之阳。"

虽然较多文献均记载成汤居亳，但关于亳都的具体地望，历代学者众说纷纭。现按提出时代的早晚，将有关亳都地望的几种主要说法罗列如下。

---

① 邹衡：《论汤都郑亳及其前后的迁徙》，《夏商周考古学论文集》，文物出版社，1980 年，第 183—218 页。

（1）偃师西亳说

此说初见于《汉书·地理志》河南郡偃师条下班固自注："尸乡，殷汤所都。莽曰师成。"其他相关记载较多，如《尚书·胤征》孔颖达疏引郑玄云："亳，今河南偃师县，有汤亭。"《史记·殷本纪》正义引晋《太康地记》有"尸乡南有亳阪"的记载，此"亳阪"或与传说汤居西亳有关。《史记·殷本纪》正义又引唐《括地志》云："亳邑故城在洛州偃师县西十四里，本帝喾之墟，商汤之都也。"

汤都西亳说其实可以和《史记·封禅书》所说的"昔三代之居皆在河洛之间"以及《春秋繁露·三代改制质文》所谓"故汤受命而王……作宫邑于下洛之阳"等说法联系起来考虑。《史记·封禅书》正义引《帝王世纪》曰："殷汤都亳，在梁，又都偃师，至盘庚徙河北，又徙偃师也。"《春秋繁露》所说的"下洛之阳"当指洛水下游北岸。清顾观光辑本《帝王世纪》皇甫谧论汤都亳邑曰："汤始居亳，学者咸以亳本帝喾之墟，在《禹贡》豫州河洛之间，今河南偃师西二十里有尸乡亭是也，谧以为考之事实，甚失其正……今梁国自有二亳，南亳在谷熟，北亳在蒙，非偃师也……然则殷有三亳，二亳在梁国，一亳在河南。谷熟为南亳，即汤都也。蒙为北亳，即景亳，汤所盟地。偃师为西亳，即盘庚所徙者也。故《立政篇》曰'三亳阪尹'是也。"而此"河南之亳"，《诗经·商颂·玄鸟》疏引《帝王世纪》则作"在河洛之间"，据此，《春秋繁露》所说的"下洛之阳"的"宫邑"应该就是《帝王世纪》所说的西亳。

从上述材料来看，西亳说提出时代较早，且晚至唐代也得到较多学者的信奉，所以是应该值得重视的意见。但西亳说也遭到不少学者的质疑，如皇甫谧虽然认为南亳和偃师均为汤都，但他也明确指出汤始居之亳为南亳而非西亳。自清代以来，诸多学者如孙星衍、金鹗和王国维等人也都反对汤始居西亳的说法，其理由可归纳为三点：其一，西亳之位置不合于《孟子·滕文公下》所说的"汤居亳，与葛为邻"；其二，偃师之亳，不见于东汉以前文献，班固所指的尸乡，从东周至西汉皆称"尸"或"尸氏"，而无称"亳"者；其三，西亳与文献记载的成汤依次征伐韦、顾、昆吾、夏桀的先后顺序不合[1]。但需要指出的是，上述一、三两点反对理由均是以汤都亳邑始终是在同一地点为前提的，但事实上并不能排除汤有多亳的可能，如《帝王世纪》即以"南亳"和"偃师"均为汤都，唐人张守节在《史记·殷本纪》正义中更是明确说："汤即位，都南亳，后徙西亳。"而据《春秋繁露·三代改制质文》"故汤受命而王……作宫邑于下洛之阳"的记载，位于下洛之阳的西亳应是成汤灭夏后所作的新邑，那么，汤灭夏前可能另有亳都。至于第二点反对理由，虽然西亳说不见于东汉以前文献，但在亳都诸说中也是最早的，故不能轻易否定。

尤其值得注意的是，西亳说有重要的考古学依据。首先是 1983 年春在今偃师市尸乡沟一带发现的大型商代早期城址[2]；其次是在偃师尸乡沟商城西北的杏园村发掘了

① 邹衡：《论汤都郑亳及其前后的迁徙》，《夏商周考古学论文集》，文物出版社，1980 年，第 191 页。

② 《偃师尸乡沟发现商代早期都城遗址》，《考古》1984 年第 4 期；中国社会科学院考古研究所、洛阳汉魏故城工作队：《偃师商城的初步勘探和发掘》，《考古》1984 年第 6 期。

两座唐墓，出土的两方墓志分别有"访旧瘗于北邙，祔新茔于西亳……葬于偃师县西十三里武陵原大茔"和"葬于亳邑乡"的记载，证明在唐代今偃师尸乡沟一带仍然称"西亳"和"亳邑"[①]，这可以和唐《括地志》所谓"亳邑故城在洛州偃师县西十四里，本帝喾之墟，商汤之都也"的记载相印证。

（2）谷熟南亳说

西晋皇甫谧《帝王世纪》首倡此说。《史记·殷本纪》集解引《帝王世纪》云："梁国谷熟为南亳，即汤都也。"谷熟南亳说也得到唐代学者的认同，如《史记·殷本纪》正义引《括地志》："宋州谷熟县西南三十五里南亳故城，即南亳，汤都也。宋州北五十里大蒙城为景亳，汤所盟地，因景山为名。河南偃师为西亳，帝喾及汤所都，盘庚亦徙都之。"

虽然皇甫谧《帝王世纪》汤都南亳说提出较晚，但因西周初年周公平管、蔡之乱而封微子启于宋以续商祀，所以后世学者多相信商人和商丘之间有某种密切关系。而早在20世纪30年代，李景聃就根据史籍中有关南亳的记载，在今豫东商丘、永城一带进行了考古调查和发掘工作[②]。虽然李景聃未能找到文献所载的南亳，但却开了豫东地区考古的先河。20世纪90年代，考古工作者在豫东地区的杞县鹿台岗等遗址发现了先商文化遗存[③]，这些发现表明商人曾一度到达豫东地区，因此南亳说暂时还不能轻易否定。

（3）薄县北亳说

此说源于晋人臣瓒，《汉书·地理志》山阳郡薄县下颜师古注引臣瓒曰："汤所都。"近人王国维也力主此说，并论证薄县之汤都，实同于皇甫谧所说的北亳，也即景亳。王氏又列举三证论其为汤都：其一为《左传》庄公十一年载春秋宋有亳邑，又《左传》哀公十四年载宋景公云："薄，宗邑也。"此薄邑应即前述亳邑，其为宋之宗邑，"尤足证其为汤所都"。其二为"《孟子》言'汤居亳，与葛为邻'。皇甫谧、孟康、司马彪、杜预、郦道元均以宁陵县之葛乡为葛伯国……若蒙县西北之薄，与宁陵东北之葛乡，地正相接"，所以"汤之所都，自当在此"。其三为"汤所伐国，韦、顾、昆吾、夏桀，皆在北方"，据此推断"亳于汤之世，居国之北境，故汤自商邱徙此，以疆理北方"[④]。北亳在秦汉之际仍称亳，西汉时定名为薄县，始不再称用"亳"字。《史记·樊郦滕灌列传》载樊哙随刘邦西入关中时，在攻下成武后，"从击秦军，出亳南。河间守军于杠里，破之。击破赵贲军开封北"。司马贞《索隐》谓此亳为西亳偃师，张守节《正义》谓此亳为南亳谷熟，均与当时战役形势不合。此亳在成武、开封之间，正当北亳所在地，是指北亳无疑。因此，从文献学的角度来看，汤都北亳说具有相当的依据。汉山阳郡薄县，即今山东曹县境，而现有考古资料表明这一地区在夏代和早

---

①　中国社会科学院考古研究所河南第二工作队：《河南偃师杏园村的两座唐墓》，《考古》1984 年第 10 期。

②　李景聃：《豫东商邱永城调查及造律台黑孤堆曹桥三处小发掘》，《中国考古学报（第二册）》，商务印书馆，1947 年。

③　郑州大学文博学院、开封市文物工作队：《豫东杞县发掘报告》，科学出版社，2000 年，第 12 页。

④　王国维：《观堂集林》卷十二《说亳》，中华书局，1959 年，第 518—522 页。

商时期是岳石文化的分布区域，所以有考古学者认为这里不太可能是汤都北亳①。

（4）晋南垣亳说

此说最早见于北宋。《太平寰宇记》卷四十七河东道八绛州垣县条记："古亳城在县西北十五里。《尚书·汤诰》'王归自克夏，至于亳，诞告万方'即此也。"又《集韵》卷十铎韵亳字下注云："绛州垣县西有景原亳，并西接安邑，盖汤将至桀都，于此誓众，故《春秋传》有'景亳之命'。杜预不释景，又曰亳今偃师，非是。"20世纪80年代，因在山西垣曲县古城镇发现一座商代城址，陈昌远又重申垣亳说②。但有学者指出，垣曲商城始建年代较晚，约在二里冈下层的偏晚阶段，这与成汤都亳的年代难以吻合，此外，垣曲商城面积仅13万平方米，仅及郑州商城的二十五分之一，其规模难称王都，故其很可能是一座商代前期的军事城堡③。

（5）关中杜亳说

此说为清人俞正燮所主④。其主要依据是《史记·六国年表》的记载："夫作事者必于东南，收功实者常于西北，故禹兴于西羌，汤起于亳。"而裴骃集解引徐广曰："京兆杜县有亳亭。"此说证据较为薄弱，而且清人钱大昕已据《史记·秦本纪》秦宁公伐荡社与亳并逐走亳王一事，力辨此杜县之亳，"乃戎王号汤者之邑"而与商汤无涉，故"以关中之亳为汤之亳"实误⑤。

（6）陕西商於说

此说为清人魏源所主。《尚书序》和《史记·殷本纪》均记载"汤始居亳，从先王居"，《史记·殷本纪》又载"帝舜乃命契曰……，封于商，赐姓子氏"，裴骃集解引郑玄曰："商国在太华之阳。"魏源据此认为汤所都之亳就是契始封之"战国商於之地"，"故曰从先王居"⑥。但契受封之地，并非只有华山之阳一种说法，而且商於本无"亳"这一地名，故此说实难成立。

（7）山东博邑说

近人丁山创立此说。他认为："按照'韦顾既伐，昆吾夏桀'地理方位说，商汤之

① 邹衡：《论菏泽（曹州）地区的岳石文化》，《夏商周考古学论文集·续集》，科学出版社，1998年，第64—83页。
② 陈昌远：《商族起源的地望发微——兼论山西垣曲商城发现的意义》，《历史研究》1987年第1期。
③ 邹衡：《汤都垣亳说考辨》，原载北京大学中国传统文化研究中心《国学研究（第一卷）》；后收入《夏商周考古学论文集·续集》，科学出版社，1998年，第204—217页。佟伟华：《商代前期垣曲盆地的统治中心——垣曲商城》，《中国历史博物馆馆刊》1998年第1期。
④ 俞正燮撰，涂小马等校点：《癸巳类稿》卷一"汤从先王居义"条，辽宁教育出版社，2001年，第23—25页。
⑤ 钱大昕著，方诗铭、周殿杰校点：《廿二史考异》卷二，《史记》六国表·"汤起于亳"条，上海古籍出版社，2014年，第14—15页。
⑥ 魏源：《书古微》卷六之"《汤誓·序》发微"篇，《续修四库全书》第四八册，上海古籍出版社，2002年。

时，似乎居于韦顾诸国之东，夏后氏则居于昆吾之西，此夏商两大民族之分野也。汤之伐桀，实自东徂西的远征，不是自南而北的进取。"依此方位推寻，在春秋齐西南有博邑，即西汉泰山郡之博县，在今山东泰安附近。因博与亳音相近，所以丁山推测博邑可能就是成汤之亳[①]。按此说主要依据博、亳音近而缺乏其他文献记载的支持，故其证据较为薄弱。而且如上文所言，夏代和早商时期鲁西南的菏泽地区为岳石文化的分布区，那么，地理位置偏东的泰安地区在这一时期似不可能为商文化分布区，因此博邑说很难成立。

（8）郑亳说

此说为邹衡创立。郑亳说赖以立论的主要依据有：a.《春秋》经和《左传》襄公十一年均记载鲁襄公和晋侯、宋公等"盟于亳城北"，杜预注："亳城，郑地。"b.《续汉书·郡国志》河南尹条："荥阳有薄亭。"此"薄亭"应即"亳亭"。c.《国语·郑语》记载郑初所得十邑中有地名曰"补"，或即是《续汉书》之"薄亭"。d.《逸周书·作雒》："武王克殷，乃立王子禄父，俾守商祀。"晋孔晁注云："封以郑，祭成汤。"说明郑与成汤有一定关系。e.郑州商城北部和东北部出土的东周陶文中有"亳"和"亳丘"，由器物特征来看，这里出土带"亳"的陶豆等器完全是郑州一带的作风，说明带"亳"字陶器是在当地烧造的，从而证明郑州商城的北部和东北部一带在东周及其之前称"亳"。f.《孟子·滕文公下》记载亳都"与葛为邻"，而郑州附近即有数处葛邑、葛城，则"其中总或有其一为孟轲所言之葛"。g.成汤都郑，符合《诗经·商颂·长发》所述汤依次征伐韦、顾、昆吾、夏桀的灭夏作战路线。郑亳说最为重要的依据是在郑州发现了早商时期的大型城址郑州商城，故认定此商城就是商汤的亳都[②]。

综上所述，虽然历代学者对商汤亳都的地望提出过多种解释，但目前同时兼有文献和考古学证据者只有西亳说和郑亳说。《春秋繁露·三代改制质文》所谓商汤"作宫邑于下洛之阳"，当是西亳说的另一种表述，因此，偃师商城和郑州商城应是探寻商汤亳都最为重要的考古遗存。此外，虽然南亳说的豫东地区也已经发现有先商和早商文化遗存，但目前还缺乏诸如郑州商城和偃师商城那样的大规模早商遗址，因此暂不能将其和成汤的亳都联系起来。北亳说的曹县和南亳说的商丘毗邻，这一地区在夏代正是先商文化和岳石文化的交汇地带，或许和商人的早期活动相关，但目前也还没有相应的遗址可以指实为汤都。其他诸说的文献证据和考古证据均较薄弱，暂不予以考虑。

以目前的考古材料而论，还无法确定商汤的始居之亳，但郑州商城和偃师商城的始建都已经被证明是在夏商更替之际，因此均可以视为夏商分界的界标。尤其是偃师商城距离夏都二里头遗址仅6千米，该商城的出现当标志着夏王朝的覆灭。

---

① 丁山：《商周史料考证》，龙门联合书局，1960年，第24页。

② 邹衡：《论汤都郑亳及其前后的迁徙》，《夏商周考古学论文集》，文物出版社，1980年，第183—218页。

## 2. 仲丁之都地望诸说

仲丁所徙之都，文献中有嚣和隞两种记载。例如，《太平御览》卷八三引《纪年》："仲丁即位。元年，自亳迁于嚣。"《尚书序》："仲丁迁于嚣，作《仲丁》。"今本《竹书纪年》："（仲丁元年辛丑）王即位，自亳迁于嚣，于河上。"而《史记·殷本纪》记载："帝中丁迁于隞。"索隐曰："隞亦作嚣，并音敖字。"则嚣、隞其实一地，字相通假。有关嚣都的具体地望，历代学者也有不同的说法，兹罗列如下。

（1）河南敖仓说

西晋皇甫谧主此说。《太平御览》卷一五五引《帝王世纪》曰："仲丁徙嚣，或曰今河南之敖仓是也，故《尚书序》曰'仲丁徙于嚣'。"郦道元《水经注·济水注》也说："济水又东迳敖山北，《诗》所谓'薄狩于敖'者也。其山上有城，即殷帝仲丁之所迁也。"以后《元和郡县图志》卷八"郑州荥泽县"条、《太平寰宇记》卷九"郑州荥泽县"条均依此说。

（2）河北说

此说也出自西晋皇甫谧。孔颖达《尚书正义》卷八"仲丁迁于嚣"条曰："皇甫谧云，'仲丁自亳徙嚣，在河北也，或曰今河南敖仓。二说未知孰是。'"不过此说所依据的孔颖达《尚书正义》引皇甫谧《帝王世纪》佚文文字可能有舛误，清顾观光辑本《帝王世纪》订作"仲丁自亳徙嚣，在河北也，或曰敖，今河南之敖仓是也。"

（3）陈留浚仪说

此说出自东晋李颙。孔颖达《尚书正义》卷八"仲丁迁于嚣"条曰："李颙云嚣在陈留浚仪县。"

（4）山东沂蒙说

此说为近代学者丁山所主，其主要依据是："敖山，正当洙、泗上游，其东即沂水支川桑泉水所从出。仲丁迁于敖，盖自汶水流域东南进，由洙、泗源头曾深入沂蒙山区。"丁山并认为仲丁迁嚣"或者与征蓝夷事有关"[①]。

（5）郑隞说

此说为安金槐所倡。其立论的主要依据有：a.《诗经·小雅·车攻》记载："东有甫草……搏兽于敖。"郑玄笺云："敖在郑地，今近荥阳。"甫草即今圃田之草，在郑州东郊，与敖并列，说明二者相距不远，郑州当在敖地的范围。b. 在郑州发现有早商时期的大型商代城址，其时代晚于偃师商城并与之相衔接。新的 $^{14}C$ 测年数据表明，偃

---

① 丁山：《商周史料考证》，龙门联合书局，1960年，第29页。

师商城始建于公元前 1600 年左右，郑州商城始建于公元前 1500 年左右 [①]。偃师商城为汤之西亳，郑州商城晚于偃师商城，故其只能是隞都。c. 商灭夏后建都西亳，在政权巩固后为对付东方诸夷而建郑州商城，其后仲丁迁都于此也是为了征伐东方的蓝夷，此即古本《竹书纪年》所记载的："仲丁即位，元年自亳迁于嚣，征于蓝夷。"《后汉书·东夷传》也记："至于仲丁，蓝夷作寇，自是或畔或服。"故仲丁自西亳（偃师商城）迁至隞（郑州商城）[②]。

（6）郑州小双桥遗址隞都说

此说为陈旭所提出。其主要论据为：a. 小双桥遗址位于今郑州市西北郊，距离古荥镇仅数里，正处于黄河南岸的邙山地区，而邙山即古之敖山。《水经·济水注》云："济水又东迳敖山北……，其山上有城，即殷帝仲丁之所迁也。皇甫谧《帝王世纪》曰：'仲丁自亳徙嚣于河上者也，或曰敖矣。秦置仓于其中，故亦曰敖仓城也。'"b. 在小双桥遗址发现有大型夯土基址、祭祀坑、铸铜遗存和大型建筑构件，表明该遗址具备了王都条件。c. 小双桥遗址年代在二里冈上层二期，时代可与郑州商城相接，且小双桥遗址延续时间短，与隞都历史年代短的特点正相吻合 [③]。

以上六说中，后两说兼备文献和考古资料，最应引起重视。而如前所述，在目前学术界有学者视郑州商城为成汤之亳都而非仲丁之隞；反之，以郑州商城为隞都者，则认为小双桥遗址与郑州近在咫尺，如郑州为亳、小双桥为隞，如此迁都实无意义，且小双桥遗址内祭祀遗存颇为丰富，故推测其可能是这一时期商王室的祭祀场所 [④]。尽管认识较为分歧，但不应否认的是，这两处遗址均对探索仲丁隞有重要意义。

## 3. 河亶甲之都地望诸说

多种文献均记载河亶甲都相。例如，《太平御览》卷八三引《纪年》："河亶甲整即位，自嚣迁于相。"同书卷一五五引皇甫谧《帝王世纪》也云："河亶甲徙相，在河北。"《史记·殷本纪》："河亶甲居相。"《尚书序》："河亶甲居相。"关于相都的地望，也有几种不同的说法。

（1）相州内黄说

《史记·殷本纪》正义引《括地志》曰："故殷城在相州内黄县东南十三里，即河亶甲所筑都之，故名殷城也。"《元和郡县图志》卷十六相州内黄县下也记："故殷城在县东南十里，殷王河亶甲居相，因筑此城。"依上述记载，则河亶甲所迁之相在今河南

① 张雪莲、仇士华：《关于夏商周碳十四年代框架》，《华夏考古》2001 年第 3 期。

② 安金槐：《试论郑州商代城址——隞都》，《文物》1961 年第 4—5 期；《再论郑州商代城址——隞都》，《中原文物》1993 年第 3 期。今据《安金槐考古文集》，中州古籍出版社，1999 年，第 142—152、250—256 页。

③ 陈旭：《商代隞都探寻》，《郑州大学学报》1991 年第 5 期；《郑州小双桥商代遗址的年代和性质》，《中原文物》1995 年第 1 期。今据其《夏商文化论集》，科学出版社，2000 年，第 137—144、145—154 页。

④ 杨育彬、孙广清：《郑州小双桥商代遗址的发掘及其相关问题》，《殷都学刊》1998 年第 2 期。

内黄县境。

（2）宿州相县说

《元和郡县图志》卷九"宿州符离县"条记："故相城在县西北九十里，盖相土旧都也。"清人孙星衍《尚书今古文注疏》就"书序"的"河亶甲居相"条作疏："相者，《地理志》相县属沛郡。"如依此说，则相都在今安徽符离集一带。

（3）相州安阳说

此说见于《通典·州郡典》"相州"条，其中曰："殷王河亶甲居相，即其地也。"唐代相州治安阳，故这里的"河亶甲居相"可以理解为州治安阳。以后宋人王应麟《通鉴地理通释》卷四明确记载"《类要》：安阳县本殷墟，所谓北蒙者。亶甲城在西北五里四十步，洹水南岸。后魏天平四年立相州，取河亶甲居相之义，治邺"。

河南是商文化分布的中心地区，而迄今为止安徽境内尚未发现大规模的商文化遗址，故上述三说中，相州内黄说和相州安阳说当更有可能，换言之，今河南内黄和安阳一带应是寻找河亶甲相都的重点地区。

除河亶甲居相的记载之外，还有所谓河亶甲徙都西河的说法。《吕氏春秋·音初》："殷整甲徙宅西河，犹思故处，实始作西音。"据上引古本《竹书纪年》的记载，河亶甲名整，所以《吕氏春秋·音初》所说的"殷整甲"就是河亶甲。但清人毕沅在《吕氏春秋新校正》已经指出"《竹书纪年》：'河亶甲名整，元年，自嚣迁于相。'即其事也"，即以徙都西河和居相为一事。

## 4. 祖乙之都地望诸说

文献所见祖乙的都城有耿、邢和庇三种记载。例如，《太平御览》卷八三引《竹书纪年》："祖乙胜即位，是为中宗，（居庇）。"今本《竹书纪年》："（祖乙）二年，圮于耿，自耿迁于庇。"《尚书序》："祖乙圮于耿。"《太平御览》卷一五五引《帝王世纪》："祖乙徙耿，为河所毁。故《书序》曰：'祖乙圮于耿。'今河东有耿乡是也。"今本《竹书纪年》："（祖乙）元年己巳王即位，自相迁于耿。"《史记·殷本纪》："祖乙迁于邢。"司马贞索隐云："邢音耿。近代本亦作耿。"可知邢、耿本指一地。

关于邢或耿的地望，文献记载多以为在今河北邢台。例如，《汉书·地理志》赵国属下有襄国县，班固自注云："故邢国。"《左传》僖公二十四年："凡、蒋、邢、茅、胙、祭，周公之胤也。"在《左传》隐公五年："曲沃庄伯以郑人、邢人伐翼。"以及《春秋经》庄公三十二年"狄伐邢"下，杜预注云："邢国在广平襄国县。"《通典》卷一七八《州郡八》"钜鹿郡邢州"项下以为："古祖乙迁于邢，即此地。"《太平寰宇记》卷五"九邢州"项下记载则更为详细："《书》云古祖乙迁于邢，即此地。《汉（书）地理志》云：'古邢侯国也。'……《史记》云：'周成王封周公旦子为邢侯。'后为狄所灭。齐桓公迁邢于夷仪。按故邢国，今州城内西南隅小城是也。"唐宋邢州即今河北邢台。近几十年来邢台地区的考古工作取得重大进展，在此不仅发现多处商代遗址，而且在邢台葛家庄一带发现了西周时期的邢侯墓，从而证明西周的邢国就在今邢台[①]。西周之邢国既已确定，则祖乙所迁之邢也当在此区域。

至于庇之地望，文献中没有明确的记载。丁山曾根据费、比声音相通，首先提出祖乙所迁庇邑乃鲁境之费邑，也即今山东鱼台费亭一带[②]；但他后来又将庇邑考证为山东定陶一带[③]。陈梦家遵循丁山的思路，将庇邑考定为今山东费县[④]。有关庇邑的文献和考古资料均很少，目前还无法就此问题做出定论。

### 5. 南庚之都地望诸说

南庚迁奄，文献记载比较一致。例如，《太平御览》卷八三引《纪年》："南庚自庇迁于奄。"今本《竹书纪年》卷上："（南庚）三年，迁于奄。"

奄都的所在，传统说法均认为在今山东曲阜，如《左传》定公四年："因商奄之民，命以《伯禽》而封于少皞之虚。"《续汉书·郡国志》："鲁国，古奄国。"《史记·周本纪》正义引《括地志》："兖州曲阜县奄里，即奄国之地也。"据此丁山指出："奄里在今曲阜县东二里，然则南庚自庇迁于奄，即自费邑迁于鲁。"[⑤]从考古材料来看，虽然在山东兖州、曲阜和泗水等地都发现有早商文化遗存，但规模均较小，很难和奄都联系起来[⑥]；曲阜虽有西周时期的鲁城，但城中并不见早商时期的遗存[⑦]。

但也有人认为南庚的奄都并非古奄国之都，而"从商人多次迁徙不离河水来看，此奄地当在近河之地求之"。又据王国维研究，奄与鄘音近可通，故南庚所迁之奄都当是"周灭商后分畿内为邶、鄘、卫三地之鄘"，《通典》卷一七八载卫州新乡县"西南三十二里有鄘城，即鄘国"，而今新乡潞王坟遗址发现商代早、中期遗存，所以推测南庚之奄都当在这一带搜寻[⑧]。按，虽然今河南新乡一带确是商文化分布的中心区域，但迄今为止在此尚未发现大型的商代城址，且该说文献学证据除奄、鄘通假外，别无旁证，所以也有待进一步证实。

### 6. 盘庚之都地望诸说

关于盘庚都，文献中有殷、亳和北蒙三种记载。例如，《尚书·盘庚》："盘庚迁于

① 任亚珊等：《1993—1997 年邢台葛家庄先商遗址、两周贵族墓地考古工作的主要收获》，《三代文明研究（一）》，科学出版社，1999 年，第 7—25 页。

② 丁山：《由三代都邑论其民族文化》，《历史语言研究所集刊》第 5 本第 1 分，今据郑杰祥：《夏文化论集》，文物出版社，2002 年，第 24—61 页。

③ 丁山：《商周史料考证》，龙门联合书局，1960 年，第 33 页。

④ 陈梦家：《殷虚卜辞综述》，中华书局，1988 年，第 252 页。

⑤ 丁山：《由三代都邑论其民族文化》，《历史语言研究所集刊》第 5 本第 1 分，今据郑杰祥：《夏文化论集》，文物出版社，2002 年，第 24—61 页。

⑥ 中国科学院考古研究所：《山东泗水、兖州考古调查简报》，《考古》1965 年第 1 期。

⑦ 山东省文物考古研究所、山东省博物馆、济宁地区文物组等：《曲阜鲁国故城》，齐鲁书社，1982 年，第 4—26 页。

⑧ 曲英杰：《先秦都城复原研究》，黑龙江人民出版社，1991 年，第 79 页。

殷，民不适有居。"《尚书序》："盘庚五迁，将治亳殷，民咨胥怨。"《史记·殷本纪》："帝盘庚之时，殷已都河北。盘庚渡河南，复居汤之故居，乃五迁，无定处……乃遂涉河南，治亳，行汤之政。然后百姓由宁，殷道复兴。"《太平御览》卷一五五引《帝王世纪》："及盘庚立，复南居亳之殷地……今偃师是也。"《太平御览》卷八三引《纪年》："盘庚旬自奄迁于北蒙，曰殷。"《史记·殷本纪》正义述《括地志》引《竹书纪年》："盘庚自奄迁于北蒙，曰殷墟，南去邺四十里。"

王国维在《观堂集林》卷十二《说殷》一文中对于殷、亳两说有详细论证，他认为："殷之为洹水南之殷虚，盖不待言。然自《史记》以降，皆以殷为亳，其误始于今文《尚书》书序讹字，而太史公仍之。"[1] 王氏的论证已经被多数学者所接受，尤其是经过近一个世纪的考古发掘，已经充分证明今河南安阳殷墟遗址就是盘庚所迁之殷。由《史记·殷本纪》正义述《括地志》引《竹书纪年》，可知北蒙即殷墟，但殷墟为何又称北蒙，目前还不能得其确解。此外，也有人认为盘庚所迁之"亳殷"就是偃师商城[2]，而在洹北商城发现之后，关于盘庚之殷又有了新的争议[3]。

## （三）商前期考古学文化分期与测年

在考古学上，整个商文化通常被分为三大阶段：先商文化，其绝对年代约相当于成汤灭夏以前；商前期文化，其绝对年代或相当于成汤灭夏前后至武丁以前；商晚期文化，其绝对年代相当于武丁至帝辛（或可延至武庚）。后来，有学者将成汤灭夏建立商朝至帝辛灭国时期的商文化分为三期：成汤灭夏至仲丁迁嚣以前为第一期，称为早商文化；仲丁迁嚣至武丁以前为第二期，称为中商文化；从武丁至帝辛灭国为第三期，称为晚商文化[4]。但如上所论，由于学术界对于殷墟文化分期存在着不同意见，所以对商前期和商后期的分界也就略有分歧。"夏商周断代工程"把商后期文化的年代上限定为洹北花园庄的晚段，而"夏商周断代工程"所说的商前期文化的年代下限相当于洹北花园庄早段，其上限仍相当于成汤灭夏前后。

中华人民共和国成立后，随着我国文物考古事业的蓬勃发展，商前期考古取得重大进展。考古工作者在河南、河北、山西、山东和湖北等地发现了多处大规模的商前期遗址，但以河南郑州地区商前期遗存发现最早、出土资料最为丰富、分期研究最为深入，因此，长期以来，郑州地区商前期考古学文化分期是其他地区同时期考古学文化分期断代的标尺。随着偃师商城的发现和发掘，商前期文化的分期断代得到了进一步的补充和完善。

郑州地区商前期考古很早就已开展。早在 1950 年，考古工作者就在郑州市旧城外

---

[1] 王国维：《观堂集林》卷十二，中华书局，1959 年，第 523—525 页。

[2] 彭金章、晓田：《试论偃师商城》，《全国商史学术讨论会论文集》（《殷都学刊》1985 年增刊），第 411—417 页；郑光：《试论偃师商城即盘庚之亳殷》，《故宫学术季刊》第 8 卷第 4 期，1991 年。

[3] 唐际根、徐广德：《洹北花园庄遗址与盘庚迁殷问题》，《中国文物报》1999 年 4 月 14 日。

[4] 唐际根：《中商文化研究》，《考古学报》1999 年第 4 期。

东南约 1 千米的二里冈及其周围地区进行调查工作，发现了丰富的商前期文化遗存。由于郑州商代遗址的最早发现地和发掘地都是在二里冈一带，按照考古学上的惯例，郑州商前期文化被称为"商文化二里冈期"或"二里冈文化"，以区别于此前在安阳殷墟发现的商后期文化[①]。

二里冈期商文化延续时间较长，地层堆积很厚，遗迹、遗物相当丰富。早在 20 世纪 50 年代郑州二里冈遗址的发掘之初，发掘者就根据二里冈商代遗址的地层叠压关系和上下层包含同类陶器的明显区别，将"二里冈期"商文化划分为"二里冈下层"和"二里冈上层"早晚两大期[②]。而随着对郑州商代二里冈期遗址发掘面积的扩大和新的地层关系的出现，以及对出土器物特征的进一步分析，二里冈期商文化又进一步被细分为四期，即二里冈下层一期、二里冈下层二期、二里冈上层一期和二里冈上层二期[③]。

迄今为止，已发现的商前期重要遗址主要有郑州商城、偃师商城、小双桥遗址、洹北花园庄遗址、邢台曹演庄遗址和东先贤遗址等。以郑州二里冈期商文化分期研究为基础，并结合上述遗址的出土器物特征，已经建立起比较完整的商前期考古学文化序列。

第一期：以郑州商城 C1H9、偃师商城宫城北部灰沟最底层（如 96YSJ1T28 ⑧、⑨、⑩）为代表；上述单位的年代约相当于二里冈下层一期或略有先后。

第二期：以郑州商城 C1H17、偃师商城 86J1D6H25 和偃师商城东北隅 IIT11M19 等单位为代表；上述单位的年代或有先后，但总体相当于二里冈下层二期。

第三期：以郑州商城 C1H1、C1H2 乙，偃师商城 85YS5T1H3 为代表；此期相当于二里冈上层一期。

第四期：以郑州白家庄第 2 层、小双桥遗址的主体遗存为代表；此期相当于二里冈上层二期。

第五期：以安阳洹北花园庄早段 97G4、98HDH11、98HDM10 和邢台东先贤遗址一期 98H15、H34 为代表；此期介于二里冈上层二期和殷墟一期之间。

下面对上述重要的商前期遗址分期测年和遗址性质分别加以说明。

## 1. 郑州商城的发现、分期与测年

（1）郑州商城的发现与概况

今河南郑州市一带分布有丰富的商代文化堆积。1950 年秋，当地居民在二里冈一带发现古代遗物，引起文物考古部门的重视。1952 年秋由中央文化部文物局、中国科学院考古研究所和北京大学联合举办的第一届考古工作人员训练班在郑州二里冈进行

① 河南省文化局文物工作队：《郑州二里冈》，科学出版社，1959 年，第 42—43 页。
② 河南省文化局文物工作队：《郑州二里冈》，科学出版社，1959 年，第 14 页。
③ 安金槐：《关于郑州商代二里冈期陶器分期问题的再探讨》，《华夏考古》1988 年第 4 期，收入《安金槐考古文集》，中州古籍出版社，1999 年，第 194—199 页。

了首次田野发掘，确认了这是一处兼有商代和龙山时期遗存的遗址[①]。1953—1954 年，当地文物部门又在此进行了数次较大规模的考古调查和发掘，不但发现更多的商代遗存，而且发掘和钻探出一段商代夯土，在此基础上，发掘者认为"郑州在商代当不是一般的小村落，很可能是一个人口密集的大城邑"[②]。

1954 年以后，原河南省文化局文物工作队对郑州商代遗址继续进行调查和发掘工作，又相继在二里冈以西的郑州旧城城关外、二里冈之西北的郑州旧城内外，以及郑州旧城西城墙外的北二七路、市人民公园、紫荆山北等地区发现二里冈期商文化遗存的分布。调查和发掘还表明郑州商代遗址的分布面积约 25 平方千米，是继殷墟之后发现的又一处大型商代遗址。

1956 年秋，在白家庄的两座商代房基下发现了商代夯土层，后经调查和发掘，证明这里是郑州商城的东北城墙。随着对这座城垣遗址的全面钻探调查和各面城墙的解剖发掘，获知郑州商城城址正位于郑州商代遗址的中心地带。而从地层叠压关系和出土遗物特征可以肯定郑州商城是一座早于安阳殷墟的商代前期城址。

"文化大革命"开始后，郑州商城的考古工作一度被迫停止，但 1972—1976 年又恢复了对郑州商城的考古发掘。在此期间，通过对郑州商城东、西和南城墙的解剖发掘，再一次证实了郑州商城的年代要早于安阳殷墟，郑州商城是我国发现最早的一座有夯土城垣的商代城遗址。郑州商城的发现是商代考古的一个重大突破，1961 年，郑州商代遗址被国务院公布为全国第一批重点文物保护单位[③]。

郑州商城夯土城垣略呈南北纵长方形，除北城墙东段即今紫荆山是利用当时沙丘高地形制修筑、城墙方向略呈东南—西北向外，其他各面夯土城墙均较为接近正方向。郑州商城东城墙和南城墙分别长约 1700 米，西城墙长约 1870 米，北城墙长约 1690 米，城墙周长近 7 千米（图 5-1）。

郑州商城的西城墙和北城墙西段损毁较严重，其残墙的大部分保存在现今的地面下，而东城墙和南城墙的大部以及北城墙的东段至今还暴露于地面之上。其中城墙保存最高者约为 9 米、最低者约 1 米。城墙的横剖面呈梯形，即在城墙的主体两侧有倾斜的护城坡，城墙底部宽度在 20—30 米。经对部分夯土城墙的解剖获知其筑法是先在底部挖基槽，然后采用版筑法分层夯筑而成，每层夯土的厚度一般为 8—10 厘米。

在郑州商城四面城垣上共发现 11 个宽窄不同的缺口，有些缺口是在城墙废弃后损毁造成的，有的则可能和当时的城门有关。

经过半个多世纪的调查与发掘，考古工作者在郑州商城城垣内外取得一系列的重大发现，为了解郑州商城的年代、布局和性质奠定了坚实的基础。其中代表性的发现

①　安志敏：《一九五二年秋季郑州二里冈发掘记》，《考古学报》第 8 册，1954 年，第 65—107 页。

②　河南省文化局文物工作队：《郑州二里冈》，科学出版社，1959 年，第 43 页。

③　河南省博物馆、郑州市博物馆：《郑州商代城遗址发掘报告》，《文物资料丛刊（1）》，文物出版社，1977 年；《郑州商代城址试掘简报》，《文物》1977 年第 1 期。河南省文物考古研究所：《郑州商城：1953—1985 年考古发掘报告》，文物出版社，2001 年。

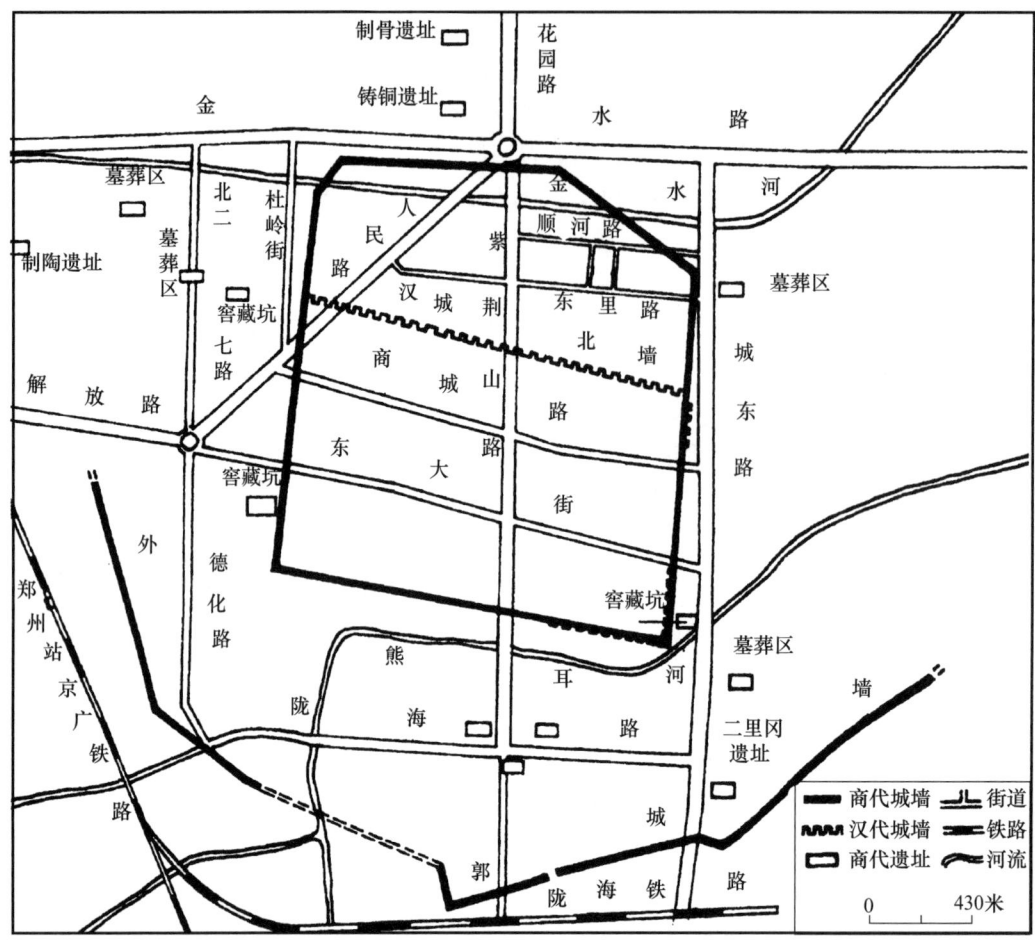

图 5-1　郑州商城平面图

有下列几点[①]。

一是商代宫殿区的发现。在郑州商城内中部偏北和东北部一带，先后发现了 20 多处成组的或单体大型商代夯土建筑基址，其分布面积约占郑州商城总面积的六分之一。在有的夯土基址上还保存有柱洞、柱础槽和石柱础，此外在这里还发掘出大型石板蓄水池、石筑水管槽和宫城夯土墙等遗存，表明这里是郑州商城的宫殿区。

二是二里冈期大型窖藏青铜器坑的发现。自 1975 年以来，先后在郑州商城西城墙外的杜岭张寨南街、郑州商城东城墙南段外侧向阳回族食品厂院内以及郑州商城西城墙外南顺城街等地发现了二里冈期的窖藏青铜器坑，共出土青铜器 20 余件。这三处窖藏坑都位于郑州商城城墙外侧附近，而且窖藏的器物中都有成对的大方鼎，因此，这些窖藏青铜器有可能是在举行重大祭祀活动后埋藏于城墙附近的。

---

① 郑州商城的重要考古发现十分丰富，由杨育彬、曾晓敏执笔的《"郑州商城的分期与年代测定"专题结题报告》"夏商周断代工程"档案，结题卷 04–05，对此有详细罗列和说明，本节对郑州商城的概述均由此结题报告摘要而成，故对相关考古发现不再一一注明。

三是二里冈期手工业作坊的发现。考古发掘表明在郑州商城夯土城墙外侧附近分布有手工业作坊，其中在南关外和紫荆山北有两处二里冈期的铸铜作坊遗址；在紫荆山北发现有一处二里冈期的制骨作坊遗址；在郑州商城的西城墙外的铭功路一带则分布有二里冈期的陶器作坊遗址。

四是二里冈期商代青铜器墓的发现。从1953年以来在郑州商城内外共发掘了30座二里冈期青铜器墓，其中多数是中、小型墓，通常随葬1件斝和1件爵，但在少数墓葬中还随葬有鼎、瓿、罍、簋和鬲等器物。多数青铜器墓属于二里冈上层阶段，少数为二里冈下层阶段。

五是二里冈期外郭城的发现。早在1953年发掘二里冈遗址时，就在这里发现有夯土墙基槽。20世纪80年代以后，又陆续在郑州商城的西城墙外700—900米处和南城墙外900—1200米处发现夯土墙基，可与此前在二里冈一带发现的夯土相连接。迄今为止，断断续续发现的夯土墙基约2900米，自郑州商城东南、南、西南和西部的外侧环绕着郑州商城，其总长度在5000米左右。南面的夯土墙基宽12米左右，西面的夯土墙基宽17米，残存高度1.2—2.3米，夯土墙的夯筑方法和郑州商城城墙相同。根据夯土墙内包含物的特征判断，夯土墙始建于二里冈下层时期，与小城城墙始建年代一致。

此外，在郑州商城中还发现有房基、窖穴、壕沟、水井、蓄水池等多种遗迹，出土了铜、玉、陶、骨、蚌、原始瓷器以及习刻字骨、刻字陶片等大量遗物。

郑州商城规模宏大、布局有序，城中发现大面积的宫殿基址及其附属建筑，因此郑州商城无疑是一座商代的王都。

（2）郑州商城商前期文化的分期与测年

郑州商城是郑州商代遗址的主体部分，其主要遗存就是二里冈期商文化。如前文所述，二里冈期商文化可分为二里冈下层一期、二期，二里冈上层一期、二期等四期，兹将各期的典型地层单位、主要陶器和青铜器特征以及郑州商城在各期的发展变化介绍如下（图5-2）。

二里冈下层一期：以二里冈C1H9、CH10和C1H14为代表。本阶段主要陶器器类有鬲、甗、斝、爵、盆、簋、豆和大口尊等。陶鬲为敛口，卷沿圆唇，肥胖袋状足，薄胎，细绳纹；陶甗敛口卷沿，细腰，肥胖袋足，薄胎，细绳纹；陶斝敞口，颈部瘦细，颈与腰相接处有折棱，肥胖袋状足，薄胎，细绳纹；陶爵为前有长流，后有长尾，口较平，腹瘦细，平底；陶盆有敛口鼓腹圜底和敞口斜壁平底两种；陶簋为敛口，鼓腹，圜底，下有圈足；陶豆分浅盘高筒形座和浅盘喇叭形座两种；陶大口尊为大敞口，短颈，凸肩饰附加堆纹和兽面纹，口径一般小于肩径。

该期青铜器数量较少，主要有爵、斝、盉、鬲等。其中爵有素面爵、颈部饰弦纹爵以及颈部饰弦纹和乳丁纹爵等数种；斝有无柱顶帽、圆鼓腹的素面斝，还有形制与此相似但颈部饰窄凸线弦纹和方格纹者；有颈部饰两周窄凸线弦纹的盉；鬲为折沿，颈部内收，深腹，分档，袋状空足并有锥状高足尖。总之，本期青铜器器壁较薄，纹饰简单。

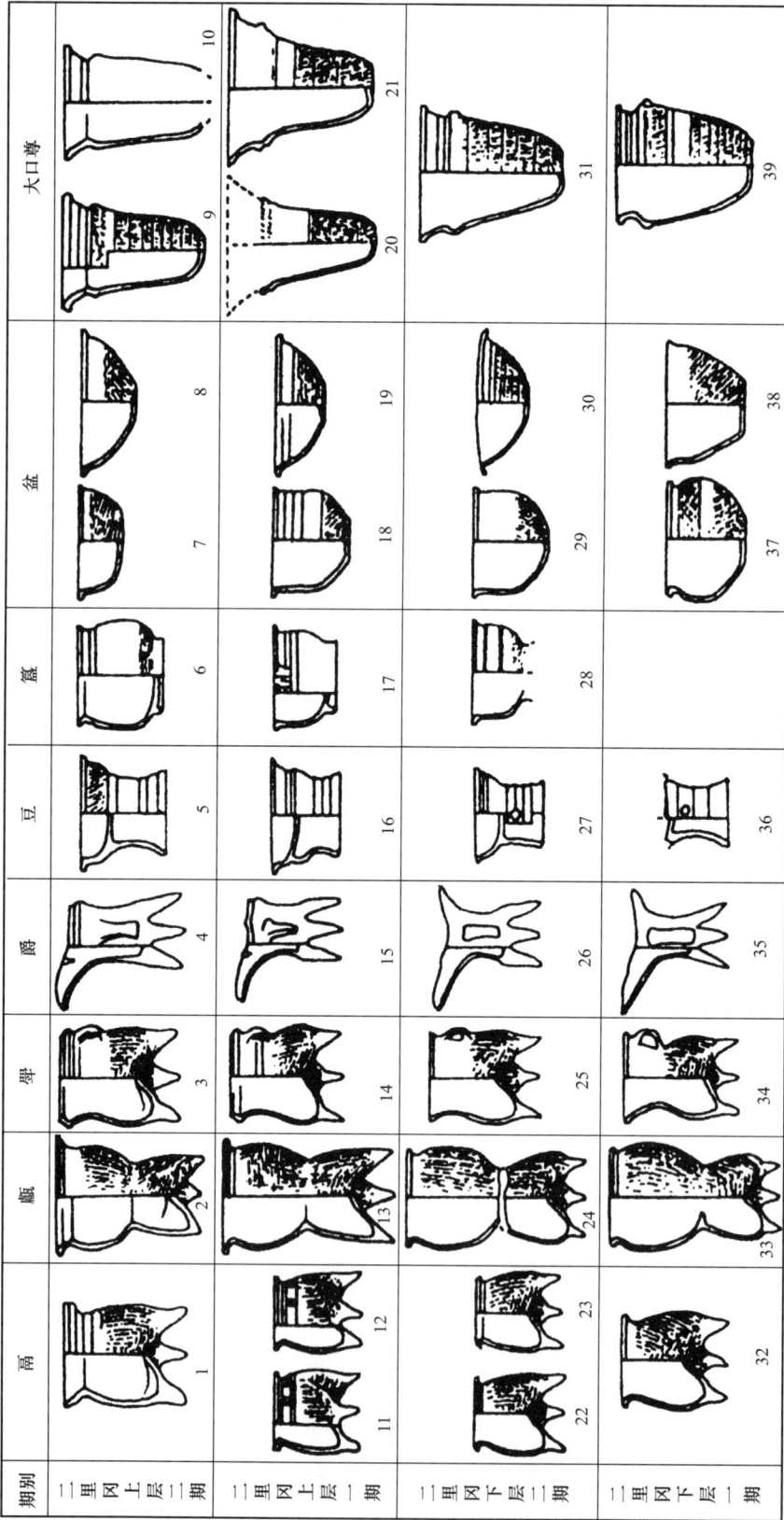

图 5-2　郑州二里冈期商文化陶器分期图

1. C8T10②∶1　2. CWT2∶6　3. C8T12②∶6-1　4. C8T4②∶19　5. C8T10②∶14　6. C8T10②∶3　7. C8T1②∶16　8. C8T10②∶31　9. C8T18②∶3　10. C8T12②∶25
11. C11M148∶16　12. C1H2∶220　13. C1H1∶39　14. C1H2∶35　15. C1T31①∶1　16. C15T3②∶33　17. C1H1∶21　18. C1H13∶20　19. C1H2∶208　20. C1H1∶4
21. C7T101②∶119　22. C1H17∶119　23. CWM8∶5　24. C1H12∶29　25. C1H17∶38　26. C1T14②∶28　27. C1H17∶113　28. C1H17∶111　29. C1H3∶37
30. C1T103②∶169　31. C1H2∶328　32. C1H9∶36　33. C9、1H118∶24　34. C1H9∶362　35. C8M28∶1　36. C1T18②∶136　37. C1H9∶354　38. C1H9∶25
39. C1H14∶75

这一阶段郑州商城的四面城墙均已开始建筑，在城内东北部分布有少量夯土基址如9号房基（C8G9）、夯土Ⅵ、夯土Ⅶ和探方62（C8T62）的夯土台基和民族小区F1等。

本期是郑州商城的始建期。

二里冈下层二期：以二里冈C1H2甲、H15、C1H17、H18以及与郑州商城城墙相关的CWM7、CWM8和CWM9等单位为代表。本阶段主要陶器器类和一期类似。陶鬲为卷沿，大多沿面上有一周折棱；陶甗卷沿，但沿面上有子母口；陶斝敞口，颈部较粗无折棱；陶爵仍为前有流，后有尾，但流与尾均略向上翘起；陶盆除有敛口鼓腹圜底盆外，新出现了较多的直口直腹的圜底盆和大敞口浅腹圜底盆；陶簋为直口，腹较直，圜底圈足，部分颈部加饰方格纹带条；陶豆为浅盘，高筒形座，但座上多刻有十字镂孔；陶大口尊仍为大敞口，短颈，颈部饰附加堆纹和兽面纹，口径一般略大于肩径。

目前发现的该期青铜器器类较多，包括爵、斝、盉、鬲、鼎、瓿等。爵为窄长流，三棱体双柱帽作半月形，束腰，平底，三棱锥状足，腰部饰细弦纹或三角纹与方格纹或细线饕餮纹与联珠纹；有圆腹，圜底，颈部饰弦纹与联珠纹带的铜斝，也有圆柱顶帽，腹部略鼓的平底弦纹斝；盉为袋状足，外壁较直，颈部饰窄凸线饕餮纹；鬲为方棱体圆拱耳，肥胖袋足空足，饰弦纹和人字纹；鼎既有直口、折沿、深腹略鼓、圜底弦纹者，也有颈部饰目纹者；瓿形体粗短，饰细线饕餮纹。

本期郑州商城四面城墙已经筑好，并开始修建南城墙外侧和东、西两城墙南段外侧的大城墙；城内夯土台基增加，城内东北部有多座宫殿建筑；南关外铸铜作坊、紫荆山北制骨作坊以及铭功路制陶作坊也已开始使用，因此本期是郑州商城的发展阶段。

二里冈上层一期：以二里冈C1H1、C1H2乙和C1H13乙等单位为代表。陶鬲多为沿唇下折，有的带有子母口，颈部饰圆圈纹，器表绳纹较粗；陶甗也为沿唇下折，细腰，饰粗绳纹；陶斝为敛口折沿；陶爵为前有流，后无尾，腹近直，底稍平；陶盆分直口直腹圜底盆和大敞口浅腹盆；陶豆多为筒形座，上部向外圆鼓，又称为假腹豆；陶大口尊仍为大敞口，长颈，细长腹，肩部饰一周附加堆纹，有的腹上部饰窗棂形花纹。

本期发现的青铜器种类进一步增加，有爵、斝、盉、鬲、鼎、瓿、尊、罍、盘、盂和卣等多种。爵为长流，短尾，颈部斜而内束并饰有弦纹或饕餮纹，腹略鼓，底较平，下附三锥状足，流口间有半月形顶帽的矮双柱或圆鼓形顶帽的双柱及独柱；斝为大敞口，长颈向下内收，鼓腹，平底或微鼓，三锥状空足，口沿前部有二柱，口沿后部的颈与腹间有扁体弧形錾；鬲为敛口，卷沿，深腹，袋状足加高足尖；鼎有大型方鼎、大型圆鼎、圜底深腹锥状足鼎和浅腹扁足鼎；瓿为大敞口，长颈，细腰或粗腰，平底，下有喇叭形圈足座，座上有镂孔；罍的颈部与肩部有折棱，深腹略鼓，下附带镂孔的圈足，也有的颈与肩之间无明显分界。此外，大敞口折肩鼓腹圈足尊、素面盘、中柱盂和提梁卣也是本期新出现的器类。

本期郑州商城城墙继续使用，早期的夯土建筑有些仍在使用，但在城内东北部又修建了10号、8号、13号、101号和102号等大型建筑，宫殿区面积进一步扩大。此外、在宫殿区内还建有大型石砌蓄水池、石砌供水管道、木结构框架的水井等供水系统；原有的铸铜、制陶和制骨作坊继续使用，并在北城墙外新建一座铸铜作坊；在今郑州东里路、顺河路、白家庄、二里冈、北二七路和铭功路等地均发现有青铜器墓，并在郑州商城西城墙北段外侧的张寨南街和东南城角的向阳回族食品厂发现本期偏晚阶段的青铜器窖藏坑。

从上述迹象判断，本期应是郑州商城的繁荣期。

二里冈上层二期：以郑州白家庄遗址上层，郑州医疗机械厂西院T5、T6二层等为代表。陶鬲为折沿，沿面斜直，唇部下折，器表饰粗绳纹；陶甗唇沿多呈方折状，有的沿面还有一周凹槽，腹部圆鼓，袋足瘦细；陶斝的内折棱上多有一周凹槽；陶爵的腹身加长，底部已由平底发展成圜底；陶豆的圈足座皆为上下粗而中间细；陶簋为敛口、折沿，深腹下部略鼓，下附圈足；陶盆多为大敞口，折沿，圜底浅腹；大口尊也为喇叭形口，方唇，长颈斜直，肩部微鼓，但腹部加长，壁近直，在上腹部也有的饰窗棂纹，并且肩部也有兽面形握手的。

本期青铜器种类主要有爵、斝、鬲、鼎、瓿、盉、尊和罍等。爵流较弯曲，尾较短，腹圆鼓，底部已稍成圜形，流口间双柱高且柱顶圆鼓；斝为大敞口，长颈内收，腹部圆鼓，底部微凸近圜，口沿边双柱较高，柱顶饰涡纹；鬲为敛口，沿外卷，方唇，分裆，肥胖袋状足，矮圆锥状足尖；鼎为大口，沿外折，方唇，深腹略鼓，圜底，三锥状空足；瓿为大敞口，长颈，束腰，平底，下有喇叭形圈足座，座底部周边有折棱，腰部饰饕餮纹，圈足上饰夔纹并有三个十字形镂孔。

属于此期的重要遗迹甚多：在郑州商城西城墙南段外侧发现有本期的青铜窖藏坑；在今人民公园，白家庄，东、西大街以及郑州商城南半部均发现有该期的青铜器墓；在黄委会1号高楼宿舍区发现有夯土遗存，在宫殿区内发现同期的绳纹板瓦，当与宫殿建筑有关；在紫荆山路中段还发掘出一段东西向的夯土墙，其已知长度超过百米。

上述迹象表明这一时期郑州商城仍在使用，仍有重要的王事活动，但已经从繁荣走向衰落。

经过长期的考古发掘，郑州商城各阶段均采集有较丰富的测年标本。在"夏商周断代工程"启动以后，又进行了数次发掘，获得了"夏商周断代工程"所要求的系列测年样品。同时，为了确定郑州商城的年代上限，"夏商周断代工程"也对直接压在郑州商城城墙下的二里头文化洛达庙类型的有关遗存进行了$^{14}$C测年。

考古所常规实验室用常规法测定洛达庙类型中期样品2个、洛达庙类型晚期样品4个、二里冈下层一期样品5个、二里冈下层二期样品5个、二里冈上层一期样品1个、二里冈上层二期样品3个，北大常规实验室用常规法测定洛达庙类型晚期样品2个、二里冈下层一期样品1个、二里冈下层二期样品2个、二里冈上层一期样品3个、二里冈上层二期样品1个、期别不明样品1个（编号XSZ092，乃T65H所出骨头样品），共30个，其中20个样品进行了测定和日历年代校正，现将测年数据列为表5-3。

### 表 5-3 洛达庙类型中晚期遗存和郑州商城分期及常规 $^{14}$C 测年数据

| 实验室编号 | 样品来源（原编号） | 考古分期 | 测定物质 | $^{14}$C年代数据（5568，1950） | 单个样品数据校正年代（BC）（68.2%） | 系列样品数据校正年代（BC）（68.2%） |
|---|---|---|---|---|---|---|
| | | | | Boundary 上边界 | | 1685—1580 |
| ZK-5381 | ZSC8IIT265H58 | 洛达庙中期 | 兽骨 | 3270±37 | 1620—1490 | 1616—1572 |
| ZK-5383 | ZSC8IIT264H80 | | 兽骨 | 3275±37 | 1620—1510 | 1616—1572 |
| XSZ142 | ZSC8IIT155G3 | 洛达庙晚期 | 兽骨 | 3311±36 | 1680—1570（1.3%）<br>1630—1520（66.9%） | 1568—1522 |
| ZK-5379 | ZSC8IIT261⑥ | | 兽骨 | 3333±36 | 1690—1580（45.0%）<br>1570—1520（23.2%） | 1567—1525 |
| ZK-5378 | ZSC8IIT261H28 | | 人骨 | 3164±38 | 1500—1470（17.1%）<br>1460—1400（51.1%） | 1520—1488 |
| ZK-5375 | ZSC8IIT268H68 | | 兽骨 | 3232±32 | 1525—1445 | 1575—1565（1.8%）<br>1530—1485（66.4%） |
| ZK-5380 | ZSC8IIT265H56 | | 兽骨 | 3298±34 | 1615—1520 | 1575—1520 |
| | | | | Boundary 洛达庙晚期至二下一界面 | | 1509—1479 |
| ZK-5371 | ZSC8IIT166G2 | 二下一 | 兽骨 | 3261±35 | 1610—1550（30.0%）<br>1540—1490（38.3%）<br>1480—1450（9.8%） | 1499—1493（7.0%）<br>1481—1453（61.2%） |
| ZK-5373 | ZSC8IIT203H56 | | 兽骨 | 3202±37 | 1515—1430 | 1490—1452 |
| ZK-5370 | ZSC8IIT159 | | 兽骨 | 3174±41 | 1500—1405 | 1490—1453 |
| ZK-5369 | ZSC8IIT201H105 | 二下二 | 兽骨 | 3221±36 | 1520—1440 | 1459—1431 |
| XSZ144 | ZSC8IIT202H60 | | 兽骨 | 3184±35 | 1500—1410 | 1456—1427 |
| XSZ147 | ZSC8IIT236H156 | | 兽骨 | 3148±35 | 1490—1470（6.8%）<br>1450—1390（57.4%）<br>1330—1320（4.0%） | 1451—1421 |
| ZK-5368 | ZSC8IIT201H69 | 二上一 | 兽骨 | 3130±34 | 1440—1370（55.9%）<br>1340—1310（12.3%） | 1426—1392 |
| XSZ145 | ZSC8IIT234H8 | | 兽骨 | 3140±35 | 1490—1480（3.5%）<br>1450—1380（56.6%）<br>1340—1320（8.1%） | 1428—1396 |
| XSZ146 | ZSC8IIT234G3 | | 兽骨 | 3138±37 | 1490—1480（3.6%）<br>1450—1380（55.1%）<br>1340—1320（9.4%） | 1427—1393 |
| XSZ141 | ZSC8IIT202G1 | | 兽骨 | 3125±48 | 1490—1480（2.3%）<br>1450—1370（48.7%）<br>1360—1310（17.2%） | 1427—1390 |
| ZK-5366 | ZSC8IIT201H2 | 二上二 | 兽骨 | 3136±34 | 1490—1480（1.2%）<br>1440—1380（56.6%）<br>1340—1320（10.4%） | 1400—1370（37.2%）<br>1340—1315（31.0%） |

续表

| 实验室编号 | 样品来源（原编号） | 考古分期 | 测定物质 | $^{14}C$年代数据（5568，1950） | 单个样品数据校正年代（BC）（68.2%） | 系列样品数据校正年代（BC）（68.2%） |
|---|---|---|---|---|---|---|
| ZK-5372 | ZSC8IIT159H17 | 二上二 | 兽骨 | 3030±38 | 1380—1330（20.4%）<br>1320—1250（37.1%）<br>1240—1210（10.8%） | 1380—1360 |
| ZK-5353<br>XSZ081 | ZZH12 | | 木炭 | 3077±34（均值） | 1410—1310（65.7%）<br>1280—1260（2.5%） | 1395—1315 |
| Boundary 下边界 | | | | | | 1365—1270 |

北京大学重离子物理研究所在 2000 年之前曾用 AMS 测定过一批郑州商城的样品（编号冠以 SA），后来在 2007—2008 年又用新的小 AMS 测定了一批郑州商城的样品（编号冠以 BA）。用这两个阶段的测年数据合起来进行了系列样品年代校正，系列中包括洛达庙类型晚期样品 19 个、二里冈下层一期样品 16 个、二里冈下层二期样品 8 个、二里冈上层一期样品 8 个、二里冈上层二期样品 6 个，共 57 个。现将测年数据列为表 5-4。

**表 5-4　郑州商城遗址系列样品的 AMS $^{14}C$ 测年数据**

| 分期 | 发掘编号 | 样品类型 | 实验室编号 | $^{14}C$ 年龄（BP） | 校正后日历年代 68% 置信区间（BC） |
|---|---|---|---|---|---|
| 起始边界 | | | | | 1616—1576 |
| 洛达庙晚期 | T232H230 | 木炭 | SA99067 | 3320±55 | 1594—1542 |
| | T232H231 | 骨头 | SA99068SA | 3360±60 | 1591—1541 |
| | T155G3 | 骨头 | SA99076 | 3295±50 | 1595—1546 |
| | T203H46 | 骨头 | SA99079 | 3250±35 | 1598—1554 |
| | T232H233 | 木炭 | SA99110 | 3290±35 | 1596—1547 |
| | T422 夯 10 | 骨头 | BA07600 | 3295±35 | 1596—1546 |
| | T422 夯 9 | 骨头 | BA08305 | 3265±30 | 1598—1554 |
| | T422H94 | 骨头 | BA07267 | 3240±30 | 1598—1561 |
| | | | BA07594 | 3260±40 | |
| | | | BA08306 | 3245±30 | |
| | T58 ⑥ | 骨头 | BA07272 | 3280±30 | 1598—1550 |
| | T58 ④ | 骨头 | BA07271 | 3255±35 | 1598—1553 |
| | T422H81 | 骨头 a | BA07265 | 3340±30 | 1598—1558 |
| | | | BA07767 | 3285±50 | |
| | | 骨头 b | BA07595 | 3230±40 | |
| | | 骨头 c | BA07596 | 3305±35 | |
| | | 骨头 d | BA07597 | 3255±35 | |
| | | 骨头 e | BA07598 | 3265±40 | |
| | | 骨头 f | BA07599 | 3235±40 | |

续表

| 分期 | 发掘编号 | 样品类型 | 实验室编号 | $^{14}C$ 年龄（BP） | 校正后日历年代 68% 置信区间（BC） |
|---|---|---|---|---|---|
| 二里头–二里冈 | | | | | 1561—1531（62.6%） 1522—1519（5.6%） |
| 二里冈下层 一期 | T232 夯土Ⅶ下垫土 | 木炭 | SA99066 | 3245±50 | 1529—1495 |
| | T232 夯土Ⅶ | 木炭 | SA99070 | 3285±40 | 1539—1503 |
| | T207 夯土墙 | 骨头 | SA99078 | 3285±85 | 1537—1498 |
| | T166G2 | 骨头 | SA99074 | 3280±40 | 1523—1500 |
| | | 骨头 | BA07282 | 3225±30 | |
| | C1H9：25 | 卜骨 | SA99057 | 3290±45 | 1540—1503 |
| | C1H9：43 | 骨匕 | SA99061 | 3290±40 | 1540—1505 |
| | C1H10：31 | 卜骨 | SA99034 | 3205±45 | 1521—1496 |
| | T232 夯土Ⅵ | 木炭 | SA99069 | 3280±65 | 1536—1499 |
| | T203H56 | 骨头 | SA99077 | 3245±40 | 1526—1496 |
| | 97XNH69 | 卜骨 | SA99073 | 3220±35 | 1521—1498 |
| | T422H79 | 骨头 | BA07264 | 3210±45 | 1520—1500 |
| | | 骨头 | BA08289 | 3215±50 | |
| | | 骨头 | BA08290 | 3250±30 | |
| | 02HYZH1a | 骨头 | BA07269 | 3245±30 | 1524—1497 |
| | 02HYZH1b | 骨头 | BA07289 | 3280±35 | 1538—1502 |
| 二里冈下层 二期 | T233F1 | 骨头 | SA99065 | 3270±35 | 1500—1492（13.2%） 1480—1459（51.8%） |
| | T236H160 | 骨头 | SA99071 | 3185±45 | 1493—1461 |
| | T426H93 | 骨头 | BA07261 | 3270±30 | 1500—1493（12.5%） 1479—1459（55.7%） |
| | T24H65 | 骨头 | BA07273 | 3185±40 | 1493—1461 |
| | T24H66 | 骨头 | BA07274 | 3205±30 | 1492—1460 |
| | T25H31 | 骨头 | BA07280 | 3210±40 | 1492—1460 |
| | T233F1 | 骨头 | BA07281 | 3245±40 | 1496—1491（9.0%） 1483—1459（59.2%） |
| | T18H46 | 骨头 | BA07285 | 3260±30 | 1500—1492（13.1%） 1480—1459（55.1%） |
| 二里冈上层 一期 | T233H19 | 骨头 | SA99114 | 3225±30 | 1460—1435 |
| | T234H8 | 骨头 | SA99123 | 3265±40 | 1463—1437 |
| | T234G3 | 骨头 | SA99124 | 3150±50 | 1455—1426 |
| | T1H1 | 骨头 | SA99039 | 3125±40 | 1449—1424 |
| | T26H67 | 骨头 | BA07275 | 3205±30 | 1459—1433 |

续表

| 分期 | 发掘编号 | 样品类型 | 实验室编号 | $^{14}$C 年龄（BP） | 校正后日历年代 68% 置信区间（BC） |
|---|---|---|---|---|---|
| 二里冈上层一期 | T26H75 | 骨头 | BA07278 | 3130±30 | 1446—1422 |
| | T23H52 | 骨头 | BA07287 | 3210±45 | 1460—1432 |
| | T22H29 | 骨头 | BA07288 | 3220±30 | 1460—1435 |
| 二里冈上层二期 | T159H17 | 骨头 | SA99111 | 3190±35 | 1431—1410 |
| | T159G1 | 骨头 | SA99125 | 3155±35 | 1430—1409 |
| | 小双桥 H116 | 骨头 | SA99108 | 3095±35 | 1429—1404 |
| | T26H48 | 骨头 | BA08296 | 3165±30 | 1430—1410 |
| | T14H5 | 骨头 | BA08301 | 3130±30 | 1428—1405 |
| | | 骨头 | BA08302 | 3105±30 | |
| 终止边界 | | | | | 1419—1395 |

另外，在郑州商城中部偏东的郑州电力学校内发现一座二里冈上层一期阶段的水井，编号为 T1J3，从该水井中出土了保存完好的井框圆木。通过对圆木的常规 $^{14}$C 系列测年，得出其最外轮年代为公元前 1407—前 1390 年，这应是该井的建造年代，这就为判断二里冈上层一期的绝对年代提供了重要的年代数据（表 5-5）。

表 5-5　郑州二里冈上层一期水井井框圆木常规 $^{14}$C 测年数据

| 实验室编号 | 树轮轮数（由内向外） | 测定物质 | $^{14}$C 年代数据（5568，1950） | 系列样品数据校正年代（BC）（68.2%） | 备注 |
|---|---|---|---|---|---|
| ZK-5354j | 61—70 轮 | 树轮木 | 3236±36 | 1497—1480 | |
| ZK-5354h | 81—90 轮 | 树轮木 | 3194±37 | 1477—1460 | |
| ZK-5354g | 91—100 轮 | 树轮木 | 3186±35 | 1467—1450 | |
| ZK-5354f | 101—100 轮 | 树轮木 | 3156±36 | 1457—1440 | |
| ZK-5354e | 111—120 轮 | 树轮木 | 3199±36 | 1447—1430 | |
| ZK-5354d | 121—130 轮 | 树轮木 | 3191±36 | 1437—1420 | |
| ZK-5354c | 131—140 轮 | 树轮木 | 3115±34 | 1427—1410 | |
| ZK-5354b | 141—150 轮 | 树轮木 | 3091±35 | 1417—1400 | |
| ZK-5354a | 151—160 轮 | 树轮木 | 3085±36 | 1407—1390 | 最外轮 |

## 2. 偃师商城的发现、分期与测年

### （1）偃师商城的发现与概况

偃师商城位于河南省偃师市西郊，西南距二里头遗址约 6 千米，西距洛阳汉魏故城遗址约 8 千米。自 1983 年偃师商城发现以来，中国社会科学院考古研究所偃师商城考古队（即河南第二工作队）在这里进行了多年发掘工作，取得了一系列的重大发现，基本弄清了偃师商城的年代、布局和性质[①]。

偃师商城北依邙山和黄河，南临洛河与伊河。偃师商城大城城郭大致呈长方形，但其东南角内凹。城墙南北长 1700 米，东西宽 1200，周长近 5500 米，城址总面积 200 余万平方米。墙基一般宽 17—19 米，局部宽度超过 20 米，城墙残存的最大高度约 3 米。城墙夯土坚硬致密，现已探明东、西、北三面城墙上共有 5 座城门（南墙城门情况不明）。城墙外侧环绕着 18—20 米宽的护城河。

在偃师商城内，发现了贯通城门的道路网络，城内偏西南处有宫城。宫城大体呈正方形，面积约 4 万平方米，四周有宽约 2 米的宫墙。宫殿建筑则密集分布在宫城的中、南部，发掘表明，这里的宫殿规模宏大，结构复杂，如二号宫殿的主殿台基面阔超过 90 米，是已知商代早期规模最大的宫殿单体建筑之一。宫城内还有多座水井和较完备的排水系统，其东、西两侧各有一条用石板垒砌或上铺木料封盖的排水暗渠。

在偃师商城的西南隅，有一处面积超过 4 万平方米的建筑群，其四周也有围墙，墙内则是成排的长条形建筑基址，共 6 排，每排 16 座。每座基址南北长 20 多米，东西宽 6 米余。这些基址的室外有廊，室内则由纵向隔墙等分成三部分。从基址的形状及其整齐的布局来看，这里应是当时府库一类的建筑。在宫城的东北方，也发现有类似的建筑群。

此外，在偃师商城中部和北部发现多处中、小型建筑，窖穴，水井，灰坑等遗存，另外还有制陶作坊遗址；在偃师商城的东北隅则发现商代早期的铸铜遗迹（图 5-3）。

"夏商周断代工程"启动以后，设立了"偃师商城年代与分期研究"专题。围绕着偃师商城的年代学研究，专题组于 1996 年、1997 年和 1998 年连续在偃师商城组织了一系列考古发掘，发掘地点 7 个，发掘面积超过 10000 平方米，获得若干在偃师商城的年代学研究方面具有重要意义的考古资料，为偃师商城的分期和年代研究奠定了坚实的基础。其中最为重要的成果包括以下几项。

一是偃师商城小城的发现与发掘。1997 年，通过考古钻探和发掘，专题组确认偃师商城有大小城之分，原先确定的夯土城垣是偃师商城的大城城垣，在大城之内还有小城，其平面大致呈长方形，南北长约 1100 米，东西宽约 740 米，面积约 80 万平方米。偃师商城小城的南、西城墙以及东城墙的南段，与大城城墙重合；北城墙则自大城的西二城门向东延伸，经发掘表明，小城的北城墙中段内凹，城墙形成四个直角拐折，其墙基宽度为 6—7 米，基槽深度不足半米，城墙两侧有坡度较缓的护坡，其建筑方法同大城城墙基本一致。偃师商城小城的发现，不仅有助于了解偃师商城本身的年代和布局，而且对于研究中国古代城市的发展演变有重要意义[②]。

二是大城东北隅的发掘。为了解偃师商城城墙的建造方式并确定其建造年代，专题组于 1996 年和 1997 年对偃师商城大城的东北隅进行了发掘，成功地将该段城墙和

① 中国社会科学院考古研究所洛阳汉魏故城工作队：《偃师商城的初步勘探与发掘》，《考古》1984 年第 6 期。中国社会科学院考古研究所河南第二工作队：《1983 年秋季河南偃师商城发掘简报》，《考古》1984 年第 10 期；《1984 年春偃师尸乡沟商城宫殿遗址发掘简报》，《考古》1985 年第 4 期；《河南偃师尸乡沟商城第五号宫殿基址发掘简报》，《考古》1988 年第 2 期；《偃师商城第 II 号建筑群遗址发掘简报》，《考古》1995 年第 11 期。

② 中国社会科学院考古研究所河南第二工作队：《河南偃师商城小城发掘简报》，《考古》1999 年第 2 期。

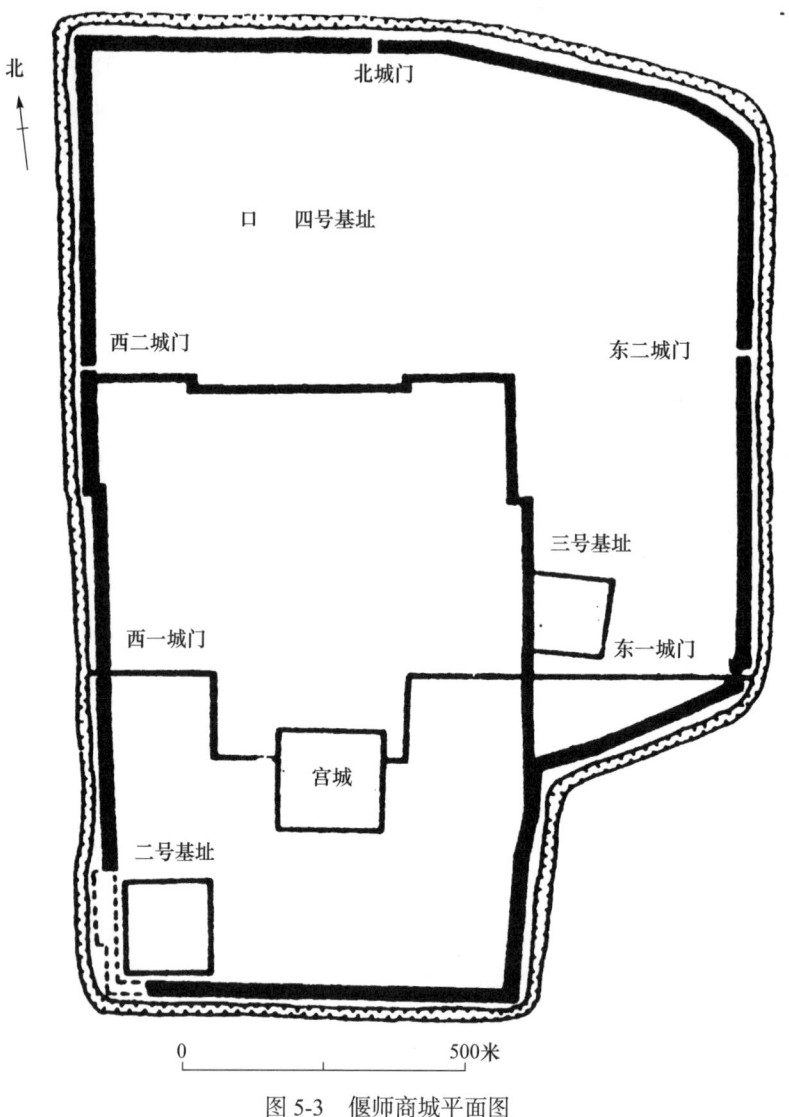

图 5-3　偃师商城平面图

城壕清理出来。发掘表明，大城城墙现存高度约 2.3 米，顶部宽 14 米，底部宽 19 米。其夯筑方法是先挖基槽（深度在 1.2 米以上），在槽内填土夯筑，槽平以后，用版筑法夯筑墙体，城墙分段夯成，所用土取自城壕和附近空地。城壕与城墙平行，口部宽约 20 米，深 6 米，其横剖面呈倒梯形，沟内有约 2 米厚的商代淤土层，其上则是东周文化层。城墙内侧有护城坡，由人工夯层和人工铺筑料姜层构成，其上面则因为长期的践踏而形成路土面。此外，在城内道路上分布有一些墓葬，已经清理 17 座，其中有些随葬有陶器或青铜器。而在这段护城坡的下面发现 3 座小灰坑，其中出土有薄胎细绳纹的卷沿鬲和铜渣、陶范等物，据研究，其陶器特征和郑州二里冈 C1H9 出土的同类器物类似[1]。

　　三是宫殿基址的发掘。偃师商城宫城位于其小城的中轴线上，但在偃师商城扩建

————————————————————

[1]　中国社会科学院考古研究所河南第二工作队：《河南偃师商城东北隅发掘简报》，《考古》1998 年第 6 期。

后，宫城则位于偃师商城大城的偏西南处。宫城内的建筑大体上分为东西两群，其中属于东群的四、五、六号宫殿基址在"夏商周断代工程"启动之前已经发掘完毕，1996—1998 年偃师商城考古队对宫城西组建筑基址进行了五次大规模的钻探和发掘，发现这是一组由多个院落组成、相互之间有通道的建筑群。这些建筑的建造可以分为三个阶段：其中一、二、七号宫殿在偃师商城商文化第 2 段时已经建成使用；在偃师商城商文化第 3 段时，二号宫殿向西扩建，七号宫殿改建成三号宫殿；在偃师商城商文化第 5 段时，三号宫殿新建一座西庑[①]。

四是偃师商城小城西北隅和北城墙的发掘。为了解偃师商城小城城墙的建造方式及其年代，专题组于 1997 年对小城北城墙东部进行了发掘，将其东部的两个拐折揭露出来。发掘表明在小城城墙的两侧有坡度较缓的护城坡，其上叠压着路土；在城墙北侧发现一条壕沟，可能是当时的排水设施；城墙内外则分布有 22 座商代早期的墓葬，多数直接打破护城坡，个别打破城墙基槽和城墙墙体；在城墙夯土下面叠压着一条人工水沟 G2，沟在城墙内侧部分所出土的陶片大体属于偃师商城商文化第 2 段[②]。发掘者指出，按照通常的理解，被城墙夯土所叠压的 G2 之年代就是城墙始建年代的上限，换言之，偃师商城的始建当不早于偃师商城商文化第 2 段。但针对该水沟内堆积的特殊性，发掘者认为城内水沟中的上层灰土堆积是在城墙建成之后形成的，可以视为城墙建造年代的下限；结合打破城墙附属堆积的墓葬中有的早到了偃师商城商文化的第 3 段，同时考虑到偃师商城整个城址建造过程中的有关情况，发掘者"初步认为把小城的修建年代，推定在当地商文化的第 1、2 段之际比较妥当，至迟是在第 2 段偏早时候"[③]。

（2）偃师商城的分期与测年

经过近 20 年的考古发掘，在偃师商城获得了一系列可靠的地层打破关系，为偃师商城商文化的分期奠定了基础。偃师商城的文化分期，建立在严格的地层学基础之上，通过对系列地层叠压打破关系的排列，首先建立起偃师商城典型地层单位的文化编年序列，然后根据各个地层出土器物的特征和变化再划分出有关的期、段。

偃师商城商前期文化共分为三期 6 段，每期各有早、晚两段。偃师商城商前期文化第 1—6 段是一个连续的文化发展过程，其间没有缺环。各段典型地层单位和主要陶器特征如下（图 5-4）。

第 1 段：以 84ⅦT14H17，96ⅦT28 ⑨、⑩等为代表。陶鬲夹细砂，器表不见砂粒，薄胎，胎质细腻而坚实，陶色较深，细绳纹，圆唇，宽沿卷侈，领跟圆滑无折棱。深腹，袋足偏瘦而垂鼓，足尖细高，多为素面，个别有绳纹。深腹罐主要有三型：盘口平底、方沿圜底和高领圜底深腹罐。捏口罐多为泥质灰陶，胎质细腻坚实，主要有两种型式：A 型，圆唇外卷，颈高而直，颈与肩界限分明，中绳纹较凌乱，陶胎稍厚，陶色浅；B 型，小口，圆唇翻沿，或尖唇平折沿，短颈，肩部不凸现。陶胎

① 据杜金鹏执笔的《"偃师商城年代与分期研究"专题结题报告》，"夏商周断代工程"档案，结题卷 04-10。
② 中国社会科学院考古研究所河南第二工作队：《河南偃师商城小城发掘简报》，《考古》1999 年第 2 期。
③ 杜金鹏、王学荣、张良仁：《偃师商城小城的发现及其意义》，《考古》1999 年第 2 期。

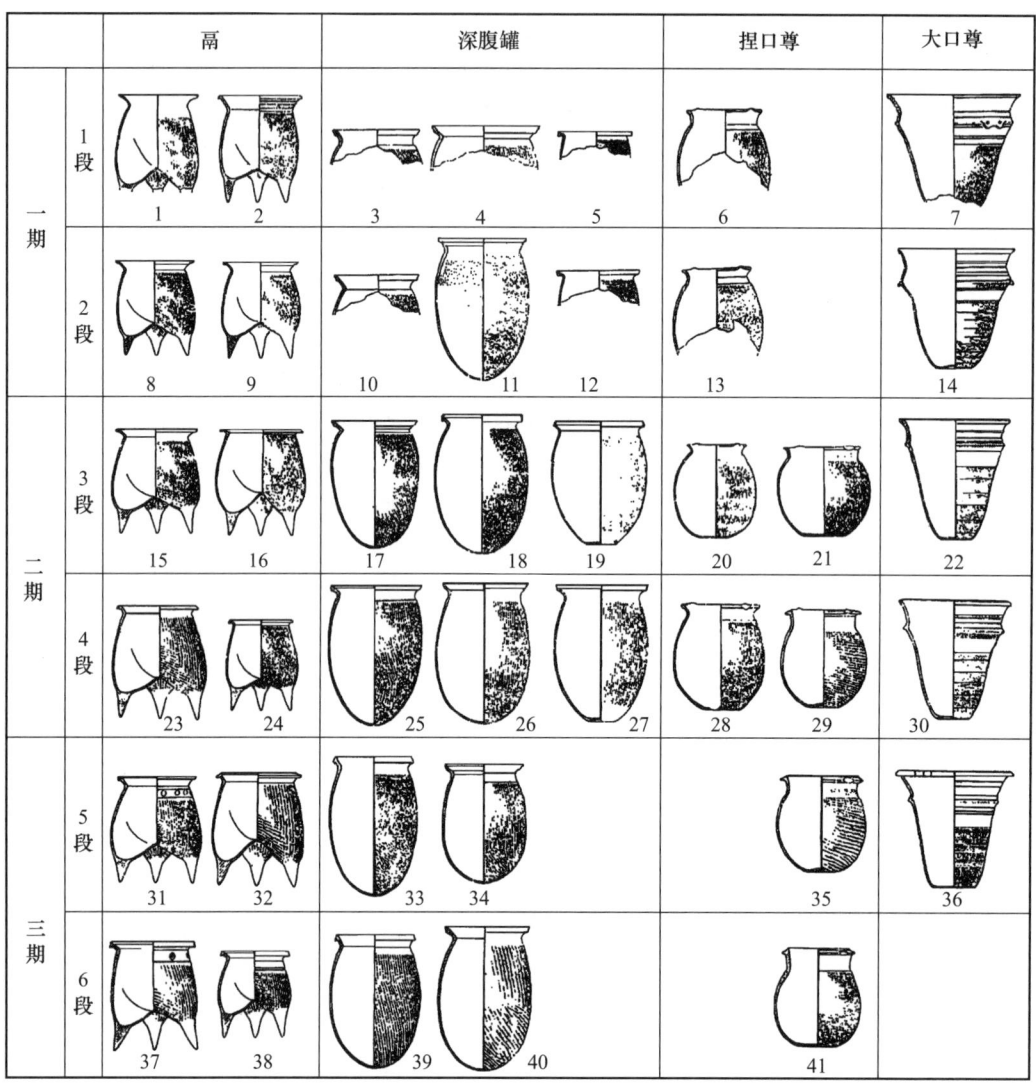

图 5-4　偃师商城典型陶器分期图

1. 84ⅦT14H17：1　2. 84ⅦT14H17：2　3. 96ⅦT28 ⑨：2　4. 96ⅦT28 ⑩：23　5. 96ⅦT28 ⑩：24
6. 96ⅦT28 ⑩：2　7. 96ⅦT28 ⑩：8　8. 89ⅣT19H72：3　9. 89ⅣT19H72：14　10. 96ⅦT28 ⑧：4
11. 86ⅦT24H56：7　12. 97ⅦT32 ⑨ a：20　13. 89ⅣT19H72：9　14. 88ⅣT4H5：5　15. 83ⅢT2M3：1
16. 88ⅣT7H2：1　17. 85ⅦT21H35：2　18. 92ⅣT37H134：10　19. 88ⅣT7H2：7　20. 96ⅣT102H166：1
21. 89ⅣT19H35：4　22. 92ⅣT37H134：8　23. 86J1D6H25：52　24. 86J1D6H25：36　25. 96ⅦT27 ⑦：1
26. 86J1D6H19：8　27. 89IT1H2：3　28. 86J1D6H25：24　29. 86J1D6H25：17　30. 92ⅣT31H116：5
31. 85VT1H3：1　32. 85VT1H3：3　33. 85VT1H3：4　34. 89ⅣT19H34：14　35. 92ⅣT39H147：3
36. 83ⅦIT2H1：10　37. 90ⅣT30H97：2　38. 84J1D4H42：8　39. 96J1D2H2：1　40. 92ⅣT33 ⑤：2
41. 85ⅦT19H27：14

薄，陶色深，细绳纹，有的口颈上留有未抹尽的绳纹。

　　第 2 段：以 89ⅣT19H72，96IIT11H8、96IIT11H9、96VIIT28 ⑧等为代表。陶鬲为夹细砂灰陶，沿面上往往凸现细砂粒，薄胎，圆唇，宽卷沿，领跟常常有手抹形成的棱线，有的领跟出现折棱，口沿平卷，腹深，尖锥足较高，光素无纹，细绳纹直而长，有的口沿背面仍见抹而未尽的绳纹。深腹罐仍然包括上述三种型式。捏口罐多为夹细砂灰陶，圆唇小卷沿，有的沿面上出平台，颈短内束，鼓腹，绳纹中等偏细，领上绳纹抹而不尽依稀可见。

第3段：以96ⅣH166、H179等为代表。陶鬲夹细砂灰陶，陶色多泛黄，薄胎，细绳纹，圆唇斜折沿，沿较前变窄，少数圆唇卷沿，而常见者为沿面出平台、凹槽，沿面内侧形成小榫，腹浅而肥，圆锥足尖较高，光素无纹。深腹罐仍有三型。捏口罐为夹细砂灰陶，圆唇高领，溜肩，细绳纹。

第4段：以86J1D6H25、H26、H19等为代表。陶鬲为夹砂灰陶，常见两种型式：一种是斜折沿，沿面内缘凸榫，外缘斜垂，领跟折棱尖锐，腹稍浅，胎偏厚，绳纹偏细。一种是圆唇卷沿，有的平卷，有的下缘垂卷，胎稍厚，绳纹偏粗，腹深。深腹罐只有盘口平底和高领圜底两种型式。捏口罐为夹砂灰陶，有的为圆唇卷沿或平折沿，含砂少，胎质硬，陶色深，竖饰细绳纹；有的为平折沿，沿面内侧出凹槽、小榫，含砂多，胎质脆，陶色浅，多横饰中绳纹。

第5段：以95ⅣH203、97ⅣT53M7等为代表。陶鬲为夹砂灰陶，陶胎厚，流行粗绳纹。大体可以分为三型：A型，斜折沿，沿面内侧有凸榫且内倾，深腹，袋足外撇较甚，高足尖。偏早者沿面斜、绳纹细，偏晚者沿面平、绳纹粗；B型，窄方沿，沿面斜平，内缘起凸棱，腹浅，足矮，领下有两道旋纹夹一周单圈纹；C型，方沿，外沿面之上缘窄于下缘，内沿面有凹槽。深腹罐有盘口平底和高领圜底两种型式。捏口罐为夹砂浅灰陶，高领，口沿平折，内缘高于外缘，圆鼓腹，横饰粗绳纹。

第6段：以97J1D2H21为代表。陶鬲为夹砂灰陶，含砂量高，胎厚，粗绳纹。A型，斜折沿，沿面内侧起高榫，深腹，袋足外撇较甚；B型，方沿，外沿面斜平或稍弧凹，有的内沿面起一道凹槽，腹变浅，足变矮，颈部常见旋纹和重圈纹；C型，尖唇方沿，内沿面微弧凹，口沿下缘出尖棱。深腹罐为夹砂灰陶，砂多而粗，下腹垂鼓，圜底，粗绳纹，主要有两型：A型，圆唇方沿，外沿面有凹槽，腹深；B型，方圆唇外翻沿，有的沿面有凸榫，腹浅。

除偃师商城商文化第6段暂缺测年标本外，"夏商周断代工程"对其他各期段的系列样品进行了常规和加速器 $^{14}$C 测年。

中国社会科学院考古研究所年代学实验室用常规法测定1段样品3个、2段样品4个、1—2段样品4个、3段样品1个、4段样品7个、5段样品4个、期段不明样品2个。现将其对17个样品的测年数据列为表5-6。

**表5-6 偃师商城分期及常规 $^{14}$C 测年数据**

| 实验室编号 | 样品来源（原编号） | 考古分期 | 测定物质 | $^{14}$C 年代数据（5568, 1950） | 单个样品数据校正年代（BC）（68.2%） | 系列样品数据校正年代（BC）（68.2%） |
|---|---|---|---|---|---|---|
| Boundary 上边界 | | | | | | 1530—1490（61.1%）1485—1470（7.1%） |
| ZK-5417 | VIIT28⑩ | 1 段 | 兽骨 | 3220±36 | 1520—1440 | 1520—1488（56.4%）1485—1470（18.1%） |

续表

| 实验室编号 | 样品来源（原编号） | 考古分期 | 测定物质 | $^{14}C$年代数据（5568, 1950） | 单个样品数据校正年代（BC）（68.2%） | 系列样品数据校正年代（BC）（68.2%） |
|---|---|---|---|---|---|---|
| ZK-5416 | ⅦT28 ⑨ | 1 段 | 兽骨 | 3219±34 | 1520—1440 | 1519—1488（56.2%）<br>1480—1471（12.0%） |
| ZK-5424 | ⅦT28 ⑧ | 2 段 | 兽骨 | 3252±34 | 1600—1560（19.8%）<br>1530—1490（30.8%）<br>1480—1450（17.6%） | 1502—1490（19.0%）<br>1480—1456（49.2%） |
| ZK-5453 | 小城 T54G1 | | 木炭 | 3258±36 | 1610—1550（26.9%）<br>1540—1490（28.8%）<br>1480—1450（12.5%） | 1503—1490（19.8%）<br>1480—1455（48.0%） |
| ZK-5447 | ⅦT0200H19 晚期宫城西墙， | | 木炭 | 3150±37 | 1500—1470（8.4%）<br>1460—1390（56.1%）<br>1330—1320（3.7%） | 1494—1454 |
| ZK-5436 | J1D2T1010 白色路土 | | 木炭 | 3218±34 | 1520—1440 | 1497—1456 |
| ZK-5402 | ⅣT32HG2 | 3 段 | 木炭 | 3237±37 | 1525—1435 | 1472—1444 |
| ZK-5442 | T0301H94 | | 木炭 | 3158±48 | 1500—1390（65.2%）<br>1330—1320（3.0%） | 1472—1441 |
| ZK-5412 | ⅡT11M27 | 4 段 | 兽骨 | 3207±31 | 1515—1435 | 1456—1427 |
| ZK-5421 | ⅡT11M31 ③ | | 人骨 | 3206±36 | 1515—1435 | 1455—1425 |
| ZK-5403 | ⅣT03H179（水井） | | 兽骨 | 3201±31 | 1500—1430 | 1456—1425 |
| ZK-5400 | ⅣT31H120—H118 下 | | 木炭 | 3191±48 | 1515—1425 | 1440—1415 |
| ZK-5413 | ⅡT11M27 ⑦ A | | 人骨 | 3183±40 | 1500—1410 | 1448—1415 |
| ZK-5415 | ⅦT28 ⑥ | | 兽骨 | 3130±35 | 1440—1370（55.7%）<br>1340—1310（12.5%） | 1436—1405 |
| ZK-5411 | ⅡT11M25 | | 人骨 | 3120±32 | 1430—1370（53.5%）<br>1340—1310（14.7%） | 1432—1404 |
| ZK-5452 | J1D1 路土① | 5 段 | 木炭 | 3126±37 | 1440—1370（54.6%）<br>1340—1310（13.6%） | 1414—1388 |
| ZK-5451 | J1D1G1 | | 木炭 | 3053±34 | 1390—1260 | 1410—1382 |
| Boundary 下边界 | | | | | | 1406—1371 |

　　北京大学重离子物理研究所用 AMS$^{14}$C 法测定 1 段样品 2 个、2 段样品 4 个、3 段样品 2 个、4 段样品 3 个、5 段样品 4 个并做了日历年代校正，现将其结果列为表 5-7。

表 5-7　偃师商城遗址系列样品的 AMS$^{14}$C 测年数据

| 分期 | 发掘编号 | 样品类型 | 实验室编号 | $^{14}C$ 年龄（BP） | 校正后日历年代 68% 置信区间（BC） |
|---|---|---|---|---|---|
| 起始边界 | | | | | 1636—1556 |

续表

| 分期 | | 发掘编号 | 样品类型 | 实验室编号 | ¹⁴C 年龄（BP） | 校正后日历年代 68% 置信区间（BC） |
|---|---|---|---|---|---|---|
| 一期 | 第1段 | 96YSVIIT28⑩ | 骨 | SA00052 | 3190±55 | 1604—1544 |
| | | 96YSVIIT28⑨ | 骨 | SA00053 | 3290±50 | 1606—1538 |
| | 第2段 | 96YSVIIT28⑧ | 木炭 | SA99117 | 3295±40 | 1566—1513（65.4%）<br>1507—1503（2.8%） |
| | | 98YSJ1D2T1009④G3 | 木炭 | SA99013 | 3300±45 | 1564—1513（65.2%）<br>1508—1504（3.0%） |
| | | 98YSVIIT0301H99G10西段 | 木炭 | SA99012 | 3260±40 | 1554—1492 |
| | | 97YSⅣT53G2 | 骨 | SA99121 | 3220±35 | 1525—1488 |
| 二期 | 第3段 | 96YSVIIT28⑦ | 骨 | SA99118 | 3230±45 | 1503—1460 |
| | | 98YSⅣT54H180（下） | 木炭 | SA99008 | 3210±45 | 1502—1460 |
| | 第4段 | 98YSVIIT0502G9 | 木炭 | SA99011 | 3245±35 | 1470—1436 |
| | | 98YSⅣT54⑧ | 木炭 | SA99006 | 3225±45 | 1470—1429 |
| | | 96YSVIIT28⑥A | 骨 | SA99119 | 3110±40 | 1439—1399 |
| 三期 | 第5段 | 98YSJ1D2T0511H64 | 木炭 | SA99005 | 3120±55 | 1425—1368（66.3%）<br>1357—1354（1.9%） |
| | | 98YSJ1T0419Ch③ | 骨 | SA99122 | 3105±40 | 1420—1369（65.5%）<br>1357—1353（2.7%） |
| | | 92YSⅣT34④下 | 竹炭 | SA99009 | 3100±40 | 1416—1368（61.5%）<br>1358—1350（4.9%）<br>1334—1331（1.8%） |
| | | 98YSJ1D2T0412H61 | 竹炭 | SA99002 | 3030±60 | 1408—1348 |
| 终止边界 | | | | | | 1385—1305 |

## 3. 郑州商城、偃师商城的始建和夏商分界的确定

郑州商城和偃师商城是目前已知时代最早的商前期都邑遗址，也是确定商汤都邑最为重要的考古遗存，因此，有关这两座商城始建年代和性质的比较研究，对夏商分界的确定具有重要意义。

在考古学上，判定这两座商城始建年代的依据应是其宫殿和城墙的始建年代。而如有研究者所指出的那样，要真正弄清楚郑州商城和偃师商城城墙的始建年代，需从三个方面加以考察：一是要看城墙（包括与城墙同时建造的护城坡）夯土内时代最晚的陶片的年代——城墙的始建年代不早于城墙夯土内所包含的时代最晚的陶片之年代；二是要看被城墙打破或叠压的时代最晚的遗存的年代——城墙始建时间不早于被城墙打破或叠压的时代最晚的遗存的年代；三是要参看叠压或打破城墙及护城坡的时代最早的遗存的年代——城墙的始建时间不晚于叠压或打破城墙及其护城坡的时代最

早的遗存的年代。由此可比较准确地判断城墙使用时间的上限[1]。

以下对这两座商城的始建年代分别加以讨论。

（1）郑州商城的始建和使用年代

在过去的半个世纪里，考古工作者对郑州商城的四面城墙均进行了多次解剖发掘，获得了一系列重要地层关系，为判定郑州商城的始建年代提供了重要依据。其中最具代表意义的地层关系有以下几组（↓表示叠压或打破）[2]。

1）北城墙

以 C8T27 北城墙东段探沟为例，其地层关系为：

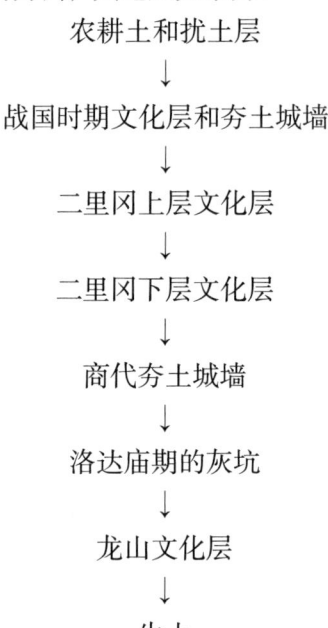

农耕土和扰土层

↓

战国时期文化层和夯土城墙

↓

二里冈上层文化层

↓

二里冈下层文化层

↓

商代夯土城墙

↓

洛达庙期的灰坑

↓

龙山文化层

↓

生土

在上述地层堆积中，二里冈上层文化层以北高南低之势倾斜叠压着商代夯土城墙内侧。该层共清理出同时期的小型房基 5 座、小型墓 7 座和 8 座以狗为牺牲的祭祀坑。文化层内出土有折沿鬲、敛口罍、长颈大口尊、浅盘假腹豆等二里冈上层一期的典型陶器。二里冈下层文化层被二里冈上层文化层所叠压，其下又直接压着商代夯土城墙内侧近底根处。该层包含有卷沿双唇鬲、敞口罍、短颈大口尊、深盘假腹豆等二里冈下层二期典型陶器。商代夯土城墙被直接压在战国时期文化层、二里冈上层一期以及二里冈下层二期的文化层之下。现存城墙顶宽近 12 米、底部宽近 20 米、残高约 4 米。城墙夯土内有少量陶片，多饰有绳纹，也见篮纹和方格纹，能辨认的器形则有罐、瓮、豆、钵、缸和鼎足，分属于龙山文化、洛达庙期和二里冈下层一期。

①　杜金鹏、王学荣、张良仁等：《试论偃师商城东北隅考古新收获》，《考古》1998 年第 6 期。

②　河南省博物馆、郑州市博物馆：《郑州商代城遗址发掘报告》，《文物资料丛刊（1）》，文物出版社，1977 年。
　　河南省文物考古研究所：《郑州商城：1953—1985 年考古发掘报告》，文物出版社，2001 年。

2）东城墙

以 CET7 东城墙北段的探沟为例，其地层关系为：

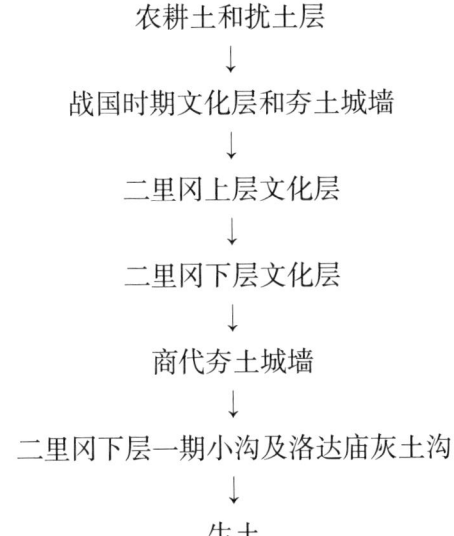

农耕土和扰土层
↓
战国时期文化层和夯土城墙
↓
二里冈上层文化层
↓
二里冈下层文化层
↓
商代夯土城墙
↓
二里冈下层一期小沟及洛达庙灰土沟
↓
生土

此处的文化堆积和前者类似。二里冈上层文化层叠压在商代城墙内侧，属于该时期的遗存主要有小型墓两座和包含一具完整猪骨架的椭圆形坑一座；二里冈下层文化层直接叠压在商代城墙内侧近底根处的夯土层上，其中包含鬲、大口尊、豆、瓮、缸和罐等二里冈下层二期的陶片。这段商代夯土城墙的外侧被战国文化层所叠压，其内侧则被二里冈上层和二里冈下层文化层叠压。现存城墙顶部宽约10.6米、底宽约21米、残高5.4米。城墙夯土层内有鬲、罐、瓮、大口尊和缸等陶片，多为洛达庙期，少量为二里冈下层一期。

3）南城墙

以 CST3、CST4 南城墙中段偏东的两条探沟为例，其地层关系为：

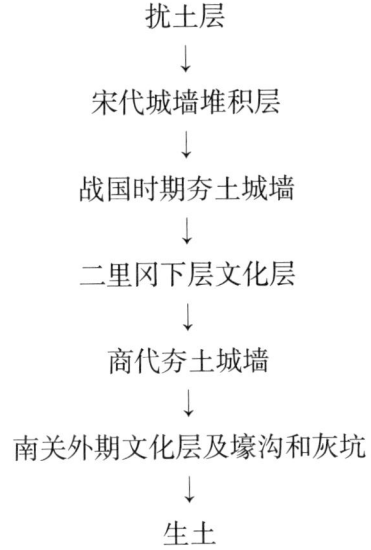

扰土层
↓
宋代城墙堆积层
↓
战国时期夯土城墙
↓
二里冈下层文化层
↓
商代夯土城墙
↓
南关外期文化层及壕沟和灰坑
↓
生土

此处的二里冈下层文化层仅见于 CST3 内，其下叠压着商代城墙内侧底部的夯土层。

属于该层的遗存还包括一座长方形窖穴，其中出土陶片具有二里冈下层二期的特征。此段商代夯土城墙现存顶宽 10.8 米、底部宽 23.4 米、残高 5.7 米。夯土层内包含少量陶片，饰有绳纹或篦纹，但不能辨别其器形。南关外期文化层及灰沟、灰坑位于商代夯土城墙内侧边缘之下，部分被城墙所损毁。文化层、灰沟和灰坑内出土大量南关外期的陶鬲、瓮、盆、大口尊、罐等器物。

4）西城墙

以 CWT5 西城墙中段探沟为例，其地层关系为：

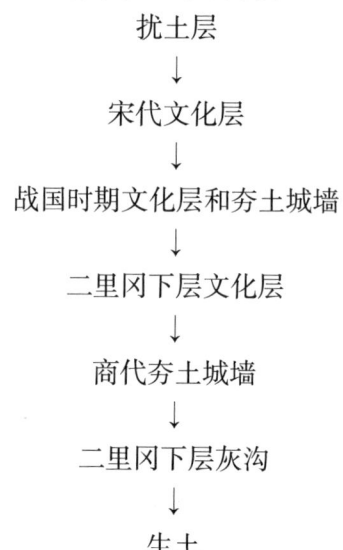

扰土层
↓
宋代文化层
↓
战国时期文化层和夯土城墙
↓
二里冈下层文化层
↓
商代夯土城墙
↓
二里冈下层灰沟
↓
生土

此处发现的二里冈下层文化层部分叠压着商代城墙的内侧夯土层，此外还清理出 3 座同时期的灰坑，均出土有二里冈下层二期的陶片。这段商代城墙顶宽约 6.6 米、底部宽 19.35 米、残高 5.15 米。夯土层内出有鬲、瓮、罐、器盖等碎陶片，属于洛达庙期或二里冈下层一期。二里冈下层灰沟被商代城墙内侧夯土层所叠压，沟呈南北向而与城墙平行。沟内出土盆、罐、大口尊等陶片，属洛达庙期和二里冈下层一期的遗物。

综合郑州商城四面城墙的地层叠压关系，可以归纳为：

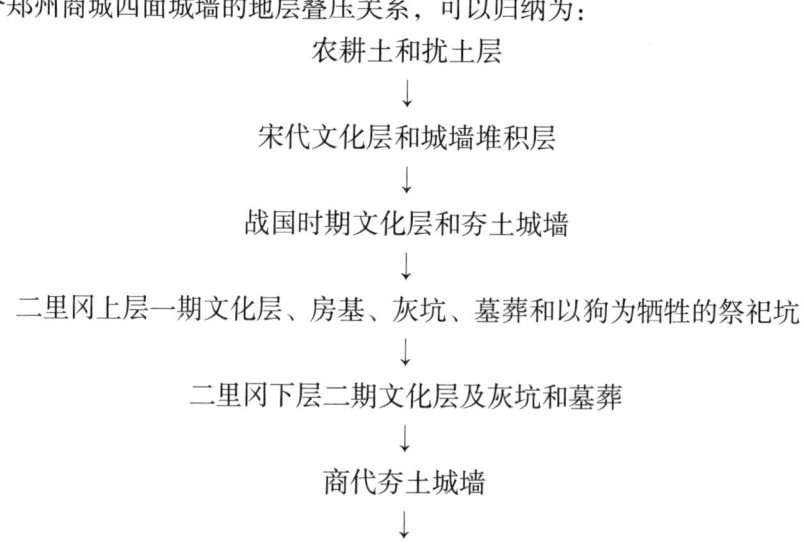

农耕土和扰土层
↓
宋代文化层和城墙堆积层
↓
战国时期文化层和夯土城墙
↓
二里冈上层一期文化层、房基、灰坑、墓葬和以狗为牺牲的祭祀坑
↓
二里冈下层二期文化层及灰坑和墓葬
↓
商代夯土城墙
↓

二里冈下层一期小沟

↓

南关外期文化层及灰沟、灰坑或洛达庙期的灰沟、灰坑

↓

龙山文化层

↓

生土

在上述地层关系中，在多数横截郑州商城城墙的探沟中都发现有二里冈下层的文化层或灰坑、房子、墓葬等遗迹直接叠压或破坏城墙的现象；在有些探沟中则发现城墙压着龙山文化、洛达庙期文化或南关外期文化的文化层、灰坑或灰沟，只在横截东、西城墙的探沟内发现郑州商城城墙叠压着二里冈下层一期的小沟。根据上述地层关系，可以认为郑州商城的夯土城墙晚于洛达庙期和南关外期，更晚于龙山文化，其上限不会早于商代二里冈期下层一期，下限也不会晚于商代二里冈期下层二期。但考虑到郑州商城夯土城墙内所包含的陶片大部分属于洛达庙期，而最晚者也属于二里冈下层一期；同时城墙又被二里冈下层二期的文化层所叠压或打破，因此郑州商城的始建当在二里冈下层一期阶段而不会晚到二里冈下层二期，但其使用时间则一直延续到二里冈上层阶段。

1998 年，"夏商周断代工程"组织在宫殿区发掘，发现一段残长 24 米的夯土墙[1]，与 1985—1986 年河南省文物研究所发掘的夯土墙 CW22[2] 在一条直线上，应为同一道城墙的不同段落，推测是郑州商城宫城城墙的遗留。夯土墙内出土的最晚的遗物为洛达庙晚期陶片，夯土墙打破和叠压的最晚期遗存为洛达庙期灰坑，叠压或打破夯土墙的最早期单位属二里冈下层一期，表明夯土墙的始建年代早于二里冈下层一期，郑州商城与偃师商城一样亦是三重城垣。

（2）偃师商城的始建和使用年代

偃师商城一经发现，发掘者就指出该城址的年代同郑州商城大致平行，即相当于二里冈下层和上层文化时期[3]。但对于偃师商城始建年代的判断，学术界曾经形成过多种观点。

在 1996 年以前，学者在推定偃师商城的始建年代时，常用的地层关系包括以下这些。

第一，1983 年春在位于西城墙的探方 T1 内发现路土 T1L2 叠压着城墙的附属堆积的下层，发掘者认为 T1L2 中所包含的陶器在形制上接近以 C1H9 为代表的郑州二里冈

① 河南省文物考古研究所：《河南郑州商城宫殿区夯土墙 1998 年的发掘》，《考古》2000 年第 2 期；《郑州商城北大街商代宫殿遗址的发掘和研究》，《文物》2002 年第 3 期。

② 河南省文物研究所：《郑州黄委会青年公寓考古发掘报告》，《郑州商城考古新发现与研究 1985—1992》，中州古籍出版社，1993 年。

③ 中国社会科学院考古研究所洛阳汉魏故城工作队：《偃师商城的初步勘探和发掘》，《考古》1984 年第 6 期。

下层一期的同类器物 ①。但也有学者认为，T1L2 所出陶器和 C1H17 所代表的郑州二里冈下层二期的同类器物接近 ②。据此可知偃师商城城墙及其附属堆积的始建年代应不晚于二里冈下层时期。

第二，1983 年在发掘偃师商城西二城门时，在城门内侧发现一批叠压或打破城门内路土的小墓，其中 83YSⅢM7 和 83YSⅢM18 等墓出土的陶器在形制上和 C1H17 为代表的二里冈下层二期陶器接近，由此可以判定偃师商城西二城门的年代不会晚于二里冈下层二期 ③。

第三，1984 年春发掘的偃师商城四号宫殿基址，其下直接叠压着生土，其上则被二里冈上层一期的文化层和灰坑所叠压或打破。因此，四号宫殿基址的废弃年代当不晚于二里冈上层一期 ④。

第四，在发掘偃师商城六号宫殿基址（原五号宫殿下层建筑）时，发现 D6H25 和 D6H26 两座水井，发掘者认为它们是和六号宫殿修建与使用相配套的取水设施 ⑤。水井底部有大量的陶鬲、大口尊、瓮和捏口罐等，应是当时的汲水用器。根据出土陶器的器形特征以及堆积的总体特征，有研究者推测这两座水井挖掘和使用时代不晚于二里冈下层二期 ⑥。

很显然，根据上述地层关系只能确定偃师商城城墙建造年代的下限，即偃师商城城墙的建造年代不晚于二里冈下层时期，而其年代上限则无法确认。1996 年以后，随着下列几组重要地层关系的发现，对偃师商城的始建年代有了更精确的认识。

第一，1996 年偃师商城东北隅的发掘首次以确凿的地层关系将该处城墙的建造年代确定在很小的范围之内 ⑦。其具体地层关系为：

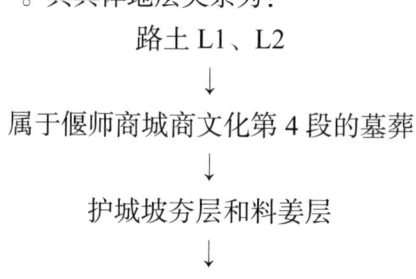

路土 L1、L2

↓

属于偃师商城商文化第 4 段的墓葬

↓

护城坡夯层和料姜层

↓

属于偃师商城商文化第 2 段的三个灰坑 H8、H9 和 H10

① 中国社会科学院考古研究所洛阳汉魏故城工作队：《偃师商城的初步勘探和发掘》，《考古》1984 年第 6 期。

② 邹衡：《西亳与桐宫考辨》，《纪念北京大学考古专业三十周年论文集：1952—1982》，文物出版社，1990 年，第 108—149 页；收入《夏商周考古学论文集·续集》，科学出版社，1998 年，第 123—158 页。

③ 中国社会科学院考古研究所河南第二工作队：《1983 年秋季河南偃师商城发掘简报》，《考古》1984 年第 10 期。

④ 中国社会科学院考古研究所河南二队：《1984 年春偃师尸乡沟商城宫殿遗址发掘简报》，《考古》1985 年第 4 期。

⑤ 中国社会科学院考古研究所河南第二工作队：《河南偃师尸乡沟商城第五号宫殿基址发掘简报》，《考古》1988 年第 2 期。

⑥ 王学荣：《偃师商城“宫城”之新认识》，《中国商文化国际学术讨论会论文集》，中国大百科全书出版社，1998 年，第 69—78 页。

⑦ 中国社会科学院考古研究所河南第二工作队：《河南偃师商城东北隅考古发掘简报》，《考古》1998 年第 6 期。

根据这组地层关系，可以将偃师商城北城墙（包括其附属建筑护城坡）的建造年代确定在偃师商城商文化第 2 段和第 4 段之间。

第二，1997 年偃师商城小城的发现与确认是偃师商城考古发掘与研究的飞跃性进展，为偃师商城始建年代的确定提供了新的重要材料。多处发掘地点的明确地层关系表明，偃师商城的小城早于大城，偃师商城大城的城墙是在小城城墙的基础上扩建而成的，以往发掘的城墙或者是大城城墙，或者是小城、大城城墙的共同体，而 1983 年发掘的 T1、T2、西二城门，1996 年发掘的北城墙 T11，都属于偃师商城的大城城墙，因此，根据这些地层关系所讨论的偃师商城的年代只代表了偃师商城大城的始建年代，但偃师商城城墙的始建年代应以其小城的始建年代为准。

第三，在 1997 年对小城北城墙东部的发掘中，获得了重要的地层关系，有助于判断偃师商城小城的始建年代，这组地层关系是[1]：

偃师商城商文化第 3 段和晚于第 3 段的墓葬 22 座

↓

小城城墙墙体或护城坡

↓

包含偃师商城商文化第 2 段陶片的水沟 98YSⅣT53-T54G2

根据以上地层关系，可以将偃师商城小城城墙建造年代的下限确定在偃师商城商文化第 3 段，上限则是偃师商城商文化的第 2 段。但如前文所述，发掘者认为 G2 的上层堆积是城墙建成后所形成，因此 G2 的年代是偃师商城小城城墙始建年代的下限而非上限，并进而认为城墙的始建年代至迟在偃师商城商文化第 2 段的偏早阶段。

需要指出的是，偃师商城最早的商文化遗存即偃师商城商文化第 1 段目前主要发现于偃师商城宫城北部的"大灰沟"中。根据 1996 年和 1997 年的发掘，"大灰沟" T28 第 8、7、6 层分属于偃师商城商文化第 2、3、4 段，而第 9 和第 10 层则属于第 1 段。发掘者认为，以"大灰沟" T28 第 8 层以及偃师商城大城东北隅 H8、H9 等单位为代表的偃师商城商文化第 2 段与以 C1H9 为代表的二里冈下层一期的文化面貌基本相同，两者的时代也应基本相当；而属于偃师商城商文化第 1 段的"大灰沟" T28 第 9 和第 10 层还出土大量具有浓厚二里头文化第四期风格的器物，据此发掘者认为偃师商城商文化第 1 段的年代上限已经进入二里头文化的第四期[2]。发掘者还指出，在偃师商城商文化第 1—6 段期间，"大灰沟"均是商人进行祭祀的场所，从沟的口部到底部始终有用作牺牲的猪，这表明自偃师商城商文化第 1 段开始就有商人在此活动[3]。如上述分析正确的话，则可能暗示着在二里头文化的第四期商人已经进入夏王朝的核心领地。

① 中国社会科学院考古研究所偃师商城工作队：《河南偃师商城小城发掘简报》，《考古》1999 年第 2 期。
② 中国社会科学院考古研究所河南二队：《河南偃师商城宫城北部"大灰沟"发掘简报》，《考古》2000 年第 7 期。
③ 王学荣等：《偃师商城发现商代早期祭祀遗址》，《中国文物报》2001 年 8 月 5 日第 1 版。

（3）郑州商城、偃师商城的性质和夏商分界的确立

　　自郑州商城发现以来，对于其性质曾经形成过多种观点，但目前学术界主要有两种意见：一种意见认为郑州商城是仲丁的隞都[①]，另一种意见则认为是成汤所居之亳[②]。而对于偃师商城的性质，看法则更为分歧。一些学者认为偃师商城就是董仲舒《春秋繁露·三代改制质文》所记的商汤在"下洛之阳"所建的"宫邑"，即《汉书·地理志》所载殷汤在"尸乡"所建之都，也即西晋皇甫谧《帝王世纪》所称的"西亳"[③]；而另一些学者则认为偃师商城是商初的陪都、太甲的"桐宫"[④]，或商灭夏后在此建立的一座军事重镇[⑤]。此外，也有人认为偃师商城是太戊之都[⑥]或盘庚所居之亳殷[⑦]。

　　郑州商城和偃师商城性质的确定，必须和两座商城的始建年代联系起来考虑。如上所论，郑州商城的始建年代既不会晚于二里冈下层二期，也不会早于二里冈下层一期，而更可能就在二里冈下层一期阶段（也即郑州商城C1H9阶段）；而偃师商城小城城墙建造年代的下限确定在偃师商城商文化第3段，上限则是偃师商城商文化的第2段。由此观之，郑州商城和偃师商城商前期文化遗存的相对年代及其比较研究是判断两座商城性质和始建年代的关键。

　　1997年底，"夏商周断代工程"在郑州和偃师组织召开了"夏、商前期考古年代学研讨会"，对郑州商城、偃师商城出土的商前期陶器进行了全面细致的对比，极大地促进了郑州商城和偃师商城的比较研究。与会专家认为，郑州商城和偃师商城的陶器群明显属于同一文化系统——商文化系统，同时两商城均见部分二里头文化第四期和岳石文化的因素，但商文化因素始终占主导地位。有关专家还指出，偃师商城商文化第一期遗存的年代与以郑州二里冈C1H9为代表的二里冈下层一期遗存的年代大体相当或略有早晚，因此郑州商城和偃师商城的始建年代也大体接近，它们都是已知年代最早的商代都邑。

　　对于考古学上的夏商分界，学术界曾经提出过多种意见，主要有：二里头文化一、二期之间[⑧]，二里头文化二、三期之间[⑨]，二里头文化三、四期之间[⑩]，以及二里头文化

① 安金槐：《试论郑州商代城址——隞都》，《文物》1961年第4、5期，后收入《安金槐考古文集》，中州古籍出版社，1999年，第142—152页。

② 邹衡：《论汤都郑亳及其前后的迁徙》，《夏商周考古学论文集》，文物出版社，1980年，第183—218页。

③ 赵芝荃、徐殿魁：《河南偃师商城西亳说》，《全国商史学术讨论会论文集》（《殷都学刊》1985年增刊），第403—410页。

④ 邹衡：《偃师商城即太甲桐宫说》，《北京大学学报》1984年第4期；《西亳与桐宫考辨》，《纪念北京大学考古专业三十周年论文集：1952—1982》，文物出版社，1990年，第108—149页。

⑤ 郑杰祥：《关于偃师商城的年代和性质问题》，《中原文物》1984年第4期。

⑥ 杜金鹏：《偃师商城始建年代与性质的初步推论》，《华夏文明（第3集）》，北京大学出版社，1992年，第30—46页。

⑦ 彭金章、晓田：《试论偃师商城》，《全国商史学术讨论会论文集》，《殷都学刊》1985年增刊，第411—417页；郑光：《试论偃师商城即盘庚之亳殷》，《故宫学术季刊》第8卷第4期，1991年。

⑧ 仇士华：《关于郑州商代南关外期及其他》，《考古》1984年第2期。

⑨ 殷玮璋：《二里头文化探讨》，《考古》1978年第1期。

⑩ 孙华：《关于二里头文化》，《考古》1980年第6期。

四期与二里冈下层之间 [①] 等说法。很显然，如果仅从考古学文化的演变上来判断夏商王朝的更替尚存在较大的难度，这是因为文化的嬗变和王朝的更替并不同步，所以很难在两个考古学文化之间找到一个准确的分界点来区分夏商。但如果采取另一种方法，即首先确定某个成汤所建立的都邑遗址，再用通常考古学和 [14]C 测年手段，获得该都邑的始建年代，由此就能够推定出一个最接近夏商王朝更替之年的年代数据。而正如上文所述，郑州商城和偃师商城都是已知时代最早的商代都邑遗址，它们的始建年代最接近夏商更替之年，因此两者均可以作为夏商的分界。

## 4. 小双桥遗址的发现、分期与测年

（1）小双桥遗址概况

小双桥遗址位于河南省郑州市西北 20 千米左右的石佛乡小双桥村及其西南部，为邙山向南延伸的余脉尽头，遗址西北 15 千米处为敖山（今称广武山），东南 20 千米左右有郑州商城遗址，东北部则有古荥泽。1989 年秋，当地农民在这里取土时发现青铜器，经鉴定是商前期的建筑饰件。根据这一线索，河南省文物考古研究所郑州工作站立即对青铜器出土地点进行调查，将其命名为小双桥遗址。次年对该遗址进行了发掘，根据出土器物，发掘者推测该遗址可能和商代王室祭祀有关 [②]。1995 年春再次对小双桥遗址进行调查和发掘，确定小双桥遗址南北长 1800 米、东西宽 800 米，总面积达 144 万平方米。

1990 年和 1995 年在小双桥遗址的中心区内先后进行的两次发掘共揭露面积 2000 余平方米，发现大面积的夯土建筑基址、祭祀坑、壕沟以及和青铜冶铸有关的遗存，出土遗物包括青铜器、玉器、石器、原始瓷器、卜骨和带有朱书文字的陶器等。通过对出土器物的整理研究，发掘者明确指出小双桥遗址在年代上晚于郑州商城而又早于安阳殷墟，它可能是郑州商城废弃后的又一个文化中心 [③]。

"夏商周断代工程"启动以后，"小双桥遗址的分期与年代测定"专题组于 1996—2000 年在小双桥遗址的中心区域开展了数次田野发掘和钻探工作，发现有商代夯土建筑基址、大型祭祀场、祭祀坑、奠基坑、灰沟和灰坑等遗迹及大量陶器、原始瓷器、石器、骨器、蚌器、青铜器、金箔和卜骨等遗物。

通过上述发掘，基本确定了小双桥遗址存在三种类型的商代夯土堆积：第一种是夯土建筑的主体，即位于夯土建筑底部的夯土台基；第二种是夯土台基的附属建筑，位于夯土台基的北部；第三种则是祭祀场内的夯土，即每次祭祀时，都要在祭祀场所的地面上铺垫一层土，轻夯后再在其上挖祭祀坑，经过一段时间重新铺垫，再次进行祭

① 邹衡：《试论夏文化》，《夏商周考古学论文集》，文物出版社，1980 年，第 95—182 页。
② 宋国定、曾晓敏：《郑州发现商代前期宫殿遗址》，《中国文物报》1990 年 11 月 22 日；谷文雨：《郑州发现商代前期宫殿遗址》，《光明日报》1990 年 11 月 26 日；河南省文物研究所：《郑州小双桥遗址的调查与试掘》，《郑州商城考古发现与研究》，中州古籍出版社，1993 年，第 242—271 页。
③ 河南省文物考古研究所、郑州大学文博学院考古系、南开大学历史系博物馆专业：《1995 年郑州小双桥遗址的发掘》，《华夏考古》1996 年第 3 期。

祀。依据包含物的不同，小双桥遗址的祭祀坑可以分为综合祭祀坑、牛头坑、牛头（角）器物坑、牛角坑和器物坑等多种，而这里发现的奠基坑则有人祭坑和牲祭坑两种。

（2）小双桥遗址的分期与测年

小双桥遗址出土的遗迹、遗物非常丰富，陶器以鬲、盆和甗为主，具有典型的商文化特征。但和郑州二里冈上下层以及殷墟晚商文化相比，小双桥遗址的商文化遗存表现出独特的风格，如陶器器形大、陶胎厚、绳纹粗。小双桥遗址出土的某些器物，如侈口折沿方唇、宽唇面下缘下勾明显、颈部只有一或二道弦纹、腹部饰粗绳纹的陶鬲，口径远大于肩径并饰有窗棂纹的大口尊，敛口、唇面上有一周凹槽的陶斝，折沿方唇、唇上缘上翘、沿面上凸的粗绳纹大口平底罐以及有流无尾、直口呈子母口状的陶爵等，都和郑州白家庄遗址上层出土的同类器物相同，表明该遗址的年代属于白家庄期（图5-5）。

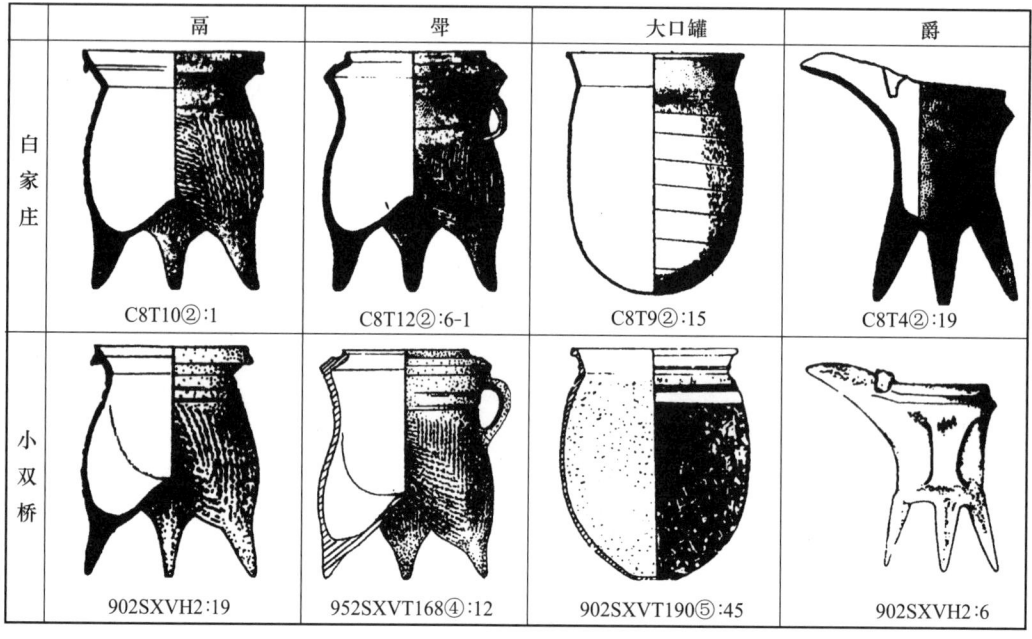

| | 鬲 | 斝 | 大口罐 | 爵 |
|---|---|---|---|---|
| 白家庄 | C8T10②:1 | C8T12②:6-1 | C8T9②:15 | C8T4②:19 |
| 小双桥 | 902SXVH2:19 | 952SXVT168④:12 | 902SXVT190⑤:45 | 902SXVH2:6 |

图 5-5　小双桥遗址与郑州白家庄遗址出土陶器比较

1996年和1997年对小双桥遗址的发掘，未采集到系列含碳样品。北京大学重离子物理研究所用AMS $^{14}$C法对采自小双桥H16③的一件骨头样品做过测定，结果见表5-4。研究表明，小双桥遗址的主体遗存的年代与郑州二里冈上层二期或曰白家庄期相当。而二里冈上层二期即白家庄期出土的样品，中国社会科学院考古研究所年代学实验室、北京大学考古系年代学实验室和北京大学重离子物理研究所AMS实验室都进行过测定，因而其推定的年代范围也可以看作小双桥遗址主体遗存的年代范围。

中国社会科学院考古研究所常规 $^{14}$C实验室对郑州二里冈上层二期的3个样品做过常规测年，其结果见表5-3。北京大学重离子物理研究所对郑州二里冈上层二期的4个样品和前面提到的一个出自小双桥H16③的样品进行了AMS $^{14}$C法测年，其结果见

表 5-4。测年结果表明,中国社会科学院考古研究所给出的公元前 1400—前 1260 年的年代范围和北京大学重离子物理研究所给出的公元前 1431—前 1404 年的年代范围略有差距,可供参考。

（3）小双桥遗址性质的推断

自小双桥遗址发现和发掘以来,学术界对小双桥遗址的性质提出了多种看法,其中最具代表性的意见有两种:一种意见认为小双桥遗址就是仲丁所迁的隞都[1],另一种意见则认为是郑州商城使用期后期商王室的祭祀场所[2]。

如上文所述,持小双桥遗址隞都说的学者主要鉴于以下依据。首先,小双桥遗址的地理位置正处于文献记载仲丁隞都的所在;其次,发掘资料表明郑州商城在白家庄期已经衰落,作为商朝王都的郑州商城已经废弃,而这一时期正是小双桥遗址的繁荣期;最后,自仲丁迁隞到其弟河亶甲迁相,居隞都者只有仲丁和其弟外壬,尚不足一代,而小双桥遗址的主体遗存属于白家庄期,延续短,这一特征也和隞都的历史相吻合。

持后说者则指出,从目前所揭露的中心部位来看,小双桥遗址具有浓厚的宗教色彩,遗址存在大量的祭祀坑和祭祀用品,但却缺乏王都所应有的其他生活遗存;此外,小双桥遗址距离郑州颇近,且未发现都邑所应有的防御设施如城墙等,如此迁都颇在情理之外;况且白家庄期郑州商城仍有宫殿建筑及青铜器窖藏坑等遗存,它和小双桥遗址之间并无明显的替代关系。凡此种种,都表明小双桥遗址应是白家庄期一处非常重要的王室祭祀场所。

## 5. 洹北花园庄遗址的发现、分期与测年

（1）花园庄遗址和洹北商城概况

20 世纪 60 年代以来,在距离安阳市老城北约 3.5 千米处的洹北花园庄及其相邻的三家庄、董王度村一带,屡见有商代文物出土,如 1964 年和 1979 年就分别在三家庄和董王度村发现商代的青铜器窖藏。1980 年夏,中国社会科学院考古研究所安阳工作队在三家庄东进行过发掘,发现数座晚于郑州二里冈期但又早于大司空一期的殷代墓葬[3]。

为了配合"夏商周断代工程"的研究,中国社会科学院考古研究所安阳工作队从 1996 年起开始在洹北花园庄村一带进行大规模的钻探和发掘。其中 1997 秋季在花园庄村西发掘两个探方共 136 平方米,清理商代灰坑 15 座、灰沟 4 条,获得了丰富的遗物。依据地层关系和出土陶器特征,发掘者进一步证明了花园庄遗址的年代整体上早

① 陈旭:《商代隞都探寻》,《郑州大学学报》1991 年第 5 期;收入《夏商文化论集》,科学出版社,2000 年,第 137—144 页。

② 杨育彬、孙广清:《郑州小双桥商代遗址的发掘及其相关问题》,《殷都学刊》1998 年第 2 期。

③ 中国社会科学院考古研究所安阳工作队:《安阳殷墟三家庄东的发掘》,《考古》1983 年第 2 期。

于殷墟大司空一期，上限则接近于郑州二里冈的白家庄期[1]。

　　1999 年 10—12 月，安阳工作队再次在洹北花园庄、董王度、韩王度、十里铺一带开展大规模的考古钻探工作，发现并确认了一座面积 400 多万平方米的商代城址。因该城址位于 1961 年国务院划定的殷墟保护范围的东北外缘，地处洹河北岸，故称为洹北商城（图 5-6）。

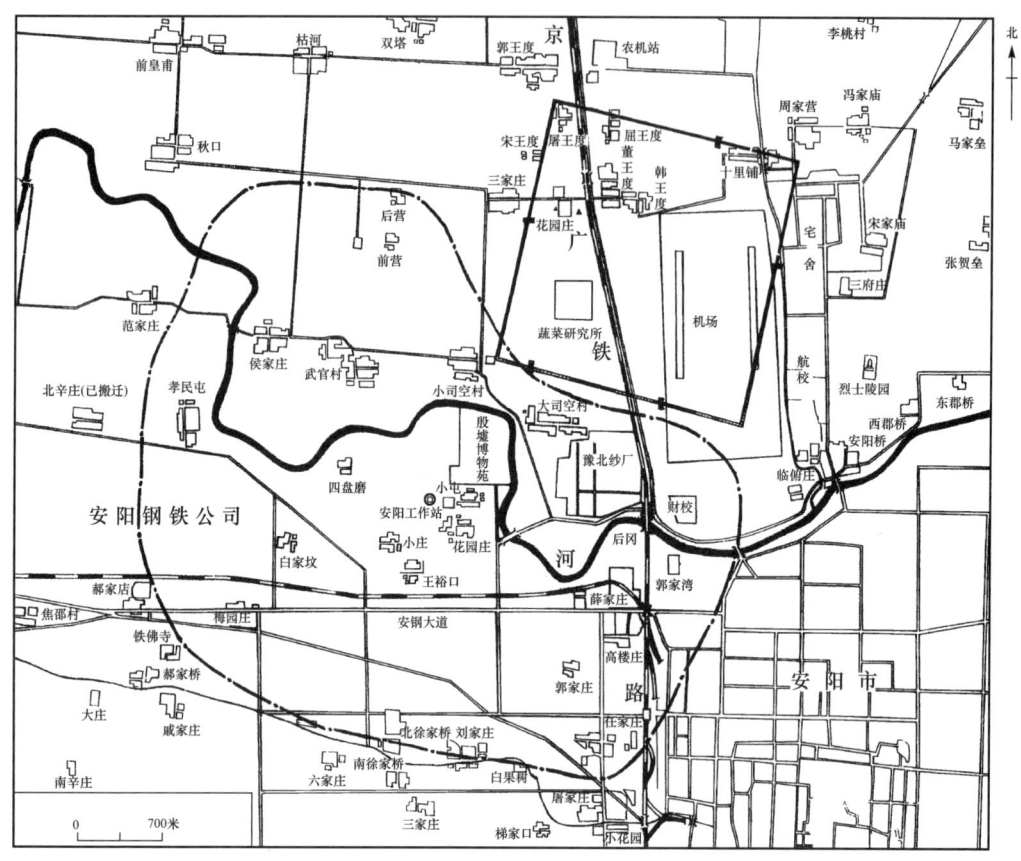

图 5-6　安阳殷墟与洹北商城平面图

　　据钻探和试掘，该城址深埋于现今地表以下约 2.5 米，形状略呈方形，其东、西、南、北城墙的长度分别为 2230 米、2200 米、2170 米、2150 米，墙体均为夯筑。在城内西北部今花园庄、董王度、韩王度及体委航校机场西北部一带均发现有较厚的文化层堆积，机场东部则分布有夯土遗迹。1999 年底至 2001 年春，中国社会科学院考古研究所安阳工作队对已发现的城墙遗迹进行解剖，共开解剖探沟 7 条，进一步确认了城墙基槽遗迹的存在，并大致了解了城墙的建造方式。解剖表明，洹北商城四周城墙基槽大部分地段宽 7—11 米，深约 4 米，基槽内的填土经夯筑。在洹北商城南北中轴线的南端分布有宫殿区，经初步钻探表明，宫殿区南北长 500 余米，东西宽至少 200 米。

---

[1]　中国社会科学院考古研究所安阳工作队：《河南安阳市洹北花园庄遗址 1997 年发掘简报》，《考古》1998 年第 10 期。

在宫殿区内已经发现 30 余处东西向、南北成排的基址，这些基址方向一致，相互之间没有叠压和打破关系，显示出严整有序的布局[1]。其中已经发掘的 1 号基址平面呈"回"字形，包括门塾、主殿、廊庑和配殿等建筑物，东西长约 173 米、南北宽 85—91.5 米，总面积近 1.6 万平方米，是迄今发现的规模最大的商代建筑[2]。2008 年又对位于 1 号宫殿基址以北的 2 号宫殿基址进行了发掘，材料业已发表[3]。

从出土器物特征判断，洹北商城的年代和上述花园庄遗址的年代是一致的，即主体上早于殷墟文化但又晚于郑州二里冈期商文化。洹北商城的发现是商代考古的又一重大发现。

（2）洹北花园庄遗址的分期与测年

花园庄遗址的年代，根据 1997 年和 1998 年的发掘，可以分为早、晚两个阶段。

早期单位以 1997 年发掘的 H4 和灰沟 G4 以及 1998 年发掘的 M9 为代表，常见的器物有折沿较平直、唇外缘下侧微显勾棱的长方体高裆鬲，折沿外缘有微凸棱的鼓腹圜络纹方体鬲，折沿深直腹平底盆，卷沿短腹罐和微凸肩大口尊等（图 5-7）。

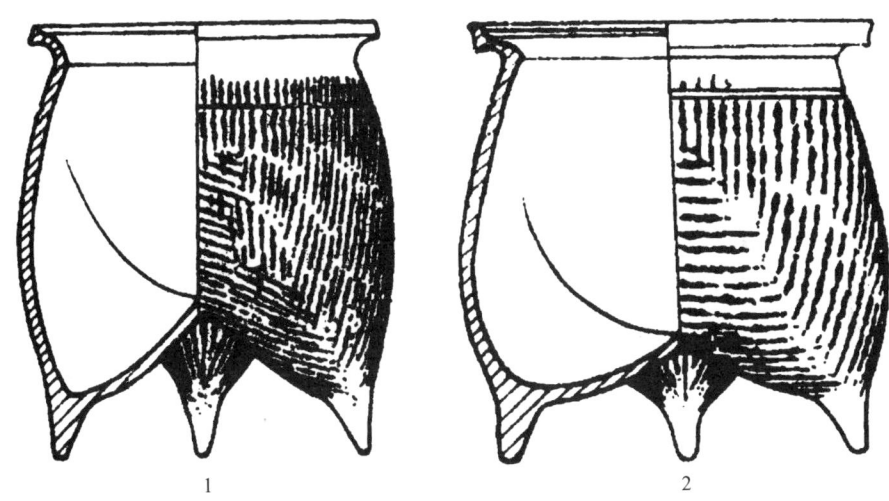

图 5-7　花园庄早段陶鬲
1. 97G4：1　2. 97G4：2

晚期单位则以 1997 年发掘的 H1、H2 以及 1998 年清理的 M6 为代表，主要器物有折沿较斜、唇外缘下侧勾棱不甚明显的长方体高裆鬲，折沿外缘不见凸棱的圜络纹方体鬲，明显无肩的大口尊以及豆把粗大、盘腹壁较直的陶豆等[4]。

① 中国社会科学院考古研究所安阳工作队：《河南安阳市洹北商城的勘察与试掘》，《考古》2003 年第 5 期。
② 中国社会科学院考古研究所安阳工作队：《河南安阳市洹北商城宫殿区 1 号基址发掘简报》，《考古》2003 年第 5 期。
③ 中国社会科学院考古研究所安阳工作队：《河南安阳市洹北商城宫殿区二号基址发掘简报》，《考古》2010 年第 1 期。
④ 唐际根：《中商文化研究》，《考古学报》1999 年第 4 期。

从出土典型陶器的特征分析，花园庄早段遗存接近小双桥遗址而略晚，晚段遗存属于原来所分的殷墟一期偏早，约当盘庚、小辛、小乙时期。

"夏商周断代工程"用 AMS[14]C 法对花园庄早期的 7 个样品、晚期的 4 个样品进行了测年，结果见表 5-8。测年结果表明，洹北花园庄早期年代范围为公元前 1437—前1373 年，晚期年代范围为公元前 1396—前 1317 年。

**表 5-8　花园庄遗址 AMS[14]C 测年数据**

| 分期 | 发掘编号 | 样品类型 | 实验室编号 | [14]C 年代（BP） | 校正后日历年代68% 置信区间（BC） |
|---|---|---|---|---|---|
| 起始边界 | | | | | 1456—1403 |
| 花园庄早期 | 98AHDH13 | 骨 | SA99140 | 3165±40 | 1432—1390 |
| | 98AHDH12 | 骨 | SA99139 | 3060±35 | 1409—1374 |
| | 98AHDH11 | 骨 | SA99138 | 3190±40 | 1437—392 |
| | 98AHDH10 | 骨 | SA99137 | 3055±40 | 1410—1373 |
| | 98AHDM10 | 骨 | SA99141 | 3110±40 | 1421—1380 |
| | 98AHDT4⑥ | 骨 | SA99106 | 3150±35 | 1428—1390 |
| | 98AHDT4⑤ | 骨 | SA99105 | 3085±35 | 1412—1376 |
| 花园庄晚期 | 98AHDH9 | 骨 | SA99136 | 3100±40 | 1396—1317 |
| | 98AHDH7 | 骨 | SA99135 | 3055±35 | 1393—1318 |
| | 98AHDH6 | 骨 | SA99134 | 3090±35 | 1395—1317 |
| | 98AHDH5 | 骨 | SA99133 | 3085±40 | 1395—1318 |
| 终止边界 | | | | | 1388—1299 |

需要说明的是，"夏商周断代工程"初期，中国社会科学院考古研究所年代学实验室用常规法对采自花园庄 99AHDT4 ⑥和 T4 ⑤的兽骨样品进行了测年，结果发表于《夏商周断代工程 1996—2000 年阶段成果报告：简本》第 71 页表十九。后认为其非系列样品，测年数据与实际年代有较大差距，本书"七、夏商周考古年代的 [14]C 测定与研究"相关部分未予收录。

花园庄早段遗存的确认，补充了郑州二里冈期商文化和殷墟时期商文化之间的缺环，在商代考古学上具有重要意义。在洹北商城发现之前，就已经有学者指出花园庄遗址或即河亶甲居之相[①]，但也有人认为是盘庚所迁之"殷"，即盘庚、小辛、小乙等王所都，而小屯殷墟则是武丁以后各王所都[②]。无论其为何代商王始都，尚需继续研究，但洹北商城的发现为商代都邑考古提供了重要资料，则是毫无疑义的。

---

① 文雨：《洹北花园庄遗址与河亶甲居相》，《中国文物报》1998 年 11 月 25 日。
② 唐际根、徐广德：《洹北花园庄遗址与盘庚迁殷问题》，《中国文物报》1999 年 4 月 14 日。

## 6. 邢台东先贤遗址的发现、分期与测年

（1）邢台地区商文化和东先贤遗址概况

邢台地区的商代考古工作开始较早，如 20 世纪 50 年代就在曹演庄遗址进行过发掘，发现了丰富的商代遗存[①]。近数十年来，考古工作者在邢台市附近共发现十余处商代遗址，除曹演庄外，还有南大郭、贾村、西关、尹郭和葛家庄等[②]。这些遗址主要分布于邢台市区的七里河两岸，相对密集，形成了一个较大的遗址群，其规模仅次于郑州商城、偃师商城和殷墟等商代都邑遗存。

东先贤遗址位于邢台市西南郊七里河北岸的东先贤村附近，东北距邢台市区约 3 千米，西距太行山余脉仅 3 千米。东先贤村坐落于遗址的中部，将遗址分为南北两部分。据调查，村北遗址区已知面积近 10 万平方米，村南遗址区面积约 8 万平方米。1957 年河北省文物工作队曾在属于遗址南部的岗地上进行试掘，发现了商代和战国时期的文化遗存[③]。1998 年，根据研究需要，"夏商周断代工程"决定在"商前期年代学"课题下增加"邢台东先贤遗址的分期与年代测定"专题。1998 年底，由河北省文物研究所、中国社会科学院考古研究所和北京大学考古文博院联合组成东先贤考古队在该遗址的村北部分进行发掘，发现了丰富的商文化遗存，包括灰坑、陶窑和房址等遗迹，以及陶器、骨器、石器、蚌器和卜骨等大量遗物。2000 年底东先贤考古队对遗址进行了再次发掘，进一步充实并完善了东先贤商代遗存的资料[④]。

（2）东先贤遗址的分期与测年

根据商文化堆积的地层关系和出土陶器的形制特征，发掘者将东先贤遗址的商代遗存分为五期，其中一至三期遗存丰富，四、五期遗存较少。通过和郑州商城、殷墟等地商文化的比较，东先贤遗址各期的相对年代可以确定为：

东先贤遗址第一期晚于郑州二里冈阶段白家庄期，而与安阳洹北花园庄 G4 以及河北藁城台西 M14 接近；其第二、三、四、五期则分别相当于殷墟文化一、二、三、四期。如此，仅东先贤第一期遗存属于商前期。

东先贤一期的陶器主要为泥质陶，夹砂陶较少。陶色以灰色陶占绝大多数，多为深灰色，其次是褐色陶，另有少量黑、红色陶。陶器制作规整，陶胎普遍较薄，多数

---

① 河北省文物管理委员会：《邢台曹演庄遗址发掘报告》，《考古学报》1958 年第 4 期。

② 唐云明：《邢台南大郭村商代遗址探掘简报》，《文物》1957 年第 3 期；河北省文物管理委员会：《邢台贾村商代遗址试掘简报》，《文物》1958 年第 10 期；唐云明：《邢台西关外遗址试掘》，《文物》1960 年第 7 期；河北省文化局文物工作队：《邢台尹郭村商代遗址及战国墓葬试掘简报》，《文物》1960 年第 4 期；任亚珊等：《1993—1997 年邢台葛家庄先商遗址、两周贵族墓地考古工作的主要收获》，《三代文明研究（一）》，科学出版社，1999 年，第 7—25 页。

③ 唐云明：《河北邢台东先贤村商代遗址调查》，《考古》1959 年第 2 期。

④ 邢台东先贤考古队：《邢台东先贤商代遗址发掘报告》，《古代文明（第 1 卷）》，文物出版社，2002 年，第 371—451 页。

陶器饰有中绳纹或中粗绳纹，也有一定数量的细绳纹，其他还有弦纹、附加堆纹和少量的方格纹、云雷纹和云雷乳钉纹，单纯的素面或磨光陶器极少。器类以平底器最多，次为三足器，圈足器较少。平底器主要是盆、罐、瓮和钵；三足器主要是鬲，甗则少见，斝更少。圈足器主要是豆和簋。三足器为夹砂陶，其他器类基本是泥质陶。陶器器类始终以鬲、盆、小口圆腹罐和小口瓮最常见。其中陶鬲数量较多，夹砂陶，长方体，斜折沿，方唇，唇下缘勾棱明显，腹最大径靠下，裆较高，锥足也较高（图5-8）。

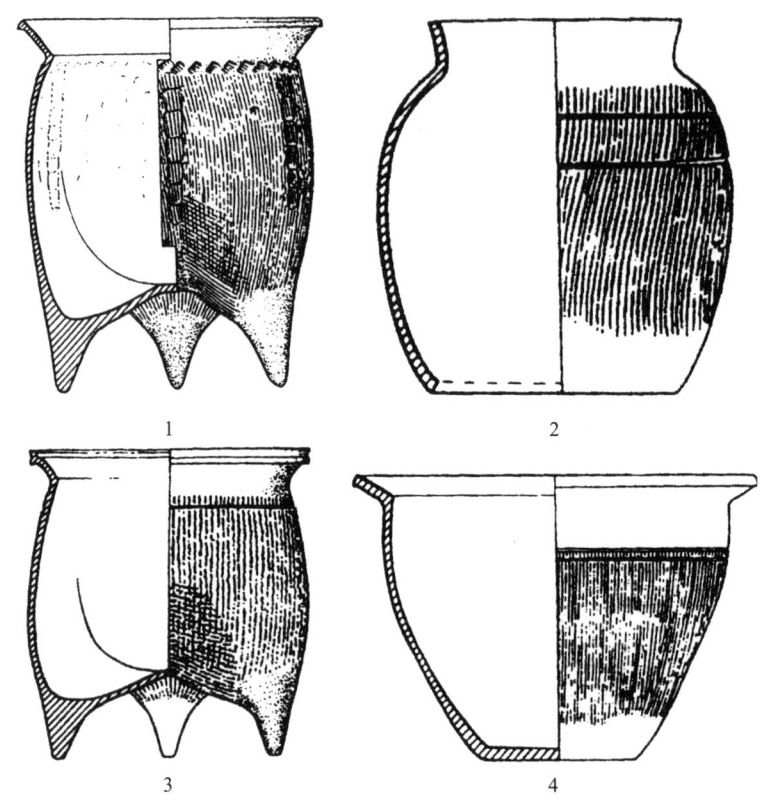

图 5-8　东先贤遗址第一期陶器

1、3. 鬲（98H34∶1、98H15∶14）　2. 小口圆腹罐（98H15∶25）　4. 深腹盆（98H34∶13）

北京大学重离子物理研究所用 AMS[14]C 法对东先贤遗址的 4 个样品进行了测年，其结果见表7-33。结果表明，东先贤一期遗存的年代范围是公元前1435—前1375年，与洹北花园庄早期年代范围相近。

从出土器物特征和 [14]C 测年数据来看，东先贤一期遗存的年代上限晚于早商文化的小双桥（白家庄）期，但其下限则要早于殷墟一期。如前文所论，小双桥期约相当于商王仲丁所处的时代，而殷墟一期则是盘庚迁殷以后的遗存，那么介于商王仲丁和盘庚之间的祖乙的时代当不会超出东先贤一期这个阶段。而正如上引文献所记，邢台地区是探索祖乙邢都的重要地望，那么东先贤一期商文化遗存的确认和葛家庄邢侯墓地的发现，进一步证明了祖乙的邢都可能就在今天的邢台一带。

# （四）商代前期年代框架的估定

商前期年代框架的构建依靠两个定点：一是盘庚迁殷之年，二是商代始年也即夏商分界。盘庚迁殷之年上文已经推定为大体在公元前 1300 年，因此这里着重分析商代的始年。

商始年可以通过三条途径来获得：一是由已推定的武王克商年加上商代的积年；二是由考定的盘庚迁殷之年加上商前期积年；三是在考古学上确定可以作为夏商分界的遗存，再根据 $^{14}$C 测年数据推定其年代范围。将上述三种方法所得结果加以整合，就能够获得一个最为合理的商代始年。

## 1. 由武王克商之年推定商代始年

如上文所述，文献所见商代积年的记载大体可以归纳为六百余年、五百余年和四百余年三种说法，而武王克商之年已经推定在公元前 1046 年，综合两者，可将商代的始年推定如表 5-9 所示。

表 5-9　文献所见商代积年以及由此推定的商始年

| 文献所见商代积年 | 六百余年说 | | 五百余年说 | 四百余年说 |
|---|---|---|---|---|
| | 《世经》 | 《左传》 | 《鹖子》 | 古本《竹书纪年》 |
| | 629 | 600 | 576 | 552[①] |
| 武王克商年（BC） | 1046 | 1046 | 1046 | 1046 |
| 商始年（BC） | 1675 | 1646 | 1622 | 1598 |

## 2. 由盘庚迁殷之年推商代始年

盘庚迁殷之年，"夏商周断代工程"已经推定在公元前 1300 年，而通过对《皇极经世》、《通鉴外纪》和《册府元龟》三种宋代文献的分析研究，可知商前期积年大约在 300—320 年，由此也可以将商代始年推定在公元前 1620—前 1600 年。

## 3. 由考古学上的夏商分界和 $^{14}$C 测年推商代始年

上文已经论证郑州商城和偃师商城是已知时代最早的商代都邑遗址，其始建年代最接近夏商更替之年，两者都可以作为夏商分界的界标。

中国社会科学院考古研究所常规 $^{14}$C 实验室利用常规法测年给出的郑州商城始建年

---

① 古本《竹书纪年》仅言"汤灭夏以至于受，二十九王，用岁四百九十六年"，兹按陈梦家的解释，此"二十九王"不包括帝乙、帝辛。据晚商祀谱的排比，帝辛在位 30 年，帝乙在位 26 年，故得其总积年为 552 年（含公元前 1046 年）。

代范围是公元前 1499—前 1452 年，偃师商城的始建年代范围是公元前 1520—前 1470
年。北京大学利用 AMS 法测年给出的郑州商城始建年代范围是公元前 1540—前 1495
年，偃师商城始建年代范围是公元前 1606—前 1538 年。无论常规法还是 AMS 法，给
出的郑州商城和偃师商城的始建年代之间均有一定的差距。也有学者认为，郑州商城
和偃师商城均为三重城垣，其宫城建于洛达庙类型晚期，该期遗存含有明显的一定数
量的商文化因素 [1]。

　　考虑到郑州商城的始建是以二里冈下层一期 C1H9 时期内城的始建为标准，偃师
商城的始建是以大灰沟第 10、9 层时期早期宫殿和宫城的始建为标准，两者之间存在
一定的时间差便是可以理解的。郑州商城宫城和同期文化因素构成，和偃师商城大灰
沟第 10、9 层呈现的面貌十分相似，表明此时商人已进入并掌控该地。洛达庙晚期的
年代范围，常规法的测年结果是公元前 1575—前 1485 年，AMS 法的测年数据是公元
前 1598—前 1523 年。如果郑州商城的始建也以宫城和早期宫殿的始建为标准，则郑州
商城和偃师商城始建的年代就基本一致了。

　　现参考前述其他数据和研究成果，将商代始年估定为约公元前 1600 年。

## 4. 商前期年代框架的初步推断

　　“夏商周断代工程”将盘庚迁殷之年确定为公元前 1300 年，将商代的始年推定为
公元前 1600 年，这是构建商前期年代框架的两个基本点。根据《史记·殷本纪》和甲
骨文记述的商王世系，仲丁正处于商前期的中段，也就是说，仲丁在位年代在公元前
1450 年左右。在考古学上，多数学者主张郑州小双桥遗址的主体遗存属于仲丁时期，
或者认为该遗址就是仲丁所迁的隞都。而 $^{14}$C 测年数据表明小双桥遗址的年代为公元前
1431—前 1404 年左右，正与仲丁可能的在位年代相吻合。

　　在考古学文化分期上，在年代上与小双桥遗址相衔接的是花园庄早段遗存。AMS
测年数据显示花园庄早段遗存的年代在公元前 1400 年前后。按照有关学者的研究，花
园庄早段遗存的年代与河亶甲居相时期大约相当。在洹北商城发现以后，为确认河亶
甲的相都提供了新的重要证据。若以小双桥为仲丁之隞、洹北商城为河亶甲之相，两
遗址紧密相继的年代与仲丁、外壬、河亶甲三王兄终弟及的史实可以相互印证。

　　文献记载河亶甲之子“祖乙迁邢”，有学者考证今河北邢台即祖乙所迁之地。根据
邢台东先贤遗址早期遗存测年，东先贤一期的年代范围为公元前 1435—前 1375 年，与
洹北花园庄早段年代相近。

　　花园庄晚段遗存与殷墟一期偏早阶段，也就是盘庚、小辛、小乙三王在位时期相
当。AMS 测年表明花园庄晚段遗存的年代在公元前 1396—前 1317 年，其下限接近
“夏商周断代工程”所推定的盘庚迁殷之年为公元前 1300 年。

　　综上所述，可将商前期年代框架大致推定如下：

　　　　商代始年：公元前 1600 年左右；

---

[1]　李伯谦：《对郑州商城的再认识》，《古都郑州》2005 年第 4 期。

仲丁迁隞：公元前 1430 年左右；

河亶甲居相：公元前 1405 年左右；

祖乙迁邢：公元前 1403 年左右；

盘庚迁殷：公元前 1300 年左右。

# 六、夏代年代学研究

中国现存的最早文献，如《尚书》《诗经》等，均明确记载在商代以前还有一个夏代，在稍晚的文献如《左传》《国语》等书中，更有不少关于夏代历史的记载。西汉时期司马迁根据他所见到的有关史料，写成了《史记·夏本纪》，对于夏代的世系和历史进行了比较具体和系统的记录。

自20世纪20年代以来，由于疑古思潮的兴起，部分学者对夏代历史的真实性产生了疑问。受其影响，时至今日一些外国学者仍然对夏代历史存有疑虑，认为夏充其量只是当时"万邦"中较为强大的一个，而商代才是中国历史上的第一个王朝[①]。但随着考古资料的丰富以及对疑古思潮的反思，夏代是中国历史上的第一个王朝已经成为中国史学界的共识。

夏代年代学研究主要有两条途径：一是确定文献中对夏代积年的记载，由商始年向前推定夏代始年；二是对考古学上探索夏文化的主要对象河南龙山文化晚期和二里头文化进行 $^{14}$C 测年，由此也可获得一个夏代始年的数据。在综合文献所得夏代始年和 $^{14}$C 测年结果的基础上，同时参照文献中有关夏代天象记录的推算，由此获得一个较准确的夏代始年。

## （一）文献所见的夏代积年

据《史记·夏本纪》，夏代共历14世17王，世系如下：

$^1$禹—$^2$启—$^3$太康
     |
  $^4$中康—$^5$相—$^6$少康—$^7$予—$^8$槐—$^9$芒—$^{10}$泄—$^{11}$不降—$^{14}$孔甲—$^{15}$皋—$^{16}$发—$^{17}$履癸（桀）
           |
          $^{12}$扃—$^{13}$厪

《史记·夏本纪》未载夏代总积年。现存记载夏代积年的唐以前文献主要有四种，古本《竹书纪年》《易纬·稽览图》《汉书·律历志》所引刘歆《世经》和晋代皇甫谧的《帝王世纪》。除刘歆的《世经》外，其他三种文献均已散佚，其有关夏代积年的记载只能依据其他文献的引文。现将此四种文献所记载的夏代积年罗列如下。

---

① Michael Loewe, Edward L. Shaughnessy. *The Cambridge History of Ancient China: From the Origins of Civilization to 221B.C.* New York: Cambridge University Press, 1999: 71–73, 232.

① 471 年说。《史记·夏本纪》集解引徐广曰："从禹至桀，十七君，十四世。"裴骃案：《汲冢纪年》曰"有王与无王，用岁四百七十一年矣"。《太平御览》卷八二引《纪年》："自禹至桀十七世，有王与无王，用岁四百七十一年"。《通鉴外纪》卷二："《汲冢纪年》曰：四百七十一年。"

② 472 年说。《路史·后纪》卷一三下注引《汲冢纪年》："并穷、寒四百七十二年。"

③ 431 年说。《古经解汇函·易纬八种》所收《易纬·稽览图》云："禹四百三十一年。"是殷历家的说法，这里的"禹"当指整个夏代。

④ 432 年说。《世经》："伯禹……天下号曰夏后氏，继世十七王，四百三十二岁。"《帝王世纪》继承了《世经》的说法，《初学记》卷九引《帝王世纪》："自禹至桀，并数有穷，凡十九王，合四百三十二年。"这里明确指出夏代的 432 年是自禹至桀并包括羿、浞在内的十九王。

以上四说，当可以合为两组，即 471（472）年和 431（432）年。各组中两说皆有一年之差，或是辗转传抄致误，都宜以年代较早的书所引为准，故前者暂取 471 年说，后者暂取殷历家的 431 年说。

关于 471 年说与 431 年说相差 40 年的原因，历来有两种解说：一是 471 年包括羿、浞代夏的"无王"阶段，431 年则不包括"无王"阶段；二是 471 年自禹代舜时起算，431 年则自禹元年起算①。

据《左传》哀公元年、古本《竹书纪年》及《帝王世纪》佚文的记载，夏帝太康时，有穷氏首领羿取代夏政，但羿宠信伯明氏之寒浞，浞杀羿而执政。太康之后，经帝中康，中康子相投靠同姓斟鄩氏和斟灌氏。寒浞使其子浇灭斟灌氏和斟鄩氏，杀夏相。相妃为有仍氏女后缗，其时方娠，逃归有仍，生子少康。少康年长后，夏旧臣靡收斟灌氏和斟鄩氏之遗民，攻灭寒浞，立少康，少康又灭浇于过，其子杼灭浇之弟豷于戈，有穷氏遂灭，少康乃复夏政。因此《竹书纪年》所谓"无王"阶段当是指寒浞杀羿并使其子浇杀夏相至少康恢复夏政这一段时间，亦即少康在野亡命致使夏王朝王位空缺的时间。

今本《竹书纪年》记载："（帝相）二十八年，寒浞使其子浇弑帝，后缗归于有仍……夏世子少康生（原注：丙寅年），少康自有仍奔虞（原注：乙酉年）……世子少康使汝艾伐过杀浇（原注：甲辰年）……伯靡杀寒浞，少康自纶归于夏邑（原注：乙巳年）。"据今本《竹书纪年》的原注，由少康生的丙寅年到少康归于夏邑的乙巳年，也即上文所分析的"无王"阶段，共计 40 年，恰合于夏代积年 471 年说和 431 年说所差之年数。而《初学记》卷九引《帝王世纪》所谓"自禹至桀，并数有穷，凡十九王，合四百三十二年"的说法有可能是忽略了"无王"阶段的 40 年，因此夏代积年当取 471 年说。

---

① 参看王国维：《今本竹书纪年疏证》，附见于方诗铭、王修龄：《古本竹书纪年辑证》，上海古籍出版社，1981 年，第 215 页。

# （二）夏文化遗存的发现研究与测年

二里头文化和河南龙山文化晚期遗存是目前考古学上证认夏文化的主要对象。"夏商周断代工程"对属于这两种考古学文化的相关遗址组织了新的发掘和研究，并对出土遗物进行了系统的 $^{14}$C 测年，获得了系列测年数据。

## 1. 二里头文化的发现、认识、分期与测年

（1）二里头文化是夏文化

早在 20 世纪初，随着近代考古学在中国的兴起和开展，就开始有学者尝试着从考古学上来确认夏文化，并相继有人提出仰韶文化[1]、龙山文化[2]是夏文化的观点。20 世纪 50 年代，考古工作者先后在河南登封玉村[3]、郑州洛达庙[4]和洛阳东干沟[5]等地发现了晚于河南龙山文化而又早于郑州二里冈商文化的遗存，随即有学者指出郑州地区的"洛达庙期"遗存最有可能是夏代的文化[6]。

1959 年，徐旭生在全面整理有关夏代都邑的文献记载之后，带队在豫西地区进行了专门探索夏文化的考古调查，并重点考察了著名的二里头遗址[7]。同年秋季，中国科学院考古研究所等单位开始在二里头遗址开展发掘工作，获得了丰富的考古资料，在此基础上，发掘简报将二里头遗址分为三期，并首次提出二里头中、晚期（即后来所称的二里头文化二、三期）之间为夏商分界的观点[8]。与此同时，考古工作者又在豫西和晋南地区陆续开展了一系列调查和发掘工作，并在巩县稍柴、登封王城岗和夏县东下冯等遗址发现了类似的遗存。随着出土资料的丰富，1977 年夏鼐正式提出了二里头文化这一名称[9]，从此学术界将以二里头遗址为代表，主要分布于豫西、晋南地区的一类遗存称为二里头文化。

二里头文化确立以后，学术界对于该文化性质的认识产生了很大的分歧，但多数学者将其视为夏或早商时期的文化。1977 年 11 月，以河南登封告成王城岗遗址的发

---

[1]　徐中舒：《再论小屯与仰韶》，《安阳发掘报告》1931 年第 3 期；今据郑杰祥：《夏文化论集》，文物出版社，2002 年，第 1—23 页。

[2]　范文澜：《夏朝遗迹》，《中国通史简编》第一编，人民出版社，1953 年；今据郑杰祥：《夏文化论集》，文物出版社，2002 年，第 74—75 页。

[3]　韩维周、丁伯泉：《河南登封县玉村古文化遗址概况》，《文物参考资料》1954 年第 6 期。

[4]　河南省文化局文物工作第一队：《郑州洛达庙商代遗址试掘简报》，《文物参考资料》1957 年第 10 期。

[5]　中国科学院考古研究所洛阳发掘队：《1958 年洛阳东干沟遗址发掘简报》，《考古》1959 年第 10 期。

[6]　李学勤：《近年来考古发现与中国古代社会》，《新建设》1958 年第 8 期；收入郑杰祥：《夏文化论集》，文物出版社，2002 年，第 81—83 页。

[7]　徐旭生：《1959 年夏豫西调查"夏墟"的初步报告》，《考古》1959 年第 11 期。

[8]　中国科学院考古研究所洛阳发掘队：《1959 年河南偃师二里头试掘简报》，《考古》1961 年第 2 期。

[9]　夏鼐：《碳—14 测定年代与中国史前考古学》，《考古》1977 年第 4 期。

掘为契机，有关学术单位在此召开发掘现场会，会议对夏文化问题进行了专门的讨论，并形成了四种主要意见：一是把河南龙山文化晚期和二里头文化四期都看作夏文化；二是把河南龙山文化晚期与二里头文化一、二期视为夏文化；三是认为二里头一、二期为夏文化，三、四期则是商文化，至于夏代前期的文化则未做说明；四是将二里头一至四期看作夏文化，河南龙山文化则不是夏文化[①]。也正是在此次会议上，夏鼐首次提出考古学上的夏文化"应该是指夏王朝时期夏民族的文化"，这一意见得到了与会者的广泛认同。登封告成遗址现场会的召开标志着中国考古学界对夏文化的探索已经进入一个新的阶段，豫西和晋南地区的龙山文化和二里头文化由此成为证认夏文化的主要对象。

正如有的学者指出的那样，"未知的夏文化必须在已知的商文化基础上进行探索……夏商文化研究的进展可以说是同步的，商文化研究越深入，夏文化的探索也必将取得越大的成果"[②]。而事实上，学术界之所以对二里头遗址和二里头文化性质的认识分歧很大，也在于学者们对于商前期若干重要遗址性质判断迥异。大体来讲，在偃师商城发现之前，学术界主要有两派观点：一种观点认为二里头遗址为汤都西亳，郑州商城为仲丁隞都，夏商的分界在二里头文化二、三期之间[③]；而另一种观点则主张郑州商城为商汤亳都，二里头遗址为夏都斟鄩，夏商分界在二里头文化与二里冈下层之间[④]。

正当学术界对二里头文化的属性和二里头遗址的性质认识分歧严重时，考古工作者在距离二里头遗址东北约 6 千米处发现了偃师商城。偃师商城的发现极大地促进了夏文化的研究，原来主张二里头遗址为汤都西亳，二里头文化二、三期之间为夏商分界的部分学者转而主张偃师商城为汤都西亳，郑州商城的某一阶段为仲丁隞都，二里头遗址为夏都。偃师商城的发现虽然未能最终解决"郑亳说"和"西亳说"的争论，但促使多数学者倾向主张二里头文化主体是夏文化。1997 年 11 月下旬，"夏商周断代工程"在郑州和偃师召开了"夏、商前期考古年代学研讨会"，与会的 50 多位专家学者在参观了郑州商城、偃师商城和二里头遗址出土资料后，就商前期和夏代年代学的若干重要问题展开了激烈的讨论，形成了二里头文化主体是夏文化、二里头遗址为夏都以及郑州商城和偃师商城为夏商分界的界标等共识。

（2）二里头文化的发现、分期与测年

1）二里头遗址概况

二里头遗址是 1959 年夏中国科学院考古研究所研究员徐旭生在调查"夏墟"时发

---

① 夏鼐：《谈谈探讨夏文化的几个问题——在登封告成遗址发掘现场会闭幕式上的讲话》，《河南文博通讯》1978 年第 1 期。

② 邹衡：《夏文化研讨的回顾与展望——为参加 1990 年在美国洛杉矶"夏文化国际研讨会"而作》，《中原文物》1990 年第 2 期；收入《夏商周考古学论文集・续集》，科学出版社，1998 年，第 45—56 页。

③ 殷玮璋：《二里头文化探讨》，《考古》1978 年第 1 期。

④ 邹衡：《关于探讨夏文化的几个问题》，《文物》1979 年第 3 期；收入《夏商周考古学论文集・续集》，科学出版社，1998 年，第 14—20 页。

现的。该遗址位于河南省偃师市西南约9千米处,处于洛阳盆地的东部。遗址西距汉魏洛阳故城约5千米、隋唐东都城约17千米、洛阳东周城约24千米,东距偃师商城约6千米[①]。

二里头遗址北临洛河,遗址南面为东西走向的低洼地带,据钻探,这就是洛河的故道,伊河则自二里头遗址以南3千米处流过,故二里头遗址正坐落在古伊洛河北岸的台地上(图6-1)。

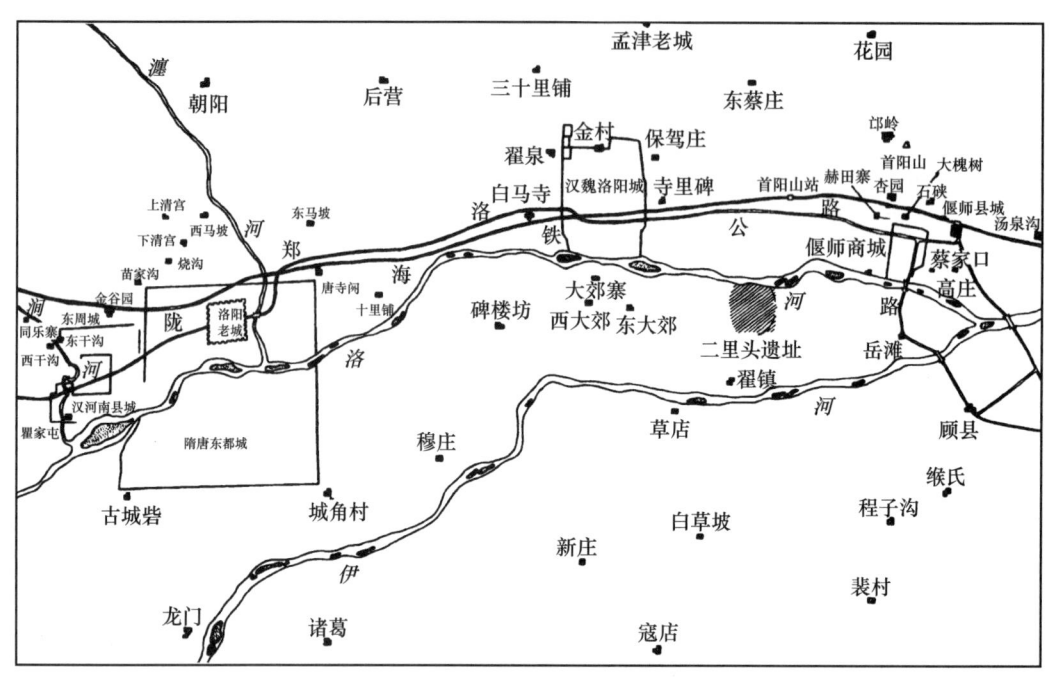

图6-1　二里头遗址位置示意图

从1959年秋在这里进行了首次发掘以来,二里头遗址的考古工作取得了巨大的成绩。据已有的调查和发掘,二里头遗址现存面积约3平方千米,遗存和遗迹主要分布于二里头、圪垱头和四角楼三个自然村。遗址的中心地带位于圪垱头和四角楼之间,面积约12万平方米,这一区域的地势较四周高出0.5—1米,是二里头遗址宫殿区的所在。在此范围内分布有数十座夯土台基,已经探明的有34座,面积最大者长、宽各约100米。已经清理发掘的一、二号宫殿建筑基址均包括一座作为主体建筑的殿堂以及庑、庭、门等附属建筑(图6-2)。2001—2003年调查钻探发现了宫殿区周围的道路和宫城城墙,2004年春基本搞清了宫城城墙及宫殿区外围道路的范围、结构和年代[②]。

① 中国社会科学院考古研究所:《偃师二里头:1959年~1978年考古发掘报告》,中国大百科全书出版社,1999年,第1—6页。

② 中国社会科学院考古研究所二里头工作队:《河南偃师二里头遗址宫城及宫殿区外围道路的勘察与发掘》,《考古》2004年第11期。

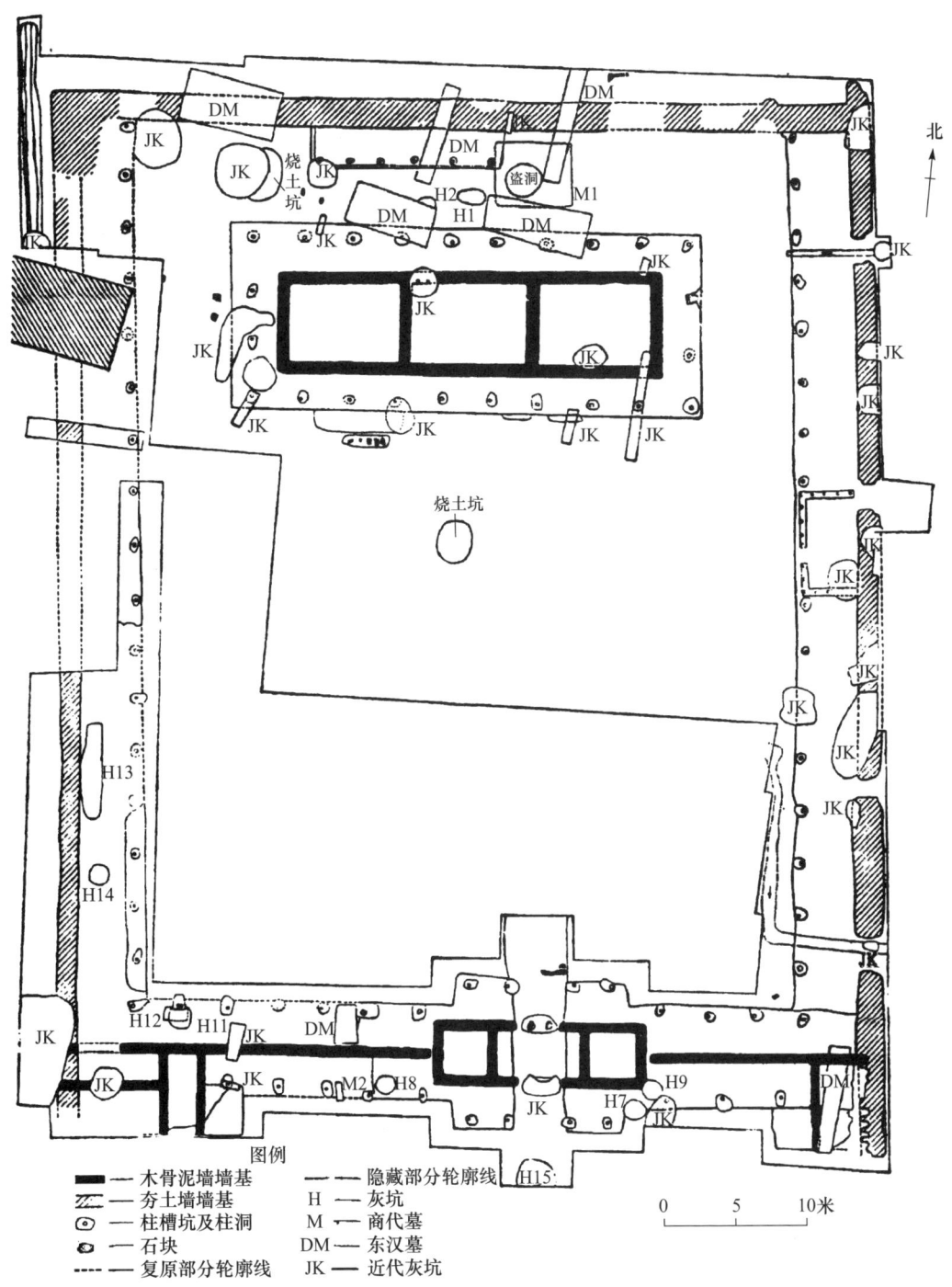

图例

■ — 木骨泥墙墙基　　　 - - — 隐藏部分轮廓线
▨ — 夯土墙墙基　　　　 H — 灰坑
◉ — 柱槽坑及柱洞　　　 M — 商代墓
◎ — 石块　　　　　　　 DM — 东汉墓
┈ — 复原部分轮廓线　　 JK — 近代灰坑

0　　5　　10米

图 6-2　二里头遗址二号宫殿基址图

　　此外，在二里头遗址还发现有墓葬区和青铜冶铸作坊遗址。二里头遗址一至四期均发现有墓葬，其中既有形制规整、随葬品较多者，也有无明显墓圹和无随葬品的乱葬坑。二里头遗址墓葬出土遗物包括青铜器、玉器、陶器、石器和骨角器等，其中最重要的是爵、斝、盉、鼎等青铜容器的发现，这是迄今所见我国最早的青铜礼器。在出土的玉器中，也不乏制作精美的大型器物，如 M7 这座墓葬中出土的一件七孔刀，长度超过 60 厘米；同墓出土的一件玉璋，长 46—48 厘米，这都是中国古代玉器中甚为罕见的大型礼仪用器。值得注意的是，在一座宫殿庭院发现的墓葬中，出土了一件用 2000 多片绿松石粘贴组成的绿松石龙，特别引人注目（图 6-3）①。

图 6-3　河南偃师二里头遗址 02VM3 出土的绿松石龙形器
（采自《考古》2005 年第 7 期）

从二里头遗址的规模和出土的相关遗迹、遗物来看，无疑是一处都邑遗址，这一时期的社会已经发生了明显的阶级分化。

2）二里头文化的分期与测年

二里头文化是以二里头遗址为代表，分布于豫西、晋南地区的一类遗存。根据现有出土资料，二里头文化至少包括两个类型：分布在豫西地区，以二里头遗址为代表的，称为二里头类型；分布于晋南地区，以东下冯遗址为代表的，称为东下冯类型②。

在对二里头遗址进行了第一次试掘之后，发掘者将其遗存分为早、中、晚三期③；但在一号宫殿基址清理发掘后，发掘者又进一步将二里头遗址分为四期，前三期分别相当于原先划分的早、中、晚期，第四期则是介于前三期与二里冈下层之间的一个文化期④。此后，随着出土资料的增加，不断有学者对二里头遗址的分期进行调整，但二里头遗址的四期划分已经被学术界普遍接受。二里头遗址所发现的介于龙山文化和二里冈期商文化之间的一、二、三、四期遗存分别代表了二里头文化的一、二、三、四期。

---

① 中国社会科学院考古研究所二里头工作队：《河南偃师市二里头遗址中心区的考古新发现》，《考古》2005 年第 7 期。

② 1977 年 11 月在登封告成发掘现场会上东下冯考古队首次提出了二里头文化东下冯类型的名称，并被学术界所沿用。关于东下冯类型的性质，学术界尚有不同意见，如有学者认为东下冯文化属于先商文化，参看郑杰祥：《二里头文化分析》，《夏史初探》，中州古籍出版社，1988 年；今据郑杰祥：《夏文化论集》，文物出版社，2002 年，第 459—499 页。

③ 中国科学院考古研究所洛阳发掘队：《1959 年河南偃师二里头试掘简报》，《考古》1961 年第 2 期。

④ 中国科学院考古研究所洛阳发掘队：《河南偃师二里头遗址发掘简报》，《考古》1965 年第 5 期；中国科学院考古研究所二里头工作队：《河南偃师二里头早商宫殿遗址发掘简报》，《考古》1974 年第 4 期。

　　东下冯遗址位于山西夏县东下冯村东北的一处台地上，遗址发现于 1959 年，1963 年以后在此进行过多次调查和发掘，发现了丰富的夏商时期遗存。依据出土器物特征，发掘者最初将东下冯类型的陶器分为三组①；但此后又把该遗址出土的夏商时期遗存分为六期，其中第 I—Ⅳ期属于二里头文化，而第 Ⅴ 和第 Ⅵ 期的文化面貌则与郑州二里冈下层和上层基本相同②。有学者主张将二里头文化东下冯类型分为三期，其第一、二、三期的年代分别与二里头类型的二、三、四期相当③。

　　二里头遗址各期陶器的主要特征，以及重要遗迹和遗物可概括如下（图 6-4a—图 6-4d）。

　　第一期：陶器在器形、纹饰等方面具有浓厚的河南龙山文化遗风，仍以方格纹、篮纹为主要纹饰，但与河南龙山文化夹砂陶以方格纹为主、泥质陶以篮纹为主不同，二里头遗址夹砂陶与泥质陶的纹饰没有明显区别，而且在比例上以篮纹为主，方格纹较少，绳纹更少。作为主要炊器的深腹罐可以明显区分为粗矮和细高两类，前者由河南龙山文化的同类器演变发展而来，后者则是新出现的器形；深腹罐口沿多以中宽沿、坡度不太陡者为主，有的带有一不甚明显的承盖棱，有的则在沿的上下两端皆有浅沟。鼎有圆腹罐形、盆形和瓮形等种类，多为扁三角高足，其上通常有捏窝；鼎的口沿形式多样，宽沿者多有承盖棱。圜底盆形鼎折沿、深腹，三足外撇。三足盘深腹，矮瓦足。刻槽盆口部近直而稍侈，平底，刻槽为二分。圆腹罐高直领、腹深而瘦，唇外常附加花边装饰。深腹盆与甑折沿，腹壁外曲，平底而略似假圈足，腹部常附加两个鸡冠耳。豆分深盘、浅盘两种，器壁皆甚薄；深盘者壁直而高，浅盘者则多带有一较宽的沿；深盘豆的豆柄较粗，浅盘豆的豆柄上部多有一大鼓节。爵有槽流、管流两种，器体细高，流尾间距短而且呈马鞍形，腹部横断面略呈圆形。盉器体细高，口小而腹壁近斜直，无实足根。

　　第二期：陶器纹饰以绳纹为主，篮纹、方格纹仍占一定比例。绳纹以中、细绳纹为主，器物内壁出现较小而稀疏的麻点。深腹罐基本为细高型，腹部外鼓比较明显，圜底，多饰绳纹。圆腹罐领部稍矮而外侈，腹稍浅而更粗肥，口外饰花边者减少。圜底盆形鼎腹稍浅而三足直立。三足盘腹变浅而三足增高。爵身稍矮，而流尾间距拉长，口部凹弧度减小，腹部稍扁。盉器体稍矮粗，口略大，而腰部稍内凹呈亚腰形。发现有极个别的单耳鬲，开始出现印纹硬陶和原始瓷器。

　　在二里头遗址发现有这一期的大型夯土建筑基址和铸铜遗址。

　　第三期：陶器纹饰以绳纹为主，多为中、粗绳纹，篮纹和方格纹极少。陶器内壁普遍饰有较大较密的麻点。深腹罐腹部外鼓更加明显，尖圜底。圆腹罐腹部圆鼓，矮领，口外饰花边者很少。鬲的数量稍有增加，形制颇不规范，器体多较大，鼓腹，实

①　东下冯考古队：《山西夏县东下冯遗址东区、中区发掘简报》，《考古》1980 年第 2 期。

②　中国社会科学院考古研究所、中国历史博物馆、山西省考古研究所：《夏县东下冯》，文物出版社，1988 年，第 208—215 页。

③　李伯谦：《东下冯类型的初步分析》，《中原文物》1981 年第 1 期；收入其《中国青铜文化结构体系研究》，科学出版社，1998 年，第 72—77 页。

足饰绳纹。圜底盆形鼎腹部变浅而似浅腹盆。甑多卷沿，圜底，底部多为三个椭圆形孔围绕一圆孔，饰鸡冠耳减少。三足盘仅见舌形高足。爵仅见槽状流一种，流尾间距加大，口部稍凹，腹部横切面呈扁圆形。盉口部加大，而且向与把手相对的一侧倾斜，实足根稍显。大口尊开始大量出现，口径多小于肩径。

本期出土多件青铜爵，发现两座大型宫殿基址、一座大墓和铸铜遗址等。

第四期：陶器纹饰仍以绳纹为主，绳纹仍有变粗的趋势，但新出现一些特细的绳纹。器物内壁普遍有大而密的麻点。深腹罐多有领，最大腹径靠上。圆腹罐仍然存在。圜底盆形鼎腹最浅，呈盘形。三足盘基本不见。爵体扁而流尾间距最大，口部近平。

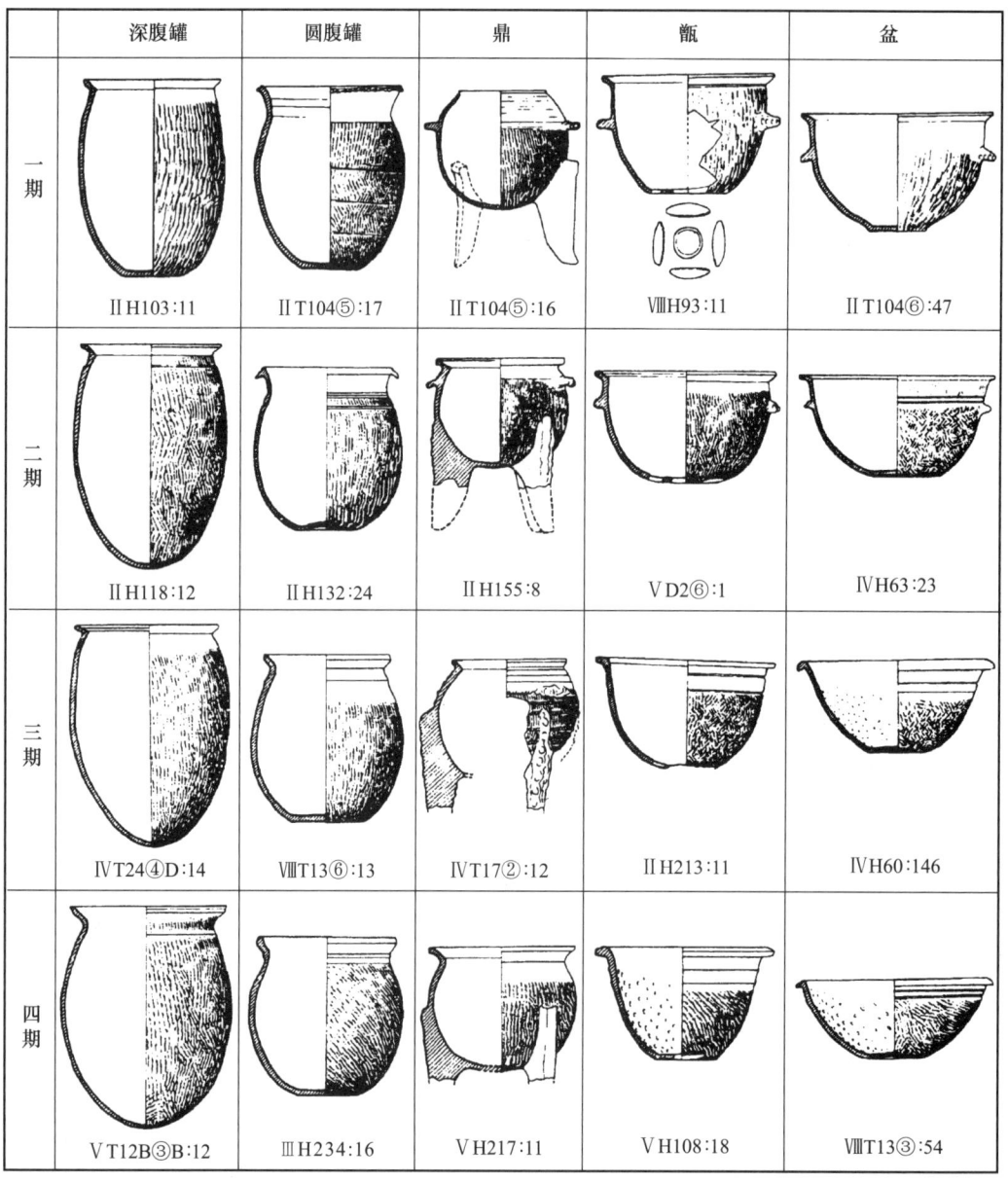

图 6-4a　二里头遗址典型陶器分期图（1）

（引自《偃师二里头》图 16-Ⅰ）

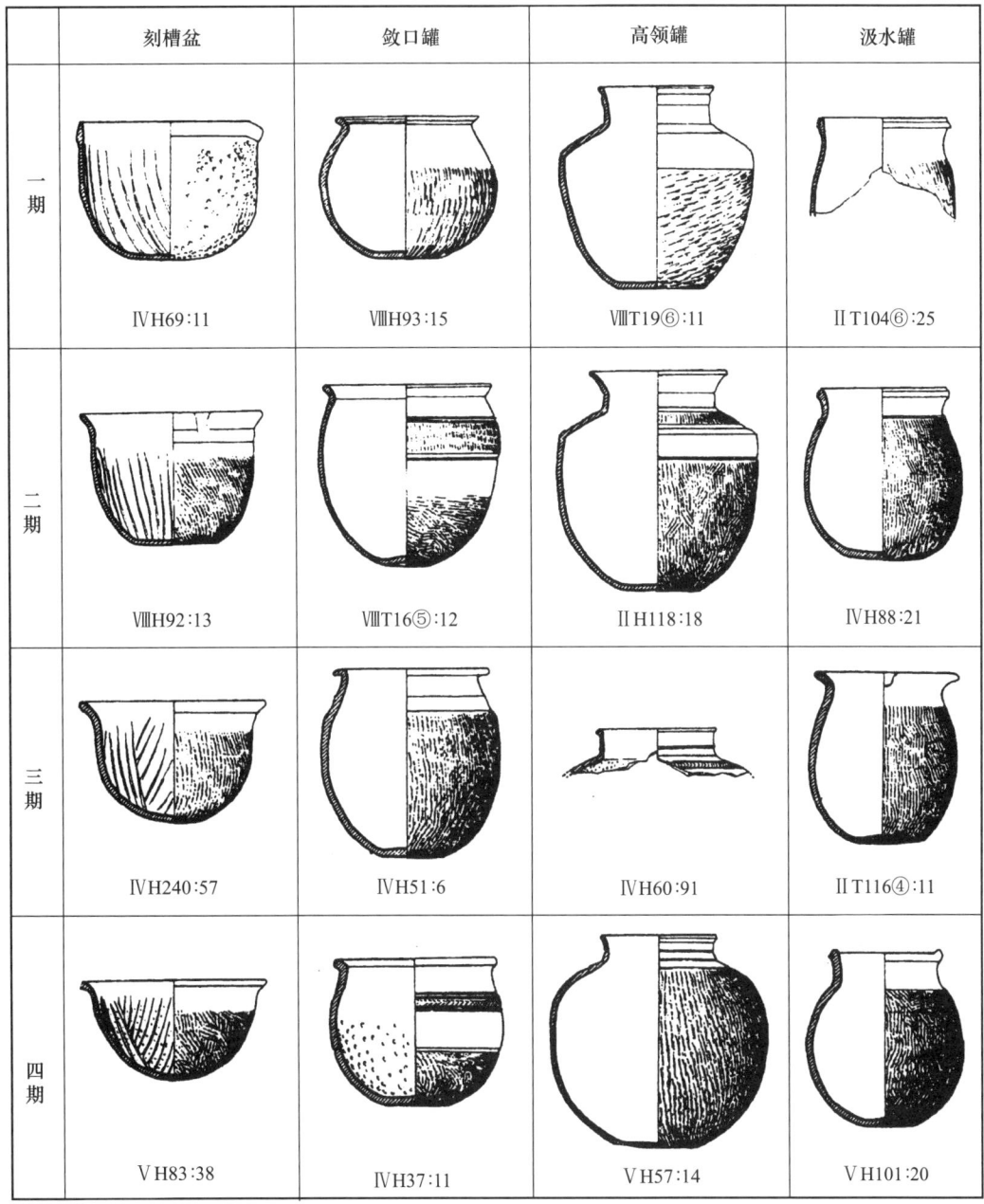

图 6-4b　二里头遗址典型陶器分期图（2）

（引自《偃师二里头》图 16-Ⅱ）

盉口部大于腰部的趋势更加明显，袋足瘦小，实足根明显。大口尊口径与肩径约略相当，或稍大于肩径。甑沿向外平折或下折。新出现簋，以及若干来自先商文化和岳石文化的因素，前者如卷沿圆唇细绳纹鬲、平底深腹罐、平底甑等；后者如夹砂红褐陶深腹罐和鬲等。

这一阶段二里头文化遗存仍然遍布全遗址，二号宫殿等仍在使用。遗址出土鼎、爵、斝、盉等青铜器以及镶嵌绿松石的铜牌饰，在中型墓中发现有圭、璋、戚、钺、

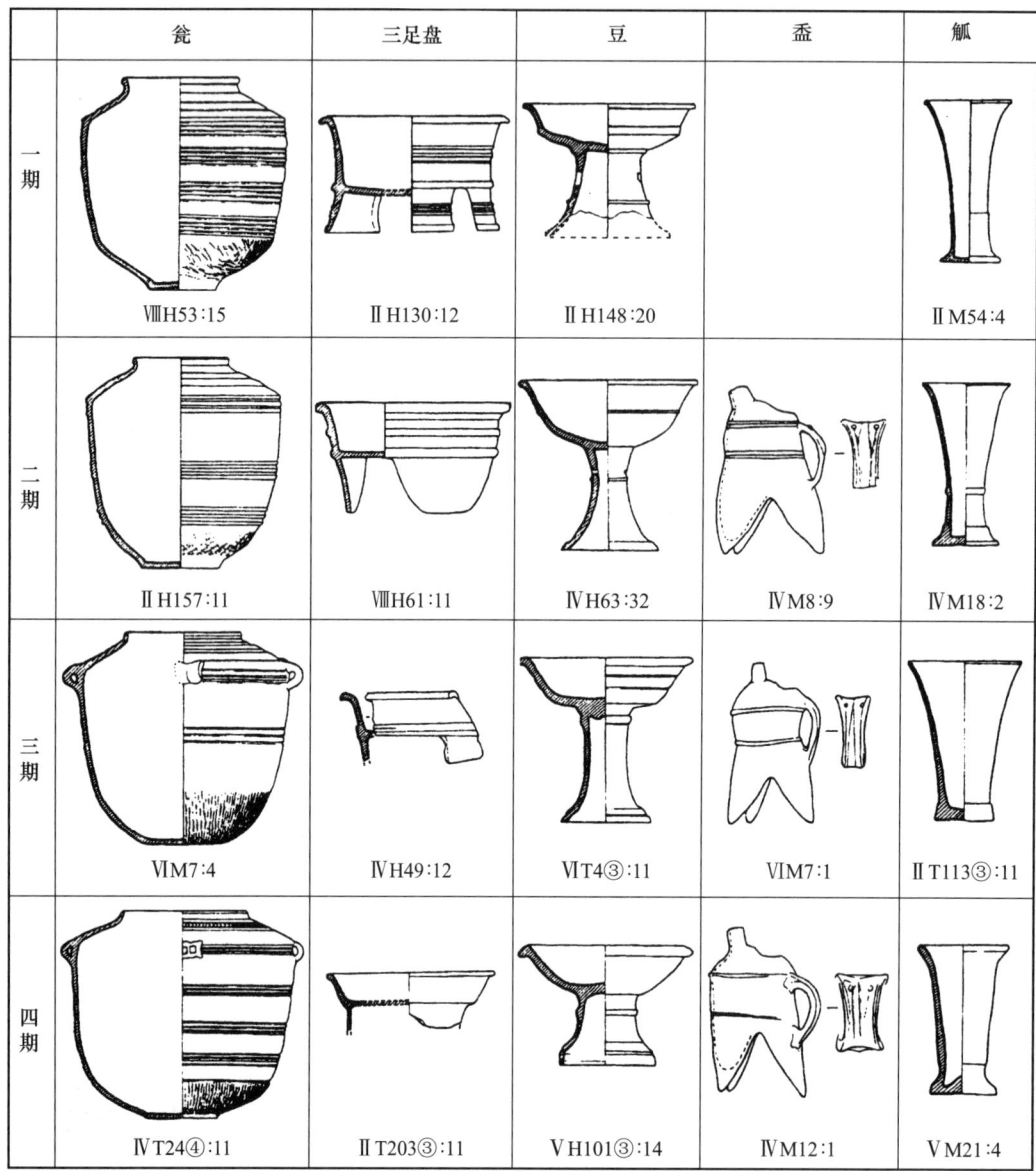

图 6-4c　二里头遗址典型陶器分期图（3）

（引自《偃师二里头》图 16- Ⅲ）

七孔大玉刀、戈和柄形器等精美玉器，在铸铜遗址中发现有铸造较大型器物的陶范。

二里头遗址的考古发掘工作持续了数十年，已经积累了大量的测年样品。为了满足"夏商周断代工程"的需要，中国社会科学院考古研究所二里头工作队于 1997 年在二里头遗址Ⅴ区又进行了发掘，揭露面积 220 平方米，获得了"夏商周断代工程"所需要的系列测年样品。对二里头遗址采集的系列含碳样品进行常规 $^{14}C$ 年代测定、拟合，并与考古分期成果相整合，初步推定出二里头文化各期年代范围（表 6-1）[1]。

---

[1]　在对二里头遗址各期样品测定、拟合时，同时也对属于二里头文化的伊川南寨遗址所采样品进行了测定、拟合。

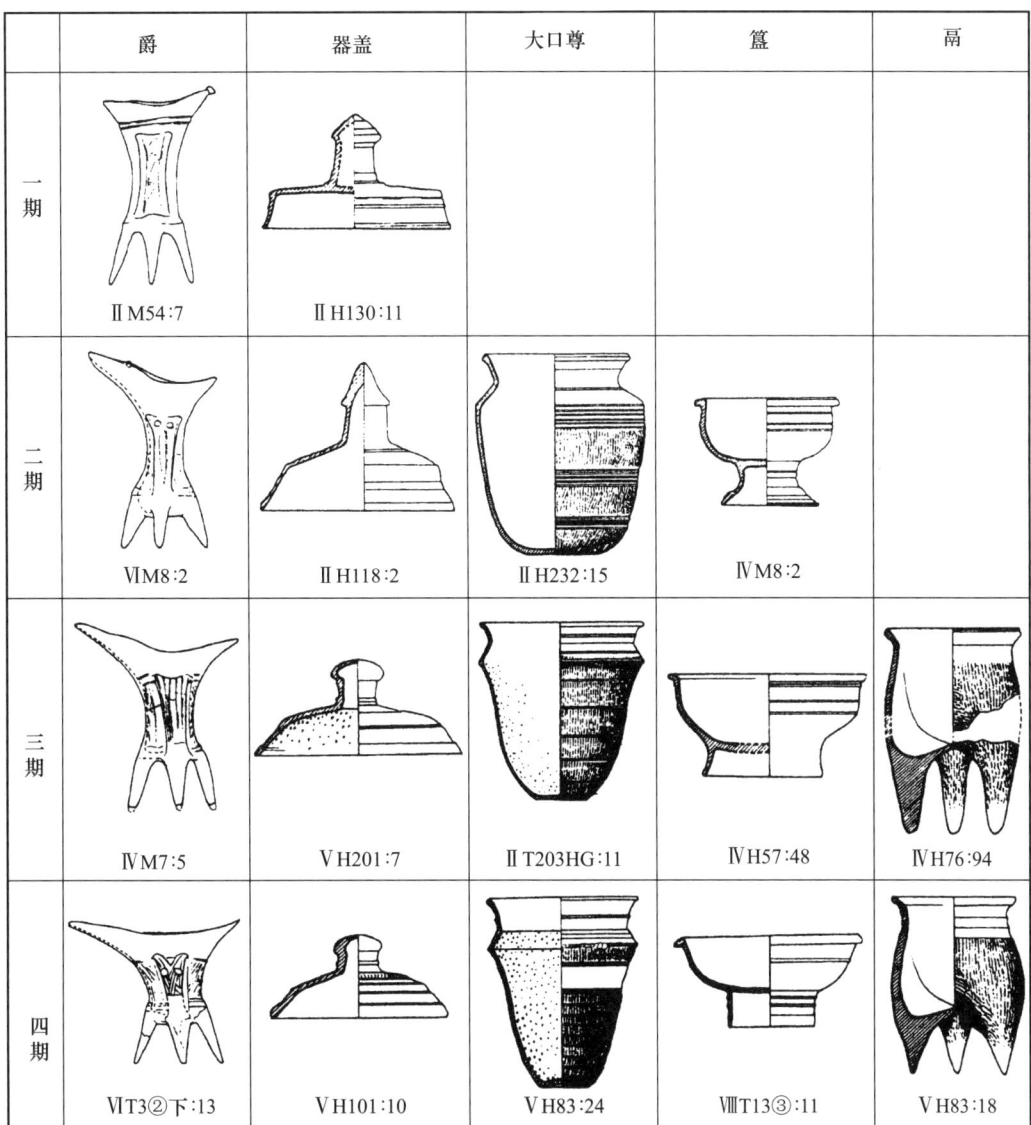

图 6-4d　二里头遗址典型陶器分期图（4）

（引自《偃师二里头》图 16-Ⅳ）

表 6-1　二里头遗址分期与常规 $^{14}$C 测年数据

| 实验室<br>编号 | 样品来源<br>（原编号） | 考古<br>分期 | 测度<br>物质 | $^{14}$C 年代数据<br>（5568，1950） | 系列样品数据校正年代<br>（BC）(68.2%) |
|---|---|---|---|---|---|
| XSZ104 | 97YLVT3H58 | 一期 | 兽骨 | 3445±37 | 1880—1840（0.32）<br>1820—1790（0.10）<br>1780—1720（0.57） |
| ZK-5206 | 97YLV T2⑪ | 一期 | 木炭 | 3406±33 | 1880—1844（0.02）<br>1770—1700（0.98） |

| 实验室编号 | 样品来源（原编号） | 考古分期 | 测度物质 | ¹⁴C 年代数据（5568，1950） | 系列样品数据校正年代（BC）(68.2%) |
|---|---|---|---|---|---|
| ZK-5260 | YN M3 | 一期 | 人骨 | 3454±34 | 1880—1840（0.37）<br>1820—1790（0.11）<br>1780—1730（0.52） |
| ZK-5261 | YN M9 | 一期 | 人骨 | 3457±34 | 1880—1840（0.36）<br>1820—1790（0.13）<br>1780—1730（0.51） |
| ZK-5262 | YN M19 | 一期 | 人骨 | 3391±33 | 1745—1708 |
| ZK-5227 | 97YLV T4H54 | 二期 | 木炭 | 3327±34 | 1685—1665（0.23）<br>1660—1645（0.17）<br>1640—1600（0.60） |
| XSZ098 | 97YLV T4⑦B | 二期 | 兽骨 | 3327±32 | 1685—1645（0.40）<br>1640—1600（0.60） |
| ZK-5226 | 97YLV T4H46 | 二期 | 木炭 | 3407±36 | 1725—1680（0.67）<br>1670—1635（0.33） |
| ZK-5244 | 97YLV T1H48 | 二期 | 兽骨 | 3348±36 | 1685—1615 |
| ZK-5236 | 97YLV T6H53 | 二期 | 木炭 | 3294±35 | 1680—1665（0.18）<br>1660—1650（0.03）<br>1635—1585（0.79） |
| ZK-5253 | 97YLV T4G6 | 二期 | 兽骨 | 3341±39 | 1685—1610 |
| ZK-5257 | 97YLV T7⑦ | 二期 | 兽骨 | 3313±37 | 1685—1665（0.21）<br>1660—1645（0.15）<br>1640—1595（0.64） |
| ZK-5228 | 97YLV T4⑥A | 二期 | 木炭 | 3318±34 | 1685—1665（0.21）<br>1660—1645（0.15）<br>1640—1595（0.64） |
| ZK-5209 | 97YLV T2⑨A | 二期 | 木炭 | 3374±34 | 1690—1620 |
| ZK-5263 | YN M18 | 二期 | 人骨 | 3343±34 | 1685—1605 |
| ZK-5264 | YN M25 | 二期 | 人骨 | 3470±37 | 1714—1687 |
| ZK-5265 | YN M26 | 二期 | 人骨 | 3380±34 | 1695—1620 |
| ZK-5267 | YN M33 | 二期 | 人骨 | 3347±35 | 1685—1615 |
| ZK-5249 | 97YLV T6⑰A | 三期 | 兽骨 | 3347±36 | 1605—1600（0.01）<br>1570—1545（0.99） |
| ZK-5200 | 97YLV T1⑨ | 三期 | 木炭 | 3343±35 | 1605—1600（0.02）<br>1595—1545（0.98） |
| ZK-5247 | 97YLV T6⑫ | 三期 | 兽骨 | 3272±39 | 1597—1562 |
| ZK-5270 | YN M34 | 三期 | 人骨 | 3301±33 | 1595—1554 |
| ZK-5255 | 97YLV T3G4 | 四期 | 兽骨 | 3355±40 | 1553—1526 |
| ZK-5229 | 97YLV T4⑤A | 四期 | 木炭 | 3304±36 | 1554—1521 |

续表

| 实验室<br>编号 | 样品来源<br>（原编号） | 考古<br>分期 | 测度<br>物质 | $^{14}$C 年代数据<br>（5568，1950） | 系列样品数据校正年代<br>（BC）(68.2%) |
|---|---|---|---|---|---|
| ZK-5242a | 97YLV T6 | 四期 | 木炭 | 3270±32 | 1557—1512 |
| ZK-5242b | 97YLV T6 | 四期 | 木炭 | 3350±33 | 1552—1526 |
| ZK-5252 | 97YLV T1H49 | 五期 | 兽骨 | 3245±35 | 1520—1490（0.48）<br>1480—1450（0.52） |
| XSZ101 | 97YLV T4H28 | 五期 | 兽骨 | 3241±30 | 1520—1490（0.46）<br>1480—1450（0.54） |

第一期是公元前1780—前1708年，第二期是公元前1720—前1585年，第三期是公元前1597—前1545年，第四期是公元前1557—前1512年，二里头文化总积年只有二百多年，不到三百年。北京大学重离子物理研究所没有测定二里头遗址的样品，但对同属二里头文化的郑州商城出土洛达庙类型晚期的样品进行了AMS测定拟合。洛达庙类型遗存一般分为三期，其晚期约相当于二里头遗址的三期至四期略偏早，测定拟合得出的年代范围是公元前1598—前1523年，两者基本一致，可互相参考。AMS法测定及拟合结果见表5-4或表7-31。

3）二里头遗址的性质

在对二里头文化分期和属性的研究中，学者们不可避免地要对二里头遗址的性质做出判断。而如上文所述，自二里头遗址发现以来，学术界对于二里头遗址性质的认识主要有汤都西亳和夏都斟𨜞两种观点；但在偃师商城发现之后，持二里头遗址汤都西亳说的学者渐少，而以二里头遗址为夏都斟𨜞的观点被越来越多的学者所接受。而要确定二里头遗址是否就是夏都斟𨜞，应将有关斟𨜞的文献记载和二里头遗址的具体情况进行全面的比较。

首先，二里头遗址的地理位置与文献所载斟𨜞的地望相符合。

斟𨜞的地望，文献记载多以为在今河南洛河附近，如《逸周书·度邑》："自洛汭延于伊汭，居易（阳）无固，其有夏之居。"《国语·周语上》："伯阳父曰：'昔伊洛竭而夏亡，河竭而商亡。'"《战国策·魏策一》："吴起对曰：'夫夏桀之国，左天门之阴，而右天谿之阳，庐罩在其北，伊洛出其南。'"《史记·夏本纪》："帝太康失国，昆弟五人，须于洛汭。"《尚书序》："太康失邦，昆弟五人，须于洛汭，作《五子之歌》。"但据《史记·夏本纪》正义引《括地志》，又有"斟寻故城，今青州北海县是也"的说法，则是以斟𨜞故地在今山东潍坊一带。然《史记正义》并未从其说，而是述臣瓒所言的"斟寻在河南，盖后迁北海也"以反驳之。至于斟𨜞的具体所在，文献记载主要有两说：一说以为在汉河南城，见于《汉书·地理志》北海郡平寿县注引臣瓒言；另一说则以为是巩县西南五十八里之𨜞城，见于《水经注》的《巨洋水注》和《洛水注》以及《史记·夏本纪》正义所引《括地志》另一说等。兹不论以上两说何者为是，但斟𨜞之地近于洛水当无疑义，而如上文的介绍，二里头遗址正处于伊、洛两河的夹河滩上，其地理位置合于斟𨜞所在。

其次，二里头遗址的延续时间和斟𨜞作为夏代都邑的历史相符合。

《史记·夏本纪》正义述臣瓒曰："《汲冢古文》云：'太康居斟寻，羿亦居之，桀又居之。'"今本《竹书纪年》："帝（仲康）即位居斟寻。"从上引文献，斟鄩曾经是夏代早期（太康和仲康两世）和夏代末年（夏桀之世）的都邑[①]，因此其遗址当同时具有夏代早晚期的遗存。而在二里头遗址，同时具有二里头文化一至四期的遗存，表明该遗址延续时间长；同时，在这里还发现二里头文化二期的大规模夯土基址和铸铜作坊，表明至晚在此阶段二里头遗址已经是一重要的都邑所在；而二里头文化四期阶段，也有大型建筑夯土基址，而且始建于三期的二号宫殿和铸铜遗址此时仍继续使用，上述迹象表明在二里头文化四期，二里头遗址仍是一处重要的居址。

此外，再综合考虑二里头遗址宏大的规模、随葬品丰富的墓葬和制作精美的出土器物，以及二里头遗址以东仅约 6 千米处矗立着偃师商城这座商代早期城址，而且二里头遗址的废弃和偃师商城的兴起在年代上相互衔接等因素，学术界认为二里头遗址应当就是夏都斟鄩。

## 2. 河南龙山文化晚期的认识、分期与测年

### （1）关于早期夏文化的争论

从考古学上证认早期夏文化是确定夏代始年的前提。虽然在"夏商周断代工程"启动以后，二里头文化一至四期都是夏文化已经成为学者们的共识，但二里头文化一期是否是最早的夏文化，换言之，二里头文化是否代表了整个夏文化的发展过程，学术界还有不同的认识。如早在 20 世纪 80 年代就有学者提出登封王城岗古城遗址可能就是文献所说"禹都阳城"的阳城遗址的意见，这样就把最早的夏文化上推到河南龙山文化中晚期[②]。还有学者认为二里头文化的延续时间和文献记载的夏代积年之间尚有差距，而且二里头文化中还包含有明显来自山东龙山文化的因素，所以二里头文化是"后羿代夏""少康中兴"之后的夏文化，而早期夏文化则要在河南龙山文化晚期中寻找[③]。但也有学者主张二里头文化已经涵盖了整个夏文化，二里头文化一期就是最早的夏文化，河南龙山文化和二里头文化是两个不同的文化[④]。

二里头文化一至四期是否代表了整个夏文化，可以通过比较二里头文化的延续时间和文献所记夏代积年来判断。此外，二里头文化一期的 $^{14}$C 测年结果与从文献所推定

---

① 仲康和夏桀之间的都邑迁徙见于文献者主要有：a.《太平御览》卷八二引《纪年》："帝相继位，处商丘。" b.《水经·巨洋水注》"薛瓒《汉书集注》云：'按《汲郡古文》相居斟灌，东郡灌也'"。c. 今本《竹书纪年》："少康自纶归于夏邑。"同书又载："（帝少康）十八年，迁于原"。d.《太平御览》卷八二引《纪年》："帝宁居原。"又曰："自（原）迁于老丘"。e.《太平御览》卷八二引《纪年》："帝廑一名胤甲，即位，居西河。" f. 今本《竹书纪年》："帝（孔甲）即位居西河。"

② 安金槐：《试论登封王城岗龙山文化城址与夏代阳城》，《安金槐考古文集》，中州古籍出版社，1999 年，第 64—67 页。

③ 李伯谦：《二里头类型的文化性质与族属问题》，《文物》1986 年第 6 期；收入《中国青铜文化结构体系研究》，科学出版社，1998 年，第 64—71 页。

④ 邹衡：《关于夏文化的上限问题——与李伯谦先生商讨》，《考古与文物》1999 年第 5 期。

的夏代始年之比较也有助于解决这一问题。

根据前面的有关论证，夏代的积年以 471 年说较为可靠，而从表 6-1 公布的测年数据来看，二里头文化一至四期的年代跨度最多不超过 300 年左右，相对夏代总积年 471 年而言有明显的不足。即使夏代积年以 431 年计，两者之间也尚有 100 多年的差距。

夏代始年的可能范围可以通过夏商分界和夏代的总积年来推定。前已论定夏商分界在公元前 1600 年左右，夏代的总积年为 471 年，两者相加为公元前 2071 年，由此表明夏代的始年当在公元前 21 世纪的前半。如夏代积年按 431 年计算，夏代的始年也当在公元前 21 世纪的后半。即使将夏商分界之年定在公元前 1550 年前后，夏代的总积年为 471 年，两者相加为公元前 2021 年，则夏代始年为公元前 21 世纪末。若夏代总积年为 431 年，两者相加为 1981 年，则夏代始年为公元前 20 世纪初。而表 6-1 中二里头文化一期的 ${}^{14}C$ 测年数据最早者也只在公元前 18 世纪初，上距夏代的始年尚有明显的空白。

从以上两方面判断，二里头文化一期尚不是最早的夏文化，早期夏文化当做进一步探索。

（2）河南龙山文化晚期的分期与测年

河南龙山文化是分布在豫西地区、在年代上早于二里头文化的一种考古学文化。该文化早在 20 世纪 50 年代即已确认[①]，在洛阳王湾遗址发掘之后[②]，学术界习惯上将其称为王湾三期文化[③]。从现已掌握的资料看，河南龙山文化主要分布在以嵩山为中心的豫西和豫中地区，而这正是文献记载夏人活动的重要区域。从文化面貌上看，学术界一致认为河南龙山文化晚期与二里头文化之间紧密相连的关系是其他任何考古学文化所无法比拟的，河南龙山文化应是二里头文化最主要的文化来源。此外，目前在豫西及其邻近地区已经发现多处河南龙山文化晚期阶段的城址，如登封王城岗、郾城郝家台、新密古城寨、淮阳平粮台和辉县孟庄等，这和文献记载夏代建国前后万国林立的情形正相吻合，因此，河南龙山文化晚期是探索早期夏文化的重要对象。

河南龙山文化晚期可分为三段：

第一段：以王城岗一期、煤山一期为代表。

第二段：以王城岗二、三期，瓦店一、二期，煤山二期为代表。

第三段：以王城岗四、五期，瓦店三期为代表。

以下对相关遗址的分期和测年结果分别叙述。

1）登封王城岗遗址的分期与测年[④]

王城岗遗址位于河南省登封市（原登封县）告成镇以西约 1 千米的颍河与五渡河交汇处的台地上。遗址北依嵩山，南望箕山，颍河流经遗址南面，五渡河则流经遗址

① 安志敏：《中国新石器时代的物质文化》，《文物参考资料》1956 年第 8 期。
② 北京大学考古实习队：《洛阳王湾遗址发掘简报》，《考古》1961 年第 4 期。
③ 严文明：《龙山文化和龙山时代》，《文物》1981 年第 6 期。
④ 河南省文物研究所、中国历史博物馆考古部：《登封王城岗与阳城》，文物出版社，1992 年。

东侧注入颍河。

王城岗遗址发现于 1977 年，此后经过数年的发掘工作，共揭露面积近 1 万平方米，确认其主要遗存属于河南龙山文化晚期和二里头文化。

王城岗古城址是该遗址中最重要的发现，城址由东西并列的两座城组成。其中东城毁坏严重，仅残留西南角一段长约 65 米的城墙基址，城址的具体面积已不可知。西城保存情况较好，唯其北墙东段被洪水冲毁，其他各面城墙皆有残留。西城面积约 1 万平方米，在其中西部较高处和东北部一带发现有夯土建筑基址，基址破坏严重，但残存有 13 座埋有人骨的夯土奠基坑，其中所埋的人骨，少则 1—2 人，多者有 5—7 人。

发掘者将王城岗遗址的龙山时期遗存分为五期，其中王城岗一期是古城的始建期，王城岗二期是王城岗古城、城内奠基坑和夯土建筑等遗存的使用期，王城岗三期是古城的废弃期，而王城岗四、五期则是古城废弃后的遗存。王城岗各期的典型单位及主要陶器器类如图 6-5 所示。

王城岗一期：以 H565、H402 和 H340 为代表。H565 出陶高足鼎、高领瓮、矮领瓮、圈足甑、碗、盆、壶、豆、圈足盘等。H402 出陶乳足鼎、深腹罐、折腹盆、钵、斝、刻槽盆和圈足盘等。H340 出陶高足鼎、甑、碗、刻槽盆和折腹盆等。

王城岗二期：以 H291、H210、H550 和 H186 为代表。H291 出陶乳足鼎、深腹罐、鼓腹罐、折腹盆、漏斗形刻槽盆、圈足甑和平底甑、钵、碗、矮领瓮、高领瓮、杯、豆和缸等。

王城岗三期：以 H426 和 H206 为代表。H426（被属于二里头一期的 H422 打破）出陶乳足鼎、圈足甑、高领瓮、圈足盘、平底盆、碗、豆、折腹盆、器盖、盉形器等。H206 出陶深腹罐、高领瓮、双耳罐、大口瓮、平底甑、豆、器盖等。

王城岗四期：以 H538、H563、H536 和 H668 为代表，其中 H563 打破王城岗三期 H281。H538 出陶乳足鼎、深腹罐、高领瓮和矮领瓮、双耳罐、碗、钵、平底甑、豆、杯、圈足盘等。H563 出陶碗、刻槽盆。H536 出陶乳足鼎、深腹罐、高领瓮、双耳罐、碗、钵、盆、器盖等。H668 出陶深腹罐、高领瓮和矮领瓮、器盖等。

王城岗五期：以 T51 ② 和 H295 为代表，其中 T51 ② 叠压在王城岗二期古城夯土城墙上。T51 ② 出陶碗、钵、豆等。H295 出陶鼓腹罐、深腹罐和高领瓮等。

上述王城岗四、五期的几个地层单位代表了王城岗古城废弃后遗存的年代，而在这些单位之上还发现有丰富的二里头文化一至四期的堆积，这从地层学上证明王城岗遗址龙山晚期遗存要早于二里头文化遗存。而从王城岗遗址中属于二里头文化一至四期诸单位出土的陶高足鼎、鼓腹罐、深腹罐、高领瓮、矮领瓮等器物均与该遗址中龙山时期的同类器物有着明显的承袭关系。如高足鼎在王城岗一期就已经出现，其他几期少见，但它与二里头二、三、四期高足鼎之间的发展关系依然清楚；乳足鼎在王城岗一至五期均有，但到二里头文化时期则不见；鼓腹罐和深腹罐几乎在王城岗各期和二里头文化各期均可见到；高领瓮和矮领瓮在王城岗各期几乎都可见到，二里头文化诸期这类器物较少，但前后之间的发展关系是明确的。这些现象表明河南龙山文化晚期确是二里头文化的重要来源。

1996 年"夏商周断代工程"启动以后，"早期夏文化研究"专题组对王城岗遗址进行了新的发掘，将 20 世纪 70 年代末在王城岗遗址发掘的一些探方重新挖开，从当时

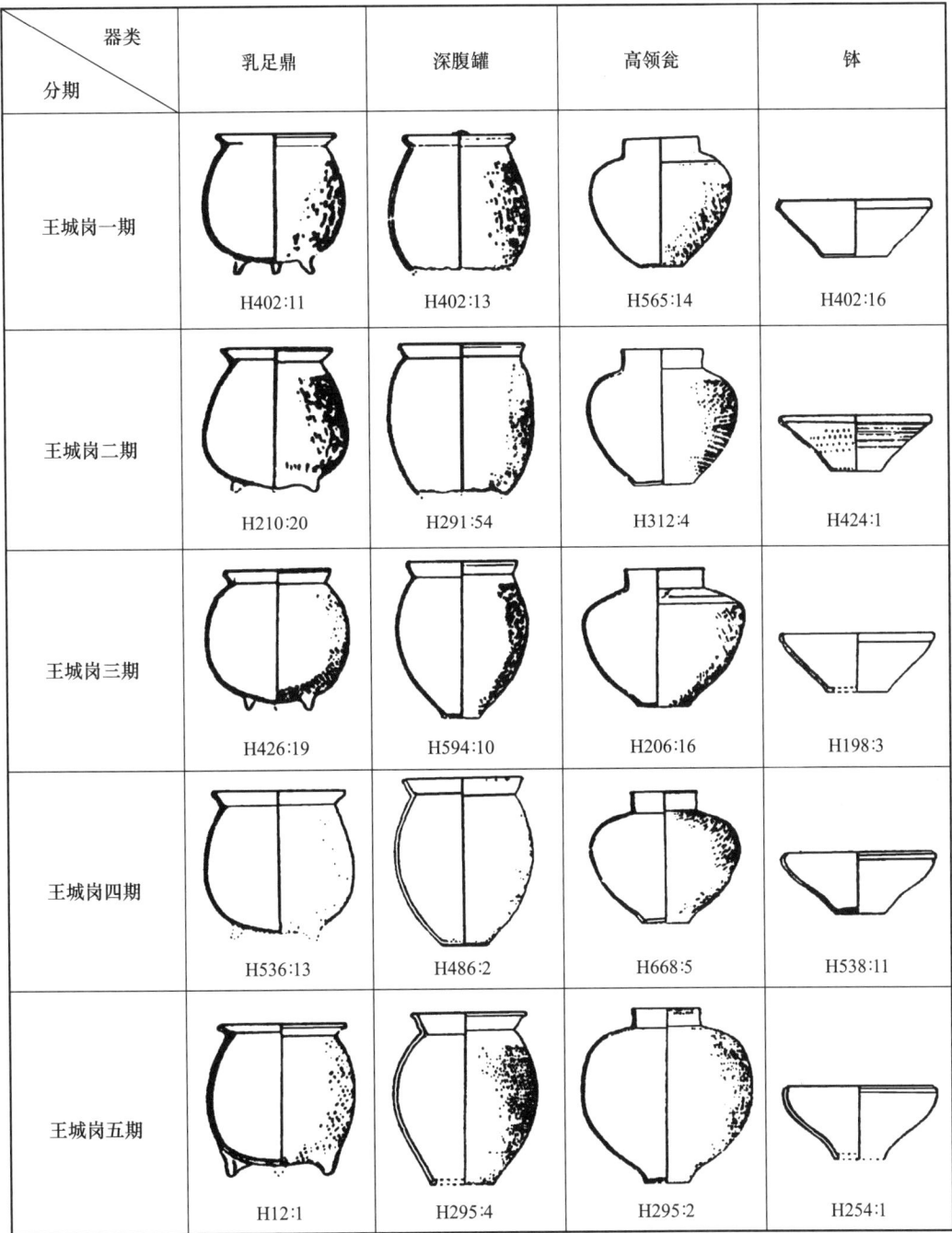

| 分期 \ 器类 | 乳足鼎 | 深腹罐 | 高领瓮 | 钵 |
|---|---|---|---|---|
| 王城岗一期 | H402:11 | H402:13 | H565:14 | H402:16 |
| 王城岗二期 | H210:20 | H291:54 | H312:4 | H424:1 |
| 王城岗三期 | H426:19 | H594:10 | H206:16 | H198:3 |
| 王城岗四期 | H536:13 | H486:2 | H668:5 | H538:11 |
| 王城岗五期 | H12:1 | H295:4 | H295:2 | H254:1 |

图 6-5　王城岗遗址典型陶器分期图

保留的河南龙山文化晚期遗迹中采集了大量的测年样品，其中包括四个奠基坑中的人骨标本。专题组从有数十组层位关系的遗迹单位中共收集了测年样品 202 份，这些遗迹单位的年代涵盖了王城岗一期到二里头文化四期。

经对王城岗遗址的系列含碳样品进行 AMS $^{14}$C 测年与年代校正，得出了各期、段的年代范围（表 6-2）。

表 6-2　王城岗遗址系列样品的 AMS$^{14}$C 测年数据

| 分期 | | 发掘编号 | 样品类型 | 实验室编号 | $^{14}$C 年龄（BP） | 校正后日历年代 68% 置信区间（BC） |
|---|---|---|---|---|---|---|
| 起始边界 | | | | | | 2211—2117（62.9%） 2079—2059（5.3%） |
| 河南龙山晚期一段 | 一期 | 告西 T130H340 | 骨头 | SA98100 | 3740±45 | 2188—2112 |
| | | 告西 T153H402 | 骨头 | SA98101 | 3730±45 | 2189—2111 |
| 河南龙山晚期二段 | 二期 | 告西 T157 奠 6 | 木炭 | SA98102 | 3635±50 | 2132—2082 |
| | | 告西 T179 奠 8 | 骨头 | SA98104 | 3625±35 | 2130—2083 |
| | 三期 | 告西 T31H92 | 骨头 | SA98108 | 3705±55 | 2095—2030 |
| | | 告西 T179H470 | 骨头 | SA98110 | 3730±45 | 2092—2032 |
| 河南龙山晚期三段 | 四期 | 告西 T92H192 | 骨头 | SA98116 | 3695±40 | 2047—2010（54.3%） 1998—1982（13.9%） |
| | | 告西 T242H536 | 骨头 | SA98117 | 3610±40 | 2038—1994 |
| | | 告西 T157H418 | 骨头 | SA98120 | 3650±35 | 2041—1988 |
| | 五期 | 告西 T107H233 | 骨头 | SA98122 | 3670±35 | 2024—2009（14.8%） 2002—1961（53.4%） |
| | | 告西 T51② | 骨头 | SA98123 | 3655±35 | 2024—2008（15.7%） 2003—1961（52.5%） |
| 终止边界 | | | | | | 2018—2004（10.3%） 1999—1943（57.9%） |

从表 6-2 中的 $^{14}$C 测年数据可以看出，王城岗遗址二、三期的年代大体处在公元前 21 世纪的前半，与从文献推定的夏代始年最为接近。尤需注意的是，王城岗遗址的第二期恰是王城岗古城的使用和繁荣期，该遗址中最重要的遗存如夯土基址和奠基坑均属于这一时期，因此，以王城岗遗址二、三期为代表的河南龙山文化晚期遗存，应是考古学上探索早期夏文化的主要对象。

在 2000 年"夏商周断代工程"的阶段性成果结项之后，2002—2003 年对王城岗遗址周围龙山文化遗址进行了广泛调查，2004—2005 年发现了面积 30 余万平方米的大城城址（图 6-6），大城城址北城墙打破了 1977 年发现的小城的西北角，晚于小城，为王城岗遗址分期的第二期始建。经对采集的含碳样品测定，大城城墙的年代范围不晚于公元前 2070—前 2030 年或公元前 2090—前 2020 年，不早于公元前 2100—前 2055 年或公元前 2110—前 2045 年，与原测定拟合得出的王城岗遗址二期的年代范围接近[1]。

---

[1]　北京大学考古文博学院、河南省文物考古研究所：《登封王城岗考古发现与研究（2002～2005）》第十三章，大象出版社，2007 年，第 776—784 页。

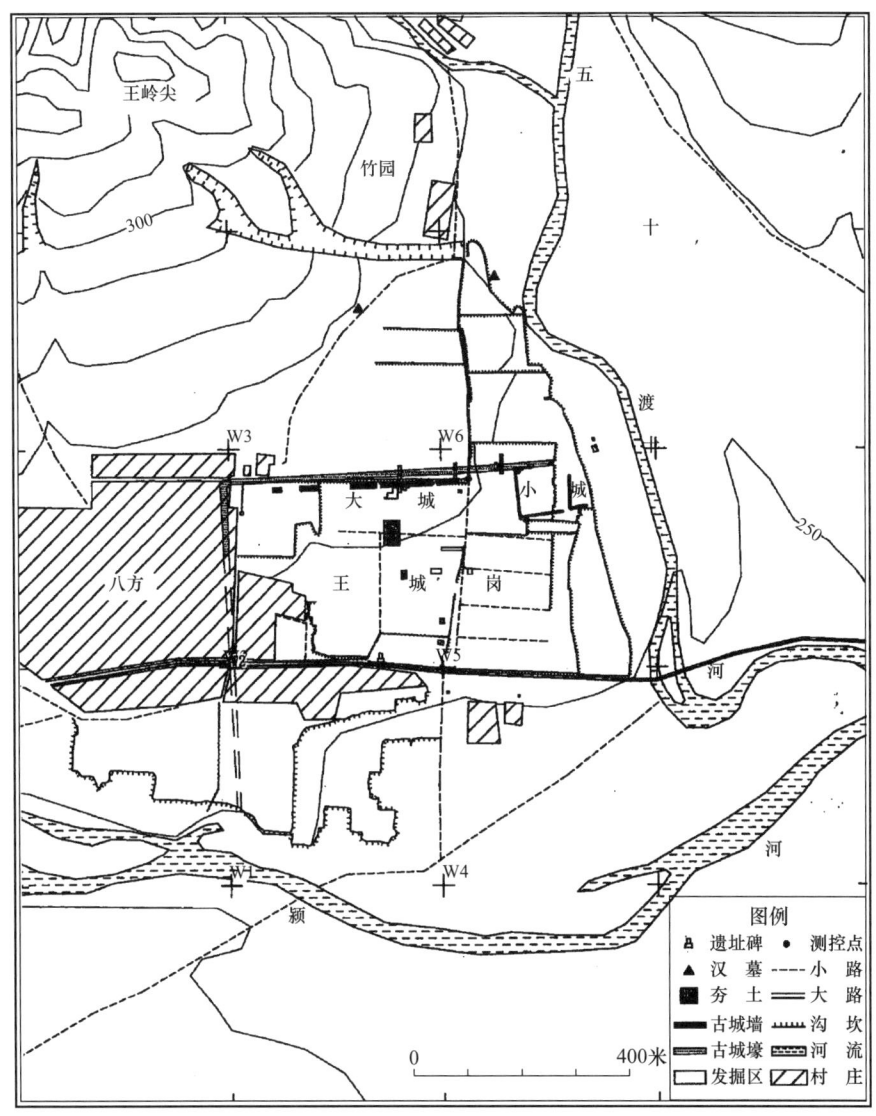

图 6-6　王城岗遗址实测地形图

（引自《登封王城岗考古发现与研究上》第 26 页图三）

2）禹州瓦店遗址的分期与测年

瓦店遗址位于河南省禹州市（原禹县）瓦店村东北部的岗地上，颍河流经遗址的北面。瓦店遗址发现于 1979 年[1]，1980—1982 年在此进行过三次发掘，证明瓦店遗址以河南龙山文化晚期遗存最为丰富[2]。

1997 年春"夏商周断代工程""早期夏文化研究"专题组在这里进行了较大规模的调查和发掘[3]。钻探结果表明，遗址由瓦店村东高岗和西北岗两片遗址构成，现存面积

① 河南省文物研究所、禹县文管会：《河南禹县颍河两岸考古调查与试掘》，《考古》1991 年第 2 期。
② 河南省文物研究所、禹县文管会：《禹县瓦店遗址发掘简报》，《文物》1983 年第 3 期。
③ 河南省文物考古研究所：《河南禹州市瓦店龙山文化遗址 1997 年的发掘》，《考古》2000 年第 2 期。

约 20 万平方米；发掘的重要遗迹包括房基、灰坑和墓葬等。房基有地面建筑和半地穴式两种，地面建筑的房址多用纯净的黄土垫出厚约半米的基础，在有些黄土基础内还发现奠基坑，坑内有属于不同个体的人头骨、盆骨和肢骨，如位于遗址中部 H16 这座奠基坑中所见的骨骼就分属于一成年男性、一成年女性和一名儿童。此外，在瓦店遗址还出土了成组的精美陶质酒器如瓠、瓶、鬶、盉等，另有少量玉器以及用牛肩胛骨制作的大卜骨。从遗迹、遗物的分布情况来看，瓦店遗址可能包括功能不同的两个区域。遗址的东部地层堆积厚，发现有面积较大的夯土建筑基址，这里应是当时的生活区。而遗址的西北部，虽然地层堆积较薄，但诸如奠基坑和大卜骨等重要的遗迹遗物均发现于这一范围内，故其可能是当时的宗教活动场所。

　　瓦店遗址常见的陶器组合是乳足鼎、高足鼎、鼓腹罐、深腹罐、高领瓮、矮领瓮、碗、钵和盆等。根据这些典型陶器的演变规律和有关的地层关系，可将瓦店遗址的龙山时期遗存分为三期，各期的典型单位和主要特征如下（图 6-7）。

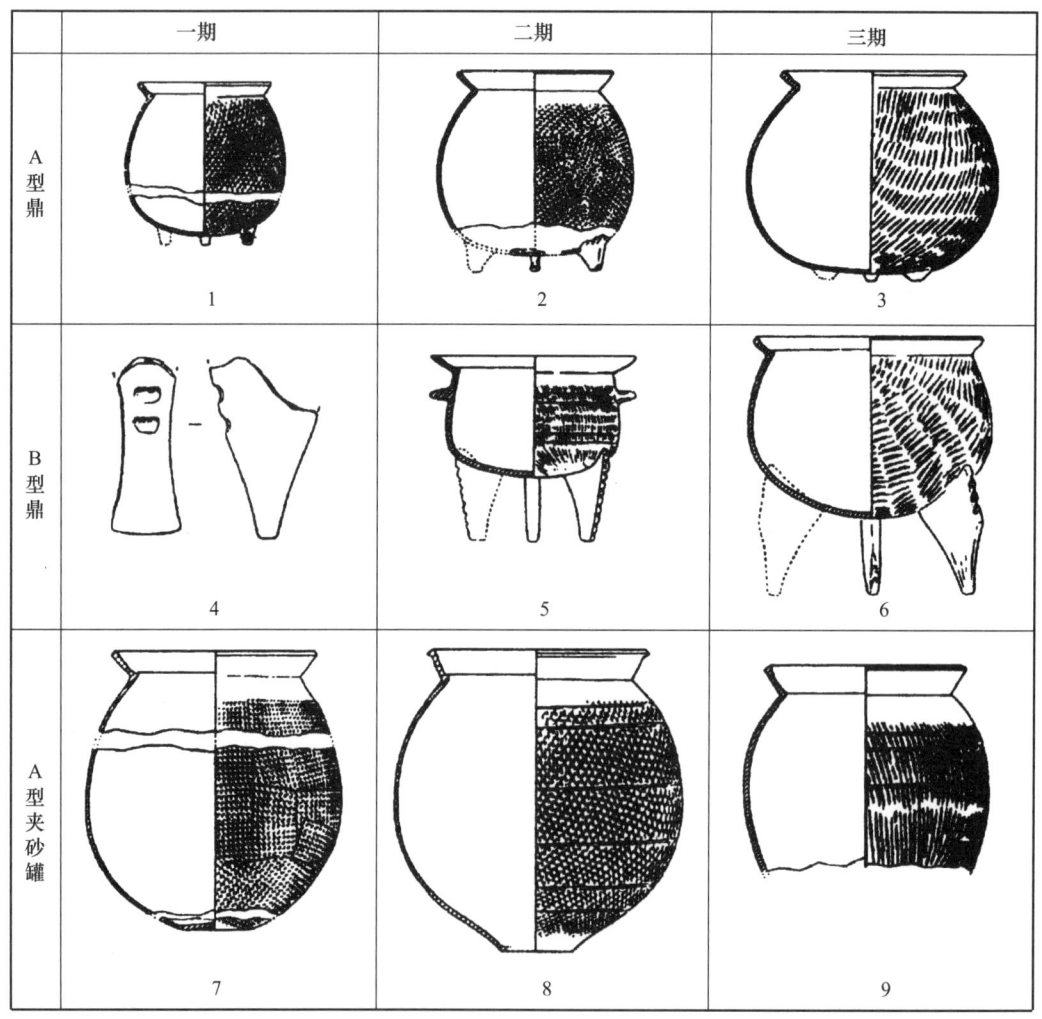

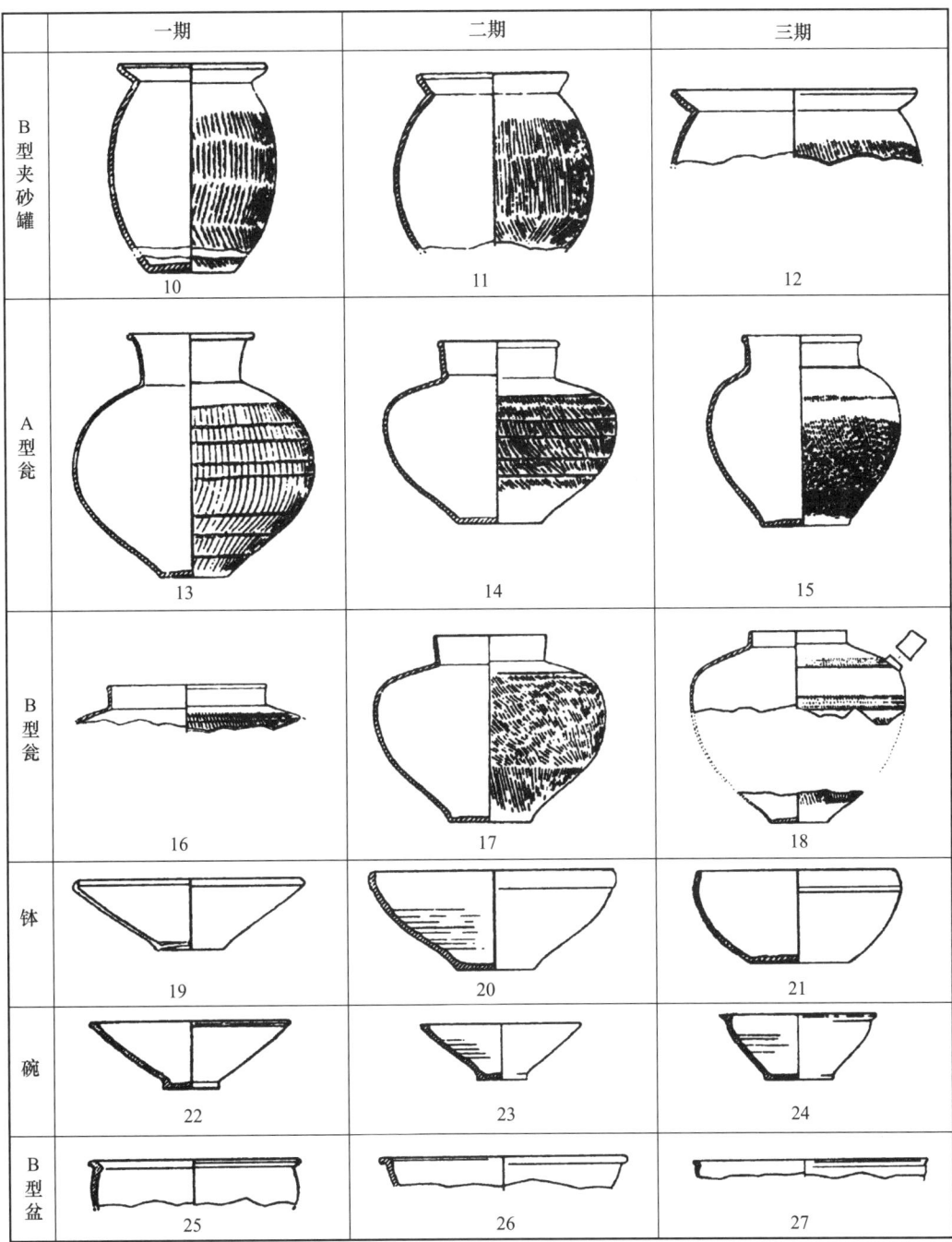

图 6-7　禹州瓦店遗址典型陶器分期图

1. ⅣT3 ⑦：51　2. ⅤT1H16：4　3. ⅣT5H47：2　4. ⅣT4 ⑧：40　5. ⅣT3F4：7　6. ⅤT1H17：1　7. ⅣT3H58：5　8. ⅣT6H65：1　9. ⅣT4 ④：42　10. ⅣT4 ⑧：43　11. ⅣT6H65：3　12. ⅣT1H1：5　13. ⅣT3H61：29　14. ⅣT3H30：5　15. ⅣT3 ④：28　16. ⅣT3 ⑥：81　17. ⅣT3H30：11　18. ⅣT4H11：9　19. ⅣT3H61：36　20. ⅣT1H27：6　21. ⅣT1H14：1　22. ⅣT3H61：37　23. ⅣT6H65：21　24. ⅣT5 ③：4　25. ⅣT4 ⑥：66　26. ⅣT6H65：17　27. ⅣT3 ④：85

第一期：以ⅣH58 和ⅣT3H61 等单位为代表。以泥质灰陶为主，夹砂灰陶次之，另有少量的黑陶和褐陶。素面陶较多，其中磨光陶占一定数量。纹饰以篮纹为主，方格纹次之，绳纹、附加堆纹和弦纹均不多见。主要器形有鼎、夹砂罐、刻槽盆、瓮、甑、斝、鬶、甗、器盖、豆、壶、钵、碗、盆、缸等。

第二期：以ⅣT3 ⑤、ⅣT3H38 为代表。陶系以泥质灰陶为主，夹砂灰陶次之，泥质黑陶不多，泥质和夹砂褐陶较少，夹砂黑陶很少。素面陶数量较大，其中有不少磨光陶。纹饰仍以篮纹为主，方格纹次之且较粗，附加堆纹、绳纹、划纹和弦纹皆很少。常见器类有鼎、夹砂罐、甑、刻槽盆、瓮、斝、器盖、壶、钵、碗、盆、圈足盘和豆等。

第三期：以ⅣT3H19、H26 和 H20 等单位为代表。陶系以泥质灰陶为主，夹砂灰陶次之，泥质黑陶数量增加，泥质褐陶和夹砂褐陶以及夹砂黑陶均很少。素面陶较前期有所增加，其中磨光陶占一定比例。纹饰以篮纹为主，方格纹较少，附加堆纹、绳纹和划纹都很少，有些方格纹、篮纹和绳纹印痕变浅。器形有鼎、夹砂罐、甑、盉、瓮、盆、圈足盘、碗、钵、豆和器盖。

从出土陶器特征来看，瓦店遗址的第一、二期大体和王城岗遗址的二、三期相当，属于河南龙山文化晚期 2 段；瓦店遗址第三期则和王城岗遗址第四、五期相当，属于河南龙山文化晚期 3 段。

"夏商周断代工程"用 AMS 法对禹县瓦店遗址出土的 13 个样品进行了测年与年代校正，结果见表6-3。

**表 6-3　禹州瓦店遗址系列样品的 AMS$^{14}$C 测年数据**

| 分期 | 发掘编号 | 样品类型 | 实验室编号 | $^{14}$C 年龄（BP） | 校正后日历年代 68% 置信区间（BC） |
|---|---|---|---|---|---|
| 起始边界 | | | | | 2361—2231 |
| 一期 | YHW97ⅣT3H61 | 木炭 | BA03169 | 3830±30 | 2308—2283（16.3%）<br>2252—2228（26.7%） |
| | | | XSZ068 | 3890±40 | 2223—2202（25.2%） |
| | YHW97ⅣT4 ⑧ | 木炭 | BA03178 | 3780±30 | 2269—2255（10.8%）<br>2228—2220（6.2%） |
| | | | XSZ070 | 3775±40 | 2205—2192（12.9%）<br>2178—2142（38.3%） |
| | YHW97ⅣT4 ⑥ | 木炭 | BA03175 | 3775±50 | 2272—2253（9.2%）<br>2234—2140（59.0%） |
| 二、三期 | YHW97ⅣT3 ⑤ | | BA03154 | 3445±30 | 1871—1842（24.2%）<br>1810—1800（6.7%）<br>1775—1733（33.0%）<br>1708—1702（2.7%）<br>1698—1695（1.7%） |

续表

| 分期 | 发掘编号 | 样品类型 | 实验室编号 | ¹⁴C 年龄（BP） | 校正后日历年代 68% 置信区间（BC） |
|---|---|---|---|---|---|
| 二、三期 | YHW97ⅣF4 | | BA03157 | 3495±30 | 1878—1840（28.1%）<br>1828—1792（28.7%）<br>1787—1770（11.4%） |
| | YHW97ⅣT6H54 | | BA03165 | 3715±30 | 2140—2118（15.8%）<br>2099—2036（52.4%） |
| | YHW97ⅣT4④ | 木炭 | BA03172 | 3650±30 | 2116—2098（10.5%）<br>2038—1953（57.7%） |
| | YHW97ⅣT1F2 | 木炭 | BA03144 | 3675±30 | 2132—2079（36.7%）<br>2048—2019（19.0%）<br>1997—1980（12.5%） |
| | YHW97ⅣT1H3 | 木炭 | BA03145 | 3615±30 | 2025—1996（22.0%）<br>1982—1922（46.2%） |
| | YHW97ⅣT4H24 | 木炭 | BA03161 | 3445±35 | 1876—1842（24.5%）<br>1810—1798（7.3%）<br>1776—1733（29.7%）<br>1710—1697（6.7%） |
| | YHW97ⅣT6H34 | 木炭 | BA03164 | 3470±30 | 1876—1841（29.7%）<br>1824—1821（2.2%）<br>1812—1797（11.1%）<br>1776—1744（25.2%） |
| | YHW97ⅣT1H17 | 木炭 | BA03167 | 3475±30 | 1876—1841（29.9%）<br>1824—1822（1.6%）<br>1813—1798（12.2%）<br>1778—1746（24.6%） |
| | YHW97ⅣT5H46 | 木炭 | BA03183 | 3525±30 | 1888—1860（16.6%）<br>1844—1772（51.6%） |
| 终止边界 | | | | | 1759—1644 |

　　3）新密新砦遗址的分期与测年

　　新砦遗址位于河南省新密市（原密县）东南约 22.5 千米的新砦村西北的台地上，现存面积约 35 万平方米。1979 年中国社会科学院考古研究所在这里进行了首次试掘[①]。依据该遗址所见文化特征，并结合河南龙山文化晚期和二里头文化一期之间在文化传承关系和 [14]C 测年结果之间的缺环，有学者提出了"新砦期二里头文化"观点，即认为新砦遗址某些单位所包含的遗存在时代上早于二里头文化一期而又晚于河南龙山文化晚期，它们代表了从河南龙山文化到二里头文化之间的过渡期[②]。

　　从以上公布的 [14]C 测年数据来看，王城岗遗址五期的最晚年代约在公元前 20 世纪中叶或偏早，而二里头遗址一期的最早年代约在公元前 18 世纪初而不能早至公元前 20 世纪，这表明在河南龙山文化晚期和二里头文化一期之间在年代上确实还存在着缺环。

　　为了进一步确定新砦期遗存的性质和年代，"夏商周断代工程"在实施过程中，在"夏代年代学研究"课题下增设了"新砦遗址的分期与研究"专题。该专题组于 1999—2000 年在新砦遗址进行了两个季度的发掘，共揭露面积 486 平方米，清理各类灰坑 166 座、房基 8 座和墓葬 9 座（其中两座为乱葬坑），获得一批可供比较研究的资料或系列测年样品[③]。

　　按照层位关系及出土遗迹、遗物特征的变化，发掘者将新砦遗存分为三大文化期，第一期为河南龙山文化晚期（又称王湾三期文化晚期），第三期属二里头文化早期，第二期即晚于河南龙山文化晚期、早于二里头文化一期的"新砦期"遗存。

　　新砦期遗存可分为早、晚两段，早段与河南龙山文化晚期有较多相似因素，晚段有些因素与二里头文化早期接近。新砦期的陶器种类有折沿深腹罐、甑、钵、碗、豆、高足罐形鼎、小口高领罐、刻槽盆、平底盆、尊形瓮、折肩罐、圈足盘、器盖等，其他还有少量的鬶盉、甗、子母口缸、子母口瓮、子母口鼎、三足盘等。不见河南龙山文化晚期常见的平流鬶、斝、双腹盆、垂腹明显的乳足鼎，也不见二里头文化一期常见的圆腹罐、花边罐。其中，大量的直壁双层纽器盖，近直腹、小平底的深腹罐，深腹罐和盆宽折沿且沿边加厚的作风，厚壁的钵和碗，近底部和底部均饰镂孔的深腹盆形甑，子母口瓮，饰数周附加堆纹的各类尊形瓮，折肩罐等是该期的典型陶器群（图 6-8）。新砦期遗存主要继承了河南龙山文化晚期发展而来，但也接收和融入了相当多来自东方的造律台类型的因素。

① 中国社会科学院考古研究所河南二队：《河南密县新砦遗址的试掘》，《考古》1981 年第 5 期。

② 赵芝荃：《略论新砦期二里头文化》，《中国考古学会第四次年会论文集》，文物出版社，1985 年，第 13—17 页。

③ 北京大学震旦古代文明研究中心、郑州市文物考古研究所：《新密新砦——1999～2000 年田野考古报告》，文物出版社，2008 年。

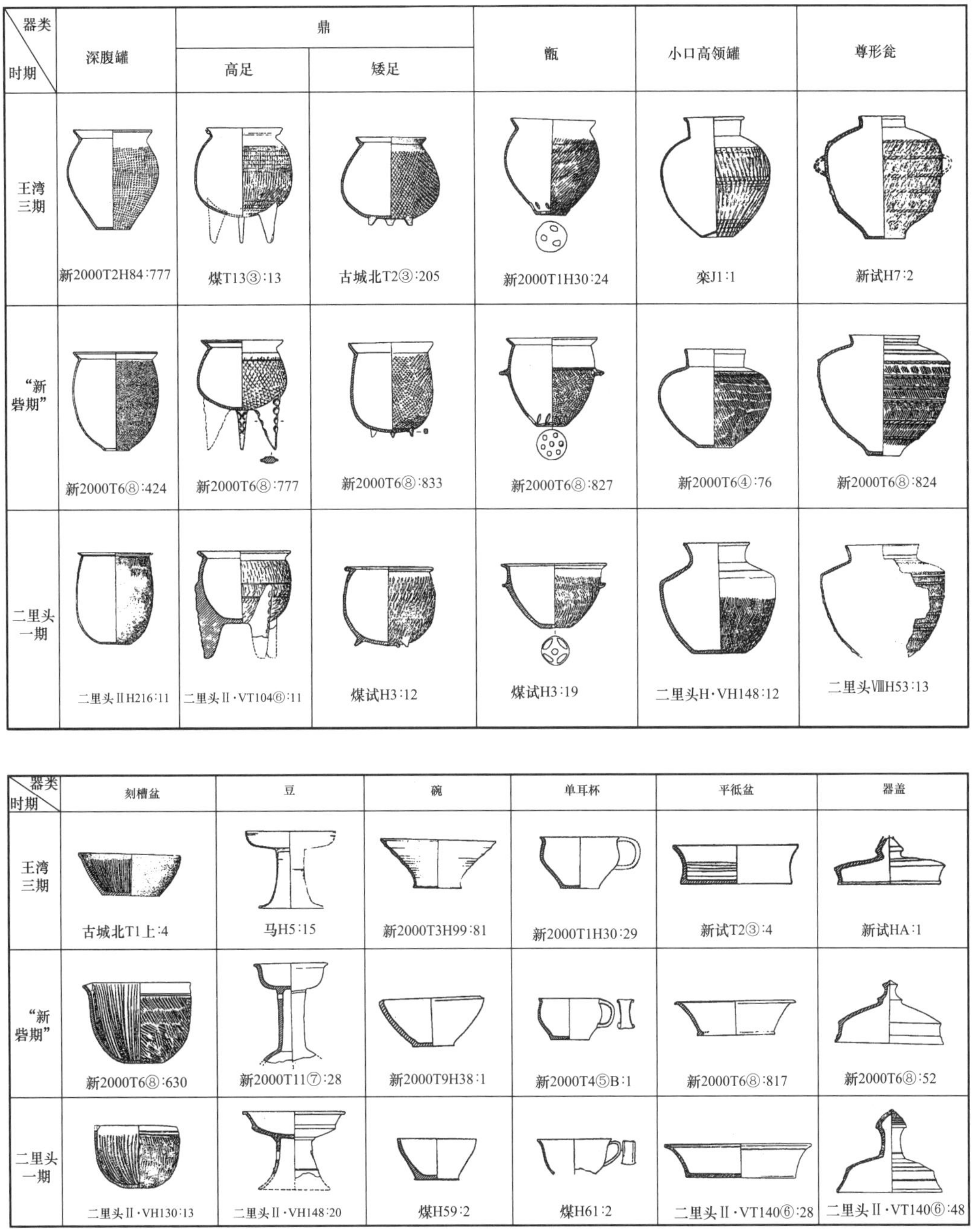

| 器类\时期 | 深腹罐 | 鼎（高足） | 鼎（矮足） | 甑 | 小口高领罐 | 尊形瓮 |
|---|---|---|---|---|---|---|
| 王湾三期 | 新2000T2H84:777 | 煤T13③:13 | 古城北T2③:205 | 新2000T1H30:24 | 栾J1:1 | 新试H7:2 |
| "新砦期" | 新2000T6⑧:424 | 新2000T6⑧:777 | 新2000T6⑧:833 | 新2000T6⑧:827 | 新2000T6④:76 | 新2000T6⑧:824 |
| 二里头一期 | 二里头ⅡH216:11 | 二里头Ⅱ·VT104⑥:11 | 煤试H3:12 | 煤试H3:19 | 二里头H·VH148:12 | 二里头ⅧH53:13 |

| 器类\时期 | 刻槽盆 | 豆 | 碗 | 单耳杯 | 平底盆 | 器盖 |
|---|---|---|---|---|---|---|
| 王湾三期 | 古城北T1上:4 | 马H5:15 | 新2000T3H99:81 | 新2000T1H30:29 | 新试T2③:4 | 新试HA:1 |
| "新砦期" | 新2000T6⑧:630 | 新2000T11⑦:28 | 新2000T9H38:1 | 新2000T4⑤B:1 | 新2000T6⑧:817 | 新2000T6⑧:52 |
| 二里头一期 | 二里头Ⅱ·VH130:13 | 二里头Ⅱ·VH148:20 | 煤H59:2 | 煤H61:1 | 二里头Ⅱ·VT140⑥:28 | 二里头Ⅱ·VT140⑥:48 |

注：新=《新密新砦——1999~2000年田野考古发掘报告》，煤=《河南临汝煤山遗址发掘报告》，煤试=《河南临汝煤山遗址调查与试掘》，二里头=《偃师二里头》，新试=《河南密县新砦遗址的试掘》，马=《郑州马庄龙山文化遗址发掘简报》，古城=《河南新密古城寨子龙山文化城址发掘简报》，栾=《河南鹿邑栾台遗址发掘》。

图 6-8　王湾三期、"新砦期"与二里头一期典型陶器对比图
（引自《新密新砦——1999—2000年田野考古发掘报告》图三四八）

"夏商周断代工程"对新砦遗址出土的系列样品进行了 AMS$^{14}$C 测年，具体数据见表 6-4。

测年与年代校正结果表明，新砦遗址河南龙山文化晚期的年代范围是公元前

2110—前 1842 年，新砦期早段的年代范围是公元前 1820—前 1755 年，新砦期晚段的年代范围是公元前 1775—前 1695 年。

表 6-4　新砦遗址系列样品的 AMS<sup>14</sup>C 测年数据

| 分期 | 发掘编号 | 样品类型 | 实验室编号 | <sup>14</sup>C 年龄（BP） | 校正后日历年代 68% 置信区间（BC） |
|---|---|---|---|---|---|
| 起始边界 | | | | | 2170—2040 |
| 河南龙山晚期 | T1H123 | 骨 | SA00002b | 3700±65 | 2110—1950 |
| | T1H126 | 骨 | SA00014-1 | 3675±35 | 2084—2036 |
| | | | SA00014-2 | 3740±30 | |
| | | | VERA1429 | 3695±35 | |
| | | | VERA1430 | 3760±45 | |
| | T1H122 | 骨 | SA00008 | 3570±35 | 1960—1875 |
| | T1H120 | 骨 | SA00007-2 | 3590±30 | 2010—2000（3.7%）1980—1880（64.5%） |
| | T1H119 | 骨 | SA00001-1 | 3485±30 | 1880—1842 |
| | | | SA00001-2 | 3490±35 | |
| 龙山晚-新砦边界 | | | | | 1855—1780 |
| 新砦期早段 | T1⑥C | 骨 | SA00006-1 | 3535±35 | 1818—1769 |
| | | | SA00006-2 | 3470±35 | |
| | T1H116 | 骨 | SA00012-2 | 3480±35 | 1820—1765 |
| | | | VERA1431 | 3490±35 | |
| | | | VERA1432 | 3500±45 | |
| | T1H112 | 骨 | SA00005-2 | 3465±35 | 1820—1755 |
| | T1H115 | 骨 | SA00019-1 | 3530±35 | 1819—1770 |
| | | | SA00019-2 | 3500±35 | |
| | T4H61⑥ | 骨 | SA00028 | 3500±35 | 1816—1768 |
| 新砦早-新砦晚边界 | | | | | 1782—1744 |
| 新砦期晚段 | T1H40 | 骨 | SA00018-1 | 3500±30 | 1769—1738 |
| | | | SA00018-2 | 3470±35 | |
| | T1H26 | 骨 | SA00017-1 | 3395±40 | 1748—1726（42.1%）1720—1699（26.1%） |
| | | | SA00017-2 | 3455±30 | |
| | T1H76 | 骨 | SA00009 | 3415±35 | 1747—1704 |
| | T1H48 | 骨 | VERA1434 | 3425±35 | 1755—1695 |
| | | | VERA1435 | 3460±50 | |

续表

| 分期 | 发掘编号 | 样品类型 | 实验室编号 | $^{14}$C 年龄（BP） | 校正后日历年代 68% 置信区间（BC） |
|---|---|---|---|---|---|
| 新砦期晚段 | T1H45 | 骨 | SA00013-1b | 3430±55 | 1741—1712 |
| | | | SA00013-2 | 3390±35 | |
| | | | VERA1436 | 3380±35 | |
| | | | VERA1437 | 3450±50 | |
| | T1H29 ① | 骨 | SA00016 | 3410±50 | 1744—1708 |
| | | | VERA1438 | 3390±35 | |
| | | | VERA1439 | 3430±50 | |
| | T4H66 | 骨 | SA00021-2 | 3425±30 | 1747—1703 |
| | T4H30 | 骨 | SA00020-2 | 3490±30 | 1775—1735（66.3%）1705—1700（1.9%） |
| 终止边界 | | | | | 1730—1675 |

（3）由早期夏文化看夏代早期都邑

据上文的有关论述，如果以二里头文化为夏代中、晚期文化，则二里头遗址最有可能是这一时期的夏都斟鄩。而据文献记载，夏代初期的禹和启均另有所都，早期夏文化的证认为从考古学上寻找夏代早期都邑遗址提供了线索。以下对禹、启的都邑分别讨论。

关于禹的都城，文献记载有以下四说。

① 禹都阳城说。《孟子·万章上》："禹避舜之子于阳城。"《汉书·地理志》颍川郡阳翟县注引臣瓒云："《世本》禹都阳城，《汲郡古文》亦云居之，不居阳翟也。"《续汉书·郡国志》颍川郡阳翟县注引《汲冢书》："禹都阳城。"今本《竹书纪年》："（禹）受舜禅……都于阳城。"

② 禹都阳翟说。《汉书·地理志》颍川郡阳翟县班固自注："阳翟，夏禹国。"《续汉书·郡国志》颍川郡阳翟县司马彪自注："禹所都。"《史记·周本纪》集解引徐广《史记音义》："夏居河南，初在阳城，后居阳翟。"《水经·颍水注》："颍水……迳阳翟县故城北，夏禹始封于此为夏国。"

③ 禹都平阳、安邑、晋阳说。《史记·封禅书》正义引《世本》："夏禹都阳城，避商均也；又都平阳，或在安邑，或在晋阳。"《史记·夏本纪》集解引皇甫谧曰："（禹）都平阳，或在安邑，或在晋阳。"《水经·涑水注》："安邑，禹都也。"

④ 禹都咸阳说。《礼记·缁衣》："惟尹躬先见于西邑夏。"郑玄注："夏之邑在亳西。"孔颖达疏："夏之邑在亳西者，按《世本》及《汲冢古文》并云禹都咸阳，正当亳西也。"但是，阮元校勘指出，这条孔疏，"咸阳"当是"阳城"之误①。

---

① 《十三经注疏》，中华书局影印本，1980 年，第 1652 页。

关于启的都邑，文献记载多以为在阳翟。

《左传》昭公四年："夏启有钧台之享。"杜预注："启，禹子也。河南阳翟县南有钧台陂。"《续汉书·郡国志》颍川郡阳翟县刘昭注补："夏禹都，有钧台，《帝王世纪》曰：'在县西。'"也以钧台在阳翟。

在以上关于禹、启都邑的诸说中，阳城和阳翟两说均本于较早的文献，而且在考古上已经证明今豫西地区是早期夏文化的主要分布区域，所以此两说应是考察夏代早期都邑的重点。

关于阳城的地望，主要有两说。

一说见于《太平御览》卷一五五所引《世本》的记载："夏后居阳城，本在大梁之南，于战国大梁魏都，今陈留浚仪是也。""陈留浚仪"即今河南开封市。距开封市不远的睢县曾发现有零星的二里头文化遗存，但该地迄今没有发现任何较大规模的与都邑相称的早期夏文化遗址，因而此说不足为据。

二是阳城在今河南登封告成说。持此说的文献记载较多，早在20世纪50年代末徐旭生即对此有详细罗列和分析，并进而指出"河南中部的洛阳平原及其附近，尤其是颍水谷的上游登封、禹县一带"是寻找夏氏族或部落活动区域的重要地区[①]。20世纪70年代末，考古工作者在登封县告成镇北发现了一处战国时期的城址，其中出土印有"阳城""阳城仓器"字样的战国陶文，证明这座城址就是战国时期的阳城，这也说明战国时期人们所说的"禹都阳城"应当就是指这一地区。与此同时，考古工作者还在这处战国阳城西南隅的王城岗上发现了一处河南龙山文化晚期的城址。根据相关的 $^{14}$C 测年数据（见表6-2），可知这座城址的使用与繁荣期正和我们推定夏代始年的可能范围相吻合；此外，在该城址内发现了多处埋有人骨的奠基坑和较大面积的夯土建筑基址。这些证据都表明登封王城岗城址应是寻找禹都阳城的重要对象。

汉代的阳翟即今河南禹州市。经过考古调查和发掘，在今禹州市周围和颍水两岸分布着比较密集的河南龙山文化晚期和二里头文化早期的遗址，也证明这里确实是夏族的一个主要聚居区。在这些遗址中以瓦店遗址最为引人注目，该遗址不仅面积较大，而且发现了夯土基址、奠基坑和制作精美的陶酒器、玉器、卜骨等重要遗物。同时，从时代上讲，瓦店遗址的三期遗存均属于河南龙山文化晚段，所以该遗址的发现也为夏代早期都邑的探索提供了重要线索。

# （三）夏代天象的天文推算

## 1. 禹时五星聚合的天文推算

五星聚合是指五大行星在夜空中会聚在很近的距离内。其星或如连珠，或如拱璧，异常壮观。这种特殊的天象，在中国古代受到特别重视。《汉书·天文志》云："凡五

---

① 徐旭生：《1959 年夏豫西调查"夏墟"的初步报告》，《考古》1959 年第 11 期。

星所聚宿，其国王天下。……五星若合，是谓易行。有德受庆，改立王者，掩有四方，子孙蕃昌。亡德受罚，离其国家，灭其宗庙，百姓离去，被满四方。"《晋书・天文志》云："凡五星所聚，其国王，天下从。"《孝经・钩命诀》亦云："帝王起，纬合宿，嘉瑞贞祥。"近年在新疆维吾尔自治区出土的一件汉代护袖织品，上绣"五星出东方利中国"几个字。《汉书・赵充国传》载汉宣帝在一份诏令中也说"今五星出东方，中国大利"。所有这些表明，五星聚合这种天象在中国古代社会文化中有着深刻的影响。

《太平御览》卷七引《孝经・钩命诀》载："禹时五星累累如贯珠，炳炳若连璧。"很多学者认为这是发生在夏代的一次五星聚合。利用五星聚的历史记录讨论古史年代问题，在古今中外都不乏有意义的工作。在西方，最早讨论中国五星聚合记录和年代学关系的，当属英国的 Williams 发表在 19 世纪的文章。他提到中国在公元前 2500—前 2400 年之间有一次五星聚于室宿的记载，但未给出处。后经计算，认为这次天象发生在公元前 2449 年。

近 20 多年学者对五星聚的问题重新进行了研究，其中最引人注目的是班大卫（D. W. Pankenier）关于夏商周三代建立与五星聚合的关系的研究。他提出夏、商、周三代的建立，分别在公元前 1953、公元前 1576、公元前 1059 年这 3 次五星聚合发生之际，这三次五星聚合正是古代中国人认定的三代兴起的征兆[①]。1990 年，倪德卫（D.S. Nivison）在《古代中国》杂志上就天文事件与夏代年代问题主持过专题讨论[②]。张培瑜[③]、黄一农[④] 通过具体的天文计算，系统地讨论了中国古籍中记载的八次五星聚合记录，尤其是夏商周三代的五星聚合记录，这些工作对西周共和以前的古史年代提出不少新的见解。近年来，彭瓞钧等人也对此课题做过深入研究，得出了一些有意义的结果[⑤]。

现代天文学对于五大行星的运动规律已经完全了解。应用天体力学理论，计算每个行星在星空中的位置，可以很容易达到百分之一秒的精度。在天文学家用肉眼直接观测行星运动的时代，观测精度一般不会超过 1°。因此，通过现代天文计算，回推几千年前的行星聚合，在理论上没有任何困难。实际上，在电子计算机应用的早期，已经有天文学家和科学史家开始考虑这个问题了，例如，由 Stahlman 和 Gingerish 合编的 *Solar and Planetary Longitudes for Years −2500 to+2000* 一书，内容是五大行星位置表，目的是为了解决天文年代学问题。它给出每隔 10 天太阳和五大行星的黄经值，精度为 1°。这是一个非常实用的表，在计算机未普及时是一本难得的工具书。现在，随着个

① Pankenier D W. Astronomical Dates in Shang and Western Zhou（商和西周的天文年代）. *Early China*, 7, 1981-1982: 2-37; Mozi and the Dates of Xia, Shang and Zhou: A Research Note（《墨子》与夏商周年代：一份研究笔记）. *Early China*, 9-10, 1983-1985: 176-180.

② Nivison D S, Pang K D. Astronomical Evidence for the Bamboo Annals' Chronicle of Early Xia（《竹书纪年》中夏代早期编年史的天文学证据）. *Early China*, 15, 1990: 87-95.

③ 张培瑜：《五星聚合与历史记载》，《人文杂志》1990 年第 5 期。

④ 黄一农（Huang Yi-long）. Forum: Huang Yi-long. *Early China*, 15, 1990: 97-112.

⑤ Pang K D, Yau K K, Chou H H. Astronomical Dating and Statistical Analysis of Ancient Chinese Eclipse Data（中国古代交食数据的天文定年和统计分析）. *Highlights of Astronomy*, 11B, 1998: 724-728.

人计算机的普及，相应的天文软件也应运而生。

由美国 ARC 软件公司开发的 Dance of the Planets 是一个功能性很强的天文模拟软件，它能模仿太阳、月亮和九大行星的运动，甚至能模仿行星的卫星系统、彗星和小行星的运动。对于历史天象，可以反推到公元前 4681 年。专题组选用这种软件作为主要计算工具。

夏代立国的年代范围当在公元前 2100 年前后。对这一年代前后的五星位置进行计算，印证了以前学者的结论，在夏代立国的可能年代范围之内，有一次非常理想的五星聚合。此次特殊天象发生在公元前 1953 年 2 月。从 2 月中起，在黎明的东南方地平线上，土星、木星、水星、火星和金星，自下而上排成一列，非常醒目壮观，能够给人留下极为深刻的印象。这种奇特的天象一直延续到 3 月初。特别是在 2 月 26 日晨，五大行星几乎聚在一起，相互之间的角距离小于 4°。这可能是人类文明史上发生的最难得的五星聚合现象，它可能被古人观察到，作为一种瑞兆留在古人的记忆中，一代一代流传下来。因此，此次五星聚合可以作为估定夏代年代的参考。

在此前 20 年，也曾发生过一次五星聚合，时间在公元前 1973 年 4 月底到 5 月初。不过其时五大行星相互间距离较大，最大相差 21°，连珠的形象不明显，而且聚合的时间只有几天，容易被观测者错过。因此，与公元前 1953 年 2 月的那次比，这次五星聚合被记录下来的可能性要小得多。

同时应该认为，不能据此认定公元前 1953 年一定是夏禹在位的时代。在纬书中，常以"禹时"指代整个夏代，如《易纬·稽览图》中有"禹四百三十一年"，显然是指整个夏代四百三十一年。《孝经·钩命诀》中关于五星的记载是作为新王朝兴盛的祥瑞而记的，所以其中的"禹时"可能是指夏代建国早期兴盛的一段时间。

## 2. 仲康日食再研究

夏代仲康日食长期被认为是世界上最早的日食记录。关于此事的记载见于三种古文献：《左传》昭公十七年引《夏书》、《史记·夏本纪》、今传本《尚书·胤征》。

《左传》昭公十七年引述仲康日食的一段是：

> 夏六月甲戌朔，日有食之。祝史请所用币，昭子曰："日有食之，天子不举，伐鼓于社；诸侯用币于社，伐鼓于朝，礼也。"平子御之，曰："止也。唯正月朔，慝未作，日有食之，于是乎有伐鼓、用币，礼也；其余则否。"大史曰："在此月也。日过分而未至，三辰有灾，于是乎百官降物，君不举，辟移时，乐奏鼓，祝用币，史用辞，故《夏书》曰：'辰不集于房，瞽奏鼓，啬夫驰，庶人走。'此月朔之谓也。当夏四月，是谓孟夏。"

所引《夏书》中虽未出现"日食"一词，但该段是在讨论日食之礼时而引用。引文出现了"辰"这个字，《左传》昭公七年有"日月之会是谓辰"，"房"是指房星或房宿。"瞽奏鼓、啬夫驰、庶人走"是中国古代传统的救日食仪式，据《周礼·地官·鼓人》载：鼓人"救日月则诏王鼓"。这段引文毫无疑问是指发生了一次日食。

《史记·夏本纪》也记载了此事：

> 帝中康时，羲和湎淫，废时乱日，胤往征之，作《胤征》。

同样没有出现"日食"一词，但其中的羲和是中国古代主掌天文的官员，中国古代天文学家极为看重日食，"废时乱日"隐含了日食。因此，《史记》与《左传》所说指同一件事，《左传》引《夏书》当即古本《胤征》。

今传本《尚书·胤征》也载此事，文云：

> 惟仲康肇位四海，胤侯命掌六师，羲和废厥职，酒荒于厥邑。……惟时羲和，颠覆厥德，沉乱于酒，畔官离次，俶扰天纪，遐弃厥司。乃季秋月朔，辰弗集于房，瞽奏鼓，啬夫驰，庶人走。羲和尸厥官，罔闻知，昏迷于天象，以干先王之诛。政典曰："先时者杀无赦，不及时者杀无赦。"

历代学者多指今传本《尚书·胤征》为伪古文，其中关于仲康日食的记述，并没有脱离《左传》和《史记》的内容，只是多出"乃季秋月朔"这样一条天文学条件。考虑到在春秋时代，季秋时太阳的位置在房宿，所以"季秋月朔"并没有真正增加什么信息。

自梁代虞𠁪认为此日食发生于仲康元年以来，共有 18 位中外学者提出过 13 个年代。这些计算方法可以分为两种类型：一种是中国古代的历术推步方法；另一种是基于牛顿天体力学建立的太阳、月亮和行星运行历表，按现代交食理论设计的方法。实际上，远古时代日食的计算到目前为止还没有完善的方法。目前计算 4000 年前的日食，不确定性达到 ±1 小时，因此，根据现有条件进行这样遥远时期的日食推算，还很困难。"夏商周断代工程"对前人证认这一日食的方法和结果进行了研究，发现都有问题，有的食分太小，有的在洛阳地区不可见。

计算远古日食必须考虑地球自转的改正。"夏商周断代工程"采用地球自转改正 $c=30$，对洛阳地区公元前 2250—前 1850 年共 400 年间的可见日食进行普查性计算，以此作为基础来查找符合仲康日食条件的结果。

由于岁差的影响，"季秋"与"房宿"相对应的时代是公元前 14—前 6 世纪，夏代季秋之月太阳不在房宿，"季秋"与"房宿"两者只能有一条符合仲康日食。房宿很小，每年太阳只有 5 天在房宿，对于公元前 2000 年，是 10 月 14—19 日，对于公元前 2200 年，是 10 月 13—18 日，将这一限制放宽到 10 月 11—20 日，在所普查的年代范围内，共有 5 次洛阳可见的日食，其中没有一次食分大于 0.6，即在仲康可能的年代里，没有发生在房宿的大食分的日食。

日在何宿是看不到的，古人如《左传》杜预注也不认为"房"是指房宿。只有在二十八宿体系建立起来之后，才能根据观测到的星象推断出太阳在何宿。"季秋之月，日在房"是《礼记·月令》中对季秋时节太阳位置的描述，因此，仲康日食"季秋"的可能性比"房宿"要大，房宿可能是春秋时代的人们根据当时季秋之月太阳的位置用当时的语言来记述发生在夏代季秋的日食。

　　在公元前 2200 年，"季秋"之月的范围在 10 月 25 日至 11 月 23 日。鉴于当时"季秋"的定义不会很严格，且存在观测误差，将"季秋"前后各放宽 25 天，设定在 10 月 1 日至 12 月 18 日之间，利用洛阳地区公元前 2250—前 1850 年可见日食普查性计算的结果，得出符合"季秋"且食分超过 0.5 的日食共有 11 次，其中发生在公元前 2043 年 10 月 3 日、公元前 2019 年 12 月 6 日、公元前 1970 年 11 月 5 日和公元前 1961 年 10 月 26 日的几次，可作为推断夏初年代的参考。

### 3.《夏小正》星象年代

#### （1）《夏小正》记载的星象

　　《夏小正》经文现存于《大戴礼记》中，共 400 余字。它记载了每月的天象、物候、民事等活动，可以说是中国现存最早的一部星象物候历。《礼记·礼运》中记孔子说："我欲观夏道，是故之杞而不足征也，吾得夏时也。"郑玄注曰："得夏四时之书也，其书存者有《小正》。"《史记·夏本纪》亦有："孔子正夏时，学者多传《夏小正》云。"后人多据此认为《夏小正》是夏代的历法，也有人认为它的成书时间应在战国时代。

　　《夏小正》经文给出的星象共有 17 个：

> 正月：鞠则见。初昏参中。斗柄悬在下。
>
> 三月：参则伏。
>
> 四月：昴则见。初昏南门正。
>
> 五月：参则见。初昏大火中。
>
> 六月：初昏斗柄正在上。
>
> 七月：汉案户。初昏织女正东乡。斗柄悬在下则旦。
>
> 八月：辰则伏。参中则旦。
>
> 九月：辰系于日。
>
> 十月：初昏南门见。织女正北乡则旦。

《夏小正》星象的年代，已有能田忠亮[1]、赵庄愚[2]、罗树元和黄道芳[3]等学者做过研究，但因对《夏小正》中星象记述的解释不同，所得结果也不同。"夏商周断代工程"对《夏小正》星象重新进行了全面研究[4]。

　　《夏小正》星象可分为南中、见伏合及北斗、织女、银河指向三部分。由于北斗、织女的指向可以有较大的范围，恒星的见伏又缺乏合适的标准，所以，南中星象对于确定年代所起作用最大。

[1]　能田忠亮著，补庐译：《〈夏小正〉星象论》，《中日文化》第 2 卷第 9、10 期，1942 年。

[2]　赵庄愚：《从星位岁差论证几部古典著作的星象年代及其成书年代》，《科技史文集（第 10 辑）》，上海科学技术出版社，1983 年。

[3]　罗树元、黄道芳：《论〈夏小正〉的天象和年代》，《湖南师范大学自然科学学报》1985 年第 4 期。

[4]　胡铁珠：《〈夏小正〉星象年代研究》，《自然科学史研究》2000 年第 3 期。

（2）南中星象研究

《夏小正》中的南中星象共 4 种，包括正月初昏参中，四月初昏南门中，五月初昏大火中，八月参中则旦。其中大火和参星分别指心宿二（天蝎座 α）和参宿七星（猎户座 α、γ、ζ、ε、δ、κ、β）向无疑义。但南门指哪两星，曾出现过半人马座 α 和 ε[①]、半人马座 ε 和 ξ2[②]、半人马座 α 和 ξ2[③]、半人马座 α 和 β[④] 等解释。《史记·天官书》对南门的描述为："亢为疏庙，主疾，其南北两大星曰南门。"据此南门两星当为大星，组成朝向南方的门形，只有半人马座 α 和 β 符合这种描述，故当以此二星为南门。

《夏小正》星象的观测地当不出夏、商、周三代的主要活动区域，这些区域纬度多在 34.5° 左右，在此以 34.5° 作为《夏小正》星象的观测纬度。在昏旦南中的计算中，纬度每差 1° 所导致的年代差约为 50 年（春分到秋分时纬度高所得年代晚，低则早。秋分到春分反之）。

昏旦时刻，自汉代以来，以日入后两刻半为昏，日出前两刻半为旦（以一百刻为一昼夜）。

南中的定义，取正南方 ±0.5°。

通过专题组编制的 QBASIC 语言程序，计算南中星象如下。

五月大火昏中：《夏小正》记五月"时有养日"，即一年中最长的白日，也就是夏至日，这是求《夏小正》星象年代的关键[⑤]。假设大火昏中与夏至在同一日，得到年代为公元前 750 年，昏中时地平高度 39.3°。

四月南门昏中：南门的中点于四月中昏中的年代为公元前 900 年，昏中高度为 10.2°。

正月参昏中：参宿中央星猎户座 ε 正月中昏中的年代为公元 450 年，昏中高度 52°。

八月参旦中：八月中旦参中的年代为公元 1700 年。

上述四项中星计算，大火、南门昏中的年代比较接近，参的两个星象则与之相差较远。特别是八月旦参中，偏差甚大，孔广森《大戴礼记补注》和朱骏声《夏小正补传》认为是七月的错简，顾凤藻《夏小正经传集解》认为"参"当为"壘"字，指七星，即星宿。按照前一说法计算，得到七月中旦参中的星象为公元前 1200 年。按照后一说法计算，得到星宿中央大星即长蛇座 α 星八月中旦中的年代为公元前 2850 年。

① 伊世同：《中西对照恒星图表》，科学出版社，1981 年。

② 潘鼐：《中国恒星观测史》，学林出版社，1989 年。

③ 孙小淳：《汉代石氏星官研究》，《自然科学史研究》1994 年第 2 期。

④ Gustave Schlegel. *Uranographie Chinoise*（《星辰考原》），published by La Haye, Librairie de Martinus Nijhoff, Leyde, Imprimerie de E. J. Brill, 1875.

⑤ 或以为"日"当作"白"，参见（清）王聘珍撰，王文锦点校：《大戴礼记解诂》，中华书局，1983 年，第 38 页。

（3）见、伏、合星象研究

《夏小正》中的见、伏、合星象包括正月鞠则见、三月参则见、四月昴则见、五月参则见、八月辰则伏、九月辰系于日、十月初昏南门见七种。"见"指旦时恒星重见于东方（或昏时星见东方），"伏"指昏时恒星隐入日光或西方地平线下而不可见，"系于日"指星与日在相同的方位。在这些星象中，"鞠"不见于《夏小正》之外的任何文献，以前的研究者给出的只是推测。昴指金牛座的七颗星，没有疑问。"辰"古书上有多种含义，《公羊传》昭公十七年有："大辰者何？大火也。大火为大辰，伐为大辰，北辰亦为大辰。"《尔雅·释天》有："大辰，房心尾也。大火谓之大辰。"《夏小正》中既有大火又有辰，说明二者是有区别的，因此此处辰当指房心尾三宿，房宿可取中间星，即天蝎座 δ，心宿取大火，尾宿取中间星天蝎座 η。

四种"见"的星象中，通过对昴星和参星在历史上的位置的分析可知，四月昴则见和五月参则见都是指晨见，由此，正月鞠则见当也是指晨见，只有十月南门见指明是"初昏"，这是有问题的，学者曾提出过多种解决方案，其中最合理的是认为南门见也是指晨见，"初昏"当是衍文。由此，将四种"见"的星象都确定为晨见。

采用最无争议的大火、南门昏中的平均年代公元前 800 年，对见、伏、系于日（合）星象在二十四节气之月中的日星距离 s、恒星地平高度 h、恒星与太阳的黄经差 i–r 进行计算，得到表 6-5。

**表 6-5　公元前 800 年见、伏、合计算表**

| 星象 | s | h | i–r |
|---|---|---|---|
| 三月参则伏 | 28.2 | −1.6 | 14.4 |
| 四月昴则见 | 39.9 | 19.7 | −39.8 |
| 五月参则见 | 50.5 | 6.7 | −45.6 |
| 八月辰则伏（房） | 23.6 | 2.7 | 23.5 |
| 八月辰则伏（心） | 31 | 4.3 | 30.7 |
| 八月辰则伏（尾） | 45.4 | −3.8 | 41.7 |
| 九月辰系于日（房） | 7 | −13.5 | * |
| 九月辰系于日（心） | 4.6 | −11.4 | ** |
| 九月辰系于日（尾） | 23.1 | −17.3 | *** |
| 十月南门见 | 57.4 | 7.3 | −42.3 |

\* 公元前 350 年离日最近为 1.9°；\*\* 公元前 850 年离日最近为 4.5°；\*\*\* 公元前 1650 年离日最近为 20.1°。

表 6-5 的结果表明，六个伏见星象都与南中星象年代一致。同时表明，对于《夏小正》星象而言，伏、见条件是无法以经度差值给出的。

（4）织女与北斗指向研究

《夏小正》中北斗、织女与银河指向共有 6 条记载，即正月斗柄悬在下，六月初昏斗柄正在上、七月汉案户、初昏织女正东乡、斗柄悬在下则旦，十月织女正北乡则旦。

北斗指大熊座七颗星，斗柄即其中最末二星，中国星名开阳、摇光。织女指天琴座 α、ε2、ζ 三星。"汉"指天汉，即银河。"案户"，《夏小正》传云："直户也，言正南北也。"朱骏声《夏小正补传》则将"案"解释为中而且直。

通过天文软件可以清楚地显示出这些天象来。我们采用 THESKY 软件中公元前800年的星象验证上述 6 条记载，结果表明它们与真实天象相符。2 月 27 日 18h08m 即正月中初昏，显示斗柄悬在下。7 月 31 日 19h39m 即六月中初昏，显示斗柄正在上。8 月 31 日 19h12m 即七月中初昏，面北仰观天顶，显示银河从东北到西南横跨天顶，这是一年中首次初昏时可见银河通过天顶，即"汉案户"。8 月 31 日 19h12m 即七月中初昏，面向正北及天顶，织女三星靠近天顶，两小星开口向东，显示织女正东乡。8 月 31 日 4h48m 即七月中旦，显示斗柄悬在下。11 月 30 日 6h18m 即十月中旦，面北偏东，显示织女晨见于东方，两小星开口略偏北，即织女正北乡。

（5）《夏小正》星象年代的讨论

至此已证明，《夏小正》中的全部星象年代是一致的，它们均适合在公元前800年前后使用，不过这一结论是在夏至与大火昏中在同一天的前提下得出的。实际上，"时有养日"的测定与昏旦星象不同，它们并不一定在同一天。如果设大火昏中在夏至后，则所得年代晚于公元前800年。如果设大火昏中在夏至前，则所得年代早于公元前800年。如果以《夏小正》星象都在所载月份的月初，即不是与该月中气同日而是与该月节气同日，计算得到恒星在各月节的昏中年代为：正月昏参中在公元前1050年，四月初昏南门中在公元前2500年，五月初昏大火中在公元前2050年，七月旦参中在公元前2700年。仍取大火与南门的平均年代（公元前2250年）检验伏、见星象，也基本符合《夏小正》所载。

以上结果表明，《夏小正》中的星象大约在夏代时出现在二十四节气之各月初，此后，这些星象沿二十四节气向后移动，在周代时出现于二十四节气之各月中。因此，从天象的角度看，《夏小正》是一部从夏到周都可以使用的历法。

# （四）夏代基本年代框架的估定

夏代基本年代框架的估定主要是要确定两个点：一是夏商分界之年，二是夏代始年。夏商分界之年前已推定为公元前1600年，而夏代始年的推定则主要是依据文献中有关夏代积年的记载，并参考天文推算的结果及相关 $^{14}$C 测年数据来获得。

关于夏代的积年数，前面已经论定 471 年说较妥。那么，以公元前1600年为商代始年上推471年，则夏代始年为公元前2071年。

在考古学上，关于夏文化的上限，学术界主要有二里头文化一期、河南龙山文化晚期两种意见。新砦二期遗存的确认，已将二里头文化一期与河南龙山文化晚期紧密衔接起来，进一步揭示出两文化之间的渊源关系。由文献记载所推定的公元前2071年基本落在河南龙山文化晚期第二段（公元前2132—前2030年）范围之内，也说明早期夏文化可上推到河南龙山文化晚期。

文献所载的"禹时五星聚",上文重新论证为公元前 1953 年 2 月发生的一次五星聚合的奇特天文现象,这一年代数据也在夏代的年代范围之内。

现以公元前 2070 年作为夏的始年。

# 七、夏商周考古年代的 $^{14}C$ 测定与研究

## （一）$^{14}C$ 测年技术简介 [①]

### 1. $^{14}C$ 测定年代原理

19—20 世纪初是研究放射性现象最活跃时期，1936 年首先发现了 $^{14}C$ 放射性，之后，中子核反应产生 $^{14}C$ 的许多核反应现象的研究也相继在实验室完成。同样，自然界也存在放射性元素产生的相应条件。S. A. Korff 在研究宇宙射线中子时发现其浓度随高度而增加，达最高值后又逐渐减少，表明宇宙射线中子的次级性质。因为，中子平均寿命只有 12 分钟，除了可以从太阳入射来以外，在漫长的宇宙旅行中已经衰变。地球大气中的宇宙射线中子只能是外来高能宇宙射线与大气物质作用的产物。而宇宙射线中子与大气中氮元素进行核反应产生自然 $^{14}C$ 放射性同位素的反应截面远大于与其他元素，如氧元素。因此，高空众多的宇宙射线中子在到达地面的过程中，大多数因与 $^{14}N$ 反应而形成了 $^{14}C$ 原子（$^{14}N + n \rightarrow {}^{14}C+P$）。据 S. A. Korff 估计，$^{14}C$ 年产生率达 0.8 个 /（平方厘米地球表面·秒），全球 $^{14}C$ 年产生率达几千克。这一成果引发了美国化学家 W. F. Libby 创建 $^{14}C$ 测定年代方法的构思，他于 1949 年发表了 $^{14}C$ 测定年代的实践成果。10 年后，W. F. Libby 也因此而荣获 1960 年诺贝尔化学奖。

大气中新形成的 $^{14}C$ 原子不可能单独存在很久，必然与大气中数量众多的氧元素结合形成 $^{14}CO_2$，成为大气 $CO_2$ 中的一部分而加入碳在全球的循环运动。$^{14}C$ 产生于高空大气，由于气流运动非常迅速，很快就在整个大气中均匀扩散。因此，大气是第一个 $^{14}C$ 储存库，并通过大气 $CO_2$ 在自然界的交换循环运动，进入其他储存库。

碳元素是生命的基本元素之一，均来自植物通过光合作用吸收大气 $CO_2$，固定碳形成植物机体。动物则直接或间接依赖植物而生，所有生物界含的碳都来自大气 $CO_2$，因此，$^{14}C$ 也随之进入生物界，成为 $^{14}C$ 又一个储存库。

地球表面有三分之二为江河湖海水面，同样会从大气中吸收 $CO_2$ 或与之交换 $CO_2$，使水域中所有含碳物质，如碳酸盐类、水生物等都会含有 $^{14}C$。海洋广而深，通过海流运动可使 $^{14}C$ 充实到各个深度，因此水域是 $^{14}C$ 最大的储存库。其他如陆生生物、海洋生物残骸形成的沉积物中同样会存有残留的 $^{14}C$。

$^{14}C$ 是不稳定的放射性元素，会不断放射 β 粒子形成 $^{14}N$ 原子（$^{14}C \rightarrow β+{}^{14}N$），每

---

① 本章第（一）、（二）、（四）部分，又在 2015 年由中国社会科学出版社出版的仇士华著《$^{14}C$ 测年与中国考古年代学研究》书中发表，本章编写时做了必要的修订和调整。

经 5730 年 ±40 年衰减为原来的一半。自然界不断在大气高空产生新的 $^{14}C$，$^{14}C$ 又不断因衰变而减少，假定这一现象已存在许多万年，大气 $CO_2$ 中 $^{14}C$ 含量必然达到一定平衡值。同样，生物体内的 $^{14}C$ 因衰变和新陈代谢不断减少，同时通过光合作用或摄食而得到 $^{14}C$ 补充，生物体内生命碳中 $^{14}C$ 含量也会维持在一定的平衡值。海洋表面同样也通过交换和吸收不断从大气中得到 $^{14}C$ 的补充。因此，可以认为大气中 $CO_2$ 的 $^{14}C$ 放射性和各种处于不断与大气进行交换状态物质的 $^{14}C$ 放射性，都维持在一定的平衡值。早期为验证这一事实，曾利用树轮木材进行 $^{14}C$ 放射性测定，因为树轮木质每年生长一轮，其 $^{14}C$ 放射性代表了当年大气的 $^{14}C$ 放射性水平。

但是，物质一旦与大气 $CO_2$ 停止了交换，如生物死亡，体内的 $^{14}C$ 就得不到补充，只能按 $^{14}C$ 衰变规律而不断减少。因此，根据生物遗骸体内 $^{14}C$ 减少的程度，利用衰变公式，可以计算得出该生物死亡的年代。

$$T = \tau \ln \left( A_0 / A_S \right)$$

式中，$T$ 为生物死亡的年代；$\tau$ 为 $^{14}C$ 平均寿命；$A_0$ 为生物处于同大气交换平衡状态时的原始 $^{14}C$ 放射性；$A_S$ 为生物体内残留的 $^{14}C$ 放射性。

放射性衰变规律已经千百次得到证实，它不受外界任何化学、物理等条件影响，作为测年机理而言，$^{14}C$ 测年是其原理最清楚、最可靠的方法。因此，$^{14}C$ 测定方法一直被认为是最可靠的测年方法，常作为与其他测年方法比较的基础，其年代的可信度和精确度决定于所取参数 $\tau$、实验值 $A_0$ 和 $A_S$ 的精确程度。$\tau = 1/\lambda$，$\lambda$ 为 $^{14}C$ 衰变常数，$\tau$ 决定于放射性半衰期测定值的准确性，$^{14}C$ 半衰期 $= \tau \cdot \ln 2$；而 $A_0$ 决定于 $^{14}C$ 测定原理中基本假设的可靠性和测量精确程度；$A_S$ 则代表了样品本身残留放射性并得到实验精确测定。

## 2. $^{14}C$ 年代应用中需要注意的问题和 $^{14}C$ 年代校正

尽管 $^{14}C$ 测定依赖的放射性衰变规律是固定不变的，但 $^{14}C$ 测定原理中使用了三个基本假定：a. 自然界 $^{14}C$ 产生的现象自古以来（若干万年以来）没有变化，$^{14}C$ 产生率不变，大气 $^{14}C$ 放射性水平不变；b. 大气 $CO_2$ 与各储存库中含碳物质有充分交换、循环而达到平衡，其 $^{14}C$ 放射性水平均保持一致，即 $^{14}C$ 混合率不变；c. 被测的含碳物质未受任何污染。而 $^{14}C$ 测定目的是确定历史事件或地质事件的日历年代，几十年来，$^{14}C$ 工作者为了提高 $^{14}C$ 测定的可靠性和精确度，分析并解决了一系列 $^{14}C$ 测定中有关方面的各种问题。有些问题已经基本解决，有些可以采取相应措施加以校正，有些尚需要继续研究。因此，在使用中必须了解许多有关问题，以便认识 $^{14}C$ 测定所得结果的确实信息。

（1）$^{14}C$ 放射性半衰期

出于历史原因，$^{14}C$ 年代计算时使用的半衰期值有两种：5568 年 ±30 年和 5730 年 ±40 年。前者在 1949 年 $^{14}C$ 方法创建时开始使用，通称惯用值；后者是 20 世纪 60 年代初期经精确测定的 $^{14}C$ 半衰期值，称物理值。由于后一半衰期值公布时已经积累了成千上万个 $^{14}C$ 年代数据，需要统一进行更改，当时国际会议决定仍然沿用其惯用值计算年代。但有的新建实验室却开始运用了新值，使 <sup>14</sup>C 年代更接近真值。我国很多实验室就使用了 5730 年 ±40 年计算年代。后来，有了树轮年代校正曲线，明确指出 <sup>14</sup>C 年代必须通过树轮校正才符合日历真实年代。在使用树轮年代校正曲线校正时国际规定统一使用 5568 年 ±30 年的半衰期惯用值计算所得的 <sup>14</sup>C 年代，因此，在使用 <sup>14</sup>C 年代时需要了解实验室计算所用的半衰期值，并统一到惯用值后进行树轮校正。

（2）现代碳标准

<sup>14</sup>C 测定年代原理中利用大气中 <sup>14</sup>C 放射性水平几万年来基本不变的假定，可以使用目前处于与大气交换循环状态的树轮木质的 <sup>14</sup>C 放射性水平来代表被测物质的原始 <sup>14</sup>C 放射性水平。事实上，大气 <sup>14</sup>C 放射性会有百分之几变化，这一假定只在这样范围内是准确的，自然界有许多因素会对 <sup>14</sup>C 放射性水平产生影响。而更有甚者是近百年来人类活动的影响，已经大大地改变了大气中 <sup>14</sup>C 放射性水平。首先是工业革命以来，大气中化石燃料产生的 $CO_2$ 增多，使大气 <sup>14</sup>C 放射性水平减低；更加严重的影响是大气核试验已使大气 <sup>14</sup>C 放射性水平成倍增加，<sup>14</sup>C 测定年代的原始水平再也不能以目前生长的树轮木质为标准了。因此，目前 <sup>14</sup>C 年代计算都采用了统一的标准物质，其 <sup>14</sup>C 放射性水平相当于古代大气的 <sup>14</sup>C 放射性平均水平，称现代碳标准。现代碳标准物质的 <sup>14</sup>C 放射性水平要经过严格的比较测定得出，现在通用的有国际草酸标准、国际新草酸标准和中国糖碳标准等。唯有按统一标准计算得出的 <sup>14</sup>C 年代才可以互相进行比较，否则会因此而存在系统误差。

（3）同位素分馏效应校正——δ<sup>13</sup>C 校正

碳的三种同位素 <sup>12</sup>C、<sup>13</sup>C、<sup>14</sup>C 的化学性质相同，但质量不同，在进行化学反应时活泼程度不同，因此在化学变化前后，物质的同位素组成有所不同，这种现象称为同位素分馏效应。<sup>14</sup>C 测定在制样过程中有可能因化学变化产生同位素分馏效应，自然界物质本身也存在同位素组成差异。然而，<sup>14</sup>C 年代计算中现代碳标准的同位素组成是一定的统一量，测定物质的同位素差异就可能引起年代误差。但是，<sup>14</sup>C 含量极微，不可能直接测定这种差异来进行校正。<sup>13</sup>C 含量在一般物质中达百分之一左右，δ<sup>13</sup>C 值则可以用质谱仪测定获得。δ<sup>14</sup>C 变化值为 δ<sup>13</sup>C 变化值的二倍，因此可以由 δ<sup>13</sup>C 值变化得出 δ<sup>14</sup>C 值的变化，从而得以校正因同位素分馏效应产生的 <sup>14</sup>C 年代误差。对于 <sup>14</sup>C 测定中大量使用的木头或木炭样品相应需要校正的年代一般只有几年或十几年，影响不会很大；但对于骨质、贝壳等样品校正年代可能达到二百年以上。要求精确测定年代的样品，必须进行同位素分馏效应校正。

（4）储存库效应

尽管假定各储存库内部或之间由于交换、循环活动频繁而使其 <sup>14</sup>C 放射性水平自古以来保持一致，但事实上不同地区、不同环境仍然难以做到短期内混合均匀而存在个别特殊情况。例如，火山活动频繁地区大量释放的化石 $CO_2$，使该地区大气中 <sup>14</sup>C 放射性水平相应偏低于全球性总体水平，生长在这一环境中生物的 <sup>14</sup>C 放射性水平，也会因此偏低。又如石灰岩地区水域中溶有较多的无 $^{14}$C 放射性重碳酸盐，依此为生的水生物的放射性同样会因此偏低。海洋是 $^{14}$C 最大的储存库，海水循环周期长，特别是深层海水，容量大，水流慢，影响到各海岸海水及生活在其中的水生物的 $^{14}$C 放射性水平会有不同程度的偏低。因此，在采集上述各种不同条件下形成的样品进行年代测定时，获得的 $^{14}$C 年代需要按其原始 $^{14}$C 放射性水平与标准的差异进行年代校正。大致的校正范围经过多年来的仔细测定，有的已经有据可查。

（5）树轮年代校正

即使充分考虑了上述各种因素，测定获得的年代，仍然不能代表测定物质的日历年代。因为上述假定几万年来大气 $CO_2$ 的 $^{14}$C 放射性水平保持不变，事实上并不完全如此。由于受宇宙射线、太阳黑子活动、地球磁场等变化的影响，大气中 $^{14}$C 放射性产生率并非恒定不变，因此，按统一标准计算获得的 $^{14}$C 年代，需要经过校正才能与日历年代相符。树木每年生长一轮木质，可以通过清数年轮来确定年轮生长的确切年代，与日历年代相应，而树轮木质又可以通过 $^{14}$C 测定来确定它的 $^{14}$C 年代；以树轮年代为横坐标，以 $^{14}$C 年代为纵坐标做一曲线，通过这一曲线即可将 $^{14}$C 年代校正到它相应的日历年代。这一曲线称为 $^{14}$C 年代 – 树轮年代校正曲线，从 20 世纪 60 年代开始研究，积累了大量数据、资料。1986 年公布了国际通用的高精度树轮校正曲线，以后继续不断发展研究，1998 年又重新发表了新的国际通用高精度树轮校正曲线。目前，校正年代已延伸至万年以上，应用其他方法，还可以延长校正年代至二万年前，而高精度树轮校正曲线的建立为 $^{14}$C 测年进一步提高年代精度提供了基础。

## 3. 实验技术的发展

$^{14}$C 测定有两种实验技术：一是利用探测 $^{14}$C 原子衰变时放射的 β 粒子，已沿用了 50 余年，通称常规 $^{14}$C 方法；二是 20 世纪 70 年代末到 80 年代初发展起来的、以清数残留 $^{14}$C 原子数目为基础的加速器质谱测定技术，简称 AMS $^{14}$C 法。

$^{14}$C 在碳元素中所占分量极微，$^{12}$C、$^{13}$C、$^{14}$C 三种同位素含量之比约为 $98.892 : 1.108 : 1.2 \times 10^{-10}$。$^{14}$C 放射的 β 粒子，能量极低，在 20 世纪 40 年代末要完成测定如此低水平、低能量的放射性测定是相当困难的，更无法述及清数 $^{14}$C 原子的实验技术。为此，首先需要将被测样品碳制备成 β 探测器的一部分；同时要求将干扰因素降至最少，即测量本底最小；还要经过长时间的稳定测量，减少放射性衰变本身涨落造成的统计性的年代误差。

最早 Libby 在 1949 年采用的是将样品碳制备成固体碳的盖革计数管方法，测定精度达到 3% — 5% 范围，使年代误差相应有几百年。1953 年以后改进为将样品碳制备成气体 $CO_2$ 或 $C_2H_2$、$CH_4$ 等的正比计数管方法，测定精度改进到 1% 以内，最好可以达到 0.5%。20 世纪 50 年代末还发展了将样品碳制备成液体苯（$C_6H_6$）的液体闪烁计数方法，60 年代以后测定精度同样达到了 1% 以内的水平，并得到了广泛应用。精度的提高使许多有关 $^{14}$C 基本原理中存在的问题逐步发现并得到解决，$^{14}$C 测年技术的精确度和可靠性进一步增强。目前，常规法测定技术几乎发展到了极限，放射性测定精度世界最高水平已经可以达到 1.5‰ — 2.5‰，相应年代误差为 12—20 年。最高可测年限 4 万— 5 万年。如果样品量不受限制，使用同位素富集技术将样品中 $^{14}$C 同位素加以富集，最高可测年限达 7 万多年。

加速器质谱测定技术是在核物理探测技术高度发展的基础上建立起来的。常规 $^{14}$C 测定方法受样品量限制的情况是难以克服的困难，长期以来，人们考虑如果能够直接清数样品中 $^{14}$C 原子数，会比等待记录 $^{14}$C 原子衰变要灵敏得多。$^{14}$C 原子平均寿命是八千多年，假定样品碳中有 8000 个 $^{14}$C 原子，人们大约要等一年才能记录到一次 $^{14}$C 原子衰变。如能把 $^{14}$C 原子从样品中挑选出来清数，那么探测灵敏度就可大大提高了。这就是利用加速器质谱技术清数 $^{14}$C 原子的原子计数法。将年代样品同相应的每克碳中 $^{14}$C 原子数及其衰变率列表如下（表 7-1）。

**表 7-1　不同年代样品每克碳中 $^{14}$C 原子数及其每分钟衰变数**

| 样品年代 | $^{14}$C/$^{12}$C | $^{14}$C 原子数 | $^{14}$C 衰变数 |
|---|---|---|---|
| 现代 | $1.18 \times 10^{-12}$ | $5.9 \times 10^{10}$ | 13.6 |
| 10000 | $3.60 \times 10^{-13}$ | $1.8 \times 10^{10}$ | 4.06 |
| 20000 | $1.05 \times 10^{-13}$ | $5.2 \times 10^{9}$ | 1.21 |
| 40000 | $9.34 \times 10^{-15}$ | $4.7 \times 10^{8}$ | 0.108 |
| 60000 | $8.31 \times 10^{-16}$ | $4.2 \times 10^{7}$ | 0.010 |
| 80000 | $7.39 \times 10^{-17}$ | $3.7 \times 10^{6}$ | 0.0009 |

加速器质谱 $^{14}$C 原子计数技术，简称加速器质谱 $^{14}$C 法或 AMS $^{14}$C 法，就是将 $^{14}$C 样品经化学制备后引入加速器离子源，经电离后加速到高能，再应用近代核物理实验中发展起来的电荷剥离技术、射程过滤技术以及 $\Delta E$—$E$ 探测技术等粒子分离鉴别技术，把 $^{14}$C 离子挑选出来实现对单个 $^{14}$C 原子进行计数。它的实质就是将加速器同质谱仪联合改进而成的超高灵敏质谱仪。它比普通最灵敏质谱仪的灵敏度至少要高 5 个数量级。普通质谱仪由于离子能量低，因此无法采用上述核探测技术和分离技术。高能重离子探测技术如 $\Delta E$—$E$ 粒子鉴别探测器能测定每种离子总能量和电离能量损失率，能够在具有相同动能和质量十分相近的粒子中把不同原子序数的离子区分出来。由此解决了普通质谱仪长期未能解决的问题。

1977 年报道了 Muller 首先建议使用回旋加速器来加速和直接记录同位素原子，并在美国加州大学贝克莱实验室的 223.52 厘米回旋加速器上做了第一次成功的试验。同时 Nelson 等、Bennett 等分别用串列静电加速器成功地测出了样品 $^{14}$C 原子数，开创了最早使用加速器质谱法测定 $^{14}$C 获得成功的实例。1978 年 4 月，在美国罗切斯特大学召开的"应用加速器进行 $^{14}$C 年代测定的学术讨论会"上宣布了这一发展的重要前景。之后，各国相继筹建专用加速器质谱进行研究。到 1984 年在瑞士苏黎世召开的"第三次国际加速器质谱技术专业会议"时，这一方法的精度已达到常规法的一般水平，并开始了正常的年代测定工作，而且进一步的研究提高仍在不断进行。由于它使用的样品量仅及常规法的千分之一，并且测定时间缩短，测定一个样品一般不超过一小时，测定精度还有希望进一步提高，使测定年限更加扩大等，这些特点必将给考古学和地质学等学科带来新的信息，展现新的图景。

我国北京大学重离子物理研究所的串列静电加速器质谱计，是在国家自然科学基金七五重大项目的支持下建造的，于 1993 年 5 月投入使用。这是当时我国唯一可进行 $^{14}C$ 样品批量测量的 AMS 装置。1996 年在"夏商周断代工程"的重点支持下，进行了全面的技术改造，在改造过程中为"夏商周断代工程"测定了一批 $^{14}C$ 年代数据。最后再经改造测试表明，其主要技术指标现已达到国际先进水平。

无论采用哪种 $^{14}C$ 测定方法，实践中都要经过以下几个步骤：样品采集；样品前处理；样品制备；稳定测量 $^{14}C$ 放射性或 $^{14}C$ 粒子数和数据处理，包括年代计算、年代误差计算、年代校正等。详见《中国 $^{14}C$ 年代学研究》[1]有关章节。

## 4. $^{14}C$ 年代测定对我国考古学的贡献

自 1965 年中国科学院考古研究所（后属中国社会科学院）建成我国第一个 $^{14}C$ 实验室以来，现已有数十个 $^{14}C$ 实验室，做出的年代数据数以万计。这些数据的应用为我国考古学和地学方面的研究做出了重要贡献。

中华人民共和国成立以来的考古工作，有了飞跃发展。据统计，中华人民共和国成立前发现的有关遗址不过二三百处，而中华人民共和国成立以来仅新石器时代遗址的发现已有六七千处。大规模的调查发掘遍及全国，文化类型的分析及其相互关系的研究日益深入，配合考古研究所做的 $^{14}C$ 年代数据达数千个，主要由中国社会科学院考古研究所、北京大学、国家文物局文物保护科学技术研究所等实验室完成，其中中国社会科学院考古研究所实验室的数据约占一半。1965—1991 年测定的考古 $^{14}C$ 数据，已由中国社会科学院编撰成《中国考古学中碳十四年代数据集·1965—1991》。[2]

配合田野考古做 $^{14}C$ 年代数据，以中原地区的工作点最为密集。黄河上游甘、青地区，黄河下游山东地区，长江中游、汉水流域、太湖平原和杭州湾地区也做了很多 $^{14}C$ 数据。经综合研究已建立了各个地区的考古年代学框架。内蒙古及东北地区、华南地区、新疆、四川等地区，也正在研究建立各类文化的序列表。考古是时间的科学，$^{14}C$ 测年的开展真正使我国新石器时代的考古年代学建立在可靠的基础上，为考古学研究按照时间尺度进行纵向、横向的文化比较创造了有利条件。对广西桂林甑皮岩的考察和石灰岩地区 $^{14}C$ 年代的可靠性研究，则为中南地区的史前考古提出了新的线索和思路。

龙山文化建筑基址普遍发现用白灰面铺地，粉刷墙壁，经分析其主要成分是碳酸钙。它们是否经过烧制的石灰？过去一直没有一致的认识。经过一系列白灰面样品和木炭样品的 $^{14}C$ 测定比较之后，证实了白灰面中含有 $^{14}C$。石灰石经过烧制，放出 $CO_2$ 变成氧化钙，即形成生石灰。使用时用水泡制形成氢氧化钙，使用后不断吸收当时大

---

①　仇士华主编：《中国 $^{14}C$ 年代学研究》，科学出版社，1990 年。

②　中国社会科学院考古研究所：《中国考古学中碳十四年代数据集·1965—1991》，文物出版社，1992 年。

气中的 $CO_2$，因而成为标志古代建筑基址年代的很好的 $^{14}C$ 测年样品。从而对龙山文化遗址中出现的白灰面是人工烧制过的石灰的认识，给予了科学的印证，同时也解决了建筑史上的一个疑难问题。

从汉代至宋元时期的铁质样品中提出碳进行 $^{14}C$ 测定，并加以分析研究，确认河南巩县（现巩义市）汉代铁生沟遗址冶铁没有用煤。宋代以来才开始用煤炭冶铁，解决了冶金史上一个有争议的问题。

在研究骨质样品的前处理和化学制备方法以保证测出可靠的 $^{14}C$ 年代数据时，要对骨胶原做 $^{13}C$ 的同位素质谱测定，用以校正骨样的 $^{14}C$ 年代，因而同时对古代人类的食谱和动物的摄食习性做了研究。经过对陕西西安半坡、宝鸡北首岭、武功浒西庄、山西襄汾陶寺、山东莒县陵阳河等遗址的人骨进行 $^{13}C$ 测定分析，发现这些古代人类的食谱中有大量的 $C_4$ 植物成分。由此推测属于 $C_4$ 组的小米是我国北方古人类的主食。陶寺遗址猪骨的 $^{13}C$ 值则反映了 $C_4$ 植物量较多，这可能与人工喂食小米或谷糠有关。这项研究为我国开展古代人类动物食谱的研究奠定了技术方法基础。

在大量 $^{14}C$ 测年工作和研究的基础上，我们全面总结技术方面的最新成果和发展动态，以及研究应用中取得的成就和存在问题，并不断探讨解决方法，提出今后发展的方向等。为与国际接轨，我们受国家委托主持建立了作为测年现代碳标准用的中国糖碳标准。经过国际对比，证明对中国糖碳的 $^{14}C$ 放射性标定是高精度的，作为标准物质是非常优越的，现被国内绝大多数 $^{14}C$ 实验室采用。针对单个 $^{14}C$ 年代经过树轮年代校正以后，年代误差较大的问题，我们利用高精度树轮校正曲线的特性，采用按文化分期和层位连续的系列样品的 $^{14}C$ 年代数据与树轮校正曲线作匹配拟合的方法，使校正后考古样品的日历年代误差大为缩小，并开始研究付诸实践。

## 5. 高精度 $^{14}C$ 测定和系列样品测年新方法

利用考古系列样品的 $^{14}C$ 测年方法，就是把田野考古的层位和文化分期的相对年代序列转换为精度较高的绝对年代序列，从而定出考古事件的日历年代，使误差缩小。目前考古界已众所周知，由于过去大气中 $^{14}C$ 放射性水平有起伏变化，因此，根据统一的现代碳标准和测出的考古样品的残留 $^{14}C$ 放射性水平计算出的样品的 $^{14}C$ 年代不是日历年代。要经过 $^{14}C$ 年代 - 树轮年代校正曲线做年代校正，才能转换到日历年代。让我们从 $^{14}C$ 年代转换到日历年代谈起。

（1）单个 $^{14}C$ 年代数据的转换

可以从 $^{14}C$ 年代–树轮年代的对照曲线上找到实测 $^{14}C$ 年代相应的树轮年代，根据 $^{14}C$ 年代的误差找出相应的树轮年代范围，这就完成了由 $^{14}C$ 年代转换到日历年代。但是，树轮校正曲线是非线性的，一个 $^{14}C$ 年代相对应的往往并不是单一的树轮年代值。如果 $^{14}C$ 年代数据是 BP 1723 年 ±14 年 [①]，转换到树轮年代就成为公元 257—378 年。结

---

① BP（Before Present）表示样品的 $^{14}C$ 年代数据，是按照半衰期为 5568 年、以公元 1950 年为基点向上推算的年数，Present 即指公元 1950 年。

果，原来误差很小的 $^{14}$C 年代数据，对应的树轮年代范围却相当大，所以单个 $^{14}$C 年代数据往往还是不能准确断代。

（2）树轮系列样品 $^{14}$C 年代数据的曲线拟合方法

对于木头样品，如有数十年以上的年轮，可以清数其年轮，同建立树轮校正曲线时一样，每 10—20 轮取一样，连续取若干个样，测出其 $^{14}$C 年代数据。再经过与高精度树轮校正曲线匹配拟合，可以把木头的生长年代定准到误差不超过 10 年。具体做法：先将连续的树轮 $^{14}$C 年代数据，如同树轮校正曲线一样，绘成一小段相对固定的数据曲线。它们的纵坐标是与高精度树轮校正曲线的 $^{14}$C 坐标一致的，将此曲线左右滑动平移，同高精度树轮校正曲线匹配拟合，利用目测即可定出最佳位置，也可用数理统计的最小二乘方法加以检验，并算出拟合后的样品树轮年代误差。这样就可以得到该样品树轮的生长年代，再外推到木头最外一轮的年代，即是该树木被砍伐的年代。如果木头样品与某个考古事件相关联，就可以推断出该事件发生的考古年代。据文献报道，日本奈良古坟时期一土墩墓中的一根木头，外皮保存完好，将其树轮连续取样测定 $^{14}$C 年代，同高精度树轮校正曲线匹配拟合，确定出木头的砍伐年代是公元 320 年 ±5 年。这同古坟时期是相合的。如果木头砍伐的年代同该坟的建造年代一致，则该坟的年代就十分确定了。

（3）层位连续的系列样品 $^{14}$C 年代数据的曲线拟合方法

对于田野发掘的考古层位明确的系列样品，在时间间隔方面，虽不如树木年轮那样规整，但在时代上的早晚次序是明确的，也同样可以利用同高精度树轮校正曲线相匹配拟合的办法。在这种情况下，通过匹配拟合把 $^{14}$C 年代转换为日历年代的原则是：

① 数据点应尽量靠近和符合高精度树轮校正曲线；

② 转换后应在年代上符合层位序列关系，并照顾到层位的时间跨度。

数据点越密集，匹配拟合的可靠性越高，相应的断代精度也越高。联系到考古文化内涵，对照系列样品的年代研究并判断考古事件发生的年代，其可靠性和年代精度无疑都大大地提高了。

## 6. "夏商周断代工程"中的 $^{14}$C 方法论证

我国夏商周考古学有深厚的基础，可以提供时序连续的系列样品。对于量大的样品可用常规方法测定，简易可行，且精度较高。对于量小的样品可以使用加速器质谱方法测定。过去我国的 $^{14}$C 测定技术在设备上尚欠完善，只要在设备上加以补充和技术改造，就可以作高精度测定。

陕西长安张家坡的西周大墓、北京琉璃河的西周大墓等都出土大量的相当完好的椁木。清数这些木头的年轮，作为树轮系列的样品，测定其 $^{14}$C 年代，再同高精度树轮校正曲线匹配拟合，就可以得出该树木被砍伐的年代，用以讨论墓主人的年代。

为了技术上可行，我们曾对国家地震局地质所刘若新研究员提供的炭化木做了一系列样品测定。这棵树在长白山天池火山最近一次大喷发时被埋在火山浮石碎屑之中，考察时采回了一段截面完整的炭化木。每 20 轮取一个样，连续取 10 个样，使用常规方法测定，将测定结果同高精度树轮校正曲线匹配拟合得出，这次火山喷发的年代为公元 1215 年 ±15 年。刘若新认为这可以同格陵兰 G1SP2 冰芯中的公元 1227 年或公元 1229 年事件相对应，同时可以同我国历史上的气候变化相对应。这次试测说明方法是可行的。

夏商周时期的主要遗址，如河南偃师二里头遗址、偃师尸乡沟商城遗址、郑州商城遗址、安阳殷墟遗址、陕西长安丰镐遗址、北京琉璃河遗址、山西曲沃北赵村晋侯墓地等许多遗址都出土许多样品，可以组成层位系列样品。例如，武王克商的年代问题，<sup>14</sup>C 测定并不能直接得出需要的年代，而考古方面也不可能提供直接与武王或武王克商事件相关的 <sup>14</sup>C 样品。考古方面实际提供的样品是从先周开始到西周，先后分为若干期。将这些有先后次序的样品测出 <sup>14</sup>C 年代后，对照高精度树轮校正曲线做匹配拟合研究。然后，根据武王克商时代应属哪一期，比谁早，不比谁晚等，才能推定和估计具体年代。分期越细，数据越多，年代的误差就越小。最后同历史学和天文学推定的结果做比较研究。

我们曾对二里头遗址一至四期的 16 个 <sup>14</sup>C 年代数据做了曲线拟合试验。可以看出 <sup>14</sup>C 年代有时同层位关系是颠倒的，但这并非测定的过错，也不仅是因为测定误差大引起了颠倒，而是因为过去大气 <sup>14</sup>C 浓度变化反映为树轮年代校正曲线的非线性引起的实际存在的颠倒关系。所以，在将 <sup>14</sup>C 年代转换到日历年代时，这种颠倒的数据自然在年代上就顺了过来。这类问题同样可以用贝叶斯公式做数理统计处理和表述。这正是"夏商周断代工程"的重要任务之一。

殷墟和西周遗址出土很多带字甲骨，不少卜骨与王有明确关系。利用卜骨组成系列样品，使用加速器质谱法测定，因为取样量极少，基本上不会损坏卜骨的完整性。这种方法做曲线拟合的结果，逻辑上有希望得出有关王的大致的日历年代。

通过以上方法得出的年代数据，同考古学家反复研究后，再同历史文献、古文字、天文历法等学科做综合交叉研究。显然，<sup>14</sup>C 测定是根据考古发掘出土的含碳样品独立进行的，不依赖古文献的记载。<sup>14</sup>C 测定的结果可能筛选掉许多根据不足的说法。这种多学科综合交叉研究的方法，难度虽然很大，但其所得结果大大增强了科学性。相信经过各方面的努力，肯定能做出新的成果，将夏商周年代学推进到前所未有的水平。

# （二）常规方法的技术改造、数据处理研究与年代测定

## 1. 常规 <sup>14</sup>C 年代测定的技术改造和研究

常规 <sup>14</sup>C 测年技术在我国已经使用了 30 多年，比较成熟（详见《中国 <sup>14</sup>C 年代学研究》）。但"夏商周断代工程"需要使用系列样品方法和高精度测定，我国原有的测试设备和制样方法都需要改进和进一步研究检验。

（1）<sup>14</sup>C 样品的选择

过去都说木头、木炭是最好的测试样品，但在"夏商周断代工程"中则不尽然。

因为树木生长过程时间长，砍伐后不一定立即使用等因素，这种样品的 $^{14}C$ 年代往往偏老，势必会增加年代误差，甚至不能使用，所以在采集样品时对于这种样品的代表性要求极为严格。"夏商周断代工程"中应用最多的是文化分期清楚的墓葬人骨，遗址中的粮食如小米也很好，它们的年代代表性最符合要求。另外，采集遗址中的木头做树轮系列样品测定时，木头一定要比较完整，可以推出靠近树皮的最外层，因为靠近树皮的树轮生长年代就是被砍伐的年代。

（2）样品的前处理及化学制备研究

1）木质、炭质样品的前处理方法

过去木头和木炭样品使用最多，前处理方法也多有研究，挑净后曾用酸碱酸（AAA）换煮方法，其效果是一样的。我们经过研究探讨，仍用传统的酸碱酸方法。

2）树轮样品的准备

第一步，将保存较好的树干样品。截锯成 10 厘米左右木段，并将树干显示树轮截面部分刨光，利用计算机扫描、照相放大，初步清数截面上的树轮数目。

第二步，清数年轮的工作，由专门从事树轮研究的专家、中国科学院地理研究所树轮实验室邵雪梅博士承担。经过表面磨平刨光，寻找出特征树轮，进行清数和反复核对，每 10 轮或 5 轮做出标记，作为标志树轮截面，照相并保存。

第三步，对照标出年轮顺序的标准树轮段，在原有的树轮放大照片上做出标记，同时在所有需要劈出树轮样品的树轮木段截面上做相应标记，每隔 10 轮从正面到反面勾画出相应轮标记。

第四步，从外向内，按标记轮下刀，劈出所需树轮，每 10 轮一组，顺次编号为 A、B、C、D、E、F……，每组劈轮误差保证在 0.5—1 轮，按树轮清晰度不同而异，并反复核实正反面轮数一致。

第五步，将不同木段上所有相同编号的木质混合成一组，如所有 A 组的树轮都是从最外轮向内清数 10 轮的木质，属于同一时期生长，该组合编为一个实验室编号，如 ZK-5701。

第六步，将所得树轮木质劈成短细条，混合均匀待用。

3）提取骨质样品中明胶成分

骨质样品的处理是个很复杂的问题，"夏商周断代工程"设有专题。保存不好、腐蚀严重的骨质样品骨胶原保存很少，污染严重，要做出可靠的年代，确实是个难题。但根据我们长期测定骨样品的经验，对于保存较好的骨质样品，保存的骨胶原较多，用于测定还是很可靠的。幸好"夏商周断代工程"收集的墓葬人骨及兽骨样品都可以挑出保存较好的骨头。过去提取骨胶原烘干备用。这次为更有保证起见，将骨胶原制备成明胶。明胶成分净度好，如果量大，更能说明保存较好，不易受污染。提取方法流程如下。

第一步，选择骨质致密的小块骨样（或砸成小块）200—500 克，用稀盐酸（1mol/L）浸泡，并经常搅动翻看，每星期新换一次稀盐酸液（1mol/L）。经置换 2 或 3 次后，再重新更换 0.5mol/L 浸泡，一直到骨质变软。

这一步骤目的是溶解大部分骨样的无机成分，如碳酸钙、磷酸钙等。掌握的要点是保持一定的酸浓度，使之不断溶解。但又不可使酸的浓度太高，溶化了骨样中的有机成分，损失产量。因此，溶解过程不能操之过急。如此反复，往往要历时几个星期。实验过程一定要十分谨慎，因为骨样中含有的有机碳量，原本属少数，而且容易在埋葬过程中因污染或侵蚀而受损。

第二步，从溶液中分离出已经泡软的骨块，再经过碱液浸泡，除去可能的腐殖酸污染，随后除去残留杂质，再酸化去除碱液吸收的$CO_2$。然后反复用蒸馏水将软化骨块清洗干净。

骨质表面往往多孔，难免在埋葬或保存过程中沾染许多杂质，初步清洗过程很难消除干净，即使使用了超声波清洗，也难以保证。因此，每一步溶解后，都可能有杂质出现，需要清除。

第三步，骨样置于pH值调整为3的盐酸水溶液中，容器放入维持在90℃左右的烤箱内过夜，直到明胶全部形成。

第四步，将形成明胶的溶液，用较大的离心机操作，去除杂质。明胶颗粒极小，离心机运作时悬浮，而杂质因此分离出来。

第五步，将明胶溶液倒入有聚四氟乙烯薄膜铺垫的不锈钢容器内，放入烤箱内烘干，温度维持在120℃左右。完全干燥后取出待用。

4）样品制备过程中严防大气$CO_2$污染

考古所常规实验室制样的方法是"镁法"，步骤如下。

第一步，氨水吸收$CO_2$：

$$2NH_3 \cdot H_2O + CO_2 \rightarrow (NH_4)_2CO_3 + H_2O$$

第二步，沉淀$SrCO_3$：

$$(NH_4)_2CO_3 + SrCl_2 \rightarrow SrCO_3 + 2NH_4Cl$$

第三步，合成$SrC_2$：

$$2SrCO_3 + 5Mg \rightarrow SrC_2 + 5MgO + SrO$$

第四步，制乙炔：

$$SrC_2 + 2H_2O \rightarrow C_2H_2 + Sr(OH)_2$$

第五步，合成苯：

$$3C_2H_2 \rightarrow C_6H_6$$

上述过程中使用的氨水，我们在使用前先加入少量$SrCl_2$，清除可能吸收的微量大气$CO_2$。吸收样品$CO_2$在密封系统中进行。沉淀$SrCO_3$，过滤时先将溶液尽量洗至呈中性，并尽可能在密封系统中完成，以免吸收大气$CO_2$。经过实践检验并同"钙法"制样比较，没有发现有可以观察出的差别（误差达到2‰）。北大常规实验室采用"钙法"合成。

（3）样品的放射性测量研究

$^{14}$C放射性的β射线粒子能量是从0—156 keV（图7-1）的一个能谱，中间多，两边少，峰值在50keV左右（50keV=0.05MeV）。要测量β粒子绝对值是非常困难的。通常是采取条件状态保持一致的情况做相对测量，即测出样品对标准的放射性比值，这是比较容易做到的。要做到高精度测量，当然就要从这方面进行研究改进。我们采用

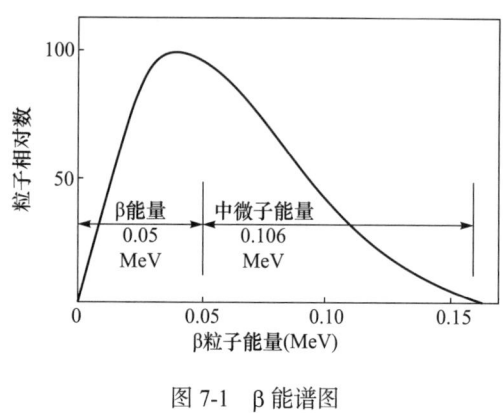

图 7-1 β能谱图

的是将样品合成苯的液闪测量方法（详见《中国 $^{14}$C 年代学研究》），这次做了如下改进和研究。

1）设备更新

过去使用的测量仪器不够先进，按高精度测量相应要求液闪测量仪的本底极低，稳定度极高。考古所常规实验室在"夏商周断代工程"开始前早已请中国科学院生物物理所研究员蒋汉英专门研制了符合要求的液闪测量仪，备有恒温装置，名为YS-92 型低本底液体闪烁仪。该仪器的稳定性检测及本底值见表 7-5，其性能属于世界先进水平。在"夏商周断代工程"测定中发挥了极其重要的作用。

"夏商周断代工程"启动后，考古所常规实验室和北大常规实验室一起订购了美国新产品 Packard Tri-Carb 2770 型液闪仪。1997 年 8 月到货，马上开始验收和测试，发现标称最低本底档的稳定性特别差，更换一台后依然达不到要求。若采用通常的测试档，虽本底略高，但还算稳定，可用于测量。

2）自制样品测量瓶

高精度测量对样品瓶的要求很高，如 a. 每个样品瓶必须各方面都相同，它们的本底和效率才能一致；b. 苯是最好的溶剂之一，因此样品瓶所使用的材料不能被溶解或吸收苯；c. 样品瓶必须保证能密封，才能长时间测量。原计划从国外订购，随美国仪器一起到位，不料因制作样品瓶的厂家停产而落空。这样迫使我们研究自制适用的样品瓶，因此增加了很大的工作量。首先要寻找合适的密封圈，设计瓶盖密封方式；要加工石英瓶和它的金属瓶盖，分别寻找加工工厂。然后由实验室自己组装，检验测试。最终研制成功，指标完全符合使用要求。总共组装了几百个合格的样品瓶，保证了测试工作的顺利完成。

3）本底问题的研究

经过长时间测量表明，糖碳标准、本底样品和测试样品的计数都是稳定的。但是，考古所常规实验室自制本底苯的测量值始终偏高，而且图谱中发现有 $^{14}$C 谱峰。为了研究它的来源，我们对所有制样步骤和设施都进行了重复检验，包括以下几项：

① 条件测试：真空系统检漏；使用器皿做空白试验；氨水等化学试剂的纯净度等。

② 检验本底样品的来源。

③ 检验在制备过程中是否因为与大气接触而引入误差，改用北大常规实验室采用的钙合成法测试。

④ 送国外实验室对比测试。

以上所有检验的试验结果，都没有发现同一来源的本底样出现明显差异。因国外实验室曾有过本底煤中存在细菌的报道，我们认为是比较合理的解释。

本底中约有 $^{14}$C 计数最高达 0.8 次／分，不同来源无烟煤或焦炭的偏高值不同，属污染造成。因此计算年代时采用了优质纯市售苯的测量值。但是仍不排除制样操作中受少量大气 $CO_2$ 污染，但不会超过 2‰，故而对部分年代数据做了 +16 年（2‰）本底校正。但是，由于人体进入老年后，骨骼生长几乎停止，测定年代有偏老记录，因此对人骨样品测定年代不做 +16 年校正，而兽骨做 +16 年的校正。

虽然导致本底偏高的原因目前仍无法得到十分满意的答案，但历经了数年的长期连续的测量表明，糖碳标准、本底和样品的计数都是稳定的，国内外实验室测试对比结果，也都倾向一致。因此，即使存在 2‰ 左右的制样误差或其他误差，相对于样品计数已达 4‰ 的误差，可以忽略不计。

北大常规实验室未曾发现用煤合成苯样的本底偏高现象，测定数据不做本底偏高校正。

4）淬灭效应校正

¹⁴C 测量中要求标准和样品的测量条件应严格保证完全一致。但在配制液闪液的过程中，样品苯难免与大气有短时间的接触，吸收了微量的水汽和氧，这会使样品的测试效率受到影响，一般使效率下降约在 1% 以内，称为淬灭现象。现在的测量仪器在测试中会展现出样品的 β 能谱图，如有淬灭发生，展现的能谱会发生偏移。根据偏移情况做出适当校正，因此使每个样品和标准的测量值有严格的可比性。这对于可靠的高精度测量非常重要 [①]。

5）δ¹³C 校正

前已述及每个样品的 ¹⁴C 测定值或 ¹⁴C 年代，都要做 δ¹³C 的校正。δ¹³C 值变化 1‰，约相当于年代变化 16 年。人骨样品的 δ¹³C 值，由于古人食谱的不同变化，最大可达 15‰，最大修正年代的范围达 250 年。所以"夏商周断代工程"用的每个样品都制备了 $CO_2$ 样品，外送做常规质谱的 δ¹³C 测定。δ¹³C 值的测试精度，一般都可以保证达到 0.1‰。

6）严格规范测量

DYS-92 型测量仪每次可放进 10 个样品瓶。其中一个糖碳标准，一个市售苯本底瓶，其他 8 个为待测样品瓶。10 个瓶轮换测量，每次测 50 分钟，每 10 分钟自动计数一次。每个瓶至少测 2000 分钟，多到 4000 分钟以上。测完后检验数据的统计分布是否合理，例如，表 7-2 是糖碳的测量数据；表 7-3 是本底的测量数据；表 7-4 是样品的测量数据；表 7-5 是仪器稳定性的监测；表 7-6 是糖碳和无烟煤合成苯的测量数据；表 7-7 是糖碳稳定性的监测。

Packard Tri-Carb 2770 型液闪仪使用一般测量档时也是稳定的，也可以做淬灭校正。它每批放进的样品几乎不受限制，可以按需要放进，然后轮换测量。但仪器所配带的样品瓶则不适用于我们的测量要求。委托厂家另外订购的样品瓶，由北大常规实验室研究使用，其结果也能符合要求。

--------

① 有关测量工作详细内容可参见蒋汉英：《夏商周断代工程中高精度常规 ¹⁴C 年代测量》，内部资料。中国科学院生物物理所蒋汉英教授负责生产了 DYS-92 型低本底液体闪烁谱仪，并在"夏商周断代工程"中主要承担 ¹⁴C 放射性测量任务（包括日常工作运行、软件的编制和淬灭效应校正的研究等）。

## 表 7-2　糖碳的测量数据

测量日期：1999.6.7—1999.6.15

温度：19℃

文件名：X18

样品名：CSC51

<2> 道计数（2，480）：

| | | | | | | | |
|---|---|---|---|---|---|---|---|
| 914 | 889 | 840 | 886 | 873 | 855 | 867 | 900 |
| 917 | 904 | 845 | 926 | 873 | 864 | 872 | 913 |
| 860 | 800 | 897 | 875 | 886 | 893 | 847 | 935 |
| 948 | 869 | 855 | 918 | 912 | 852 | 838 | 884 |
| 931 | 821 | 887 | 858 | 922 | 901 | 867 | 879 |
| 865 | 849 | 881 | 859 | 882 | 856 | 850 | 870 |
| 852 | 893 | 894 | 809 | 862 | 864 | 894 | 881 |
| 862 | 861 | 876 | 913 | 910 | 895 | 867 | 837 |
| 840 | 854 | 850 | 825 | 906 | 833 | 930 | 918 |
| 916 | 907 | 910 | 842 | 873 | 909 | 917 | 906 |
| 859 | 951 | 839 | 867 | 829 | 872 | 880 | 911 |
| 898 | 875 | 854 | 830 | 841 | 867 | 849 | 854 |
| 892 | 888 | 838 | 888 | 864 | 880 | 867 | 872 |
| 856 | 886 | 899 | 879 | 904 | 913 | 840 | 880 |
| 829 | 865 | 862 | 898 | 915 | 861 | 909 | 915 |
| 868 | 876 | 940 | 840 | 921 | 877 | 895 | 873 |
| 850 | 896 | 900 | 927 | 887 | 851 | 898 | 903 |
| 883 | 862 | 918 | 867 | 883 | 872 | 886 | 935 |
| 942 | 852 | 891 | 862 | 934 | 882 | 886 | 871 |
| 925 | 897 | 921 | 846 | 837 | 813 | 851 | 883 |
| 852 | 912 | 924 | 874 | 842 | 844 | 900 | 884 |
| 907 | 842 | 886 | 902 | 875 | 858 | 835 | 929 |
| 863 | 862 | 805 | 834 | 880 | 868 | 872 | 825 |
| 879 | 903 | 903 | 923 | 869 | 902 | 861 | 905 |
| 865 | 857 | 835 | 906 | 891 | 859 | 894 | 817 |
| 866 | 864 | 879 | 868 | 885 | 871 | 882 | 851 |
| 879 | 903 | 870 | 847 | 847 | 918 | 899 | 847 |
| 901 | 846 | 865 | 865 | 904 | 851 | 881 | 927 |
| 932 | 863 | 851 | 870 | 856 | 907 | | |

总计数=201910　　每分钟计数率（误差）=87.79（0.20）　时间=2300 分

s1=29.63　　　　s2=29.3

## 表 7-3　本底的测量数据

测量日期：1999.6.7—1999.6.15

温度：19℃

文件名：X18

样品名：BG827

<2> 道计数（2，480）：

| | | | | | | | |
|---|---|---|---|---|---|---|---|
| 15 | 10 | 11 | 13 | 15 | 12 | 12 | 9 |
| 14 | 13 | 9 | 13 | 8 | 14 | 9 | 13 |
| 17 | 8 | 16 | 15 | 7 | 12 | 9 | 10 |
| 11 | 9 | 10 | 12 | 8 | 17 | 15 | 13 |
| 16 | 11 | 14 | 4 | 11 | 8 | 10 | 13 |
| 13 | 13 | 17 | 16 | 12 | 14 | 15 | 9 |
| 12 | 12 | 13 | 12 | 9 | 10 | 10 | 7 |
| 15 | 13 | 13 | 13 | −26 | 14 | 16 | 10 |
| 9 | 12 | 12 | 11 | 13 | 18 | 10 | 12 |
| 14 | 11 | 13 | 16 | 13 | 10 | 16 | 18 |
| 15 | 13 | 12 | 17 | 10 | 17 | 7 | 12 |
| 10 | 13 | 10 | 14 | 11 | 12 | 14 | 12 |
| 9 | 10 | 9 | 7 | 4 | 14 | 15 | 17 |
| 6 | 11 | 8 | 14 | 10 | 11 | 16 | 8 |
| 13 | 10 | 8 | 10 | 13 | 11 | 13 | 10 |
| 8 | 12 | 6 | 12 | 6 | 12 | 11 | 9 |
| 7 | 15 | 10 | 9 | 14 | 13 | 16 | 11 |
| 7 | 9 | 14 | 11 | 13 | 14 | 13 | 14 |
| 7 | 11 | 11 | 11 | 9 | 11 | 16 | 10 |
| 16 | 12 | 11 | 11 | 11 | 10 | 15 | 19 |
| 11 | 13 | 15 | 15 | 12 | 15 | 19 | 10 |
| 12 | 11 | 3 | 11 | 11 | 8 | 11 | 13 |
| 12 | 9 | 12 | 16 | 16 | 21 | 14 | 9 |
| 10 | 12 | 14 | 14 | 13 | 16 | 12 | 9 |
| 13 | 8 | 9 | 10 | 7 | 10 | 9 | 17 |
| 12 | 14 | 11 | 22 | 15 | 13 | 17 | 10 |
| 10 | 9 | 17 | 20 | 13 | 10 | 7 | 15 |
| 15 | 14 | 11 | 9 | 15 | 10 | 11 | 12 |
| 9 | 16 | 16 | 11 | | | | |

总计数 =2721　　每分钟计数率（误差）=1.20（0.02）　时间=2270 分

s1=3.46　　　　s2=2.76

### 表 7-4　样品的测量数据

测量日期：1999.6.7—1999.6.15

温度：19℃

文件名：X18

样品名：ZK5242A

<2> 道计数（2，480）：

| | | | | | | | |
|---|---|---|---|---|---|---|---|
| 410 | 420 | 416 | 400 | 412 | 407 | 397 | 437 |
| 427 | 467 | 406 | 411 | 449 | 424 | 384 | 402 |
| 423 | 437 | 435 | 409 | 438 | 433 | 415 | 453 |
| 464 | 443 | 397 | 440 | 442 | 442 | 435 | 397 |
| 442 | 429 | 429 | 395 | 448 | 441 | 433 | 435 |
| 421 | 459 | 447 | 433 | 413 | 455 | 441 | 423 |
| 432 | 432 | 430 | 410 | 390 | 421 | 446 | 426 |
| 399 | 427 | 461 | 426 | 428 | 440 | 464 | 395 |
| 410 | 427 | 417 | 412 | 412 | 450 | 424 | 431 |
| 475 | 423 | 422 | 421 | 411 | 447 | 405 | 387 |
| 441 | 441 | 429 | −363 | 424 | 419 | 418 | 462 |
| 411 | 442 | 490 | 392 | 414 | 434 | 448 | 434 |
| 423 | 432 | 428 | 378 | 421 | 431 | 431 | 421 |
| 405 | 468 | 469 | 413 | 437 | 418 | 452 | 422 |
| 412 | 476 | 436 | 472 | 413 | 431 | 460 | 450 |
| 425 | 437 | 428 | 416 | 439 | 437 | 447 | 440 |
| 454 | 416 | 439 | 374 | 454 | 473 | 457 | 429 |
| 448 | 457 | 425 | 463 | 447 | 459 | 431 | 437 |
| 445 | 438 | 416 | 429 | 423 | 441 | 460 | 456 |
| 432 | 432 | 416 | 424 | 443 | 485 | 410 | 418 |
| 407 | 423 | 461 | 461 | 444 | 454 | −517 | 444 |
| 434 | 397 | 432 | 463 | 413 | 461 | 423 | 412 |
| 409 | 430 | 431 | 412 | 463 | 443 | 461 | 435 |
| 405 | 408 | 409 | 418 | 444 | 442 | 424 | 433 |
| 441 | 421 | 431 | 432 | 394 | 467 | 448 | 454 |
| 398 | 414 | 395 | 418 | 462 | 439 | 420 | 457 |
| 424 | 434 | 419 | 417 | 427 | 391 | 442 | 438 |
| 432 | 454 | 400 | 451 | | | | |

总计数 =93961　　　每分钟计数率（误差）=43.10（0.14）　时间 =2180 分

s1=20.76　　　　　s2=20.53

表 7-5　仪器稳定性的监测

| 测量日期 | $^{14}$C 强源的计数率（CPM） | 本底（CPM） |
|---|---|---|
| 98.01.26—02.19 | 38424±13 | 1.26±0.03 |
| 98.03.15—04.12 | 38478±13 | 1.30±0.02 |
| 98.04.19—05.1 | 38303±11 | 1.22±0.02 |
| 98.06.11—07.07 | 38387±8 | 1.25±0.02 |
| 98.07.07—08.03 | 38370±7 | 1.29±0.02 |
| 98.08.13—09.04 | 38410±8 | 1.15±0.02 |
| 98.11.12—12.09 | 38402±11 | 1.22±0.03 |
| 98.12.11—99.01.20 | 38374±8 | 1.20±0.02 |
| 99.01.22—02.22 | 38441±8 | 1.21±0.03 |
| 99.02.24—03.02 | 38333±13 | 1.25±0.03 |

注：强源本身测量统计误差小于 0.04%，10 次测量平均值为 38392，统计误差为 ±51，表明半年内由于仪器的不稳定性产生的误差小于 0.2%。

表 7-6　糖碳和无烟煤合成苯的计数

| 糖碳 | CPM/g | 无烟煤 | 重量 /g | CPM |
|---|---|---|---|---|
| CSC-31 | 13.910±0.032 | BBM-A | 7.2324 | 2.02±0.03 |
| CSC-32 | 13.954±0.033 | BBM-B | 7.3388 | 2.07±0.03 |
| CSC-33 | 13.973±0.028 | BG-41 | 7.3450 | 2.00±0.06 |

注：三个糖碳的平均值为 13.946，统计误差小于 0.2%。本底的变化也在统计误差范围内，表明化学合成基本稳定。

表 7-7　糖碳稳定性的监测

| 测量日期 | 糖碳编号 | 糖碳 CPM/g | 糖碳道比值 |
|---|---|---|---|
| 98.03.15—04.12 | CSC-32 | 13.792±0.030 | 0.659 |
| 98.04.19—05.10 | CSC-32 | 13.866±0.031 | 0.656 |
| 98.06.11—07.07 | CSC-32 | 13.741±0.031 | 0.646 |
| 98.07.07—08.03 | CSC-32 | 13.752±0.030 | 0.643 |
| 98.08.13—09.04 | CSC-32 | 13.741±0.031 | 0.652 |

注：5 次测量每克糖碳计数率平均值的泊松误差为 0.053，小于 0.4%，表明测量半年内是稳定的。

## 2. 系列样品 $^{14}$C 年代测定方法中数据处理研究

数理统计学是研究怎样去有效地收集、整理和分析带有随机性的数据，以对所考察的问题做出推断或预测，直至为采取一定的决策和行动提供依据和建议。贝叶斯理论最早由贝叶斯 1763 年提出，20 世纪 50 年代发展，形成了与目前仍占有支配地位的传统统计学派颇具挑战性的一个学派。"夏商周断代工程"中应用贝叶斯理论，成功解决了不少考古学中的年代问题，表现了贝叶斯理论的适用性，也是对贝叶斯统计理论的一次有力支持。

（1）贝叶斯统计学的理论表述

贝叶斯理论与传统学派之间最突出的分歧在于对先验概率分布的理解和使用。后者认为先验分布必须在频率解释基础上，方才有其客观意义。贝叶斯理论则以先验概率分布为起点，经过一定的程式演算，得出可以作为最后推断的依据。而先验概率分布的确定可以是经验的，甚至是主观的假设。贝叶斯统计学的理论可以归结为贝叶斯公式和贝叶斯假设两种表述内容。

贝叶斯公式为：

$$P(\theta|X) = \{P(X|\theta)P(\theta)\}/\sum P(X|\theta)P(\theta)$$

其中 $P(\theta)$ 称先验概率分布，$P(X|\theta)$ 为条件概率分布（似然函数），$P(\theta|X)$ 称为后验概率分布，即在求总体分布参数 $\theta$ 时，除了样本 $X$ 的信息，需要对总体分布参数 $\theta$ 规定一个先验分布 $P(\theta)$。

贝叶斯假设为：在先验信息未知的情况下，假定总体参数的先验分布是均匀的。

（2）贝叶斯数理统计对考古学中 ${}^{14}C$ 年代研究的适应性

${}^{14}C$ 数据具有统计性质（带有随机性），而样品的 ${}^{14}C$ 年代与真实年代（日历年代或树轮年代）之间已经确立了了精确的校正关系（高精度树轮校正曲线），相当于贝叶斯方法所需的条件概率分布（似然函数）。从考古学或其他方面研究提供的有关样品出土信息，可以通过量化处理作为先验分布的依据。依据这些适用贝叶斯统计方法的基本条件，通过贝叶斯公式计算得出后验概率分布，进一步提高了 ${}^{14}C$ 测年方法所获得数据的精度，就可以对相应的考古真实年代做出推断。

具体演绎过程可以表述如下。

设有一系列 $n$ 个相互关联的考古事件，其相应的日历年代为 $\theta_1$，$\theta_2$，$\cdots$，$\theta_n$。对于某一特定事件 $i$ 测定所得 ${}^{14}C$ 样品年代值及其标准误差为 $\chi_i \pm \sigma_i$，$\chi_i$ 是某一随意变量 $X_i$ 的具体表现。$\mu(\theta)$ 表示高精度校正曲线函数，$\sigma(\theta)$ 是曲线本身的误差，一般可以忽略。但在 ${}^{14}C$ 测定达到高精度时，应计入该误差，而代之以：

$$\omega_i^2(\theta) = \sigma_i^2 + \sigma_i^2(\theta_i) \text{。}$$

上述各量之间有如下函数关系：

$$X_i \sim N(\mu(\theta_i), \omega_i^2(\theta_i)) \text{。}$$

用贝叶斯理论，后验概率分布 $P(\theta|X)$ 由下式决定：

$$P(\theta|X) \propto P(X|\theta)P(\theta)$$

$P(\theta)$ 为样品间的先验关系，即考古层位或其他信息确定的样品间的先验关系。例如，$\theta_1 > \theta_2$，$\theta_1 > \theta_3$ 等。$P(\theta|X)$ 为似然函数，即 ${}^{14}C$ 年代与日历年代间表现为高精度树轮校正曲线的固有关系：

$$P(X|\theta) = \prod_{i=1}^{n} P(\chi_i|\theta_i)$$

$$P(\chi_i \mid \theta_i) = \frac{1}{\omega_i^2(\theta_i)(2\pi)^{1/2}} \exp\left(\frac{(\chi_i - \mu(\theta_i))^2}{\omega_i^2(\theta_i)}\right)$$

这样，就在将<sup>14</sup>C年代转换成日历年代时，同时考虑了各种可能获得的所有信息，使最后确定的日历年代误差缩小，而且更加合乎逻辑。同时，操作过程比较标准划一，表述清晰，非常便于不同工作人员之间对结果进行讨论研究和比较。

贝叶斯理论中不需要事前烦琐的抽样过程，以及只有一次使用也有意义等，对考虑问题是十分有益的。

（3）应用中的具体算法和OxCal程序

20世纪80年代高精度树轮年代校正曲线公布以后，利用系列样品<sup>14</sup>C测定提高精度的实践开始增多，受到国内外<sup>14</sup>C工作者普遍重视。最早使用的最小二乘法，90年代前后与统计学家合作采用贝叶斯方法，应用方面有了很大进展。

因为校正曲线呈不规则锯齿形变化，$\mu(\theta)$是非单值函数，无法用简单的数学公式进行运算，而需要根据数字运算。因此，在利用贝叶斯统计处理方法时，必然会涉及许多十分复杂的数理推算过程，这对一般非专业人员无疑是一道不可逾越的障碍，几乎只有专业统计学家的参与才能进行。英国牛津大学AMS实验室C. B. Ramsey博士从20世纪90年代初开始编制（并不断改进）了为解决考古问题应用贝叶斯统计方法的计算机程序OxCal（1994年发布了2.00版），将复杂的数理统计计算简化为一般的程序操作，演算十分快速，使用方便。

（4）OxCal程序的算法基础

贝叶斯方法的具体算法有多种，OxCal程序采用的是MCMC法，即Markov Chain Monte Carlo方法（马尔可夫链-蒙特卡罗法）。

马尔可夫是19世纪出生的一位苏联科学家，他提出一种自然界的随机现象——已知现在状态，但其将来的演变与以往的演变无关——称之为马尔可夫过程。采用数学分析方法研究这种自然过程的一般图式称为马尔可夫链（Markov Chain）。

蒙特卡罗（Monte Carlo）则是一个以赌博闻名于世的摩纳哥城市。蒙特卡罗法，又称统计试验法或统计模拟法，将所求解的问题同一定的概率模型相联系，用微机统计模拟或抽样，以获得问题的近似解。借用该城市名称以表示这种算法的概率统计特点。

MCMC方法求解过程中普遍应用了吉布斯（Gibbs）取样方法。Gibbs取样法由Geman等人在1984年提出，它完全是取自全条件分布。

（5）OxCal程序的运算过程

上述算法是贝叶斯基本算法方法的一种，20世纪90年代以来已有较多的运用，但由于专业性较强，很难推广。OxCal程序的突出优点是利用各种信息（包括考古方面、<sup>14</sup>C数据方面等），通过不同命令，构建成一定模式，自动运算得出所需结果，形成了几乎人人可以掌握的运作过程。它为贝叶斯方法普及运用，特别在 $^{14}$C 考古年代学革命性进展中起了十分重要的作用。

1）基本原则和主要信息

OxCal 程序不仅仅用于 $^{14}$C 考古年代分析，它要面对解决各方面问题的需要。因此，它包括的内容，体现在各种组成模式的命令上，有几十种之多。由于"夏商周断代工程"中 $^{14}$C 测定的使用，主要为了解决考古年代问题，所得结果不仅需要面对从事此项工作的专业人员，而且要受到考古学家甚至全社会的关注。所以，在不影响正确使用的条件下，我们要求将整个过程演绎得越简单扼要越好。以下的讨论，也是从"夏商周断代工程"中的需要出发，围绕这一要求进行。

数据处理的基本原则可以简要归结为三条：

① $^{14}$C 测定数据准确无误，精确可靠；

② 考古信息充分有效；

③ 数据处理的依据和方法正确可靠。

其中 $^{14}$C 测定和考古信息方面将在另外章节中讨论。数据处理的重要依据是树轮年代校正曲线的精确可靠。目前国际通用的树轮年代校正曲线 IntCal 98，我们 1999 年才接触到，当时我们的测定已接近尾声，校正工作也近乎完成。之前，我们采用的是当时国际通用的树轮年代校正曲线版本。为此，我们进行了统一更改。在此期间，OxCal 程序的版本也从 Version2.18（1996 年从网上下载）改动到 Version3.8（2002 年）。同样，我们也依据新版改变了操作方式。实践证明，使用不同版本的 OxCal 程序，对最终得出的结果并无明显差别，只是表达形式有了改进。而树轮年代校正曲线版本不同，所得结果会随之有适当改变。可见，曲线的走向是很关键的，这就给开始使用的目测法有了一席用武之地，以后将有仔细讨论。

目前采用的数据处理方法就是依据贝叶斯统计编制的 OxCal 程序，它的设置是否可靠、如何正确使用是我们研究的主要内容。

2）OxCal 程序的研究重点

关于 OxCal 程序的研究是多方面的，也是课题中必须研究的重点之一。首先要了解它操作规程的基本要点，同时要清晰它的理论依据、计算方法以及表述方式的合理性等。最重要的研究还在于它对解决考古年代问题的适用性，包括命令的使用、模式的建立、最终结果的解释等，需要全面综合考虑考古、$^{14}$C 测定、校正曲线等各种因素的影响。

OxCal 程序理论基础和计算方法的研究，在以后章节中将有较仔细的叙述。鉴于"夏商周断代工程"起始，日程表排得比较紧，我们对 OxCal 程序的研究内容，首先是正确掌握操作规程和如何适用于解决考古年代问题，同时在有关专家的协助下，肯定了 OxCal 程序的理论基础和计算方法的实用可靠。以后我们结合上述三个基本要求，主要研究解决使用中的实际问题，包括建立分析模式、结果的解释、边界条件等。

3）OxCal 程序操作模式的建立

前面已经指出，鉴于"夏商周断代工程"时间紧、任务重的现实情况，我们一开始就做了充分准备。必须选择工作重点，有计划、有步骤地进行。同时"夏商周断代工程"的积极支持和考古方面给予的充分合作，也是必不可少的。在采用 OxCal 程序操作模式方面，也是一样。

① 树轮系列样品相互之间的年代十分明确，操作最为简单，结果也最可靠。

因此，我们一开始就用树轮系列样品严格操作，认真掌握整个过程中各步骤的要点，以便及早发现问题，解决问题。

树轮系列样品的 OxCal 程序操作模式最简单，只需使用"固定年代间隔系列"命令，即"D-Sequence"命令。然后依次输入每个树轮样品的 $^{14}$C 年代数据和误差，即可运算得出各轮的真实年代（日历年代）及误差。

②地层叠压关系明确的系列样品。

考古样品之间的关系十分复杂，有明确地层叠压关系的系列样品最理想，过去应用的实例多是这一类型，但实际考古工作中很难遇到。

如果地层之间的年代粗略可以估计，OxCal 程序操作模式可以采用"可变年代间隔系列"命令，即"V-Sequence"命令。

如果仅有前后关系，则用"年代系列"命令，即"Sequence"命令。"Sequence"是最常用的一个命令，只要是一组年代有先后关系的样品数据，无论在另一系列之中，或在某一分期之中，都可以用"Sequence"命令加以组合。

如果同一地层或某一些地层中出土有同一时期的一批样品，则采用"分期"，即"Phase"命令，插入系列。

③ 分期（包括有个别叠压关系）明确的系列样品。

事实上，考古中最常见的样品关系，是有先后时序的分期关系。考古工作者利用类型学等方法，分辨出土样品属于同一时期或前后各期。如能从中采集到一系列能够代表各期年代的 $^{14}$C 样品，就可以利用 OxCal 程序操作模式获得各期的真实日历年代。

OxCal 程序操作模式则采用在"Sequence"命令的条件下，加入分期命令。

如果同一期中样品没有先后关系，即用"Phase"命令，倘若仍有先后，则再加一"Sequence"命令。

④ 其他各种不同类型的样品系列，将根据情况灵活处理。

4）关于边界条件

系列样品的要点，是以数据间年代上有相互制约为条件，才能得出结合了考古信息的年代误差缩小的结果。不然的话，得出的只能是单个样品树轮校正的数据。对于一长系列样品使用 OxCal 程序模式操作时，有相互制约的年代结果是可信的，符合贝叶斯方法的使用。但前后两端年代，没有满足相互制约的条件，得出的只是单个样品数据的校正结果，仅代表了该系列年代的上限。对此，有三种解决办法。

① 虽然系列两端没有年代数据约束，但并不影响中间年代数据的可靠性，而中间部分的年代值才是"夏商周断代工程"中希望解决问题的年代。因此，向两端延伸的年代，特别是最外端，弃置不用。这样一来，可以避免人为设置边界，影响客观存在的分期不均匀性。

② 根据考古信息或其他方法估计，在系列前端（或末端）设置代表时代上更早（或更晚）的数据加以限制。这样得出最早期的年代结果，符合了要求，也比较合理。

③ 根据 OxCal 程序要求加边界条件，即两端采用"Boundary"命令。上面提到贝

叶斯理论中一个重要假定是，在先验信息未知的情况下，假定总体参数的先验分布是均匀的。依此，OxCal 程序在系列两端采用边界条件（即"Boundary"命令），限制两端年代延伸，使结果可信可用。一般考古分期在 50 年左右，对于一个年代较长的系列来说，分布均匀的假设也是符合实际的。

5）研究边界条件的使用

1999 年我们基本完成了测定工作，数据校正也得出了最终结果。2000 年"夏商周断代工程"总结，又补充了少量测定和校正工作。

之前我们所有的校正都没有采用两端加"Boundary"的办法，对两端年代不加分析。而中间部分数据在必要的情况下，采用了"Boundary"，使年代范围更加清晰。理由如前所述。

这次重新发表，考虑到使用与否，是否可能会影响接近两端的年代。我们用实测结果，仔细研究了边界条件的使用方法和范围，做出如下判断。

① 对于树轮系列样品，由于采用固定间隔系列，或单纯使用可变间隔系列，所需年代的目的性明确，一般两端不必使用边界条件。

② 考古上一组年代延续时间较长，如 200 年，分成几个前后连续的分期，两端加以边界条件，是可取的。因为长系列满足了程序要求的均匀分布假定，两端的年代界限清楚，可以改善接近边界间各期年代可靠性。

③ 离边界稍远（如相隔二期），有明确年代要求的边界，使用边界条件（加"Boundary"）后，可以令所得年代间隔表示清晰。而且通常情况下，这类年代与两端是否加边界并无显著差别。

④ 长系列组合中分成若干期，年代校正时是否需要在每个分期两端加入"Boundary"，我们试验结果是否定的。因为这样一来，会影响系列的年代分布，并使整个系列的校正年代跨度加大，甚至达到不合理的程度。原因可能在于每个短分期（如几十年）满足（采样）分布均匀的前提并不十分充分。而对于长系列则是充分的，因为考古分期一般是正确的。

## 3. 常规法的 ${}^{14}$C 测定情况

经过以上各项严格掌握的步骤，最后获得了作为夏商周三代考古 ${}^{14}$C 年代框架依据的测定数据和拟合结果。

（1）考古遗址中出土木头的树轮样品

用树木年轮组成的样品系列做 ${}^{14}$C 测定，由于样品年代间隔十分确定，经 ${}^{14}$C 数据匹配拟合获得的真实年代结果可靠性较好。并且，由于处理方法规整（应用固定年代间隔命令），很容易暴露测量中存在的问题（如测量结果需要做淬灭校正，就是在这一过程中提出的）。对规范使用系列样品测定方法，起了先导作用。

之前，考古所常规实验室准备了几个棺木样品，都是前几年特地从考古工地挑选、运回北京的。"夏商周断代工程"开始以后，采集到北京琉璃河遗址 M1193 墓葬出土棺木，又从郑州商城遗址采集到了水井井框圆木。北大常规实验室从陕西长安张家坡遗址采集到墓葬 M4 棺木。以下是上述几个样品的树轮木质 $^{14}$C 测定结果。

1）陕西长安沣西张家坡遗址（SCZ）墓葬 M163

M163 为西周中期墓葬，采集出土棺木做树轮系列样品进行 $^{14}$C 测定，并与高精度树轮年代校正曲线匹配拟合，获得最外轮生长年代，最后判别出棺木的砍伐年代。

① 测定数据见表 7-8a。

表 7-8a　陕西长安沣西张家坡遗址（SCZ）墓葬 M163 树轮木系列样品测定数据

| 实验室编号 | 树轮轮数（由外向内） | 测定物质 | 测量校正后（5568，1950） | 苯量/克 | δ$^{13}$C 值/‰ | 各项校正后值（5568，1950） |
|---|---|---|---|---|---|---|
| ZK-5701 | 5—15 | 树轮木 | 2859±36 | 5.0875 | −23.80 | 2894±36 |
| ZK-5702 | 16—25 | 树轮木 | 3089±33 | 6.8775 | | 3105±33 |
| ZK-5703 | 26—35 | 树轮木 | 2795±34 | 6.0638 | | 2811±34 |
| ZK-5704 | 36—45 | 树轮木 | 2958±36 | 5.2763 | | 2974±36 |
| ZK-5705 | 46—55 | 树轮木 | 2907±34 | 6.3009 | | 2923±34 |
| ZK-5706 | 56—65 | 树轮木 | 2892±35 | 5.6940 | | 2908±35 |
| ZK-5707 | 66—75 | 树轮木 | 2932±33 | 6.7720 | | 2948±33 |
| ZK-5708 | 76—85 | 树轮木 | 2948±34 | 6.0712 | | 2964±34 |
| ZK-5709 | 86—95 | 树轮木 | 2906±34 | 6.3261 | | 2922±34 |

注：表中的"测量校正后"指 $^{14}$C 放射性测量过程中一切必需的校正以后；"各项校正后"指经 δ$^{13}$C 校正、淬灭校正等以后。下同。

② 拟合结果见表 7-8b。

表 7-8b　陕西长安沣西张家坡遗址（SCZ）墓葬 M163 树轮木测定数据拟合结果

| 实验室编号 | 树轮轮数（由外向内） | 测定物质 | $^{14}$C 年代数据（5568，1950） | 系列样品数据校正年代（BC）（68.2%） | 备注 |
|---|---|---|---|---|---|
| ZK-5709 | 86—95 | 树轮木 | 2922±34 | 1200—1135 | |
| ZK-5708 | 76—85 | 树轮木 | 2964±34 | 1190—1125 | |
| ZK-5707 | 66—75 | 树轮木 | 2948±33 | 1180—1115 | |
| ZK-5706 | 56—65 | 树轮木 | 2908±35 | 1170—1105 | |
| ZK-5705 | 46—55 | 树轮木 | 2923±34 | 1160—1095 | |
| ZK-5701 | 5—15 | 树轮木 | 2894±36 | 1120—1055 | |

发现有三个数据偏离较大（ZK-5704、ZK-5703、ZK-5702），拟合时删除。用 6 个数据与对应曲线相合，删除不合适数据并不影响最终结果。拟合结果是最外轮年代在公元前 1120—前 1055 年（公元前 1087 年±32 年）范围以内。但是从出土情况和树轮截面上看，从最外轮树轮到树皮之间可能有一百多年树轮已被腐蚀掉了。因此，由此估计 M163 墓葬的年代不确定性较大，但基本上应该属于西周中期墓葬。

③ 拟合图示见图 7-2。

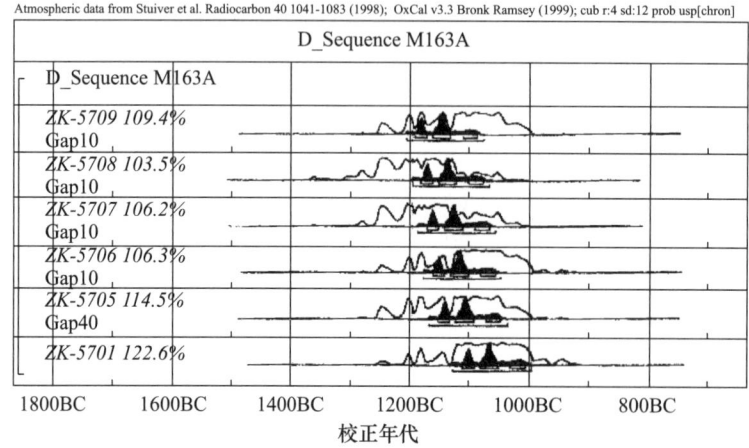

Atmospheric data from Stuiver et al. Radiocarbon 40 1041-1083 (1998); OxCal v3.3 Bronk Ramsey (1999); cub r:4 sd:12 prob usp[chron]

图 7-2　陕西长安沣西张家坡遗址（SCZ）墓葬 M163 树轮木测定数据拟合图

2）陕西长安沣西张家坡遗址（SCZ）墓葬 M121

M121 为西周中期墓葬。采集出土棺木做树轮系列样品进行 $^{14}$C 测定，与高精度树轮年代校正曲线匹配拟合，获得最外轮生长年代，最后判别出棺木的砍伐年代。

① 测定数据见表 7-9a。

表 7-9a　陕西长安沣西张家坡遗址（SCZ）墓葬 M 121 树轮木系列样品测定数据

| 实验室编号 | 树轮轮数（由外向内） | 测定物质 | 测量校正后（5568，1950） | 苯量 / 克 | $\delta^{13}$C 值 /‰ | 各项校正后值（5568，1950） |
|---|---|---|---|---|---|---|
| ZK-5711 | 46—55 | 树轮木 | 2824±32 | 5.9208 | −20.29 | 2915±32 |
| ZK-5712 | 56—65 | 树轮木 | 2814±32 | 6.3311 | | 2830±32 |
| ZK-5713 | 66—75 | 树轮木 | 2837±31 | 6.7213 | | 2853±31 |
| ZK-5714 | 76—85 | 树轮木 | 2842±33 | 5.8023 | | 2858±33 |
| ZK-5715 | 86—95 | 树轮木 | 2890±30 | 7.3185 | | 2906±30 |
| ZK-5716 | 96—105 | 树轮木 | 2839±31 | 6.4889 | | 2855±31 |
| ZK-5717 | 106—115 | 树轮木 | 2872±31 | 6.8212 | | 2888±31 |
| ZK-5718 | 116—125 | 树轮木 | 2908±31 | 7.1919 | | 2924±31 |
| ZK-5719 | 126—135 | 树轮木 | 2850±36 | 4.5313 | | 2866±36 |
| ZK-5720 | 136—145 | 树轮木 | 2880±34 | 5.2830 | | 2896±34 |
| ZK-5721 | 146—155 | 树轮木 | 2884±31 | 6.4418 | | 2900±31 |
| ZK-5722 | 156—165 | 树轮木 | 3087±30 | 7.6420 | | 3103±30 |

② 拟合结果见表 7-9b。

**表 7-9b　陕西长安沣西张家坡遗址（SCZ）墓葬 M121 树轮木测定数据拟合结果**

| 实验室编号 | 树轮轮数<br>（由外向内） | 测定物质 | ¹⁴C 年代数据<br>（5568，1950） | 系列样品数据校正年代<br>（BC）（68.2%） | 备注 |
|---|---|---|---|---|---|
| ZK-5721 | 146—155 | 树轮木 | 2900±31 | 1107—1080 | |
| ZK-5720 | 136—145 | 树轮木 | 2896±34 | 1097—1070 | |
| ZK-5719 | 126—135 | 树轮木 | 2866±36 | 1087—1060 | |
| ZK-5718 | 116—125 | 树轮木 | 2924±31 | 1077—1050 | |
| ZK-5717 | 106—115 | 树轮木 | 2888±31 | 1067—1040 | |
| ZK-5716 | 96—105 | 树轮木 | 2855±31 | 1057—1030 | |
| ZK-5715 | 86—95 | 树轮木 | 2906±30 | 1047—1020 | |
| ZK-5714 | 76—85 | 树轮木 | 2858±33 | 1037—1010 | |
| ZK-5713 | 66—75 | 树轮木 | 2853±31 | 1027—1000 | |
| ZK-5712 | 56—65 | 树轮木 | 2830±32 | 1017—990 | |

拟合结果得出最外轮年代为公元前 1017—前 990 年，但最外轮树轮之外还有 55 轮才到边缘。因此棺木砍伐年代应在公元前 962—前 935 年以后，相当于沣西张家坡遗址墓葬分期中的第四期，即相当于周懿王以前。

③ 拟合图示见图 7-3。

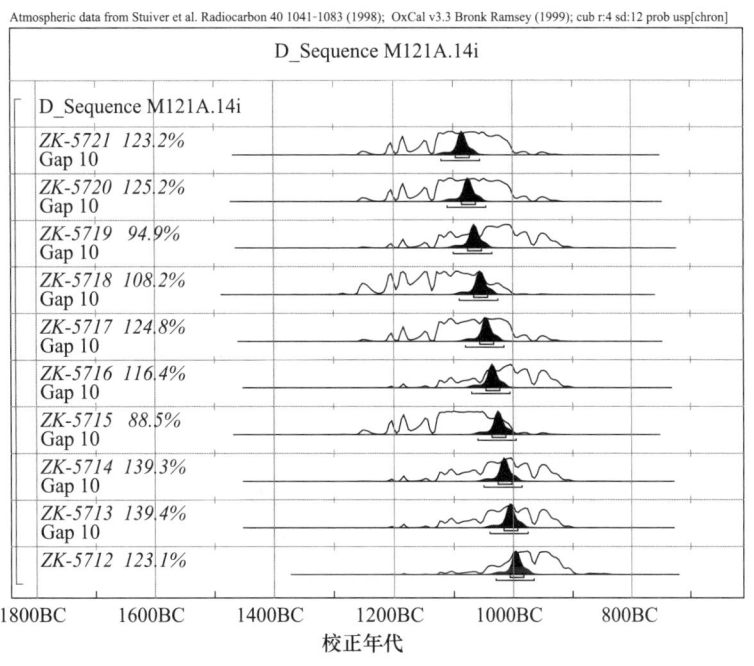

图 7-3　陕西长安沣西张家坡遗址墓葬 M121 树轮木测定数据拟合图

3）陕西长安沣西张家坡遗址（SCZ）M4 棺木

M4 为西周中期墓葬。北大常规实验室采集出土棺木，进行树轮系列样品进行 $^{14}C$ 测定，并与高精度树轮年代校正曲线匹配拟合，获得最外轮生长年代，最后判别出棺木的砍伐年代。

① 测定数据见表 7-10a。

**表 7-10a　陕西长安沣西张家坡遗址（SCZ）西周中期墓葬 M4 树轮木系列样品测定数据**

| 实验室编号 | 树轮轮数（由里向外） | 测定物质 | 测量校正后（5568，1950） | $\delta^{13}C$ 值 /‰ | 各项校正后值（5568，1950） |
|---|---|---|---|---|---|
| XSZ047 | 2—10 | 树轮木 | 2845±35 | −25.40 | 2839±35 |
| XSZ048 | 11—20 | 树轮木 | 2820±35 | −25.14 | 2818±35 |
| XSZ049 | 21—30 | 树轮木 | 2809±30 | −25.10 | 2807±30 |
| XSZ050 | 31—40 | 树轮木 | 2821±35 | −24.93 | 2822±35 |
| XSZ051 | 41—50 | 树轮木 | 2876±35 | −25.03 | 2876±35 |
| XSZ052 | 51—60 | 树轮木 | 2824±30 | −24.87 | 2826±30 |
| XSZ053 | 61—70 | 树轮木 | 2834±35 | −22.40 | 2876±35 |
| XSZ054 | 71—80 | 树轮木 | 2755±35 | −24.54 | 2762±35 |
| XSZ055 | 81—90 | 树轮木 | 2811±35 | −24.96 | 2812±35 |

② 拟合结果见表 7-10b。

**表 7-10b　陕西长安沣西张家坡遗址（SCZ）西周中期墓葬 M4 树轮木测定数据拟合结果**

| 实验室编号 | 树轮轮数（由里向外） | 测定物质 | $^{14}C$ 年代数据（5568，1950） | 系列样品数据校正年代（BC）（68.2%） | 备注 |
|---|---|---|---|---|---|
| XSZ047 | 2—10 | 树轮木 | 2839±35 | 1008—980 | |
| XSZ048 | 11—20 | 树轮木 | 2818±35 | 998—970 | |
| XSZ049 | 21—30 | 树轮木 | 2807±30 | 988—960 | |
| XSZ050 | 31—40 | 树轮木 | 2822±35 | 978—950 | |
| XSZ052 | 51—60 | 树轮木 | 2826±30 | 958—930 | |
| XSZ054 | 71—80 | 树轮木 | 2762±35 | 938—910 | |
| XSZ055 | 81—90 | 树轮木 | 2812±35 | 928—900 | |

拟合结果得出其最外轮年代为公元前 928—前 900 年，因为外表层已被腐蚀，根据观察，最边缘树轮的生长年代会晚几十年，属于西周中晚期墓葬。

③ 拟合图示见图 7-4。

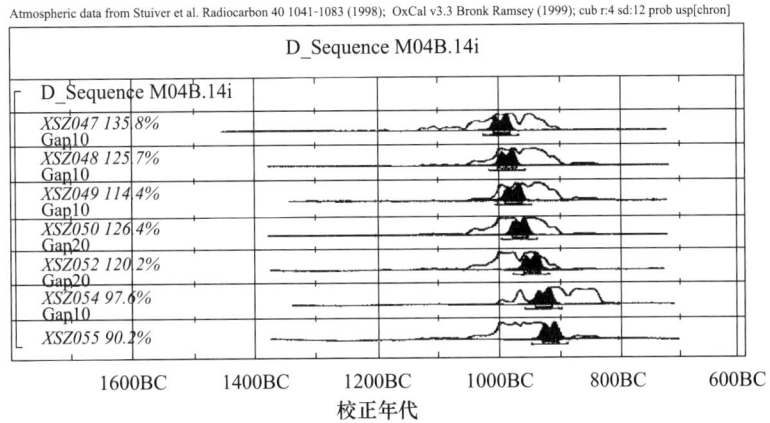

Atmospheric data from Stuiver et al. Radiocarbon 40 1041-1083 (1998); OxCal v3.3 Bronk Ramsey (1999); cub r:4 sd:12 prob usp[chron]

图 7-4　陕西长安沣西张家坡遗址（SCZ）西周中期墓葬 M4 树轮木测定数据拟合图

4）北京琉璃河遗址（BL）墓葬 M1193

采集出土棺木做树轮系列样品进行 <sup>14</sup>C 测定，并与高精度树轮年代校正曲线匹配拟合，获得最外轮生长年代，最后判别出棺木的砍伐年代。

① 测定数据见表 7-11a。

**表 7-11a　北京琉璃河遗址（BL）墓葬 M1193 出土棺木树轮系列样品测定数据**

| 实验室编号 | 树轮轮数（由外向内） | 测定物质 | 测量校正后（5568，1950） | 苯量/克 | δ<sup>13</sup>C 值/‰ | 各项校正后值（5568，1950） |
|---|---|---|---|---|---|---|
| ZK-5834B | 47—56 | 树轮木 | 2905±37 | 4.7612 | | 2921±37 |
| ZK-5833B | 37—46 | 树轮木 | 2860±37 | 4.7182 | | 2876±37 |
| ZK-5832B | 27—36 | 树轮木 | 2872±32 | 6.9585 | | 2888±32 |
| ZK-5831B | 17—26 | 树轮木 | 2854±33 | 6.6107 | | 2870±33 |
| ZK-5830B | 7—16 | 树轮木 | 2821±35 | 5.6823 | −22.77 | 2857±35 |
| ZK-5829B | 1—6 | 树轮木 | 2848±33 | 6.4259 | | 2864±33 |

② 拟合结果见表 7-11b。

**表 7-11b　北京琉璃河遗址（BL）墓葬 M1193 树轮木样品测定数据拟合结果**

| 实验室编号 | 树轮轮数（由外向内） | 测定物质 | <sup>14</sup>C 年代数据（5568，1950） | 系列样品数据校正年代（BC）（68.2%） | 备注 |
|---|---|---|---|---|---|
| ZK-5834B | 47—56 | 树轮木 | 2921±37 | 1082—1041 | |
| ZK-5833B | 37—46 | 树轮木 | 2876±37 | 1072—1031 | |
| ZK-5832B | 27—36 | 树轮木 | 2888±32 | 1062—1021 | |
| ZK-5831B | 17—26 | 树轮木 | 2870±33 | 1052—1011 | |
| ZK-5830B | 7—16 | 树轮木 | 2857±35 | 1042—1001 | |
| ZK-5829B | 1—6 | 树轮木 | 2864±33 | 1032—991 | |

M1193 出土棺木样品，保存良好，拟合结果最外轮年代为公元前 1011 年 ±20 年，即不早于公元前 1032—前 991 年，棺木砍伐年代为其上限。考古上认为 M1193 是北京琉璃河遗址中第一或第二代燕侯墓葬。

③ 拟合图示见图 7-5。

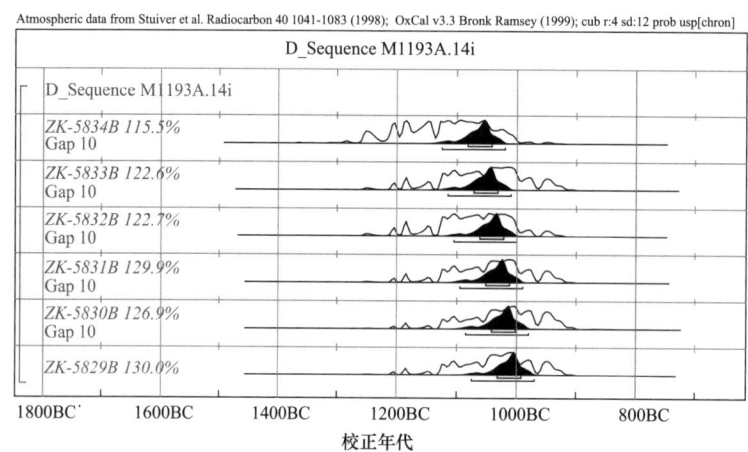

图 7-5　北京琉璃河遗址（BL）墓葬 M1193 树轮系列数据拟合图

5）河南郑州商城遗址出土水井井框圆木

样品采自郑州电力学校内，T1，3 号井南壁 2 号井框圆形木，原编号：98ZST1J3S2。保存完好，属二里冈上层文化一期。采集做树轮系列样品进行 $^{14}C$ 测定，并与高精度树轮年代校正曲线匹配拟合，获得最外轮生长年代，最后判别水井建造年代。

① 测定数据见表 7-12a。

表 7-12a　郑州商城遗址水井井框圆木树轮系列样品测定数据

| 实验室编号 | 树轮轮数（由内向外） | 测定物质 | 测量校正后（5568，1950） | 苯量 / 克 | $\delta^{13}C$ 值 /‰ | 各项校正后值（5568，1950） |
|---|---|---|---|---|---|---|
| ZK-5354j | 61—70 | 树轮木 | 3175±35 | 6.2168 | −22.16 | 3236±36 |
| ZK-5354i | 71—80 | 树轮木 | 2765±32 | 5.3224 | −22.31 | 2824±33 |
| ZK-5354h | 81—90 | 树轮木 | 3112±36 | 6.1359 | −20.85 | 3194±37 |
| ZK-5354g | 91—100 | 树轮木 | 3117±34 | 6.0236 | −21.64 | 3186±35 |
| ZK-5354f | 101—100 | 树轮木 | 3090±35 | 6.2692 | −21.84 | 3156±36 |
| ZK-5354e | 111—120 | 树轮木 | 3131±35 | 6.1366 | −21.72 | 3199±36 |
| ZK-5354d | 121—130 | 树轮木 | 3105±35 | 6.1511 | −20.57 | 3191±36 |
| ZK-5354c | 131—140 | 树轮木 | 3042±33 | 5.5217 | −21.43 | 3115±34 |
| ZK-5354b | 141—150 | 树轮木 | 3014±34 | 6.4599 | −21.21 | 3091±35 |
| ZK-5354a 最外轮 | 151—160 | 树轮木 | 3044±35 | 6.1175 | −23.45 | 3085±36 |

② 拟合结果见表 7-12b。

**表 7-12b 河南郑州商城遗址水井井框圆木树轮样品测定数据拟合结果**

| 实验室编号 | 树轮轮数<br>（由内向外） | 测定物质 | $^{14}$C 年代数据<br>（5568, 1950） | 系列样品数据校正年代<br>（BC）（68.2%） | 备注 |
|---|---|---|---|---|---|
| ZK-5354j | 61—70 | 树轮木 | 3236±36 | 1497—1480 | |
| ZK-5354h | 81—90 | 树轮木 | 3194±37 | 1477—1460 | |
| ZK-5354g | 91—100 | 树轮木 | 3186±35 | 1467—1450 | |
| ZK-5354f | 101—100 | 树轮木 | 3156±36 | 1457—1440 | |
| ZK-5354e | 111—120 | 树轮木 | 3199±36 | 1447—1430 | |
| ZK-5354d | 121—130 | 树轮木 | 3191±36 | 1437—1420 | |
| ZK-5354c | 131—140 | 树轮木 | 3115±34 | 1427—1410 | |
| ZK-5354b | 141—150 | 树轮木 | 3091±35 | 1417—1400 | |
| ZK-5354a | 151—160 | 树轮木 | 3085±36 | 1407—1390 | 最外轮 |

最外轮年代为公元前 1400 年 ±8 年，即公元前 1407—前 1390 年，这应代表该井的建造年代。

③ 拟合图示见图 7-6。

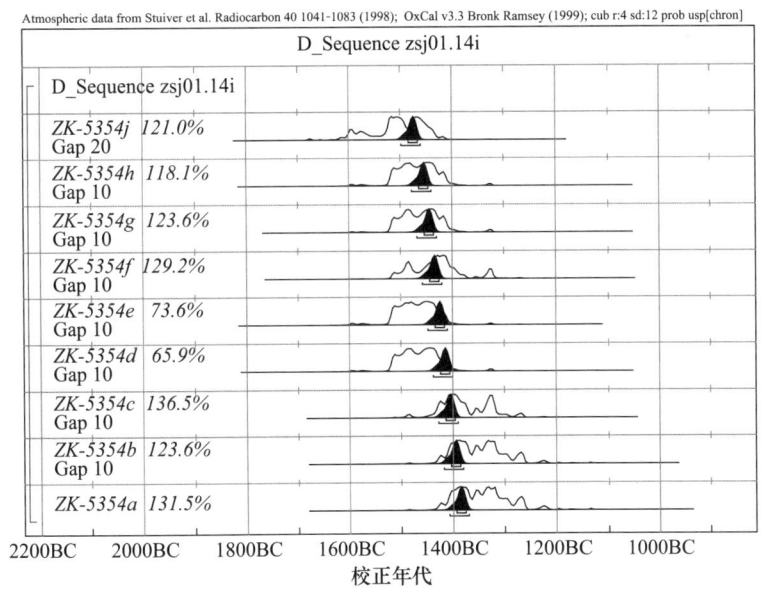

图 7-6 河南郑州商城遗址出土井框圆木树轮系列数据拟合图

（2）天马—曲村曲沃北赵晋侯墓地 M8 的 $^{14}$C 年代测定

晋侯墓地 M8 的 $^{14}$C 年代测定是"夏商周断代工程"测定中唯一的一次特例。它

仅用了单个 $^{14}$C 数据做树轮年代校正就得出了直接可用的结果，而不需要再进行拟合处理。其原因乃出于当时大气 $^{14}$C 放射性水平的变化特征。一般来说，由于大气 $^{14}$C 水平受众多因素影响，反映它变化的树轮校正曲线在大部分时段呈多锯齿状，因此单个 $^{14}$C 年代经树轮年代校正以后，误差都会超过 100 年。但在整条校正曲线中却有两三处存在较特殊的时段，在极短的时段以内，大气 $^{14}$C 水平却是单向又十分显著的变化（图 7-7）。由此转换所得日历年代范围就十分短暂，表现为所得日历年代误差很小。如距今 2690—2560 年，单个 $^{14}$C 年代经校正后，日历年代误差反而会大大缩小。这当然也是因为高精度 $^{14}$C 测定，使测定误差缩小到 $^{14}$C 年代处于该时段以内的结果。

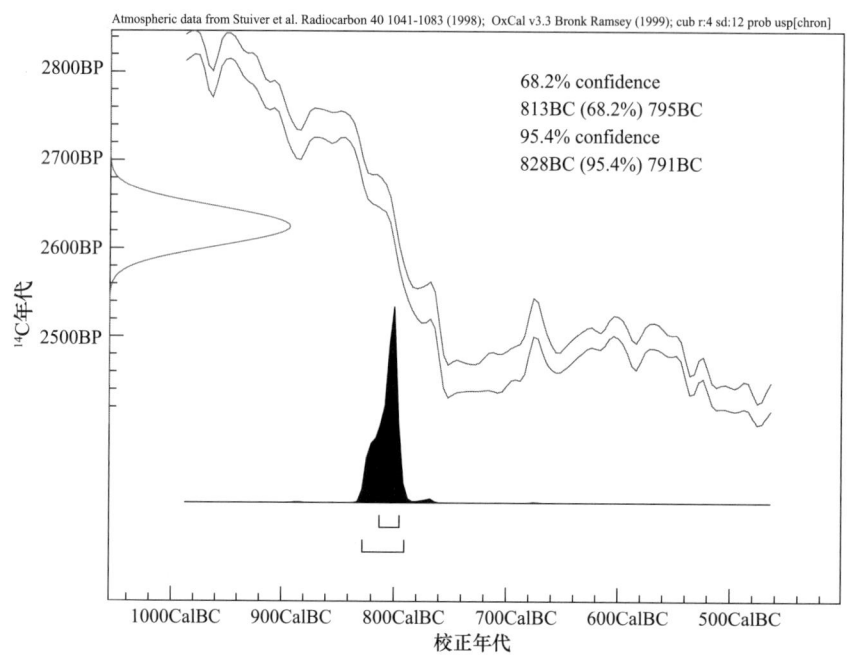

图 7-7　晋侯墓地 M8 木炭 $^{14}$C 年代分布和相应日历年代分布图示

　　山西曲沃北赵晋侯墓地原先发现的晋侯和夫人墓共 8 组 17 座（后增为 19 座），其中的 M8 位于南排的中央。该墓有晋侯苏编钟 16 件同出，它的墓主人被认为应即是晋侯苏。

　　据《史记·晋世家》记载，晋侯苏是靖侯之孙、釐侯之子。于周宣王六年立，十六年卒，在位 11 年，即公元前 822—前 812 年。

　　晋侯苏钟有长篇铭文，记述了晋侯苏于王三十三年随王东征，且有四组年、月、月相、日干支齐全的历日可供推算。这个三十三年究竟是哪一位周王，现有二说，一谓厉王，一谓宣王。若为后者，则认为《史记》和有关的文献记载有误。因而，《史记》所称"靖侯以来，年纪可推"，以及晋献侯籍，即晋侯苏的在位年数，受到了怀疑。

　　就晋侯苏墓中采集的木炭样品，由两个实验室做了常规 $^{14}$C 年代测定，所得 $^{14}$C 年代分别为距今 2630 年 ±30 年和距今 2620 年 ±20 年。两实验室的数据一致，首次测定

以后，又做了仔细校核，结果分别列于表 7-13a 与表 7-13b。稍后又与北京大学 AMS
¹⁴C 实验室（以下简称北大 AMS 实验室）和国外实验室结果对比亦一致，表明应当可
信。对这两个数据取平均值，年代应为距今 2625 年 ±22 年。经树轮校正后为公元前
808 年 ±8 年，即公元前 816—前 800 年，与《史记》所载卒年相符。

　　据样品提供者说明，采集的是树枝木炭，表示所得年代应接近于生长年代，即与
墓葬形成年代相近。

　　¹⁴C 测年结果证实了《史记》所载晋献侯籍即晋侯苏的卒年可信。从而，晋侯苏墓
葬 M8 所得的年代结果，可以推定是厉王三十三年随王东征。

　　以后又陆续测定了几个墓葬出土样品，列为表 7-13a 及表 7-13b。

**表 7-13a　山西曲沃北赵晋侯墓地遗址样品测定数据（考古所常规实验室）**

| 实验室编号 | 样品来源（原编号） | 墓主 | 测定物质 | 测量校正后（5568，1950） | 苯量/克 | δ¹³C 值/‰ | 各项校正后值（5568，1950） |
|---|---|---|---|---|---|---|---|
| ZK-6001 | M9 | 武侯墓 | 樟木 | 3013±27 | 5.7305 | | 3029±27 |
| ZK-6002 | M32 | 厉侯夫人墓 | 木炭 | 2724±33 | 3.7564 | | 2740±33 |
| ZK-6003 | M8 | 献侯墓 | 木炭 | 2604±34 | 6.3220 | −24.24 | 2632±34 |
| ZK-6004 | M64 | 穆侯墓 | 木炭 | 2619±32 | 5.3583 | | 2635±32 |
| ZK-6005 | M63 | 穆侯夫人墓 | 木炭 | 2500±33 | 5.6441 | | 2516±33 |
| ZK-6006 | M93 | 文侯墓 | 木炭 | 2530±29 | 6.2528 | | 2546±29 |

**表 7-13b　山西曲沃北赵晋侯墓地遗址系列样品测定数据（北大常规实验室）**

| 实验室编号 | 样品来源（原编号） | 考古分期 | 测定物质 | 测量校正后（5568，1950） | δ¹³C 值/‰ | 各项校正后值（5568，1950） |
|---|---|---|---|---|---|---|
| XSZ021 | M9 | 武侯墓 | 樟木 | 3050±35 | −22.69 | 3087±35 |
| XSZ022 | M13 | M9 夫人墓 | 樟木 | 3044±35 | −22.36 | 3086±35 |
| XSZ023 | M32 | 西中偏晚 | 木炭 | 2814±40 | −25.15 | 2811±40 |
| XSZ025 | M8 | 晋侯墓 | 木炭 | 2578±32 | −25.45 | 2570±32* |
| XSZ027 | M64 | 西周末 | 木炭 | 2824±32 | −23.93 | 2841±32 |
| XSZ028 | M63 | 西周末 | 木炭 | 2754±35 | −24.00 | 2770±35 |
| XSZ029 | M93 | 春秋之初 | 木炭 | 2628±40 | −23.73 | 2648±40 |

　　注：表中标识 "*" 的数据是再次校正所得，单个数据树轮曲线校正结果范围一致。由于常规测年数据与
AMS¹⁴C 法所得和国外对比结果接近，因此维持原值处理。

根据《史记》中晋侯世家的记载，对照山西曲沃北赵晋侯墓地出土样品的 $^{14}$C 年代测定，所得结果见表 7-14。

**表 7-14　晋侯世家（据《史记》）、相应晋侯墓及 $^{14}$C 测定结果对照表（考古所常规实验室）**

| 晋侯 | 姓名 | 即位年 BC | 卒年 BC | 相应墓号 | 测定物质 | $^{14}$C 年代 （5568，1950） |
|---|---|---|---|---|---|---|
| 唐叔 | 虞，字子于 | | | | | |
| 晋侯 | 燮 | | | | | |
| 武侯 | 宁族 | | | M9 | 椁木 | 3029±27 |
| 成侯 | 服人 | | | | | |
| 厉侯 | 福 | | | （−M32） | （木炭） | （2740±33） |
| 靖侯 | 宜臼 | | 841 | | | |
| 釐侯 | 司徒 | 840 | 823 | | | |
| 献侯 | 籍（苏） | 822 | 812 | M8 | 树枝木炭 | 2632±34 |
| 穆侯 | 费王 | 811 | 784 | M64 （−M63） | 木炭 （木炭） | 2635±32 （2516±33） |
| （弟殇叔） | | | 784 | | | |
| 文侯 | 仇 | 780 | 746 | M93 | 木炭 | 2546±29 |
| 昭侯 | 伯 | 745 | 739 | | | |

注：墓号前加"−"者为相应侯夫人墓。

以下将测定数据转换至日历年代，配以图解，表示相应的年代范围（图 7-8）。已知有历史记载年代从公元前 841 年开始。共测有 6 个墓葬年代，其中两个夫人墓葬，有一个用了木椁样品，可能与晋侯本人卒年相差较大。因此，这批数据很难组成系列样品拟合，进一步缩小误差。今以图表比较，依此分析实测的 $^{14}$C 年代数据同历史年代是否相合，借以检验 $^{14}$C 年代数据的可靠性，很说明问题。

M32 被定为厉侯夫人墓。厉侯排在靖侯之前，靖侯卒于公元前 841 年，在位 18 年。从图 7-8 上看，其 $^{14}$C 年代数据同厉侯的卒年大致相合。

M8 的木炭样品测出的年代，上面已经分析。

M64 被定为穆侯墓，M93 被定为文侯（或殇叔）墓，M63 被定为穆侯夫人墓。图 7-8 中，树轮校正曲线比较陡直的时段，相应的单个 $^{14}$C 年代数据经树轮年代校正后，误差会缩小。实际情况是年代误差大概会缩小到原来误差的三分之一。一般说来，墓中木炭的 $^{14}$C 年代要比墓葬的年代偏老一些。因为这三个墓都是采用木炭样品，$^{14}$C 年代有的数据比实际年代偏老，可以理解。M8 和 M64 的 $^{14}$C 年代数据虽相近，都是在测试误差范围内，更可能是 M64 的木炭年代偏老。M8 的晋献侯钟铭文可与厉王相联系。若再与 M63 穆侯夫人墓的 $^{14}$C 年代比较晚联系起来，就更加可以肯定献侯在前，穆侯在后。

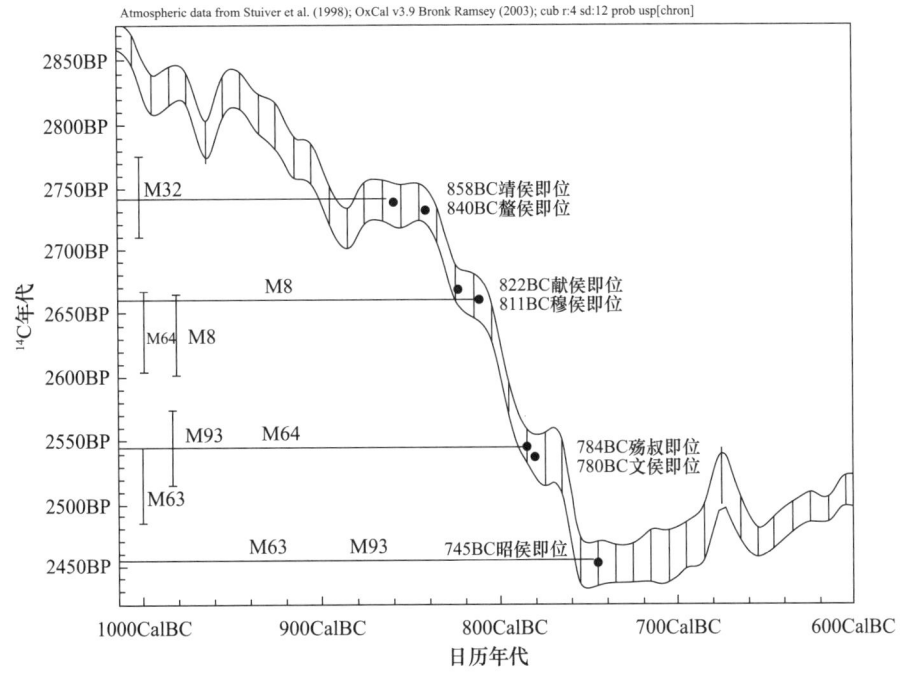

图 7-8　西周时段的树轮校正曲线图示

由此可见，晋侯墓地的 ¹⁴C 测定，表明常规 ¹⁴C 测定年代方法在有历史纪年范围内，仍然可供参考。

（3）武王克商年代范围的判别

武王克商年代范围的判别是 ¹⁴C 年代测定在"夏商周断代工程"任务中的一个重点，也是早在"夏商周断代工程"立项之前几年就曾经设定的一个目标。但当时的条件很不成熟，计划的途径很复杂，只能说有一线希望。"夏商周断代工程"启动以后，考古发掘传来喜讯，居然找到了可以代表武王克商年代范围的地层依据，而且采集到交叠层位中适用于 ¹⁴C 测定的系列样品。

河南安阳殷墟是商代最晚的王都，北京琉璃河遗址是西周早期燕国都城所在地。前者时间上不会晚于商，后者则不会早于周，二者衔接时间正好同武王克商年代范围相合。而这两个遗址都经历了长时期的发掘，考古研究相当成熟，前后分期清晰。各期都采集了可用的 ¹⁴C 测定年代的骨质样品。时间跨度大、样品代表性强，非常适用于组成系列，进而确定出精确度较高的年代范围。

我们确定以这样两组系列样品的 ¹⁴C 测定结果作为武王克商年代范围的判别依据。并且以丰镐遗址出土样品系列的 ¹⁴C 年代测定为主，重点研究。因为具有明确的地层关系，所得结果更为直接，更具重要意义。

第一，陕西长安马王村遗址年代测定。

1997 年春，中国社会科学院考古研究所丰镐发掘队在陕西省长安县马王村沣西遗址发现了代表西周最早期的遗迹，有灰坑、房址、墓葬等。从出土器物群分析，遗址时代相应从先周晚期、西周早期到西周中、晚期。该遗址地层关系为：T1 第 3 层叠压在 T1 第 4 层上，T1 第 4 层则叠压在灰坑 H18 上。房址 F1 填土层、F1 垫土层与 H18 时代相当。图 7-9 为相应地层剖面。

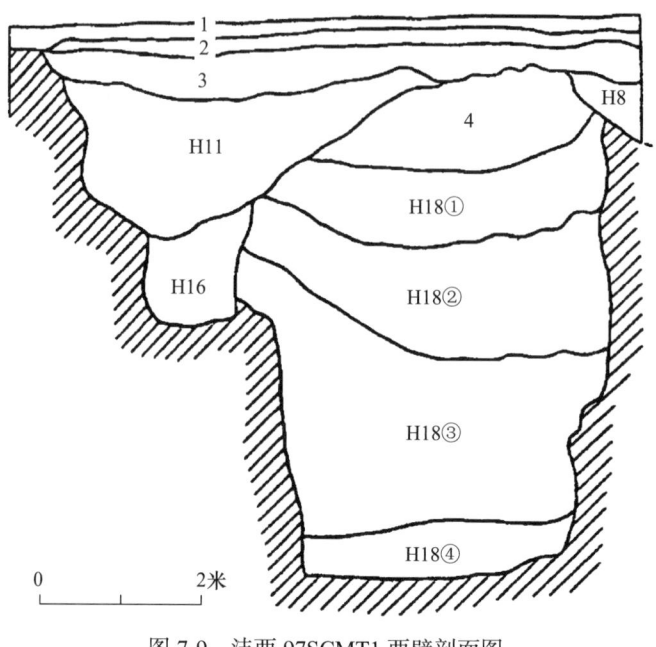

图 7-9　沣西 97SCMT1 西壁剖面图

从考古发掘内涵证明，H18 应属于遗址中最早的文化地层，相当于文王迁都到武王克商以前这段先周最晚时期，有一种估计是仅有短暂的 13 年。F1 垫土层也应属于先周晚期。T1 ④出土器物表明它正处于先周到西周之交的文化时期（西周初）。T1 ③为西周中期。这是一组时代特征非常明显的连续地层。

H18 坑内堆积分为四小层，从 1、2、3 小层中都采集到了可供 $^{14}$C 测定的木炭样品，2、3 小层中还采集了炭化小米。木炭样品年代往往偏老，小米是一年生植物，炭化小米年代应接近于遗址时代。同层炭化小米的年代与木炭样品年代一致，可以确信该系列样品年代的可靠性。T1 ④、T1 ③和其他西周早、中、晚期灰坑中也采集了木炭、骨头等 $^{14}$C 测定样品。

从地层来看，武王克商年代处于先周与西周初分界范围以内，即处于 T1 ④最底层到先周最晚期地层 H18 第一层之间的时间范围。根据 $^{14}$C 测定年代数据，经过拟合（组成系列样品进行树轮年代校正）的结果，判别得出武王克商事件最大可能发生的年代范围应在公元前 1050—前 1020 年。

由于 H18 组样品测定对武王克商年代的判别至关重要，也是考古所常规实验室最早公布的、采用拟合得出的一组数据，所以一开始就非常慎重地进行了深入研究。以后三个 $^{14}$C 实验室都对测定结果进行了反复核实、对比，最后又采用多种方法反复验证，并通过不同学科多次交流沟通，肯定了最初公布数据的确切性。

① 测定数据见表 7-15a、表 7-15b。

**表 7-15a 陕西长安沣西马王村遗址（97SCM）系列样品测定数据（考古所常规实验室）**

| 实验室编号 | 样品来源（原编号） | 考古分期 | 测定物质 | 测量校正后（5568，1950） | 苯量 / 克 | $\delta^{13}C$ 值 /‰ | 各项校正后值（5568，1950） |
|---|---|---|---|---|---|---|---|
| ZK-5724 | T1H18 ② | 先周 | 炭化小米 | 2598±32 | 6.6711 | −9.95 | 2860±33 |
| ZK-5725 | T1H18 ③ | 先周 | 木炭 | 2900±33 | 6.7280 | −26.46 | 2893±34 |
| ZK-5726 | T1H18 ② | 先周 | 木炭 | 2928±36 | 5.0698 | −26.78 | 2916±37 |
| ZK-5727 | T1H18 ① | 先周 | 木炭 | 2830±36 | 5.1935 | −25.55 | 2837±37 |
| ZK-5728 | T1 ④上层 | 西周初 | 木炭 | 2872±32 | 7.2168 | −27.12 | 2854±33 |
| ZK-5729 | T1 ④ −2 米 | 西周初 | 木炭 | 2928±33 | 6.9517 | −25.70 | 2925±34 |
| ZK-5730 | T1 ④ −2.4 米 | 西周初 | 木炭 | 2859±32 | 7.5000 | −25.21 | 2872±33 |
| ZK-5731 | T1H11 | 西周早 | 木炭 | 2891±33 | 6.9082 | −25.69 | 2896±34 |
| ZK-5732 | T1 ③ | 西周中 | 木炭 | 2808±32 | 7.0082 | −23.69 | 2845±33 |
| ZK-5733 | F1 填土 | 先周 | 木炭 | 2872±33 | 6.7529 | −25.58 | 2879±34 |

**表 7-15b 陕西长安沣西马王村遗址（97SCM）系列样品测定数据（北大常规实验室）**

| 实验室编号 | 样品来源（原编号） | 考古分期 | 物质 | 测量校正后（5568，1950） | $\delta^{13}C$ 值 /‰ | 各项校正后值（5568，1950） |
|---|---|---|---|---|---|---|
| XSZ001 | T1H18 ③ | 先周 | 木炭 | 2916±32 | −26.62 | 2890±32 |
| XSZ002 | T1H18 ② | 先周 | 木炭 | 2894±35 | −26.83 | 2865±35 |
| XSZ003 | T1H18 ① | 先周 | 木炭 | 3017±32 | −26.13 | 2999±32 |
| XSZ004 | T1 ④ | 先西之交 | 木炭 | 2922±35 | −24.55 | 2929±35 |
| XSZ005 | T1 ④底部 | 先西之交 | 木炭 | 2837±32 | −25.44 | 2830±32 |
| XSZ006 | T1 ④ | 先西之交 | 木炭 | 2840±32 | −26.43 | 2817±32 |
| XSZ008 | H11 | 西周早 | 木炭 | 3097±32 | −25.55 | 3088±32 |
| XSZ009 | H3 底部 | 西周中 | 木炭 | 2872±40 | −25.85 | 2858±40 |
| XSZ013 | H3 | 西周中 | 木炭 | 2763±36 | −25.57 | 2754±36 |
| XSZ031 | T1H18 ② | 先周 | 骨头 | 2900±60 | −23.87 | 2918±60～* |
| XSZ032 | T1H18 ① | 先周 | 骨头 | 2696±43 | −16.12 | 2838±43 |
| XSZ034 | H8 | 西周中 | 骨头 | 2704±70 | −21.41 | 2761±70～ |
| XSZ037 | T1 ③ | 西周中 | 骨头 | 2638±35 | −12.93 | 2831±35 |

\*：～表示该数据为参考数据，下同。

② 拟合结果见表 7-15c。

表 7-15c　陕西长安沣西马王村遗址系列样品常规 $^{14}$C 测定数据拟合结果

| 实验室编号 | 样品来源（原编号） | 考古分期 | 测定物质 | $^{14}$C 年代数据（5568，1950） | | 单个样品数据校正年代（BC）（68.2%） | 系列样品数据校正年代（BC）（68.2%） |
|---|---|---|---|---|---|---|---|
| | | | | Boundary 上边界 | | | 1200—1070 |
| ZK-5725 | T1H18③ | 先周 | 木炭 | 2893±34 | 2891±33 | 1130—1010 | 1115—1040 |
| XSZ001 | | | 木炭 | 2890±32 | | | |
| ZK-5726 | T1H18② | | 木炭 | 2916±37 | 2882±39 | 1120—1000 | 1115—1095（16.4%）1090—1030（51.8%） |
| XSZ031 | | | 骨头 | 2918±60~ | | | |
| ZK-5724 | | | 炭化小米 | 2860±33 | | | |
| XSZ002 | | | 木炭 | 2865±35 | | | |
| ZK-5727 | T1H18① | | 木炭 | 2837±37 | 2837±38 | 1020—965（41.0%）960—925（27.2%） | 1125—1095（14.0%）1090—1060（21.8%）1055—1020（32.4%） |
| XSZ032 | | | 骨头 | 2838±43 | | | |
| ZK-5733 | F1 填土 | | 木炭 | 2879±34 | | 1130—1000 | 1115—1035 |
| | | | | Boundary 先周—西周初界面 | | | 1052—1008 |
| ZK-5730 | T1④-2.4米 | 西周初 | 木炭 | 2872±33 | 2850±33 | 1050—970（55.6%）960—940（12.6%） | 1022—967 |
| XSZ005 | T1④底部 | | 木炭 | 2830±32 | | | |
| ZK-5728 | T1④上层 | | 木炭 | 2854±33 | | 1110—1100（1.4%）1050—930（66.8%） | 1027—978 |
| ZK-5731 | T1H11 | | 木炭 | 2896±34 | | 1130—1010 | 1040—995（65.8%）985—980（2.4%） |
| ZK-5732 | T1③ | 西周中 | 木炭 | 2845±33 | | 1050—930 | 990—965（22.4%）960—925（45.8%） |
| XSZ009 | H3 底部 | | 木炭 | 2858±40 | | 1120—1090（4.4%）1080—970（53.2%）960—930（10.6%） | 990—965（22.4%）960—920（45.8%） |
| XSZ013 | H3 | | 木炭 | 2754±36 | | 920—830 | 980—870 |
| XSZ034 | H8 | | 骨头 | 2761±70 | | 1000—820 | 990—895 |
| | | | | Boundary 下边界 | | | 940—820 |

③ 拟合图示见图 7-10。

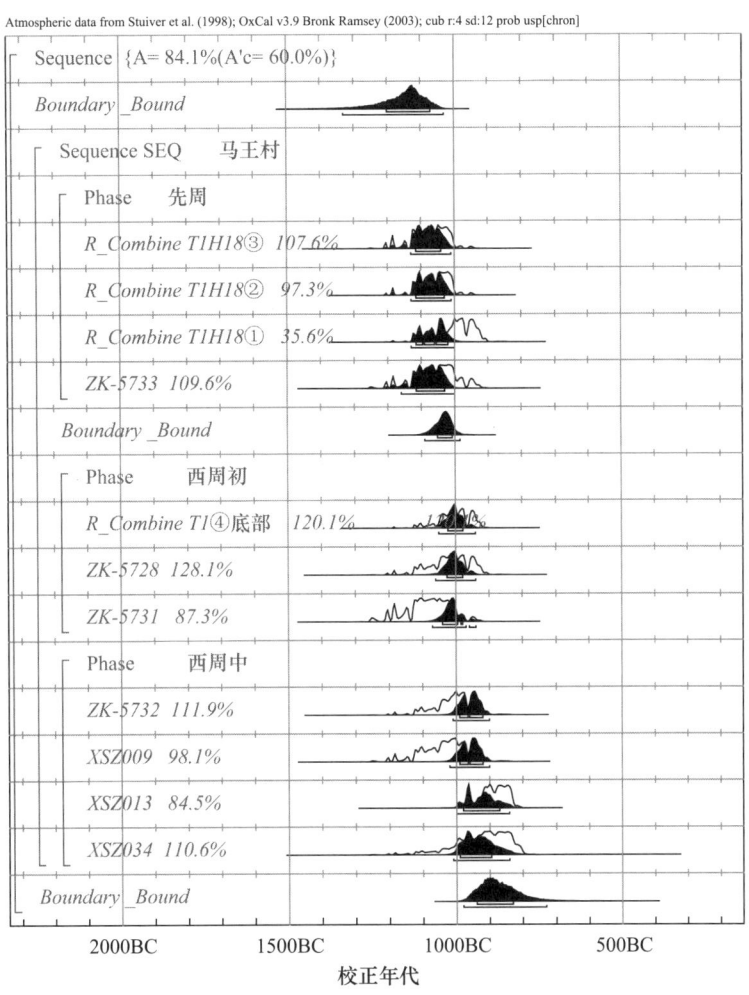

图 7-10　陕西长安沣西马王村遗址系列样品测定数据拟合图

第二，武王克商年代范围的判别过程。

① 样品的采集和分配。

遗址发掘工作做得十分认真细致，特别是从 H18 灰坑 1、2、3 小层中都仔细采集了大量可供 $^{14}$C 测定的木炭样品，在 2、3 小层中还采集了炭化小米。1997 年我们随同考古学家一起观察了发掘现场，收集了一系列出土样品，几乎每个地层都留有样品。因为这是一批具有特殊价值的系列样品，而且数量比较充裕，同时也为了日后各研究室数据对比的需要，尽可能地将样品一分为三（表 7-17）。部分数量足够用于常规方法，两个常规实验室平分，唯有 H18 第 2 层炭化小米只够考古所常规实验室使用。AMS$^{14}$C 法使用量少，每份样品都留。

② 测定年代和数据拟合。

1997 年底至 1998 年初中国社会科学院考古所常规实验室迁入中国科学院生物物理

所院内，并开始合作。测定工作逐步进入正常运行状态，测定精度达 3‰。在全面审核并改造的同时，首先进行了树轮系列样品的测试，之后就开始测定马王村遗址出土样品，于 1998 年初获得了测试结果，2 月开始使用 OxCal 程序做拟合试验。当时的拟合结果倾向于公元前 1050 年以后。

由于实验室改造尚在进行之中，为实现高精度测定的各种实验校正需要在实践中不断完善，切合实际的拟合方法也正在不断研究之中。为此，反复进行数据审核、校正和拟合方法的研究，一直延续到 1998 年 4 月以后，才比较明确了年代范围在公元前 1040 年左右。当时，北大常规实验室也处于同一阶段。AMS 室的改造工作更加艰巨，时间需要更多。因此，公布测定结果延至 1998 年 10 月 4 日，与北大常规实验室约定核对数据的前夕。

数据的审核、校正是指各项必要的数值微调，如做淬灭效应校正、本底校正、$^{13}$C 校正等。例如，原先采用按照国际惯例做近似的 $^{13}$C 校正，后改成严格按校正公式，二者相差最大 6—7 年。如此反复，直到确认 $^{14}$C 年代数据精确可靠。

拟合研究是最为艰巨的任务之一。数据的匹配拟合必须满足三个基本要求：$^{14}$C 数据精确可靠、考古信息准确无误和匹配拟合程序合适可用。我们紧紧围绕这个三方面，找出最佳拟合方案。

对 OxCal 程序的适用性，首先请专人对程序本身以及应用方法等方面进行了评价和研究[①]。而我们更着重反复研究对考古层位出土样品系列的匹配拟合方法。

考古信息，我们依据考古工作者的推断。马王村沣西遗址中 H18，代表了从文王迁丰到武王克商后这一短暂时期的堆积。据文献记载，文王迁丰后数年即逝世，武王即位 8 年后举师伐商，数年后过世。因此，H18 延续时间应在 13 年左右，这虽尚未定论，估计 H18 前后相距时间短暂应该可信。

沣西遗址出土的样品都是木炭和少量炭化小米。木炭多是大块木头的一部分，偏老的可能性大。我们在测定时大多注意选用边缘部分，尽量接近树木砍伐年代。小米为一年生植物，年代的代表性较好。H18 第 2、3 层均出土了炭化小米和木炭，以炭化小米和木炭二组 $^{14}$C 数据比较，如果在误差范围内相合，就增加了木炭 $^{14}$C 数据在系列中的代表性，也可依此排除相应偏老的数据。

沣西马王村遗址样品系列的考古信息十分确定，层次间不但有明确的叠压关系，而且间隔年代大致可以估计。这在"夏商周断代工程"中极为罕见（其他组合的系列样品往往只有考古分期的依据）。考古上认为 H18 虽分成四小层，但年代相差不会悬殊。四小层中分别采集的样品，如果堆积是由下而上形成的，四组测定数据仍然可以认为在时序上有先后，适用于组成样品年代间隔可变的系列进行拟合，这样可以获得误差较小、比较精确的年代范围。

当时的目的全部集中在找出武王克商的年代范围，最终我们依据 SEQ—VSEQ（H18 中四小层样品间年代间隔可变）系列方式做拟合试验，获得的年代范围始终在公

---

① 马宏骥：《系列样品 $^{14}$C 年龄树轮校正的贝叶斯统计方法》，北京大学博士后研究工作报告，1998 年 9 月。

元前 1040 年左右徘徊。

当时采用了 OxCal 3.3 版本，树轮校正年代曲线是 1986 年 *Radiocarbon* 杂志发表的几条曲线，虽局部稍有不同，但总的倾向一致。初次拟合，经验少，国内尚无借鉴，因此费时较多。显然，曲线在公元前 1050 年前面有一高峰，一般难以超越；晚于公元前 1020 年的概率则较小。因此，根据测定数据处理，将年代确定在公元前 1020—前 1050 年。1998 年 10 月 4 日在"夏商周断代工程"专家组会议上考古所常规实验室公布了武王克商年代范围，判别在公元前 1050—前 1020 年（相关数据见表 7-16）。

表 7-16　沣西遗址 H18 及其相关遗迹常规 <sup>14</sup>C 测年数据

| 考古分期 | 原编号 | 测定物质 | 实验室编号 | <sup>14</sup>C 年代数据（5568, 1950） | 系列样品数据校正年代（BC）（68.2%） |
|---|---|---|---|---|---|
| 先周 | H18 ③ | 木炭 | ZK-5725 | 2893±34 | 1130—1080 |
| | H18 ② | 炭化粟 | ZK-5724 | 2860±33 | 1067—1027 |
| | | 木炭 | XSZ002 | 2865±35 | |
| | H18 ① | 木炭 | ZK-5727 | 2837±37 | 1052—1016 |
| | | 骨头 | XSZ032 | 2838±43 | |
| 分界年代范围 | | | | | 1050—1020 |
| 西周初 | T1 ④ −2.4 米 | 木炭 | ZK-5730 | 2872±33 | 1040—1002 |
| | T1 ④上层 | 木炭 | ZK-5728 | 2854±33 | 1021—980 |
| 西周中 | T1 ③ | 木炭 | ZK-5732 | 2845±33 | 985—930 |
| | | 骨头 | XSZ037 | 2831±35 | |

③ 三个实验室测定数据的核对和对照。

1998 年 10 月 4 日考古所常规实验室公布结果以后，7 日与北大常规实验室核对了数据。11 月中北大 AMS 实验室初步调试完成，开始测定数据。

采取各实验室分别先后公布数据结果，是为了显示 <sup>14</sup>C 测定数据的独立性。考古学界十分重视 <sup>14</sup>C 测定的客观性，分别发表可以明确显示各实验室之间不存在任何主观交流活动，增加了数据的可信度。

核对结果表明，北大常规实验室测定数据大部分与考古所常规实验室测定数据相符合，统一进行拟合可以获得同样结果。有个别数据偏离较大，如果参与拟合，则会使数据拟合无法进行，必须剔除。

北大 AMS 实验室经过艰苦改造、调试，于 11 月中开始测定，误差控制在 ±5‰左右。所测数据也同样可以较好符合，最终拟合结果表明武王克商年代范围在公元前1060—前 1000 年。

④ 整合和质疑。

1998 年 10 月 4 日公布年代范围判别结果以后，经过了方方面面的整合和质疑，一直到 2000 年 3 月 23 日最后一次确证武王克商年代范围。常规实验室得出在公元前 1050—前 1020 年，AMS 实验室则在公元前 1060—1000 年。2005 年 1 月常规实验室又尽可能增加了所测数据，拟合部分做了相应改动，结论不变（表7-15c）。

三个实验室数据的最后一次整合，主要考虑了三个实验室采用的数据和拟合中考古信息的合理性。

最早由考古所常规实验室采用的 H18 分成四小层、按年代间隔可变系列校正方法拟合，曾有学者质疑，认为 H18 中所有四小层的年代时序不能加以分辨，应处于同一阶段。因此重新使用不同数据拟合，试验组成的四条拟合曲线分别为：

A. 全部使用考古所常规实验室测定数据，按原来方式（年代间隔可变）拟合。

B. 全部是考古所常规实验室测定数据，依据 SEQ-PHASE 方式（H18 中四小层样品不予排序）拟合。

C. 北大常规实验室和考古所常规实验室的数据混合穿插组成系列，按 SEQ-PHASE 方式拟合。

D. 北京大学 AMS 实验室数据，按 SEQ-PHASE 方式拟合。

第一条是最早采用的前一种拟合方式，后三条是后一种拟合方式。事实上两种方式、前三条拟合曲线，无论是单独采用考古所常规实验室测定数据，还是采用加入北京大学常规实验室测定数据，所得结果都是一致的。北大 AMS 实验室数据又经过反复多次试验，最后得出结果为公元前 1060—前 1000 年。最终宣布原有结论不变。

采用两种拟合方式，代表了两种考古信息，拟合结果一致，正好说明两种信息的分歧并不显著。AMS 数据范围较宽，可能源于测定误差较大。三个实验室测定数据见表 7-17。

**表 7-17　沣西遗址 H18 等出土样品系列 $^{14}C$ 测定数据三个实验室对照表**

| 样品来源 | 考古所常规$^{14}C$实验室（与中国科学院生物物理所合作） | | 北京大学考古系常规$^{14}C$实验室 | | 北京大学 AMS$^{14}C$实验室 | |
|---|---|---|---|---|---|---|
| 原编号，分期，物质 | 编号 ZK- | $^{14}C$年代数据（BP） | 编号 XSZ | $^{14}C$年代数据（BP） | 室编号 SA | $^{14}C$年代数据（BP） |
| H18 ③先周，炭化粟 | | | | | 97029 | 2850±30 |
| H18 ②先周，炭化粟 | 5724 | 2860±33 | | | 97030 | 2900±30 |
| H18 ③先周，木炭 | 725 | 2893±34 | 001 | 2890±32 | | |
| H18 ②先周，木炭 | 5726 | 2926±37 | 002 | 2865±35 | 97002 | 2905±50 |
| H18 ②先周，骨头 | | | 031 | 2918±60 | | |
| H18 ①先周，木炭 | 5727 | 2837±37 | 003 | 2999±32 | 97003 | 2895±50 |
| H18 ①先周，骨头 | | | 032 | 2838±43 | | |
| F1 填土先周，炭 | 5733 | 2879±34 | | | | |
| T2H7 先周，骨头 | | | | | 97022 | 2933±37 |
| T1 ④2.4 西周早，炭 | 5730 | 2837±37 | 005 | 2830±32 | 97009 | 2855±57 |
| T1 ④2.4 西周早，炭 | | | 006 | 2817±32 | 97004 | 2840±53 |

| 样品来源 | 考古所常规 ${}^{14}$C实验室（与中国科学院生物物理所合作） | | 北京大学考古系常规 ${}^{14}$C 实验室 | | 北京大学 AMS ${}^{14}$C 实验室 | |
| --- | --- | --- | --- | --- | --- | --- |
| 原编号，分期，物质 | 编号 ZK- | ${}^{14}$C 年代数据（BP） | 编号 XSZ | ${}^{14}$C 年代数据（BP） | 室编号 SA | ${}^{14}$C 年代数据（BP） |
| T1 ④ −2 西周早，骨 | 5729 | 2925±34 | 004 | 2929±35 | | |
| T1 ④上层，西周早，炭 | 5728 | 2854±33 | | | | |
| T1H11 西周早，炭 | 5731 | 2896±34 | 008 | 3088±32 | 97011 | 2844±47 |
| T1H16 西周早，骨头 | | | | | 7010 | 2810±47 |
| T1 ③西周中，骨 | | | 037 | 2813±35 | | |
| T1 ③西周中，炭 | 5732 | 2845±33 | | | 97023 | 2728±47 |
| T1H3 底西周中，炭 | | | 009 | 2858±40 | 97015 | 2696±50 |
| T1H3 西周中，炭 | | | 013 | 2754±36 | 97014 | 2687±47 |
| T1H8 西周中，骨 | | | 034 | 2761±70 | 97013 | 2861±33 |
| T2M8 西周晚骨头 | | | | | 97025 | 2621±53 |

（4）琉璃河西周遗址 ${}^{14}$C 年代测定与拟合

北京琉璃河燕都遗址是周初分封的燕侯属地，考古发掘出许多贵族墓葬，前后可分为三期 6 段。采集遗址中前后三期墓葬人骨组成 ${}^{14}$C 样品系列做高精度测定，经过拟合处理得出其上限年代同样落在上述的武王克商年代范围以内。

① 测定数据见表 7-18a、表 7-18b。

**表 7-18a　北京琉璃河遗址（BL）人骨系列样品测定数据（考古所常规实验室）**

| 实验室编号 | 样品来源（原编号） | 考古分期 | 测定物质 | 测量校正后（5568，1950） | 苯量/克 | $\delta^{13}$C 值/‰ | 各项校正后值（5568，1950） |
| --- | --- | --- | --- | --- | --- | --- | --- |
| ZK-5800 | M503 | 一期 1 段 | 人骨 | 2634±33 | 6.2815 | −10.09 | 2878±33 |
| ZK-5801 | M508 | 一期 1 段 | 人骨 | 2202±42 | 2.8940 | −8.75 | 2468±42 |
| ZK-5802 | M509 | 一期 1 段 | 人骨 | 2590±35 | 5.3933 | −6.69 | 2890±35 |
| ZK-5803 | M403 | 三期 | 人骨 | 2274±31 | 7.3677 | −8.71 | 2540±31 |
| ZK-5804 | M513 | 一期 2 段 | 人骨 | 2533±31 | 6.3754 | −6.85 | 2830±31 |
| ZK-5805 | M516 | 二期 4 段 | 人骨 | 2488±31 | 6.4181 | −7.99 | 2766±31 |
| ZK-5806 | M1026 | 一期 2 段 | 人骨 | 2571±32 | 6.2046 | −7.96 | 2850±32 |
| ZK-5807 | M1082 | 一期 2 段 | 人骨 | 2583±31 | 6.3133 | −8.56 | 2851±31 |

| 实验室编号 | 样品来源<br>（原编号） | 考古分期 | 测定物质 | 测量校正后<br>（5568，1950） | 苯量/<br>克 | δ¹³C 值<br>/‰ | 各项校正后值<br>（5568，1950） |
|---|---|---|---|---|---|---|---|
| ZK-5808A | M1115 | 一期 2 段 | 人骨 | 2638±31 | 6.3553 | −9.53 | 三值平均得：<br>2844±20 |
| ZK-5808B | M1115 | 一期 2 段 | 人骨 | 2554±35 | 5.1303 | −9.53 | |
| ZK-5808C | M1115 | 一期 2 段 | 人骨 | 2581±31 | 7.3043 | −9.53 | |
| ZK-5809 | M512 | 二期 3 段 | 人骨 | 2548±32 | 6.2151 | −7.15 | 2840±32 |
| ZK-5810 | M515 | 二期 3 段 | 人骨 | 2720±33 | 5.5802 | −7.15 | 3012±33 |
| ZK-5811 | M1003 | 二期 4 段 | 人骨 | 2460±35 | 5.2447 | −7.16 | 2751±35 |
| ZK-5812 | M1022 | 二期 3 段 | 人骨 | 2546±44 | 3.2570 | −7.47 | 2832±44 |
| ZK-5813 | M1023 | 二期 3 段 | 人骨 | 2586±79 | 1.0874 | | |
| ZK-5814 | M1030 | 二期 4 段 | 人骨 | 2446±36 | 5.1130 | | |
| ZK-5815 | M1034 | 二期 4 段 | 人骨 | 2516±36 | 5.1188 | | |
| ZK-5816 | M1038 | 二期 4 段 | 人骨 | 2252±47 | 2.7296 | −11.95 | 2465±47 |
| ZK-5817 | M1088 | 二期 4 段 | 人骨 | 2562±77 | 1.0067 | −8.58 | 2830±80 |
| ZK-5818 | M1095 | 二期 4 段 | 人骨 | 2393±80 | | −8.60 | 2660±80 |
| ZK-5819 | M517 | 三期 | 人骨 | 1930±99 | | −7.12 | 2223±99 |
| ZK-5821 | M1035 | 三期 | 人骨 | 1874±97 | | −9.14 | 2133±97 |
| ZK-5822 | M1045 | 三期 5 段 | 人骨 | 2393±37 | 1.9996 | −5.46 | 2713±37 |
| ZK-5826 | M1140 | 三期 6 段 | 人骨 | 2339±32 | 4.7697 | −7.42 | 2626±32 |

**表 7-18b　北京琉璃河遗址（BL）木炭系列样品测定数据（北大常规实验室）**

| 实验室编号 | 样品来源<br>（原编号） | 考古分期 | 测定物质 | 测量校正后<br>（5568，1950） | δ¹³C 值<br>/‰ | 各项校正后值<br>（5568，1950） |
|---|---|---|---|---|---|---|
| XSZ056 | G11H67 | 西周晚 | 木炭 | 2874±36 | −24.55 | 2881±36 |
| XSZ057 | G11H108 ① | 西周早期（出<br>"成周"甲骨） | 木炭 | 2791±61 | −25.71 | 2780±61 ~ |
| XSZ058 | G11108 ② | | 木炭 | 2828±33 | −26.13 | 2810±33 |
| XSZ061 | G11T3102 ② | | 木炭 | 2758±39 | −26.31 | 2737±39 |
| XSZ062 | G11H962 | 西周早 | 木炭 | 2829±39 | −26.79 | 2800±39 |
| XSZ063 | G11T3102H94 | 西周早 | 木炭 | 2906±35 | −26.47 | 2882±35 |
| XSZ064 | G11Y1 | 西周晚 | 木炭 | 2531±35 | −26.32 | 2510±35 |
| XSZ065 | G11H136 | 西周晚 | 木炭 | 2880±43 | −25.88 | 2866±43 |

② 拟合结果见表 7-18c。

**表 7-18c 北京琉璃河遗址（BL）系列样品 $^{14}$C 测定数据拟合结果**

| 实验室编号 | 样品来源（原编号） | 考古分期 | 测定物质 | $^{14}$C 年代数据（5568, 1950） | 单个样品数据校正年代（BC）（68.2%） | 系列样品数据校正年代（BC）（68.2%） |
|---|---|---|---|---|---|---|
| | | Boundary 殷墟—琉璃河遗址年代交界处 | | | | 1049—1018 |
| ZK-5802 | M509 | 一期 1 段 | 人骨 | 2890±35 | 1030—1000 | 1033—1004 |
| ZK-5800 | M503 | | 人骨 | 2878±33 | 1030—1000 | 1032—1003 |
| ZK-5807 | M1082 | 一期 2 段 | 人骨 | 2851±31 | 1050—970（54.0%）960—930（14.2%） | 1012—972 |
| ZK-5806 | M1026 | | 人骨 | 2850±32 | 1050—970（53.1%）960—930（15.1%） | 1012—971 |
| ZK-5808 | M1115 | | 人骨 | 2844±20 | 1020—970（48.6%）960—935（19.6%） | 1009—972 |
| ZK-5804 | M513 | | 人骨 | 2830±31 | 1010—920 | 1010—950 |
| ZK-5809 | M512 | 二期 3 段 | 人骨 | 2840±32 | 1040—920 | 958—921 |
| ZK-5812 | M1022 | | 人骨 | 2832±44 | 1050—910 | 959—918 |
| ZK-5817 | M1088 | | 人骨 | 2830±80 | 1030—890 | 935—855 |
| ZK-5805 | M516 | 二期 4 段 | 人骨 | 2766±31 | 970—950（7.2%）930—890（29.7%）880—830（31.3%） | 925—890（41.1%）880—850（26.8%） |
| ZK-5811 | M1003 | | 人骨 | 2751±35 | 920—830 | 920—855 |
| ZK-5822 | M1045 | 三期 5 段 | 人骨 | 2713±37 | 900—825 | 854—815 |
| ZK-5826 | M1140 | | 人骨 | 2626±32 | 821—795 | 817—794 |
| ZK-5803 | M403 | 三期 6 段 | 人骨 | 2540±31 | 800—750（30.2%）690—660（10.1%）640—590（19.7%）580—560（8.2%） | 795—768 |
| | | Boundary 下边界 | | | | 790—720 |

③ 拟合图示见图 7-11。

琉璃河遗址的考古年代紧接在殷墟遗址之后，因此将二遗址联合拟合，其衔接年代应相当于武王克商的判别年代。结果得出二遗址分界年代为公元前 1049—前 1018年，与丰镐遗址所得完全相符。

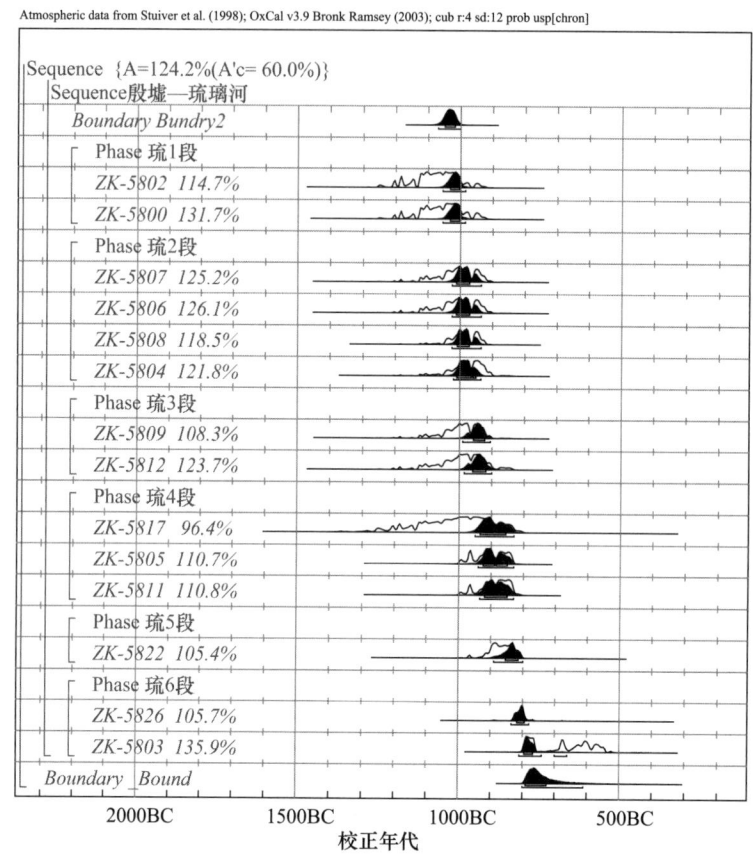

图 7-11　北京琉璃河遗址（BL）系列样品测定数据拟合图

（5）殷墟的 $^{14}C$ 年代测定与拟合

据史书记载和考古学研究，商王朝最后一次迁都至河南安阳殷墟（盘庚迁殷），一直到商纣王（帝辛）被周所灭，历时 200 余年。几十年来殷墟考古的发掘积累了许多有关墓葬的材料，可以分成前后四期，相应的甲骨材料又可以分为前后五期。我们采集了各期墓葬出土人骨系列样品做高精度 $^{14}C$ 测定和数据匹配拟合处理，可以得出误差较小的各期年代范围。

① 测定数据见表 7-19a（1）、表 7-19a（2）、表 7-19b。

表 7-19a（1）　河南安阳殷墟遗址系列样品测定数据（考古所常规实验室）

| 实验室编号 | 样品来源<br>（原编号） | 考古分期 | 测定物质 | 测量校正后<br>（5568，1950） | 苯量/克 | $\delta^{13}C$ 值<br>/‰ | 各项校正后值<br>（5568，1950） |
|---|---|---|---|---|---|---|---|
| ZK-225 | 安阳后冈杀殉坑 | | 木炭 | 3008±35 | 5.7159 | −24.62 | 3030±33 |
| ZK-358 | AXF11 ① | 殷四期 | 木炭 | 2863±34 | 6.0886 | −20.70 | 2948±34 |
| ZK-359 | AXF11 | 殷四期 | 木炭 | 3009±35 | 6.1638 | −21.29 | 3084±35 |
| ZK-360 | | | 木炭 | 2976±32 | 5.1141 | −23.92 | 3009±32 |
| ZK-5501 | ABM199 | 殷一期 | 人骨 | 2641±35 | 2.4480 | −7.91 | 2920±35 |

续表

| 实验室编号 | 样品来源（原编号） | 考古分期 | 测定物质 | 测量校正后（5568，1950） | 苯量/克 | δ¹³C值/‰ | 各项校正后值（5568，1950） |
|---|---|---|---|---|---|---|---|
| ZK-5511 | ABM272 | 殷二期 | 人骨 | 2687±33 | 4.4460 | −8.07 | 2964±33 |
| ZK-5513 | ABM362 | 殷二期 | 人骨 | 2608±28 | 6.4738 | −7.80 | 2889±28 |
| ZK-5515 | ABM44 | 殷二期 | 人骨 | 2520±37 | 2.1113 | −8.02 | 2797±37 |
| ZK-5521 | ABM82 | 殷二期 | 人骨 | 2625±32 | 4.7615 | −7.71 | 2908±32 |
| ZK-5523 | ABM451 | 殷二期 | 人骨 | 2723±37 | 1.7692 | −8.43 | 2994±37 |
| ZK-5525 | ABM3 | 殷三期 | 人骨 | 2614±37 | 2.1168 | −8.55 | 2882±37 |
| ZK-5529 | ABM60 | 殷三期 | 人骨 | 2654±35 | 2.3644 | −6.85 | 2951±35 |
| ZK-5533 | ABM200 | 殷三期 | 人骨 | 2502±37 | 2.1274 | −7.79 | 2783±37 |
| ZK-5534 | ABM296 | 殷三期 | 人骨 | 2566±35 | 3.9306 | −6.45 | 2870±35 |
| ZK-5538 | ABM441 | 殷三期 | 人骨 | 2644±37 | 1.6134 | −6.05 | 2954±37 |
| ZK-5543 | ABM156 | 殷三期 | 人骨 | 2700±34 | 4.1479 | −7.69 | 2983±34 |
| ZK-5546 | ABM33 | 殷三期 | 人骨 | 2260±92 | | −7.60 | 2544±92 |
| ZK-5551 | ABM23 | 殷四期 | 人骨 | 2646±31 | 6.3664 | −8.69 | 2912±31 |
| ZK-5558 | ABM432 | 殷四期 | 人骨 | 2622±33 | 5.4491 | −8.46 | 2892±33 |
| ZK-5559 | ABM477 | 殷四期 | 人骨 | 2614±35 | 4.7209 | −7.47 | 2900±35 |
| ZK-5565 | ABM752 | 殷二期 | 人骨 | 2871±37 | 5.6118 | −6.76 | 3080±37 |
| ZK-5571 | ABM672 | 殷四期 | 人骨 | 2687±36 | 2.9614 | −6.26 | 2994±36 |
| ZK-5572 | ABM693 | 殷四期 | 人骨 | 2651±35 | 5.1915 | −7.18 | 2942±35 |
| ZK-5578 | AWM389 | 殷三期 | 人骨 | 2642±35 | 4.5175 | −7.00 | 2937±35 |
| ZK-5579 | AWM396 | 殷三期 | 人骨 | 2659±35 | 5.1948 | −6.51 | 2962±35 |
| ZK-5580 | AWM415 | 殷三期 | 人骨 | 2703±37 | 2.4760 | −5.88 | 3016±37 |
| ZK-5581 | AWM395 | 殷三期 | 人骨 | 2658±37 | 2.9585 | −6.16 | 2966±37 |
| ZK-5582 | AWM398 | 殷三期 | 人骨 | 2592±35 | 3.5440 | −6.95 | 2888±35 |
| ZK-5585 | ASM6 | 三家庄 | 人骨 | 2899±38 | 2.5338 | −7.26 | 3189±38 |
| ZK-5586 | ASM1 | 三家庄 | 人骨 | 2752±35 | 3.2336 | −7.97 | 3030±35 |
| ZK-5587 | ADM1278 | 殷三期 | 人骨 | 2591±35 | 6.0210 | −8.78 | 2856±35 |
| ZK-5588 | ADM1281 | 殷三期 | 人骨 | 2678±35 | 4.8739 | −8.01 | 2956±35 |
| ZK-5590 | ALM875 | 殷三期 | 人骨 | 2640±35 | 6.0201 | −7.03 | 2935±35 |
| ZK-5592a | ALM878 | 殷三期 | 人骨 | 2651±35 | 6.1920 | −7.03 | 2946±35 |

**表 7-19a（2）　河南安阳殷墟遗址系列样品测定数据（考古所常规实验室）**

| 实验室编号 | 样品来源（原编号） | 考古分期 | 测定物质 | 测量校正后（5568，1950） | 苯量/克 | δ¹³C值/‰ | 各项校正后值（5568，1950） |
|---|---|---|---|---|---|---|---|
| ZK-5593 | ALM879 | 殷三期 | 人骨 | 2890±34 | 6.5611 | −7.34 | 3179±34 |
| ZK-5595 | AHT3 ③ | 早于殷一期 | 兽骨 | 2726±42 | 1.0625 | −6.90 | 3039±42 |

续表

| 实验室编号 | 样品来源（原编号） | 考古分期 | 测定物质 | 测量校正后（5568，1950） | 苯量/克 | δ¹³C 值/‰ | 各项校正后值（5568，1950） |
|---|---|---|---|---|---|---|---|
| ZK-5597 | AHT4⑤ | 白家庄期（二上二） | 兽骨 | 2811±36 | 2.5781 | -6.88 | 3124±36 |
| ZK-5598 | AHT4⑥ | 白家庄期（二上二） | 兽骨 | 2965±37 | 2.4293 | -10.11 | 3224±37 |
| ZK-55103（5599a） | ALM988 | | 人骨 | 2634±39 | 1.6604 | -7.54 | 2919±39 |
| ZK-55104（5599b） | ALM1046 | | 人骨 | 2695±34 | 5.4693 | -7.69 | 2978±34 |
| ZK-55106（5599d） | AHT14H23 | | 骨头 | 2718±44 | 1.0999 | -10.35 | 2957±44 |
| ZK-55108（5599f） | AHT14⑤ | | 骨头 | 2824±38 | 1.6244 | -11.06 | 3051±38 |
| ZK-5109（5599g） | AHT14H24 | | 骨头 | 2824±38 | 1.8276 | -10.43 | 2997±38 |

注：AB—白家坟；AD—大司空村；AH—洹北花园；AL—刘家庄；AS—三家庄；AW—王裕口；AX—小屯。

**表 7-19b　河南安阳殷墟遗址系列样品测定数据（北大常规实验室）**

| 实验室编号 | 样品来源（原编号） | 考古分期 | 测定物质 | 测量校正后（5568，1950） | δ¹³C 值/‰ | 各项校正后值（5568，1950） |
|---|---|---|---|---|---|---|
| XSZ085 | M701 | 殷四期 | 人骨 | 2682±45 | -12.05 | 2890±45 |
| XSZ083 | M705 | 殷四期 | 人骨 | 2748±55 | -19.81 | 2831±55 ~ |

② 拟合结果见表 7-19c。

**表 7-19c　河南安阳殷墟—北京琉璃河两遗址系列样品测定数据和联合拟合结果**

| 实验室编号 | 样品来源（原编号） | 考古分期 | 测定物质 | ¹⁴C 年代数据（5568，1950） | 单个样品数据校正年代（BC）（68.2%） | 系列样品数据校正年代（BC）（68.2%） |
|---|---|---|---|---|---|---|
| Boundary 上边界 | | | | | | 1340—1260 |
| ZK-5586 | AHM9 | | 人骨 | 3030±35 | 1380—1330（19.8%）<br>1320—1250（39.2%）<br>1240—1210（9.2%） | 1305—1250（58.5%）<br>1235—1220（9.7%） |
| ZK-5595 | AHT3③ | 殷一期 | 兽骨 | 3039±42 | 1390—1250（61.6%）<br>1240—1210（6.6%） | 1310—1250（59.6%）<br>1235—1220（8.6%） |
| ZK-5501 | ABM199 | | 人骨 | 2920±35 | 1210—1200（4.0%）<br>1190—1040（63.2%）<br>1030—1020（1.0%） | 1290—1280（3.8%）<br>1265—1235（64.4%） |
| ZK-5511 | ABM272 | | 人骨 | 2964±33 | 1260—1120 | 1255—1195 |
| ZK-5523 | ABM451 | 殷二期 | 人骨 | 2994±37 | 1370—1360（0.7%）<br>1310—1120（67.5%） | 1250—1205（61.7%）<br>1200—1190（6.5%） |
| ZK-5521 | ABM82 | | 人骨 | 2908±32 | 1290—1180（3.8%）<br>1150—1140（3.0%）<br>1130—1010（61.3%） | 1255—1235（28.1%）<br>1215—1195（35.1%）<br>1190—1180（4.9%） |
| ZK-5578 | AWM389 | 殷三期 | 人骨 | 2937±35 | 1260—1240（4.3%）<br>1220—1050（63.9%） | 1195—1105 |
| ZK-5579 | AWM396 | | 人骨 | 2962±35 | 1260—1120 | 1200—1125 |

| 实验室编号 | 样品来源<br>（原编号） | 考古分期 | 测定<br>物质 | ¹⁴C 年代数据<br>（5568，1950） | 单个样品数据校正年代<br>（BC）（68.2%） | 系列样品数据校正年代<br>（BC）（68.2%） |
|---|---|---|---|---|---|---|
| ZK-5581 | AWM395 | 殷三期 | 人骨 | 2966±37 | 1270—1120 | 1200—1125 |
| ZK-5582 | AWM398 | | 人骨 | 2888±35 | 1130—1000 | 1190—1170（7.6%）<br>1160—1140（6.3%）<br>1130—1080（54.3%） |
| ZK-5587 | ADM1278 | | 人骨 | 2856±35 | 1110—1100（2.7%）<br>1070—970（53.6%）<br>960—930（11.9%） | 1190—1180（3.9%）<br>1130—1080（64.3%） |
| ZK-5588 | ADM1281 | | 人骨 | 2956±35 | 1260—1230（14.5%）<br>1220—1110（52.6%）<br>1100—1090（1.1%） | 1205—1120 |
| ZK-5590 | ALM875 | | 人骨 | 2935±35 | 1260—1240（2.5%）<br>1220—1040（65.7%） | 1190—1095 |
| ZK-5592a | ALM878 | | 人骨 | 2946±35 | 1260—1230（8.8%）<br>1220—1110（49.7%）<br>1100—1080（6.4%）<br>1070—1050（3.3%） | 1195—1110 |
| ZK-5525 | ABM3 | | 人骨 | 2882±37 | 1130—1000 | 1190—1170（7.2%）<br>1160—1140（7.0%）<br>1130—1080（54.0%） |
| ZK-5543 | ABM156 | | 人骨 | 2983±34 | 1300—1120 | 1200—1125 |
| ZK-5538 | ABM441 | | 人骨 | 2954±37 | 1260—1230（13.0%）<br>1220—1110（49.9%）<br>1100—1080（3.5%）<br>1060—1050（1.8%） | 1195—1110 |
| ZK-5529 | ABM60 | | 人骨 | 2951±35 | 1260—1230（11.5%）<br>1220—1110（50.1%）<br>1100—1080（4.3%）<br>1060—1050（2.3%） | 1200—1110 |
| ZK-5534 | ABM296 | | 人骨 | 2870±35 | 1130—970 | 1190—1180（4.5%）<br>1150—1140（2.7%）<br>1130—1080（61.0%） |
| XSZ085 | M701 | 殷四期 | 人骨 | 2890±45 | 1190—1180（2.7%）<br>1150—1140（1.8%）<br>1130—1000（63.7%） | 1084—1040 |
| ZK-5572 | ABM693 | | 人骨 | 2942±35 | 1260—1240（7.0%）<br>1220—1110（49.1%）<br>1100—1080（8.1%）<br>1070—1050（4.1%） | 1089—1048 |
| ZK-5551 | ABM23 | | 人骨 | 2912±31 | 1210—1200（1.0%）<br>1190—1170（5.0%）<br>1160—1140（4.7%）<br>1130—1040（56.7%）<br>1030—1020（0.9%） | 1088—1045 |

续表

| 实验室编号 | 样品来源<br>（原编号） | 考古分期 | 测定<br>物质 | ¹⁴C 年代数据<br>（5568，1950） | 单个样品数据校正年代<br>（BC）（68.2%） | 系列样品数据校正年代<br>（BC）（68.2%） |
|---|---|---|---|---|---|---|
| ZK-5559 | ABM477 | | 人骨 | 2900±35 | 1190—1180（1.9%）<br>1130—1010（66.3%） | 1088—1040 |
| ZK-5558 | ABM432 | 殷四期 | 人骨 | 2892±33 | 1130—1010 | 1085—1040 |
| ZK-358 | AXF11① | | 木炭 | 2948±34 | 1260—1230（10.1%）<br>1220—1110（50.2%）<br>1110—1080（5.1%）<br>1060—1050（2.8%） | 1090—1048 |
| Boundary 殷墟—琉璃河遗址年代交界处 | | | | | | 1049—1018 |

注：AB—白家坟；AD—大司空村；AH—洹北花园；AL—刘家庄；AS—三家庄；AW—王裕口；AX—小屯。

③ 拟合图示见图 7-12。

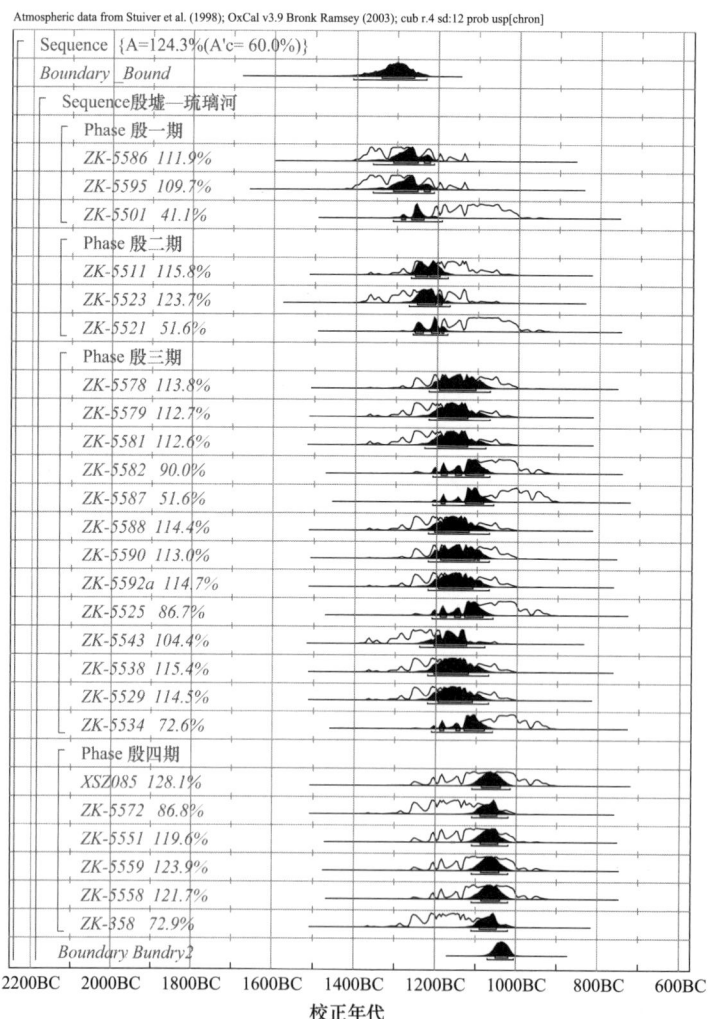

图 7-12　河南安阳殷墟遗址系列样品测定数据拟合图

对照殷墟年龄段所处的树轮年代校正曲线呈密集多齿形，一般方法确实很难判断其分期的年代范围，但从样品数据的统计规律分析依然可以客观分辨出来。我们遵循客观分析方法，得出了较为满意的结果。首先仔细采集适用的骨质样品，考古分期明确，精确测定了十多个样品，拟合过程中剔除了约 5 个不合格数据，发现它们全是由于测定过程中的疏漏和样品本身问题，但最后拟合结果仍然可以接受。为此重新补充了 7 个样品，全部适用，拟合结果相当满意。以后多次微调，或补充数据，或改变使用程序的版本，都没有出现异常。最后所得结果受到考古学界认同，应该说，我们所采用的方法是客观的，结果是可信的。

（6）郑州商城的 <sup>14</sup>C 年代测定与拟合

河南郑州商城遗址考古发掘地层由下而上依次分为：二里冈下层一期，下层二期，上层一期，上层二期。二里冈下层一期叠压在洛达庙晚期遗存之上。其中上层一期的年代与上层一期水井的年代正好符合。之后，采集了从洛达庙中期、晚期、二里冈下层一期直至上层二期的有地层叠压关系的各层样品做 <sup>14</sup>C 测定并匹配拟合，结果得出郑州商城始建年代应在公元前 1500 年前后。

二里冈上层一期所得结果与水井圈木所得结果相符。

① 测定数据见表 7-20a、表 7-20b。

**表 7-20a  河南郑州商城遗址系列样品测定数据（考古所常规实验室）**

| 实验室编号 | 样品来源（原编号） | 考古分期 | 测定物质 | 测量校正后（5568, 1950） | 苯量/克 | $\delta^{13}C$ 值/‰ | 各项校正后值（5568, 1950） |
|---|---|---|---|---|---|---|---|
| ZK-5350 | ZSC8ⅠT25H6 | 二下二 | 木炭 | 2963±38 | 2.1108 | −24.54 | 2986±38 |
| ZK-5351 | ZSC8ⅠT25F1 | 二下一 | 木炭 | 3088±44 | 3.4674 | −22.94 | 3136±44 |
| ZK-5352 | ZZG1 | 二下二 | 木炭 | 3106±36 | 5.4576 | −25.31 | 3118±36 |
| ZK-5353 | ZZH12 | 二上二 | 木炭 | 3062±34 | 6.3889 | −23.96 | 3094±34 |
| ZK-5360 | ZZG1 | 二下二 | 兽骨 | 2951±34 | 4.5310 | | |
| ZK-5361 | ZZG3 | 二下二 | 兽骨 | 3004±33 | 5.7646 | | |
| ZK-5366 | ZSC8ⅡT201H2 | 二上二 | 兽骨 | 2876±34 | 3.6460 | −10.05 | 3136±34 |
| ZK-5368 | ZSC8ⅡT201H69 | 二上一 | 兽骨 | 2863±34 | 3.6941 | −9.63 | 3130±34 |
| ZK-5369 | ZSC8ⅡT201H105 | 二下二 | 兽骨 | 2914±36 | 2.7570 | −7.17 | 3221±36 |
| ZK-5370 | ZSC8ⅡT159 | 二下一 | 兽骨 | 2894±41 | 1.2519 | −8.83 | 3174±41 |
| ZK-5371 | ZSC8ⅡT166G2 | 二下一 | 兽骨 | 3012±35 | 3.5243 | −10.72 | 3261±35 |
| ZK-5372 | ZSC8ⅡT159H17 | 二上二 | 兽骨 | 2800±38 | 1.5616 | −11.85 | 3030±38 |
| ZK-5373 | ZSC8ⅡT203H56 | 二下一 | 兽骨 | 2930±37 | 2.6219 | −9.31 | 3202±37 |
| ZK-5375 | ZSC8ⅡT268H68 | 洛达庙晚 | 兽骨 | 2953±32 | 4.4062 | −9.47 | 3232±32 |

续表

| 实验室编号 | 样品来源<br>（原编号） | 考古分期 | 测定物质 | 测量校正后<br>（5568，1950） | 苯量/<br>克 | $\delta^{13}C$ 值<br>/‰ | 各项校正后值<br>（5568，1950） |
|---|---|---|---|---|---|---|---|
| ZK-5377 | ZSC8ⅡT261H21 | 二下一 | 兽骨 | 2855±55 | 0.7870 | −10.34 | 3111±55 |
| ZK-5378 | ZSC8ⅡT261H28 | 洛达庙晚 | 人骨 | 2928±38 | 1.8865 | −10.56 | 3164±38 |
| ZK-5379 | ZSC8ⅡT261⑥ | 洛达庙晚 | 兽骨 | 3075±36 | 2.5432 | −10.20 | 3333±36 |
| ZK-5380 | ZSC8ⅡT265H56 | 洛达庙晚 | 兽骨 | 3038±34 | 5.4426 | −10.06 | 3298±34 |
| ZK-5381 | ZSC8ⅡT268H58 | 洛达庙中 | 兽骨 | 3014±37 | 2.0509 | −10.30 | 3270±37 |
| ZK-5383 | ZSC8ⅡT264H80 | 洛达庙中 | 兽骨 | 3011±37 | 2.1410 | −9.82 | 3275±37 |

**表 7-20b　河南郑州商城遗址（ZSC8 Ⅱ）系列样品测定数据（北大常规实验室）**

| 实验室编号 | 样品来源<br>（原编号） | 考古分期 | 测定物质 | 测量校正后<br>（5568，1950） | $\delta^{13}C$ 值<br>/‰ | 各项校正后值<br>（5568，1950） |
|---|---|---|---|---|---|---|
| XSZ081<br>（ZK-5353） | ZZH12 | 二上二 | 木炭 | 3073±37 | −25.74 | 3061±37 |
| XSZ092 | T65H1 | ？ | 骨头 | 2940±36 | −14.85 | 3103±35 |
| XSZ144 | T202H60 | 二下二 | 骨头 | 3003±35 | −13.68 | 3184±35 |
| XSZ145 | T234H8 | 二上一 | 骨头 | 2949±35 | −13.08 | 3140±35 |
| XSZ146 | T234G3 | 二上一 | 骨头 | 2970±37 | −14.49 | 3138±37 |
| XSZ148 | T159G1 | 二下二 | 骨头 | 3085±35 | −9.40 | 3335±35 |
| XSZ141 | T202G1 | 二上一 | 骨头 | 2930±48 | −12.81 | 3125±48 |
| XSZ142a | T155G3 | 洛达庙晚 | 骨头 | 3072±36 | −9.57 | 3319±36 |
| XSZ142b | T155G3 | 洛达庙晚 | 骨头 | 3103±36 | −13.03 | 3311±36 |
| XSZ143 | T207 夯土墙 | 二下一 | 骨头 | 2979±35 | −10.33 | 3213±35 |

② 拟合结果见表 7-20c。

**表 7-20c　河南郑州商城遗址系列样品测定数据拟合结果**

| 实验室编号 | 样品来源<br>（原编号） | 考古分期 | 测定物质 | $^{14}C$ 年代数据<br>（5568，1950） | 单个样品数据<br>校正年代<br>（BC）（68.2%） | 系列样品数据<br>校正年代<br>（BC）（68.2%） |
|---|---|---|---|---|---|---|
| | | Boundary 上边界 | | | | 1685—1580 |
| ZK-5381 | ZSC8ⅡT265H58 | 洛达庙<br>中期 | 兽骨 | 3270±37 | 1620—1490 | 1616—1572 |
| ZK-5383 | ZSC8ⅡT264H80 | | 兽骨 | 3275±37 | 1620—1510 | 1616—1572 |
| XSZ142 | ZSC8ⅡT155G3 | 洛达庙<br>晚期 | 兽骨 | 3311±36 | 1680—1570（1.3%）<br>1630—1520（66.9%） | 1568—1522 |

| 实验室编号 | 样品来源（原编号） | 考古分期 | 测定物质 | ¹⁴C 年代数据（5568，1950） | 单个样品数据校正年代（BC）（68.2%） | 系列样品数据校正年代（BC）（68.2%） |
|---|---|---|---|---|---|---|
| ZK-5379 | ZSC8ⅡT261⑥ | | 兽骨 | 3333±36 | 1690—1580（45.0%）<br>1570—1520（23.2%） | 1567—1525 |
| ZK-5378 | ZSC8ⅡT261H28 | 洛达庙晚期 | 人骨 | 3164±38 | 1500—1470（17.1%）<br>1460—1400（51.1%） | 1520—1488 |
| ZK-5375 | ZSC8ⅡT268H68 | | 兽骨 | 3232±32 | 1525—1445 | 1575—1565（1.8%）<br>1530—1485（66.4%） |
| ZK-5380 | ZSC8ⅡT265H56 | | 兽骨 | 3298±34 | 1615—1520 | 1575—1520 |
| Boundary 洛达庙晚期至二下一界面 | | | | | | 1509—1479 |
| ZK-5371 | ZSC8ⅡT166G2 | | 兽骨 | 3261±35 | 1610—1550（30.0%）<br>1540—1490（38.3%）<br>1480—1450（9.8%） | 1499—1493（7.0%）<br>1481—1453（61.2%） |
| ZK-5373 | ZSC8ⅡT203H56 | 二下一 | 兽骨 | 3202±37 | 1515—1430 | 1490—1452 |
| ZK-5370 | ZSC8ⅡT159 | | 兽骨 | 3174±41 | 1500—1405 | 1490—1453 |
| ZK-5369 | ZSC8ⅡT201H105 | | 兽骨 | 3221±36 | 1520—1440 | 1459—1431 |
| XSZ144 | ZSC8ⅡT202H60 | | 兽骨 | 3184±35 | 1500—1410 | 1456—1427 |
| XSZ147 | ZSC8ⅡT236H156 | 二下二 | 兽骨 | 3148±35 | 1490—1470（6.8%）<br>1450—1390（57.4%）<br>1330—1320（4.0%） | 1451—1421 |
| ZK-5368 | ZSC8ⅡT201H69 | | 兽骨 | 3130±34 | 1440—1370（55.9%）<br>1340—1310（12.3%） | 1426—1392 |
| XSZ145 | ZSC8ⅡT234H8 | | 兽骨 | 3140±35 | 1490—1480（3.5%）<br>1450—1380（56.6%）<br>1340—1320（8.1%） | 1428—1396 |
| XSZ146 | ZSC8ⅡT234G3 | 二上一 | 兽骨 | 3138±37 | 1490—1480（3.6%）<br>1450—1380（55.1%）<br>1340—1320（9.4%） | 1427—1393 |
| XSZ141 | ZSC8ⅡT202G1 | | 兽骨 | 3125±48 | 1490—1480（2.3%）<br>1450—1370（48.7%）<br>1360—1310（17.2%） | 1427—1390 |
| ZK-5366 | ZSC8ⅡT201H2 | 二上二 | 兽骨 | 3136±34 | 1490—1480（1.2%）<br>1440—1380（56.6%）<br>1340—1320（10.4%） | 1400—1370（37.2%）<br>1340—1315（31.0%） |

续表

| 实验室编号 | 样品来源（原编号） | 考古分期 | 测定物质 | $^{14}C$ 年代数据（5568，1950） | 单个样品数据校正年代（BC）（68.2%） | 系列样品数据校正年代（BC）（68.2%） |
|---|---|---|---|---|---|---|
| ZK-5372 | ZSC8ⅡT159H17 | 二上二 | 兽骨 | 3030±38 | 1380—1330（20.4%）<br>1320—1250（37.1%）<br>1240—1210（10.8%） | 1380—1360 |
| ZK-5353<br>XSZ081 | ZZH12 | | 木炭 | 3077±34（均值） | 1410—1310（65.7%）<br>1280—1260（2.5%） | 1395—1315 |
| Boundary 下边界 | | | | | | 1365—1270 |

③ 拟合图示见图 7-13。

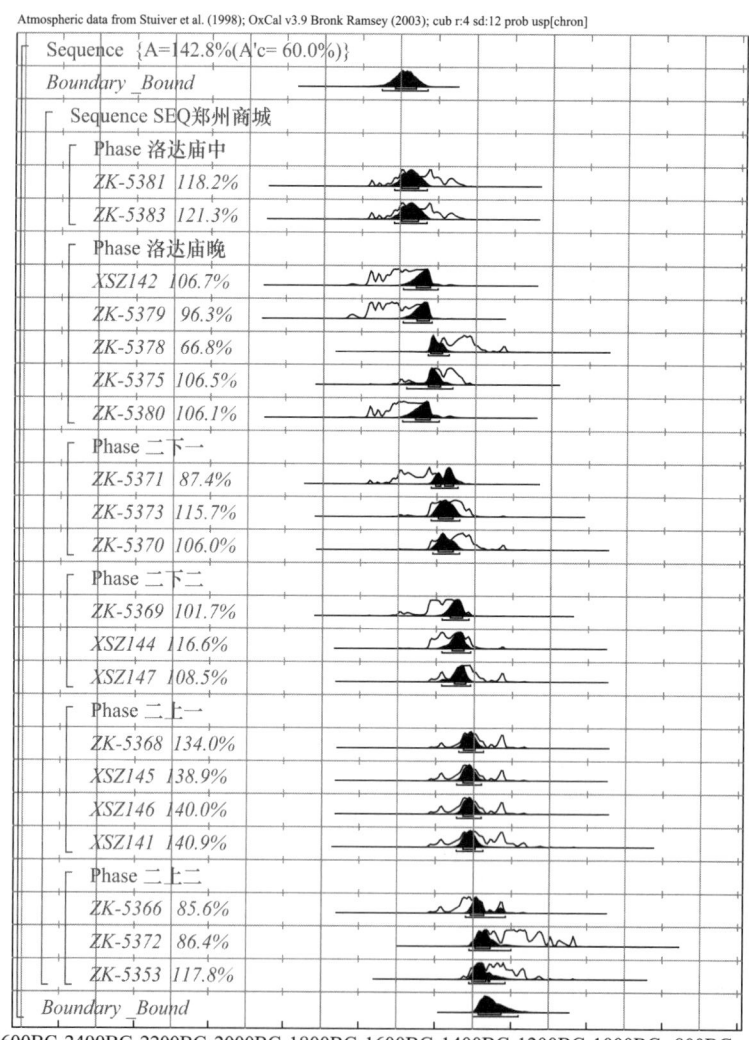

图 7-13　河南郑州商城遗址系列样品常规 $^{14}C$ 测年数据拟合图

（7）偃师商城的¹⁴C年代测定与拟合

河南偃师商城遗址有外城、内城和宫城，外城西南城墙叠压在内城墙之上，城内发现有宫殿群基址。考古地层划分为三期6段。各期段分别采样测定。

① 测定数据见表 7-21a、表 7-21b。

**表 7-21a　河南偃师（塔庄村）商城遗址（97-98YS）系列样品测定数据（考古所常规实验室）**

| 实验室编号 | 样品来源（原编号） | 考古分期 | 测定物质 | 测量校正后（5568，1950） | 苯量 / 克 | δ¹³C 值 / ‰ | 各项校正后值（5568，1950） |
|---|---|---|---|---|---|---|---|
| ZK-5400 | ⅣT31H120-118 下 | 4 段 | 木炭 | 3175±48 | 2.6992 | — | 3191±48 |
| ZK-5402 | ⅣT32HG2 | 3 段 | 木炭 | 3221±37 | 4.8960 | — | 3237±37 |
| ZK-5403 | ⅣT03H179（水井） | 4 段 | 兽骨 | 2973±31 | 5.9041 | −11.96 | 3201±31 |
| ZK-5411 | ⅡT11M25 | 4 段 | 人骨 | 2851±32 | 6.2130 | −8.48 | 3120±32 |
| ZK-5412 | ⅡT11M27 | 4 段 | 兽骨 | 2918±31 | 6.1130 | −7.29 | 3207±31 |
| ZK-5413 | ⅡT11M27 | 4 段 | 人骨 | 2922±40 | 2.9169 | −10.03 | 3183±40 |
| ZK-5415 | ⅦT28 ⑥ | 4 段 | 兽骨 | 2862±35 | 2.7596 | −9.59 | 3130±35 |
| ZK-5416 | ⅦT28 ⑨ | 1 段 | 兽骨 | 2945±34 | 4.3379 | −9.20 | 3219±34 |
| ZK-5417 | ⅦT28 ⑩ | 1 段 | 兽骨 | 2975±36 | 5.8440 | −10.94 | 3220±36 |
| ZK-5421 | ⅡT11M31 | 4 段 | 人骨 | 2912±36 | 2.9457 | −7.08 | 3206±36 |
| ZK-5424 | ⅦT28 ⑧ | 2 段 | 兽骨 | 2982±34 | 3.5212 | −9.41 | 3252±34 |
| ZK-5425 | J1D2T0403H27 | 5 段 | 木炭 | 3312±34 | 6.2616 | −25.59 | 3319±34 |
| ZK-5427 | J1D2T0403H26 | ? 段 | 木炭 | 3243±33 | 6.6877 | −24.37 | 3269±33 |
| ZK-5434 | 3 #，东侧门道西侧柱洞 | 2 段 | 木炭 | 3342±36 | 2.5782 | −22.83 | 3393±36 |
| ZK-5435 | J1D2T1009 扩方 | ? 段 | 木炭 | 3138±34 | 3.9071 | −23.49 | 3178±34 |
| ZK-5436 | J1D2T1010 白色路土 | 2 段 | 木炭 | 3181±34 | 3.9035 | −23.70 | 3218±34 |
| ZK-5440 | T0602H96（灰沟） | 1 段 | 炭泥 | 3013±33 | 5.7237 | −23.57 | 3052±33 |
| ZK-5441 | J1D1T0502 ④下垫土 | 1、2 段 | 木炭 | 3247±34 | 4.0407 | −23.48 | 3287±34 |
| ZK-5442 | J1D1T0301H94 | 一期 2 段 | 木炭 | 3141±48 | 1.0134 | −24.93 | 3158±48 |
| ZK-5444 | J1D1T0103 二号正殿柱洞 | 1、2 段 | 木炭 | 3274±35 | 6.5336 | −24.60 | 3296±35 |
| ZK-5447 | ⅦT0200H19 晚期宫城西墙 | 一期 2 段 | 木炭 | 3140±37 | 2.8849 | −25.39 | 3150±37 |
| ZK-5449 | J1D2 垫土① | 5 段 | 木炭 | 3035±33 | 4.9981 | −24.08 | 3066±33 |
| ZK-5451 | J1D2G1 | 5 段 | 木炭 | 3049±34 | 6.3981 | −25.75 | 3053±34 |
| ZK-5452 | J1D 路土① | 5 段 | 木炭 | 3109±37 | 4.4905 | −24.93 | 3126±37 |
| ZK-5453 | Ⅳ小城 T54G1 | 2 段 | 木炭 | 3250±36 | 2.5820 | −25.47 | 3258±36 |

表 7-21b　河南偃师（塔庄村）商城遗址样品测定数据（北大常规实验室）

| 实验室编号 | 样品来源（原编号） | 考古分期 | 测定物质 | 测量校正后（5568，1950） | $\delta^{13}$C 值／‰ | 各项校正后值（5568，1950） |
|---|---|---|---|---|---|---|
| XSZ074 | J1D2T0403H27 | 5 段 | 木炭 | 3341±36 | −25.59 | 3332±36 |
| XSZ075 | J1D2 柱洞中 | 2 段 | 木炭 | 3392±36 | −25.11 | 3390±36 |
| XSZ076 | J1D2T0512 排水道 | 6 段 | 木炭 | 3486±57 | −26.47 | 3462±57 ~ |

② 拟合结果见表 7-21c。

表 7-21c　河南偃师（塔庄村）商城遗址（YS）样品测定数据拟合结果

| 实验室编号 | 样品来源（原编号） | 考古分期 | 测定物质 | $^{14}$C 年代数据（5568，1950） | 单个样品数据校正年代（BC）（68.2%） | 系列样品数据校正年代（BC）（68.2%） |
|---|---|---|---|---|---|---|
| Boundary 上边界 | | | | | | 1530—1490（61.1%）<br>1485—1470（7.1%） |
| ZK-5417 | ⅦT28⑩ | 1 段 | 兽骨 | 3220±36 | 1520—1440 | 1520—1488（56.4%）<br>1485—1470（18.1%） |
| ZK-5416 | ⅦT28⑨ | | 兽骨 | 3219±34 | 1520—1440 | 1519—1488（56.2%）<br>1480—1471（12.0%） |
| ZK-5424 | ⅦT28⑧ | 2 段 | 兽骨 | 3252±34 | 1600—1560（19.8%）<br>1530—1490（30.8%）<br>1480—1450（17.6%） | 1502—1490（19.0%）<br>1480—1456（49.2%） |
| ZK-5453 | 小城 T54G1 | | 木炭 | 3258±36 | 1610—1550（26.9%）<br>1540—1490（28.8%）<br>1480—1450（12.5%） | 1503—1490（19.8%）<br>1480—1455（48.4%） |
| ZK-5447 | ⅦT0200H19 晚期宫城西墙 | | 木炭 | 3150±37 | 1500—1470（8.4%）<br>1460—1390（56.1%）<br>1330—1320（3.7%） | 1494—1454 |
| ZK-5436 | J1D2T1010 白色路土 | | 木炭 | 3218±34 | 1520—1440 | 1497—1456 |
| ZK-5402 | ⅨT32HG2 | 3 段 | 木炭 | 3237±37 | 1525—1435 | 1472—1444 |
| ZK-5442 | T0301H94 | | 木炭 | 3158±48 | 1500—1390（65.2%）<br>1330—1320（3.0%） | 1472—1441 |
| ZK-5412 | ⅡT11M27 | | 兽骨 | 3207±31 | 1515—1435 | 1456—1427 |
| ZK-5421 | ⅡT11M31③ | | 人骨 | 3206±36 | 1515—1435 | 1455—1425 |
| ZK-5403 | ⅣT03H179（水井） | | 兽骨 | 3201±31 | 1500—1430 | 1456—1425 |
| ZK-5400 | ⅣT31H120-H118 下 | 4 段 | 木炭 | 3191±48 | 1515—1425 | 1440—1415 |
| ZK-5413 | ⅡT11M27⑦A | | 人骨 | 3183±40 | 1500—1410 | 1448—1415 |
| ZK-5415 | ⅦT28⑥ | | 兽骨 | 3130±35 | 1440—1370（55.7%）<br>1340—1310（12.5%） | 1436—1405 |
| ZK-5411 | ⅡT11M25 | | 人骨 | 3120±32 | 1430—1370（53.5%）<br>1340—1310（14.7%） | 1432—1404 |

续表

| 实验室编号 | 样品来源（原编号） | 考古分期 | 测定物质 | <sup>14</sup>C年代数据（5568，1950） | 单个样品数据校正年代（BC）（68.2%） | 系列样品数据校正年代（BC）（68.2%） |
|---|---|---|---|---|---|---|
| ZK-5452 | J1D1 路土① | 5 段 | 木炭 | 3126±37 | 1440—1370（54.6%）<br>1340—1310（13.6%） | 1414—1388 |
| ZK-5451 | J1D1G1 | | 木炭 | 3053±34 | 1390—1260 | 1410—1382 |
| Boundary 下边界 | | | | | | 1406—1371 |

③ 拟合图示见图 7-14。

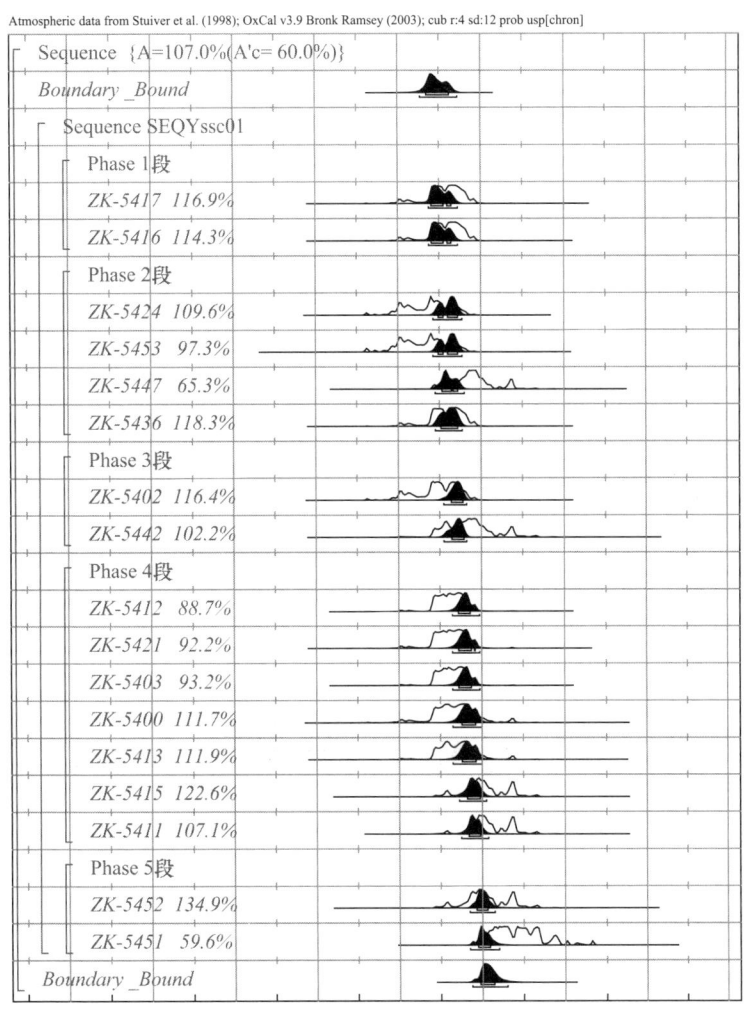

图 7-14　河南偃师商城遗址出土样品常规 <sup>14</sup>C 测年数据拟合图

（8）二里头遗址的 <sup>14</sup>C 年代测定与拟合

河南偃师二里头遗址考古地层划分为五期，其中一至四期为二里头文化，五期为二里冈文化，各期分别采样测定。

① 测定数据见表 7-22a、表 7-22b、表 7-22c。

**表 7-22a 河南偃师二里头遗址（97YL）系列样品测定数据（考古所常规实验室）**

| 实验室编号 | 样品来源（原编号） | 考古分期 | 测定物质 | 测量校正后（5568，1950） | 苯量/克 | $\delta^{13}C$ 值/‰ | 各项校正后值（5568，1950） |
|---|---|---|---|---|---|---|---|
| ZK-5200 | ⅤT1⑨ | 三期 | 木炭 | 3324±35 | 2.6411 | −24.80 | 3343±35 |
| ZK-5202 | ⅤT1H2 | 五期 | 木炭 | 3156±34 | 6.5824 | −25.77 | 3160±34 |
| ZK-5206 | ⅤT2（11） | 一期 | 木炭 | 3405±33 | 4.8130 | −25.91 | 3406±33 |
| ZK-5209 | ⅤT2⑨A | 二期 | 木炭 | 3369±34 | 6.4018 | −25.66 | 3374±34 |
| ZK-5210 | ⅤT6H53 | 二期 | 木炭 | 3198±37 | 2.2490 | −25.04 | 3213±34 |
| ZK-5215 | ⅤT2⑤ | 五期 | 木炭 | 3181±34 | 6.1705 | −25.00 | 3197±34 |
| ZK-5221 | ⅤT3H59 | 一期 | 兽骨 | 3131±36 | 4.4832 | −12.33 | 3353±36 |
| ZK-5222 | ⅤT3⑧ | 二期 | 木炭 | 3220±34 | 6.3855 | −24.33 | 3247±34 |
| ZK-5224 | ⅤT3② | 五期 | 木炭 | 3092±33 | 6.3739 | −22.91 | 3141±33 |
| ZK-5226 | ⅤT4H46 | 二期 | 木炭 | 3428±36 | 3.0001 | −26.06 | 3407±36 |
| ZK-5227 | ⅤT4H54 | 二期 | 木炭 | 3337±34 | 4.5259 | −26.64 | 3327±34 |
| ZK-5228 | ⅤT4⑥A | 二期 | 木炭 | 3300±34 | 5.3104 | −24.85 | 3318±34 |
| ZK-5229 | ⅤT4⑤A | 四期 | 木炭 | 3289±36 | 2.4349 | −25.04 | 304±36 |
| ZK-5236 | ⅤT6H53 | 二期 | 木炭 | 3299±35 | 5.8965 | −26.29 | 3294±35 |
| ZK-5242a | ⅤT6 | 四期 | 木炭 | 3246±32 | 6.2007 | −24.47 | 3270±32 |
| ZK-5242b | ⅤT6 | 四期 | 木炭 | 3320±33 | 4.9893 | −24.10 | 3350±33 |
| ZK-5243 | ⅤT1④ | 五期 | 兽骨 | 3053±35 | 3.2200 | −12.45 | 3273±35 |
| ZK-524 | ⅤT1H48 | 二期 | 兽骨 | 3136±36 | 2.4788 | −12.49 | 3348±36 |
| ZK-5245 | ⅤT2③B | 五期 | 兽骨 | 2990±36 | 2.0816 | −10.31 | 3245±36 |
| ZK-5246 | ⅤT6⑫A | 三期 | 兽骨 | 3220±36 | 2.6490 | −14.76 | 3402±36 |
| ZK-5247 | ⅤT6⑫B | 三期 | 兽骨 | 3119±39 | 1.8503 | −16.55 | 3272±39 |
| ZK-5249 | Ⅴ6⑰A | 三期 | 兽骨 | 3147±36 | 4.4853 | −13.69 | 3347±36 |
| ZK-5252 | ⅤT1H49 | 五期 | 兽骨 | 3001±35 | 4.1546 | −10.96 | 3241±35 |
| ZK-5253 | ⅤT4G6 | 二期 | 兽骨 | 3104±39 | 3.6451 | −11.45 | 3341±39 |
| ZK-5254 | ⅤT1H1 | 五期 | 兽骨 | 2950±34 | 5.7540 | −11.42 | 3187±34 |
| ZK-5255 | ⅤT3G4 | 四期 | 兽骨 | 3080±40 | 1.5280 | −9.12 | 3355±40 |
| ZK-5256 | ⅤT4⑤B | 四期 | 兽骨 | 3160±36 | 5.4721 | −11.74 | 3392±36 |
| ZK-5257 | ⅤT3⑦ | 二期 | 兽骨 | 3054±37 | 2.3627 | −10.15 | 3313±37 |

表 7-22b　河南伊川南寨二里头遗址（90YN）墓葬系列样品测定数据（考古所常规实验室）

| 实验室编号 | 样品来源（原编号） | 考古分期 | 测定物质 | 测量校正后（5568，1950） | 苯量 / 克 | δ$^{13}$C 值 /‰ | 各项校正后值（5568，1950） |
|---|---|---|---|---|---|---|---|
| ZK-5260 | M3 | 一期 | 人骨 | 3191±34 | 4.5310 | −8.87 | 3454±34 |
| ZK-5261 | M9 | 一期 | 人骨 | 3175±50 | 5.7646 | −7.72 | 3458±50<br>3455±34 平均<br>3457±34 |
| ZK-5261 | M9 | 一期 | 人骨 | 3172±34 | 3.0780 | −7.72 | |
| ZK-5262 | M19 | 一期 | 人骨 | 3152±33 | 5.7401 | −10.34 | 3391±33 |
| ZK-5263 | M18 | 二期 | 人骨 | 3101±34 | 4.8004 | −10.10 | 3343±34 |
| ZK-5264 | M25 | 二期 | 人骨 | 3195±37 | 1.7835 | −8.19 | 3470±37 |
| ZK-5265 | M26 | 二期 | 人骨 | 3131±34 | 3.1881 | −9.75 | 3380±34 |
| ZK-5267 | M33 | 二期 | 人骨 | 3082±35 | 3.0475 | −8.76 | 3347±35 |
| ZK-5268 | M16 | 三期 | 人骨 | 3174±39 | 1.5140 | −11.37 | 3396±39 |
| ZK-5270 | M34 | 三期 | 人骨 | 3075±33 | 3.7407 | −11.14 | 3301±33 |

表 7-22c　河南偃师二里头遗址（97YL）系列样品测定数据（北大常规实验室）

| 实验室编号 | 样品来源（原编号） | 考古分期 | 测定物质 | 测量校正后（5568，1950） | δ$^{13}$C 值 /‰ | 各项校正后值（5568，1950） |
|---|---|---|---|---|---|---|
| XSZ098 | Ⅴ T4 ⑦ B | 二期 | 骨头 | 3250±32 | −20.18 | 3327±32 |
| XSZ099a | Ⅴ T2H60 | 五期 | 骨头 | 3220±45 | −20.11 | 3298±45 ~ |
| XSZ099b | Ⅴ T2H60 | 五期 | 骨头 | 3050±36 | −16.33 | 3189±36 |
| XSZ101a | Ⅴ T4H28 | 五期 | 骨头 | 3072±30 | −14.43 | 3241±30 |
| XSZ101b | Ⅴ T4H28 | 五期 | 骨头 | 3119±40 | −17.02 | 3247±40 |
| XSZ103 | Ⅴ T4 ④ A | 五期 | 骨头 | 3051±35 | −14.26 | 3222±35 |
| XSZ104 | Ⅴ T3H58 | 一期 | 骨头 | 3311±37 | −16.58 | 3445±37 |
| XSZ105 | Ⅴ T6 ⑧ | 五期 | 骨头 | 3253±35 | −17.78 | 3369±35 |
| XSZ106 | Ⅴ T1 ⑤ | 五期 | 骨头 | 3155±32 | −13.54 | 3338±32 |
| XSZ107 | Ⅴ T6 ⑩ A | 五期 | 骨头 | 3383±113 | −18.00 | 3495±113 |
| XSZ115 | Ⅴ T1 ② C | 五期 | 骨头 | 3120±29 | −15.60 | 3270±29 |
| XSZ109 | Ⅴ T2 ② A | 五期 | 骨头 | 3212±44 | −18.38 | 3318±44 ~ |
| XSZ110 | Ⅴ T4CH25 | ？期 | 骨头 | 3185±33 | −20.80 | 3252±33 |
| XSZ114 | Ⅴ T1 ② B | 五期 | 骨头 | 2967±48 | −13.68 | 3148±48 |
| XSZ160 | Ⅴ T5H39 | 三期 | 骨头 | 3142±35 | −15.37 | 3296±35 |
| XSZ161 | Ⅴ T4H54 | 二期 | 骨头 | 3163±35 | −13.56 | 3346±35 |
| XSZ162 | Ⅴ T6H53 | 二期 | 骨头 | 3268±35 | −13.52 | 3451±35 |
| XSZ163 | Ⅴ T2H57（a） | 二期 | 骨头 | 3221±35 | −16.91 | 3350±35 |
| XSZ164 | Ⅴ T2H57（b） | 二期 | 骨头 | 3208±35 | −16.14 | 3349±35 |

续表

| 实验室编号 | 样品来源<br>（原编号） | 考古<br>分期 | 测定<br>物质 | 测量校正后<br>（5568，1950） | $\delta^{13}C$ 值<br>/‰ | 各项校正后值<br>（5568，1950） |
|---|---|---|---|---|---|---|
| XSZ165 | ⅤT1H2 | 五期 | 骨头 | 3050±35 | −13.87 | 3227±35 |
| XSZ166 | ⅤT3H5 | 五期 | 骨头 | 3086±35 | −12.75 | 3281±35 |
| XSZ167 | ⅤT6H34 | 三期 | 骨头 | 3114±35 | −12.65 | 3311±35 |
| XSZ169 | ⅤT1G5 | 四期 | 骨头 | 3222±35 | −18.15 | 3331±35 |

② 拟合结果见表 7-22d。

**表 7-22d　河南偃师二里头遗址—河南伊川南寨二里头遗址系列样品测定数据拟合结果**

| 实验室编号 | 样品来源<br>（原编号） | 考古<br>分期 | 测定<br>物质 | $^{14}C$ 年代数据<br>（5568，1950） | 系列样品数据校正年代<br>（BC）（68.2%） |
|---|---|---|---|---|---|
| XSZ104 | 97YLVT3H58 | 一期 | 兽骨 | 3445±37 | 1880—1840（0.32）<br>1820—1790（0.10）<br>1780—1720（0.57） |
| ZK-5206 | 97YLVT2 ⑪ | 一期 | 木炭 | 3406±33 | 1880—1844（0.02）<br>1770—1700（0.98） |
| ZK-5260 | YNM3 | 一期 | 人骨 | 3454±34 | 1880—1840（0.37）<br>1820—1790（0.11）<br>1780—1730（0.52） |
| ZK-5261 | YNM9 | 一期 | 人骨 | 3457±34 | 1880—1840（0.36）<br>1820—1790（0.13）<br>1780—1730（0.51） |
| ZK-5262 | YNM19 | 一期 | 人骨 | 3391±33 | 1745—1708 |
| ZK-5227 | 97YLVT4H54 | 二期 | 木炭 | 3327±34 | 1685—1665（0.23）<br>1660—1645（0.17）<br>1640—1600（0.60） |
| XSZ098 | 97YLVT4 ⑦ B | 二期 | 兽骨 | 3327±32 | 1685—1645（0.40）<br>1640—1600（0.60） |
| ZK-5226 | 97YLVT4H46 | 二期 | 木炭 | 3407±36 | 1725—1680（0.67）<br>1670—1635（0.33） |
| ZK-5244 | 97YLVT1H48 | 二期 | 兽骨 | 3348±36 | 1685-1615 |
| ZK-5236 | 97YLVT6H53 | 二期 | 木炭 | 3294±35 | 1680—1665（0.18）<br>1660—1650（0.03）<br>1635—1585（0.79） |
| ZK-5253 | 97YLVT4G6 | 二期 | 兽骨 | 3341±39 | 1685-1610 |

续表

| 实验室编号 | 样品来源<br>（原编号） | 考古<br>分期 | 测定<br>物质 | ¹⁴C 年代数据<br>（5568，1950） | 系列样品数据校正年代<br>（BC）（68.2%） |
|---|---|---|---|---|---|
| ZK-5257 | 97YLVT7 ⑦ | 二期 | 兽骨 | 3313±37 | 1685—1665（0.21）<br>1660—1645（0.15）<br>1640—1595（0.64） |
| ZK-5228 | 97YLVT4 ⑥ A | 二期 | 木炭 | 3318±34 | 1685—1665（0.21）<br>1660—1645（0.15）<br>1640—1595（0.64） |
| ZK-5209 | 97YLVT2 ⑨ A | 二期 | 木炭 | 3374±34 | 1690—1620 |
| ZK-5263 | YNM18 | 二期 | 人骨 | 3343±34 | 1685—1605 |
| ZK-5264 | YNM25 | 二期 | 人骨 | 3470±37 | 1714—1687 |
| ZK-5265 | YNM26 | 二期 | 人骨 | 3380±34 | 1695—1620 |
| ZK-5267 | YNM33 | 二期 | 人骨 | 3347±35 | 1685—1615 |
| ZK-5249 | 97YLVT6 ⑰A | 三期 | 兽骨 | 3347±36 | 1605—1600（0.01）<br>1570—1545（0.99） |
| ZK-5200 | 97YLVT1 ⑨ | 三期 | 木炭 | 3343±35 | 1605—1600（0.02）<br>1595—1545（0.98） |
| ZK-5247 | 97YLVT6 ⑫B | 三期 | 兽骨 | 3272±39 | 1597—1562 |
| ZK-5270 | YNM34 | 三期 | 人骨 | 3301±33 | 1595—1554 |
| ZK-5255 | 97YLVT3G4 | 四期 | 兽骨 | 3355±40 | 1553—1526 |
| ZK-5229 | 97YLVT4 ⑤ A | 四期 | 木炭 | 3304±36 | 1554—1521 |
| ZK-5242a | 97YLVT6 | 四期 | 木炭 | 3270±32 | 1557—1512 |
| ZK-5242b | 97YLVT6 | 四期 | 木炭 | 3350±33 | 1552—1526 |
| ZK-5252 | 97YLVT1H49 | 五期 | 兽骨 | 3245±35 | 1520—1490（0.48）<br>1480—1450（0.52） |
| XSZ101 | 97YLVT4H28 | 五期 | 兽骨 | 3241±30 | 1520—1490（0.46）<br>1480—1450（0.54） |

③ 拟合图示见图 7-15。

根据以上 ¹⁴C 年代测定数据，依据相应的考古信息，与 ¹⁴C 年代-树轮年代校正曲线匹配拟合，获得的日历年代数据综合列表，形成夏商周时期 ¹⁴C 测定的考古年代框架（图 7-41）。

需要说明的是，以上结果由于没有设置边界条件，其两端年代向外延伸，不足以代表年代上限和下限。

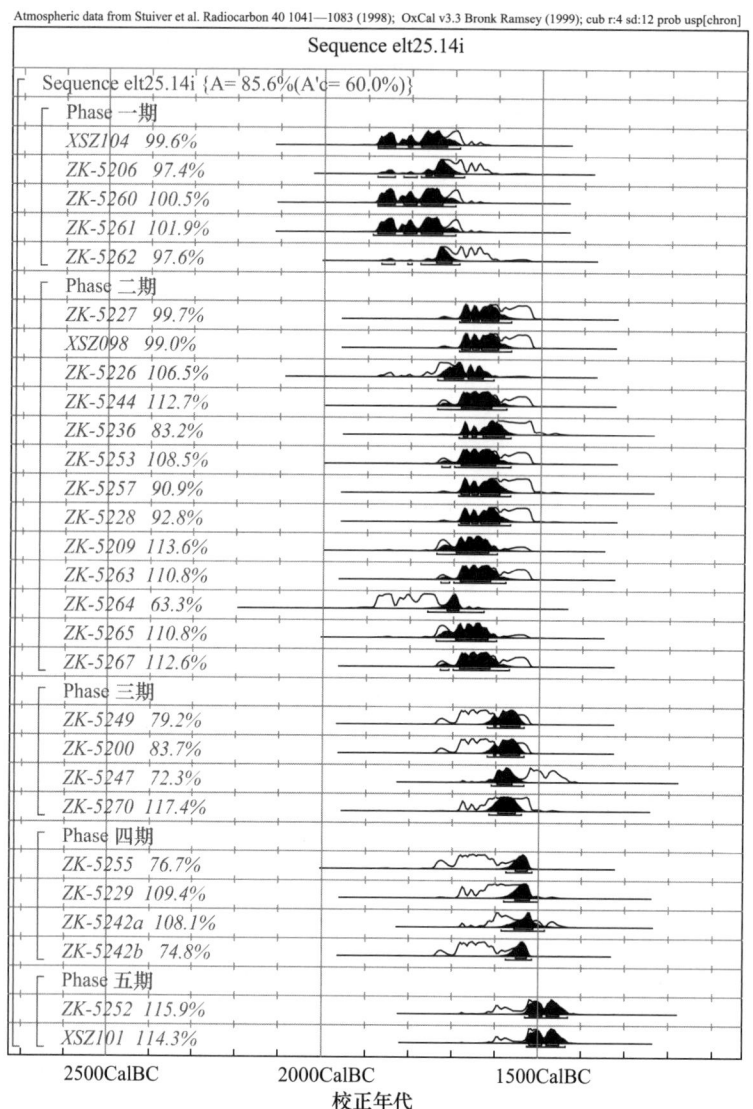

Atmospheric data from Stuiver et al. Radiocarbon 40 1041—1083 (1998); OxCal v3.3 Bronk Ramsey (1999); cub r:4 sd:12 prob usp[chron]

图 7-15　河南偃师二里头遗址—河南伊川南寨二里头遗址系列样品数据拟合图

# （三）AMS 方法技术改造、数据处理研究与年代测定

## 1. AMS 骨样品的前处理与化学制备研究

　　样品前处理和测量样品制备是获得高精度 $^{14}C$ 年代数据的关键之一。样品前处理的主要目的是去除与样品形成年代不同的碳组分污染物，分离出最能代表样品年代的碳组分。而样品制备是在前处理的基础上通过一系列化学反应，将样品转化成适合 AMS 测量的样品形式。

　　样品的前处理方法又因为样品的种类、性质、变质程度、埋藏环境、污染程度等不同而异。前处理是实验室人员在对 $^{14}$C 测年原理、方法、样品形成机理与性质、环境对样品的影响，以及污染物及其清除等全面认识的基础上进行的一项工作。由于"夏商周断代工程"对 $^{14}$C 测年精度要求很高，考古学家们能够提供的测年样品材料，主要是由考古发掘得到的木炭、木头、粮食和骨头等有机质，因而相对来说样品的种类较为单纯。

"夏商周断代工程"提供 AMS 测量的样品中除了两个炭化小米和木炭之外，都是骨头样品（兽骨和人骨）。通常认为木炭和炭化小米的测年可靠性高，前处理方法也相对成熟。木炭和炭化小米采用酸碱酸（AAA）处理方法，即在挑去样品黏附和夹杂的各种杂质之后，先用 1mol/L HCl 煮沸并浸泡半小时，然后用去离子水洗至中性；再用 1%NaOH 溶液煮沸并浸泡半小时，用去离子水洗至中性之后；再用 1mol/L HCl 煮沸并洗至中性，然后烘干待用。由于这类样品前处理方法成熟，不再赘述。

而在"夏商周断代工程"启动之前对骨质样品的看法就不大一致。前处理方法也有多种，并且骨样品中还包括许多珍贵而单个样品量又十分有限的有字卜骨，为此"夏商周断代工程"专门设置了"骨质样品的制备研究"专题。"夏商周断代工程"启动之后，我们对骨样品的前处理方法进行了筛选。通过一系列研究和对比后，我们认为在通常情况下，将甲骨（均指卜骨）样品处理成为明胶能够得到可靠的 $^{14}$C 年代，事实也说明由各专题组提供的遗址骨样品测出的数据状况良好。但是当开始处理并测量出一些甲骨 $^{14}$C 年代后，我们发现部分甲骨样品年代与甲骨学家所预期的年代相比显得离奇偏老，通过红外光谱分析发现，它们可能受到了保护剂或黏接剂等污染。为了清除这类污染，又开展了骨头明胶和甲骨的除污染研究。为了适应"夏商周断代工程"高精度测量要求，还对制样设备进行了改造与更新。以下拟对骨样品前处理及相关问题做详细讨论，并对制样设备改造与更新做介绍。

（1）骨样品的前处理与纯化研究

"夏商周断代工程"中 AMS 测定的骨头样品前处理方法可分为两种情况：一种是一般的骨样品，即直接由考古发掘提供、没有人为污染的样品；另一种是博物馆或研究单位等提供的甲骨样品。

甲骨所用材料主要是龟甲和牛骨，也有少量其他兽骨和人骨。龟是水生动物，从 $^{14}$C 测年原理出发，因为不清楚龟甲使用的龟早先所生活的水体情况，更无法确切知道这些水体的 $^{14}$C 库效应，所以龟（卜）甲不适合用作"夏商周断代工程"测年样品，而牛和其他兽骨是良好的测年材料。

"夏商周断代工程"所采集的甲骨样品全部是卜骨。单从材料上说，卜骨样品和其他骨头样品本质上是相同的，前处理方法也应该没有区别。只是由于这部分甲骨长期在社会上、博物馆和研究单位中辗转，又缺乏可靠的保护档案，存在着多种人为污染可能，并且在开始处理和测量甲骨后，我们发现部分甲骨样品的 $^{14}$C 年代数据离奇偏老。分析其原因，主要是受到了人为添加的保护剂、黏接剂等污染，在甲骨前处理工作中需要研究并增加除污染流程，因此另列甲骨样品的前处理和纯化一节。

1）一般骨头样品的前处理

为了从骨头中提取可靠的测年组分，国内外许多实验室做了大量研究工作，尝试用骨头中分离提取的各种无机组分和有机组分。实验证明通常无机碳酸盐组分年代不可靠，而研究过的有机组分很多，如总有机质、胶原蛋白、非胶原蛋白、明胶、总氨基酸、特定氨基酸等[①]。

为了从骨头中提取可靠的测年组分和选择适用的处理流程，我们深入研究和分析对比不同的组分和分离方法，并应用液相色谱、红外光谱、紫外光谱等仪器以及 AMS 测量对比，选择可靠的测年组分与适用流程[②]。

① 当前国际上应用的主要骨样品测年组分与分离流程是：a. 用酸脱盐，并经碱、酸洗后保留下来的骨胶原；b. 将骨胶原在 pH2—3 90℃左右水解得到的明胶；c. 明胶于 6mol/L HCl 110℃条件下水解得到的氨基酸；d. 将氨基酸进一步分离出特定的氨基酸，如甘氨酸、脯氨酸、羟脯氨酸等。

在应用这些组分时，一些实验室为了除去其中可能的腐殖酸等污染，又有不同的纯化方法，如活性炭吸附、离子交换分离、超滤、XAD-2 树脂处理等[③]。

上述四种组分的分离流程繁简不一，前两种比较简便，而后两种特别是分离不同组分的氨基酸不仅流程冗长，而且需要较前两种方法多几倍，甚至十多倍的样品。并且对使用较多的超滤法和 XAD-2 树脂法处理作用的看法也不尽相同。

② 几项有关骨样品的研究工作。

在综合分析了分离流程和应用上述四种组分测年的优点与不足之后，我们针对"夏商周断代工程"的样品状况和对测年精度的要求，做了下列研究工作。

第一，明胶的分子量分布研究。

选用各类骨样品，包括古代的和现代的不同动物骨头，分别用上述① b 流程制得明胶。在高效液相色谱仪上对它们的明胶蛋白分子量分布进行了测定。结果表明，对于保存状况较好的古代骨头，经过同样的预处理方法制成的明胶，它们的明胶分子量分布范围与现代骨头的明胶分子量分布范围一致。说明在骨质样品保存较好的情况下，使用上述流程将样品制成明胶之后，可以不必进行明胶分子量分级，就可能得到较为可靠的测年组分。

第二，腐殖酸污染研究。

骨头样品在地下埋藏过程中，受各种环境因素的影响，外来物质进入骨头样品中，使骨头样品成分变得更为复杂，而其中的腐殖酸大分子化合物不易被分离除去，影响测年的准确性。为了确定实验流程中腐殖酸类化合物的清除情况，我们进行了如下的研究。

① Heges R E M, Van Klinken G J. A review of current approaches in the pretreatment of bone for radiocarbon dating by AMS. *Radiocarbon*, 1992, 34(3): 279-291.

② Yuan S, Wu X, Wang J, et al. Comparison of different bone pretreatment method for AMS $^{14}$C dating. Nuclear Instruments and Methods in Physics Research B, 2000, 172(1-4): 424-427.

③ Stafford Jr T W, Brendel K, Duhamel R C. Radiocarbon, $^{13}$C and $^{15}$N analysis of fossil bone: removal of humates with XAD-2 resin. Geochimica et Cosmochimica Acta, 1998, 52(9): 2257-67; Brown T A, Nelson D E, Vogel S J, et al. Improved collagen extraction by modified Longin method. *Radiocarbon*, 1988, 30(2): 171-177.

　　选择各种研究对象，包括未受到污染的现代骨头样品、已知可能有腐殖酸污染的骨头样品、腐殖质样品和腐殖土中提取出的腐殖酸类化合物样品。首先将腐殖酸类化合物样品配成一定浓度的溶液做紫外色谱扫描，测定得到腐殖酸紫外图谱，确定腐殖酸的最强紫外吸收波长。再将前三种样品按上述制备明胶流程进行预处理，得到三种溶液，将这三种溶液也分别做紫外扫描，得到三张紫外光谱图，在这三张紫外光谱图上均未发现腐殖酸的特征吸收峰。在我们实验室条件下，紫外色谱检测腐殖酸物质的灵敏度可达 1μg/ mL 左右，而相应溶液中明胶含量为 1mg/mL 左右，所以可以认为，在本实验条件下，腐殖酸对测年组分明胶不构成明显污染。

　　第三，不同前处理流程或测年组分的比较。

　　最主要是做了明胶和 XAD-2 树脂处理过的氨基酸的 AMS<sup>14</sup>C 测年结果对比。在综合分析了各种前处理方法和测年组分的优点和不足之后，我们认为骨胶原有时可能含有未除净的其他含碳污染物，而制备单个氨基酸不仅费时，而且需要很多样品。分离提取明胶和进一步将明胶水解并经 XAD-2 树脂处理得到的总氨基酸是两种较好的前处理方法。在一般情况下提取明胶较为方便，但是有的研究表明，明胶方法测年可靠性较经过 XAD-2 树脂处理的总氨基酸方法可靠性差[1]。为了检验上述问题，我们进行了对比研究。选择若干考古年代明确并有木炭同出的骨样品，同时做成明胶及经 XAD-2 树脂处理的总氨基酸，并和同出的木炭分别制成石墨测定年代并加以比较，结果列于表 7-23。

表 7-23　明胶和 XAD-2 树脂处理的氨基酸测年结果比较

| 组 | 样品编号 | 样品物质 | 测年组分 | C/N | $\delta^{13}C/‰$ | <sup>14</sup>C 年代（yrBp） | |
|---|---|---|---|---|---|---|---|
| | | | | | | 本实验室 | 加拿大多伦多 IsoTrace 实验室 |
| 1 | SA98093 | 人骨 | 明胶 | 3.46 | −10.0 | 2781±50 | |
| | SA98093A* | 人骨 | 氨基酸 | 3.36 | −9.1 | 2850±50 | |
| 2 | SA98094 | 马骨 | 明胶 | 3.56 | −14.2 | 2573±50 | 2570±50（TO-7999） |
| | SA98094A* | 马骨 | 氨基酸 | 3.35 | −12.1 | 2574±51 | |
| | SA98155 | 木炭 | 木炭 | | −25.1 | 2640±50 | 2630±40（TO-7998） |
| 3 | SA98096 | 马骨 | 明胶 | 3.59 | −15.7 | 2555±50 | |
| | SA98096A* | 马骨 | 氨基酸 | 3.37 | −16.6 | 2531±53 | |

　　*　氨基酸经 XAD-2 树脂处理。

　　表 7-23 中数据的测量误差都较小，各组数据在 1σ 误差范围内一致。这些结果表明，在一般情况下，采用明胶测年与采用经过 XAD-2 树脂处理纯化的总氨基酸测年是等效的。只用明胶制备成的测量样品测年，可以得到可靠的年代。据此我们确定在"夏商周断代工程"中，骨样品的前处理采用明胶流程。实践表明，效果良好。

　　③ 通用骨样品前处理流程。

　　一般骨样品前处理的具体做法是，先将清刮干净的骨样，破碎成 0.5—1 厘米的碎

---

① Minami M, Nakamura T. Chinese Sci. Bull. 43 (Suppl.) 89, 1998.

块，在纯净水中超声清洗之后，依下述流程制备明胶。

第一步，酸脱钙制备胶原。将碎骨样浸泡于 0.5mol/L HCl 中，不时搅拌并倾倒去废液。换新的 0.5mol/L HCl，以清除样品中的碳酸盐和磷酸盐等，得到骨胶原后用去离子水洗至中性。

第二步，碱除腐殖酸。将经酸处理得到的骨胶原浸泡于 0.5mol/L NaOH 中，并不时搅拌，以清除胶原中可能存在的腐殖酸等污染，然后用纯净水将骨胶原洗至中性。

第三步，酸化清除在碱处理过程中吸收的大气 $CO_2$。将经第二步处理得到的骨胶原再置于 0.5mol/L HCl 中浸泡，并洗至近中性。

第四步，水解制备明胶。将经第三步处理的骨胶原加入适量的 pH2—3 的 HCl 溶液，置 90℃烘箱中过夜，水解胶原得到明胶。

第五步，离心或经玻璃纤维滤纸过滤明胶溶液，清除其中的不溶杂质。

第六步，冷冻干燥经第五步处理的明胶溶液，得到干燥的明胶待用。

2）甲骨样品的前处理和纯化

"殷墟甲骨分期与年代测定"专题组共采集和选送有字卜骨 107 个，无字卜骨 9 个，其他骨样品 3 个。甲骨样品的纯化和前处理工作前后历经 6 年（1999 年 2 月至 2004 年 12 月），可以分成三个阶段。

从时间上大致可分为，"夏商周断代工程"执行过程，即《夏商周断代工程 1996—2000 年阶段成果报告：简本》中应用的甲骨数据；2000 年上半年至 2002 年上半年；2002 年下半年至 2004 年。

从样品处理方法和研究角度大致可分为，按一般"夏商周断代工程"遗址出土骨样品处理方法处理甲骨，发现测定出的部分甲骨样品年代离奇偏老，初步分析研究样品年代离奇偏老原因，研究受污染明胶纯化方法；继续分析样品年代离奇偏老原因及探索纯化方法并纯化处理和测定少量甲骨样品；进一步研究纯化方法和完成全部甲骨样品的处理与年代测定。有关详细技术问题，我们已专文讨论[①]。这里将后两个阶段合并为一，分两部分说明。

① 按一般的骨样品处理，即按照前述"通用骨样品前处理流程"来处理制备成明胶。

在开始处理甲骨之前，考虑到甲骨非常珍贵和来历复杂，为了保证甲骨前处理和制样工作顺利，避免出现保护剂、黏接剂之类的污染问题，实验室人员在处理甲骨时特别慎重。例如，询问考古学家采样时有无发现保护剂和黏接剂问题；处理前仔细观察样品状况；将甲骨样品放在"夏商周断代工程"实施后期，并且在处理和测定了大量骨头样品之后，才于 1999 年 2 月先处理无字卜骨再处理有字卜骨。到 1999 年底，前后处理了无字卜骨 8 个，有字卜骨 37 个。经前处理的 37 个有字卜骨中，除了 4 个保存状况太差的以外，33 个样品提取出了明胶，当年将其中的 32 个明胶制备成测量样品，并陆续用 ENAMS 测定了年代。另一个明胶（SA98176）于 2004 年制成了石墨测样，并测出 $^{14}C$ 数据。

① Yuan S X, Wu X H, Liu K X, et al. Removal of contaminants from Oracle bones during sample pretreatment. *Radiocarbon*, 2007, 49(2): 211-216.

先期测出的 32 个 $^{14}$C 数据结果显示，虽然多数年代在考古学家所预期的年代范围之内，即这些年代数据与样品所属甲骨分期对应的殷墟分期年代相协调，但也有部分样品年代显得偏老，甚至离奇偏老。《简本》表十三 "甲骨系列样品分期及 AMS 测年数据" 中的甲骨数据（SA99097p 除外），是在排除有争议的历组和偏老及离奇偏老的数据后得出的系列样品年代校正结果。结果显示其日历年代与《简本》商后期的年代框架基本一致，从而说明通过甲骨测年来研究商后期年代，在方法上是可行的。但是，相当数量样品年代偏老甚至离奇偏老的问题值得关注，必须研究解决。

② 甲骨年代数据离奇偏老原因的分析研究。

数据与预期结果不相符，特别是离奇偏老有多种可能。如对于甲骨年代的判断与预期年代不符；测量的差错；以及在前处理时样品中的污染没有清除干净等。

我们分析后认为，第一种可能性很小。虽然当时使用的测量设备稳定性较差，但还不至于出现众多离奇数据，所以第二种可能性也不大，对部分样品的复测结果也证实了这点。最大的可能是甲骨样品中的污染物没有清除干净。

甲骨中的污染物主要来自两个方面：一是出土前土壤腐殖酸等的污染，二是出土后人为施加的保护剂、黏结剂等污染。由于土壤腐殖酸造成的污染后果主要是引起年代偏年轻而不是偏老，我们针对腐殖酸类污染的研究也说明不可能出现这种情况。因此问题的最大可能是后者，一些以石油和煤炭为原料人工合成的试剂可使样品的年代偏老。

为了弄清部分甲骨可能受污染的问题，我们进一步了解原来藏品状况；分析前处理与制样过程中得到的有助于判别保存状况和污染的资料；用红外光谱仪检测样品制石墨后剩余的明胶。红外光谱分析给出了明确的结果，通过与明胶标准红外光谱和一些正常样品明胶光谱的对比发现，明显偏老的样品明胶，如 SA98244、SA98234、SA98197、SA98198、SA98228 等与年代在预期范围内的红外光谱相比，前者的红外光谱图中在 2925cm$^{-1}$ 波数附近都有一个较为明显的吸收小峰，如图 7-16 所示。它是链状烷烃

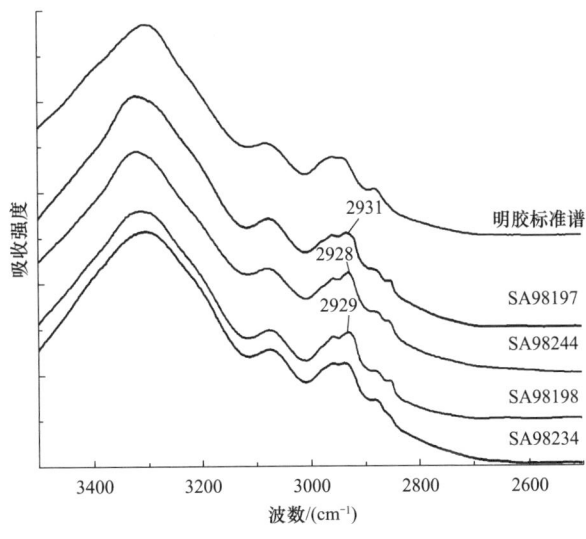

图 7-16　SA98197、SA98244、SA98198、SA98234 等反常年代样品的红外吸收光谱
与明胶标准谱的对比

的亚甲基（—CH$_2$—）的反对称伸缩振动峰。它的存在显示，一些偏老样品的明胶中可能混入了含有链状烷烃基团的污染物。这种情况说明，像甲骨这类样品，仅用通常的制备骨样品明胶流程，不足以完全清除原来样品中的污染，需要研究和增加另外的除污染措施。

为了解尚未处理的 62 个样品的污染情况和污染物，我们用显微镜仔细检查每片甲骨，用红外光谱仪检测由样品上刮取和剔出的 30 个可疑物质，结果表明有 15 个样品存在各种污染物，具体情况如下。

SA98199 表面的少许胶状物是三甲树脂（图 7-17），SA98203、SA98230、SA98239 等样品上有硝基清漆（图 7-18），SA98224、SA98168、SA98179、SA98185、

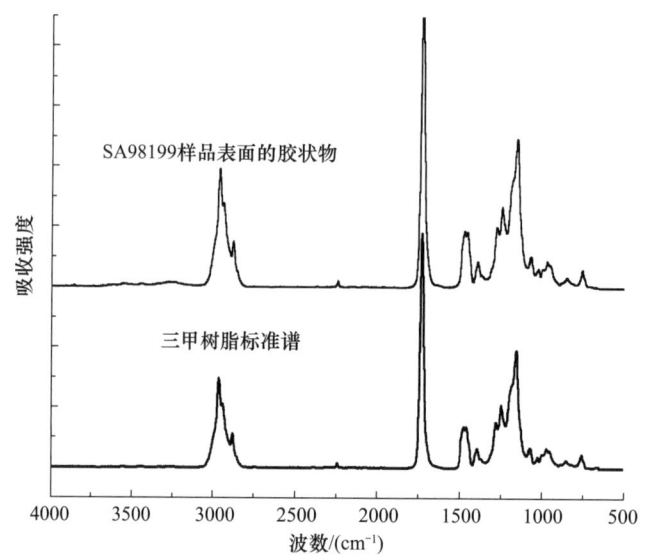

图 7-17　SA98199 上污染物的红外吸收光谱与三甲树脂标准谱的对比

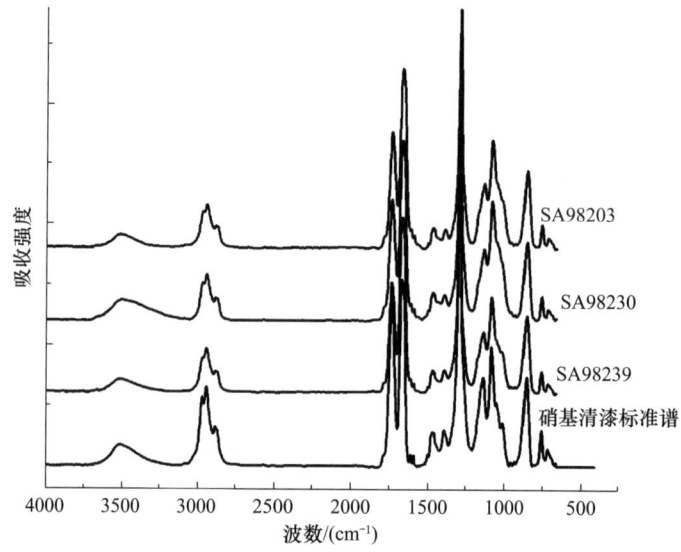

图 7-18　SA98203、SA98230、SA98239 上污染物的红外吸收光谱与硝基清漆标准谱的对比

SA98186、SA98202、SA98208、SA98215、SA99092、SA99093、SA98223 等 11 个样品可能受含有不明链状烷烃基团类物质污染，典型红外吸收光谱参见图 7-19。

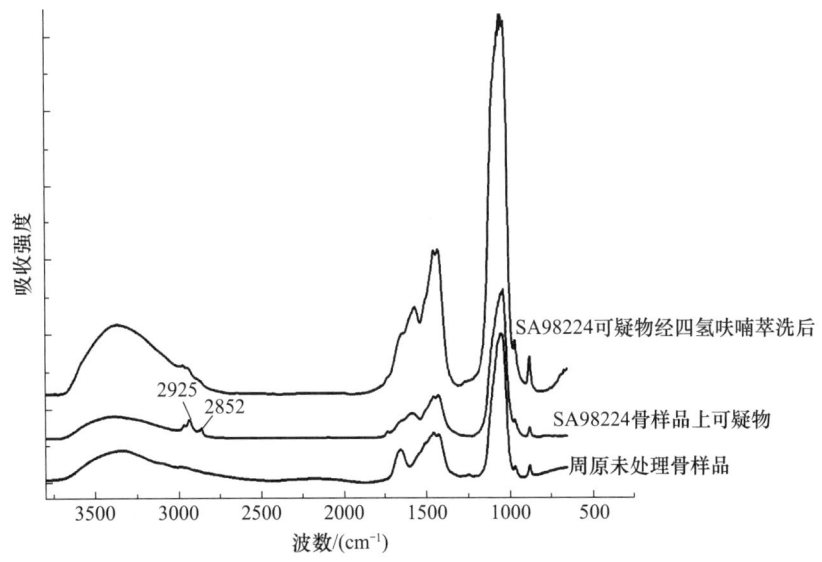

图 7-19　SA98224 经四氢呋喃萃洗前后的红外吸收光谱与周原骨样品的红外吸收光谱的对比

③ 甲骨样品除污染研究和纯化处理。

目前，国际上对于受污染骨质材料的纯化方法不多，受合成材料污染的明胶纯化方法更罕见报道。1999 年 8 月在第 9 届加速器质谱国际会议上，我们看到一份纯化受污染木材的简单资料。资料的作者模拟受橡胶胶水、木胶、环氧树脂、甲基纤维素、蜂蜡、聚乙二醇、石蜡等污染的已知年代木材，在改进的索氏提取器中用三氯乙烯、二甲苯、石油醚、丙酮、甲醇等五种有机溶剂依次萃洗，按标准的木材前处理（AAA）流程处理之后制成石墨测样，经 AMS 测量的数据（1σ）都能和原来木材年代（2σ）相符合。借鉴这一方法，我们于 1999 年底至 2000 年初纯化了十多个明胶和 8 个甲骨样品。

为了增加除污性能（特别是对石蜡和蜂蜡），降低溶剂的沸点，避免在用到骨样品上时造成骨胶原丢失，2001 年，上述资料的作者在文章正式发表时更换了两种溶剂，其中的三氯乙烯换为四氢呋喃，二甲苯换成了三氯甲烷[①]。这一变更无论从除污对象还是从样品对象看，都更适合我们的需要。一般来说，像前述样品中发现的三甲树脂、硝基清漆等污染物应能被这些有机溶解清除掉。

系列有机溶剂方法除污的基本依据是利用物质的相似相溶性，即各种物质的结构性质越相近就越能够相互溶解。选择多种对可能存在的污染物有强烈溶解作用的试剂，来萃取清洗受污染的甲骨。在使用过程中，还要求能从甲骨上彻底清除掉这些试

① Bruhn F, Duhr A, Grootes P M, et al. Chemical removal of conservation substances by "Soxhlet"-type extraction. *Radiocarbon*, 2001, 43(2A): 229-237.

剂，以免造成新的污染。因此，在使用时需要将拟用的多种溶剂顺序排列（系列），要求先用的溶剂能够被后面的溶剂清除掉。纯净水肯定不会造成污染，所以先用不溶于水的，最后使用与水完全互溶的。上述三氯乙烯（后改用四氢呋喃）、二甲苯（后改用三氯甲烷）、石油醚、丙酮和甲醇系列的应用就是遵循这一考量。

在甲骨样品除污染研究和纯化处理方面我们主要做了三项工作。

第一，受污染甲骨明胶的纯化。

考虑到明胶不像木材，不便于使用索氏提取器，我们将方法加以改进[①]。依据五种有机溶剂对水的溶解度差异，分为溶于水的和不溶于水的两组，前者为丙酮和甲醇，后者为三氯乙烯、二甲苯和石油醚。先将明胶装在柱中，用溶于水的溶剂淋洗，然后将明胶由柱中取出并溶解于水中，再用不溶于水的有机溶剂萃取。用该法共纯化了 10 个样品，其中不仅有离奇偏老的样品，作为对比，还处理了被认为正常和偏老不多的样品。

将纯化后的明胶制成石墨，经 ENAMS 测量的结果表明，经过纯化之后，被认为明显偏老的样品，纯化之后的年代都较原来的年代年轻，并且多能为考古学家所接受。而原来被认为正常和偏老不多的样品年代，纯化之后的年代（1σ）数据，也与原来的年代（2σ）结果相一致。《简本》表十三中的 SA99097p 即是用该法中的 p1 法得到的结果。明显偏老的样品经纯化之后的明胶，在 2925cm$^{-1}$ 附近的吸收峰消失。这一现象说明，明胶中的污染物已经被清除，从而说明所采用的纯化方法是有效的。但是我们在用有机溶剂纯化明胶过程中也发现，不同样品的回收率相差悬殊，不少样品的回收率很低，无法得到足够的明胶用来进一步制样测量。专门安排的实验表明，回收率低的原因主要是由于这些明胶溶于甲醇。

为了克服甲醇对一些样品明胶溶解，我们曾将甲醇换成乙醇。为了区分方法的不同，用甲醇的方法称 p1 法，换为乙醇的称 p3 法。并且还试用过只淋洗方法，称为 p2 法。由于 p3 法除污染效果不稳定，p2 法因明胶溶胀问题不便应用，这两种方法的可靠性都存疑，也没有做更深入研究。

第二，模拟清除污染试验。

针对发现的三甲树脂和硝基清漆污染做了清除条件实验。三个多次制样测量过年代的骨头样品，分别用 10% 三甲树脂丙酮溶液和 1∶1 硝基清漆丙酮溶液模拟加固。待丙酮挥发后，样品在烘箱中 50℃温度下老化 90 天。用四氢呋喃、三氯甲烷、石油醚、丙酮和甲醇等有机溶剂在索氏提取器内萃取清洗，每种溶剂处理两小时。完成纯化之后，刮取骨样做红外分析，未发现三甲树脂和硝基清漆污染残留。再经常规前处理，把样品制备成明胶，并转化成石墨，经 ENAMS 测定并和原来数据比较，也说明没有明显的三甲树脂和硝基清漆污染残留。

我们还分别用四氢呋喃和三氯甲烷试验清洗 SA98224、SA98168 样品表面刮下的可疑物质，然后比较它们清洗前后的红外光谱变化。图 7-19 显示甲骨 SA98224 经四氢

① Yuan S X, Wu X H, Liu K X, et al. Removal of contaminants from Oracle bones during sample pretreatment. *Radiocarbon*, 2007, 49(2): 211-216.

呋喃萃洗前后与周原出土骨样品红外光谱对比。由图上三条曲线比较可见，未萃洗前 SA98224 与周原遗址出土骨样品比，在 2925cm⁻¹ 波数附近出现明显的异常吸收峰，经四氢呋喃萃洗后该吸收峰几乎消失。表明四氢呋喃除污效果明显。

　　为鉴别四氢呋喃和三氯甲烷清洗下的污染物，用红外光谱检测了清洗 SA98224 样品后的四氢呋喃浓集残留物。在得到的图谱上，除了少量其他杂质峰之外，主要谱峰和液体石蜡相似。图 7-20 是蒸除萃洗 SA98224 后的四氢呋喃残留物和标准液体石蜡对比图谱，二者相当类似。而蒸除萃洗 SA98168 后的四氢呋喃残留物，虽然在 2925cm⁻¹ 波数附近也有非常强的吸收峰，但与石蜡图谱相差较大。2925cm⁻¹ 波数附近强吸收峰的出现，说明可能存在含有链状烷烃基团的污染物。液体石蜡为碳原子数 10—18 的各种正构烷烃混合物，它和白油、凡士林等类似，主要来自石油产品，它们的红外谱也近似。其中的碳都是年代非常久远的"死碳"，修复和保护实验室有时会使用这类物质。如果甲骨被这类材料污染，无疑在红外光谱图上的 2925cm⁻¹ 波数附近会有吸收峰出现，而且会造成样品年代偏老。

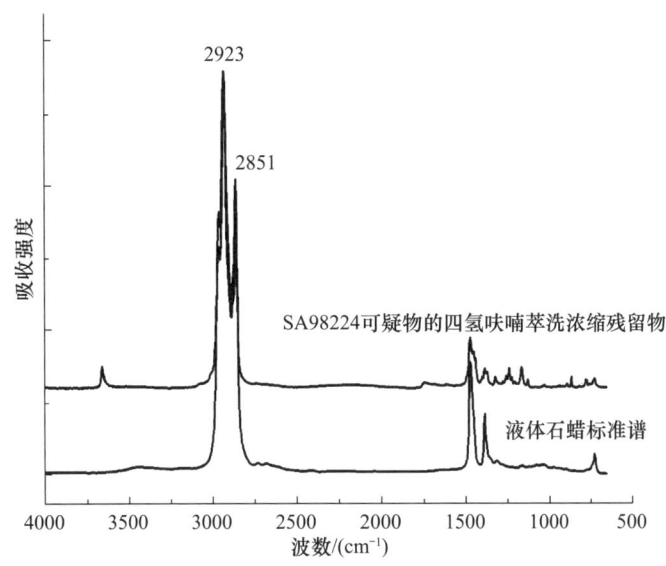

图 7-20　萃洗 SA98224 的四氢呋喃残留物的红外吸收光谱与液体石蜡标准谱的对比

　　第三，甲骨的纯化。

　　虽然在纯化甲骨明胶时发现一些样品明胶溶于甲醇，但是，一般说来胶原蛋白不溶于甲醇。溶解现象的出现，可能是一些甲骨的胶原蛋白保存状况较差，在经水解制明胶时形成了许多较小分子。如果用甲醇直接清洗甲骨，甲骨中明胶物质的溶解状况就会大为减少或避免。出于这样的考虑，我们于 2000 年用三氯乙烯、二甲苯等有机溶剂纯化处理了 8 个甲骨样品，明胶收率基本正常，2002 年测量的年代结果中没有明显偏老的数据。虽然其中的 SA00032 也测出了数据，但是它只有 0.33mg C。因为样品量太少，在像甲骨测年这样高要求的研究工作中，这个数据仅可供参考，不能作为正式数据。在此基础上，2004 年我们又用四氢呋喃、三氯甲烷等有机溶剂纯化处理了剩余的全部 62

个甲骨样品。

纯化的具体方法是，先将清刮干净的甲骨在水中超声清洗，干燥后置于 50mL 磨口锥形瓶内，依次用三氯乙烯（2004 年改用四氢呋喃）、二甲苯（2004 年改用三氯甲烷）、石油醚、丙酮和甲醇在振荡器上振荡清洗。每次用 30mL 有机溶剂，中速振荡 30 分钟，每种溶剂振荡清洗三次，最后用水除去残留的甲醇，再按前述"通用骨样品前处理流程"处理制备成明胶。2004 年处理的 62 个样品中除了 8 个无碳之外，其他都制得了石墨，用北京大学 2004 年新投入使用的 NEC 专用 AMS 测量得到了 $^{14}C$ 年代，绝大部分数据正常。

④ 系列有机溶剂纯化甲骨样品效果。

除了通过红外光谱检测甲骨样品的除污染纯化效果以外，还可以根据测定的 $^{14}C$ 年代数据来大致判断。用测出的 1—5 期甲骨数据做系列样品年代校正，校正结果和"夏商周断代工程"商后期年代框架对比，可以判断总体数据情况。而单个数据在做系列样品年代校正时的入列情况，可以大致判断该数据的可靠性或样品纯化效果。当甲骨数据能够进入系列参与全系列年代校正时，说明该样品数据与预期结果相合，样品不存在污染或明显污染，纯化效果良好。

据此我们来考察前处理过程中增加系列有机溶剂萃洗流程的纯化效果和作用。

"夏商周断代工程"共测出 1—5 期甲骨数据 71 个，利用 71 个数据做系列样品年代校正时，能够入列数据 55 个，不能够入列数据 17 个（参见《殷墟甲骨的 AMS $^{14}C$ 年代测定结果》部分）。前面提到甲骨处理与测量主要分两个阶段：2000 年之前和 2000 年之后。之前只是用一般（通用）骨样品处理流程，之后在通用流程之前另外增加系列有机溶剂纯化，两个阶段甲骨入列数据比例对比如下。

1999 年处理并测定的 1—5 期年代数据 24 个，入列 14 个，入列比 58.3%。24 个样品中的 SA99097 数据异常偏老，其明胶经过纯化测量，数据以 SA99097p1 编号入列。2000 年之后处理并测定的 1—5 期年代数据 47 个（其中还包括了上述的 SA00032），入列 40 个，入列比 85.1%。其中 2004 年处理并用 NECAMS 测定的年代数据 39 个，入列 36 个，入列比高达 92.3%。不能入列的三个数据也只是略微偏老或偏年轻，没有离奇数据出现。

通过对比可以清晰地看出，在通用流程之前另外增加系列有机溶剂纯化流程的效果与作用。2000 年以后处理，能入列的数据不仅比例大幅提高，而且其中还包括有红外分析显示存在三甲树脂污染的 SA98199，存在硝基清漆污染的 SA98203 和含有链状烷烃类基团物质污染的 SA98168、SA98179、SA99092、SA99093、SA98185、SA98186、SA98202、SA98208、SA98215 等样品。测量结果说明，即使检测出有污染物的样品，绝大部分除污效果也令人满意。

由以上数据和分析，可以得到如下结论。总体上看，我们在通用骨样品前处理方法之前，增加系列有机溶剂萃洗来纯化受污染甲骨的方法是有效的，处理方法是成功的，提供的入列甲骨数据是可信的。

总观甲骨测年工作，由于多种因素，进展一波三折。最主要的原因有二：首先，结题时间相对于甲骨测年这样要求十分高的研究来说过于短促，加速器设备的性能一时很难满足要求。其次，我们虽然对于处理普通骨头样品方法做了较为充分的探讨，实践证明能够满足处理普通"夏商周断代工程"样品的要求。但是对于像甲骨这类出土后又在社会上或研究单位辗转的样品污染问题估计不足，国际上也极少有可供借鉴的经验。正如前面所述，通过2000年之后，亦即"夏商周断代工程"结题后的艰苦摸索才基本上解决了这个问题。当然，这并不是说骨样品污染的一切问题都已解决，人为保护剂、加固剂的去除还是很复杂的。这些材料变化万千，而且不断会有新材料出现。并且，即使我们2004年处理并用新加速器测定的样品中，个别样品的污染问题也可能没有完全清除，说明在系列溶剂的选取及操作方法和流程上还不完备。十年的探索过程使我们深深感到，前处理过程中污染物的分析检测和除污染方法是十分复杂的，两者都尚待进一步改善与提高。

（2）样品的化学制备研究

制备AMS测量样品主要分两步，先是把经过前处理得到的明胶燃烧生成$CO_2$，然后再将$CO_2$还原转化成石墨。为了适应"夏商周断代工程"样品数量多、骨质样品多、许多样品十分珍贵而单个样品重量又十分有限、测量精度要求高的特点，实验室新建了用元素分析仪作燃烧和制备设备的制备$CO_2$系统、新的石墨测样合成装置。新的制备$CO_2$系统对有机物燃烧充分，能有效地分离各种杂质，能同时采集测量$^{13}$C样品，还可以测量出有助于判别骨样品保存状况的C/N比。新的燃烧和制石墨设备通过对测样本底、系统记忆效应、制备出的标准样品，以及用各种样品和多伦多实验室分别处理并制样测量对比，证明都符合"夏商周断代工程"要求。

1）样品燃烧

采用德国elemental公司生产的Vario EL CHNS元素分析仪，并配备$CO_2$收集系统构成燃烧装置，燃烧样品制备$CO_2$[①]。制备$CO_2$系统图如图7-21所示。

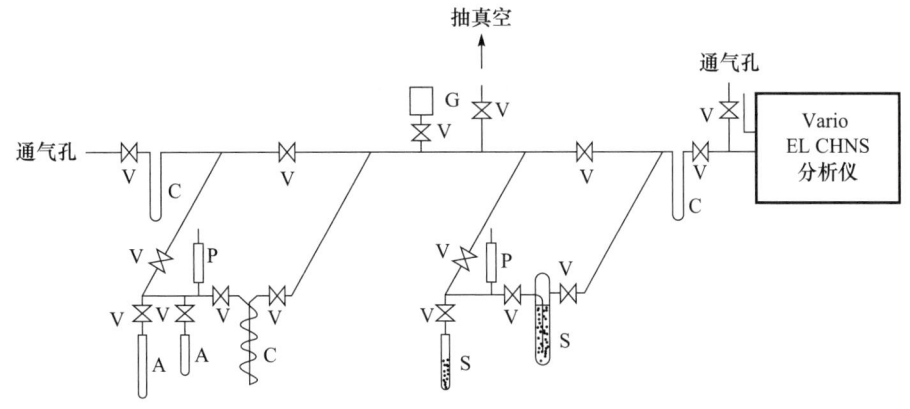

图7-21　制备$CO_2$系统

P. 压力传感器　V. 阀门　C. 冷阱　G. 真空计　S. 吸附剂　A. 安培瓶

---

① Yuan S X, Wu X H, Gao S J, et al. The $CO_2$ preparation sestem for AMS dating at Peking University. *Nuclear Instruments and Methods in Physics Research*, 2000, B172: 458-461.

2）制备石墨测样

采用成熟的用 Fe 粉、$H_2$ 还原法，还原 $CO_2$ 制备石墨，用高真空阀门、压力传感器、电炉、温控和石英反应器等部件组成制备石墨装置，催化还原制备石墨。反应温度 540℃，反应时间为两小时左右。

## 2. AMS $^{14}$C 年代测定的技术改造与方法学研究

"夏商周断代工程"制定年表和年代框架的主要研究途径之一是对有典型意义的遗址与墓葬进行分期研究，并提取系列样品进行 $^{14}$C 年代测定。$^{14}$C 年代测定可采用常规法或加速器质谱法。AMS 法的主要优点是其所使用的样品量仅为常规法的千分之一，这样就扩大了样品的选择范围。而且 AMS 法的测样时间短，工作效率高，从而为"夏商周断代工程"在有限时间内提供尽可能多的测年数据创造了条件。

北京大学加速器质谱计（PKUAMS）是在国家自然科学基金"七五"重大项目的支持下建造的，于 1993 年 5 月投入使用。该加速器质谱计的主加速器是一台 1962 年建造的 EN 型串列加速器，1985 年由英国牛津大学赠送给北京大学。由于当时资金投入有限，一些严重老化的设备没有得到更新，加速器质谱计的性能不十分理想。一般情况下，该设备 $^{14}$C 测量的精度在 1%—2%，系统的稳定性差，故障率高，自动化程度也很低。这种状况远不能满足"夏商周断代工程"的要求。

20 世纪 90 年代中期，国际上若干先进实验室 AMS 批量样品 $^{14}$C 测量的精度可以达到好于 0.5% 的水平。同时，国际上对于 AMS$^{14}$C 测量的误差来源也做了深入的研究[①]，建立了 AMS $^{14}$C 测量性能检验的实验方法，并在此基础上发展了 AMS $^{14}$C 测量的质量控制体系。这些都为我们的研究工作奠定了理论上和技术上的基础。

"夏商周断代工程"AMS 专题 1996 年 5 月 17 日通过专家论证，同时被列为国家自然科学基金重大项目，并得到了北京大学"211 工程"的专项支持。经过对设备改造方案的设计与技术准备，1997 年 4 月开始对北京大学加速器质谱计进行设备改造，1998 年 4 月进入调试阶段，1998 年 12 月开始进行样品测量，1999 年 6 月由专家组进行了第一次测试，专家组认为系统的各项指标基本上达到了要求，但系统的长期稳定性尚有欠缺。此后经过改造数据获取系统、改进离子源靶轮、标准样改用国际草酸 OX-I，到 1999 年 10 月系统的长期稳定性问题得到解决[②]。2000 年 5 月，专家组进行了测试复查，确认北京大学 AMS $^{14}$C 测量的精度优于 0.5%，测量数据可靠。2000 年 6 月 4 日，"夏商周断代工程"AMS 专题暨国家自然科学基金重大项目通过国家验收。

本专题验收后，仍继续进行了一些相关研究工作，如甲骨测年的研究，以及验收前未及测量的一些夏商周重要遗址如新砦、禹州瓦店等的系列样品年代测量。2004 年 10 月，北京大学从美国 NEC 公司购入的小型 $^{14}$C 测量专用 AMS 装置投入运行，部分

① Beukens R P. Procedures and precision in $^{14}$C AMS. *Nuclear Instruments and Methods in Physics Research*, 1994, B92: 182-187.

② Guo Z Y, Liu K X, Lu X Y, et al.The use of AMS radiocarbon dating for Xia-Shang-Zhou chronology. *Nuclear Instruments and Methods in Physics Research*, 2000, B172: 724-731.

"夏商周断代工程"$^{14}$C 样品，包括部分甲骨样品是在该装置上测量的。在此过程中，对于该设备所测数据的可靠性也进行了研究，并在此基础上参加了第 5 次国际比对。大量样品的复测（包括跨年度复测）、与国内常规 $^{14}$C 实验室的比对、与国际知名 AMS实验室的比对，以及所参加的国际比对等均表明，PKUAMS 的 $^{14}$C 测年数据总体上是可靠的。

（1）AMS 设备的技术改造

提高 AMS $^{14}$C 测量精度的前提是设备的稳定运行，为此我们对北京大学加速器质谱计进行了离子源、加速器与束流输运线、电控系统、数据获取与测量控制系统及实验室工作环境的改善等五个方面的改造[①]。

在设备改造中我们全面更新性能较差的部件。离子源更换为美国 NEC 公司的 40靶位 MC-SNICS 离子源，并做了部分改进。加速器更换了输电带和分压电阻。对束流输运线进行了重新设计和改造，从注入分析磁铁到高能主分析磁铁之间的各同位素共用束线实现了全静电传输。对加速管和剥离气体孔道进行了重新准直，并对实验室准直基线进行了重新标定，在此基础上进行了束线安装与准直。更新了各静电透镜、静电分析器和预加速等关键高压电源，更新了注入磁铁和主分析磁铁的电源，以及相应的磁场测量仪器。将加速器入口与出口处的 450 l/s 分子泵更换为 1500 1/s 的分子泵，更换了关键的阀门和大部分真空测量仪表，改进了系统的真空密封。经过改造后系统的基础真空从 $10^{-4}$Pa 提高到 $10^{-5}$Pa，全系统的束流传输效率从 15% 提高到 30%。

新的电控系统硬件采用 Group3 公司的 Contro1Net 分布式系统。全系统包括 6 个就地控制站，用光纤连接成环路。主控机为一台工控 PC，内置一专用环路控制接口卡与光纤环路相连。控制软件在 LabView 平台上开发，可实现虚拟仪器功能，人机界面友好，操作方便。该系统运行稳定可靠，控制精度达到 0.05%，长时间运行稳定度优于0.1%/8h，抗电磁干扰能力强[②]。

$^{14}$C 数据获取系统由一组 NIM 插件、ORTEC 单参数获取插卡和一台奔腾 150 微机作为前端机构成。主控机为一台奔腾 200 微机，通过三个接口卡分别进行前端 $^{14}$C 计数获取、$^{13}$C 电流获取以及离子源换靶和交替注入电源的控制。为确保 $^{13}$C 束流测量精度，采用 Keithley 6512 弱电流计代替原有的束流积分仪，并重新研制了交替注入控制装置及光纤通信终端。主控机的软件也是用 LabView 编写的。该系统工作稳定可靠，实现了整个测量过程的自动化。测量结果被写入 MS Excel 表，便于离线处理。这是一个开放式的系统，具备扩展与升级的能力[③]。

① Liu K X, Guo Z Y, Lu X Y, et al. Improvements of PKUAMS for precision $^{14}$C analysis of the project of Xia-Shang-Zhou chronology. *Nuclear Instruments and Methods in Physics Research*, 2000, B172: 70-74.

② Lu X Y, Li B, Guo Z Y, Li K. The upgrade of PKUAMS control system. Proceedings of the Fifteenth International Conference on Application of Accelerators in Research and Industry, Denton, Texas, USA, Nov 1998, AIP Conference Proceedings 475, New York: AIP Press, 1999: 903-907.

③ 汪建军、夏松江、李斌等：《夏商周断代工程中的 AMS 数据获取与测量控制系统》，《第二届全国加速器技术学术交流会论文集》，1998 年 7 月，宁波，第 254—257 页。

为保证加速器质谱计在夏季可正常工作，我们对加速器大厅的环境进行了改造。修建了 30 米长、6.8 米高的保温隔墙，安装了三台 5P 柜式空调机，进行局部环境的温度、湿度控制。为抑制市电波动对系统的稳定性的影响，购置了一台 50 kVA 市电稳压器，供电源和测量仪表使用。为保证离子源靶头的压制质量，减少环境中的现代碳污染，新建了洁净样品准备室，购置了超声清洗器与烘箱。待测样品保存在干燥皿中，并使用专用的压靶工具和模具制靶。

（2）系统性能的提高与测量方法研究

AMS 的测量误差从表现形式上可分为内部误差与外部误差两类[1]，从性质上则可以分为内部误差（偶然误差）和系统误差两类。内部误差是指测量中来源已知的随机性误差，在 AMS $^{14}$C 测量中内部误差主要来源于 $^{14}$C 计数的泊松误差。系统误差依特征又可分为随机性系统误差与确定性系统误差两类。随机性系统误差引起测量值相对于真值的无规偏离。对于多次测量结果而言，则表现为观测值样本分布的加宽，平时常称其为离散。对于我们的情况，这种误差主要来源于仪器的不稳定性，亦可称为仪器误差。确定性系统误差引起测量值相对于真值的定向、定量偏离，在规律与原因清楚时可加以修正。确定性系统误差有多种来源，例如，有来源于样品本身的自然分馏效应（可通过测量其 $\delta^{13}$C 值校正），有来源于制样过程的测量本底（可通过同时测量本底样校正），有来源于测量过程的仪器分馏效应（可通过同时测量标准样校正）等。采用相对测量方法时，这类误差可以在一定程度上（有时是相当大程度上）得以消除。合理的测量布局与程序安排也有助于消除这类误差。样品的污染（包括野外污染和实验室污染）也是一种确定性系统误差，可使样品年龄偏老或偏年轻，但这种误差很难进行有效的修正，因为一般情况下我们不知道样品是否被污染，也不知道污染的程度。外部误差是指多次测量一个样品时所得到的测量值（一般是间接观测值）的标准偏差。外部误差包括了内部误差和随机性系统误差。但确定性系统误差一般难于通过测量本身发现，只能通过比对或特殊安排的实验发现。

系统的调试与性能研究的过程，实际上就是发现、减小和消除系统误差的过程。在 AMS 的早期测量工作中，仪器误差引起的随机性系统误差是影响测量数据质量的关键问题。在早期的系统调试阶段，我们先后解决了影响测量精度的几个关键问题，如 $^{13}$C 测量法拉第杯的定位问题，$^{14}$C 双参数谱中的拖尾问题，探测器入口处束流截面与探测器窗口的匹配问题，系统运行参数优化与传输效率提高等[2]。在样品测量阶段，我们边测样边进行方法学研究，并根据所发现的问题及时采取改进措施，使测量水平不断提高。例如，1999 年初发现 $^{13}$C 测量采用的国产束流积分仪稳定性不够好，遂于当年 3 月换用了 Keithley 6512 电流计。随后发现国内研制的双参数数据获取系统的死时

---

① Beukens R P. Procedures and precision in $^{14}$C AMS. *Nuclear Instruments and Methods in Physics Research*, 1994, B92: 182-187. 郭之虞：《高精度加速器质谱 $^{14}$C 测年》，《北京大学学报》（自然科学版）1998 年第 2、3 期。

② Liu K X, Guo Z Y, Lu X Y, et al. Improvements of PKUAMS for precision $^{14}$C analysis of the project of Xia-Shang-Zhou chronology. *Nuclear Instruments and Methods in Physics Research*. 2000, B172: 70-74.

间不稳定，时有不规则跳变，于 1999 年 7 月换用了 ORTEC 单参数数据获取系统。7—8 月又先后发现了离子源的靶头活动与靶轮偏心问题，并采取相应措施予以解决。此外，还发现用中国糖碳做标准样时，高精度测量的稳定性不理想，后于 1999 年 11 月起改用国际草酸 OX-I 作为标准样。我们还研究了系统的平顶传输特性，离子源溅射区几何尺寸对测量结果的影响，以及剥离气体压强、探测器气体压强、离子源流强等因素对 $^{14}$C/$^{13}$C 比值 $R$ 的影响[①]，并在此基础上制定了束流调试规程[②]。

随机性系统误差依其来源又可分为两类：时间相关的系统误差以及靶位相关的系统误差。我们对测量系统的稳定性进行了深入的研究。

时间相关的系统误差表现为测量结果随时间而变化的不稳定性，对此需要从不同的时间尺度上加以研究。实验研究表明，改造后北京大学加速器质谱计的短期（单靶次测量）和中期（几个小时）稳定性是足够好的[③]。通常情况下，一个批次的测量可持续 40—60 小时。在这一时间尺度上，系统的长期稳定性在测量的早期还不够好，但在后期有了明显改善。许多靶轮的单靶次标准样测量值随时间的变化呈现出分段趋势，故在处理测量数据时，较为合理的方法是只使用相邻的标准样，这样可以充分发挥系统的中、短期稳定性好的优势，得到较高的精度。

靶位相关的系统误差产生的原因主要有三种，即靶头松动、靶头定位不良和靶轮偏心。如果靶轮上靶头固定孔和靶头的配合误差偏大，那么在靶轮后盖不能将靶头压紧时会发生靶头松动，而在靶轮后盖可以将靶头压紧时会发生靶头定位不良。前者使测量值的离散加大，后者使测量值偏离真值。靶轮偏心是由于靶轮中心孔与固定轴之间存在间隙引起的，其结果表现为各标准样靶的测量值呈现出类似正弦曲线的周期性。这几种情况在测量早期均有出现，采取改进措施后已被消除。

鉴于在"夏商周断代工程"样品 AMS $^{14}$C 测年的早期（1999 年 9 月之前）系统的长期稳定性不够好，而中、短期稳定性足够好，为了保证早期测量数据报道的可靠性，我们对测量过程的设计安排采取了如下措施：在一个靶次的测量（指对一个靶持续进行的一次测量，即不换靶）过程中以小于 1 分钟的间隔交替注入 $^{14}$C 与 $^{13}$C，可保证 $^{14}$C 与 $^{13}$C 测量的可比性。靶轮上标准样安排的间隔较小，在一个轮次中一组未知样与标准样的测量时间在 1 个小时之内，这样可以充分发挥测量设备中、短期稳定性好的优势，最大限度地消除系统长期稳定性不够好的影响。为了进一步提高测量的可靠性，我们还采用了一样多靶的测量方法，即将一个样品分装在 2—4 个靶中进行测量，然后对测量数据进行分析处理。

① 用 AMS 测量 $^{14}$C 时，实际上测的是样品中不同同位素（如 $^{14}$C 与 $^{13}$C）含量的比值，记为 $R$。

② Liu K X, Guo Z Y, Lu X Y, et al. Improvements of PKUAMS for precision $^{14}$C analysis of the project of Xia-Shang-Zhou chronology. *Nuclear Instruments and Methods in Physics Research*, 2000, B172: 70-74.

③ 郭之虞：《从标准样 $^{14}$C/$^{13}$C 比值看 PKUAMS 的稳定性》，北京大学重离子物理研究所内部报告 IHIP/PKUAMS-2000-04。

（3）AMS $^{14}$C 测年早期数据处理的方法学研究

1）测量过程的安排

在一个靶次的测量过程中交替注入 $^{14}$C 与 $^{13}$C 以测得 $R$ 值。为保证 $^{14}$C 与 $^{13}$C 测量的可比性，可将测量划分为 50s 的小周期，重复交替测量 10 次。然后换靶进行下一靶次的测量。靶轮上一般每隔 3—4 个未知样放一个标准样。对靶轮上各靶循环测量一遍为一个轮次，以未知样前后的标准样 $R_S$ 的平均值为参照，先求得未知样 $R_X$ 与标准样 $R_S$ 的比值 $R_{XS}$，再求得各未知样靶在该轮次的 FM 值[①]。整个测量过程进行 8—12 轮，最后可求出每个靶各轮次 FM 值的平均值。此方法可最大限度地消除了系统长期稳定性不够好及靶轮偏心的影响。

为保证测量结果的可靠性，PKUAMS 在测量"夏商周断代工程"样品时均采用一样多靶的方法，即将一个样品分装在 2—4 个靶中进行测量。为保证各个样品靶的测量是独立的，需分别用不同的标准样靶作为参照，以避免损失自由度。数据处理时，各靶先分别求出各自的 FM 平均值，然后再进行合并处理。

2）离线数据处理程序的编写

用 VBA 语言 MS-Office 编程开发了离线数据处理与分析程序（Off Line Data Manipulation and Analysis Program，OLDMAP）[②]。该程序以在线数据获取程序生成的 Excel 表为基础，具有数据检查、单靶次测量结果数据处理、标准样测量结果汇总分析、本底样测量结果汇总分析、各轮次数据处理、各靶测量结果与误差计算、一样多靶合并处理与统计检验等功能。样品 $^{14}$C 年龄的计算进行了标准样与本底样校正以及同位素分馏校正。对于一样多靶的情况，在进行数据合并前还要对各靶测量结果的一致性做 $t$ 检验（对于一样双靶）或方差分析 $F$ 检验（对于一样 3—4 靶）。

3）测量误差的计算与报道[③]

单靶次测量的内部误差可由其 $^{14}$C 总计数求得。一个轮次中各被测样靶的内部误差用误差传递公式求得。一个批次中（指对一个靶轮上各靶测量的全过程，包括多个轮次）各靶的内部误差则利用对各轮次结果的加权平均公式求得。一样多靶合并处理时，其内部误差亦按加权平均误差给出。单靶次测量的外部误差仅供数据取舍计算用，不向下传递。一个单靶的多轮次测量平均值 $\overline{R}_{XS}$ 的外部误差，通过对基于各轮次测量值及其内部误差的 $\chi^2$ 检验进行误差放大来求。计算样品年代误差时，在内部误差与外部误差中取值大者代入公式。

一样双靶结果的一致性用 $t$ 检验判定。$t$ 检验按不等精度情况进行，其自由度一般

---

① FM 是样品 $^{14}$C 同位素丰度（$^{14}$C 与 $^{12}$C 原子数之比）与现代碳标准 MC 的比值，称为分数现代碳值（Fraction Modern）。MC 是样品 $^{14}$C 放射性比活度及同位素丰度的单位，称为现代碳标准（Modern Carbon）。其相应于样品中 $^{14}$C 与 $^{12}$C 的原子数比约为 $1.18 \times 10^{-12}$。样品的 $^{14}$C 年龄是根据其 FM 值计算出来的。

② 郭之虞：《OLDMAP1.1.2 程序算法与计算公式》，北京大学重离子物理研究所内部报告 IHIP/PKUAMS-1999-03。

③ 郭之虞、刘克新：《夏商周断代工程 AMS $^{14}$C 测年数据可靠性分析》，北京大学重离子物理研究所内部报告 IHIP/PKUAMS- 2008-07。

在（$N_1+N_2$）值左右波动，与各靶的误差有关。阈值按双边检验 95% 概率选取。若 $t$ 检验不通过，则两个结果中可能有一个是错的，含有较多的系统误差，属于反常靶位。此时应选取正常靶位的结果作为测量值报道。若无法做出判断，则应安排复测。若 $t$ 检验通过，则可按加权平均进行合并处理，得出平均值与误差。如果存在靶头定位不良的情况，对于所测量的一个样品的双靶，若能通过 $t$ 检验，还需进一步做两个靶测量结果所得分布的 $\chi^2$ 检验。如果 $\chi^2>1$，则合并后的测量误差需放大 $\chi$ 倍。三靶或四靶结果的一致性用方差分析 $F$ 检验判定。阈值亦按双边检验 95% 概率选取。若 $F$ 检验不通过，则将偏离平均值最大的一个靶位舍弃，余下的靶再进行 $F$ 或 $t$ 检验。若 $F$ 检验通过，则可按加权平均进行合并处理，得出平均值与误差。

考虑到早期测量的实际情况比较复杂，某些原因不明的确定性系统误差难以被上述计算方法所包括，我们在最后提交数据时所给出的报道误差是按下述公式确定的：

$$\sigma_{bd} = \begin{cases} (\sigma_{cl}^2 + \sigma_{fj}^2)^{1/2} & 若 (\sigma_{cl}^2 + \sigma_{fj}^2)^{1/2} \geqslant \sigma_{min} \\ \sigma_{min} & 若 (\sigma_{cl}^2 + \sigma_{fj}^2)^{1/2} < \sigma_{min} \end{cases},$$

式中 $\sigma_{bd}$ 为报道误差，$\sigma_{cl}$ 为测量误差，$\sigma_{fj}$ 为附加的系统误差，$\sigma_{min}$ 为设定的最小报道误差。在实际报道时，$\sigma_{fj}$ 和 $\sigma_{min}$ 根据对该批次测量情况的评估确定。

经过以上各步骤误差的多次放大，可以认为 AMS <sup>14</sup>C 测年早期的报道误差基本上可以反映出测量的实际误差。在 1999 年 9 月之后，以测量误差为报道误差，但误差小于 30 年时取为 30 年。

4）数据处理方法与误差报道的合理性分析 [①]

为了对系统存在一定的长期不稳定性的情况下数据处理方法的可靠性做出评估，我们考察了采用相邻标准样作为样品测年参照的有效性。未知样 FM 值主要取决于其 $R_{XS}$ 值，即其 $R_X$ 值与所参照标准样 $R_S$ 值之比。在 $R_S$ 值随时间漂移的情况下，我们对各批次样品的 $R_X$ 值和 $R_S$ 值的相关性进行了检查，其相关系数均大于 0.6，一般在 0.8 左右。故 $R_S$ 值随时间的漂移对 $R_{XS}$ 值的影响一般不大。这种相关性来自同源的系统误差，且 PKUAMS 在中、短期时间尺度上的稳定性足够好。这里相对测量的方法与合理的测量安排对减小误差起了重要作用。

为了对报道误差的合理性做出评估，我们对实际报道误差的统计分布与其期望值进行了比较，报道误差的期望值可根据对系统长期稳定性的研究推得。由于在样品测量过程中不断采取改进措施，1999 年 9 月以后测量的机器误差明显减小，故对报道误差合理性的评估也是分时段进行的。1999 年 9 月之前标准样单靶次外部误差的典型值为 1.97%，"夏商周断代工程"样品单靶次外部误差的典型值为 2.16%，以此推算 10 轮测量双靶的合并误差期望值为 0.57%，实际上该时段数据的报道误差分布的峰值在 0.52% 左右。1999 年 9 月之后标准样单靶次外部误差的典型值为 1.64%，"夏商周断代工程"样品单靶次外部误差的典型值为 1.77%，以此推算 10 轮测量双靶的合并误差期

---

① 郭之虞、刘克新：《夏商周断代工程加速器质谱 <sup>14</sup>C 测年报道误差的合理性》，北京大学重离子物理研究所内部报告 IHIP/PKUAMS-2000-05。

望值为 0.47%，三靶的合并误差期望值为 0.39%。实际上该时段双靶测量数据的报道误差分布的峰值在 0.45% 左右，三靶测量数据的报道误差分布的峰值在 0.41% 左右，均与期望值符合良好。故可以认为所给出的报道误差是合理的。

（4）$^{14}$C 测量专用小 AMS 的测量方法学研究

2004 年 10 月，北京大学从美国 NEC 公司购入的 $^{14}$C 测量专用小 AMS 装置投入运行，此后北京大学的 AMS $^{14}$C 测量从基于 EN 加速器的 AMS 上转到小 AMS 上进行。部分"夏商周断代工程"$^{14}$C 样品，包括大部分甲骨样品是在该装置上测量的。

该 AMS 装置的机器本底约为 6 万年，测量的可重复性可达 0.3%，样品的 $\delta^{13}$C 值可在线测量。但通过比较发现，小 AMS 测量的 $\delta^{13}$C 值与常规质谱测量的 $\delta^{13}$C 值不一致，且小 AMS 测量的 $\delta^{13}$C 值与流强有关。研究表明，该设备存在一定的流强相关性，可引起附加的不同同位素比值的传输分馏效应。这一现象也得到了国际上其他同类设备的证实。在此情况下，用其自身测量的 $\delta^{13}$C 值进行分馏校正可以对该分馏效应进行校正，从而得到正确的测年结果，此时数据的可靠性是有保证的。由于该 $\delta^{13}$C 值包括了设备的传输分馏，若进行稳定同位素研究，则须使用常规质谱测量的 $\delta^{13}$C 值。

（5）AMS $^{14}$C 年代测定的质量控制 [①]

1）标准样检测

为检验测量结果的可靠性，PKUAMS 安排了数次标准样检测，即同时测量中国糖碳、OX-I、OX-II、ANU 等标准样品，检查其相互间的比值是否正确。结果测量值与标称值的偏离均在误差范围之内。

目前国际上有一套经过很好标定的标准样品，即国际原子能机构（International Atomic Energy Agency, IAEA）的 C1—C6。2000 年 PKUAMS 对其中的 C1、C2、C3 和 C5 进行了比对测量，结果除 C1 由于 PKUAMS 本底偏高使其测量值高于标准值以外，其他三个样品的比对结果都是令人满意的。

2）样品复测

通常在三种情况下进行样品的复测，分述如下。

第一种情况是有意安排对一些样品进行复测，以检验测量结果的可重复性。在本专题开始进行"夏商周断代工程"样品测量之初，1999 年曾对 9 个样品安排了此类复测。其后在 2004 年开始用小 AMS 测量甲骨样品时亦对 16 个样品安排了此类复测。复测表明绝大部分样品数据的可重复性良好。仅有 3 个样品由于其所剩石墨样品较少，复测时流强较弱，故而复测值偏老。当样品量偏少、流强较弱时所测量的年代值会明显偏老，这种现象曾多次出现。

第二种情况是同一样品双靶测量结果不一致且无法做出判断。早期有一些对靶不能通过 $t$ 检验，主要原因是其中有一个靶固定不良（反常靶），导致靶位偏斜或靶头活

---

① 郭之虞、刘克新：《夏商周断代工程 AMS $^{14}$C 测年数据可靠性分析》，北京大学重离子物理研究所内部报告 IHIP/PKUAMS- 2008-07。

动，从而使测量值偏离。此时我们可在问题解决后对该样品进行复测以做出判断，剔除反常数据。

第三种情况是对某个样品的测量结果有怀疑，如测量结果偏老或样品明显被污染，此时如有可能会再次制样进行复测，相应的样品实验室编号加后缀 -1，-2 以示区别。样品明显被污染的典型例子有晋侯墓 SA98093A-1、SA98094A-1，妇好墓骨器 SA99040-1 等，重新制样复测后年代值正常。因测量结果偏老而重新制样复测的主要是甲骨样品，1999 年、2002 年和 2008 年分别对 12 个甲骨样品做了复测，2008 年还复测了 4 个郑州商城和晋侯墓的样品。根据统计学原理，判断两个 $^{14}$C 年代值 $x_1 \pm s_1$ 和 $x_2 \pm s_2$ 源于同一事件的判据为 [1]

$$|x_1 - x_2| < 2\sqrt{s_1^2 + s_2^2},$$

判断 $n$ 个 $^{14}$C 年代数据相合的判据为

$$\chi^2 < \chi^2_{0.95}(n-1)。$$

在甲骨样品复测中，有些年代偏老的样品（1 个无字卜骨和 2 个有字卜骨）经过重新制样复测，其年代值降到了正常范围，这说明确实存在个别甲骨测量数据偏老的问题。其余 9 个有字卜骨样品中大多数复测数据与原数据的一致性良好，只有 3 个数据不满足上述判据。在 4 个晋侯墓和郑州商城样品中只有 1 个数据不满足上述判据。晋侯墓 M64 人骨样品的 1999 年测年结果与同年测量的 M64 木炭样品的年代值相差 130 年，曾引起一些争议，有人认为同一墓两个样品年代值的差太大，不合理。其实用上述判据检查，这两个数据并无矛盾。2008 年我们在小 AMS 上对该人骨样品进行了复测，结果与 1999 年在 EN-AMS 上的测年结果吻合良好。

3）实验室之间的比对

本专题 AMS $^{14}$C 测年数据中有 32 个可与中国社会科学院考古研究所和北京大学的常规 $^{14}$C 实验室的相应测量数据进行比对。总体上看三个实验室的测年结果一致性较好。特别是 AMS $^{14}$C 测年数据与考古所常规实验室的一致性良好，在 19 对可比数据中仅有 3 个样品的年代值之差超过了前述判据。

为检验测量结果的可靠性，PKUAMS 还安排了与国际知名 AMS 实验室加拿大多伦多大学 IsoTrace 实验室的国际比对测量。7 个样品的比对结果表明，相应年代值均符合前述判据。

新砦遗址的部分样品在 PKUAMS 和维也纳大学 AMS 装置上均进行了测量。鉴于新砦遗址的重要性，当时也特意安排了两个实验室的比对测量。结果在 7 对可比数据中只有 1 对数据的偏差超出了前述判据，其余数据的比对一致性良好。

4）国际比对

$^{14}$C 样品国际比对测量活动（International Radiocarbon Inter-comparison，IRI）始于

---

[1] Scott E M, Gordon T C, Naysmith P. Error and uncertainty in radiocarbon measurements. *Radiocarbon*, 2007, 49(2): 427-440.

1980 年，至今已举办了 5 次，组织者为国际原子能机构（IAEA）。其比对程序为：由 IAEA 在全世界范围内向相关实验室发送若干个相同的待测样品，各实验室将测量结果报送 IAEA 后由 IAEA 对所有数据进行统计分析，再将结果报告给各实验室。$^{14}$C 样品国际比对的主要目的是通过比较不同实验室、不同测年方法［加速器质谱法、液体闪烁计数（LSC）法、气体正比计数法］对相同样品得出的测量结果，深入研究 $^{14}$C 测年技术，促进 $^{14}$C 年代学的发展。国际比对的另一目的是设定一系列标准样品，以便为国际上各 $^{14}$C 实验室提供检验日常测量数据准确性的标准。在分发样品时，各实验室并未被告知每个样品的预期 $^{14}$C 年龄或 $^{14}$C 含量。故对于各实验室来说，此国际比对相当于盲检。$^{14}$C 样品国际比对测量活动为检验各实验室的测年水平提供了极好的机会，同时也是难度相当大的考验。

第 5 次第一期的 $^{14}$C 样品国际比对测量共有 4 个样品，即 VIRI A、VIRI B、VIRI C 和 VIRI D。这 4 个样品是经过组织者 IAEA 和部分国际一流实验室经严格挑选确定的。全世界共有 66 个 $^{14}$C 实验室提交了这次比对的测量结果，其中包括 32 个 AMS 实验室、31 个液体闪烁计数实验室、10 个气体正比计数实验室。有些实验室既有 AMS，又有常规测量系统。部分实验室提交了用不同测年系统测得的多组测年结果，还有部分实验室提交了用同一种测年系统所测的多组测年结果。在最后的统计分析中，同一实验室的多组数据都包含在内，总共有 100 多组数据。北京大学 AMS 实验室参加了第 5 次 $^{14}$C 样品国际比对（VIRI）第一期的样品测量（2004 年 9 月开始，到 2005 年 5 月完成，与甲骨测量大体同期），这是我国加速器质谱实验室第一次从样品制备到测量完整地参加国际比对活动，样品制备由北京大学考古文博学院完成，$^{14}$C 测量在 NEC $^{14}$C 专用小 AMS 上进行。

表 7-24 为 IAEA 公布的统计结果及北京大学 AMS 实验室的测量结果。北京大学 AMS 实验室 4 个样品的测量结果与 IAEA 加权统计平均值都十分接近，偏差在 1σ 之内。表中的 A 和 C 的单位 pMC 是百分之一 MC，1MC=100pMC。

**表 7-24　第 5 次 $^{14}$C 样品国际比对统计结果和北京大学测量结果**

| 样品 | | A（pMC） | C（pMC） | B（BP） | D（BP） |
|---|---|---|---|---|---|
| 筛选后数据加权平均值 | 加权平均值 | 109.1 | 110.7 | 2820 | 2836 |
| | 误差 | 0.04 | 0.04 | 3.3 | 3.3 |
| 所有测量结果统计 | 算术平均值 | 108.6 | 109.8 | 2825 | 2859 |
| | 均方根平均值 | 109.1 | 110.6 | 2815 | 2835 |
| | 标准偏差 | 2.78 | 2.35 | 198.7 | 185.2 |
| | 最小值 | 92 | 98.6 | 2460 | 2580 |
| | 最大值 | 113 | 112.6 | 3979 | 3998 |
| 北京大学测量结果 | 测量值 | 108.78 | 110.48 | 2834 | 2859 |
| | 误差 | 0.38 | 0.39 | 35 | 28 |

IAEA 发布的各样品测量结果统计图中更为形象地体现了各实验室的测量结果与水平。作为一个例子，图 7-22 给出了样品 C 的测量结果统计图，图中每条横线代表一个实

验室的测量结果，横线长度代表2σ误差，横线一侧的数字代表实验室编号，竖细实线代表加权统计平均值。图中北京大学 AMS 实验室的编号是21，如箭头所示。图中上部和下部各实验室的测量结果已明显偏离加权统计平均值，说明这些实验室的测量存在较大的系统误差，尽管其中有的实验室（如图中最下面的18号）给出的测量精度很高，但其数据的可靠性很低。其他各样品的统计图与此类似。显然，在国际上参与比对的60多个$^{14}$C实验室中，PKUAMS 的测量结果是相当好的，可以说处于上游水平。此次国际比对的结果表明 PKUAMS 很好地掌握了制样技术与测量技术，其$^{14}$C测年数据是可靠的。

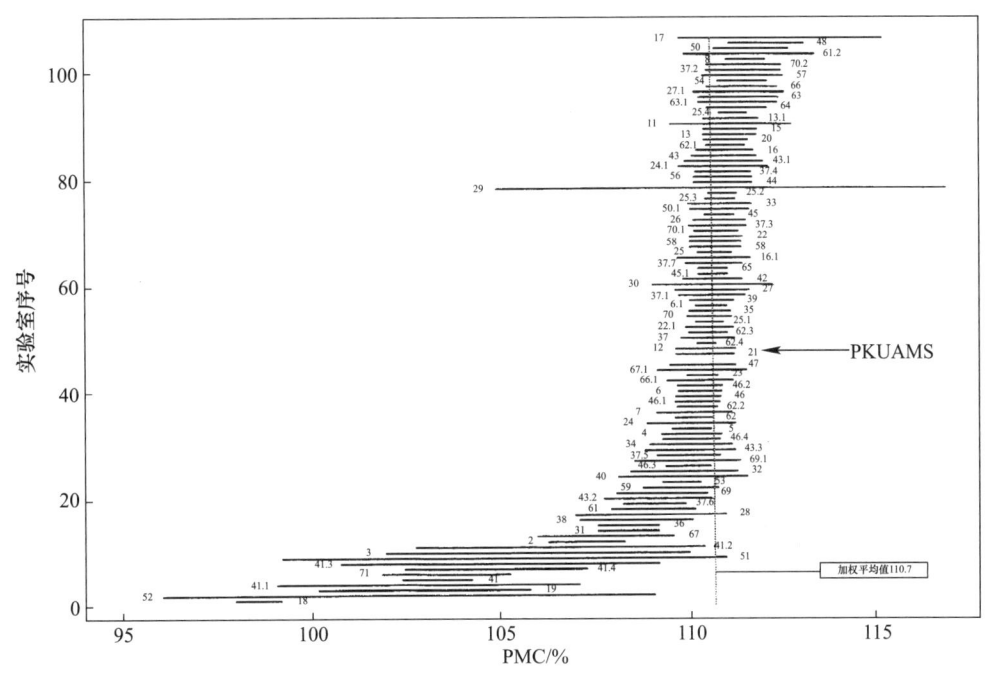

图 7-22　国际比对样品 C 测量结果统计图

## 3. 系列样品 $^{14}$C 年龄校正的贝叶斯方法研究

（1）贝叶斯方法概述

1）"夏商周断代工程"的要求

由于$^{14}$C 校正曲线的锯齿状不规则性，单个$^{14}$C 年龄数据转换成日历年龄后，其概率分布的置信区间（confidence interval）一般会有较大的展宽，或者说，其年代误差会被放大。置信区间的大小也与置信度（confidence level）有关，常用的置信度有68%（1σ）和95%（2σ），相应地有 68% 置信区间和 95% 置信区间[①]。即便样品$^{14}$C 年龄测量的精度达到0.4%，经树轮曲线校正转换为日历年代后，其 95% 置信区间仍有可能达到

---

① 为简便起见，将置信度 68.3% 简记为 68%，将置信度 95.4% 简记为 95%。

200 年以上 [1]。尤其是在 $^{14}$C 校正曲线呈 "平台" 状区间，此现象尤为严重。对于旧石器和新石器考古而言，这一年代误差一般是可以接受的。但对于历史朝代考古的研究来说，如此大的误差将使年代值变得没有意义。我国夏商周考古分期的时间跨度一般在50 年左右，故 "夏商周断代工程" $^{14}$C 测年所提供的日历年代值的置信区间应与此可比或更小，为此必须采用系列样品年代校正方法。

2）系列样品年代校正方法的提出与发展

所谓系列样品，就是已知各样品日历年代之间相互关系的一组 $^{14}$C 样品。依具体关系的不同，系列样品又可以分为间隔已知的系列样品、时序已知的系列样品和分期已知的系列样品。例如，一组树轮样品是典型的间隔已知的系列样品，一组野外发掘的、层位、关系清晰的样品是时序已知的系列样品，而在属于某一考古分期的若干墓葬中采集的一组样品则是分期已知的系列样品。通常时序和分期可以互相嵌套，从而构成复杂的样品系列。

从 20 世纪 80 年代开始，国际上开始有人采用系列样品的方法进行 $^{14}$C 年龄的校正。初期使用的数学方法主要是将一组 $^{14}$C 年龄数据依照树轮校正曲线用最小二乘法进行曲线拟合（curve fitting），其应用只限于间隔已知的树轮系列样品 [2]。90 年代初，英国数学家 Buck 等人将贝叶斯统计学方法用于系列样品的 $^{14}$C 年代校正（bayesian calibration），利用系列样品的相互时间关系（即先验条件）产生约束，从而缩小样品日历年龄的置信区间 [3]。1994 年英国牛津大学 Bronk Ramsey 推出通用的 $^{14}$C 年龄校正计算机程序 OxCal [4]，其后又不断加以完善 [5]。该程序采用贝叶斯方法，可处理各种系列样品。1996 年 "夏商周断代工程" 启动之后，我们从国外引入了 OxCal 程序，并将其用于 "夏商周断代工程" $^{14}$C 测年结果的校正。

但国内外多年来一直有人对贝叶斯方法和 OxCal 程序及其使用方法存在不同看法和争议，如 Steier 等认为该方法有可能导致年代值的偏移 [6]，国内对于在校正模型中是否应当在系列两端加边界等问题也曾经存在过争议 [7]。为此我们对贝叶斯方法和 OxCal

---

[1] 郭之虞：《加速器质谱 $^{14}$C 测年及其应用》，《年轻地质体系的年代测定（续）——新方法、新进展》第一章，地震出版社，1999 年。

[2] Pearson G W. Precise calendrical dating of known Growth-Period sample using a "curve fitting" technique. *Radiocarbon*, 1986, 28(2A): 292-299.

[3] Buck C E, Kenworthy J B, Litton C D, et al. Combining archaeological and radiocarbon information: a Bayesian approach to calibration. *Antiquity*, 1991, 65: 808-821; Buck C E, Litton C D, Smith A F M. Calibration of radiocarbon results pertaining to related archaeological events. *Journal of Archaeological Science*, 1992, 19: 497-512.

[4] Bronk Ramsey C. Analysis of chronological information and radiocarbon calibration: The program OxCal. *Archaeological Computing Newsletter*, 1994, 41: 11-16. Bronk Ramsey C. Radiocarbon Calibration and Analysis of Stratigraphy: The OxCal Program. *Radiocarbon*, 1995, 37(2): 425-430.

[5] Bronk Ramsey C. Development of the Radiocarbon Program OxCal. *Radiocarbon*, 2001, 43 (2A): 355-363.

[6] Steier P, Rom W. The Use of Bayesian Statistics for $^{14}$C Dates of Chronologically Ordered Samples: A Critical Analysis. *Radiocarbon*, 2000, 42(2): 183-198.

[7] 郭之虞：《如何看待和使用系列样品 $^{14}$C 年代校正方法》，北京大学重离子物理研究所内部报告 IHIP/ PKUAMS-2002-01。

程序进行了深入的研究。

3）贝叶斯方法与 OxCal 程序

贝叶斯统计学方法是英国数学家 Bayes 于 1763 年提出的。与传统的统计学方法不同，该方法引入先验概率分布（Prior），认为实验数据提供的概率分布和先验概率分布共同决定所研究事件的概率分布，故最后得到的概率分布称为后验概率分布（Posterior）。一般情况下认为先验概率分布满足贝叶斯假设，即假定其分布在给定范围内是均匀的。

OxCal 程序正是基于贝叶斯方法编写的，在具体计算上采用了马尔可夫链蒙特卡罗方法和吉布斯抽样法。OxCal 程序可以用于单样品年代校正，也可以用于系列样品年代校正。使用 OxCal 程序进行系列样品年代校正首先要构建一个系列样品模型，来输入样品的 ¹⁴C 年龄及其误差，并描述系列中各样品的关系，包括顺序的先后以及分期的情况等。故先验概率分布的条件信息实际上就包含在系列样品模型中。OxCal 程序进行样品年代校正的出发点主要是两个：样品模型和校正曲线。校正曲线通常使用 IntCal98，对于海洋样品可使用 Marine98。OxCal 的新版本 3.10 已经包括了新的校正曲线 IntCal04，该校正曲线在树轮曲线 IntCal98 的基础上，依据珊瑚的测年结果将校正的上限推到了 2.6 万年。

（2）OxCal 程序的使用与评估

1）系列样品模型的构建

使用 OxCal 程序进行系列样品年代校正首先要构建系列样品模型，如果模型构建不当，则有可能导致错误的结果。OxCal 系列样品模型有两种界面：图形界面和执行命令界面，典型的图形界面系列样品模型如图 7-23 所示。其中必不可少的是第一层的 Sequence（序列）和第二层的两个 Boundary（边界），在两个 Boundary 之间根据系列样品的具体情况可以插入若干个 R_Date（¹⁴C 年代数据及误差）或 Phase（分期），其中每个 Phase 内又包含若干个 R_Date。对

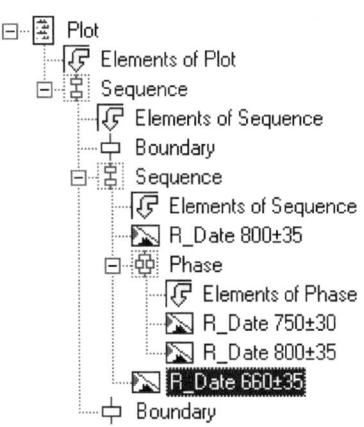

图 7-23　典型的 OxCal 图形界面系列样品模型

于复杂的系列，还可以根据需要插入 Event（事件）、中间 Boundary、Combine（合并）以及嵌套的 Sequence 和 Phase。为了获得进一步的信息，还可以在模型中插入 Span（区间）、Difference（间隔）、Order（顺序）等命令。

OxCal 程序共有 45 条命令供构建模型时使用，分别用于实现输入数据、描述样品间关系、提供附加信息、绘图控制、校正曲线选择与储存库效应修正等功能。其中命令 R_Simulate（¹⁴C 年代数据模拟）可提供 ¹⁴C 年代测量的模拟功能。对于间隔已知的系列样品，可在模型中使用 D_Sequence 命令，顺序给出各样品的 ¹⁴C 年龄与误差，并在其间用 Gap 命令给出相邻样品的年代间隔。

2）OxCal 的运行及其结果的输出

OxCal 的运行方式有两种：单次运行与批处理运行。后者主要用于计算机模拟实

验研究，是从 3.8 版开始增加的。OxCal 的运行条件有若干选项（analysis options），主要包括校正曲线选择及是否做三次样条插值、日历年代单位选择、校正曲线和概率分布的储存分辨率、区间处理（是否进行舍入等）、输入形式以及若干项高级设置。这些选项通常可采用默认值。

OxCal 的运行产生若干记录文件并可提供多种绘图结果。其中 Log.14l 文件是完整的运行记录，包括各样品作为单个样品的年代校正结果和作为系列样品的年代校正结果（后验分布）。日历年代的置信区间有时会分裂为若干个子区间，此时文件中会注明各子区间的置信度。作为系列样品的年代校正结果文件还给出各样品的一致性指数（agreement index）和全系列的一致性指数（overall agreement index）。样品的一致性指数是该样品后验分布与先验分布一致性程度的度量。如果样品作为系列样品校正所得到的概率分布与作为单个样品校正所得到的概率分布完全一致，则其一致性指数为100%。如果样品作为系列样品校正所得到的概率分布与作为单个样品校正所得到的概率分布的概率最高的部分重叠，则其一致性指数可大于 100%。如果一致性指数很小，则表明该样品的测年结果与其在样品系列中的位置不符，其原因可能是测年结果不正确（如制样污染、测量值的统计性偏离等），也可能是该样品在系列样品模型中的位置不当（如层位扰动、野外污染等）。全系列的一致性指数可以看作是整个系列样品模型是否恰当的度量。如果该系数低于 60%，则应当认为所构建的系列样品模型是有问题的。

3）对 OxCal 程序的评估

根据贝叶斯方法的基本原理，我们自行编制了可用于系列样品 $^{14}$C 年龄校正的计算机程序 PKUCal，并对 OxCal 与 PKUCal 的运行结果进行了对比。对比表明二者的校正结果一致性良好，OxCal 的运行速度高于 PKUCal[①]。

（3）贝叶斯方法与 OxCal 程序的计算机模拟实验研究[②]

1）模拟实验研究的方法

为了验证贝叶斯方法和 OxCal 程序的有效性、了解各种因素对校正结果的影响、掌握正确的程序使用方法，我们从 2000 年开始利用 OxCal 程序提供的 R-Simulate 命令进行模拟实验研究的探索。自 2002 年以来，我们进行了系统的计算机模拟实验，并为此构造了大量模拟的系列样品模型。此期间 OxCal 的作者 C. Bronk Ramsey 应我们的要求两次修改程序、更新版本（v3.8 和 v3.9），使我们的计算机模拟实验得以顺利进行。

取得可供年代学研究使用的 $^{14}$C 年代数据有四个主要环节[③]。

① 马宏骥、郭之虞：《夏商周断代工程中 $^{14}$C 系列样品的树轮校正》，《核技术》2000 年第 3 期。

② 郭之虞：《浅谈 $^{14}$C 测年与系列样品年代校正结果的解读》，北京大学重离子物理研究所内部报告 IHIP/PKUAMS-2008-01。

③ Guo Z Y, Liu K X, Lu X Y, et al. Radiocarbon dating with accelerator mass spectrometry and the Xia-Shang-Zhou Chronology Project. In: Amit Roy, Avasthi D K. *Accelerator based research in basic and applied sciences*, Phoenix Publishing House PVT LTD, New Delhi, 2002: 64-79.

第一步，采集具有年代学意义的样品。在取得样品的同时，我们也得到了样品的相关信息，如遗址、层位、保存状况、与同系列其他样品的关系等。

第二步，样品的前处理、组分提取与化学制备。这一步我们得到经化学制备、可直接测量的样品，在 AMS 测年的情况下一般制备成石墨样品。

第三步，样品的 ¹⁴C 年龄测定。这一步我们得到样品的 ¹⁴C 年龄及其误差。

第四步，样品的年代校正。这一步我们得到样品的日历年龄的置信区间。我们把样品日历年龄的变化范围称为置信区间，因为区间的大小是随其置信度的高低而变化的。置信度高则置信区间的长度也大。样品的真实年代落在置信区间内外各处的概率是不相等的，可以用一条概率分布曲线来描述。

在实际的考古与地学研究中，如果上述四个环节中的任何一个环节存在较大的系统误差，则最后得到的日历年代置信区间即有可能发生偏移，而使样品的真实年代落到该置信区间之外。当然，若第一个环节采集到的样品不具有我们期望的年代学意义，如采到年代偏老的木炭样品，那么即便其他各环节不存在系统误差，所测数据也无法使用。此处作为模拟实验，我们假定在前三个环节中不存在系统误差及上述情况，以便对年代校正这一环节进行充分研究。

OxCal 程序中的 R_Simulate 命令可定义一个样品的真实年龄。利用无误差树轮校正曲线，该真实年龄可对应于一个样品的理想 ¹⁴C 年龄。由于统计学上的不确定性，实际测量得到的样品 ¹⁴C 年龄通常会相对于理想 ¹⁴C 年龄有一个或多或少的偏移。故 R_Simulate 命令可定义一个模拟的 ¹⁴C 年龄测量误差，从样品的理想 ¹⁴C 年龄和模拟的 ¹⁴C 年龄误差即可得到一个模拟的样品真实年龄对应的 ¹⁴C 年龄分布。每次执行 R_Simulate 命令，程序会根据该分布随机地产生一个模拟的 ¹⁴C 年龄测量值。然后根据模拟的 ¹⁴C 年龄测量值和模拟的 ¹⁴C 年龄误差，利用计入误差的树轮校正曲线进行样品的年代校正，就可以得到模拟的样品日历年代置信区间。

当我们重复运行同一 R_Simulate 命令时，可以得到新的 ¹⁴C 年龄模拟测量值和新的样品日历年代置信区间，就像我们对同一样品进行重复测量一样。但在实际测量时，我们并不知道样品的真实年龄，只能通过 $t$ 或 $F$ 检验的方法检查重复测量的一致性。而对于模拟实验，我们可以检查所定义的样品真实年龄是否落在相应的日历年代置信区间内。如果我们对同一 R_Simulate 命令重复运行多次，就可以求出一个"落内比"，即落入置信区间内的次数与总的实验次数的比值。为了得到好的统计性，实验通常要重复数千次。在数学意义上，这一落内比应当与置信度相对应。类似地，我们也可以定义"落外比"。

2）单个样品的模拟实验研究

表 7-25 给出了分别用 IntCal98 和直线校正曲线对 4 个样品进行模拟实验的结果。此结果表明使用 IntCal98 时，落内比（即实际上的置信度）明显高于标称置信度，且强烈依赖于样品真实年龄附近的校正曲线形状。但使用直线校正曲线时，落内比与标称置信度符合良好。

表 7-25　不同校正曲线 68% 和 95% 置信区间单样品校正的落内比

| 模拟样品 | | IntCal98 校正曲线 | | | 直线校正曲线 | |
| --- | --- | --- | --- | --- | --- | --- |
| 真实年龄（BC） | 测量误差（a） | 曲线形状 | 68% | 95% | 68% | 95% |
| 1424 | 40 | 斜坡区 | 70.6 | 95.9 | 68.9 | 95.9 |
| 1225 | 40 | 扭摆区 | 77.9 | 97.6 | 68.7 | 95.9 |
| 1563 | 40 | 短平台 | 83.6 | 98.4 | 68.2 | 95.6 |
| 600 | 40 | 长平台 | 97.0 | 99.8 | 68.2 | 95.8 |

3）简单的时序已知系列样品的模拟实验研究

我们先来研究简单的（即没有分期的）时序已知系列样品。在用贝叶斯方法进行系列样品 $^{14}$C 年龄校正时，位于系列中部的样品，在前后样品年代的约束下，其日历年代的置信区间一般可以得到很好的限制。但首样品和末样品则只受到单侧约束，故其日历年代的置信区间会向未受到约束的外端延伸，即产生"终端延伸效应"。OxCal 提供了命令 Boundary（边界），可用以实现对系列两端样品的约束，抑制终端延伸效应。如果不设边界的话，程序所假定的先验分布将认为系列样品取自一个两端不受限制的时期，而实际上系列样品是来自一个有头有尾的时间片断，故我们要用边界命令告诉程序这件事。

Steier 曾在他的文章中设计了若干个计算机模拟实验，并在这些实验中观察到了终端延伸效应，该效应使样品的真实年龄落到了 95% 置信区间之外[1]。他得出结论：贝叶斯算法在提高精密度（precision）的同时降低了准确度（accuracy）。实际上 Steier 的计算机模拟实验产生终端事件年代偏移的原因就是他没有在样品系列的两端加边界[2]。我们用 OxCal 重复了他的模拟实验，用他的模型得到了同样的结果。但是在他的模型中加入边界后，终端事件的年代偏移即大为减小，其偏移程度可以忽略。表 7-26 给出了其中一个例子，所研究的系列包括 6 个样品，其假定的真实年龄从公元前 1025 到公元前 975 年，相邻样品的年代间隔为 10 a，$^{14}$C 年龄的测量误差为 80 a。采用直线校正曲线进行年代校正，该系列在未加边界和加边界情况下分别被重复运行 500 次，各样品真实年龄在 68% 和 95% 置信区间的落内比被列于表 7-26。由表 7-26 可见，无边界时终端样品的落内比大幅度下降，而加边界后落内比可略高于标称置信度。故边界命令在构建系列样品模型时是必不可少的。

[1] Steier P, Rom W. The Use of Bayesian Statistics for $^{14}$C Dates of Chronologically Ordered Samples: A Critical Analysis. *Radiocarbon*, 2000, 42（2）: 183-198.

[2] Bronk Ramsey C. Comment on 'The Use of Bayesian Statistics for $^{14}$C Dates of Chronologically Ordered Samples: A Critical Analysis'. *Radiocarbon*, 2000, 42(2): 199-202.

表 7-26　　一个样品系列有无边界命令时各样品落内比的差别

| 样品编号 | 真实年龄（BC） | 无边界命令 | | 有边界命令 | |
|---|---|---|---|---|---|
| | | 68% | 95% | 68% | 95% |
| 1 | 1025 | 19.2 | 55.6 | 69.2 | 96.0 |
| 2 | 1015 | 48.8 | 87.2 | 70.8 | 96.6 |
| 3 | 1005 | 70.0 | 98.4 | 72.0 | 97.2 |
| 4 | 995 | 71.8 | 97.0 | 70.4 | 97.0 |
| 5 | 985 | 50.0 | 86.0 | 70.4 | 95.2 |
| 6 | 975 | 18.0 | 56.8 | 68.8 | 95.6 |
| 平均 | | 46.3 | 80.2 | 70.3 | 96.3 |

通过对时序已知系列样品的进一步模拟实验研究，有下面几点认识。

① 用直线校正曲线对系列样品进行年代校正时，每一个样品的落内比均会大于相应的标称置信度。一般说来，系列中部样品的落内比高于系列两端的，系列中样品间隔随机分布时样品的落内比高于样品间隔均匀分布的情况。故应用贝叶斯方法进行系列样品年代校正，不但可以减小样品年代的置信区间，还可以增加落内比，即实际的置信度。

② 由于自然的或人为的因素，样品在系列模型中的位置有可能与其真实年龄发生矛盾。这里可能有两种情况：一种是测量结果正确但先验信息错误使样品真实年龄偏离模型；另一种是先验信息正确但由于污染等原因使测量结果偏离，此时相当于与测量结果对应的表观真实年龄偏离模型。如果偏离较大，会导致落内比的较大的下降以及多次运行时样品一致性指数平均值的小幅下降。但对于单次运行（实际上多数情况下我们对样品只进行单次测量），由于统计规律的随机性，这种现象可能并不明显，除非偏离量大于 2—3 倍测量误差。另外，由于统计规律的随机性，"正确"样品的一致性指数也可能低于 60%。因此，我们不能期望用年代测量与校正来检验先验信息。

③ 用实际的树轮校正曲线对系列样品进行年代校正时，样品的落内比明显高于用直线校正曲线的结果，且与曲线的形状密切相关。通常情况下，实际树轮校正曲线给出的系列样品 68% 置信区间落内比可达 80% 左右，故对系列样品我们可以用其 68% 置信区间作为其日历年代范围。

④ 一般说来，一个系列中个别样品一致性指数低于 60% 的原因可能有以下几方面。样品层位错误，采样或制样中引入了污染，测量中的错误，测量中符合统计规律的随机性偏离。前三种原因该数据应当被舍弃，但实际上很难排除后一种原因。故对于一致性指数低的样品应首先对样品本身、制样和测量过程、数据处理过程进行复查。若没有发现错误，则应谨慎处理，最好安排复测。在无法复测的情况下，若一致性指数过低（例如 <30%）则该数据可以被舍弃，而对于一致性指数略低于 60% 的数据可

予以保留。

4）分期系列样品的模拟实验研究

从考古遗址采集的样品可以组成有多个考古文化分期的样品系列，每个分期有若干个样品，各分期按时间顺序形成一个序列。在构建模型时，序列两端也必须加边界。"夏商周断代工程"内部对此曾经存在争议，这主要是由于边界的数学定义意味着前后两个分期之间不发生交叠，而实际上考古分期之间有可能发生交叠。但模拟实验表明，由于年代校正的贝叶斯方法是基于抽样统计计算，所得到的相邻分期的 68% 置信区间在通常情况下是交叠的。模拟实验也证实，如果序列两端不加边界，首分期和末分期也会受到终端延伸效应的影响而发生偏离。

下面是对分期系列样品进行模拟实验研究的一些主要结果。

① "夏商周断代工程"曾经采用过的一种对加边界约束的替代方法是，在首分期之前和末分期之后再各附加上一个分期的样品进行约束。模拟研究表明，这种加分期约束的方法与加边界约束的方法得到的结果多数情况下基本一致。但是加分期约束的方法有几个缺点：首先其应用受到客观条件的限制，对不同遗址并不是总能找到这样的附加分期。其次附加分期本身仍存在终端延伸效应。此外，附加分期的样品选择会对校正结果产生影响，而使用边界命令则更为客观。

② 对于在各分期之间是否可以或应当插入中间边界的问题，在"夏商周断代工程"内部曾经有过争议。模拟研究表明，一般情况下各分期之间是否插入边界对校正的结果影响不大。但如果同一系列中不同分期的长短相差很大（如新砦遗址），或不同分期中的样品数量相差很大（如甲骨），则在各分期之间插入边界可以得到较为合理的结果。

③ 模拟研究表明，分期系列样品校正中各分期样品日历年代 68% 置信区间的落内比一般均在 80% 以上。但在校正曲线的平台区段，样品日历年代的 68% 置信区间有可能被展宽，从而使相邻分期的时段有过多的重叠，此时样品日历年代 68% 置信区间的落内比可达 90% 以上。

④ 模拟研究表明，在样品量较少的情况下，上下边界的值随各次运行可有较大幅度的摆动，其幅度可达 100 年。而在样品较多的情况下，边界值较为稳定。此外，在样品数较少的情况下，随机抽样有可能出现整体性偏移，即在总体上偏老或偏年轻。模拟研究表明，在安排采样和测量时，最好使每个考古分期中的样品数量不少于 4—6 个。此外，在进行系列样品校正时舍弃一致性指数低的样品，有利于消除偶然的统计性偏离，可以提高结果的可靠性。

⑤ 模拟研究表明，样品测量精度高（好于 0.5%）则样品日历年代的 68% 置信区间较小且稳定，边界值也较为稳定。若 $^{14}$C 测量误差大于 0.7%，则样品日历年代的 68% 置信区间会被展宽，在各分期之间会产生较多交叠，整个系列的上下边界也可能发生较大的偏移。若所有样品的 $^{14}$C 测量误差都在 1% 左右，则系列样品的校正结果基本上不可信。

⑥ 受样品采集和测量的限制，在系列样品模型中可能会出现样品空缺的分期。在构建样品模型时，我们不能简单地将该分期删去，而应在该分期中插入命令 Event（事件）。该命令代表没有测年数据的事件，OxCal 可以计算出该事件的年代概率分布。模

拟研究表明，将 R_Date 更换为 Event 后，其后验概率分布可以很好地再现。

（4）关于"夏商周断代工程"使用 OxCal 程序的说明

1）OxCal 程序和校正曲线的版本

OxCal 于 1994 年 8 月第一次对外正式发布 v2.00 版，至 1995 年 9 月发布 v2.18 版基本成熟，此时主要是使用 1986 年发布的高精度树轮校正曲线。1998 年 1 月发布 v3 beta 版，升级为 Windows95 的 32 位操作系统。1999 年 7 月 v3.2 版，装入 IntCal98 校正曲线，1999 年 9 月发布 v3.3 版。此后直到 2003 年 6 月 v3.9 的几个版本在年代校正计算上并无大的实质性改动，主要是针对人机界面和一些特殊应用进行完善。2005 年 2 月发布 v3.10 版，装入 IntCal04 校正曲线。

《简本》中的年代校正结果是使用 OxCal v3.3 和 IntCal98 校正曲线计算的[①]。此后的计算机模拟实验研究和"夏商周断代工程"系列样品的校正则是用 OxCal v3.9 和 IntCal98 曲线完成的。

2）"夏商周断代工程"使用 OxCal 程序的一般原则

"夏商周断代工程"$^{14}$C 测年的年代校正结果均是使用 OxCal 程序得出的，除了个别数据，均使用了系列样品年代校正的贝叶斯方法。系列类型主要有两种：一种是系列分期样品，一种是间隔已知的树轮系列样品。我们在使用 OxCal 程序进行系列样品年代校正时，一般均遵循以下原则。

① 在样品采集环节，特别注意样品的系列性和代表性，这也是构建系列样品模型的基础。在样品种类的选择上，在条件允许时尽量选用骨头样品。一般说来，骨头样品与层位、分期的同时性要好于木炭。骨样品的化学制备曾经是 $^{14}$C 测年的一个难题，但通过选用保存状况良好的骨头和提取明胶组分，骨样品测年的可靠性问题已得到较为圆满的解决。众所周知，木炭样品的测年结果存在着偏老的可能性。偏老的原因主要有两个：一是样品木炭来自粗大树木的芯材，二是木炭样品由于各种原因被搬运到较晚的地层中。搬运过程可能是人类活动引起的，如夯土或筑城时从更老的地层取土时夹带了木炭，也有可能是水流或动物活动造成的。故当我们必须使用木炭样品时，要极力避免这两种情况，如尽量选用细树枝烧成的木炭。采集测年样品的地层（灰坑）和墓葬的分期主要依靠考古学家的判断。为保证分期的科学性，"夏商周断代工程"多次在发掘现场召开专家会议，以取得共识。

② 对于在模型构建中是否使用边界命令曾经存在争议。在《简本》中对此未做统一，有些系列使用了边界命令，有些系列未使用。如前所述，在贝叶斯校正时必须使用边界命令，故此次《夏商周断代工程报告》中所有系列均使用了边界命令。

③ 在有些情况下，一个分期内部的不同样品也可以排出先后顺序来。但对于考古遗址测年，我们主要关心的是各分期的年代，而不是各个样品的年代。因此一般我们在分期内部不再构建序列。例如，沣西遗址的 H18，在取样时曾进一步分为 3 个小层，

---

① 夏商周断代工程专家组：《夏商周断代工程 1996—2000 年阶段成果报告：简本》，世界图书出版公司，2000 年。

但在构建样品序列模型时则予以合并，作为一个分期。

④ 鉴于模拟研究表明，分期系列样品校正中各分期样品日历年代68% 置信区间的落内比一般均在80% 以上，故各分期的日历年代范围一般情况下可以按照该分期中样品日历年代的68% 置信区间估计。

⑤ 对于样品的舍弃持慎重的态度，尽量把有测年结果的样品纳入系列样品模型中。在有些情况下测年数据明显不合理，如 AMS 所测的一个二里头一期的骨样 $^{14}$C 年龄为885 BP。后经鉴定该骨样为老鼠骨头，可以判定该样品属于后期侵入。在更多的情况下，测年数据的不合理并不如此明显，但在进行系列样品年代校正时一致性指数偏低，出现年代偏老或偏年轻的情况。对于重要样品，我们一般安排重新制样，甚至重新取样，如偃师商城一期的两个骨样和晋侯墓 M64 的人骨样品都进行了重新取样。这里需要特别指出，借助于系列分期样品的年代校正，我们可以在一定程度上排除偏老的木炭样品。这些样品的 $^{14}$C 年龄与同一分期的其他样品相比会明显偏老，且其一致性指数明显偏低。这类不能纳入系列样品模型中去的样品在国际上通常称为局外样（outlier）。在 PKUAMS 所测量的木炭样品中，因明显偏老而舍弃的约占20%。这也是系列样品测年相对于单个样品测年的一个优势，即可以有效地排除个别局外样的干扰。

3）年代校正结果的解读

下面两节将给出各遗址和殷墟甲骨的系列样品 AMS $^{14}$C 测年与年代校正结果，包括单样品与系列样品年代校正的后验概率分布图和相关数据的列表。每个遗址样品有两个编号，一个是发掘编号，一个是实验室编号。完整的发掘编号由四部分组成，其典型格式为

nn yy qq dd

其中 nn 为发掘年份的末2位，yy 为遗址代码，qq 为遗址内分区的代码，dd 为出土单位的代码。出土单位有时为复合代码，其中 T 代表探方，G 代表沟，H 代表灰坑，M 代表墓葬，F 代表房基。实验室编号由代码和序号组成，中国社会科学院考古研究所常规 $^{14}$C 测年的代码为 ZK，北京大学"夏商周断代工程"常规 $^{14}$C 测年的代码为 XSZ，北京大学"夏商周断代工程" AMS $^{14}$C 测年的代码为 SA，后期 $^{14}$C 测量专用小 AMS 的实验室代码为 BA。

后验概率分布图中首行 {} 中"A ="后给出的是系列样品年代校正的全系列一致性指数，该指数应大于60%。首行以下左侧文字与系列样品模型相对应，样品编号后为该样品的一致性指数。右侧曲线为对应样品的后验概率分布，其中曲线下白色的是单样品年代校正的日历年代概率分布曲线，曲线下黑色的是作为系列样品年代校正所得到的该样品的日历年代概率分布曲线。系列样品概率分布曲线下方有两层年代区间标记，上面一层较小的区间为标称置信度为68%的置信区间，下面一层较大的区间为标称置信度为95%的置信区间。作为系列样品年代校正结果的一部分，程序亦给出系列两端边界的日历年代概率分布曲线及其68%和95%置信区间。

在各遗址的系列样品 $^{14}$C 测年与年代校正数据表中列出了各样品的分期、发掘编号、样品类型、实验室编号、$^{14}$C 年龄及误差、$\delta^{13}$C 值、校正后日历年代的68%置信区间以及一致性指数。其中68%置信区间在有些情况下会分裂为若干个子区间，此时

我们将给出每个子区间的置信度。若分裂后位于两端的子区间的置信度小于 6%，则意味着真实日历年代落入该子区间的可能性较小，比较大的可能会落入其余子区间。如前所说，这里的置信度都是标称置信度，实际的落内比均在 80% 以上，故我们不再给出 95% 置信区间。由各遗址的数据表中亦可看出，各相邻分期的 68% 置信区间都有或多或少的交叠，我们可以将其视为各分期日历年代的范围。

受时间和采样的限制，有些分期的样品数量偏少（1—2 个）。在这种情况下，所给出的年代范围的精度会受到一定程度的影响，但具体影响的大小还与所对应校正曲线区段的形状有关。实际上如果我们对同一个模型进行多次重复运行，由于计算过程抽样的统计性，各样品 68% 置信区间的日历年代范围也有可能出现不超过 5 年的波动。故对于所给出的各分期的日历年代范围不应当看得太绝对。

由于系列样品年代校正在构建模型时要用到样品之间在时间上相互关系的先验信息，有人担心这会影响到 $^{14}$C 测年的客观性。实际上在过去的 300 多年间，科学界对于贝叶斯统计学方法的客观性也有过不少争议，但贝叶斯方法在多种学科领域中仍得到了广泛应用并取得了巨大的成功。就 $^{14}$C 测年的系列样品年代校正而言，考古学家提供的先验信息对于年代校正的结果确实有重要作用。有些情况下不同的先验信息有可能导致明显不同的结果，因此系列样品年代校正的先验信息也要力求客观。但另一方面，先验信息对于年代校正结果的影响也是有限度的。在一个大的模型中，个别样品的位置调整（如从某一个分期改到另一个分期去）对于分期的总体年代框架并不会产生大的影响。在晋侯墓系列样品的年代校正中，曾有人对 M8 和 M64 哪一个是献侯墓哪一个是穆侯墓产生争论。我们在构建模型时也对相应的两种情况分别做了模型，将两组墓的分期对调，结果每一组墓的年代都变了，但各晋侯的年代范围并没有什么变化。因此，只要大的分期框架是客观的，且全系列的时间跨度和样品数量足够大，那么系列样品年代校正的总体结果就是可信的。但是这并不保证系列内每个样品的校正结果都是正确的。换句话说，个别样品的小幅度错位并不影响总体结果。而样品的大幅度错位（如偏老的木炭）可以通过删除低一致性指数样品加以消除，故系列样品年代校正不但可以缩小置信区间、提高年代的精度，而且可以提高年代校正结果的可靠性。

## 4. 考古遗址的 AMS $^{14}$C 年代测定结果

自 1998 年 12 月起至 2000 年 9 月项目结题验收，PKUAMS 测量了王城岗、偃师商城、郑州商城、洹北花园庄、东先贤、沣西、琉璃河、天马—曲村、晋侯墓地等 9 个遗址的样品。2000 年 9 月项目结题验收后，PKUAMS 又测量了新砦、禹州瓦店遗址的样品，并对王城岗和郑州商城遗址新采集的样品进行了测年。以上 11 个考古遗址的样品均用贝叶斯方法进行了系列样品年代校正，其结果分列于以下各小节中的各遗址系列样品 $^{14}$C 测年与年代校正结果列表和年代校正结果后验概率分布曲线图中。

本节汇集了 11 个考古遗址的测年结果，包括北京大学 AMS 测量的 189 个样品、国外 AMS 测量的 10 个样品、北京大学常规 $^{14}$C 测量的 7 个样品，共计 206 个 $^{14}$C 测年数据。其中北京大学常规 $^{14}$C 测量的 7 个样品未能纳入前节常规法 $^{14}$C 年代测定的系列之中，而本节相应遗址的 AMS 测年数据又偏少，故将其收入。各表中样品的实验室编号为 BA×××××× 者是在小 AMS 装置上测量的，没有用常规质谱计测量其 $\delta^{13}C$ 值，故表中未列 $\delta^{13}C$ 值。

（1）王城岗

表 7-27 给出了王城岗一至五期的测年结果，延续时间大致从公元前 2190—前 1960 年，其年代校正图示于图 7-24。这一组数据是 2000 年之前测量的，此后，2005 年北京大学 AMS 又为"中华文明探源工程"测量了一批王城岗遗址的样品，其结果已在《登封王城岗考古发现与研究（2002～2005）》一书中发布[①]。

表 7-27　王城岗遗址系列样品的 AMS[14]C 测年与年代校正结果（全系列一致性指数 88.6%）

| 分期 | | 发掘编号 | 样品类型 | 实验室编号 | [14]C 年龄（BP） | $\delta^{13}C$ /‰ | 校正后日历年代（BC）68% 置信区间 | 一致性指数/% |
|---|---|---|---|---|---|---|---|---|
| 起始边界 | | | | | | | 2211—2117（62.9%）2079—2059（5.3%） | |
| 河南龙山晚期 1 段 | 一期 | 告西 T130H340 | 骨头 | SA98100 | 3740±45 | −11.48 | 2188—2112 | 112.7 |
| | | 告西 T153H402 | 骨头 | SA98101 | 3730±45 | −19.90 | 2189—2111 | 112.3 |
| 河南龙山晚期 2 段 | 二期 | 告西 T157 奠 6 | 木炭 | SA98102 | 3635±50 | −25.33 | 2132—2082 | 86.2 |
| | | 告西 T179 奠 8 | 骨头 | SA98104 | 3625±35 | −16.91 | 2130—2083 | 46.4 |
| | 三期 | 告西 T31H92 | 骨头 | SA98108 | 3705±55 | −9.38 | 2095—2030 | 122.7 |
| | | 告西 T179H470 | 骨头 | SA98110 | 3730±45 | −17.84 | 2092—2032 | 102.7 |
| 河南龙山晚期 3 段 | 四期 | 告西 T92H192 | 骨头 | SA98116 | 3695±40 | −12.74 | 2047—2010（54.3%）1998—1982（13.9%） | 88.9 |
| | | 告西 T242H536 | 骨头 | SA98117 | 3610±40 | −10.38 | 2038—1994 | 88.3 |
| | | 告西 T157H418 | 骨头 | SA98120 | 3650±35 | −15.95 | 2041—1988 | 120.4 |
| | 五期 | 告西 T107H233 | 骨头 | SA98122 | 3670±35 | −11.38 | 2024—2009（14.8%）2002—1961（53.4%） | 95.9 |
| | | 告西 T51 [②] | 骨头 | SA98123 | 3655±35 | −8.67 | 2024—2008（15.7%）2003—1961（52.5%） | 115.6 |
| 终止边界 | | | | | | | 2018—2004（10.3%）1999—1943（57.9%） | |

①　该书在发布测年结果时，将王城岗分为前期与后期，大体上前期相当于一期和二期，后期相当于三至五期，但城壕 HG1⑥ 样品给出的王城岗龙山文化晚期的下限已到公元前 1800 年附近。该书认为王城岗大城的始建大约在后期（即三期）的开始，即公元前 2090 年以后。

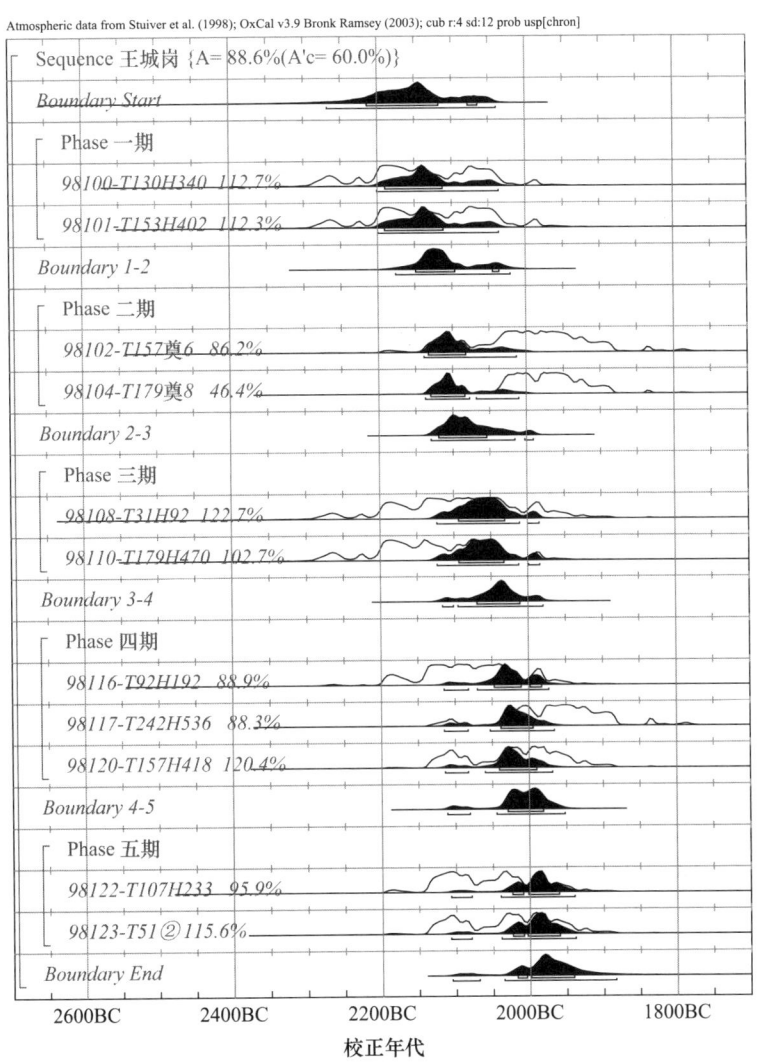

Atmospheric data from Stuiver et al. (1998); OxCal v3.9 Bronk Ramsey (2003); cub r:4 sd:12 prob usp[chron]

图 7-24　王城岗遗址出土样品 AMS¹⁴C 测年的年代校正图

（2）禹州瓦店

表 7-28 给出了禹州瓦店一至三期 13 个单位 15 个样品的测年结果，其中一期有两个样品是北京大学常规 ¹⁴C 实验室测量的，与 AMS 的测量结果有很好的一致性。从表 7-28 看，禹州瓦店遗址的延续时间相当长，约从公元前 2300—前 1700 年。从图 7-25 该系列的校正图中可见，其样品年代大致可分为三组区间，相互交叠很少。但二期的两个样品 T3⑤和 T3F4 的年代却明显偏晚，故在构建校正模型时，将二期与三期合并，按一个分期处理。实际上由图 7-25 可见，概率分布曲线下黑色区域与白色区域基本重合，这表明此系列样品的校正结果与单样品校正结果相差甚少。这是由于整个系列时间跨度很大，而样品年代的分布相对集中。总体来看，该遗址的测年结果与预期有较大差距。一期样品的年代明显早于王城岗二期，三期有四个样品的年代大体上相当于王城岗二至五期，而有相当数量样品的年代则明显晚于王城岗五期。该遗址年代的确

定还有待于更多样品的 $^{14}$C 测年。

**表 7-28　禹州瓦店遗址系列样品的 AMS$^{14}$C 测年与年代校正结果（全系列一致性指数 102.2%）**

| 分期 | 发掘编号 | 样品类型 | 实验室编号 | $^{14}$C 年龄（BP） | $\delta^{13}$C /‰ | 校正后日历年代（BC）68% 置信区间 | 一致性指数 /% |
|---|---|---|---|---|---|---|---|
| 起始边界 | | | | | | 2361—2231 | |
| 一期 | YHW97Ⅳ T3H61 | 木炭 | BA03169 | 3830±30 | | 2308—2283（16.3%）<br>2252—2228（26.7%）<br>2223—2202（25.2%） | 94.5 |
| | | | XSZ068 | 3890±40 | −26.07 | | |
| | YHW97Ⅳ T4⑧ | 木炭 | BA03178 | 3780±30 | | 2269—2255（10.8%）<br>2228—2220（6.2%）<br>2205—2192（12.9%）<br>2178—2142（38.3%） | 101.5 |
| | | | XSZ070 | 3775±40 | −27.49 | | |
| | YHW97Ⅳ T4⑥ | 木炭 | BA03175 | 3775±50 | | 2272—2253（9.2%）<br>2234—2140（59.0%） | 115.7 |
| 二、三期 | YHW97Ⅳ T3⑤ | | BA03154 | 3445±30 | | 1871—1842（24.2%）<br>1810—1800（6.7%）<br>1775—1733（33.0%）<br>1708—1702（2.7%）<br>1698—1695（1.7%） | 95.3 |
| | YHW97Ⅳ F4 | | BA03157 | 3495±30 | | 1878—1840（28.1%）<br>1828—1792（28.7%）<br>1787—1770（11.4%） | 100.5 |
| | YHW97Ⅳ T6H54 | | BA03165 | 3715±30 | | 2140—2118（15.8%）<br>2099—2036（52.4%） | 104.2 |
| | YHW97ⅣT4④ | 木炭 | BA03172 | 3650±30 | | 2116—2098（10.5%）<br>2038—1953（57.7%） | 98.8 |
| | YHW97ⅣT1F2 | 木炭 | BA03144 | 3675±30 | | 2132—2079（36.7%）<br>2048—2019（19.0%）<br>1997—1980（12.5%） | 99.8 |
| | YHW97ⅣT1H3 | 木炭 | BA03145 | 3615±30 | | 2025—1996（22.0%）<br>1982—1922（46.2%） | 99.0 |
| | YHW97ⅣT4H24 | 木炭 | BA03161 | 3445±35 | | 1876—1842（24.5%）<br>1810—1798（7.3%）<br>1776—1733（29.7%）<br>1710—1697（6.7%） | 97.4 |
| | YHW97ⅣT6H34 | 木炭 | BA03164 | 3470±30 | | 1876—1841（29.7%）<br>1824—1821（2.2%）<br>1812—1797（11.1%）<br>1776—1744（25.2%） | 101.3 |

续表

| 分期 | 发掘编号 | 样品类型 | 实验室编号 | [14]C年龄（BP） | $\delta^{13}$C /‰ | 校正后日历年代（BC）68%置信区间 | 一致性指数 /% |
|---|---|---|---|---|---|---|---|
| 二、三期 | YHW97ⅣT1H17 | 木炭 | BA03167 | 3475±30 | | 1876—1841（29.9%）<br>1824—1822（1.6%）<br>1813—1798（12.2%）<br>1778—1746（24.6%） | 101.2 |
| | YHW97ⅣT5H46 | 木炭 | BA03183 | 3525±30 | | 1888—1860（16.6%）<br>1844—1772（51.6%） | 100.1 |
| 终止边界 | | | | | | 1759—1644 | |

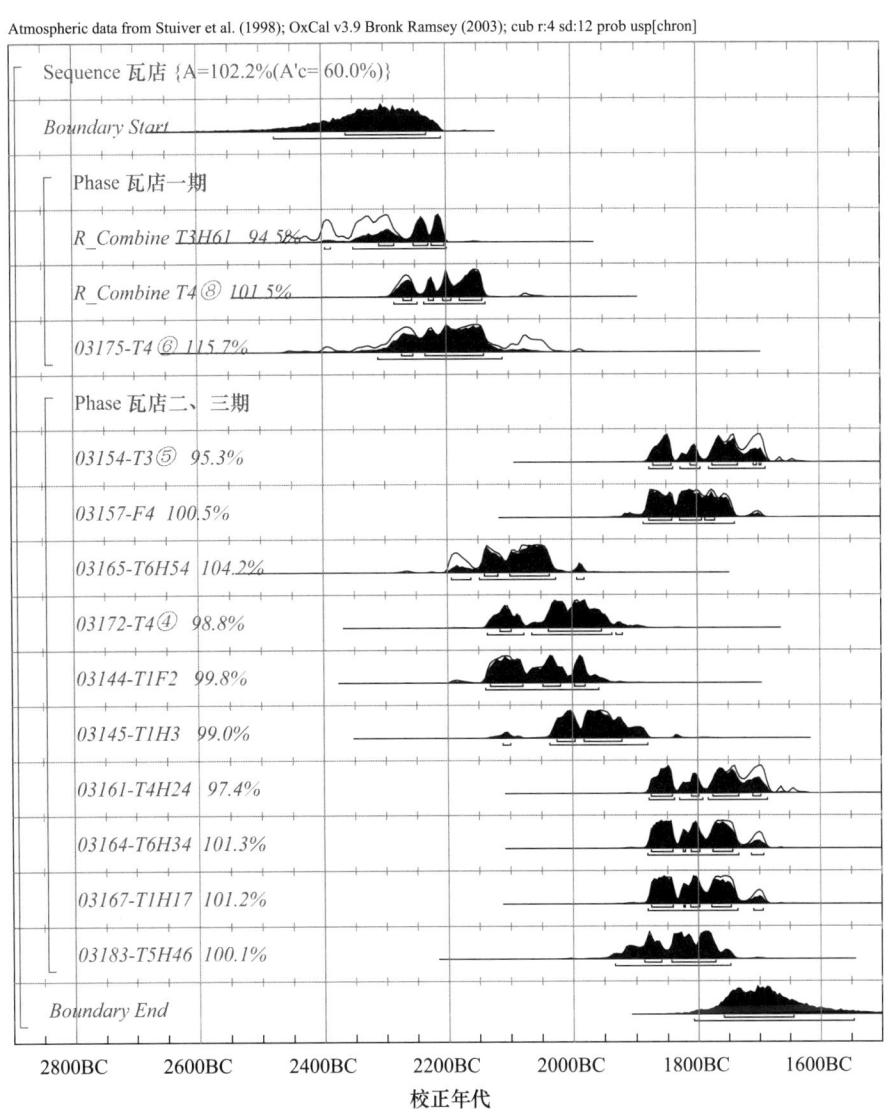

图 7-25　禹州瓦店遗址出土样品 AMS 和常规 [14]C 测年的年代校正图

（3）新砦 [①]

表 7-29 给出了新砦遗址的测年结果，其中实验室编号冠以 VERA 的样品是在奥地利维也纳大学 AMS 实验室测量的。从表 7-29 可以看出，两个实验室测量数据的一致性很好。测年数据的校正结果表明，河南龙山晚期大致从公元前 2110—前 1840 年，新砦期早段大致从公元前 1820—前 1760 年，新砦期晚段大致从公元前 1770—前 1700 年。从图 7-26 该系列的校正图中可见，实际上新砦遗址的河南龙山晚期延续时间较长，而新砦期早段和新砦期晚段相对较短，在这种情况下校正模型需使用中间边界。

**表 7-29　新砦遗址系列样品的 AMS¹⁴C 测年与年代校正结果（全系列一致性指数 130.2%）**

| 分期 | 发掘编号 | 样品类型 | 实验室编号 | ¹⁴C 年龄（BP） | $\delta^{13}C$ /‰ | 校正后日历年代（BC）68% 置信区间 | 一致性指数 /% |
|---|---|---|---|---|---|---|---|
| 起始边界 | | | | | | 2170—2040 | |
| 河南龙山晚期 | T1H123 | 骨 | SA00002b | 3700±65 | −11.13 | 2110—1950 | 103.8 |
| | T1H126 | 骨 | SA00014-1 | 3675±35 | −9.91 | 2084—2036 | 107.4 |
| | | | SA00014-2 | 3740±30 | −9.22 | | |
| | | | VERA1429 | 3695±35 | | | |
| | | | VERA1430 | 3760±45 | | | |
| | T1H122 | 骨 | SA00008 | 3570±35 | −8.92 | 1960—1875 | 106.7 |
| | T1H120 | 骨 | SA00007-2 | 3590±30 | −10.11 | 2010—2000（3.7%）1980—1880（64.5%） | 101.9 |
| | T1H119 | 骨 | SA00001-1 | 3485±30 | −7.25 | 1880—1842 | 101.4 |
| | | | SA00001-2 | 3490±35 | −6.94 | | |
| 龙山晚—新砦边界 | | | | | | 1855—1780 | |
| 新砦期早段 | T1⑥C | 骨 | SA00006-1 | 3535±35 | −9.11 | 1818—1769 | 109.0 |
| | | | SA00006-2 | 3470±35 | −8.24 | | |
| | T1H116 | 骨 | SA00012-2 | 3480±35 | −18.68 | 1820—1765 | 101.8 |
| | | | VERA1431 | 3490±35 | | | |
| | | | VERA1432 | 3500±45 | | | |
| | T1H112 | 骨 | SA00005-2 | 3465±35 | −6.77 | 1820—1755 | 100.6 |

---

① Liu K X, Han B X, Guo Z Y, et al. AMS radiocarbon dating of bone samples from Xinzhai site in China. *Radiocarbon*, 2005, 47(1): 21-25.

续表

| 分期 | 发掘编号 | 样品类型 | 实验室编号 | ¹⁴C 年龄（BP） | $\delta^{13}C$ /‰ | 校正后日历年代（BC）68% 置信区间 | 一致性指数/% |
|---|---|---|---|---|---|---|---|
| 新砦期早段 | T1H115 | 骨 | SA00019-1 | 3530±35 | -10.53 | 1819—1770 | 112.2 |
| | | | SA00019-2 | 3500±35 | -9.50 | | |
| | T4H61 ⑥ | 骨 | SA00028 | 3500±35 | -13.61 | 1816—1768 | 113.9 |
| 新砦早—新砦晚边界 | | | | | | 1782—1744 | |
| 新砦期晚段 | T1H40 | 骨 | SA00018-1 | 3500±30 | -20.37 | 1769—1738 | 80.3 |
| | | | SA00018-2 | 3470±35 | -18.88 | | |
| | T1H26 | 骨 | SA00017-1 | 3395±40 | -14.04 | 1748—1726（42.1%）1720—1699（26.1%） | 113.3 |
| | | | SA00017-2 | 3455±30 | -13.60 | | |
| | T1H76 | 骨 | SA00009 | 3415±35 | -9.00 | 1747—1704 | 125.8 |
| | T1H48 | 骨 | VERA1434 | 3425±35 | | 1755—1695 | 118.3 |
| | | | VERA1435 | 3460±50 | | | |
| | T1H45 | 骨 | SA00013-1b | 3430±55 | -12.79 | 1741—1712 | 112.6 |
| | | | SA00013-2 | 3390±35 | -12.92 | | |
| | | | VERA1436 | 3380±35 | | | |
| | | | VERA1437 | 3450±50 | | | |
| | T1H29 ① | 骨 | SA00016 | 3410±50 | -7.75 | 1744—1708 | 119.2 |
| | | | VERA1438 | 3390±35 | | | |
| | | | VERA1439 | 3430±50 | | | |
| | T4H66 | 骨 | SA00021-2 | 3425±30 | -14.70 | 1747—1703 | 120.7 |
| | T4H30 | 骨 | SA00020-2 | 3490±30 | -6.42 | 1775—1735（66.3%）1705—1700（1.9%） | 79.5 |
| 终止边界 | | | | | | 1730—1675 | |

注：VERA1434 与 VERA1435 即样品 SA00010。

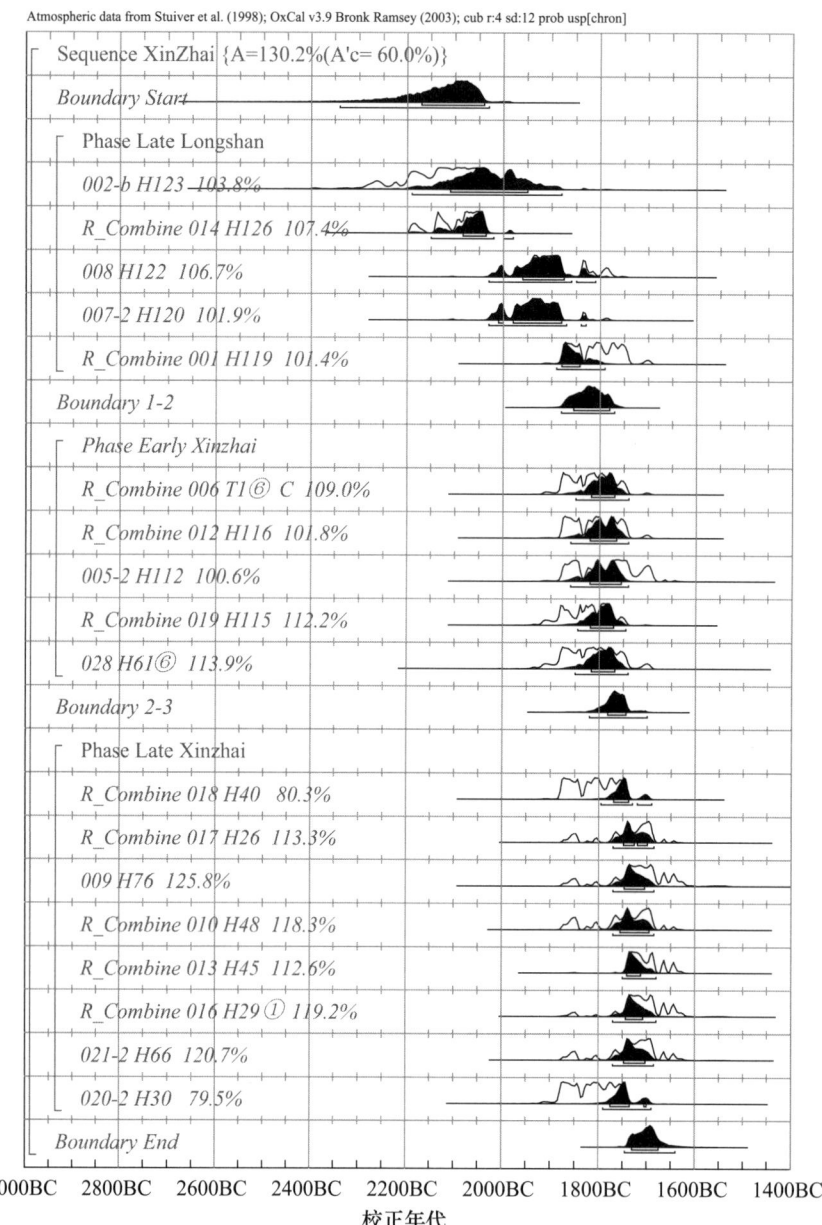

图 7-26　新砦遗址出土样品 AMS $^{14}$C 测年的年代校正图

（4）偃师商城

　　表 7-30 给出了偃师商城遗址三期 5 段的测年结果，延续时间大致从公元前 1600—前 1350 年。其年代校正图示于图 7-27。需要指出的是，从总体趋势上看，一期 2 段的两个木炭样品 96YSⅦT28⑧和 98YS J1 D2T1009 ④ G3 的 $^{14}$C 年代有可能偏老。如果将这两个样品剔除后进行系列样品校正，则偃师商城遗址的始年约在公元前 1550 年。但由于总的样品数不够多，我们尚没有充足的理由将这两个木炭样品剔除。希望今后能对偃师商城遗址进行更多样品的测年，以便得到更为可靠的结果。

**表 7-30　偃师商城遗址系列样品的 AMS¹⁴C 测年与年代校正结果（全系列一致性指数 99.9%）**

| 分期 | | 发掘编号 | 样品类型 | 实验室编号 | ¹⁴C 年龄（BP） | $\delta^{13}C$ /‰ | 校正后日历年代（BC）68% 置信区间 | 一致性指数 /% |
|---|---|---|---|---|---|---|---|---|
| 起始边界 | | | | | | | 1636—1556 | |
| 一期 | 第1段 | 96YSⅦT28 ⑩ | 骨 | SA00052 | 3190±55 | −10.85 | 1604—1544 | 30.6 |
| | | 96YSⅦT28 ⑨ | 骨 | SA00053 | 3290±50 | −8.14 | 1606—1538 | 121.6 |
| | 第2段 | 96YSⅦT28 ⑧ | 木炭 | SA99117 | 3295±40 | −9.03 | 1566—1513（65.4%）1507—1503（2.8%） | 98.4 |
| | | 98YSJ1D2T1009 ④ G3 | 木炭 | SA99013 | 3300±45 | −24.75 | 1564—1513（65.2%）1508—1504（3.0%） | 98.9 |
| | | 98YSⅦT0301H99G10 西段 | 木炭 | SA99012 | 3260±40 | −24.45 | 1554—1492 | 113.8 |
| | | 97YSⅣT53G2 | 骨 | SA99121 | 3220±35 | −20.40 | 1525—1488 | 98.3 |
| 二期 | 第3段 | 96YSⅦT28 ⑦ | 骨 | SA99118 | 3230±45 | −10.16 | 1503—1460 | 130.0 |
| | | 98YSⅣT54H180（下） | 木炭 | SA99008 | 3210±45 | −26.07 | 1502—1460 | 124.3 |
| | 第4段 | 98YSⅦT0502G9 | 木炭 | SA99011 | 3245±35 | −27.14 | 1470—1436 | 92.0 |
| | | 98YSⅣT54 ⑧ | 木炭 | SA99006 | 3225±45 | −24.42 | 1470—1429 | 106.8 |
| | | 96YSⅦT28 ⑥ A | 骨 | SA99119 | 3110±40 | −8.15 | 1439—1399 | 90.5 |
| 三期 | 第5段 | 98YSJ1D2T0511H64 | 木炭 | SA99005 | 3120±55 | −26.97 | 1425—1368（66.3%）1357—1354（1.9%） | 127.1 |
| | | 98YSJ1T0419Ch ③ | 骨 | SA99122 | 3105±40 | −16.19 | 1420—1369（65.5%）1357—1353（2.7%） | 118.2 |
| | | 92YSⅣT34 ④下 | 竹炭 | SA99009 | 3100±40 | −26.53 | 1416—1368（61.5%）1358—1350（4.9%）1334—1331（1.8%） | 117.6 |
| | | 98YSJ1D2T0412H61 | 竹炭 | SA99002 | 3030±60 | −10.83 | 1408—1348 | 97.1 |
| 终止边界 | | | | | | | 1385—1305 | |

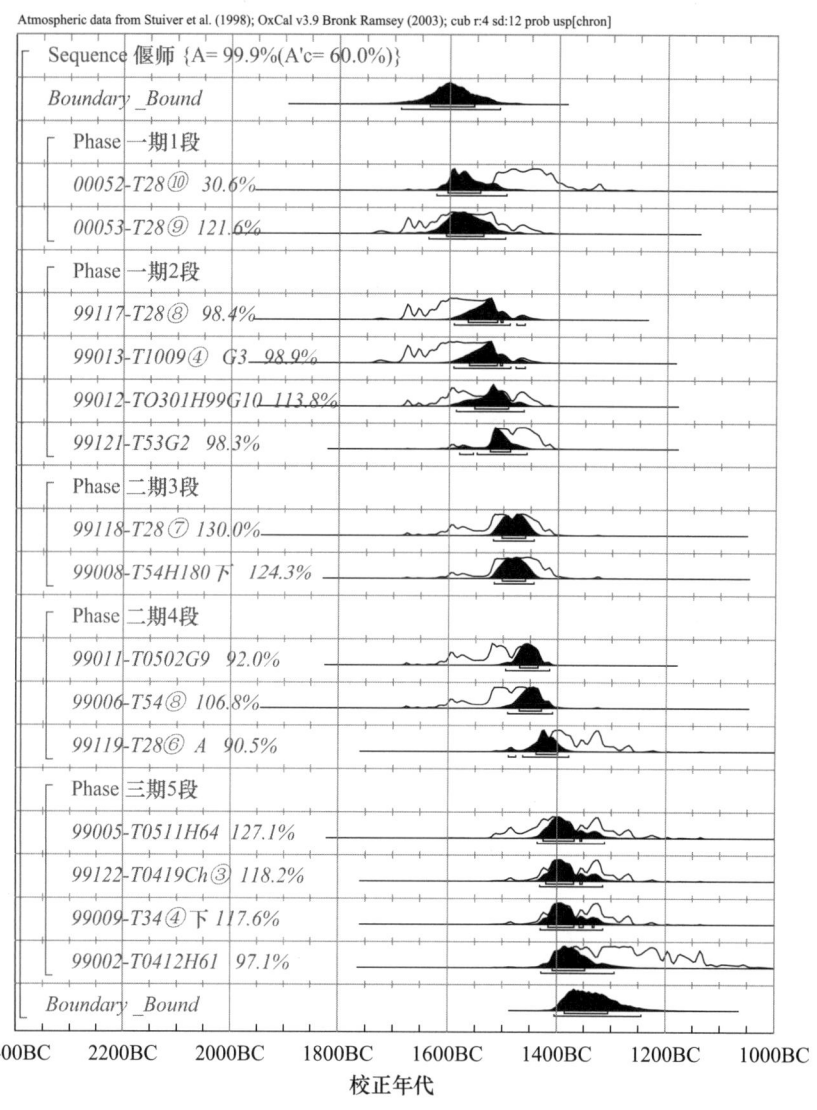

图 7-27　偃师商城遗址出土样品 AMS $^{14}$C 测年的年代校正图

（5）郑州商城

表 7-31 给出了郑州商城遗址的测年结果，其年代校正图示于图 7-28。郑州商城遗址的二里冈文化分为二下一、二下二、二上一、二上二四期，二里冈文化层之下还压有洛达庙晚期，为二里头文化的遗存。故洛达庙晚期与二下一之间的分界可视为二里头文化与二里冈文化的分界。

表 7-31　郑州商城遗址系列样品的 AMS$^{14}$C 测年与年代校正结果（全系列一致性指数 94.9%）

| 分期 | 发掘编号 | 样品类型 | 实验室编号 | $^{14}$C 年龄（BP） | $\delta^{13}$C /‰ | 校正后日历年代（BC）68% 置信区间 | 一致性指数/% |
|---|---|---|---|---|---|---|---|
| 起始边界 | | | | | | 1616—1576 | |

| 分期 | 发掘编号 | 样品类型 | 实验室编号 | ¹⁴C 年龄（BP） | δ¹³C /‰ | 校正后日历年代（BC）68% 置信区间 | 一致性指数 /% |
|---|---|---|---|---|---|---|---|
| 洛达庙晚期 | T232H230 | 木炭 | SA99067 | 3320±55 | −24.97 | 1594—1542 | 118.1 |
| | T232H231 | 骨头 | SA99068SA | 3360±60 | −6.35 | 1591—1541 | 91.6 |
| | T155G3 | 骨头 | SA99076 | 3295±50 | −11.46 | 1595—1546 | 127.9 |
| | T203H46 | 骨头 | SA99079 | 3250±35 | −10.86 | 1598—1554 | 83.0 |
| | T232H233 | 木炭 | SA99110 | 3290±35 | −26.01 | 1596—1547 | 121.7 |
| | T422 夯 10 | 骨头 | BA07600 | 3295±35 | | 1596—1546 | 120.1 |
| | T422 夯 9 | 骨头 | BA08305 | 3265±30 | | 1598—1554 | 113.9 |
| | T422H94 | 骨头 | BA07267 | 3240±30 | | 1598—1561 | 43.4 |
| | | | BA07594 | 3260±40 | | | |
| | | | BA08306 | 3245±30 | | | |
| | T58 ⑥ | 骨头 | BA07272 | 3280±30 | | 1598—1550 | 119.7 |
| | T58 ④ | 骨头 | BA07271 | 3255±35 | | 1598—1553 | 96.8 |
| | T422H81 | 骨头 a | BA07265 | 3340±30 | | 1598—1558 | 101.4 |
| | | | BA07767 | 3285±50 | | | |
| | | 骨头 b | BA07595 | 3230±40 | | | |
| | | 骨头 c | BA07596 | 3305±35 | | | |
| | | 骨头 d | BA07597 | 3255±35 | | | |
| | | 骨头 e | BA07598 | 3265±40 | | | |
| | | 骨头 f | BA07599 | 3235±40 | | | |
| 二里头—二里冈 | | | | | | 1561—1531（62.6%）1522—1519（5.6%） | |
| 二里冈下层一期 | T232 夯土Ⅶ下垫土 | 木炭 | SA99066 | 3245±50 | −25.3 | 1529—1495 | 124.2 |
| | T232 夯土Ⅶ | 木炭 | SA99070 | 3285±40 | −25.36 | 1539—1503 | 95.5 |
| | T207 夯土墙 | 骨头 | SA99078 | 3285±85 | −9.62 | 1537—1498 | 117.2 |
| | T166G2 | 骨头 | SA99074 | 3280±40 | −8.13 | 1523—1500 | 127.4 |
| | | 骨头 | BA07282 | 3225±30 | | | |
| | C1H9∶25 | 卜骨 | SA99057 | 3290±45 | −21.6 | 1540—1503 | 95.7 |
| | C1H9∶43 | 骨匕 | SA99061 | 3290±40 | −12 | 1540—1505 | 92.6 |
| | C1H10∶31 | 卜骨 | SA99034 | 3205±45 | −9.51 | 1521—1496 | 103.7 |
| | T232 夯土Ⅵ | 木炭 | SA99069 | 3280±65 | −25.61 | 1536—1499 | 112.1 |
| | T203H56 | 骨头 | SA99077 | 3245±40 | −8.4 | 1526—1496 | 124.7 |
| | 97XNH69 | 卜骨 | SA99073 | 3220±35 | −11.14 | 1521—1498 | 108.0 |

续表

| 分期 | 发掘编号 | 样品类型 | 实验室编号 | $^{14}$C 年龄（BP） | $\delta^{13}$C /‰ | 校正后日历年代（BC）68% 置信区间 | 一致性指数 /% |
|---|---|---|---|---|---|---|---|
| 二里冈下层一期 | T422H79 | 骨头 | BA07264 | 3210±45 | | 1520—1500 | 114.5 |
| | | 骨头 | BA08289 | 3215±50 | | | |
| | | 骨头 | BA08290 | 3250±30 | | | |
| | 02HYZH1a | 骨头 | BA07269 | 3245±30 | | 1524—1497 | 126.6 |
| | 02HYZH1b | 骨头 | BA07289 | 3280±35 | | 1538—1502 | 95.3 |
| 二里冈下层二期 | T233F1 | 骨头 | SA99065 | 3270±35 | −9.81 | 1500—1492（13.2%）1480—1459（51.8%） | 59.9 |
| | T236H160 | 骨头 | SA99071 | 3185±45 | −16.86 | 1493—1461 | 115.8 |
| | T426H93 | 骨头 | BA07261 | 3270±30 | | 1500—1493（12.5%）1479—1459（55.7%） | 48.4 |
| | T24H65 | 骨头 | BA07273 | 3185±40 | | 1493—1461 | 110.9 |
| | T24H66 | 骨头 | BA07274 | 3205±30 | | 1492—1460 | 111.8 |
| | T25H31 | 骨头 | BA07280 | 3210±40 | | 1492—1460 | 121.4 |
| | T233F1 | 骨头 | BA07281 | 3245±40 | | 1496—1491（9.0%）1483—1459（59.2%） | 123.1 |
| | T18H46 | 骨头 | BA07285 | 3260±30 | | 1500—1492（13.1%）1480—1459（55.1%） | 81.9 |
| 二里冈上层一期 | T233H19 | 骨头 | SA99114 | 3225±30 | −12 | 1460—1435 | 100.5 |
| | T234H8 | 骨头 | SA99123 | 3265±40 | −8.93 | 1463—1437 | 57.1 |
| | T234G3 | 骨头 | SA99124 | 3150±50 | −12.28 | 1455—1426 | 121.4 |
| | T1H1 | 骨头 | SA99039 | 3125±40 | −20.89 | 1449—1424 | 74.7 |
| | T26H67 | 骨头 | BA07275 | 3205±30 | | 1459—1433 | 106.3 |
| | T26H75 | 骨头 | BA07278 | 3130±30 | | 1446—1422 | 70.2 |
| | T23H52 | 骨头 | BA07287 | 3210±45 | | 1460—1432 | 116.8 |
| | T22H29 | 骨头 | BA07288 | 3220±30 | | 1460—1435 | 96.7 |
| 二里冈上层二期 | T159H17 | 骨头 | SA99111 | 3190±35 | −13.14 | 1431—1410 | 76.4 |
| | T159G1 | 骨头 | SA99125 | 3155±35 | −8.13 | 1430—1409 | 145.7 |
| | 小双桥 H116 | 骨头 | SA99108 | 3095±35 | −12.44 | 1429—1404 | 73.3 |
| | T26H48 | 骨头 | BA08296 | 3165±30 | | 1430—1410 | 128.8 |
| | T14H5 | 骨头 | BA08301 | 3130±30 | | 1428—1405 | 90.5 |
| | | 骨头 | BA08302 | 3105±30 | | | |
| 终止边界 | | | | | | 1419—1395 | |

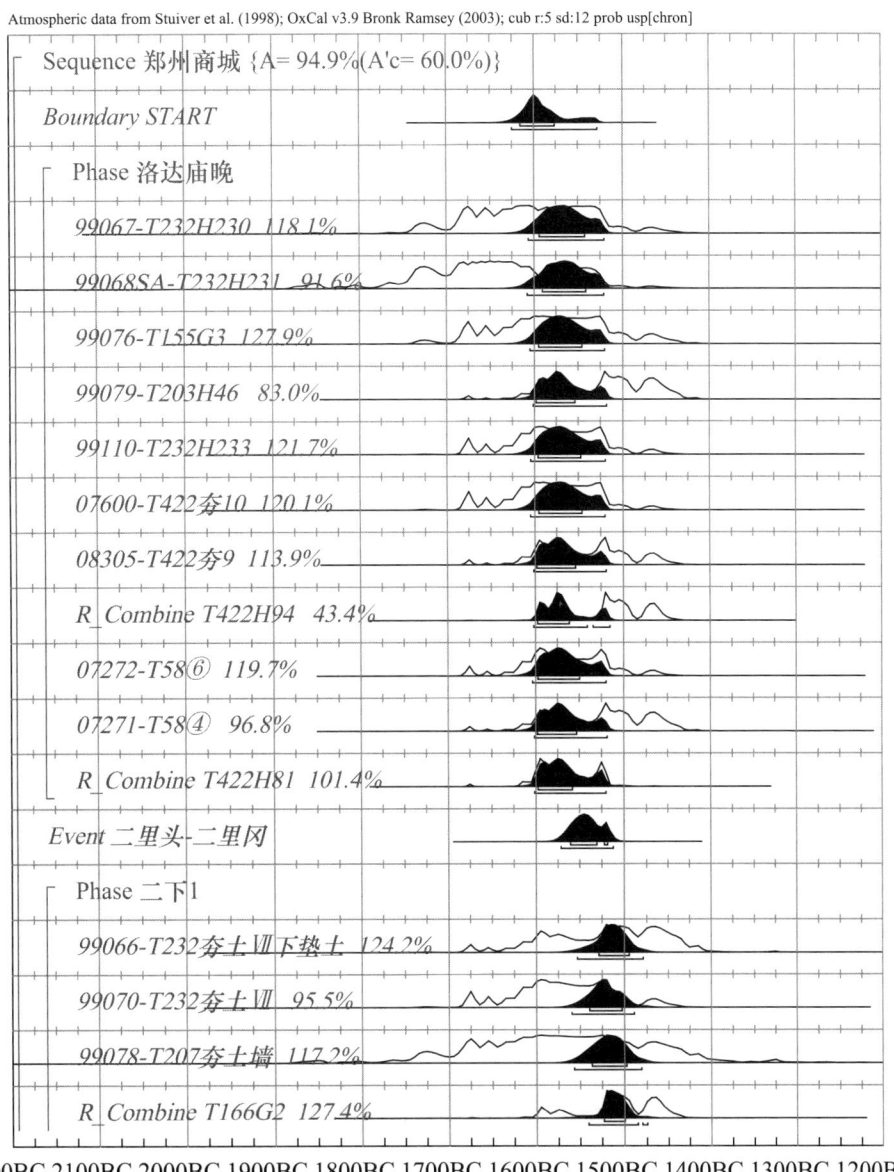

Atmospheric data from Stuiver et al. (1998); OxCal v3.9 Bronk Ramsey (2003); cub r:5 sd:12 prob usp[chron]

2200BC 2100BC 2000BC 1900BC 1800BC 1700BC 1600BC 1500BC 1400BC 1300BC 1200BC

**校正年代**

图 7-28a  郑州商城遗址出土样品 AMS <sup>14</sup>C 测年的年代校正图（1）

郑州商城遗址的 AMS 测年可分为两个阶段：第一阶段是 2000 年之前，样品编号为 SA98×××或 SA99×××，其测年结果曾发表在《简本》上。鉴于郑州商城遗址的重要性，我们在 2007 年又进行了再次取样，样品编号为 BA07×××或 BA08×××。这批样品是用新的制样系统制样、用新的小 AMS 机器测量的，这是第二阶段。表 7-31 是这两个阶段测年数据合并起来进行系列样品年代校正所得到的结果，全系列的一致性指数约 95%。纳入该系列的样品共 57 个，其中第一阶段的样品 24 个，第二阶段的样品 33 个，各分期两个阶段所测样品 <sup>14</sup>C 年代的一致性良好。

由于郑州商城遗址二里头文化与二里冈文化的分界是大家所关注的，故在构建校正模型时，在洛达庙晚期与二里冈下层一期之间插入了事件（Event）命令。由表 7-31 可知，洛达庙晚期的年代约在公元前 1600—前 1520 年，二里冈下层一期的年代约在公元前 1540—前 1495 年，郑州商城遗址二里头文化与二里冈文化的分界约在公元前 1560—前 1520 年。此外，二里冈上层二期的年代约在公元前 1430—前 1400 年，整个郑州商城遗址二里冈文化的持续时间约为 140 年。

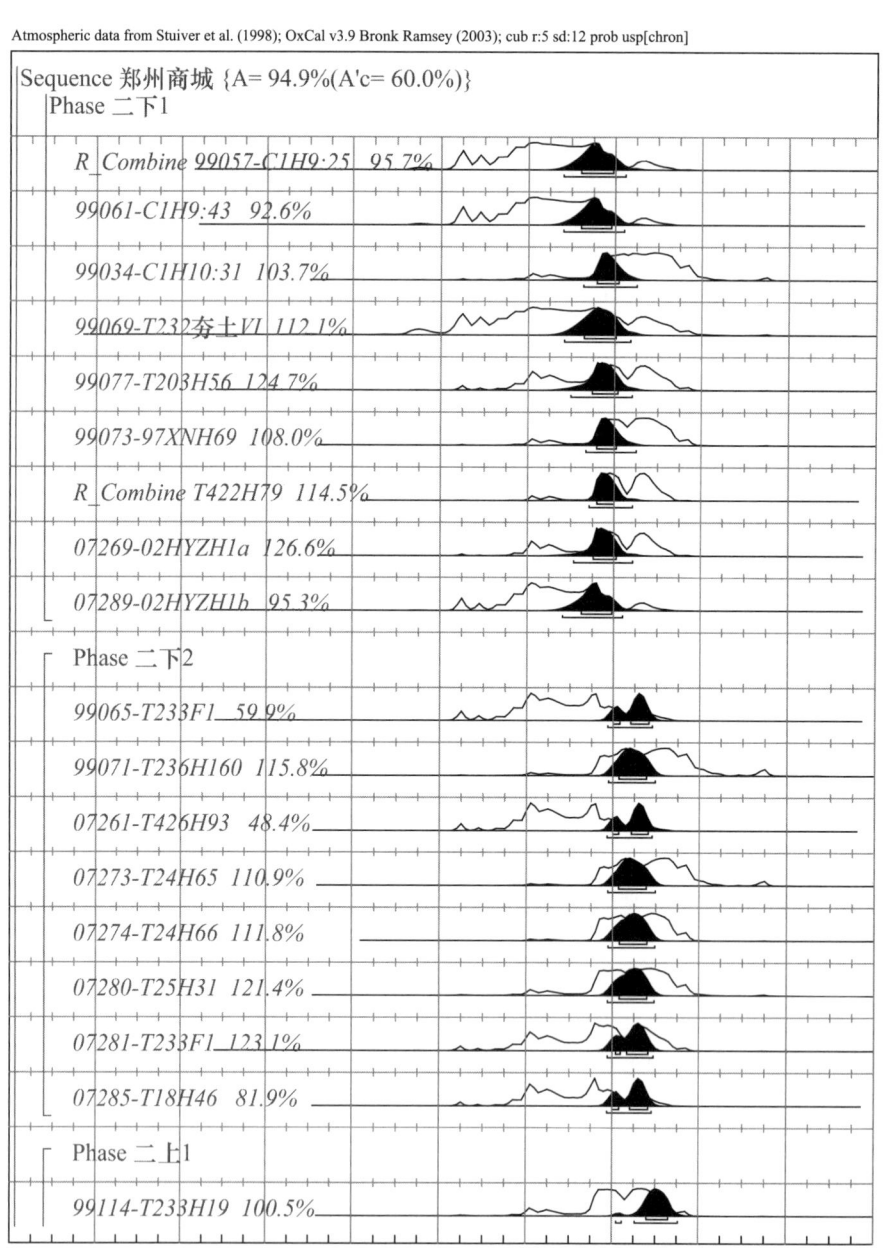

Atmospheric data from Stuiver et al. (1998); OxCal v3.9 Bronk Ramsey (2003); cub r:5 sd:12 prob usp[chron]

Sequence 郑州商城 {A= 94.9%(A'c= 60.0%)}
Phase 二下1
R_Combine 99057-C1H9:25  95.7%
99061-C1H9:43  92.6%
99034-C1H10:31  103.7%
99069-T232夯土VI  112.1%
99077-T203H56  124.7%
99073-97XNH69  108.0%
R_Combine T422H79  114.5%
07269-02HYZH1a  126.6%
07289-02HYZH1b  95.3%

Phase 二下2
99065-T233F1  59.9%
99071-T236H160  115.8%
07261-T426H93  48.4%
07273-T24H65  110.9%
07274-T24H66  111.8%
07280-T25H31  121.4%
07281-T233F1  123.1%
07285-T18H46  81.9%

Phase 二上1
99114-T233H19  100.5%

2200BC 2100BC 2000BC 1900BC 1800BC 1700BC 1600BC 1500BC 1400BC 1300BC 1200BC
校正年代

图 7-28b　郑州商城遗址出土样品 AMS $^{14}$C 测年的年代校正图（2）

Atmospheric data from Stuiver et al. (1998); OxCal v3.9 Bronk Ramsey (2003); cub r:5 sd:12 prob usp[chron]

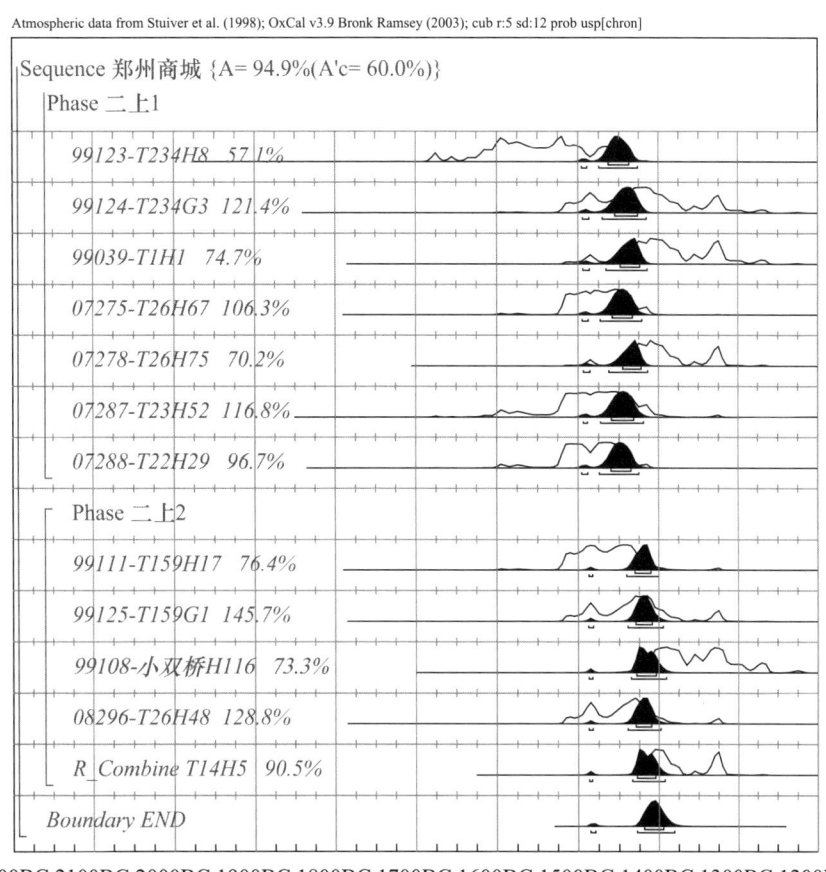

2200BC 2100BC 2000BC 1900BC 1800BC 1700BC 1600BC 1500BC 1400BC 1300BC 1200BC

**校正年代**

图 7-28c　郑州商城遗址出土样品 AMS ¹⁴C 测年的年代校正图（3）

（6）洹北花园庄

表 7-32 给出了花园庄遗址 11 个样品的测年结果，其年代校正图示于图 7-29。花园庄遗址分为早、晚两期，早期的年代约在公元前 1430—前 1375 年，晚期的年代约在公元前 1395—前 1320 年。这一结果与早、晚两个分期分别做单期校正的结果差别不大，这是由于整体时间跨度较大而分期较粗。

**表 7-32　洹北花园庄遗址系列样品的 AMS¹⁴C 测年与年代校正结果（全系列一致性指数 111.7%）**

| 分期 | 发掘编号 | 样品类型 | 实验室编号 | ¹⁴C 年龄（BP） | δ¹³C /‰ | 校正后日历年代（BC）68% 置信区间 | 一致性指数 /% |
|---|---|---|---|---|---|---|---|
| 起始边界 | | | | | | 1456—1403 | |
| 花园庄早期 | 98AHDH13 | 骨 | SA99140 | 3165±40 | −5.46 | 1432—1390 | 99.4 |
| | 98AHDH12 | 骨 | SA99139 | 3060±35 | −16.87 | 1409—1374 | 86.9 |
| | 98AHDH11 | 骨 | SA99138 | 3190±40 | −9.26 | 1437—1392 | 70.2 |
| | 98AHDH10 | 骨 | SA99137 | 3055±40 | −11.6 | 1410—1373 | 85.5 |

续表

| 分期 | 发掘编号 | 样品类型 | 实验室编号 | ¹⁴C 年龄（BP） | δ¹³C /‰ | 校正后日历年代（BC）68% 置信区间 | 一致性指数 /% |
|---|---|---|---|---|---|---|---|
| 花园庄早期 | 98AHDM10 | 骨 | SA99141 | 3110±40 | −6.91 | 1421—1380 | 126.4 |
| | 98AHDT4⑥ | 骨 | SA99106 | 3150±35 | −5.81 | 1428—1390 | 115.2 |
| | 98AHDT4⑤ | 骨 | SA99105 | 3085±35 | −17.71 | 1412—1376 | 111.2 |
| 花园庄晚期 | 98AHDH9 | 骨 | SA99136 | 3100±40 | −7.87 | 1396—1369（36.6%）<br>1358—1350（7.2%）<br>1340—1317（24.4%） | 114.2 |
| | 98AHDH7 | 骨 | SA99135 | 3055±35 | −15.04 | 1393—1338（66.3%）<br>1320—1318（1.9%） | 109.2 |
| | 98AHDH6 | 骨 | SA99134 | 3090±35 | −16.35 | 1395—1368（35.9%）<br>1359—1349（8.8%）<br>1340—1317（23.4%） | 115.1 |
| | 98AHDH5 | 骨 | SA99133 | 3085±40 | −14.25 | 1395—1368（36.7%）<br>1359—1349（9.1%）<br>1341—1318（22.5%） | 119.5 |
| 终止边界 | | | | | | 1388—1350（35.1%）<br>1336—1299（33.1%） | |

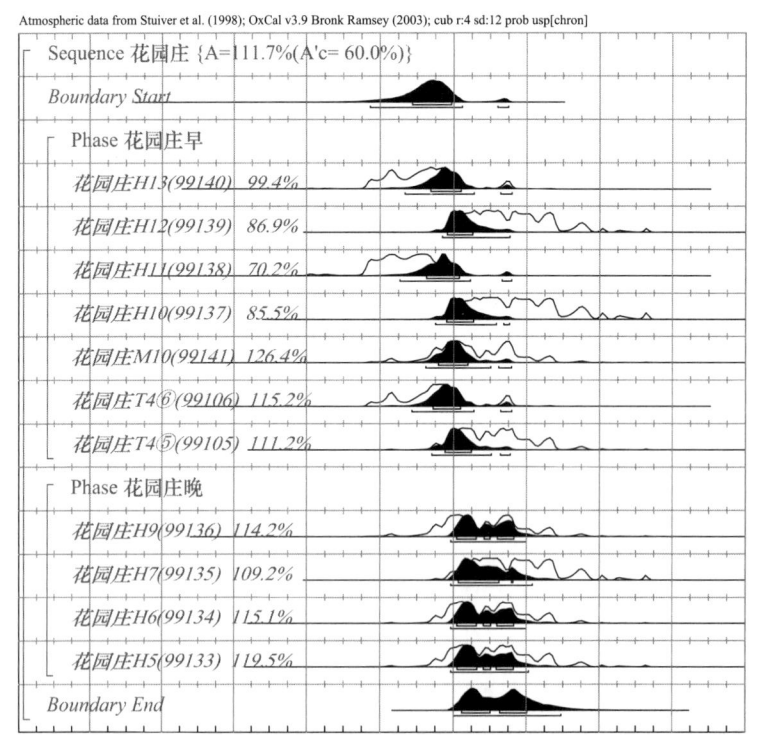

图 7-29 洹北花园庄遗址出土样品 AMS ¹⁴C 测年的年代校正图

（7）东先贤

表 7-33 给出了东先贤遗址的测年结果，其年代校正图示于图 7-30。该遗址只测量了一期的 2 个样品和三期的 2 个样品。经校正，一期的年代范围约在公元前 1435—前 1375 年，三期的年代范围约在公元前 1396—前 1312 年，大体上分别与花园庄早期和晚期的年代相当。

表 7-33　东先贤遗址系列样品的 AMS<sup>14</sup>C 测年与年代校正结果（全系列一致性指数 130.5%）

| 分期 | 发掘编号 | 样品类型 | 实验室编号 | <sup>14</sup>C 年龄（BP） | $\delta^{13}$C /‰ | 校正后日历年代（BC）68% 置信区间 | 一致性指数 /% |
|---|---|---|---|---|---|---|---|
| 起始边界 | | | | | | 1467—1381 | |
| 东先贤一期 | 98XDT3H15 下 | 木炭 | SA99081 | 3150±60 | −24.55 | 1435—1375 | 118.2 |
| | 98XDT3H15 下 | 骨 | SA99083 | 3100±35 | −14.79 | 1428—1378 | 108.7 |
| 东先贤二期 | | | | | | 1410—1346 | |
| 东先贤三期 | 98XDT1 ⑧ | 骨 | SA99131 | 3085±35 | −7.02 | 1396—1368（25.1%）1361—1312（43.1%） | 106.2 |
| | 98XDT3H10 | 骨 | SA99082 | 3105±75 | −13.58 | 1396—1312 | 124.8 |
| 终止边界 | | | | | | 1392—1285 | |

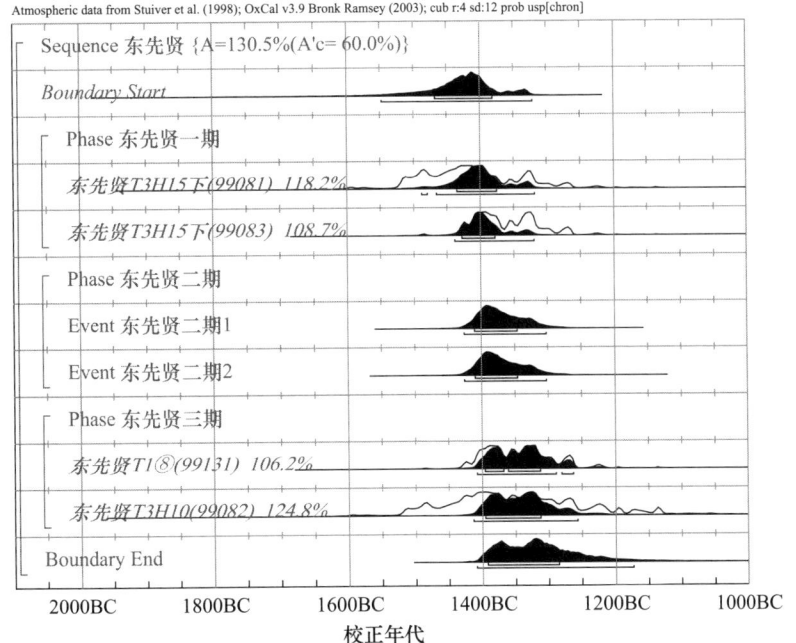

图 7-30　东先贤遗址出土样品 AMS <sup>14</sup>C 测年的年代校正图

（8）沣西 [1]

表 7-34 给出了沣西遗址的测年结果，其年代校正图示于图 7-31。该遗址从先周到西周晚期共分为六期，其中西周早期开始于一期和二期的分界，即武王克商事件。该遗址的五期没有测年样品，在构建系列样品校正模型时，在五期中插入了空事件（Event）。该系列样品的年代校正结果表明，沣西遗址一至六期的延续时间约为公元前1130—前785年，其中武王克商大约发生在公元前1060—前1000年。

**表 7-34　沣西遗址系列样品的 AMS¹⁴C 测年与年代校正结果（全系列一致性指数 107.6%）**

| 分期 | | 发掘单位 | 样品类型 | 实验室编号 | ¹⁴C 年龄（BP） | $\delta^{13}$C /‰ | 校正后日历年代（BC）68% 置信区间 | 一致性指数 /% |
|---|---|---|---|---|---|---|---|---|
| 起始边界 | | | | | | | 1170—1070 | |
| 先周 | 一期 | 97SCMT2H7 | 兽骨 | SA97022 | 2935±35 | −7.34 | 1130—1040 | 101.2 |
| | | 97SCMT1H18 ③ | 炭化粟 | SA97029 | 2850±50 | −9.59 | 1115—1025 | 91.8 |
| | | 97SCMT1H18 ② | 炭化粟 | SA97030 | 2900±50 | −9.95 | 1120—1035 | 123.4 |
| | | 97SCMT1H18 ② | 木炭 | SA97002 | 2905±50 | −26.83 | 1120—1035 | 123.0 |
| | | 97SCMT1H18 ① | 木炭 | SA97003 | 2895±50 | −25.55 | 1115—1030 | 123.4 |
| 武王克商 | | | | | | | 1060—1000 | |
| 西周早 | 二期 | 97SCMT1 ④下 | 木炭 | SA97004 | 2855±55 | −25.27 | 1035—975 | 130.4 |
| | | 97SCMT1 ④下 | 木炭 | SA97009 | 2840±55 | −25.21 | 1030—975 | 128.4 |
| | 三期 | 97SCMT1H16 | 骨头 | SA97010 | 2810±45 | −18.34 | 998—952 | 125.7 |
| | | 97SCMT1H11 | 木炭 | SA97011 | 2845±45 | −25.69 | 1005—945 | 129.3 |
| 西周中 | 四期 | 97SCMT1H8 | 木炭 | SA97012 | 2890±40 | −25.47 | 958—922 | 34.0 |
| | | 97SCMT1H8 | 木炭 | SA97013 | 2860±35 | −26.44 | 959—920 | 77.1 |
| | | 97SCMT1H3 | 木炭 | SA97014 | 2685±45 | −25.17 | 905—825 | 86.2 |
| | | 97SCMT1H3 底 | 木炭 | SA97015 | 2695±50 | −25.63 | 915—840 | 94.5 |
| | | 97SCMT1 ③ | 木炭 | SA97023 | 2730±45 | −23.49 | 920—845 | 103.0 |
| | 五期 | | | | | | 860—800 | |
| 西周晚 | 六期 | 97SCMT2M8 | 人骨 | SA97025 | 2620±55 | −6.19 | 832—785 | 127.7 |
| 终止边界 | | | | | | | 825—755 | |

[1] Guo Z Y, Liu K X, Yuan S X, et al. AMS radiocarbon dating of the Fengxi site in Shaanxi, China. *Radiocarbon*, 2005, 47(2): 221-229.

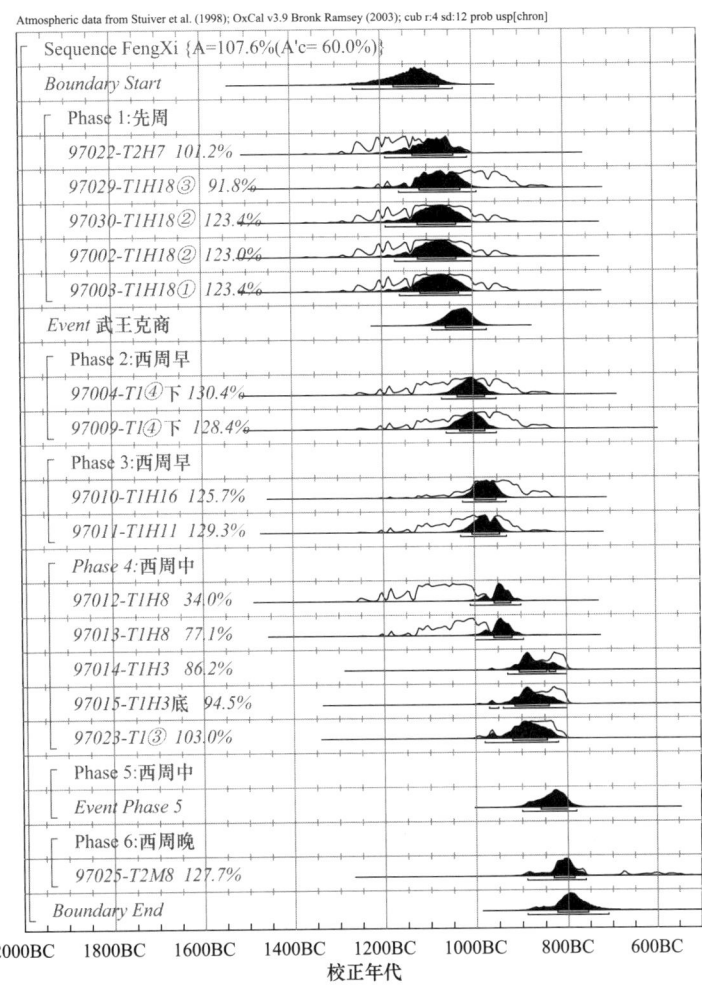

Atmospheric data from Stuiver et al. (1998); OxCal v3.9 Bronk Ramsey (2003); cub r:4 sd:12 prob usp[chron]

图 7-31 沣西遗址出土样品 AMS ¹⁴C 测年的年代校正图

（9）琉璃河遗址居址区

表 7-35 给出了琉璃河遗址居址区的测年结果，其年代校正图示于图 7-32。该系列按西周早、中、晚分为三期，共 12 个样品，其中 5 个样品是北京大学常规 ¹⁴C 实验室测量的，其中可比样品 H108 ①与 AMS 的测量结果吻合良好。该系列样品的年代校正结果表明，琉璃河遗址居址区的年代范围约为公元前 1040—前 760 年。

表 7-35　琉璃河遗址系列样品的 AMS¹⁴C 测年与年代校正结果（全系列一致性指数 128.4%）

| 分期 | 发掘编号 | 样品类型 | 实验室编号 | ¹⁴C 年龄（BP） | δ¹³C /‰ | 校正后日历年代（BC）68% 置信区间 | 一致性指数 /% |
|---|---|---|---|---|---|---|---|
| 起始边界 | | | | | | 1088—996 | |
| 西周早期 | 96LG11H108 ③ | 木炭 | SA98129 | 2845±50 | −26.24 | 1020—937 | 122.7 |
| | 96LG11H108 ② | 木炭 | XSZ058 | 2810±35 | −26.13 | 1000—940 | 113.1 |
| | 96LG11H108 ① | 木炭 | XSZ057 | 2780±60 | −25.71 | 1000—932 | 102.1 |

续表

| 分期 | 发掘编号 | 样品类型 | 实验室编号 | $^{14}$C 年龄（BP） | $\delta^{13}$C /‰ | 校正后日历年代（BC）68% 置信区间 | 一致性指数 /% |
|------|----------|----------|------------|------|------|------------------------------|------------|
| 西周早期 | 96LG11H108① | 木炭 | SA98127 | 2805±50 | −25.23 | 1004—934 | 117.5 |
| | 96LG11H96② | 木炭 | XSZ062 | 2800±40 | −26.79 | 1000—937 | 112.1 |
| | 96LG11T3102H94 | 木炭 | XSZ063 | 2880±35 | −26.47 | 1043—974（59.3%）956—944（8.9%） | 95.8 |
| 西周中期 | 96LG11H49⑤ | 木炭 | SA98134 | 2745±50 | −25.78 | 923—862 | 112.5 |
| | 96LG11H49④ | 木炭 | SA98135 | 2800±50 | −25.52 | 942—892（58.0%）878—864（10.2%） | 107.9 |
| | 96LG11H49③ | 木炭 | SA98136 | 2825±40 | −24.93 | 946—898 | 86.6 |
| 西周晚期 | 96LG11H86② | 木炭 | SA98149 | 2760±35 | −25.81 | 869—830 | 105.7 |
| | 96LG11H86① | 木炭 | SA98147 | 2605±65 | −25.20 | 828—774 | 141.9 |
| | 96LG11Y1 | 木炭 | XSZ064 | 2510±35 | −26.32 | 793—759 | 84.5 |
| 终止边界 | | | | | | 786—717 | |

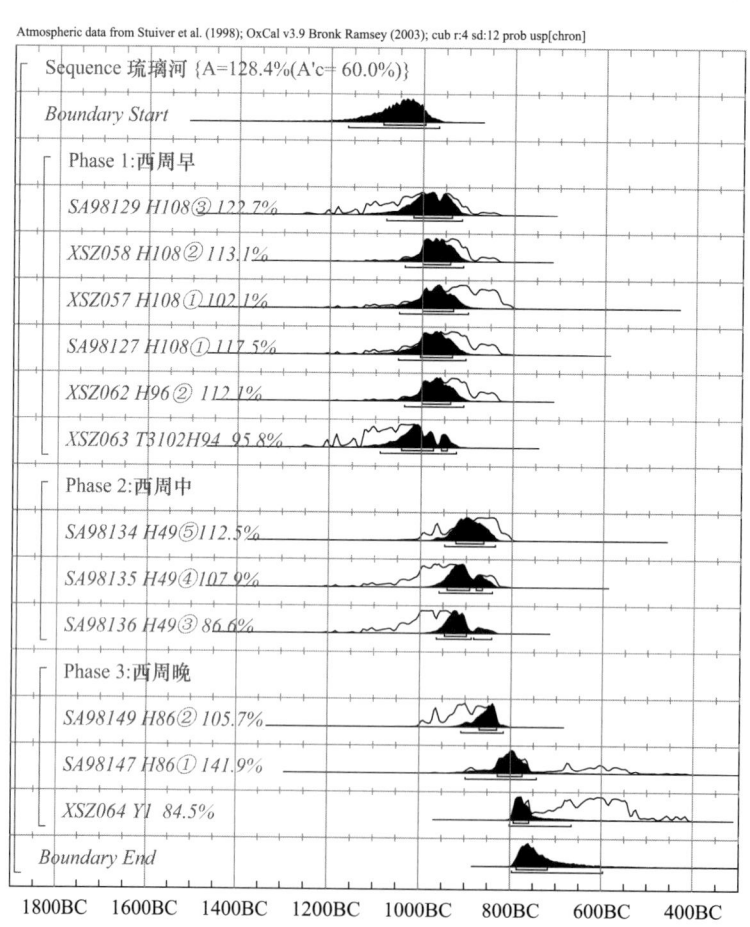

图 7-32 琉璃河遗址居址区出土样品 AMS 与常规 $^{14}$C 测年的年代校正图

（10）天马—曲村 [1]

表 7-36 给出了天马—曲村遗址 14 个样品的测年与年代校正结果，其年代校正图示于图 7-33。该遗址分为三期 6 段，其年代范围约为公元前 995—前 770 年。

**表 7-36　天马—曲村遗址系列样品的 AMS¹⁴C 测年与年代校正结果（全系列一致性指数 117.5%）**

| 分期 | | 发掘编号 | 样品类型 | 实验室编号 | ¹⁴C 年龄（BP） | δ¹³C/‰ | 校正后日历年代（BC）68% 置信区间 | 一致性指数/% |
|---|---|---|---|---|---|---|---|---|
| 起始边界 | | | | | | | 1020—940 | |
| 西周早期 | 第 1 段 | 88QJ7T1327H147 | 兽骨 | SA98014 | 2870±50 | −12.16 | 995—915 | 90.0 |
| | | 86QJ4M6266 | 人骨 | SA98006 | 2775±50 | −6.30 | 980—915 | 103.4 |
| | | 86QJ4M6081 | 狗骨 | SA98007 | 2765±50 | −9.55 | 980—915 | 91.1 |
| | 第 2 段 | 86QJ4M6306 | 人骨 | SA98008 | 2860±50 | −7.32 | 948—900 | 66.3 |
| | | 86QJ7T35H78 | 兽骨 | SA98017 | 2745±35 | −13.08 | 930—880 | 88.2 |
| | | 80QIT155H109 | 兽骨 | SA98016 | 2710±75 | −12.23 | 935—875 | 99.6 |
| 西周中期 | 第 3 段 | 86QJ4M6411 | 人骨 | SA98009 | 2795±50 | −6.90 | 910—895（10.3%）885—840（57.9%） | 86.8 |
| | | 84QJ7T17H23 | 羊骨 | SA98019 | 2790±60 | −9.17 | 905—890（8.0%）885—840（60.2%） | 103.0 |
| | | 82QⅣT411H410 | 兽骨 | SA98018 | 2760±35 | −9.29 | 905—890（8.1%）885—840（60.1%） | 114.2 |
| | 第 4 段 | 82QⅣT401H402：1 | 鹿骨 | SA98021 | 2745±60 | −18.96 | 855—819 | 109.7 |
| | | 82QⅣT401H402 | 羊骨 | SA98020 | 2710±45 | −16.07 | 851—815 | 111.3 |
| 西周晚期 | 第 5 段 | 86QI2M5215 | 人骨 | SA98010 | 2605±50 | −7.03 | 819—792 | 151.7 |
| | | 82QⅢT322H326 | 猪骨 | SA98022 | 2575±50 | −7.07 | 815—786 | 129.9 |
| | 第 6 段 | 86QI2M5217 | 人骨 | SA98011 | 2600±50 | −6.79 | 801—772 | 150.7 |
| 终止边界 | | | | | | | 796—754 | |

---

[1] Guo Z Y, Liu K X, Lu X Y, et al. AMS Radiocarbon Dating of Tianma-Qucun Site, Shanxi, China. *Radiocarbon*, 2001, 43(2B): 1109-1114.

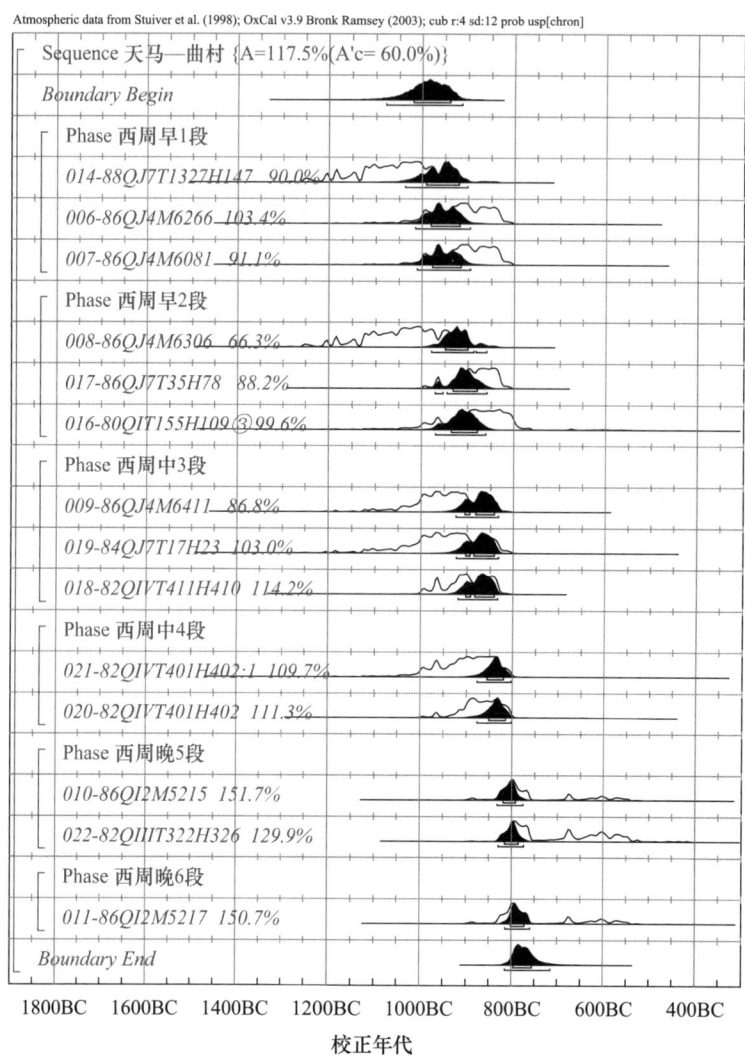

Atmospheric data from Stuiver et al. (1998); OxCal v3.9 Bronk Ramsey (2003); cub r:4 sd:12 prob usp[chron]

图 7-33 天马—曲村遗址出土样品 AMS $^{14}$C 测年的年代校正图

（11）晋侯墓地 [1]

表 7-37 给出了晋侯墓地的测年结果，其年代校正图示于图 7-34。该墓地共有 9 个侯的墓葬，另有侯夫人墓和陪葬墓。在构建系列样品校正模型时，将同一个侯的侯墓、侯夫人墓和陪葬墓作为一个分期。有三个侯没有测年样品，在相应分期中插入了空事件（Event）。年代校正结果给出了各侯卒年的年代区间，《史记·晋世家》记载的厉侯之后诸位侯的卒年都基本上落在校正结果所得到的年代区间之内。晋侯墓地系列是北京大学 AMS 设备进行技术改造后测量的第一个系列样品，测年结果与历史记载相符，为 AMS 测年的可靠性提供了佐证。整个墓地的年代范围约在公元前 970—前 770 年，

[1]  Wu X H, Yuan S X, Wang J X, et al. AMS radiocarbon dating of cemetery of Jin Marquises in China. *Nuclear Instruments and Methods in Physics Research,* 2000, B172: 732-735.

与天马—曲村遗址的测年结果相合。晋侯墓地的始年较天马—曲村遗址的始年晚 20—40 年，这大约相应于燮父迁来封地到其去世的时间。M8 侯墓木炭的校正年代区间为公元前 815—前 797 年，与常规法 $^{14}$C 测年的结果公元前 816—前 800 年相合。以上各项结果起到了互相印证的作用。

表 7-37　晋侯墓地系列样品的 AMS$^{14}$C 测年与年代校正结果（全系列一致性指数 148.9%）

| 分期 | 发掘样品 | 样品类型 | 实验室编号 | $^{14}$C 年龄（BP） | $\delta^{13}$C /‰ | 校正后日历年代（BC）68% 置信区间 | 一致性指数 /% | 《晋世家》晋侯卒年（BC） |
|---|---|---|---|---|---|---|---|---|
| 起始边界 | | | | | | 980—921 | | |
| 燮父 | M114 侯墓主人骨 | 人骨 | SA00062 | 2830±35 | −10.30 | 960—914 | 112.3 | |
| | M114 侯墓殉葬狗骨 | 狗骨 | SA00063 | 2790±35 | −11.53 | 970—912 | 119.5 | |
| | M113 侯夫人墓主人骨 | 人骨 | SA00061 | 2805±45 | −9.38 | 962—912 | 130.2 | |
| 武侯 | M9 侯墓人骨 | 人骨 | SA98089 | 2785±50 | −12.77 | 936—893 | 122.9 | |
| | M13 侯夫人墓人骨 | 人骨 | SA98090 | 2725±55 | −8.36 | 935—889 | 85.9 | |
| 成侯 | | | | | | 916—866 | | |
| 厉侯 | M108 侯陪葬墓人骨 | 人骨 | SA98091 | 2735±50 | −5.55 | 892—844 | 123.3 | 858 |
| 靖侯 | | | | | | 865—822 | | 841 |
| 釐侯 | | | | | | 836—806 | | 823 |
| 献侯 | M8 侯墓木炭 | 木炭 | SA98155 | 2640±50 | −25.13 | 815—797 | 158.7 | 812 |
| | M39 侯夫人陪葬墓人骨 | 人骨 | SA98092 | 2685±50 | −7.38 | 815—798 | 111.8 | |
| | M11 侯墓道中的祭牲 | 马骨 | SA98094-1 | 2560±55 | −13.18 | 810—795 | 73.5 | |
| | | | SA98094-2 | 2610±50 | −12.77 | | | |
| | | | SA98094A-2 | 2575±50 | −12.29 | | | |
| 穆侯 | M64 侯墓木炭 | 木炭 | SA98157 | 2540±55 | −24.44 | 800—786 | 119.3 | 785 |
| | M64 侯墓人骨 | 人骨 | SA99043 | 2670±40 | −10.07 | 804—790 | 53.6 | |
| | M87 侯墓道中的祭牲 | 马骨 | SA98095 | 2555±50 | −15.33 | 800—786 | 147.8 | |
| 殇叔或文侯 | M93 侯墓道中的祭牲 | 马骨 | SA98096-1 | 2515±55 | −14.84 | 789—768 | 150.0 | 殇叔 781文侯 746 |
| | | | SA98096-2 | 2595±50 | −16.57 | | | |
| | | | SA98096A | 2530±55 | −13.80 | | | |
| | | | SA98096AA | 2555±55 | −13.60 | | | |
| 终止边界 | | | | | | 786—754 | | |

由表 7-37 可知，M64 中采集了两个样品。一个是人骨样品 SA99043，其 $^{14}$C 年代为 2670±40BP；另一个是木炭样品 SA98157，其 $^{14}$C 年代为 2540±55BP。曾有人认为

这两个样品出自同一个墓，而其 ¹⁴C 年代相差 130 年，结果肯定有错误。其实这一结果是完全合理的。用前述国际通用的判断两个 ¹⁴C 年代值是否源于同一事件的判据检查这两个数据并无矛盾，即

$$|x_1 - x_2| = 2670 - 2540 = 130 < 2\sqrt{s_1^2 + s_2^2} = 2\sqrt{40^2 + 55^2} = 136。$$

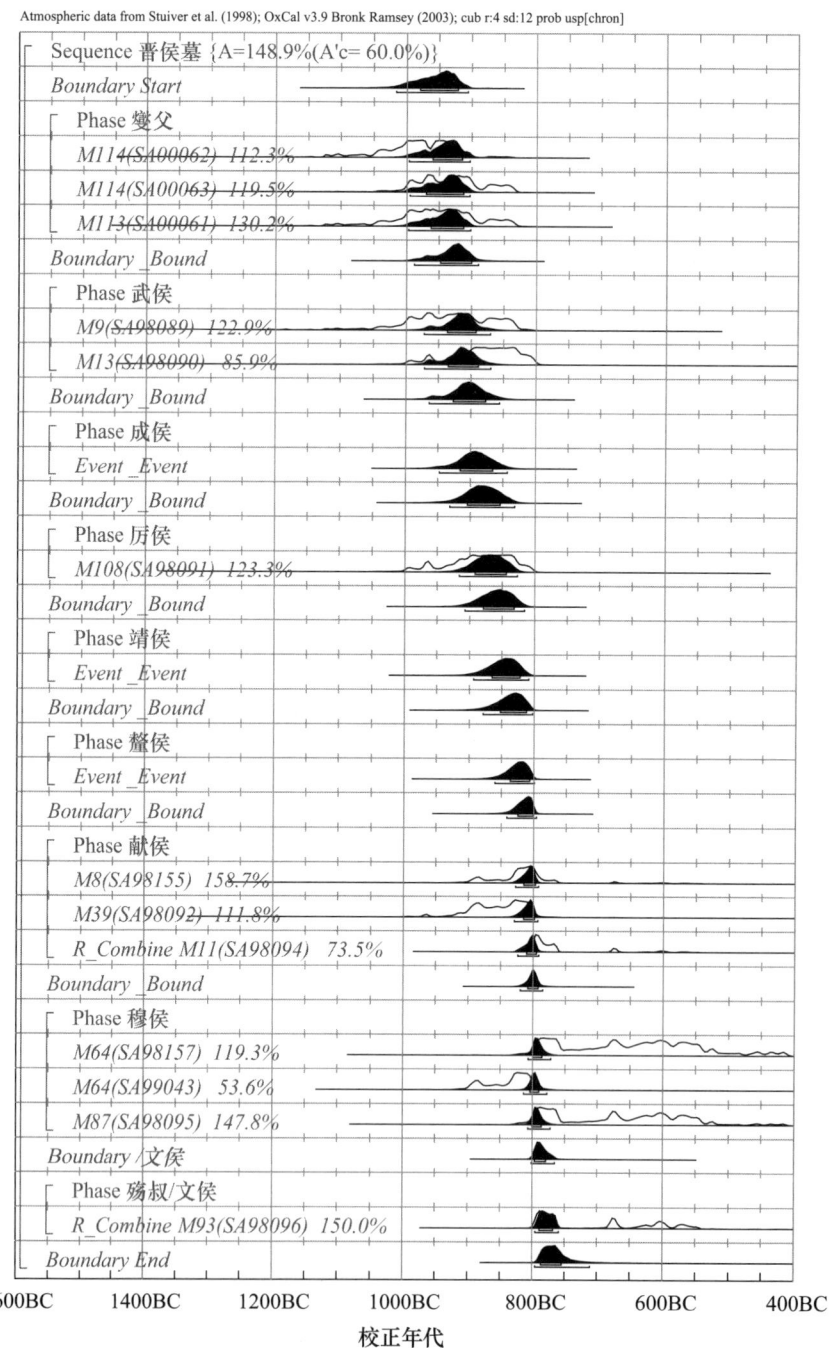

图 7-34　晋侯墓地出土样品 AMS ¹⁴C 测年的年代校正图

　　图 7-35 是 OxCal 程序给出的这两个样品的单样品校正结果在校正曲线上的标图。由图 7-35 可见，这两个样品无论其 ¹⁴C 年代的 2σ 区间还是其日历年代的 2σ 区间都是交叠的。其日历年代 2σ 区间的交叠区恰在校正曲线公元前 800 年陡降处两侧，据表 7-37 所给出的系列样品年代校正结果，SA99043 的 68% 置信区间为公元前 804—前 790 年，SA98157 的 68% 置信区间为公元前 800—前 786 年，二者也是交叠的。为进一步验证有关数据的可靠性，我们在 2007 年对 M64 人骨样品再次进行了测年，所得 ¹⁴C 年代为 2635±40BP。这一结果与 1999 年 4 月的测年结果吻合良好。

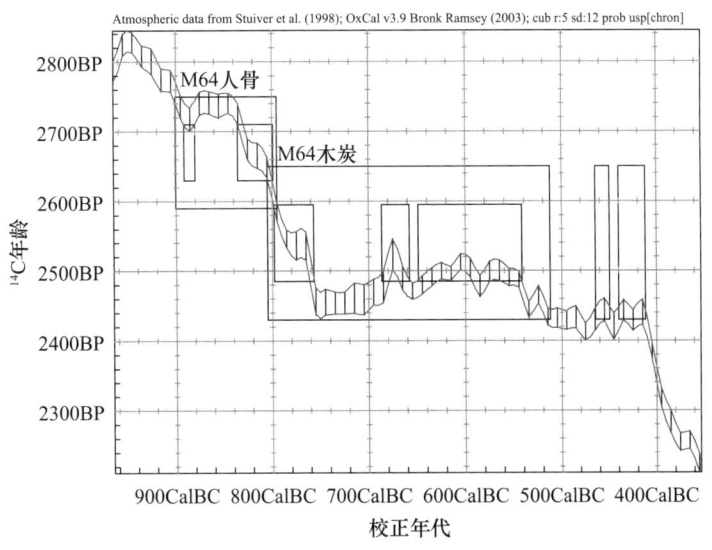

图 7-35　晋侯墓地 M64 两个样品的校正标图

## 5. 殷墟甲骨的 AMS ¹⁴C 年代测定结果

（1）殷墟甲骨测年的概况

　　"夏商周断代工程"专题 5-2 "殷墟甲骨分期与年代测定"的主要研究内容之一为：在甲骨分期分组的基础上，选取分期明确、有断代价值的卜骨标本，进行甲骨实物的年代测定，并利用高精度 ¹⁴C 年代校正曲线和系列样品校正方法，得出武丁至帝辛的年代序列[①]。

　　专题组经过初选和复选确定了 150 片取样对象，自 1998—2000 年分批采集到 107 片有字卜骨样品，此外还采集了相关的分期明确的无字卜骨 9 片和骨器骨料样品 3 个，共 119 个样品。

　　"夏商周断代工程"专题 8-2 "骨质样品的制备研究"和专题 8-3 "AMS 法技术改造与测试研究"合作，对所采集的样品进行了 AMS ¹⁴C 测年。甲骨样品的制样采用提

---

① 夏商周断代工程专家组：《夏商周断代工程 1996—2000 年阶段成果报告：简本》，世界图书出版公司，2000 年，第 107 页。

取明胶再转换成石墨的方法进行。甲骨的年代测量从 1999 年 5 月持续到 2008 年，共测量了有字卜骨样品 95 个、无字卜骨和骨器骨料样品 11 个。其余 12 个有字卜骨样品和 1 个无字卜骨样品由于有机质降解严重没能提取出足够的明胶，未制出石墨样品，所以也没有年代数据。

在大量甲骨样品测年的基础上进行了系列样品年代校正，根据分期情况构建了两个系列样品年代校正模型"0811 全"和"0811 选"。其中"0811 全"收入了尽可能多的样品，而"0811 选"则只收入"殷墟甲骨分期与年代测定"专题在前述样品中挑选出的时代分期更可靠的样品。这两个系列的年代校正结果基本上是一致的，总一致性指数也都相当高，其结果与殷墟遗址测年的结果基本上可以对应。根据校正结果，甲骨一期（武丁）始于约公元前 1260—前 1250 年，五期结束于约公元前 1055—前 1040 年。

（2）殷墟甲骨 AMS $^{14}$C 年代测定数据

1999 年 5—8 月我们测量了 32 片有字卜骨样品，当时样品是按照通常的骨样品方法制备的。结果发现其中约有 1/3 的甲骨年龄明显偏老，有的甚至偏老数百年。为验证测量的可靠性，我们在 1999 年 7—8 月对一些年代偏老的有字卜骨进行了第二次制石墨，然后再进行复测。结果绝大多数样品的复测结果与原测量结果相符，仍旧偏老。鉴于以上情况，我们判断偏老的主要原因是甲骨样品本身，很有可能是在收藏过程中所使用的加固剂和保护剂等引入了死碳污染。"骨质样品的制备研究"专题对此进行了研究，对 12 个样品的明胶用三种不同工艺（p1、p2、p3）进行了纯化处理，重新制备石墨，在 1999 年 12 月至 2000 年 1 月进行了测年，结果部分原来偏老甲骨的年龄降到正常范围。此后在这一研究的基础上，2002—2004 年所测量的样品在制样时采取了先对甲骨样品进行纯化，然后再提取明胶的方法。

2004 年用 NEC 公司 $^{14}$C 专用小 AMS 测量了 55 片有字卜骨。其中除了 SA98176 以外都在制样时先对甲骨进行了纯化，用来测量的小 AMS 的稳定性也十分好，结果仍有个别样品的年龄偏老，特别是 SA00038 和 SA98224 分别偏老了约 400 年和 200 年，这不是统计涨落所能解释的。为检验测量的可重复性，我们对其中的 15 个样品进行了复测。结果所有 15 个样品的剩余石墨复测结果均与原结果相符，包括 4 个原来偏老的样品复测结果仍旧偏老。"殷墟甲骨分期与年代测定"专题在 2005 年提出希望对 10 个测量结果偏老的重要样品进行复测，为此我们在 2007—2008 年对其中 7 个尚有剩余明胶的偏老有字卜骨样品进行了重新制样复测，结果 1999 年制取明胶的 6 个样品的复测结果仍旧偏老。从以上情况看，PKUAMS 的测年结果是可靠的，部分甲骨的年代偏老可能还有其他原因。例如，虽然对样品增加了纯化处理，但是所用纯化方法和流程还不足以彻底清除个别样品中的污染，或存在着污染以外的使样品年龄偏老的其他原因。

1999—2008 年我们先后对 32 片有字卜骨和 3 片无字卜骨进行了重复测量和制样中的纯化处理研究，其数量约占卜骨总数的 1/3。1999—2008 年十年来总共对 95 片有字卜骨取得了 144 个 $^{14}$C 年代数据，对 11 个无字卜骨和骨器骨料样品取得了 14 个 $^{14}$C 年代数据，其中有的卜骨如 SA98234、SA98244 每个样品进行复测和工艺研究前后测量达 5 次之多。对于有多个年代数据的甲骨样品，我们根据以下原则对年代数据进行了选择与合并。首先，舍弃明显有问题（流弱或纯化效果不佳）的数据；其次，根据国际上通用的方法检验同一样品多个数据的一致性[1]，如果经检验同一样品的所有数据源于同一分布，则予以合并处理。如果不满足上述条件，则需对部分数据予以舍弃。其原则是对明显偏老的数据予以舍弃。经过以上各步骤，最后每个甲骨样品得到一个 $^{14}$C 年代数据，详见相应的内部报告[2]。全部 119 个甲骨样品（含有字卜骨、无字卜骨和骨器骨料）的测年结果见附录四，其中 106 个样品给出了 $^{14}$C 年龄和误差，其余 13 个样品标记为样品含碳量太少，这是样品中有机质严重降解所致，故未能制出石墨。凡是已列入"0811 全"系列和"0811 选"系列的样品，也给出了相应的校正年代（此处给出的校正年代已对子区间进行了合并，关于子区间的详细情况可参见表 7-41 和表 7-42）。未能纳入系列的样品则给出了不入系列的原因。

（3）殷墟甲骨 AMS $^{14}$C 年代校正的方法与结果

1）基本方法概述

甲骨样品测年结果的年代校正用程序 OxCal v3.9 和校正曲线 IntCal98 进行，将甲骨 $^{14}$C 年代数据按 1—5 期分期顺序排列，首尾加边界，构成一个系列模型。研究表明，校正后所得样品日历年代验后分布的 1σ（68.2%）置信区间可以作为该样品的日历年代范围，其实际置信度可高于 80%。一个分期的年代范围则以该分期中各样品日历年代范围的叠加为准。

分期样品系列的年代校正结果在有些情况下与模型构建有很大关系。如果各个分期之间不插入中间边界，则各分期中样品数量的不均衡程度和各分期的预期时间跨度的不均衡程度会使校正结果发生偏离。如果不同分期中样品的数量相差很多，则样品多的分期会对样品少的分期产生拉动效应，使样品少的分期的校正年代产生偏移，且时间跨度短的分期经校正会被拉长。我们的甲骨系列恰恰是这种情况，一期和三期样品较多，二、四、五期样品较少。而且按《简本》的"夏商周年表"，二、三期相对较短，合起来仅 44 年，而一期 59 年，四期 46 年，五期 56 年。故在构造甲骨样品系列时，我们必须在各个分期之间插入中间边界，以消除上述因素的影响。

实际进行系列分期样品年代校正时，校正结果还与校正曲线的形状有关。曲线的平坦区和上下摆动区会使样品的验后分布置信区间展宽。在商后期时间段，校正曲线在公元前 1300—前 1125 年区段上下波动的幅度较大，而公元前 1125—前 1050 年区段则为平台区（图 7-36）。这都会使各期的跨度变大，并有较多重叠。

---

① Scott E M, Gordon T C, Naysmith P. Error and uncertainty in radiocarbon measurements. *Radiocarbon*, 2007, 49(2): 427-440.

② 郭之虞、原思训、刘克新等：《夏商周断代工程殷墟甲骨年代测定的研究》，北京大学重离子物理研究所内部报告 IHIP/PKUAMS-2008-08。

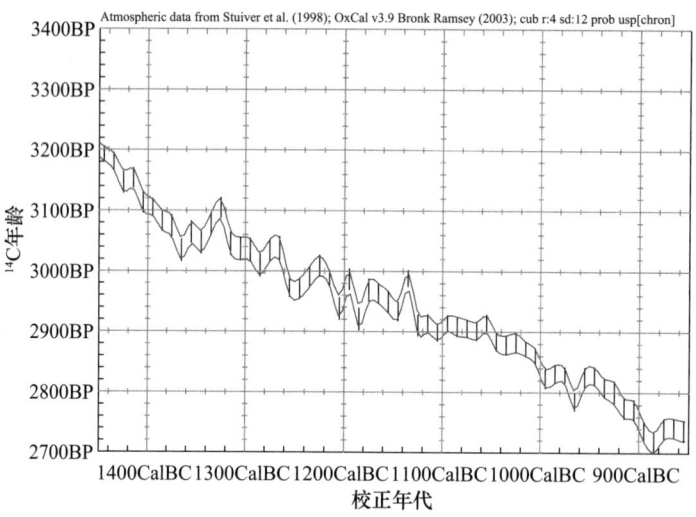

图 7-36　商后期时段的 $^{14}$C 年代校正曲线

2）系列样品校正模型构建及校正结果

构建系列样品年代校正模型的原则。

第一，首先排除来历不可靠和分期存疑的样品。

第二，鉴于甲骨学界对历组卜骨的分期及对应商王存在不同观点，暂不将其纳入校正模型。

第三，排除年代大幅偏老（$^{14}$C 年龄大于 3100 年）的样品。

第四，按甲骨分期构建校正模型，进行初步校正，排除符合率低于 40% 的样品。一般认为数据的符合率应高于 60%，但实际上符合率低于 60% 时数据不一定就有问题。在系列的总符合率很高的前提下，为了包括尽可能多的甲骨样品，对少数单个样品符合率略低于 60% 的数据也可以保留。

第一次甲骨系列样品年代校正是在 2000 年进行的，结果见《简本》。当时样品数比较少且未使用边界命令，故系列首尾向两端有较多的延伸。2005 年 7 月在全部甲骨样品测量完毕后进行了第二次甲骨系列样品年代校正，构造了系列样品校正模型 2005 全，总一致性指数达到了 121.5%[1]。2008 年 10 月在对甲骨数据复核的基础上构建了模型 0810 全[2]，其后根据考古学家的意见对模型又做了进一步调整，于 2008 年 11 月构建了模型 0811 全[3]。纳入该系列样品年代校正模型的有 55 片有字卜骨（表 7-38），还有无字卜骨 6 片和骨器骨料 3 件（表 7-39），共 64 个样品。

① 郭之虞：《甲骨系列样品年代校正的初步结果和讨论》，北京大学重离子物理研究所内部报告 IHIP/ PKUAMS-2005-03。

② 郭之虞：《关于甲骨测年与系列样品年代校正若干问题的讨论》，北京大学重离子物理研究所内部报告 IHIP/ PKUAMS-2008-05。

③ 郭之虞、原思训、刘克新、吴小红：《夏商周断代工程殷墟甲骨年代测定的研究》，北京大学重离子物理研究所内部报告 IHIP/ PKUAMS-2008-08。

表 7-38 系列样品"0811 全"——有字卜骨数据表

| 序号 | 原编号 | 甲骨著录号 | 甲骨收藏号 | 甲骨组别 | 甲骨分期 | 对应商王 | 实验室编号 | $\delta^{13}$C（‰） | $^{14}$C 年龄（BP） | 误差（a） | 备注 | 0811 选 |
|---|---|---|---|---|---|---|---|---|---|---|---|---|
| 1 | 3 | 合集 10410 | 北图 2113 | 自组（大） | 一期 | 武丁早 | SA98168 | -7.02 | 2995 | 30 | | * |
| 2 | 7 | 合集 6774 | 北大 339/4655/ 18：339 | 自宾间类 | 一期 | 武丁早 | SA98170c | -9.62 | 2995 | 30 | 经合并处理 | * |
| 3 | 8 | 合集 6846 | 津博 JG240 | 自组（大） | 一期 | 武丁早 | SA00033 | -7.02 | 3000 | 30 | | * |
| 4 | 13 | 合集 19779 | 历史所 | 自组（小） | 一期 | 武丁中 | SA98172c | -13.74 | 3010 | 30 | 经合并处理 | * |
| 5 | 18 | 合集 2140 | 北图 5673 | 自组（小） | 一期 | 武丁中 | SA98173 | -7.78 | 3070 | 55 | | * |
| 6 | 61 | 合集 21565 | 故宫新 185103 | 子组 | 一期 | 武丁中 | SA98183 | -8.56 | 3035 | 40 | | * |
| 7 | 62 | 合集 21739 | 山博 8056 | 子组 | 一期 | 武丁 | SA99092 | -9.04 | 2980 | 30 | | * |
| 8 | 63 | 花南 M99 上 ③：2 | 考古所 M99 ③：2 | 花南子卜辞 | 一期 | 武丁早 | SA98184c | -8.91 | 2970 | 30 | 经合并处理 | |
| 9 | 65 | 合集 22116 | 山博 8070 | 午组 | 一期 | 武丁 | SA99093 | -8.30 | 3015 | 30 | | * |
| 10 | 66 | 合集 22184 | 历史所 | 午组 | 一期 | 武丁中 | SA98185 | -8.53 | 3010 | 40 | | |
| 11 | 67 | 合集 22086 | 北图 19650 | 午组 | 一期 | 武丁中 | SA98186 | -8.25 | 3015 | 35 | | * |
| 12 | 68 | 花南 M99 上 ③：1 | 考古所 M99 上 ③：1 | 午组 | 一期 | 武丁早 | SA98187 | -6.77 | 3040 | 35 | | * |
| 13 | 20 | 合集 9816 | 北图 2104 | 宾组（大） | 一期 | 武丁中 | SA98174 | -10.66 | 2995 | 30 | | * |
| 14 | 22 | 合集 2869 | 津博 JG341 | 宾组（大） | 一期 | 武丁中 | SA00035 | -8.20 | 2930 | 30 | | * |
| 15 | 24 | 合集 3186 | 山博 8050 | 宾组 | 一期 | 武丁 | SA99088-2 | -8.77 | 2995 | 35 | | |
| 16 | 27 | 合集 22594 | 山博 8062 | 宾组 | 一期 | 武丁 | SA99089 | -9.27 | 2955 | 45 | | * |
| 17 | 28 | 合集 302 | 北图 527 | 宾组（大） | 一期 | 武丁中 | SA98175 | -11.25 | 3050 | 30 | | * |
| 18 | 37 | 合集 3013 | 北图 4866 | 宾组（中） | 一期 | 武丁中晚 | SA98177 | -9.89 | 2985 | 35 | | * |
| 19 | 40 | 合集 4122 | 北图 11157 | 宾组（中） | 一期 | 武丁中晚 | SA98178 | -9.08 | 2990 | 40 | | * |

续表

| 序号 | 原编号 | 甲骨著录号 | 甲骨收藏号 | 甲骨组别 | 甲骨分期 | 对应商王 | 实验室编号 | δ¹³C（‰） | ¹⁴C年龄（BP） | 误差（a） | 备注 | 0811选 |
|---|---|---|---|---|---|---|---|---|---|---|---|---|
| 20 | 41 | 合集 6883 | 北图 11244 | 宾组（中） | 一期 | 武丁中晚 | SA98179 | −8.11 | 2980 | 30 | | |
| 21 | 49 | 合集 13329 | 山博 8068 | 宾组 | 一期 | 武丁 | SA99090 | −6.71 | 2965 | 30 | | |
| 22 | 50 | 屯 910 | 考古所 H24：106+371 | 宾组（中） | 一期 | 武丁中晚 | SA98180 | −7.12 | 2970 | 30 | | |
| 23 | 54 | 合集 21784 | 吉大 7-605 | 宾组（小） | 一期 | 武丁晚 | SA00036 | −9.37 | 2950 | 30 | | * |
| 24 | 55 | 合集 3089 | 北图 5026 | 宾组（小） | 一期 | 武丁晚 | SA98181 | −9.95 | 2990 | 40 | | * |
| 25 | 69 | 合集 31997 | 北图 11149 | 近似自组 | 一期 | 武丁 | SA98188c | −10.00 | 2985 | 30 | 或称自历间类；经合并处理 | |
| 26 | 71 | 合集 34120 | 历史所 | 近似自组 | 一期 | 武丁 | SA98190 | −9.41 | 2980 | 30 | 或称自历间类 | |
| 27 | 76 | 合集 1251 | 山博 8059 | 出组 | 二期 | 祖庚 | SA99094 | −10.25 | 3025 | 30 | | |
| 28 | 78 | 合集 24610 | 津博 JG251 | 出组 | 二期 | 祖庚祖甲 | SA00037 | −8.34 | 2970 | 30 | | * |
| 29 | 79 | 合集 26766 | 北大 94：0601/6021.18：1705 | 出组 | 二期 | 祖庚祖甲 | SA98194 | −9.34 | 2955 | 55 | | |
| 30 | 80 | 合集 23340 | 山博 8072 | 出组 | 二期 | 祖庚祖甲 | SA99095 | −9.05 | 2940 | 35 | | * |
| 31 | 81 | 合集 23536 | 山博 8051 | 出组 | 二期 | 祖庚祖甲 | SA99096c | −9.43 | 2960 | 40 | 经合并处理 | * |
| 32 | 83 | 合集 25015 | 北大 5547/8：1231/21 | 出组 | 二期 | 祖庚祖甲 | SA98195c | −6.85 | 2950 | 30 | 经合并处理 | * |
| 33 | 97 | 屯 2384 | 考古所 H57：179 | 出组 | 二期 | 祖甲 | SA98199 | −8.40 | 3015 | 40 | | |
| 34 | 126 | 合集 27616 | 故宫新 185424 | 无名组 B | 二期 | 祖甲 | SA98218 | −8.13 | 2985 | 30 | | |
| 35 | 101 | 合集 35249 | 北图 5648 | 何组 | 三期 | | SA98200c | −7.69 | 2970 | 30 | 经合并处理 | * |
| 36 | 104 | 屯 173 | 考古所 H2：301+435 | 无名组 A | 三期 | 康丁 | SA98202 | −10.83 | 2960 | 30 | | * |
| 37 | 106 | 屯 1011 | 考古所 H24：280 | 无名组 A | 三期 | | SA98203 | −8.46 | 2915 | 45 | | |

续表

| 序号 | 原编号 | 甲骨著录号 | 甲骨收藏号 | 甲骨组别 | 甲骨分期 | 对应商王 | 实验室编号 | $\delta^{13}$C（‰） | $^{14}$C年龄（BP） | 误差（a） | 备注 | 0811选 |
|---|---|---|---|---|---|---|---|---|---|---|---|---|
| 38 | 109 | 屯 2294 | 考古所 H57：53 | 无名组 A | 三期 | 康丁 | SA98205 | -8.69 | 2975 | 40 | | * |
| 39 | 110 | 屯 2315 | 考古所 H57：72 | 无名组 A | 三期 | 康丁 | SA98206 | -7.98 | 2955 | 30 | | * |
| 40 | 112 | 屯 2557 | 考古所 H80：12 | 无名组 A | 三期 | 康丁 | SA98207 | -9.84 | 2960 | 30 | | * |
| 41 | 113 | 屯 2996 | 考古所 M13：102 | 无名组 A | 三期 | 康丁 | SA98208 | -10.39 | 2950 | 30 | | * |
| 42 | 115 | 合集 27364 | 故宫新 185458 | 无名组 A | 三期 | 康丁 | SA98210 | -10.29 | 2995 | 45 | | * |
| 43 | 121 | 屯 2209 | 考古所 H50：71+226 | 无名组 B | 三期 | 康丁 | SA98214c | -7.28 | 2930 | 30 | 经合并处理 | |
| 44 | 122 | 屯 2263 | 考古所 H57：12 | 无名组 B | 三期 | 康丁 | SA98215 | -7.19 | 2975 | 30 | | |
| 45 | 123 | 屯 2370 | 考古所 H57：147 | 无名组 B | 三期 | 康丁 | SA98216 | -8.27 | 2955 | 35 | | |
| 46 | 124 | 屯 2742 | 考古所 H103：84 | 无名组 B | 三期 | 康丁 | SA98217 | -8.60 | 2990 | 35 | | * |
| 47 | 128 | 合集 28278 | 故宫新 185467 | 无名组 B | 三期 | 康丁 | SA98219 | -7.26 | 3005 | 30 | | |
| 48 | 132 | 合集 27633 | 北图 5565 | 无名组 B | 三期 | 康丁 | SA98220 | -10.12 | 2965 | 35 | | |
| 49 | 133 | 屯 2320 | 考古所 H57：77 | 无名组 C | 三期 | 康丁 | SA98221 | -8.53 | 2890 | 35 | | |
| 50 | 134 | | 考古所安 271A | 无名组 C | 三期 | 康丁 | SA98222 | -9.38 | 2915 | 30 | | |
| 51 | 139 | 屯 647 | 考古所 H17：113 | 无名组 | 四期 | 武乙早 | SA98226 | -7.93 | 2945 | 35 | | * |
| 52 | 140 | 屯 2281 | 考古所 H57：39 | 无名组 | 四期 | 武乙早 | SA98227-2 | -9.13 | 2960 | 35 | | * |
| 53 | 191 | 屯 3564 | 考古所 M16：34 | 黄组 | 四—五期 | 文丁—帝乙 | SA98251 | -10.45 | 2920 | 35 | | * |
| 54 | 194 | 合集 35641 | 历史所 | 黄组 | 五期 | | SA98253 | -9.46 | 2885 | 40 | | * |

续表

| 序号 | 原编号 | 甲骨著录号 | 甲骨收藏号 | 甲骨组别 | 甲骨分期 | 对应商王 | 实验室编号 | $\delta^{13}C$（‰） | $^{14}C$年龄（BP） | 误差（a） | 备注 | 0811选 |
|---|---|---|---|---|---|---|---|---|---|---|---|---|
| 55 | 196 | 合集 36512 | 山博 8061 | 黄组 | 五期 | 帝乙—帝辛 | SA99097p1 | −10.26 | 2925 | 35 | | * |

表 7-39　　系列样品"0811 全"——无字卜骨和骨样数据表

| 序号 | 原编号 | 材料 | 层位 | 殷墟分期 | 甲骨分期 | 对应商王 | 实验室编号 | $\delta^{13}C$（‰） | $^{14}C$年龄（BP） | 误差（a） | 备注 | 0811选 |
|---|---|---|---|---|---|---|---|---|---|---|---|---|
| 1 | | 骨料 | 小屯东北 T1H1：164 | 早于殷墟一期 | 早于一期 | | SA99101 | −11.10 | 3105 | 35 | | * |
| 2 | 1 | 无字卜骨 | 98AHDT2④：50 | 早于殷墟一期 | 早于一期 | | SA98158-2 | −10.28 | 3015 | 35 | | * |
| 3 | 5 | 无字卜骨 | 小屯南 73ASNH115 | 殷墟一期 | 一期 | 早于武丁 | SA98160 | −14.79 | 2975 | 40 | | * |
| 4 | 6 | 无字卜骨 | 小屯南 73ASNG1 | 殷墟一期 | 一期 | 早于武丁 | SA98161 | −12.35 | 2995 | 40 | | |
| 5 | 7 | 无字卜骨 | 91 花东 H3：707 | 殷墟一期 | 一期 | 武丁早 | SA98162 | −10.55 | 2985 | 55 | | * |
| 6 | | 骨器 | 妇好墓 76AXTM5 | 殷墟一期 | 一期 | 武丁晚 | SA99040-2 | −16.85 | 2945 | 50 | | * |
| 7 | 17 | 无字卜骨 | 小屯南 73ASNH2 | 殷墟四期前段 | 四期 | | SA98166 | −8.97 | 2915 | 45 | | |
| 8 | 2 | 无字卜骨 | 花南 86ANH1：6 | 殷墟四期 | 五期 | | SA98159 | −10.95 | 2955 | 40 | | |
| 9 | 20 | 羊肩胛骨 | 钢厂 84AGM1713 | 殷墟四期 | 五期 | 帝辛 | SA98167c | −15.91 | 2845 | 35 | 出土帝辛七年铜器经合并处理 | * |

表 7-38 和表 7-39 中，"原编号"为甲骨测年采样登记表中的顺序号；"实验室编号"中的后缀 -2 表示明胶第二次制石墨，p1 表示明胶纯化的方法，后缀 c 表示为经过合并处理后得到的数据；"$\delta^{13}C$"栏所列为常规质谱计的测量值。根据分期情况构建的系列样品年代校正模型"0811 全"见图 7-37。

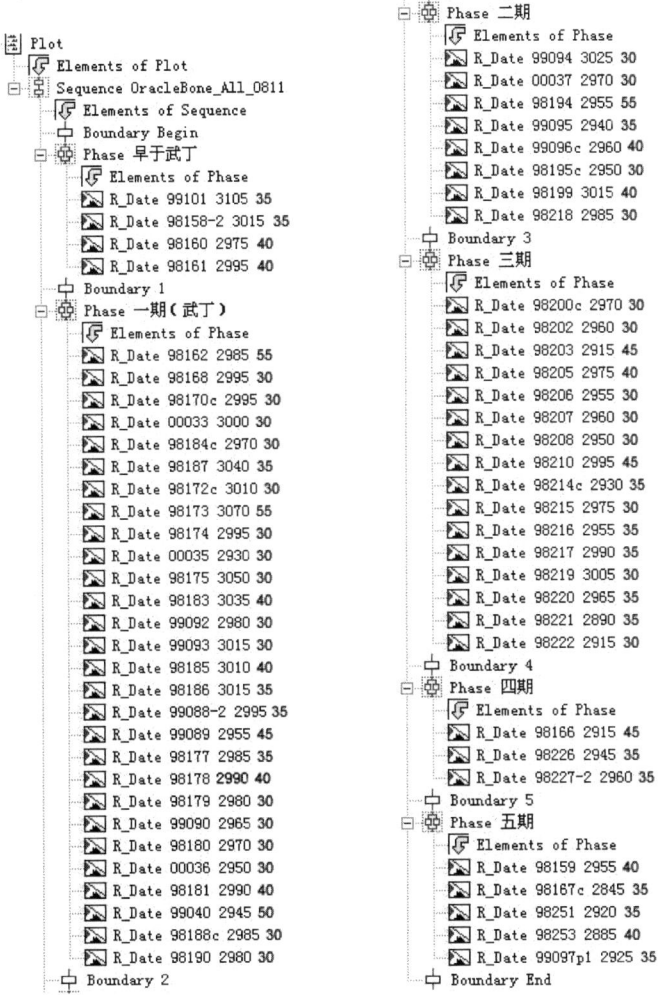

图 7-37　甲骨"0811 全"系列样品校正模型

　　"殷墟甲骨分期与年代测定"专题刘一曼等在有年代数据且分期明确的 71 片有字卜骨的基础上，进一步挑选出了时代分期更可靠的 37 片有字卜骨和 4 个无字卜骨与骨样品，希望将这些样品独立地构成一个系列进行年代校正。这些样品有较为明确的年代学意义，其卜辞或出土单位与对应商王有密切联系，但这 41 个样品中有两个明显偏老，不能纳入系列；实际构建校正模型时又补充了两个早于武丁的样品，故该系列仍为 41 个样品，我们称其为"0811 选"，相应数据在表 7-38 和表 7-39 的"备注"栏中标注了"*"。

　　对这两个系列进行年代校正的结果表明，"0811 全"系列的总一致性指数为 122.6%，各样品的一致性指数均大于 40%，该系列各分期的日历年代范围 1σ 区间见表 7-40。"0811 选"系列的总一致性指数为 146.9%，各样品的一致性指数均好于系列"0811 全"，该系列各分期的日历年代范围 1σ 区间亦列于表 7-40。"0811 全"系列样品年代校正的结果见表 7-41，各样品校正年代的验前分布和验后分布图见图 7-38。"0811

选"系列样品年代校正的结果见表 7-42 和图 7-39。

**表 7-40　"0811 全"和"0811 选"系列经校正的各分期日历年代范围**

| 分期 | 0811 全 1σ 区间（BC） | 0811 选 1σ 区间（BC） | 《简本》年表（BC） |
|---|---|---|---|
| 一期 | 1250—1212 | 1254—1210 | 1250—1192 |
| 二期 | 1224—1190 | 1217—1180 | 1191—1148 |
| 三期 | 1210—1145 | 1205—1150 | |
| 四期 | 1165—1110 | 1164—1116 | 1147—1102 |
| 五期 | 1130—1060 | 1130—1055 | 1101—1046 |
| 样品数 | 64 | 41 | |
| 全系列一致性指数 | 122.6% | 146.9% | |

**表 7-41　殷墟甲骨系列"0811 全"样品测年数据校正结果（全系列一致性指数 122.6%）**

| 分期 | 甲骨著录号 | 甲骨组别 | 实验室编号 | ¹⁴C 年代（BP） | 校正后日历年代（BC）68% 置信区间 | 一致性指数/% |
|---|---|---|---|---|---|---|
| 起始边界 | | | | | 1340—1260（65.9%）<br>1240—1230（2.3%） | |
| 早于武丁 | 屯东北 T1H1 | 骨料 | SA99101 | 3105±35 | 1330—1250（60.6%）<br>1240—1220（7.6%） | 43.3 |
| | 洹北 T2（4） | 无字 | SA98158-2 | 3015±35 | 1300—1250（58.2%）<br>1240—1220（10.0%） | 117.6 |
| | 屯南 H115 | 无字 | SA98160 | 2975±40 | 1290—1235 | 96.8 |
| | 屯南 G1 | 无字 | SA98161 | 2995±40 | 1295—1235 | 112.0 |
| 边界 0-1 | | | | | 1264—1257（13.7%）<br>1250—1232（41.0%）<br>1224—1217（13.5%） | |
| 一期（武丁） | 花东 H3：707 | 无字 | SA98162 | 2985±55 | 1240—1214 | 134.9 |
| | 合集 10410 | 自组 | SA98168 | 2995±30 | 1240—1214 | 135.1 |
| | 合集 6774 | 自组 | SA98170c | 2995±30 | 1240—1214 | 135.2 |
| | 合集 6846 | 自宾间类 | SA00033 | 3000±30 | 1239—1214 | 135.2 |
| | 花南 M99 上③：2 | 花南子卜辞 | SA98184c | 2970±30 | 1243—1213 | 109.8 |
| | 花南 M99 上③：1 | 午组 | SA98187 | 3040±35 | 1237—1214 | 73.7 |

| 分期 | 甲骨著录号 | 甲骨组别 | 实验室编号 | $^{14}$C年代（BP） | 校正后日历年代（BC）68%置信区间 | 一致性指数/% |
|---|---|---|---|---|---|---|
| 一期（武丁） | 合集19779 | 自组 | SA98172c | 3010±30 | 1238—1214 | 126.8 |
| | 合集2140 | 自组 | SA98173 | 3070±55 | 1238—1214 | 61.6 |
| | 合集9816 | 宾组 | SA98174 | 2995±30 | 1240—1214 | 135.2 |
| | 合集2869 | 宾组 | SA00035 | 2930±30 | 1250—1228（43.3%）<br>1222—1212（24.9%） | 41.2 |
| | 合集302 | 宾组 | SA98175 | 3050±30 | 1236—1215 | 47.2 |
| | 合集21565 | 子组 | SA98183 | 3035±40 | 1237—1214 | 90.0 |
| | 合集21739 | 子组 | SA99092 | 2980±30 | 1241—1213 | 122.8 |
| | 合集22116 | 午组 | SA99093 | 3015±30 | 1237—1214 | 118.6 |
| | 合集22184 | 午组 | SA98185 | 3010±40 | 1239—1214 | 127.9 |
| | 合集22086 | 午组 | SA98186 | 3015±35 | 1238—1214 | 120.4 |
| | 合集3186 | 宾组 | SA99088-2 | 2995±35 | 1240—1214 | 135.8 |
| | 合集22594 | 宾组 | SA99089 | 2955±45 | 1243—1213 | 104.1 |
| | 合集3013 | 宾组 | SA98177 | 2985±35 | 1240—1214 | 131.7 |
| | 合集4122 | 宾组 | SA98178 | 2990±40 | 1236—1215 | 75.3 |
| | 合集6883 | 宾组 | SA98179 | 2980±30 | 1241—1213 | 122.9 |
| | 合集13329 | 宾组 | SA99090 | 2965±30 | 1244—1213 | 102.6 |
| | 屯910H24 | 宾组 | SA98180 | 2970±30 | 1243—1213 | 109.8 |
| | 合集21784 | 宾组 | SA00036 | 2950±30 | 1247—1212 | 78.3 |
| | 合集3089 | 宾组 | SA98181 | 2990±40 | 1240—1214 | 135.8 |
| | 妇好墓 | 骨簪 | SA99040-2 | 2945±50 | 1243—1213 | 93.4 |
| | 合集31997 | 近似自组 | SA98188c | 2985±30 | 1240—1214 | 128.4 |
| | 合集34120 | 近似自组 | SA98190 | 2980±30 | 1241—1213 | 122.8 |
| 边界1-2 | | | | | 1231—1209 | |
| 二期（祖庚祖甲） | 合集1251 | 出组 | SA99094 | 3025±30 | 1224—1208（49.5%）<br>1200—1192（18.7%） | 66.9 |
| | 合集24610 | 出组 | SA00037 | 2970±30 | 1220—1191 | 117.5 |
| | 合集26766 | 出组 | SA98194 | 2955±55 | 1220—1191 | 124.5 |
| | 合集23340 | 出组 | SA99095 | 2940±35 | 1219—1190 | 103.7 |

| 分期 | 甲骨著录号 | 甲骨组别 | 实验室编号 | $^{14}$C 年代（BP） | 校正后日历年代（BC）68% 置信区间 | 一致性指数/% |
|---|---|---|---|---|---|---|
| 二期（祖庚祖甲） | 合集 23536 | 出组 | SA99096c | 2960±40 | 1220—1190 | 123.3 |
| | 合集 25015 | 出组 | SA98195c | 2950±30 | 1219—1190 | 111.4 |
| | 屯 2384 | 出组 | SA98199 | 3015±40 | 1223—1206（48.6%）1202—1191（19.6%） | 94.6 |
| | 合集 27616 | 无名组 | SA98218 | 2985±30 | 1220—1191 | 117.7 |
| 边界 2-3 | | | | | 1215—1180（58.5%）1175—1160（9.7%） | |
| 三期（廪辛康丁） | 合集 35249 | 何组 | SA98200c | 2970±30 | 1210—1185（21.8%）1180—1150（46.4%） | 119.0 |
| | 屯 173 | 无名组 | SA98202 | 2960±30 | 1210—1150 | 125.9 |
| | 屯 1011 | 无名组 | SA98203 | 2915±45 | 1210—1200（10.7%）1195—1150（57.5%） | 93.7 |
| | 屯 2294 | 无名组 | SA98205 | 2975±40 | 1210—1150 | 123.6 |
| | 屯 2315 | 无名组 | SA98206 | 2955±30 | 1210—1150 | 127.7 |
| | 屯 2557 | 无名组 | SA98207 | 2960±30 | 1210—1150 | 125.9 |
| | 屯 2996 | 无名组 | SA98208 | 2950±30 | 1210—1150 | 127.6 |
| | 合集 27364 | 无名组 | SA98210 | 2995±45 | 1210—1185（22.0%）1180—1150（46.2%） | 104.8 |
| | 屯 2209 | 无名组 | SA98214c | 2930±35 | 1210—1200（10.8%）1195—1150（57.4%） | 107.3 |
| | 屯 2263 | 无名组 | SA98215 | 2975±30 | 1210—1185（21.6%）1180—1150（46.6%） | 114.5 |
| | 屯 2370 | 无名组 | SA98216 | 2955±35 | 1210—1150 | 129.7 |
| | 屯 2742 | 无名组 | SA98217 | 2990±35 | 1200—1185（21.8%）1180—1150（46.4%） | 102.6 |
| | 合集 28278 | 无名组 | SA98219 | 3005±30 | 1202—1189（21.8%）1179—1154（46.4%） | 71.8 |
| | 合集 27633 | 无名组 | SA98220 | 2965±35 | 1210—1150 | 127.1 |
| | 屯 2320 | 无名组 | SA98221 | 2890±35 | 1210—1200（12.1%）1195—1175（27.5%）1170—1145（28.6%） | 46.7 |

| 分期 | 甲骨著录号 | 甲骨组别 | 实验室编号 | ¹⁴C 年代（BP） | 校正后日历年代（BC）68% 置信区间 | 一致性指数/% |
|---|---|---|---|---|---|---|
| 三期（禀辛康丁） | 考古所安271A | 无名组 | SA98222 | 2915±30 | 1210—1200（12.1%）<br>1195—1175（26.8%）<br>1170—1150（29.2%） | 75.3 |
| 边界 3-4 | | | | | 1175—1125 | |
| 四期（武乙文丁） | 屯南 H2 | 无字 | SA98166 | 2915±45 | 1165—1110 | 108.5 |
| | 屯 647 | 无名组 | SA98226 | 2945±35 | 1163—1114 | 117.0 |
| | 屯 2281 | 无名组 | SA98227-2 | 2960±35 | 1164—1117 | 110.8 |
| 边界 4-5 | | | | | 1155—1090 | |
| 五期（帝乙帝辛） | 花南 H1：6 | 无字 | SA98159 | 2955±40 | 1130—1065（65.2%）<br>1060—1055（3.0%） | 83.1 |
| | 钢厂 M1713 | 羊肩胛骨 | SA98167c | 2845±35 | 1130—1060 | 48.5 |
| | 屯 3564 | 黄组 | SA98251 | 2920±35 | 1130—1060 | 119.4 |
| | 合集 35641 | 黄组 | SA98253 | 2885±40 | 1130—1060 | 114.1 |
| | 合集 36512 | 黄组 | SA99097p1 | 2925±35 | 1130—1065 | 116.8 |
| 终止边界 | | | | | 1120—1035 | |

**表 7-42　殷墟甲骨系列"0811 选"样品测年数据校正结果（全系列一致性指数 146.9%）**

| 分期 | 甲骨著录号 | 甲骨组别 | 实验室编号 | ¹⁴C 年代（BP） | 校正后日历年代（BC）68% 置信区间 | 一致性指数/% |
|---|---|---|---|---|---|---|
| 起始边界 | | | | | 1360—1260 | |
| 早于武丁 | 屯东北 T1H1 | 骨料 | SA99101 | 3105±35 | 1340—1250（67.5%）<br>1230—1220（0.7%） | 53.7 |
| | 洹北 T2④ | 无字 | SA98158-2 | 3015±35 | 1315—1250 | 115.8 |
| | 屯南 H115 | 无字 | SA98160 | 2975±40 | 1300—1235 | 88.2 |
| 边界 0-1 | | | | | 1268—1219 | |
| 一期（武丁） | 花东 H3：707 | 无字 | SA98162 | 2985±55 | 1243—1212 | 132.7 |
| | 合集 10410 | 自组 | SA98168 | 2995±30 | 1242—1212 | 131.4 |
| | 合集 6774 | 自宾间类 | SA98170c | 2995±30 | 1242—1212 | 131.4 |
| | 合集 6846 | 自组 | SA00033 | 3000±30 | 1241—1212 | 132.1 |
| | 花南 M99 上③：1 | 午组 | SA98187 | 3040±35 | 1238—1213 | 79.3 |
| | 合集 19779 | 自组 | SA98172c | 3010±30 | 1240—1212 | 125.9 |
| | 合集 2140 | 自组 | SA98173 | 3070±55 | 1261—1259（2.8%）<br>1239—1212（65.4%） | 65.9 |

| 分期 | 甲骨著录号 | 甲骨组别 | 实验室编号 | ¹⁴C 年代（BP） | 校正后日历年代（BC）68% 置信区间 | 一致性指数/% |
|------|-----------|---------|-----------|--------------|----------------------------------|------------|
| 一期（武丁） | 合集 9816 | 宾组 | SA98174 | 2995±30 | 1242—1212 | 131.4 |
| | 合集 2869 | 宾组 | SA00035 | 2930±30 | 1254—1230（43.3%）<br>1221—1210（24.9%） | 47.9 |
| | 合集 302 | 宾组 | SA98175 | 3050±30 | 1236—1214 | 55.4 |
| | 合集 21565 | 子组 | SA98183 | 3035±40 | 1239—1213 | 93.4 |
| | 合集 21739 | 子组 | SA99092 | 2980±30 | 1243—1212 | 119.6 |
| | 合集 22116 | 午组 | SA99093 | 3015±30 | 1239—1213 | 119.3 |
| | 合集 22086 | 午组 | SA98186 | 3015±35 | 1240—1212 | 120.5 |
| | 合集 22594 | 宾组 | SA99089 | 2955±45 | 1244—1211 | 103.8 |
| | 合集 3013 | 宾组 | SA98177 | 2985±35 | 1243—1212 | 128.3 |
| | 合集 4122 | 宾组 | SA98178 | 2990±40 | 1243—1212 | 132.6 |
| | 合集 21784 | 宾组 | SA00036 | 2950±30 | 1247—1210 | 82.2 |
| | 合集 3089 | 宾组 | SA98181 | 2990±40 | 1243—1212 | 132.6 |
| | 妇好墓 | 骨簪 | SA99040-2 | 2945±50 | 1244—1211 | 93.8 |
| 边界 1-2 | | | | | 1227—1204 | |
| 二期（祖庚祖甲） | 合集 24610 | 出组 | SA00037 | 2970±30 | 1217—1187 | 116.4 |
| | 合集 23340 | 出组 | SA99095 | 2940±35 | 1215—1180 | 114.4 |
| | 合集 23536 | 出组 | SA99096c | 2960±40 | 1216—1185 | 126.5 |
| | 合集 25015 | 出组 | SA98195c | 2950±30 | 1215—1180 | 120.1 |
| 边界 2-3 | | | | | 1208—1193（26.9%）<br>1184—1163（41.3%） | |
| 三期（廪辛康丁） | 合集 35249 | 何组 | SA98200c | 2970±30 | 1201—1190（13.8%）<br>1180—1152（54.4%） | 122.1 |
| | 屯 173 | 无名组 | SA98202 | 2960±30 | 1201—1190（12.9%）<br>1180—1152（55.3%） | 126.9 |
| | 屯 2294 | 无名组 | SA98205 | 2975±40 | 1201—1190（13.6%）<br>1180—1152（54.6%） | 126.6 |
| | 屯 2315 | 无名组 | SA98206 | 2955±30 | 1201—1190（12.6%）<br>1181—1152（55.6%） | 127.3 |
| | 屯 2557 | 无名组 | SA98207 | 2960±30 | 1201—1190（12.9%）<br>1180—1152（55.3%） | 126.9 |
| | 屯 2996 | 无名组 | SA98208 | 2950±30 | 1200—1190（11.9%）<br>1181—1152（56.3%） | 125.7 |
| | 合集 27364 | 无名组 | SA98210 | 2995±45 | 1205—1185（14.2%）<br>1180—1150（54.0%） | 108.9 |
| | 屯 2742 | 无名组 | SA98217 | 2990±35 | 1200—1190（14.0%）<br>1179—1154（54.2%） | 107.2 |

续表

| 分期 | 甲骨著录号 | 甲骨组别 | 实验室编号 | ¹⁴C 年代（BP） | 校正后日历年代（BC）68% 置信区间 | 一致性指数/% |
|---|---|---|---|---|---|---|
| 边界 3-4 | | | | | 1172—1128 | |
| 四期（武乙文丁） | 屯 647 | 无名组 | SA98226 | 2945±35 | 1162—1116 | 116.1 |
| | 屯 2281 | 无名组 | SA98227-2 | 2960±35 | 1164—1120 | 110.0 |
| 边界 4-5 | | | | | 1150—1085 | |
| 五期（帝乙帝辛） | 钢厂 M1713 | 羊肩胛骨 | SA98167c | 2845±35 | 1130—1060（65.6%）1045—1040（2.6%） | 56.3 |
| | 屯 3564 | 黄组 | SA98251 | 2920±35 | 1130—1060 | 117.5 |
| | 合集 35641 | 黄组 | SA98253 | 2885±40 | 1130—1060 | 117.5 |
| | 合集 36512 | 黄组 | SA99097p1 | 2925±35 | 1130—1055 | 114.1 |
| 终止边界 | | | | | 1115—1020 | |

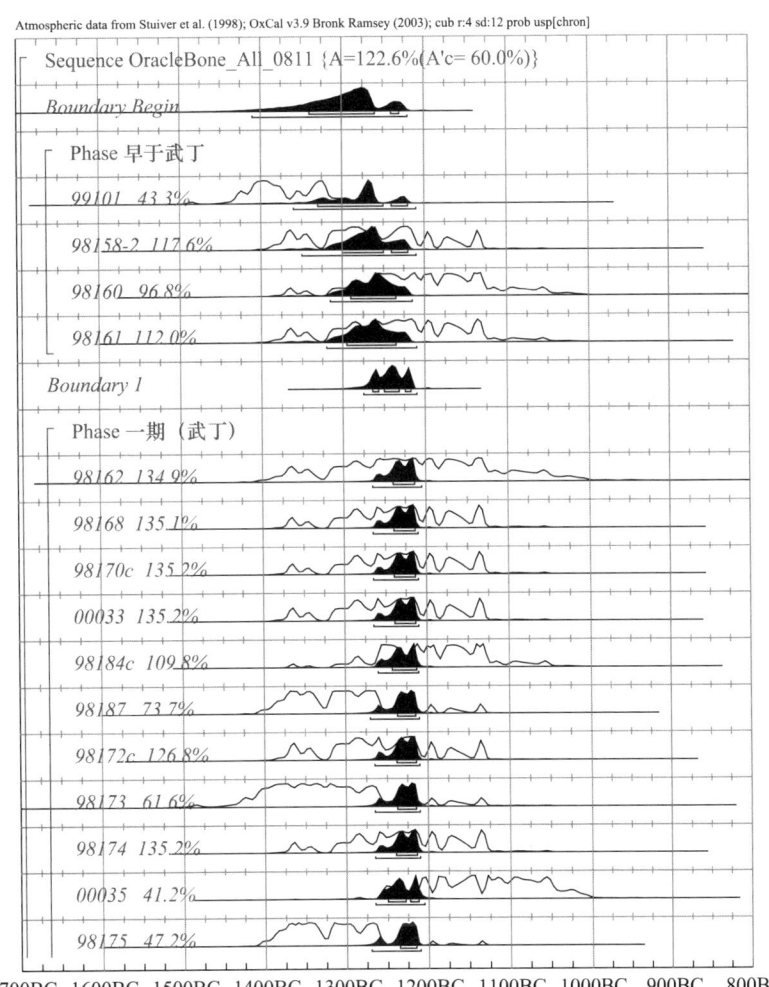

图 7-38a　殷墟甲骨系列 "0811 全" 样品测年数据的校正年代图（1）

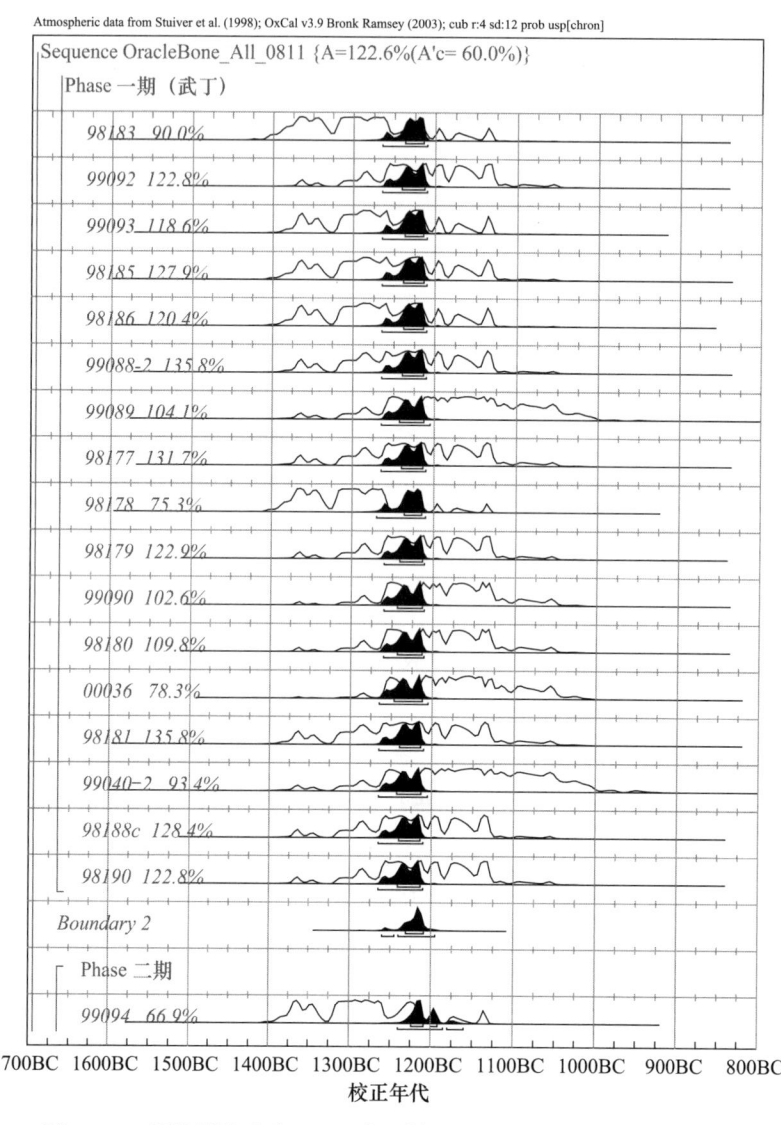

图 7-38b　殷墟甲骨系列"0811 全"样品测年数据的校正年代图（2）

3）讨论

① 甲骨系列样品年代校正结果的分析。

以前我们曾指出，对于所给出的各分期的日历年代范围不应当看得太绝对。其原因在于，如果对同一个模型进行多次重复运行，由于计算过程抽样的统计性，各样品置信区间的日历年代范围也有可能出现数年的波动①。故可以认为"0811 全"与"0811选"的年代校正结果基本上是一致的。同时这两个系列的总一致性指数都是相当高的，这表明系列校正模型的构建是合理的。

---

① Scott E M, Gordor T C, Naysmith P. Error and uncertainty in radiocarbon measurements. *Radiocarbon*, 2007, 49(2): 427-440.

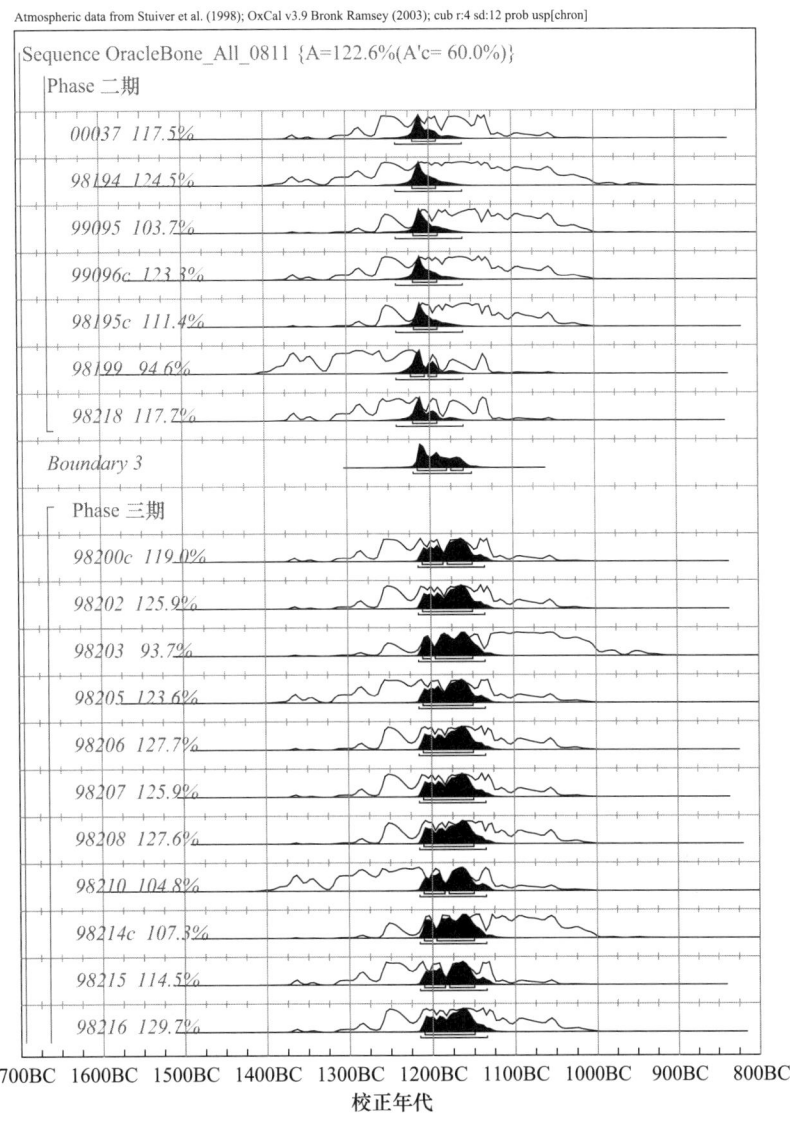

图 7-38c　殷墟甲骨系列 "0811 全" 样品测年数据的校正年代图（3）

与《简本》所发表的甲骨测年结果相比，表 7-41 与表 7-42 的甲骨测年数据多了约一倍，且加了边界，故系列两端的校正后日历年代范围有所收缩。特别是一期（武丁）的样品分别达到了 28 个和 20 个，故其置信区间收缩得更为明显，且对样品数量较少的分期的年代可能产生拉动效应。遗憾的是四期甲骨数量太少，且都被判定为武乙早，缺少文丁时期的甲骨样品，这可能会使四期的校正后日历年代偏早，并对五期产生拉动效应。此外，我们采集的甲骨样品，武丁期的不一定有武丁元年的，帝辛期的也不一定有帝辛末年的，故所得到的一期始端可能会偏晚，而五期末端可能会偏早。

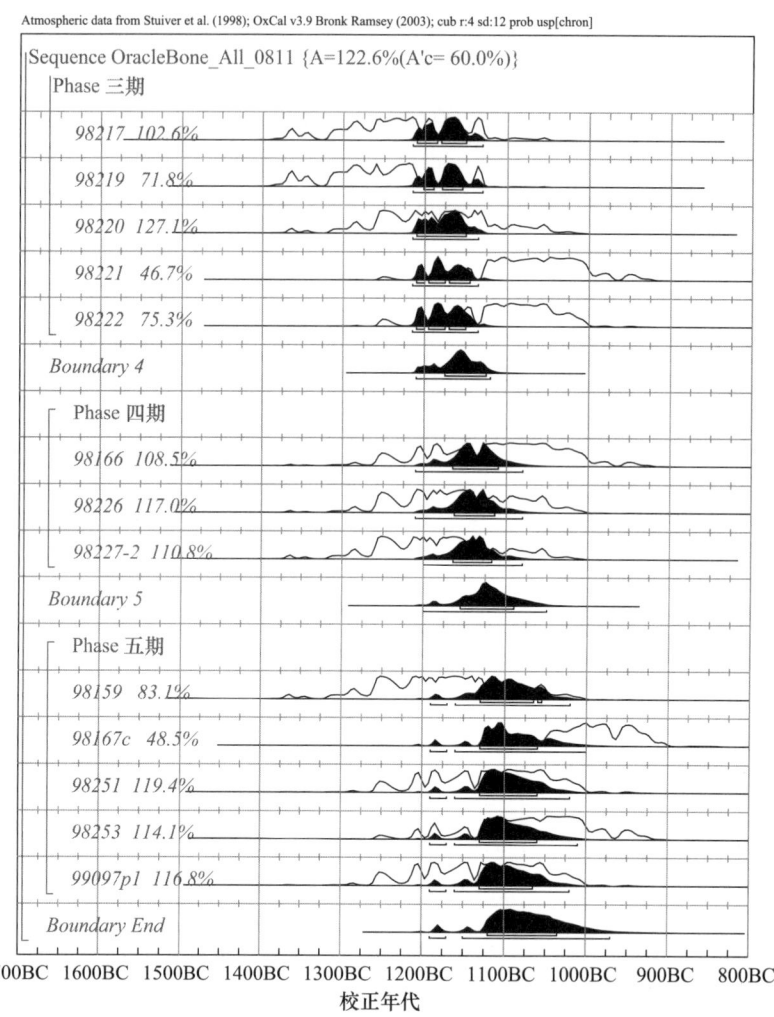

图 7-38d　殷墟甲骨系列 "0811 全" 样品测年数据的校正年代图（4）

在一个分期中样品数量较多的情况下，单期校正也可以给出比较好的结果。系列 "0811 全" 的一期有 28 个样品，对其进行单期校正（首尾加边界），可得到其区间年代范围在公元前 1254—前 1208 年，与全系列年代校正的一期年代范围相合。这表明全系列年代校正的结果是无偏的。实际上各分期的日历年代范围还与 $^{14}$C 年代校正曲线的形状有密切关系。例如，校正给出甲骨五期的日历年代范围为公元前 1130—前 1055 年，其始端较预期有约 30 年的提前，这主要是由于校正曲线在该段为平台区所致。在平台区不同日历年代所对应的 $^{14}$C 年代基本上是相同的（参见图 7-36）。

② 与《简本》"夏商周年表" 的比较。

表 7-40 同时列出了《简本》给出的 "夏商周年表" 中商后期各王对应于甲骨各期的年代。将甲骨校正结果与《简本》年表相比可以看出，二者在一期始端和三、四、五期的末端均有很好的对应；在五期的始端校正结果与《简本》年表相比有 30 年的延伸，这与前述的校正曲线平台区有关；在四期的始端校正结果与《简本》年表相比有

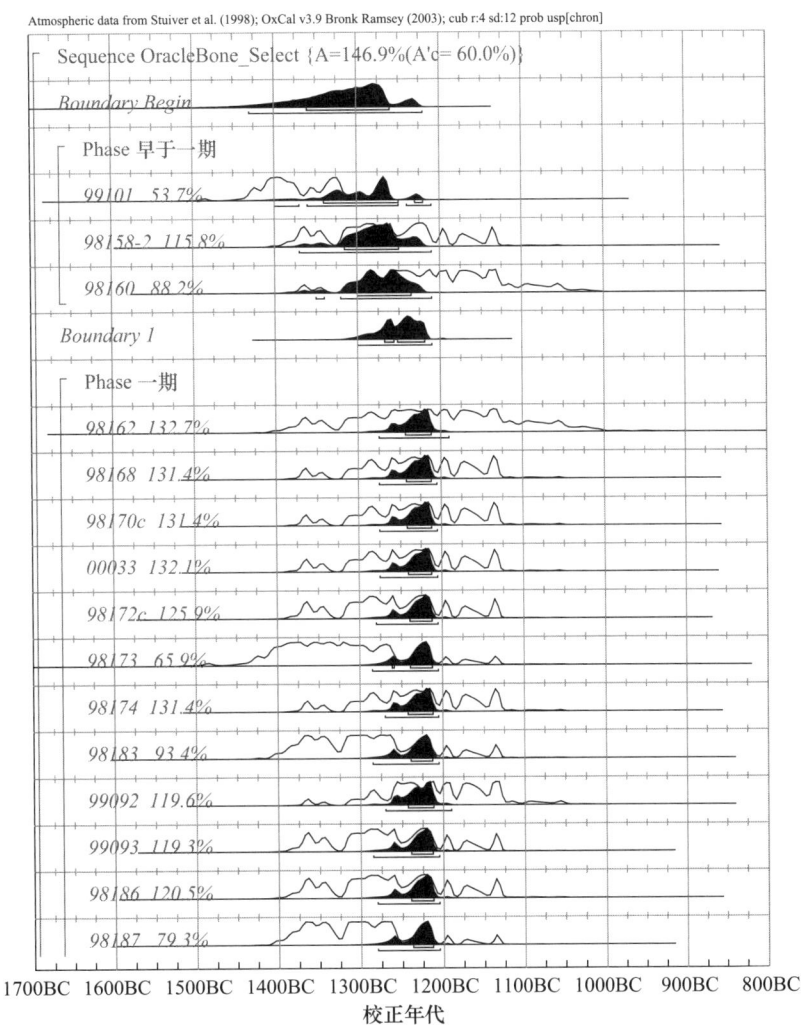

图 7-39a　殷墟甲骨系列"0811选"样品测年数据的校正年代图（1）

18 年的延伸，这在一定程度上是受到了五期延伸的挤压，同时亦与校正曲线在公元前 1130 年之前的波动性有关。此外，对于一期与二期的分界，校正结果与《简本》年表相比偏早了 20—30 年；二期与三期的日历年代范围较《简本》年表有较大的展宽。其原因与校正曲线该区段的波动性有关，IntCal98 曲线在公元前 1205 年、公元前 1185 年和公元前 1150 年有三处波谷，且谷底的 <sup>14</sup>C 年龄大体相同（参见图 7-36），这使校正三期的始端很容易延伸到公元前 1210—前 1205 年。

③　与殷墟遗址测年结果的比较。

表 7-43 给出了甲骨系列"0811全"的年代校正结果与殷墟墓葬测年结果的对比，殷墟墓葬测年是由中国社会科学院考古研究所常规 <sup>14</sup>C 测年实验室完成的<sup>①</sup>。表 7-43 中

---

①　仇士华等：《"夏商周断代工程"中重要遗址 <sup>14</sup>C 数据》，2008 年 2 月 26 日 "夏商周断代工程" <sup>14</sup>C 专题会议资料。

亦列出了"夏商周年表"中商后期各王的年代。由表 7-43 可见，除了墓葬测年的一、二期分界外，甲骨年代校正结果与殷墟测年结果在大多数分期的边界上吻合良好。

**表 7-43　甲骨年代校正结果与殷墟测年结果的对比**

| 商王 | 《简本》年表（BC） | 甲骨分期 | 甲骨"0811 全"1σ 区间（BC） | 殷墟分期 | 殷墟年代1σ 区间（BC） |
|---|---|---|---|---|---|
| 盘庚（迁殷后）小辛、小乙 | 1300—1251 | 早于武丁 | 1330—1220 | 一期 | 1310—1220 |
| 武丁（早） | 1250—1192 | 一期（武丁） | 1250—1212 | 二期 | 1255—1180 |
| 武丁（晚） | | | | | |
| 祖庚、祖甲 | 1191—1148 | 二期 | 1224—1190 | | |
| 廪辛、康丁 | | 三期 | 1210—1145 | 三期 | 1205—1080 |
| 武乙、文丁 | 1147—1102 | 四期 | 1165—1110 | | |
| 帝乙、帝辛 | 1101—1046 | 五期 | 1130—1055 | 四期 | 1090—1040 |

（4）殷墟甲骨测年问题的小结

"夏商周断代工程"专题 8-2"骨质样品的制备研究"、专题 8-3"AMS 法技术改造与测试研究"和专题 5-2"殷墟甲骨分期与年代测定"充分合作，在过去的十年里对殷墟甲骨 $^{14}$C 测年进行了深入的研究，有效地排除了大部分甲骨样品的加固剂与保护剂等污染，有效地提高了 AMS $^{14}$C 测年数据的可靠性，掌握了系列样品年代校正的方法，反复核实了各甲骨样品的分期属性，为得到可靠的殷墟甲骨年代测定结果打下了坚实的基础。

10 年来测量了 95 片有字卜骨、8 片无字卜骨和 3 个骨器骨料共计 106 个样品，得到了 158 个 $^{14}$C 年代数据，通过对这些数据进行仔细审查、一致性检验和合并处理，得到了 106 个样品的 $^{14}$C 年代数据。剔除来源不可靠、分期不确定以及历组卜骨共 24 个数据后，可提供进行系列样品年代校正的数据为 82 个。在构建系列样品校正模型时，还需排除偏老的样品 16 个、偏年轻的样品 2 个，实际可进入模型的样品为 64 个。在对每一个样品的年代数据及其分期进行认真甄别后，我们构建了校正模型"0811 全"，用"殷墟甲骨分期与年代测定"专题选出的 41 个时代分期更准确的样品构建了模型"0811 选"。用 OxCal v3.9 和校正曲线 IntCal98 对这两个模型进行系列样品年代校正的结果表明，两个系列样品年代校正结果基本一致，甲骨一期（武丁）始于约公元前 1260—前 1250 年，五期结束于约公元前 1055—前 1040 年，总体时间跨度在 200 年左右。以上结果与《简本》给出的"夏商周年表"中商后期各王的年代以及殷墟遗址墓葬的测年结果基本吻合，与商前期和西周的年代框架相协调，从而为"夏商周断代工程"，特别是商后期年代包括若干王年的厘清提供了重要的依据。

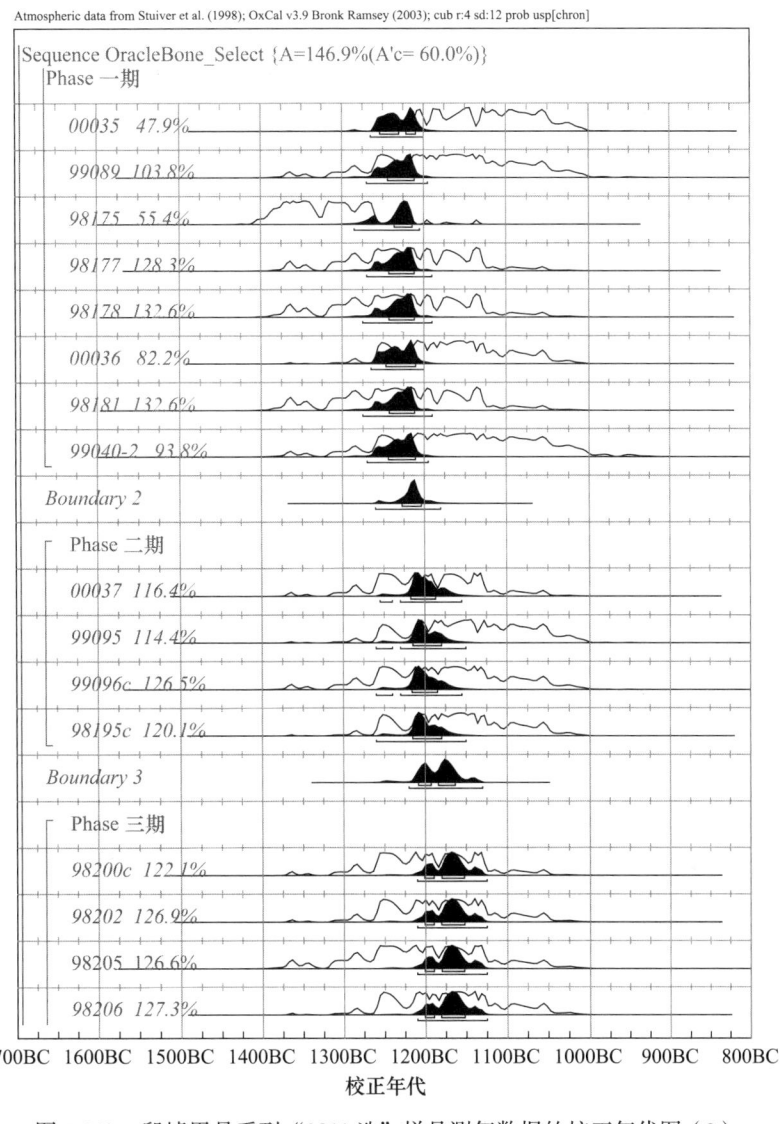

Atmospheric data from Stuiver et al. (1998); OxCal v3.9 Bronk Ramsey (2003); cub r:4 sd:12 prob usp[chron]

图 7-39b 殷墟甲骨系列 "0811 选" 样品测年数据的校正年代图（2）

回顾过去的工作，还是有些许的遗憾。受到采样条件的限制，二、四期和五期有字卜骨的样品数量相对较少，故所构建的校正模型的各期样品量不十分平衡，这对系列样品年代校正会带来一些不利影响。由于要求 "夏商周断代工程" 在 2000 年结题，而甲骨测年的工作量很大，故 1999 年 5 月就启动了甲骨测年工作。但其前期研究尚不够充分，特别是开始时对甲骨的污染程度估计不足，在早期的测量中未能采取有效的纯化措施。在分期明确的总共 71 个非历组有字卜骨样品 <sup>14</sup>C 年代数据中，在对甲骨采取纯化处理措施之前测量的有 24 个样品，其中有 9 个样品因偏老而未能纳入校正模型；而在 47 个甲骨经过纯化处理后测量的有字卜骨样品中，未能纳入校正模型的有 5 个样品偏老、2 个样品偏年轻。以上统计数字表明：

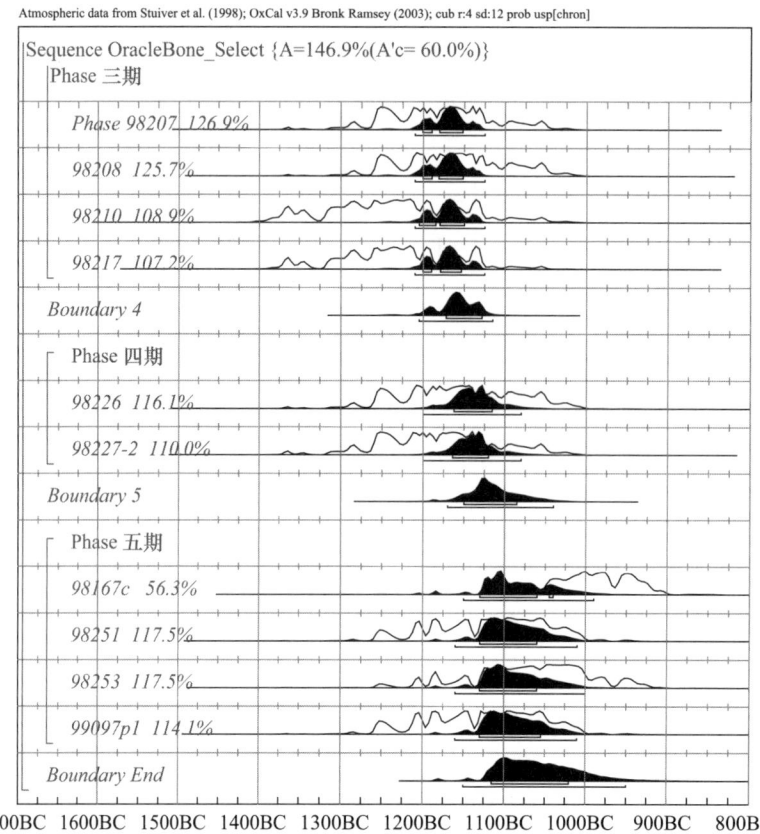

图 7-39c　殷墟甲骨系列 "0811 选" 样品测年数据的校正年代图（3）

① 在所采集的甲骨样品中，确有相当比例的甲骨受到了不同程度的加固剂、保护剂等的污染，这种污染可导致所测得的甲骨年代产生不同程度的偏老。

② 早期未经纯化处理测量的数据偏老的比例高达 37.5%，而后期经纯化处理再测量的数据偏老的比例明显降低，在 10% 左右，故所采取的纯化处理措施是有效的。

③ 后期经纯化处理再测量的数据偏老的比例仍然高于正常值，故可能有些污染还不能用目前的纯化措施彻底消除，同时若干甲骨数据偏老可能还有其他原因。

# （四）对有关问题的讨论与结论

## 1. 基本认识和思路

系列样品方法实施的具体程序：

第一步，采集与考古层位和文化分期在年代上高度相关的系列含碳样品，最好每期有 5 个以上。

第二步，将采集的系列样品分别测出精确可靠、误差符合实际的 $^{14}$C 数据。

第三步，充分应用考古信息，将系列样品的 $^{14}$C 年代数据同高精度树轮校正曲线进行匹配拟合，定出与考古内涵相符的日历年代。

对于第一步，我们同有关考古学家合作，对所有重要的夏商周遗址根据需要和可能做普遍的采集。基本上完成了任务。这些遗址层位和文化分期都比较成熟，或是有共识的。对于第二步，我们已更新设备，做了技术改进的研究，也已经做到。对于第三步，就是要正确利用 OxCal 程序的有关部分进行数据处理和转换。

在这里，我们首先要认清编制程序的主要原则：a.统计性，要兼顾 $^{14}$C 数据的误差和树轮校正曲线的特征和误差；b.要结合田野考古的实际情况，即考古地层、文化分期等信息。

我们面对中国夏商周田野考古的丰富内涵和比较成熟的考古文化分期，结合"夏商周断代工程"的要求，在实施时有以下几点基本的认识和思路做指导。

① $^{14}$C 测年参与"夏商周断代工程"，不可能如一般历史年代的要求那么准确，只能把误差缩小到可用的程度。因此，要求误差越小越好，但必须可靠。

② 商后期的安阳殷墟遗址和西周的丰镐遗址文化分期比较成熟，历史上认定盘庚迁殷后没有再变动。考古上将殷墟文化分为四期，将西周墓葬分为五期，琉璃河和天马—曲村的西周遗址分为三期 6 段，大体上每期或段的年代为五六十年。在西周以前还有先周文化的考古发掘材料。商前期二里冈文化的上下层也各分为下层二期、上层二期。二里头文化也分为四期。这都是以对殷墟的商文化的认识为依据向前推的。王城岗则属于河南龙山文化晚期了，但分期情况尚属良好。二里头一期与河南龙山之间尚有缺环。新砦遗址的新砦文化期填补了空缺。

$^{14}$C 年代的误差越小越好，我们只能做到±25 年—±40 年，但已能满足要求。对于夏商周考古年代框架，这是系列样品方法发挥作用的绝好情况。

③ 系列样品的转换要求包含连续文化期越多，拟合的效果越好。这是因为在树轮校正曲线上，处于系列中间的数据有先后次序的约束，而在两端则没有。

例如，一组系列样品包含有四期，在拟合时中间两期的排列应比较理想。整个系列的早、晚边界在哪儿，要靠中间的排列分布情况向外加以合理的推测。这就是所谓要应用"边界条件"。

显然，只有一期的样品数据，也可以按 OxCal 程序拟合，但误差太大，这就很难符合"夏商周断代工程"的要求，一般是不可取的。

如果要求获得上、下两种文化或分期之间的界限范围，程序中可以插入事件或中间边界的命令，执行给出明确的可能范围。有时众多系列样品中有一个或极少几个样无法排出确当的位置，程序中给出每个样品和整个系列的符合系数，如果个别样品不符合要求则可以弃去。这有可能是测试中出错，更可能是采集的样品年代代表性不符合要求。但如果整个系列的符合系数太低，这就要求全面检查审核了。所以这也是对测年和田野工作的检验。

④ 我们对树轮校正曲线已经很熟悉，它在各个年代段的特征是不一样的。有时偶然碰到曲线的陡峭部分，$^{14}$C 年代上下有近百年，而相应的日历年代仅二三十年。这时即使单个样品的 $^{14}$C 年代数据，做树轮校正后，误差会缩小到原始数据误差的三分之一以内，我们不能放过这样的机会。

对于保存完好的木头，我们一定要按树轮系列仔细操作。如果能推出木头被砍伐和使用的年代，这将是考古年代框架的最可靠的支撑点。对于一般使用考古层位和文化分期的系列，要注重对一些关键点、关键年代做出特别的评估和论证。这对"夏商周断代工程"特别重要。

⑤ 要纠正一些错误观念。

第一，有种观点认为，年代测定要背对背，即考古方只能给出样品，不能提供信息，测出的年代才是客观真实的，否则就有迎合之嫌。这是由于其不理解系列样品方法。前面已经论述，系列样品方法必须依靠考古提供正确的分期信息，这是两种学科的结合，否则不能降低得出的考古年代的误差。当然考古信息有错误，也会导致年代的错误。

第二，又有观点认为，有了年代框架之后，就可以拿出单个新的样品测出是哪一期的。这是不行的，因为树轮校正曲线的特征在各不同时段会有较大差别。对于像殷墟和二里头的单个样品，不能靠测定得出是哪一期的。如果测定者做出肯定回答，那只能是误导。考古分期只能由考古学家来定。但像西周的早、中、晚期，由于这一段树轮校正曲线比较陡峭，通过测定是有可能分出来的。而测错了，也是可以看出来的。

第三，对于不成熟的考古分期或先后关系，企图靠 $^{14}$C 测定来解决，这在夏商周时期的考古中是不可取的。更不能用系列样品来任意解读，因为这是违反系列样品方法规则的。

## 2. 关于考古年代框架

① 晋侯墓地 M8 是晋献侯苏的墓，测出的年代为公元前 808 年 ±8 年。这与《史记·晋世家》所载晋献侯苏死于周宣王十六年正相吻合。

② 武王克商的年代范围，在公元前 1050 —前 1020 年，是根据丰镐遗址的测定，同殷墟与琉璃河遗址系列测定相一致而得出的，无疑是比较可靠的。

③ 殷墟系列测定的二期年代，同天文学根据宾组甲骨文的 5 次月食记录推出的武丁年代相一致。

④ 根据郑州商城二里冈上层一期水井井圈木的年代测定为公元前 1400 年 ±8 年。

⑤ 根据郑州商城洛达庙与二里冈系列的测定，郑州商城应在公元前 1500 年左右。偃师商城考古上可与郑州商城做比较，但偃师商城之小城应明显早于郑州商城大城。

⑥ 关于二里头遗址的年代研究。

第一，1983 年仇士华等写了《有关所谓"夏文化"的 $^{14}$C 年代测定的初步报告》[①]，对 $^{14}$C 年代测定中误差情况的复杂性做了详细说明。例如说，单个 $^{14}$C 年代数据一般是不可轻信的。即使经过准确测定，数据可信，由于它处于树轮校正曲线倾斜度小、起伏大的区段，也可以把不是夏代的标本误认为是夏代的，根本无法分辨。要解决这个

---

① 仇士华、蔡莲珍、冼自强、薄官成：《有关所谓"夏文化"的 $^{14}$C 年代测定的初步报告》，《考古》1983 年第 10 期。

问题，只好以数量求质量，测出大量的数据，缩小统计误差，尽量排除偶然性。在这样的背景里，文章分析了二里头遗址一至四期的 32 个样品的 $^{14}C$ 年代数据，认为二里头文化的绝对年代被限制在公元前 1900—前 1500 年的范围内。同时还声明，哪一种文化可以明确称之为"夏文化"，这是考古学家研究讨论的专题，有些问题还有待于考古工作和测定工作的进一步开展和研究。尽管如此，根据文献的各种纪年系统，这个结果可以表明，二里头一期不是夏代的开始，二里头四期有可能已经进入商代。当然，这个结果很粗糙，但可供考古学家研究参考。

第二，二里头遗址的系列样品是"夏商周断代工程"启动后重新采集的。主要是骨质样品，经过仔细测定，其结果在《夏商周断代工程 1996—2000 年阶段成果报告：简本》中已经公布。现在对二里头文化的年代问题，提出进一步的看法，供大家讨论参考和批评。

1983 年所阐述的二里头 $^{14}C$ 年代测定报告，并没有错误。但是，限于条件，标本大多是木炭，测定误差也比较大，而且年代数据都是采用单个样品的树轮校正结果，所以是很粗糙的。原报告中已有相应说明。

《简本》中公布的系列样品测定拟合结果，没有加以说明和充分研究讨论。

从实际情况看，在"夏商周断代工程"中重新采集的二里头遗址的系列样品在分期上是有根据的。二里头文化分为一、二、三、四期，有地层叠压关系为依据，经过长期研究，多数学者对分期有共识。当然，尚不能说每个样品间都有绝对的先后次序。

二里头系列样品中还有被称为五期的二里冈文化的样品。因此可以把一至五期作为一个系列来拟合，以便于估计四期年代的下限。但一期的年代上限还难以估定，需要使用程序设置的边界条件命令来估计。如果有与一期连续但更早期的 $^{14}C$ 年代数据参与拟合，应当更好。

新密新砦遗址，经过发掘发现有早于二里头一期的新砦二期遗存，前面还有龙山晚期的遗存，考古学界正在研究。这三期的 $^{14}C$ 样品年代应当可以作为一个系列进行拟合。《简本》发表后，北京大学加速器质谱测定已有结果，常规方法也测定了十多个数据。这样，可以同二里头的系列样品拟合做比较。

第三，新砦文化在时间上填补了二里头文化同河南龙山文化之间的空档。现试将新砦遗址的龙山文化、新砦文化和二里头遗址的二里头文化及二里头五期（二里冈期）共 60 多个 $^{14}C$ 年代数据，应用 OxCal 程序做一个长系列的拟合，并把龙山和新砦期、新砦期与二里头期以及二里头期与二里冈期各界限的年代显示出来。见数据拟合图（图 7-40）和拟合前后的数据对照表（表 7-44）。

应该说，根据考古发掘和研究的情况，这四种文化，河南龙山晚期→新砦期→二里头期→二里冈期，地层关系清楚，先后顺序无间断连续，系列年代跨度长并有大量相关的 $^{14}C$ 年代数据，最适合于做系列样品拟合和研究分析。

由拟合图和数据表可见新砦期的上限不早于公元前 1850 年，二里头一期的上限不早于公元前 1750 年，二里冈期上限不早于公元前 1540 年，后者与郑州商城和偃师商城的 $^{14}C$ 测年结果一致。

第四，根据上述拟合结果，从年代测定的角度做一些说明和粗略分析。

1983 年，在《有关所谓"夏文化"的 $^{14}$C 年代测定的初步报告》中，把二里头文化的年代限制在公元前 1900—前 1500 年的范围内。那是按单个样品做了树轮年代校正，曾被广泛引用。但由于样品大都是用木炭做的一般测定，误差相应比较大。"夏商周断代工程"中，二里头文化的系列样品是重新采集的，主要是骨质样品，所得 $^{14}$C 数据同以前的数据并不矛盾，只是精度更高一些。经过与树轮曲线拟合 [1] 可以看出，由于相应段树轮年代校正曲线的关系，二里头文化一期的年代上限在公元前 1730—前 1880 年，范围很大，这同 1983 年的报告是一致的。但若在拟合时使用边界条件来限定，就可以把上限的范围缩小，向公元前 1730 年靠拢。现在采用新砦文化的系列样品同二里头文化的系列样品一起拟合，可以更客观地把二里头文化一期的年代上限定在不早于公元前 1750 年。

在郑州商城遗址，洛达庙（即二里头类型）文化层被二里冈文化下层所叠压。在二里头遗址，二里头四期则被第五期（即二里冈文化）叠压。郑州商城遗址和二里头遗址两组系列样品的拟合，表明二里冈文化的年代上限在公元前 1500 多年，但不能早很多。

郑州商城的城墙中发现有二里冈下层文化的陶片，故而郑州商城的年代不可能早于二里冈文化一期。偃师商城的发掘者把偃师商城文化分为三期，偃师商城的小城建于偃师商城文化一期。一期的文化分析和 $^{14}$C 年代测定都表明在时间上已进入二里头文化期。因此，可以肯定偃师商城的小城比郑州商城大城要早。

根据现有的考古资料和年代测定结果，二里冈文化不可能是最早期的商代文化。二里头文化在时间上跨越了夏代中、晚期和商代早期。

综上所述，可将"夏商周断代工程"中系列样品测定的夏商西周的考古年代框架，制成一个大体相近的示意表格，以便一目了然（图 7-41）。

**表 7-44　龙山晚—新砦—二里头文化 $^{14}$C 年代数据长系列拟合结果**

| 实验室编号 | 样品来源（原编号） | 考古分期 | 测定物质 | $^{14}$C 年代数据（5568，1950） | | 单个样品数据校正年代（BC）（68.2%） | 系列样品数据校正年代（BC）（68.2%） |
|---|---|---|---|---|---|---|---|
| | | | | | 平均值 | | |
| 上边界 BoundaryⅠ | | | | | | | 2180—2050 |
| SA00002 | T1H123 | 龙山晚 | 骨头 | 3700±65 | | 2200—2160（10.3%）<br>2150—2010（51.9%）<br>2000—1970（6.0%） | 2110—1950 |

[1] 参见夏商周断代工程专家组：《夏商周断代工程 1996—2000 年阶段成果报告：简本》，世界图书出版公司，2000 年，第 76 页，表二十。

| 实验室编号 | 样品来源（原编号） | 考古分期 | 测定物质 | $^{14}$C 年代数据（5568，1950） | | 单个样品数据校正年代（BC）（68.2%） | 系列样品数据校正年代（BC）（68.2%） |
|---|---|---|---|---|---|---|---|
| | | | | | 平均值 | | |
| SA00014 | | | 骨头 | 3675±35 | | | |
| SA00014-1 | T1H126 | | 骨头 | 3740±30 | 3716±38 | 2140—2120（14.2%）2100—2030（54.0%） | 2085—2036 |
| VERA-1430 | | | 骨头 | 3760±45 | | | |
| VERA-1429a | | | 骨头 | 3695±35 | | | |
| SA00008 | T1H122 | 龙山晚 | 骨头 | 3570±35 | | 2010—2000（2.0%）1960—1870（60.4%）1840—1820（5.8%） | 1960—1870（64.3%）1840—1830（3.9%） |
| SA00007 | T1H120 | | 骨头 | 3590±30 | | 2010—2000（4.3%）1980—1880（63.9%） | 2010—2000（3.1%）1980—1880（65.1%） |
| SA00001 | T1H119 | | 骨头 | 3485±30 | 3487±33 | 1880—1840（28.5%）1830—1790（19.1%）1780—1740（20.6%） | 1880—1835（59.3%）1830—1810（8.9%） |
| SA00001-1 | | | 骨头 | 3490±35 | | | |
| 边界 BoundaryL-X1，龙山晚期—新砦一期间 | | | | | | | 1830—1770 |
| SA00006 | T1⑥C | | 骨头 | 3535±35 | 3503±35 | 1880—1770 | 1798—1764（57.2%）1760—1752（11.0%） |
| SA00006-1 | | | 骨头 | 3470±35 | | | |
| SA00012 | T1H116 | | 骨头 | 3480±35 | 3490±42 | 1880—1840（27.2%）1830—1790（22.0%）1780—1740（19.0%） | 1805—1795（8.1%）1790—1750（60.1%） |
| VERA-1432 | | | 骨头 | 3500±45 | | | |
| VERA-1431 | | 新砦一期 | 骨头 | 3490±35 | | | |
| SA00005 | T1H112 | | 骨头 | 3465±35 | | 1880—1840（23.6%）1820—1790（9.1%）1780—1730（29.0%）1710—1690（6.6%） | 1810—1795（9.1%）1785—1750（59.1%） |
| SA00019 | T1H115 | | 骨头 | 3530±35 | 3515±35 | 1890—1860（14.9%）1850—1770（53.3%） | 1799—1767（58.8%）1759—1751（9.4%） |
| SA00019-1 | | | 骨头 | 3500±35 | | | |
| SA00028 | T4H61⑥ | | 骨头 | 3500±35 | | 1880—1750 | 1796—1752 |
| 边界 BoundaryX1-X2，新砦一期—新砦二期间 | | | | | | | |
| SA00018 | T1H40 | | 骨头 | 3500±30 | 3487±33 | 1880—1840（28.2%）1830—1790（19.6%）1780—1740（20.4%） | 1764—1740 |
| SA00018-1 | | | 骨头 | 3470±35 | | | |
| SA00017 | T1H26 | | 骨头 | 3395±40 | 3434±34 | 1770—1755（4.9%）1750—1685（63.3%） | 1752—1720 |
| SA00017-1 | | 新砦二期 | 骨头 | 3455±30 | | | |
| SA00009 | T1H76 | | 骨头 | 3415±35 | | 1770—1760（1.2%）1750—1680（57.5%）1670—1630（9.5%） | 1748—1718 |
| VERA-1435 | T1H48 | | 骨头 | 3460±50 | 3437±49 | 1860—1840（5.9%）1770—1680（62.3%） | 1760—1724 |
| VERA-1434 | | | 骨头 | 3425±35 | | | |

续表

| 实验室编号 | 样品来源（原编号） | 考古分期 | 测定物质 | ¹⁴C 年代数据（5568，1950）平均值 | 单个样品数据校正年代（BC）（68.2%） | 系列样品数据校正年代（BC）（68.2%） |
|---|---|---|---|---|---|---|
| SA00013 | T1H45 | 新砦二期 | 骨头 | 3430±55 | | |
| SA00013-1 | | | 骨头 | 3390±35 | 1740—1705（48.3%） 1700—1680（15.7%） 1670—1660（3.2%） 1645—1640（1.1%） | 1740—1722 |
| VERA-1437 | | | 骨头 | 3450±50 | 3402±41 | |
| VERA-1436 | | | 骨头 | 3380±35 | | |
| SA00016 | T1H29① | | 骨头 | 3410±50 | 1740—1680（66.0%） 1670—1660（2.2%） | 1742—1721 |
| VERA-1439 | | | 骨头 | 3430±50 | 3405±45 | |
| VERA-1438 | | | 骨头 | 3390±35 | | |
| SA00021 | T1H66 | | 骨头 | 3425±30 | 1860—1840（1.5%） 1770—1680（66.7%） | 1750—1719 |
| SA00020 | T1H30 | | 骨头 | 3490±30 | 1830—1840（26.2%） 1830—1740（42.0%） | 1763—1739 |
| 边界 BoundaryX2-E1，新砦二期—二里头一期间 | | | | | | 1728—1706 |
| XSZ104 | 97YLVT3H58 | 一期 | 兽骨 | 3445±37 | 1870—1840（12.3%） 1810—1800（3.8%） 1780—1680（52.2%） | 1711—1690 |
| ZK-5206 | 97YLVT2⑪ | | 木炭 | 3406±33 | 1750—1680（56.6%） 1670—660（5.6%） 1650—1630（6.0%） | 1712—1688 |
| ZK-5260 | YNM3 | | 人骨 | 3454±34 | 1880—1840（19.2%） 1810—1800（5.4%） 1780—1730（28.9%） 1720—1690（14.7%） | 1710—1691 |
| ZK-5261 | YNM9 | | 人骨 | 3457±34 | 1880—1840（20.4%） 1820—1790（6.5%） 1780—1730（29.0%） 1720—1690（12.3%） | 1710—1691 |
| ZK-5262 | YNM19 | | 人骨 | 3391±33 | 1740—1620 | 1714—1686 |
| 边界 BoundE1-E2，二里头一期—二里头二期间 | | | | | | |
| | 97YLVT4H54 | 二期 | 木炭 | 3327±34 | 1690—1650（12.0%） 1640—1590（29.5%） 1570—1520（26.6%） | 1685—1615 |
| XSZ098 | 97YLVT4⑦B | | 兽骨 | 3327±32 | 1690—1650（12.4%） 1640—1580（29.0%） 1570—1520（26.7%） | 1685—1645（37.6%） 1640—1615（30.6%） |

续表

| 实验室编号 | 样品来源（原编号） | 考古分期 | 测定物质 | ¹⁴C 年代数据（5568，1950） | | 单个样品数据校正年代（BC）（68.2%） | 系列样品数据校正年代（BC）（68.2%） |
|---|---|---|---|---|---|---|---|
| | | | | | 平均值 | | |
| ZK-5226 | 97YLVT4H46 | 二期 | 木炭 | 3407±36 | | 1750—1680（53.1%）1670—1630（15.1%） | 1695—1630 |
| ZK-5244 | 97YLVT1H48 | | 兽骨 | 3348±36 | | 1880—1840（15.5%）1810—1800（4.4%）1780—1730（28.6%）1720—1680（19.7%） | 1700—1680（38.4%）1670—1655（16.1%）1650—1635（13.7%） |
| ZK-5253 | 97YLVT4G6 | | 兽骨 | 3341±39 | | 1690—1600（50.7%）1570—1530（17.5%） | 1685—1620 |
| ZK-5257 | 97YLVT7⑦ | | 兽骨 | 3313±37 | | 1680—1670（3.4%）1630—1520（64.8%） | 1685—1645（35.8%）1640—1610（32.4%） |
| ZK-5228 | 97YLVT4⑥A | | 木炭 | 3318±34 | | 1680—1670（4.8%）1630—1520（63.4%） | 1685—1645（35.8%）1640—1610（32.4%） |
| ZK-5209 | 97YLVT2⑨A | | 木炭 | 3374±34 | | 1740—1710（14.8%）1700—1610（53.4%） | 1690—1630 |
| ZK-5263 | YNM18 | | 人骨 | 3343±34 | | 1690—1600（53.8%）1560—1530（14.4%） | 1685—1620 |
| ZK-5265 | YNM26 | | 人骨 | 3380±34 | | 1740—1710（18.6%）1700—1620（49.6%） | 1690—1630 |
| ZK-5267 | YNM33 | | 人骨 | 3347±35 | | 1690—1600（57.4%）1560—1530（10.8%） | 1685—1620 |
| 边界 BoundE2-E3，二里头二期—二里头三期间 | | | | | | | |
| XSZ160 | VT5H39 | 三期 | 骨头 | 3296±35 | | 1620—1520 | 1612—1573 |
| XSZ167 | VT6H34 | | 骨头 | 3311±35 | | 1680—1670（1.3%）1530—1520（66.9%） | 1616—1573 |
| ZK-5249 | 97YLVT6⑰A | | 兽骨 | 3347±36 | | 1690—1600（56.5%）1560—1530（11.7%） | 1625—1570 |
| ZK-5200 | 97YLVT1⑨ | | 木炭 | 3343±35 | | 1690—1600（53.3%）1560—1530（14.9%） | 1621—1574 |
| ZK-5247 | 97YLVT6⑫B | | 兽骨 | 3272±39 | | 1620—1500 | 1608—1571 |
| ZK-5270 | YNM34 | | 人骨 | 3301±33 | | 1615—1520 | 1614—1574 |
| 边界 BoundE3-E4 二里头三期—四期 | | | | | | | |
| XSZ169 | VT1G5 | 四期 | 骨头 | 3331±35 | | 1690—1580（43.9%）1570—1520（24.3%） | 1565—1530 |

| 实验室编号 | 样品来源（原编号） | 考古分期 | 测定物质 | $^{14}$C 年代数据（5568，1950） | | 单个样品数据校正年代（BC）（68.2%） | 系列样品数据校正年代（BC）（68.2%） |
|---|---|---|---|---|---|---|---|
| | | | | | 平均值 | | |
| ZK-5255 | 97YLVT3G4 | | 兽骨 | 3355±40 | | 1690—1600（56.6%）<br>1560—1530（11.6%） | 1564—1531 |
| ZK-5229 | 97YLVT4⑤A | | 木炭 | 3304±36 | | 1620—1520 | 1566—1528 |
| ZK-5242a | 97YLVT6 | | 木炭 | 3270±32 | | 1610—1500 | 1569—1526 |
| ZK-5242b | 97YLVT6 | | 木炭 | 3350±33 | | 1690—1600（59.2%）<br>1560—1530（9.0%） | 1563—1531 |
| 边界 BoundE4-E5，二里头四期—二里头五期间 | | | | | | | 1540—1513 |
| XSZ101 | 97YLVT4H28 | | 兽骨 | 3241±30 | | 1525—1445 | 1525—1485（59.6%）<br>1480—1465（8.6%） |
| XSZ103 | 97YLVT4④A | | 兽骨 | 3222±35 | | 1520—1440 | 1520—1485（59.0%）<br>1480—1471（9.2%） |
| XSZ114 | 97YLVTI②B | | 兽骨 | 3148±48 | | 1500—1470（10.8%）<br>1460—1380（50.5%）<br>1340—1320（6.9%） | 1518—1473 |
| XSZ115 | 97YLVTI②C | | 骨 | 3270±29 | | 1605—1510 | 1529—1493 |
| XSZ165 | 97YLVH2 | | 骨 | 3227±35 | | 1525—1440 | 1525—1485（59.3%）<br>1480—1465（8.9%） |
| XSZ166 | 97YLVT3H5 | | 兽骨 | 3281±35 | | 1615—1515 | 1532—1492 |
| ZK-5215 | 97YLVT1⑤ | 五期 | 木炭 | 3197±34 | | 1515—1510（1.7%）<br>1500—1430（66.5%） | 1518—1474 |
| ZK-5202 | 97YLVT1H2 | | 木炭 | 3160±34 | | 1495—1475（14.0%）<br>1460—1400（54.2%） | 1517—1474 |
| ZK-5224 | 97YLVT3② | | 木炭 | 3141±33 | | 1490—1480（3.5%）<br>1450—1380（57.4%）<br>1340—1320（7.3%） | 1517—1474 |
| ZK-5243 | 97YLVT4④ | | 兽骨 | 3273±35 | | 1620—1510 | 1530—1492 |
| ZK-5245 | 97YLVT2③B | | 兽骨 | 3245±36 | | 1600—1560（11.3%）<br>1530—1440（56.9%） | 1525—1485（59.1%）<br>1480—1465（9.1%） |
| ZK-5254 | 97YLVT1H1 | | 兽骨 | 3187±34 | | 1500—1425 | 1518—1474 |
| ZK-5252 | 97YLVT1H49 | | 兽骨 | 3245±35 | | 1600—1560（10.8%）<br>1530—1440（57.4%） | 1525—1485（59.4%）<br>1480—1465（8.8%） |
| 下边界 BoundaryII | | | | | | | 1495—1420 |

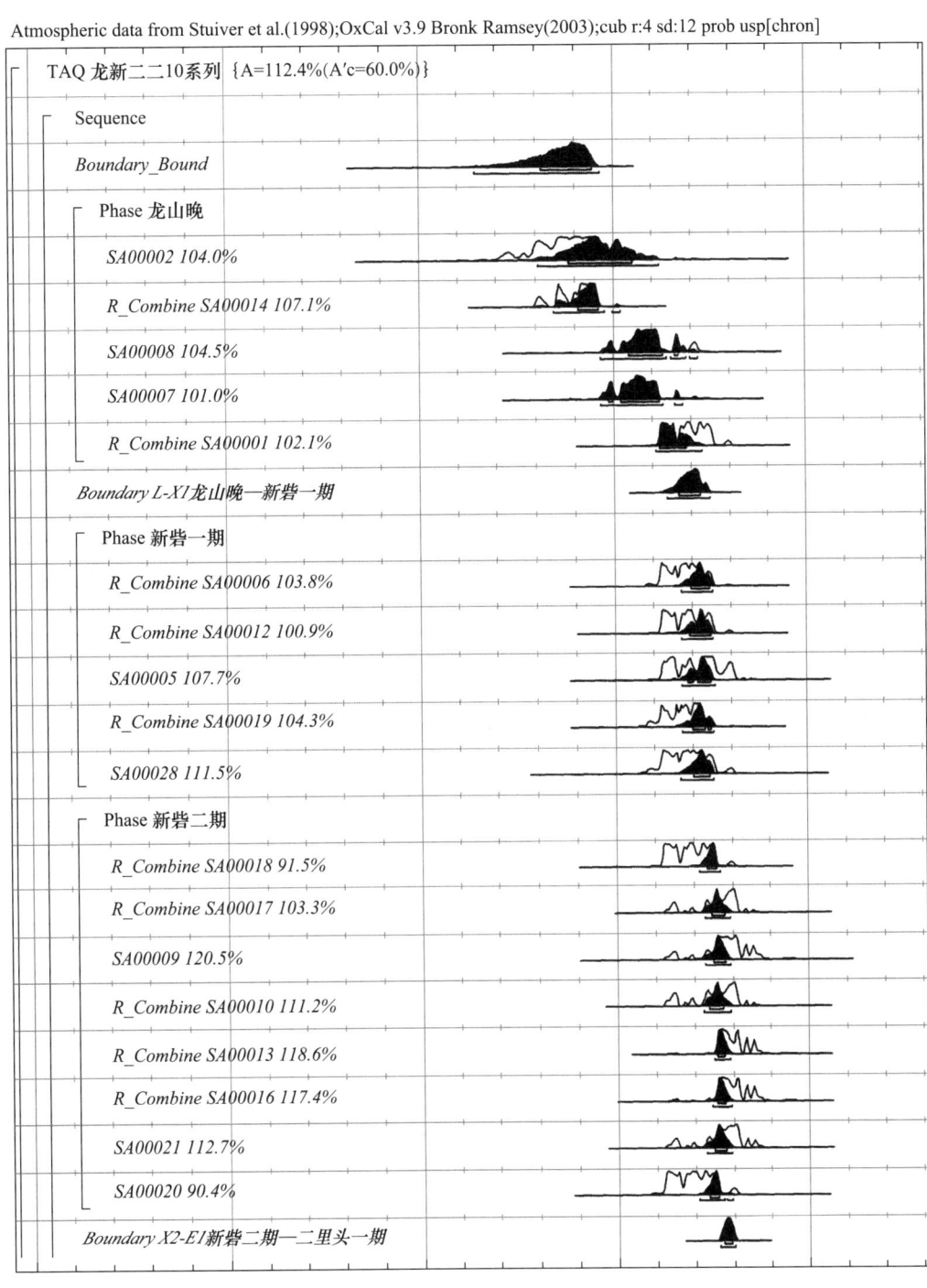

图 7-40a　龙山晚—新砦—二里头文化年代数据长系列拟合图（1）

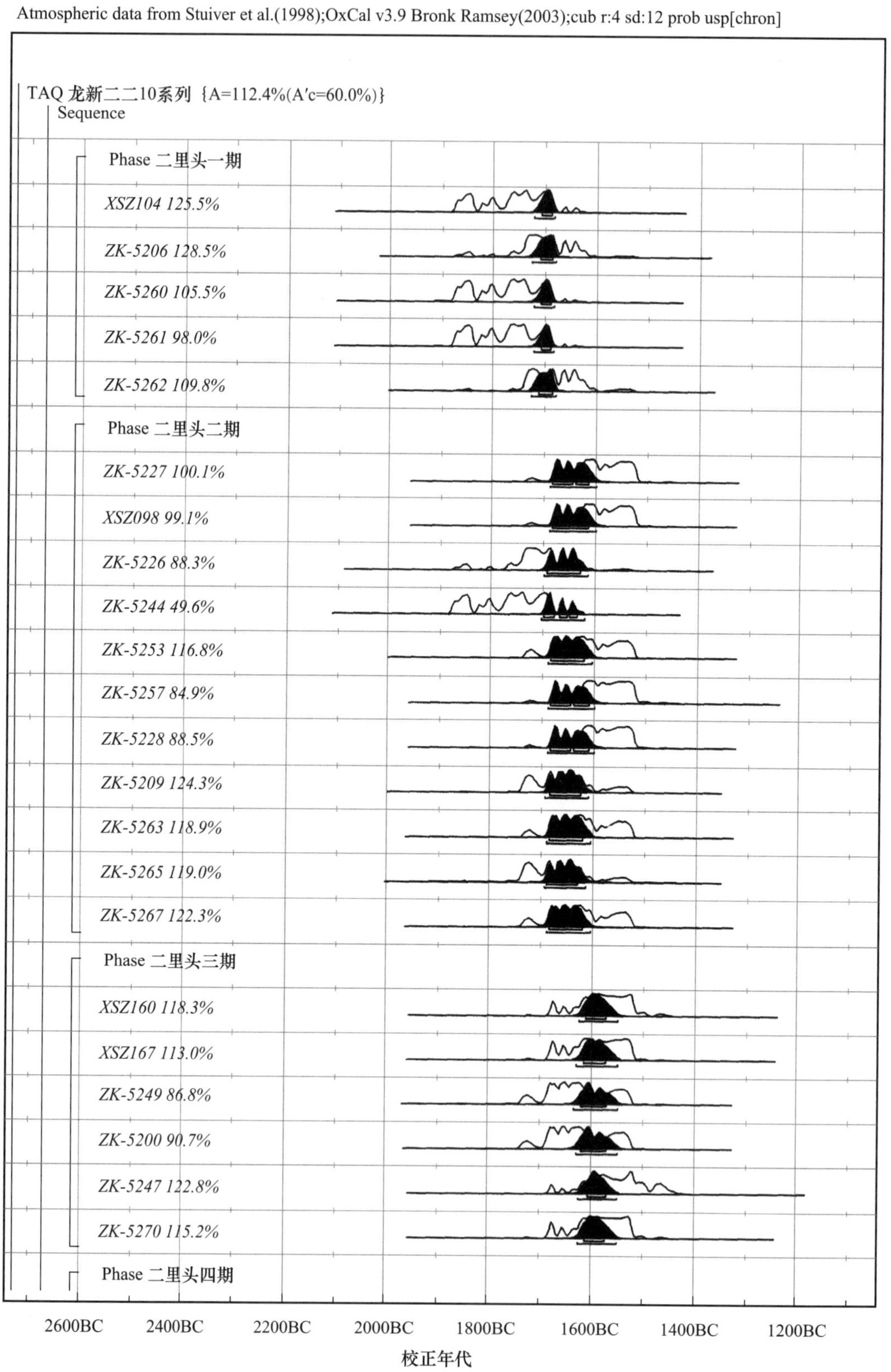

Atmospheric data from Stuiver et al.(1998);OxCal v3.9 Bronk Ramsey(2003);cub r:4 sd:12 prob usp[chron]

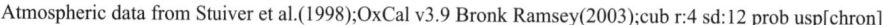

TAQ 龙新二二10系列 {A=112.4%(A'c=60.0%)}
Sequence

Phase 二里头一期

XSZ104 125.5%

ZK-5206 128.5%

ZK-5260 105.5%

ZK-5261 98.0%

ZK-5262 109.8%

Phase 二里头二期

ZK-5227 100.1%

XSZ098 99.1%

ZK-5226 88.3%

ZK-5244 49.6%

ZK-5253 116.8%

ZK-5257 84.9%

ZK-5228 88.5%

ZK-5209 124.3%

ZK-5263 118.9%

ZK-5265 119.0%

ZK-5267 122.3%

Phase 二里头三期

XSZ160 118.3%

XSZ167 113.0%

ZK-5249 86.8%

ZK-5200 90.7%

ZK-5247 122.8%

ZK-5270 115.2%

Phase 二里头四期

2600BC    2400BC    2200BC    2000BC    1800BC    1600BC    1400BC    1200BC

校正年代

图 7-40b　龙山晚—新砦—二里头文化年代数据长系列拟合图（2）

Atmospheric data from Stuiver et al.(1998);OxCal v3.9 Bronk Ramsey(2003);cub r:4 sd:12 prob usp[chron]

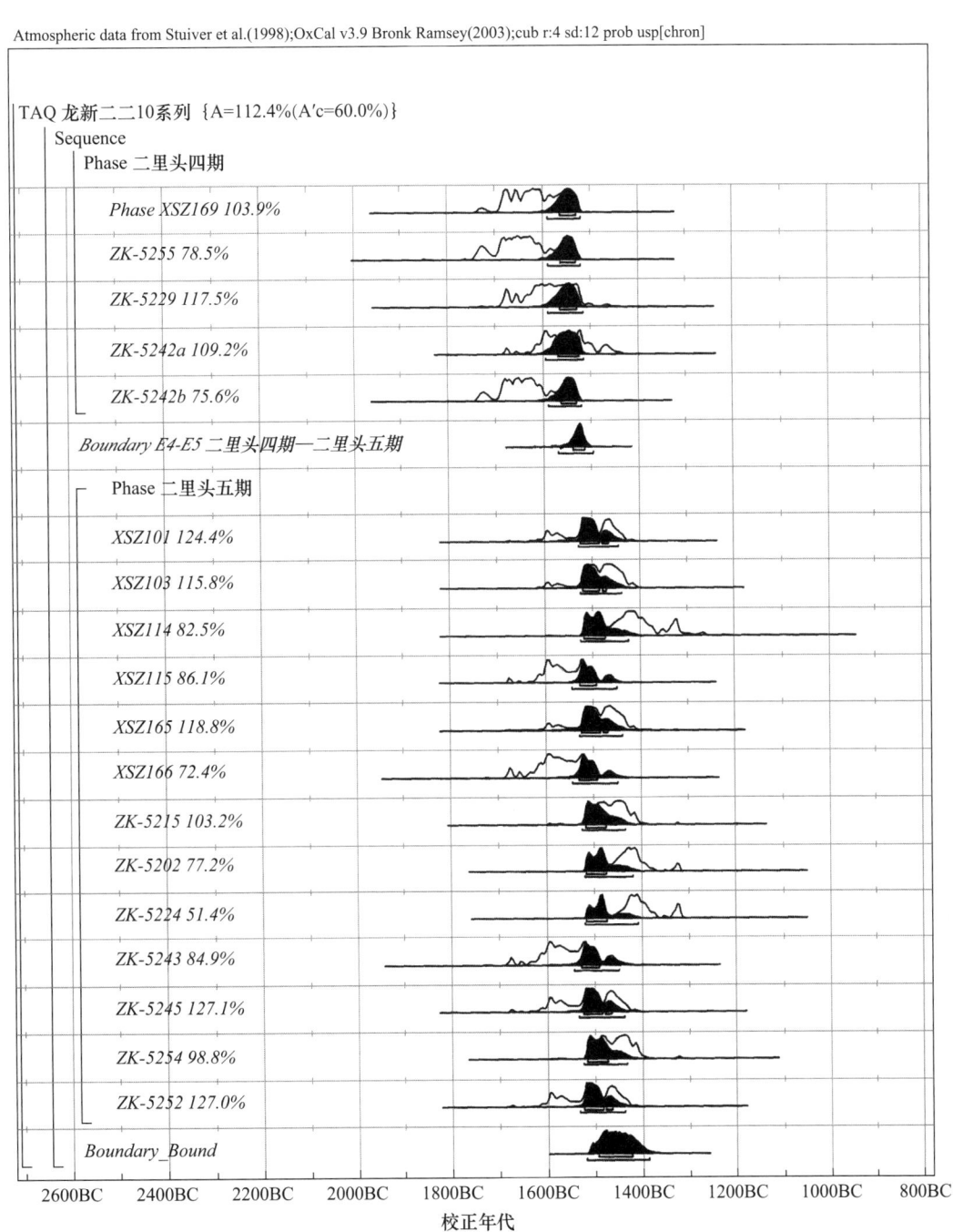

图 7-40c　龙山晚—新砦—二里头文化年代数据长系列拟合图（3）

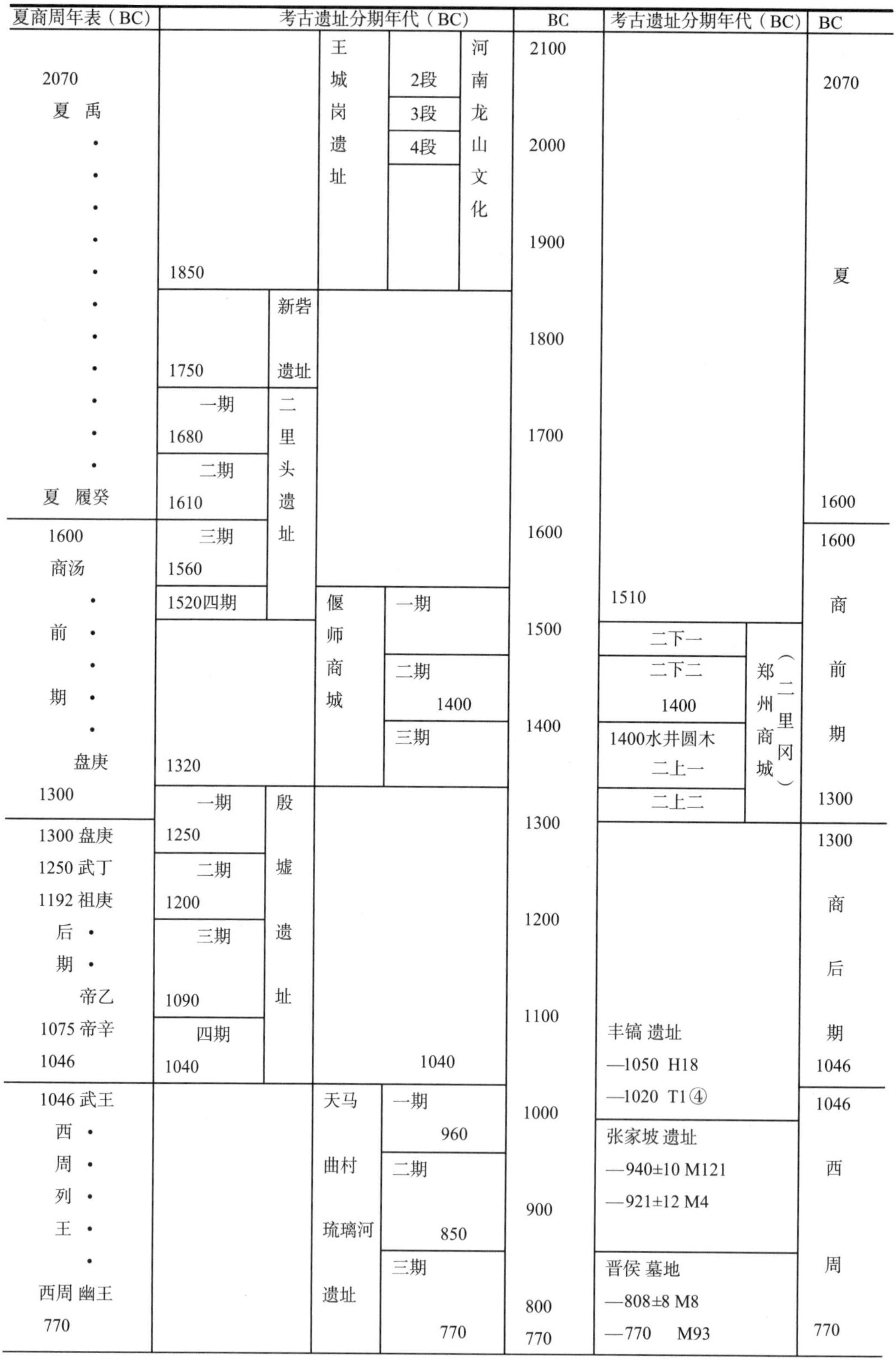

| 夏商周年表（BC） | 考古遗址分期年代（BC） | | | BC | 考古遗址分期年代（BC） | | BC |
|---|---|---|---|---|---|---|---|
| 2070 夏 禹 · · · · · · | | 王城岗遗址 | 2段 3段 4段 | 2100 2000 1900 | | | 2070 |
| 1850 | | | 河南龙山文化 | | | | 夏 |
| · · 夏 履癸 | 1750 新砦遗址 | 一期 | 二里头遗址 | 1800 1700 | | | |
| | 1680 | | | | | | |
| 1610 | 二期 | | | | | | 1600 |
| 1600 商汤 | 1560 | 三期 | | 1600 | 1510 | | 1600 商 前 期 |
| · 前 · 期 · | 1520 四期 | 偃师商城 | 一期 二期 | 1500 1400 | 二下一 二下二 1400 1400水井圆木 二上一 | 郑州商城（二里冈） | 1300 |
| 盘庚 | 1320 | | 三期 | | 二上二 | | |
| 1300 | 一期 | 殷墟遗址 | | 1300 | | | 1300 商 后 期 |
| 1300 盘庚 1250 武丁 1192 祖庚 后 期 | 1250 二期 1200 三期 | | | 1200 1100 | 丰镐 遗址 —1050 H18 | | |
| 帝乙 1075 帝辛 1046 | 1090 四期 1040 | | 1040 | | | | 1046 |
| 1046 武王 西 周 列 王 · | 天马 曲村 琉璃河遗址 | 一期 960 二期 | | 1000 900 | —1020 T1④ 张家坡 遗址 —940±10 M121 —921±12 M4 | | 1046 西 周 |
| 西周 幽王 770 | 三期 770 | 850 | | 800 770 | 晋侯 墓地 —808±8 M8 —770 M93 | | 770 |

图 7-41　夏商西周时期 $^{14}$C 测定的考古年代框架示意图

# 附录四　甲骨测年数据表

## （一）有字卜骨测年数据表

| 序号 | 原编号 | 甲骨著录号 | 甲骨收藏号 | 甲骨组别 | 甲骨分期 | 对应商王 | 实验室编号 | $^{14}$C年龄（BP） | 误差（a） | 校正年代（全）（68%区间，BC） | 校正年代（选）（68%区间，BC） | 备注 |
|---|---|---|---|---|---|---|---|---|---|---|---|---|
| 1 | 3 | 合集10410 | 北图2113 | 自组（大） | 一期 | 武丁早 | SA98168 | 2995 | 30 | 1240—1214 | 1242—1212 | |
| 2 | 5 | 合集20138 | 北图20355 | 自组（大） | 一期 | 武丁早 | SA98169c | 3090 | 30 | | | 偏老不入系列 |
| 3 | 6 | 合集19754 | 津博JG1123 | 自组（大） | 一期 | 武丁早 | SA00032 | 3585 | 125 | | | 偏老不入系列 |
| 4 | 7 | 合集6774 | 北大339/4655/18∶339 | 自宾间类 | 一期 | 武丁早 | SA98170c | 2995 | 30 | 1240—1214 | 1242—1212 | |
| 5 | 8 | 合集6846 | 津博JG240 | 自组（大） | 一期 | 武丁早 | SA00033 | 3000 | 30 | 1239—1214 | 1241—1212 | |
| 6 | 12 | 屯2527 | 考古所H65∶4+5 | 自组 | 一期 | 武丁早 | SA98171c | 3100 | 30 | | | 偏老不入系列 |
| 7 | 13 | 合集19779 | 历史所 | 自组（小） | 一期 | 武丁中 | SA98172c | 3010 | 30 | 1238—1214 | 1240—1212 | |
| 8 | 15 | 合集19933 | 津博JG343 | 自组（小） | 一期 | 武丁 | SA00034 | 2885 | 30 | | | 偏年轻不入系列 |
| 9 | 18 | 合集2140 | 北图5673 | 自组（小） | 一期 | 武丁中 | SA98173 | 3070 | 55 | 1238—1214 | 1239—1212 | |
| 10 | 20 | 合集9816 | 北图2104 | 宾组（大） | 一期 | 武丁中 | SA98174 | 2995 | 30 | 1240—1214 | 1242—1212 | |
| 11 | 22 | 合集2869 | 津博JG341 | 宾组（大） | 一期 | 武丁中 | SA00035 | 2930 | 30 | 1250—1212 | 1254—1210 | |
| 12 | 24 | 合集3186 | 山博8050 | 宾组 | 一期 | 武丁 | SA99088-2 | 2995 | 35 | 1240—1214 | | |
| 13 | 27 | 合集22594 | 山博8062 | 宾组 | 一期 | 武丁 | SA99089 | 2955 | 45 | 1243—1213 | 1244—1211 | |
| 14 | 28 | 合集302 | 北图527 | 宾组（大） | 一期 | 武丁中 | SA98175 | 3050 | 30 | 1236—1215 | 1236—1214 | |

| 序号 | 原编号 | 甲骨著录号 | 甲骨收藏号 | 甲骨组别 | 甲骨分期 | 对应商王 | 实验室编号 | $^{14}C$年龄（BP） | 误差（a） | 校正年代（全）（68%区间，BC） | 校正年代（选）（68%区间，BC） | 备注 |
|---|---|---|---|---|---|---|---|---|---|---|---|---|
| 15 | 32 | 合集10132 | 北大94/0585/443518：119 | 宾组 | 一期 | 武丁 | SA98176c | 3120 | 30 | | | 偏老不入系列 |
| 16 | 37 | 合集3013 | 北图4866 | 宾组（中） | 一期 | 武丁中晚 | SA98177 | 2985 | 35 | 1240—1214 | 1243—1212 | |
| 17 | 40 | 合集4122 | 北图11157 | 宾组（中） | 一期 | 武丁中晚 | SA98178 | 2990 | 40 | 1236—1215 | 1243—1212 | |
| 18 | 41 | 合集6883 | 北图11244 | 宾组（中） | 一期 | 武丁中晚 | SA98179 | 2980 | 30 | 1241—1213 | | |
| 19 | 49 | 合集13329 | 山博8068 | 宾组 | 一期 | 武丁 | SA99090 | 2965 | 30 | 1244—1213 | | |
| 20 | 50 | 屯910 | 考古所H24：106+371 | 宾组（中） | 一期 | 武丁中晚 | SA98180 | 2970 | 30 | 1243—1213 | | |
| 21 | 54 | 合集21784 | 吉大7-605 | 宾组（小） | 一期 | 武丁晚 | SA00036 | 2950 | 30 | 1247—1212 | 1247—1210 | |
| 22 | 55 | 合集3089 | 北图5026 | 宾组（小） | 一期 | 武丁晚 | SA98181 | 2990 | 40 | 1240—1214 | 1243—1212 | |
| 23 | 56 | 合集5450 | 山博8054 | 宾组 | 一期 | 武丁 | SA99091 | 2905 | 40 | | | 偏年轻不入系列 |
| 24 | 59 | 合集21542 | 北图6283 | 子组 | 一期 | 武丁早 | SA98182c | 3225 | 30 | | | 偏老不入系列 |
| 25 | 61 | 合集21565 | 故宫新185103 | 子组 | 一期 | 武丁中 | SA98183 | 3035 | 40 | 1237—1214 | 1239—1213 | |
| 26 | 62 | 合集21739 | 山博8056 | 子组 | 一期 | 武丁 | SA99092 | 2980 | 30 | 1241—1213 | 1243—1212 | |
| 27 | 63 | 花南M99上③：2 | 考古所M99上③：2 | 花南子卜辞 | 一期 | 武丁早 | SA98184c | 2970 | 30 | 1243—1213 | | |
| 28 | 65 | 合集22116 | 山博8070 | 午组 | 一期 | 武丁 | SA99093 | 3015 | 30 | 1237—1214 | 1239—1213 | |
| 29 | 66 | 合集22184 | 历史所 | 午组 | 一期 | 武丁中 | SA98185 | 3010 | 40 | 1239—1214 | | |
| 30 | 67 | 合集22086 | 北图19650 | 午组 | 一期 | 武丁中 | SA98186 | 3015 | 35 | 1238—1214 | 1240—1212 | |
| 31 | 68 | 花南M99上③：1 | 考古所M99上③：1 | 午组 | 一期 | 武丁早 | SA98187 | 3040 | 35 | 1237—1214 | 1238—1213 | |

| 序号 | 原编号 | 甲骨著录号 | 甲骨收藏号 | 甲骨组别 | 甲骨分期 | 对应商王 | 实验室编号 | ¹⁴C年龄（BP） | 误差（a） | 校正年代（全）（68%区间，BC） | 校正年代（选）（68%区间，BC） | 备注 |
|---|---|---|---|---|---|---|---|---|---|---|---|---|
| 32 | 69 | 合集 31997 | 北图 11149 | 近似自组 | 一期 | 武丁 | SA98188c | 2985 | 30 | 1240—1214 | | 或称自历间类 |
| 33 | 70 | 合集 33074 | 北图 10752 | 近似自组 | 一期 | 武丁 | SA98189c | 2945 | 30 | | | 或称自历间类 |
| 34 | 71 | 合集 34120 | 历史所 | 近似自组 | 一期 | 武丁 | SA98190 | 2980 | 30 | 1241—1213 | | 或称自历间类 |
| 35 | 73 | 花东 310 | 考古所 H3∶940 | 花东子卜辞 | 一期 | 武丁 | SA98191 | | | | | 样品含碳量太少 |
| 36 | 74 | 花东 311 | 考古所 H3∶974 | 花东子卜辞 | 一期 | 武丁 | SA98192 | | | | | 样品含碳量太少 |
| 37 | 75 | 花东 312 | 考古所 H3∶985 | 花东子卜辞 | 一期 | 武丁 | SA98193 | | | | | 样品含碳量太少 |
| 38 | 76 | 合集 1251 | 山博 8059 | 出组 | 二期 | 祖庚 | SA99094 | 3025 | 30 | 1224—1192 | | |
| 39 | 78 | 合集 24610 | 津博 JG251 | 出组 | 二期 | 祖庚、祖甲 | SA00037 | 2970 | 30 | 1220—1191 | 1217—1187 | |
| 40 | 79 | 合集 26766 | 北大 94∶0601/6021.18∶1705 | 出组 | 二期 | 祖庚、祖甲 | SA98194 | 2955 | 55 | 1220—1191 | | |
| 41 | 80 | 合集 23340 | 山博 8072 | 出组 | 二期 | 祖庚、祖甲 | SA99095 | 2940 | 35 | 1219—1190 | 1215—1180 | |
| 42 | 81 | 合集 23536 | 山博 8051 | 出组 | 二期 | 祖庚、祖甲 | SA99096c | 2960 | 40 | 1220—1190 | 1216—1185 | |
| 43 | 83 | 合集 25015 | 北大 5547/8∶1231/21 | 出组 | 二期 | 祖庚、祖甲 | SA98195c | 2950 | 30 | 1219—1190 | 1215—1180 | |
| 44 | 89 | 合集 23475 | 故宫新 184961 | 出组 | 二期 | 祖庚、祖甲 | SA98196 | | | | | 样品含碳量太少 |
| 45 | 90 | 合集 23477 | 北图 2457 | 出组 | 二期 | 祖甲 | SA98197-1 | 3285 | 40 | | | 偏老不入系列 |
| 46 | 93 | 合集 23506 | 北图 5781 | 出组 | 二期 | 祖甲 | SA98198c | 3400 | 40 | | | 偏老不入系列 |
| 47 | 97 | 屯 2384 | 考古所 H57∶179 | 出组 | 二期 | 祖甲 | SA98199 | 3015 | 40 | 1223—1191 | | |
| 48 | 101 | 合集 35249 | 北图 5648 | 何组 | 三期 | | SA98200c | 2970 | 30 | 1210—1150 | 1201—1152 | |

续表

| 序号 | 原编号 | 甲骨著录号 | 甲骨收藏号 | 甲骨组别 | 甲骨分期 | 对应商王 | 实验室编号 | $^{14}C$年龄（BP） | 误差（a） | 校正年代（全）（68%区间，BC） | 校正年代（选）（68%区间，BC） | 备注 |
|---|---|---|---|---|---|---|---|---|---|---|---|---|
| 49 | 103 | | 考古所 陈梦家捐献 | 何组 | 三期 | 廪辛 | SA98201 | 3005 | 45 | | | 来历不可靠 |
| 50 | 104 | 屯173 | 考古所 H2：301+435 | 无名组A | 三期 | 康丁 | SA98202 | 2960 | 30 | 1210—1150 | 1201—1152 | |
| 51 | 106 | 屯1011 | 考古所 H24：280 | 无名组A | 三期 | | SA98203 | 2915 | 45 | 1210—1150 | | |
| 52 | 108 | 屯1048 | 考古所 H24：328 | 无名组 | 三期 | 康丁 | SA98204 | | | | | 样品含碳量太少 |
| 53 | 109 | 屯2294 | 考古所 H57：53 | 无名组A | 三期 | 康丁 | SA98205 | 2975 | 40 | 1210—1150 | 1201—1152 | |
| 54 | 110 | 屯2315 | 考古所 H57：72 | 无名组A | 三期 | 康丁 | SA98206 | 2955 | 30 | 1210—1150 | 1201—1152 | |
| 55 | 112 | 屯2557 | 考古所 H80：12 | 无名组A | 三期 | 康丁 | SA98207 | 2960 | 30 | 1210—1150 | 1201—1152 | |
| 56 | 113 | 屯2996 | 考古所 M13：102 | 无名组A | 三期 | 康丁 | SA98208 | 2950 | 30 | 1210—1150 | 1200—1152 | |
| 57 | 114 | 屯4510 | 考古所 T53⑳：138 | 无名组 | 三期 | 康丁 | SA98209 | | | | | 样品含碳量太少 |
| 58 | 115 | 合集27364 | 故宫新185458 | 无名组A | 三期 | 康丁 | SA98210 | 2995 | 45 | 1210—1150 | 1205—1150 | |
| 59 | 116 | 合集27348 | 北图5723 | 无名组A | 三期 | 康丁 | SA98211 | 3080 | 30 | | | 偏老不入系列 |
| 60 | 119 | 屯610 | 考古所 H17：58 | 无名组B | 三期 | 康丁 | SA98212 | | | | | 样品含碳量太少 |
| 61 | 120 | 屯657 | 考古所 H17：126 | 无名组B | 三期 | 康丁 | SA98213 | | | | | 样品含碳量太少 |
| 62 | 121 | 屯2209 | 考古所 H50：71+226 | 无名组B | 三期 | 康丁 | SA98214c | 2930 | 30 | 1210—1150 | | |
| 63 | 122 | 屯2263 | 考古所 H57：12 | 无名组B | 三期 | 康丁 | SA98215 | 2975 | 30 | 1210—1150 | | |
| 64 | 123 | 屯2370 | 考古所 H57：147 | 无名组B | 三期 | 康丁 | SA98216 | 2955 | 35 | 1210—1150 | | |
| 65 | 124 | 屯2742 | 考古所 H103：84 | 无名组B | 三期 | 康丁 | SA98217 | 2990 | 35 | 1210—1150 | 1200—1154 | |
| 66 | 126 | 合集27616 | 故宫新185424 | 无名组B | 二期 | 祖甲 | SA98218 | 2985 | 30 | 1220—1191 | | |

续表

| 序号 | 原编号 | 甲骨著录号 | 甲骨收藏号 | 甲骨组别 | 甲骨分期 | 对应商王 | 实验室编号 | $^{14}C$年龄（BP） | 误差（a） | 校正年代（全）（68%区间，BC） | 校正年代（选）（68%区间，BC） | 备注 |
|---|---|---|---|---|---|---|---|---|---|---|---|---|
| 67 | 128 | 合集 28278 | 故宫新 185467 | 无名组 B | 三期 | 康丁 | SA98219 | 3005 | 30 | 1202—1154 | | |
| 68 | 132 | 合集 27633 | 北图 5565 | 无名组 B | 三期 | 康丁 | SA98220 | 2965 | 35 | 1210—1150 | | |
| 69 | 133 | 屯 2320 | 考古所 H57∶77 | 无名组 C | 三期 | 康丁 | SA98221 | 2890 | 35 | 1210—1145 | | |
| 70 | 134 | | 考古所安 271A | 无名组 C | 三期 | 康丁 | SA98222 | 2915 | 30 | 1210—1150 | | |
| 71 | 135 | 屯附 1 | 考古所 T1 ⑦∶4 | 无名组 C | 三或四期 | 康丁、武乙 | SA98223-2 | 3020 | 30 | | | 分期存疑 |
| 72 | 137 | 屯附 5 | 考古所 T1 ⑦∶12 | 无名组 C | 三或四期 | 康丁、武乙 | SA98224c | 3150 | 30 | | | 分期存疑 |
| 73 | 138 | 屯 68 | 考古所 H2∶72+769 | 无名组 C | 四期 | 武乙早 | SA98225 | 3765 | 35 | | | 偏老不入系列 |
| 74 | 139 | 屯 647 | 考古所 H17∶113 | 无名组 | 四期 | 武乙早 | SA98226 | 2945 | 35 | 1163—1114 | 1162—1116 | |
| 75 | 140 | 屯 2281 | 考古所 H57∶39 | 无名组 | 四期 | 武乙早 | SA98227-2 | 2960 | 35 | 1164—1117 | 1164—1120 | |
| 76 | 142 | 屯 457 | 考古所 H2∶817 | 历组 B 父丁 | 有争议 | 武乙/祖庚 | SA98228c | 3485 | 35 | | | 偏老 |
| 77 | 143 | 屯 601 | 考古所 H17∶46 | 历组 B 父丁 | 有争议 | 武乙/祖庚 | SA98229 | 2955 | 30 | | | |
| 78 | 145 | 屯南 726 | 考古所 H23∶66 | 历组父丁 | 有争议 | 武乙/祖庚 | SA00038 | 3395 | 30 | | | 偏老 |
| 79 | 147 | 屯 994 | 考古所 H24∶255+1405 | 历组 B 父丁 | 有争议 | 武乙/祖庚 | SA98230 | 2950 | 45 | | | |
| 80 | 148 | 屯 1116 | 考古所 H24∶416 | 历组 B 父丁 | 有争议 | 武乙/祖庚 | SA98231 | 2990 | 45 | | | |
| 81 | 150 | 屯 2366 | 考古所 H57∶142 | 历组 B 父丁 | 有争议 | 武乙/祖庚 | SA98232 | 2985 | 30 | | | |
| 82 | 151 | 屯 2707 | 考古所 H103∶18+20 | 历组 B 父丁 | 有争议 | 武乙/祖庚 | SA98233c | 2930 | 30 | | | |

| 序号 | 原编号 | 甲骨著录号 | 甲骨收藏号 | 甲骨组别 | 甲骨分期 | 对应商王 | 实验室编号 | ¹⁴C年龄（BP） | 误差（a） | 校正年代（全）（68%区间，BC） | 校正年代（选）（68%区间，BC） | 备注 |
|---|---|---|---|---|---|---|---|---|---|---|---|---|
| 83 | 158 | 合集33698 | 北图5509 | 历组B父丁 | 有争议 | 武乙/祖庚 | SA98234p1 | 3040 | 30 | | | |
| 84 | 159 | 屯636 | 考古所H17：95 | 历组C父丁 | 有争议 | 武乙/祖庚 | SA98235 | 2990 | 30 | | | |
| 85 | 161 | 屯1059 | 考古所H24：341 | 历组C父丁 | 有争议 | 武乙/祖庚 | SA98236 | | | | | 样品含碳量太少 |
| 86 | 164 | 屯1090 | 考古所H24：388 | 历组C父丁 | 有争议 | 武乙/祖庚 | SA98237c | 3010 | 35 | | | |
| 87 | 165 | 屯1099 | 考古所H24：398 | 历组C父丁 | 有争议 | 武乙/祖庚 | SA98238 | | | | | 样品含碳量太少 |
| 88 | 167 | 屯1115 | 考古所H24：413+414 | 历组C父丁 | 有争议 | 武乙/祖庚 | SA98239c | 2935 | 30 | | | |
| 89 | 168 | 屯1128 | 考古所H24：427 | 历组C父丁 | 有争议 | 武乙/祖庚 | SA98240 | 3005 | 35 | | | |
| 90 | 171 | 合集32780 | 北图10614 | 历组C父丁 | 有争议 | 武乙/祖庚 | SA98241 | 2995 | 30 | | | |
| 91 | 172 | 合集34240 | 故宫新185248 | 历组C父乙 | 有争议 | 文丁/武丁 | SA98242c | 3045 | 30 | | | |
| 92 | 173 | 屯503 | 考古所H3：29+31（屯南） | 历组C父丁 | 有争议 | 武乙/祖庚 | SA98243 | 2985 | 30 | | | |
| 93 | 174 | 屯751 | 考古所H23：104 | 历组父乙 | 有争议 | 文丁/武丁 | SA98244p1 | 3065 | 35 | | | |
| 94 | 176 | 屯2534 | 考古所H75：7 | 历组 | 有争议 | 文丁/武丁 | SA98245 | | | | | 样品含碳量太少 |
| 95 | 181 | | 考古所T8③：148 | 历组父乙 | 有争议 | 文丁/武丁 | SA98246 | 3025 | 40 | | | |
| 96 | 182 | 合集32680 | 北图5787 | 历组父丁 | 有争议 | 武乙晚/祖庚 | SA98247 | 3215 | 30 | | | 偏老 |
| 97 | 184 | 合集32764 | 北图12062 | 历组父乙 | 有争议 | 文丁/武丁晚 | SA98248 | 3005 | 30 | | | |

| 序号 | 原编号 | 甲骨著录号 | 甲骨收藏号 | 甲骨组别 | 甲骨分期 | 对应商王 | 实验室编号 | $^{14}$C年龄（BP） | 误差（a） | 校正年代（全）（68%区间，BC） | 校正年代（选）（68%区间，BC） | 备注 |
|---|---|---|---|---|---|---|---|---|---|---|---|---|
| 98 | 187 | 屯 340 | 考古所 H2：642 | 历组父乙 | 有争议 | 文丁 / 武丁 | SA98249 | | | | | 样品含碳量太少 |
| 99 | 189 | 屯 505 | 考古所 H3：33（屯南） | 疑似历组 | 不能确定 | | SA98250 | 2920 | 30 | | | 分期存疑 |
| 100 | 191 | 屯 3564 | 考古所 M16：34 | 黄组 | 四一五期 | 文丁—帝乙 | SA98251 | 2920 | 35 | 1130—1160 | 1130—1060 | |
| 101 | 192 | 屯西 | 考古所 H40：1 | 黄组 | 五期 | 帝乙 | SA98252c | 3125 | 35 | | | 偏老不入系列 |
| 102 | 193 | 合集 35588 | 历博 C8.32 | 黄组 | 五期 | 文丁—帝辛 | SA00039 | 2975 | 35 | | | 偏老不入系列 |
| 103 | 194 | 合集 35641 | 历史所 | 黄组 | 五期 | | SA98253 | 2885 | 40 | 1130—1060 | 1130—1060 | |
| 104 | 196 | 合集 36512 | 山博 8061 | 黄组 | 五期 | 帝乙—帝辛 | SA99097p1 | 2925 | 35 | 1130—1065 | 1130—1055 | |
| 105 | 203 | 合集 37849 | 北图 5647 | 黄组 | 五期 | | SA98254c | 3110 | 30 | | | 偏老不入系列 |
| 106 | 204 | 合集 37852 | 吉大 7-535 | 黄组 | 五期 | 文丁—帝辛 | SA00040 | 2985 | 55 | | | 偏老不入系列 |
| 107 | 211 | 合集 37865 | 北大 94.0575/5216.18：900 | 黄组 | 五期 | | SA98255 | 3490 | 30 | | | 偏老不入系列 |

# （二）无字卜骨、骨器骨料测年数据表

| 序号 | 原编号 | 样品类型 | 甲骨收藏号 | 殷墟文化分期 | 甲骨分期 | 对应商王 | 实验室编号 | $^{14}$C年龄 | 误差 | 校正年代（全） | 校正年代（选） | 备注 |
|---|---|---|---|---|---|---|---|---|---|---|---|---|
| 1 | 1 | 无字卜骨 | 98AHDT 2④：50 | 早于殷墟一期 | 早于一期 | | SA98158-2 | 3015 | 35 | 1300—1220 | 1315—1250 | |
| 2 | 2 | 无字卜骨 | 花南 86ANH1：6 | 殷墟四期 | 五期 | | SA98159 | 2955 | 40 | 1130—1055 | | |
| 3 | 5 | 无字卜骨 | 小屯南 73ASNH115 | 殷墟一期 | 一期 | 早于武丁 | SA98160 | 2975 | 40 | 1290—1235 | 1300—1235 | |
| 4 | 6 | 无字卜骨 | 小屯南 73ASNG1 | 殷墟一期 | 一期 | 早于武丁 | SA98161 | 2995 | 40 | 1295—1235 | | |
| 5 | 7 | 无字卜骨 | 91 花东 H3：707 | 殷墟一期 | 一期 | 武丁早 | SA98162 | 2985 | 55 | 1240—1214 | 1243—1212 | |

| 序号 | 原编号 | 样品类型 | 甲骨收藏号 | 殷墟文化分期 | 甲骨分期 | 对应商王 | 实验室编号 | $^{14}$C年龄 | 误差 | 校正年代（全） | 校正年代（选） | 备注 |
|---|---|---|---|---|---|---|---|---|---|---|---|---|
| 6 | 9 | 无字卜骨 | 小屯南73ASNH99：8 | 殷墟三期早段 | 三期 | | SA98163 | 3235 | 40 | | | 偏老不入系列 |
| 7 | 15 | 无字卜骨 | 小屯南73ASNH75：44 | 殷墟三期后段 | 三期 | | SA98164 | | | | | 样品含碳量太少 |
| 8 | 16 | 无字卜骨 | 小屯南73ASNH24：430 | 殷墟三期后段 | 三期 | | SA98165-2 | 3080 | 30 | | | 偏老不入系列 |
| 9 | 17 | 无字卜骨 | 小屯南73ASNH2 | 殷墟四期前段 | 四期 | | SA98166 | 2915 | 45 | 1165—1110 | | |
| 10 | | 骨料 | 小屯东北T1H1：164 | 早于殷墟一期 | 早于一期 | | SA99101 | 3105 | 35 | 1330—1220 | 1340—1220 | |
| 11 | | 骨簪 | 妇好墓76AXTM5 | 殷墟一期 | 一期 | 武丁晚 | SA99040-2 | 2945 | 50 | 1243—1213 | 1244—1211 | |
| 12 | 20 | 羊肩胛骨 | 钢厂84AGM1713 | 殷墟四期 | 五期 | 帝辛 | SA98167c | 2845 | 35 | 1130—1160 | 1130—1060 | 出土帝辛七年铜器 |

# 八、夏商周年表

| 朝代 | 王 | 年代（公元前） | 年数 |
|---|---|---|---|
| 夏 | 禹 | 2070—1600 | |
| | 启 | | |
| | 太康 | | |
| | 中康 | | |
| | 相 | | |
| | 少康 | | |
| | 予 | | |
| | 槐 | | |
| | 芒 | | |
| | 泄 | | |
| | 不降 | | |
| | 扃 | | |
| | 厪 | | |
| | 孔甲 | | |
| | 皋 | | |
| | 发 | | |
| | 履癸（桀） | | |
| 商前期 | 汤 | 1600—1300 | |
| | 太丁 | | |
| | 外丙 | | |
| | 中壬 | | |
| | 太甲 | | |
| | 沃丁 | | |
| | 太庚 | | |
| | 小甲 | | |
| | 雍己 | | |
| | 太戊 | | |
| | 中丁 | | |
| | 外壬 | | |
| | 河亶甲 | | |

| 朝代 | 王 | 年代（公元前） | 年数 |
|---|---|---|---|
| 商前期 | 祖乙 | 1600—1300 | |
| | 祖辛 | | |
| | 沃甲 | | |
| | 祖丁 | | |
| | 南庚 | | |
| | 阳甲 | | |
| | 盘庚（迁殷前） | | |
| 商后期 | 盘庚（迁殷后）<br>小辛<br>小乙 | 1300—1251 | 50 |
| | 武丁 | 1250—1192 | 59 |
| | 祖庚<br>祖甲<br>廪辛<br>康丁 | 1191—1148 | 44 |
| | 武乙 | 1147—1113 | 35 |
| | 文丁 | 1112—1102 | 11 |
| | 帝乙 | 1101—1076 | 26 |
| | 帝辛（纣） | 1075—1046 | 30 |
| 西周 | 武王 | 1046—1043 | 4 |
| | 成王 | 1042—1021 | 22 |
| | 康王 | 1020—996 | 25 |
| | 昭王 | 995—977 | 19 |
| | 穆王 | 976—922 | 55（共王当年改元） |
| | 共王 | 922—900 | 23 |
| | 懿王 | 899—892 | 8 |
| | 孝王 | 891—886 | 6 |
| | 夷王 | 885—878 | 8 |
| | 厉王 | 877—841 | 37（共和当年改元） |
| | 共和 | 841—828 | 14 |
| | 宣王 | 827—782 | 46 |
| | 幽王 | 781—771 | 11 |

# 附录五　夏商周断代工程可行性论证报告

1996 年 5 月

## 一、项目研究的意义

中国古代文明是人类历史上有数的独立起源的古代文明之一，为世人所公认。中国文明自远古以来绵延流传，没有中断，更是中国人引以为自豪的。但是中国古代文明的重要时期夏、商、周三代迄今没有比较完整可据的年代学标尺。文献中可依据的绝对年代只能追溯到西周晚期的共和元年，即公元前 841 年，更以前的年代则众说纷纭，不能得到公认，只能依靠考古学的发现和研究。中华人民共和国成立以后，田野考古工作迅速发展，尤其是改革开放以来，更是突飞猛进，有许多重要发现。关于夏商周三代文明，已经积累了大量材料，但其各个时期相对和绝对年代的研究、测定，还需要进一步攻关，才能科学地填补年代学上的空白。

国务委员宋健同志在 1995 年 9 月 29 日召开座谈会，提出夏商周断代工程重大科研课题，指出要发挥我国社会主义制度的优越性，以自然科学和人文社会科学相结合，兼用考古学和现代科技手段，进行多学科交叉研究，将夏商周时期的年代学进一步科学化、量化，为深入研究我国古代文明的起源和发展打下良好基础。

1995 年 12 月 21 日，国务委员李铁映、宋健同志又主持会议，研究夏商周断代工程重大科研课题的有关问题，并做了一系列重要决定和指示。这次会上成立了夏商周断代工程领导小组，并任命了夏商周断代工程首席科学家李学勤、仇士华、李伯谦、席泽宗四人。根据会议精神，他们征求了有关单位和专家的意见，制订出这份可行性论证报告。

## 二、国内外有关概况

西汉司马迁所著《史记》中最早的年表《十二诸侯年表》始于西周共和元年（公元前 841 年），更早的《三代世表》则没有明确编年。此后历代有许多学者试图推定共和元年以前的编年，班固《汉书·律历志》所载西汉晚期刘歆的学说是其显例。他们都只能以传世文献中的若干记述为依据，且不免含有种种主观推想的成分，以致说法纷纭，莫衷一是。西晋初出土的汲冢竹书，内有《竹书纪年》，经学者整理，为古史年代提供了新的材料，但《竹书纪年》只是一种战国书籍，现存文本也还有一些疑点。清代商周金文发现渐多，到 1899 年，又发现了殷墟甲骨文，于是国内外有不少学者试图根据这些古文字材料复原商周历谱，产生了一系列成果。现代考古学在中国的发展，为夏商周三代文明的研究开拓了前所未有的境界，树立古史的年代学标尺的需要更为迫切。从考古学、天文历法等方面分别探索夏商周年代问题的论著，在国内外都有若干，不过始终没有达到较统一的认识。20 世纪 50 年代末，国内开始 $^{14}$C 测年研究，科技考古工作逐渐发展，但有关夏商周时期的工作还较分散，不系统，所获数据也不够多。

总的说来，对夏商周年代学做必要的多学科综合研究，在国内外都没有进行过。

# 三、工作基础和条件

当前，在国内已经具备了对夏商周时期年代学进行多种联合攻关的条件。中华人民共和国成立以来，特别是改革开放以后，考古学得到空前的迅速发展，发现了大量夏商周时期的遗址和墓葬。考古学研究的深入，使这一时期各种考古学文化得到更明晰的认识。

科技考古工作已经积累了较丰富的经验。特别是 $^{14}$C 测年技术在精度方面的提高，在经过改进后可望达到国际先进水平。这使对夏商周这样时期的标本进行广泛测定成为可能。

古代天文历法的研究也有较多进展。由于现代科技运算手段的采用，使有关推算可能更为准确。

专门从事甲骨和金文研究的古文字学，近年发展明显。殷墟甲骨、周原甲骨及西周金文的分期研究和考释都有新的成果。这一方面可配合天文历法研究，构造商后期与西周的历谱，另一方面又可选择典型甲骨标本，提供高精度的 $^{14}$C 测年实验，使其数据与历史王年联系起来。

历史学者对夏商周历史近年做了很多探讨，有一系列综合性论著，其共同特点是十分重视与考古学的结合。文献学方面对若干典籍的真伪提出的看法，也为考古学及天文历法研究提供更多依据。

# 四、组 织 领 导

（一）为了加强对夏商周断代工程国家重大课题的统一领导和有关学科相互间的协调配合，国务院已经成立了以国家科委副主任邓楠为组长、国家自然科学基金委副主任陈佳洱为副组长的领导小组。小组成员为国家教委副主任韦钰、中科院副院长路甬祥、社科院副院长滕藤、国家文物局局长张文彬、中国科协书记处书记刘恕、国家科委社会发展科技司司长甘师俊。

领导小组负责管理经费，审批工作计划，定期听取汇报并部署工作。重大问题报国务院，国务院一年听取一次汇报。

国务委员李铁映、宋健同志任夏商周断代工程国家重大课题特别顾问。

（二）为便于组织科研攻关，聘任李学勤、仇士华、李伯谦和席泽宗为首席科学家，同时由领导小组聘任社会科学和自然科学领域有关学者组成该课题专家组，负责组织科研工作。专家组组长由李学勤担任，副组长由仇士华、李伯谦、席泽宗担任。

专家组的职责是：

1）制订工作计划，组织具体课题的拟定、协商推荐课题负责人、课题实施和成果鉴定；

2）组织成果的汇集和夏商周年表的编制；

3）组织好课题研究经费及其他经费的使用；

4）向领导小组汇报计划执行情况，贯彻领导小组指示。

（三）成立夏商周断代工程项目办公室，负责日常事务及有关工作。地点设在中国社会科学院历史研究所。

# 五、研 究 途 径

夏商周断代工程将在课题结束时编制出有科学依据的夏商周年表。这是一项系统工程，广泛涉及历史学、考古学、天文学和测年技术科学等学科，需要这些学科的专家改变自我封闭状况，彼此合作，联合攻关。夏商周断代工程拟进行的许多子课题，都是互相配合的，其中不少将由不同学科的学者一起承担。

历史学的学者将从历史文献学、历史地理学、古文字学等不同角度开展工作。

在文献学方面，将把中国历代典籍中有关夏商周年代和天象的材料尽量辑集起来，建成资料库，加以分析整理。对其中有代表性的重要文献，进行详细考证，逐一判断其可信程度和使用价值。

在历史地理学方面，将在前人研究的基础上，着重研究文献中有关夏代和商代前期各都城的地理位置，并与考古调查相结合，为进一步探索夏代和商前期都城提供依据。

在古文字学方面，将结合考古学研究，进一步做好殷墟甲骨文和西周金文的分期，选取有年代学意义的标本，以供天文历法方面研究或进行测年。在研究中，要特别注意发现新的有价值的材料，消除过去研究中的误解。

天文学的学者将全面总结天文年代学前人已有成果，推算确定若干绝对年代，为夏商周年代确定科学准确的坐标。在历史文献学和古文字学工作的基础上，利用天文数据库和天文计算重新核查对断代特别有用的古代天象记录。

从天文学角度，进行殷墟甲骨文、西周金文历法的研究，改订甲骨文、金文历谱，推定商武丁以后商、周各王世的绝对年代。这些年代将与若干测年结果互相比照。

考古学的学者将对与夏商周年代有密切关系的考古遗存进行系统研究，建立相对年代序列和分期，为利用现代化手段测定夏商周绝对年代提供层位明确、文化属性明确、相对年代清楚的测年标本。研究重点是中原地区夏商周时期具有典型性和代表性的考古文化，同时兼顾周邻地区与夏商周文化关系密切的其他考古学文化。

在测年技术科学方面，主要采用 $^{14}$C 测年方法，包括常规法和加速器质谱法。常规法将做若干条件试验，达到高精度测定。加速器质谱法将对加速器做重大改进，提高精度和可靠性；在制样方面也要做若干条件试验。$^{14}$C 年代数据的精度，要达到 ±20 年左右。

测年样品的采集，将同考古学者合作进行，尽量系统广泛采集可靠、合适的标本。所有测试的年代数据都要同考古学者共同分析研究，以确定文化的分期和比较细致的年代学框架，对重要的坐标点，还要同历史学家取得共识。

# 六、目标和成果的整理公布

夏商周断代工程的目标是：

（一）西周共和元年（公元前 841 年）以前，包括西周早、中期和晚期的前半期各王，确定比较准确的年代；

（二）商代后期，从商王武丁到纣，确定比较准确的年代；

（三）商代前期，提出比较详细的年代框架；

（四）夏代，提出基本的年代框架。

夏商周断代工程的所有课题与所属专题，在结题时都要提出报告。研究性质的专题采用论文形式，考古试掘采样写成正式报告，实验写成实验报告。

所有报告将汇总编为《夏商周断代工程报告汇编》，在汇编基础上，首席专家通过课题9，组织课题1—8部分专家，编制《夏商周断代工程结题报告》。

1999 年，专家组将召开会议，根据结题报告研究成果，制订"夏商周年代表"，在该年 9 月召开的相关学会上公布。

以自然科学和人文、社会科学相结合，组织大批专家多学科交叉研究古代历史问题，在我国尚属首次。通过这项研究来带动和培养出一批兼通不同领域的跨学科中青年学者，继续开拓这一研究方向，是设立夏商周断代工程的另一项重要目标。为此，在各项专题的研究和组织人员的配备上，应优先考虑中青年学者；各课题的负责人，也应适当安排一部分中青年学者。此外，还要利用现有的博士学位点和博士后流动站，由参与这项工程的不同单位的多学科专家，结合这项工程的研究工作，联合培养出一批跨世纪的后备人才。

# 七、课题设置及主要研究内容

**项目的课题和专题**

| 课题名称 | 专题名称 | 负责人 |
|---|---|---|
| 1. 有关夏商周年代、天象及都城文献的整理及可信性研究 | （1）夏商周年代与天象文献资料库<br>（2）文献中夏商西周编年的研究<br>（3）有关夏商西周年代、天象的重要文献的可信性研究<br>（4）夏及商前期都城文献资料的搜集与整理 | 杨升南 |

续表

| 课题名称 | 专题名称 | 负责人 |
|---|---|---|
| 2. 夏商周天文年代学综合性问题研究 | （1）夏商周天文数据库、计算中心和联网设备的建立<br>（2）夏商周三代更迭与五星聚合研究<br>（3）夏商周三代大火（心宿二）星象和年代研究<br>（4）夏商周时期国外（主要为埃及、巴比伦）天象记录研究 | 陈久金 |
| 3. 夏代年代学的研究 | （1）早期夏文化研究<br>（2）二里头文化分期与夏商文化分界<br>（3）《尚书》仲康日食再研究<br>（4）《夏小正》星象和年代 | 邹衡 |
| 4. 商前期年代学的研究 | （1）郑州商城的分期与年代测定<br>（2）小双桥遗址的分期与年代测定<br>（3）偃师商城的分期与年代测定 | 安金槐 |
| 5. 商后期年代学的研究 | （1）殷墟文化分期与年代测定<br>（2）殷墟甲骨分期与年代测定<br>（3）殷墟甲骨文和商代金文年祀的研究<br>（4）甲骨文天象记录和商代历法 | 殷玮璋 |
| 6. 武王伐纣年代的研究 | （1）武王伐纣时天象的研究<br>（2）先周文化的研究与年代测定<br>（3）周原甲骨的整理及年代测定<br>（4）丰、镐遗址分期与年代测定 | 张培瑜 |
| 7. 西周列王的年代学研究 | （1）琉璃河西周燕都遗址分期与年代测定<br>（2）天马—曲村遗址分期与年代测定<br>（3）晋侯墓地分期与年代测定<br>（4）西周青铜器分期研究<br>（5）晋侯苏钟专题研究<br>（6）西周金文历谱的再研究<br>（7）"懿王元年天再旦于郑"考<br>（8）西周历法与春秋历法——附论东周年表问题 | 张长寿 |
| 8. $^{14}C$ 测年技术的改进与研究 | （1）常规法技术改造与测试研究<br>（2）骨质样品的制备研究<br>（3）AMS 法技术改造与测试研究 | 仇士华 |
| 9. 夏商周年代研究的综合和总结 | （1）夏商周年代研究的综合和总结<br>（2）世界诸古代文明年代学研究的历史与现状 | 李学勤 |

# 课题 1 有关夏商周年代、天象及都城文献的整理及可信性研究

**1. 本课题在项目中的位置和意义。**中国传世古籍十分丰富，其中有大量关于夏商周世系、年代、天象、灾异和都邑等地理情况的记载，对此加以系统的搜集和整理，是一项基础性的工作。文献中记述的夏商西周的年代范围，为年代学研究提供必要的

背景材料，可与考古学、古文字学等方面研究成果对照。文献中记载的天象材料，为天文年代学的研究提供线索和依据。文献中记录的夏及商代前期的都城位置，是确定夏及商代前期考古学文化并进而对其进行编年研究的线索。

**2. 已有研究概况。** 文献中有关夏商周世系、年代、天象等方面的记载，过去研究年代的学者曾分别注意和利用，但从未做过系统全面的辑集。同时，他们只注意早期典籍，没有充分考虑较晚书籍中仍可包含早期材料，对所使用材料的考订也很不够，影响到他们研究的成果。对于文献中有关都城等地理位置的记载，过去虽然做过一些复原工作，但由于各种记载相互出入很大，还需要进一步深入考订。

**3. 目前工作条件。** 现代图书馆收藏情况非过去从事个人研究的学者收藏情况所能比拟。一些以前很难见到的古籍，也已收归国家图书馆，便于使用校勘。计算机的利用，更为搜集储存材料及检索准备了前所未有的条件。与此同时，文献学的进步，使古籍流传变迁的情况得到深入正确的认识，对有关文献材料的可信性能做出更合实际的估量。

**4. 研究内容及途径。** 对自先秦至清代各种传世古籍中有关夏商周年代和天象的记载进行系统的搜集整理，建立计算机资料库。对其中编年记载的重要问题进行分析梳理，同时对有年代和天象材料的重要典籍逐一做文献学的考订研究，说明其真伪及可信程度，指出研究中应该注意的问题。在广泛搜集有关资料的基础上，结合实地考察等手段，全面考订并重新复原夏及商代前期各都城的位置。

**5. 专题设置及预期目标**

**专题 1–1　夏商周年代与天象文献资料库**

对清以前传世各种古籍中有关夏商周年代、天象的记载进行全面搜集整理，建立计算机资料库，成果可供今后长期检索和研究。

**专题 1–2　文献中夏商西周编年的研究**

对历代史籍中有关夏商西周世系、编年的各种记述进行整理、分析，指出其间分歧，并考察造成分歧的原因。

**专题 1–3　有关夏商西周年代、天象的重要文献的可信性研究**

对有关重要文献（例如《尚书》的《尧典》《胤征》等）分别论析，辨明其形成时代，说明使用这些文献材料时必须注意的问题。

**专题 1–4　夏及商前期都城文献资料的搜集与整理**

对文献中有关夏及商代前期都城位置的记载进行搜集、分析、考订，审辨其可信程度，在前人研究成果的基础上，结合考古调查，逐一确定主要都城的地理位置，借此界定夏及早商文化的中心区域，为有关考古文化的编年提供依据。

# 课题 2　夏商周天文年代学综合性问题研究

**1. 本课题在项目中的位置和意义。** 天文年代学的研究是本项目确定绝对年代的主要途径之一。对中国典籍中的有关天象记载，地下出土的甲骨文、金文中的天象、历法材料，用现代天文学方法进行推算，并与国外同时期记录对比，不仅可以获得若干年代定点，还能够推定商后期（武丁以后）到西周各王的详细编年。因此，本项目在各个断代学研究课题中，都设置了相应的天文历法专题。由于基础设施的共用，以及有些天象记录同时涉及几个历史时期，需要综合性研究，所以单独设立这一课题。

2. **已有研究概况**。国内外许多学者已对五星聚合和大火位置做过研究，并具有一定影响。但有关研究多未从年代学的整体安排上充分考虑，其成果尚有待改进。

3. **当前工作条件**。文献中有关夏商周年代与天象材料的全面搜集，可能为天文历法研究提供新的线索和依据。同时，天文历法的计算已有条件运用现代科技手段。诸多条件的结合，应能取得新的突破。

4. **研究内容及途径**。根据经过文献学考订的典籍材料，研究夏商西周的"五星联珠"和大火位置记录的年代，通过天文计算，确定有关星象是否存在，并进一步推断其绝对年代，为相关的断代和历法研究提供明确的依据。

5. **专题设置及预期目标**

**专题 2-1　夏商周天文数据库、计算中心和联网设备的建立**

这是进行有关天文历法 10 个专题研究的必备手段，应该先行，而且以后可以长期使用。

**专题 2-2　夏商周三代更迭与五星聚合研究**

五星联珠在我国古代被认为是祥瑞之象，文献记载夏禹和商汤时均有五星聚合。用天文计算可证明有无，如有则可断定其绝对年代。

**专题 2-3　夏商周三代大火（心宿二）星象和年代研究**

大火（心宿二）为一最显著的天象，与历法有密切关系，夏商周"三正说"以及"火历"都与此有关。对大火位置的计算可作为夏商周始年的依据。

**专题 2-4　夏商周时期国外（主要为埃及、巴比伦）天象记录研究**

将之搜集起来，与中国记录对比，可增加中国记录的可靠性和定出更准确的年代。

# 课题 3　夏代年代学的研究

1. **本课题在项目中的位置和意义**。中华人民共和国成立以来，考古学迅速发展，现在中原及其邻近地区的考古学文化序列已经基本建立。通过考古学研究，可以确定何种文化是夏文化，并结合科技测年实验，推知这种文化年代的上下限。这对建立夏代年代的基本框架有关键的意义。有关天象记录的研究，则有可能推算出夏王仲康在位的具体年代或与考古学年代框架相互验证。

2. **已有研究概况**。目前学术界探讨夏文化的对象主要集中在河南龙山文化和二里头文化，在诸如早期夏文化、夏文化的分期、夏商文化的分界以及夏文化与东方夷人文化、先商文化的年代关系等问题上存在不同看法，主要有三种意见：①认为河南龙山文化是早期夏文化，二里头一期或二期是晚期夏文化；二里头一、二期之间或二、三期之间是夏、商文化的分界。②认为二里头文化一至四期都是夏文化，河南龙山文化是夏王朝建立前的考古学文化。③认为二里头文化是"夷羿代夏"后形成的含有一定东方夷人文化因素的夏文化，河南龙山文化晚期应是早期夏文化。有关夏代的天象记录，主要是《尚书》仲康日食和《夏小正》星象的年代，一直为科学史研究者所关注，做有考释推算。在对古文《尚书》和《夏小正》可信性研究的基础上，可以做出进一步的推断。

3. **目前工作条件**。从偃师二里头遗址开始发掘三十多年来，围绕夏文化探索课题已取得不少研究成果，近期因尸乡沟早期商城的发现，在许多问题上已出现明显的趋同倾向，而计算手段的进步，则可以提高天象推算的精度。

4. **研究内容及途径**。通过进一步研究，在确立河南龙山文化和二里头文化分期标尺，明确其文化属性的基础上，有计划地试掘采样，进行 $^{14}$C 测定，并将测定结果与有关文献关于夏年的记载以及天文学研究成果相比对，可以确定夏王朝开始的大体年代和夏、商分界的大体年代，并将夏王朝分为若干发展阶段，以与《史记·夏本纪》记载的夏代王世相对照。

5. **专题设置及预期目标**

**专题 3-1　早期夏文化研究**

早期夏文化研究是确定夏王朝始年的关键，目前学术界对何种考古学文化（遗迹、遗物）是最早的夏文化有不同意见，但讨论对象主要集中在河南龙山文化和二里头遗址一期遗存上，通过进一步研究，可望得出倾向性的结论。

**专题 3-2　二里头文化分期与夏商文化分界**

以河南省偃师二里头遗址为代表的二里头文化是考古学界探讨夏文化的主要对象，二里头文化分期的进一步研究，是建立夏王朝年代标尺的基础。夏商文化分界研究是确定夏王朝的终止年和商王朝始年的前提。目前考古学界对夏商文化分界虽有不同观点，但差距在逐渐缩小，出现趋近趋势。

**专题 3-3　《尚书》仲康日食再研究**

《尚书·胤征》所载夏王仲康时日食，曾被认为是世界最早的日食记录。《胤征》属东晋出现的古文《尚书》，但有关文字也见于《左传》。应在估价两书可信性的基础上，试再研究推算。

**专题 3-4　《夏小正》星象和年代**

《大戴礼记·夏小正》传统上认为即孔子所说《夏时》。篇中有关天文、物候等记述历来受到科学史研究者注意，夏纬瑛曾有专著校释。其星象合于什么年代，当总结前人学说，做出论断。

# 课题 4　商前期年代学的研究

1. **本课题在项目中的位置和意义**。据《史记·殷本纪》、殷墟出土甲骨文和其他典籍记载，商代有十七世三十一王。以第十九位商王盘庚迁殷至纣之灭为商后期，则从第一位商王大乙（商汤）至第十八位商王阳甲为商前期。相当这一时期的商文化的发现，是中华人民共和国成立后考古学的重大成果。结合科技测年实验，可推定商前期的年代框架。

**2. 已有研究概况。** 自 20 世纪 50 年代初起，陆续发现了郑州二里岗遗址、郑州商城、偃师尸乡沟商城，以及黄陂盘龙城、夏县东下冯、垣曲商城等商前期遗址，为建立商前期比较详细的年代框架提供了基础。目前围绕着郑州商城和尸乡沟商城的年代和性质正进行着热烈的探讨。一种意见认为郑州商城是第十位商王仲丁所迁的嚣（隞）都，尸乡沟商城是第一位商王大乙（汤）所建的西亳；一种意见，认为郑州商城是商汤灭夏前所建的亳都，尸乡沟商城是商汤所建后来因太甲的桐宫或监视夏遗民的军事重镇。两说虽有分歧，但都认为尸乡沟商城是商汤所建。

**3. 目前工作条件。** 尸乡沟商城的发掘工作正在进行之中，最近又发现了很重要的郑州小双桥遗址，为这一时期的考古学研究提供了更多的依据。

**4. 研究内容及途径。** 通过对郑州商城、尸乡沟商城及新发现的郑州小双桥遗址文化分期的研究和商前期青铜器分期等研究，以确立商前期文化分期标尺和几座商城的性质，选择具有关键意义的遗址试掘采样，进行 $^{14}$C 年代测定，并与有关文献关于商年的记载以及天文学研究成果相比对，可以建立起商前期比较详细的年代框架。

**5. 专题设置及预期目标**

**专题 4-1  郑州商城的分期与年代测定**

郑州商城是商前期的重要都城遗址，有汤都亳和仲丁都嚣（隞）之争。通过文化分期与年代测定的研究，并结合历史地理文献学的研究成果，有可能确定其性质和在商前期年代分期标尺中的位置，使年代分期标尺与某代商王联系起来。

**专题 4-2  小双桥遗址的分期与年代测定**

新发现的小双桥遗址，一种意见认为是和郑州商城同时的祭祀遗址，另一种意见认为可能是仲丁所迁的嚣（隞）都。通过文化分期和年代测定以及其规模的研究，结合历史地理文献学的研究成果，可以确定和郑州商城及偃师尸乡沟商城的年代关系，进而确定其性质和在商前期年代分期标尺中的位置，使其与某代商王联系起来。

**专题 4-3  偃师商城的分期与年代测定**

偃师尸乡沟商城也是商前期重要遗址，对其性质目前有汤西亳、太甲桐宫和陪都（军事重镇）几种不同看法。通过文化分期与年代测定的研究，再结合历史地理文献学的研究成果，有可能确定其性质和在商前期年代分期标尺中的位置，大致排定某代商王的在位年代。

# 课题 5  商后期年代学的研究

**1. 本课题在项目中的位置和意义。** 商后期从盘庚到帝辛（纣），共八世十二王，据古本《竹书纪年》均都于殷，即今河南安阳殷墟。殷墟于十九世纪末发现甲骨文，闻名世界，1928 年开始发掘，是中国考古工作延续最久的遗址。根据以殷墟为基点的商后期文化的分期研究、殷墟甲骨分期研究、殷商甲骨文和金文年祀的研究，以及甲骨文天象记录和商代历法的研究，结合科技测年，可为商后期建立较详细的编年。

2. **已有研究概况**。殷墟经过近 70 年的发掘和研究，目前已基本建立文化分期标尺。殷墟甲骨的分期研究始于 20 世纪 30 年代，近年随着新材料的出土，分期工作有明显进展，但仍有待进一步系统化。殷墟甲骨文天象、历法记录和甲骨文及商代金文年祀的研究，也已积累一定成果，如董作宾《殷历谱》等即对商后期诸王的绝对年代做过系统排比，但在学术界尚未形成一致的意见，所以有关这一方面的问题还需要进一步深入研究。

3. **目前工作条件**。殷墟考古工作仍在继续进行，近年有一系列较重要的新发现。过去发掘的材料陆续公布，《甲骨文合集》等大型甲骨文汇编已经出版，同时出现了一些综合研究成果。青铜器、甲骨等方面的专题研究也有较大进展，在甲骨分期研究方面有不少论著发表（如黄天树 1991，彭裕商 1994 等）。北京大学 AMS 加速器质谱测年精度的提高，将使甲骨的年代测定成为可能。

4. **研究内容及途径**。通过对商后期青铜器、甲骨文、青铜器铭文等相关材料的综合研究，在确定其分期和与王世对应关系的基础上，运用 $^{14}$C 常规法和 AMS 法测定各期木炭、人骨标本，尤其是甲骨标本，并将所得结果与文献记载及天文学研究成果相比照，可以基本确立商后期各王的年代表。

5. **专题设置及预期目标**

**专题 5–1　殷墟文化分期与年代测定**

殷墟文化分期研究已有很好的成果，通过对已有成果的补充、修订和与殷墟甲骨文分期成果的比较，可为商后期年代学标尺的建立奠定坚实的基础。

**专题 5–2　殷墟甲骨分期与年代测定**

甲骨分期分组研究，是利用甲骨文材料的先决工作。在新近取得成果的基础上，重新全面系统整理，可作为推断武丁至帝辛各王在位年代的依据。在甲骨分期分组研究的基础上，再选取标本，进行甲骨实物的年代测定。标本要尽可能选用发掘品，只在必要时以非发掘品补充。标本如有特征性的称谓或有年祀，尤为有用。有些重要材料，现在台湾或国外，可考虑采用学术合作形式取得。

**专题 5–3　殷墟甲骨文和商代金文年祀的研究**

甲骨文黄组卜辞和晚商青铜器铭文中有明记时王年祀的材料，通过专门研究或测定，可以推定所记时王的年代。

**专题 5–4　甲骨文天象记录和商代历法**

殷墟甲骨卜辞包含大量天象和历法的材料。自 30 年代董作宾、刘朝阳等以来，已积累许多研究成果，应加以总结评判，然后由甲骨文实际出发，注意甲骨的分期情况，做出进一步的研究探讨。其中日月食的记录，对年代学研究尤为重要。

# 课题 6　武王伐纣年代的研究

1. **本课题在项目中的位置和意义**。武王伐纣，以周代商，使这一年成为商周两朝交界的年代。确定这一年代，在商周历史编年中占有特殊地位。传世文献记述武王伐纣时曾出现彗星等特殊天象，据此可以推断其确切年代。武王伐纣之前，在周人活动地域内，已有许多重要的考古发现，如丰、镐和周原遗址等，研究其存在年代，将有助于确立西周年代学标尺的基础。

2. **已有研究概况**。关于武王伐纣的年代，现已有 30 多种学说，需要加以总结和分析。先周文化的认识，学术界分歧较大，需要深入综合研究。周原甲骨有待于重新系统整理，以便选出典型标本，进行测年。丰、镐遗址分期研究已经有很好的基础，但还可以进一步补充修正。

3. **目前工作条件**。现代科技手段的运用，可以大大提高对于武王伐纣相关天象推算的精度，可望在纷纭众说当中得出总结性的看法。依靠经费和设备的充分保证，可以拍摄放大全部周原甲骨文字，解除以往因照片不清晰而给研究工作造成的障碍。近年在丰、镐等遗址中做了较多的考古发掘工作，为进一步确定有关考古文化分期提供了可能。

4. **研究内容及途径**。通过对武王伐纣年代的研究，确立商周分界年代。同时进一步完善周人早期文化遗址的分期和年代的测定工作，为西周早期年代学标尺的建立提供基础。

5. **专题设置及预期目标**

**专题 6-1　武王伐纣时天象的研究**

对《淮南子》所载武王伐纣时出现彗星，及《国语》所记伐纣年岁之所在等问题，进行核校和验算，并对武王伐纣年的 30 余种学说作总结和评价。

**专题 6-2　先周文化的研究与年代测定**

在西周王朝建立之前周人活动地域内，已有许多重要的考古发现，但何者为先周文化，意见尚有较大分歧，进一步综合研究，有助于对先周文化的认识和先周与西周分界的确立。

**专题 6-3　周原甲骨的整理及年代测定**

陕西岐山、扶风间的周原遗址出土的有字甲骨，包含有文王时物，虽有著录，但因照片不清晰，有碍进行深入研究。现拟全部拍摄放大照片，结合必要的摹本，重新系统整理，然后从中选出典型标本，供实验测年之用。

**专题 6-4　丰、镐遗址分期与年代测定**

位于今西安市南郊的丰、镐遗址是西周文王、周武王分别建立的都城遗址，考古发掘已有 40 多年的历史。在原有分期基础上进一步补充修正，可为西周年代学标尺的建立提供重要依据。

# 课题 7　西周列王的年代学研究

1. **本课题在项目中的位置和意义**。典籍中西周年代有明确纪年的始于共和元年（公元前 841 年），此前历代学者说法不一，有赖于考古发现和研究，根据考古学材料推定西周年代，并与天文历法等方面成果对照，确定西周编年，对于进一步推定夏商编年也有重要意义。

**2. 已有研究概况。**中华人民共和国成立以来，西周考古工作有很多成果，主要遗址和墓葬群有北京房山琉璃河遗址、山西翼城与曲沃的天马—曲村遗址、河南洛阳东郊的西周墓地和遗址，等等。有一些西周考古标本曾做 $^{14}$C 年代测定，但数量少，且不系统。在天文历法方面，自汉代以来，我国许多学者曾推算西周的历谱，并以文献中日食等记载作为参照。近代国内外有很多人从事有关研究，特别在根据金文材料编制历谱方面，做了不少工作，近年如据古本《竹书纪年》推定周懿王元年等研究，产生较大影响。但有关研究多未从年代学的整体安排上充分考虑，运用金文时也未能同考古学家、古文字学家通力配合，其成果尚有待改进。

**3. 目前工作条件。**近年对武王封召公于北燕的房山琉璃河西周燕都遗址、成王封叔虞于唐的翼城、曲沃天马—曲村西周晋都遗址的发现和发掘，为确立商周分界、西周始年和西周分期提供了基础。而时间为西周中期至两周之际的曲沃北赵葬有八代晋侯及夫人的晋侯墓地的发现和发掘，则进一步为确定考古文化分期与西周王世的对应关系提供了可能。文献中有关西周年代与天象材料的全面搜集，可能为天文历法研究提供新的线索和依据。《殷周金文集成》等大型金文材料汇编已经出版，有关分期研究已取得明显进展，为天文历法研究取得新的突破提供了有利条件。

**4. 研究内容及途径。**根据经过文献学考订的典籍材料，研究西周特殊天象记录的年代。在西周青铜器分期研究的基础上，综合金文及文献材料，重新编制西周历谱，并根据新的考古发现和研究成果，对周代（包括春秋战国）历谱作进一步的论证。通过对西周青铜器及各相关遗址的进一步分期研究，试掘采样，进行 $^{14}$C 测定，将测定结果与通过西周金文研究确定的西周历谱、天文学研究成果及有关文献记载相比照，可以确立西周比较准确的年代表。其中以曲沃北赵晋侯墓地材料作为西周中晚期年代的重要依据，北京房山琉璃河燕国墓地等作为西周早期年代的重要依据。

### 专题 7-1　琉璃河西周燕都遗址分期与年代测定

位于北京市房山区琉璃河镇董家林的西周遗址，是西周武王时分封的燕国都城遗址。居址与墓葬已进行过多次发掘。通过分期研究建立的年代标尺可以与宗周年代标尺相比较，并有助于商、周分界的确定。

### 专题 7-2　天马—曲村遗址分期与年代测定

位于山西省翼城县与曲沃县交界处的天马—曲村遗址，是西周成王时分封的晋国的始封地，时代从西周早期至东周，迄未间断。通过晋文化分期研究，可以建立晋文化年代学标尺，以与依据丰、镐遗址分期建立的宗周年代分期标尺相比较。

### 专题 7-3　晋侯墓地分期与年代测定

位于山西省曲沃县北赵村的晋侯墓地，共发现排列有序的西周中期至春秋初年的八位晋侯及夫人墓 17 座，出土青铜器上有六位晋侯的名字，其分期研究成果可与历史文献记载相比较，将西周文化分期与西周王世对应起来。

### 专题 7-4　西周青铜器分期研究

以发掘品为基础，运用考古学方法进行综合分期研究，建立分期标尺，为系统整理西周金文中有关年代历法的资料提供基础。

### 专题7-5 晋侯苏钟专题研究

山西曲沃北赵晋侯墓出土的晋侯苏编钟，现大部分藏于上海博物馆。钟铭有历朔记事多处，对解决"月相"这一西周历法的关键问题极有价值，可为西周晚期历谱提供可靠定点。

### 专题7-6 西周金文历谱的再研究

以西周青铜器分期的考古学研究成果为尺度，总结前人成果，系统整理金文历谱，建立西周年表。

### 专题7-7 "懿王元年天再旦于郑"考

在对古本《竹书纪年》的文献学价值估计的基础上，对中外学者的研究重加推算，确立周懿王元年年代定点。

### 专题7-8 西周历法与春秋历法——附论东周年表问题

着重注意新发现春秋战国古文字中有关历法的材料，如春秋时的子犯编钟和历朔记录较多的楚国竹简等。在此基础上对春秋时代历法问题各家学说进行总结验算，并与西周历法进行对比研究，使这一时期的历谱更为准确可靠。

# 课题8 $^{14}$C 测年技术的改进与研究

## 1. 研究目标

$^{14}$C 断代目前有两种方法，即衰变计数法（常规法）和加速器质谱法，是完成夏商周断代工程测试任务的唯一有效手段。利用此法，在提高测试精度的基础上，测定由田野考古发掘夏商周遗址出土的大量含碳样品的年代数据，同考古学家、历史学家、天文历法的研究者进行多学科交叉研究，使西周共和元年以前的夏商周年代学进一步科学化、量化，为深入研究我国古代文明的起源和发展打下良好基础。

## 2. 立项依据

（1）夏商周遗址发现众多，考古文化层连续不断，特别是若干商周都城已经发掘，提供了大量 $^{14}$C 测年样品。

（2）由于大气中 $^{14}$C 交换平衡很快，各地同一时期树轮的 $^{14}$C 水平相同，因而 $^{14}$C 年代——树轮年代校正曲线可以全球通用。

（3）目前，$^{14}$C 年代的测定精度最好可以达到 ±20 年，但必须经过树轮年代校正才能转换为历法年龄。单个数据作校正时，由于误差会增大到对于解决历史年代问题几乎毫无意义。但若采集到层位连续的一系列样品，将测得的一系列 $^{14}$C 年代数据对照树轮校正曲线的一定时段，转换为历法年代，可使年代误差大为缩小。若是木头样品，有树轮连续系列，可依此获得木头的绝对年代，最好的情况误差仅为5—10年。商周大墓往往同时埋有很多随葬木头，可以取样测定。众多墓葬人骨也可以作为系列样品测定。

（4）殷墟出土大量可以分期的甲骨，目前，加速器质谱法取样量极少，可以作 $^{14}C$ 测定。测定大量数据后，按系列样品做树轮年代校正，有希望转换为比较准确的历法年。

## 3. 技术路线

（1）首先要提高测定年代精度。目前，国内常规法 $^{14}C$ 年代测试精度仅为大约 60 年，加速器质谱法测定精度则更差，一般误差超过 100 年，且不稳定。在制样处理方面，骨质样品去污染问题还没有解决好。因此，必须进行技术改造，否则无法承担测试任务，要作为三个专题研究对待。中国社科院考古所和北京大学的实验室有能力完成这三个专题研究，完成技术改造后承担测试任务。但时间紧迫，必须立即启动，否则要影响测试任务的完成。

（2）同考古学家一起，普遍大量采集符合上述测年要求的样品，做高精度年代测定，然后研究尽量按系列样品做树轮年代校正到历法年。

## 4. 预期成果

（1）测出大量的高精度 $^{14}C$ 年代数据，经过研究处理转换为历法年，再同天文历法的研究成果对照，同考古和历史方面的专家共同讨论研究，制定公元前 841 年以前的夏商周年表，初步澄清这段上古史无年表或年表混乱的状况。

（2）三项技术改造专题研究的完成，将使我国 $^{14}C$ 测年精度达到世界先进水平。

## 5. 实施计划和步骤

（1）常规法技术改造

1）需订购高稳定高精度的液闪测试仪；

2）选择低本底样品瓶，要进行本底和效率的高精度测试；

3）改进制样系统，要求对系统进行高精度空白试验；

4）实验室间比对测量；

5）进行树轮样品试测，对制样测试技术作全面检验；

6）对骨质样品的去污染问题要做专题研究；

7）每个样品都要做常规质谱 $\delta^{13}C$ 测定，以校正 $^{14}C$ 年代数据，计划外协，但必须预先制样。

计划工作进度：

1996 年基本完成技术改造，并试测部分样品。

1997—1998 年国际实验室间对比，基本完成采集碳样的测定任务。

1999 年进行总结并补测部分样品。

（2）骨质样品的制备

为解决骨质样品制样清除污染的问题，要作为专题研究，否则无法测试大量甲骨样品。要立即订购必要设备，研究提取可靠的样品碳，为制备骨质样做好准备。1998年开始大量制靶测定骨质样品。

（3）AMS 法技术改造

1）为提高精度和稳定性需要更新关键电源和部件，离子源可以缓到 1997 年；

2）进行各项专题研究，为调试出高稳定度、高精度的 AMS 系统做好准备；

3）仪器到货后，加紧进行调试；

4）改进制靶样系统；

5）1997 年底到 1998 年初全面运行，进行高精度检验；

6）进行与常规法及国际 AMS$^{14}$C 测量对比；

7）1998 年大量测试考古样品。

# 课题 9　夏商周年代研究的综合和总结

## 1. 本课题在项目中的位置和意义

本项目课题 1—8，自 1996 年底起，将陆续产生成果，包括各种形式的论文和报告。这些论文、报告，将由各课题负责人分别整理、归纳，成为课题的结果。但八个课题的结果仍是多角度、多层次的，必须进行一系列分析研究，才能综合出全项目最后的结果。

## 2. 研究内容及途径

本课题包括全项目的综合与总结及世界诸古代文明年代学研究的历史与现状两个部分。

对课题 1—8 产生的各种成果，分阶段予以收集、审查，做出分析和比较：

（1）对各课题结果彼此一致的，加以归纳和解释；

（2）对各课题结果互相矛盾的，探索解决途径；

（3）对各课题结果中未能适当解决的问题，找出症结，重新研究，包括田野工作和年代测定；

（4）对各课题结果中显露的新问题，或在综合各课题结果时发现的新问题，设立新的专题，进行工作和研究（必要时另行申请经费），将其成果吸收入项目的综合结果。

**专题 9-1　夏商周年代研究的综合和总结**

本专题将组织 1—8 各课题的一部分专家参加，并安排若干跨课题的学术研讨活动。最后综合形成夏商周断代工程结题报告和夏商周年代表。

**专题 9-2　世界诸古代文明年代学研究的历史与现状**

世界上在中国以外的古代文明，如埃及、两河流域、赫梯、希腊、罗马、印度等文明，年代学的研究均已有相当成果。对其研究状况、方法和问题分别进行介绍和评论，可为本项目提供重要借鉴。

# 附录六 "夏商周断代工程"组织与学术研讨会总录

## （一）"夏商周断代工程"专家组成员及秘书长名单

（专家组成员以姓氏笔画为序）

| 姓　名 | 专业领域 | 时任职务 |
|---|---|---|
| 马承源 | 青铜器研究 | 上海博物馆馆长 |
| 马福臣 | 地学 | 国家自然科学基金委 |
| 仇士华 ** | 核物理学、$^{14}$C 测年技术 | 中国社会科学院考古研究所研究员 |
| 朱凤瀚 | 历史学、古文字学 | 南开大学教授 |
| 安金槐 | 考古学 | 河南省文物考古研究所研究员 |
| 严文明 | 考古学 | 北京大学教授 |
| 李伯谦 ** | 考古学 | 北京大学考古文博院院长、教授 |
| 李学勤 * | 历史学、古文字学 | 中国社会科学院历史研究所所长、研究员 |
| 邹衡 | 考古学 | 北京大学教授 |
| 辛德勇 | 历史地理学 | 中国社会科学院历史研究所研究员 |
| 张长寿 | 考古学 | 中国社会科学院考古研究所研究员 |
| 张培瑜 | 天文学 | 中国科学院紫金山天文台研究员 |
| 陈久金 | 天文学 | 中国科学院自然科学史研究所研究员 |
| 陈铁梅 | 核物理学、$^{14}$C 测年技术 | 北京大学教授 |
| 俞伟超 | 考古学 | 中国历史博物馆馆长、教授 |
| 原思训 | 核化学、$^{14}$C 测年技术 | 北京大学教授 |
| 殷玮璋 | 考古学 | 中国社会科学院考古研究所研究员 |
| 郭之虞 | 核技术及应用、$^{14}$C 测年技术 | 北京大学教授 |
| 席泽宗 ** | 天文学、科学史 | 中国科学院院士，中国科学院自然科学史研究所研究员 |
| 彭林 | 历史学 | 北京师范大学教授 |
| 裘锡圭 | 古文字学、历史学 | 北京大学教授 |
| 周年昌 @ | 历史学 | 中国社会科学院历史研究所原副所长 |

注：* 组长，** 副组长，@ 专家组秘书长。

# （二）"夏商周断代工程"项目办公室

| 组成 | 姓名 | 原供职单位 |
|---|---|---|
| 主任 | 朱学文 | 北京市社会科学院历史研究所 |
| 副主任 | 徐俊 | 国家科委社会发展科技司 |
| | 王正 | 中国社会科学院科研局 |
| | 王肃端 | 中国科学院自然科学史研究所 |
| 专家组暨项目办公室学术秘书 | 邢文 | 中国社会科学院历史研究所 |
| | 江林昌 | 中国社会科学院历史研究所 |
| | 徐凤先 | 中国科学院自然科学史研究所 |
| | 李勇 | 中国社会科学院历史研究所 |
| | 王泽文 | 中国社会科学院历史研究所 |
| | 苏辉 | 中国社会科学院历史研究所 |

# （三）"夏商周断代工程"参加人员名单

**中国社会科学院**

**历史研究所**：李学勤、辛德勇、杨升南、罗　琨、张永山、王贵民、曲英杰、常玉芝、刘洪波、邢　文、李　勇、王泽文、苏　辉

**考古研究所**：仇士华、张长寿、殷玮璋、郑　光、蔡莲珍、杜金鹏、陈公柔、王　巍、王世民、许　宏、王学荣、胡谦盈、刘　雨、杨锡璋、刘一曼、曹定云、徐广德、唐际根、徐良高、柴晓明、张立东、岳洪彬、何毓灵、刘忠伏、杨国忠、郭振禄、赵春青、张雪莲、谷　飞、冼自强、王影伊、李存信、张良仁、何　努、薄官成、刘建国、王金霞、牛世山、钟　建、王浩天、岳占伟、赵海涛、高立兵

**中国科学院**

**自然科学史研究所**：席泽宗、陈久金、薄树人、陈美东、孙小淳、徐凤先、胡铁珠、景　冰、宁晓玉

**生物物理研究所**：蒋汉英

**紫金山天文台**：张培瑜、徐振韬、何玉囡、傅燕宁、成　灼、英德芳、张　健、向德琳、李广宇

**上海天文台**：江晓原、钮卫星、卢仙文

**陕西天文台**：吴守贤、刘次沅

北京大学

考古文博学院：李伯谦、邹　衡、严文明、陈铁梅、原思训、刘　绪、徐天进、吴小红、孙　华、雷兴山、孙庆伟、武家璧、胡艳秋、蒙清平、高世军、马　力

重离子物理研究所：郭之虞、李　坤、刘克新、鲁向阳、马宏骥、袁敬琳、汪建军、李　斌、张征芳、张桂筠、丁杏芳、付东波

中文系：裘锡圭

北京师范大学国学研究所：彭　林、李亮子、王亦旻、张锦明、韩建识、陶　磊、史杰鹏、张焕君、付庆芬

南开大学历史系：朱凤瀚、张荣明、陈　絜、吴卫国、刘　源、任　伟

吉林大学（考古系＆古籍所）：吴振武、朱　泓、刘　钊、白于蓝、冯胜君、吴良宝

东北师范大学世界古典文明史研究所：林志纯、布劳恩·丹顿、郭丹彤、李晓东、曲天夫、张　强、吴宇虹、郝际陶、晏绍祥、马克·麦克德莫特、刘　健

清华大学思想文化研究所：廖名春

首都师范大学中文系：黄天树

哈尔滨师范大学历史系：葛志毅

西北大学文博学院：黄怀信、田旭东、周晓陆

四川大学历史系：彭裕商、陈　力

南京大学天文系：蒋窈窕

南京师范大学物理系：周洪楠

辽宁师范大学历史系：王乃新

烟台大学中国学术研究所：江林昌

贵州工学院：葛　真

陕西中医学院：郝葆华

国家自然科学基金委：马福臣

中国历史博物馆：俞伟超

上海博物馆：马承源、李朝远

河南省文物考古研究所：安金槐、杨育彬、方燕明、宋国定、袁广阔、韩朝会、曾晓敏、李素婷

北京市文物研究所：赵福生、王　鑫、田敬东

河南省社会科学院考古研究所：郑杰祥

郑州市文物考古研究所：王文华、顾万发

河北省文物研究所：段宏振

陕西省考古研究所：王占奎、曹　玮、刘军社、孙秉君、张　昀、张天恩、张明惠、杨亚长

山西省考古研究所：李夏廷、孟耀虎、罗　新、张　奎

# （四）"夏商周断代工程"的课题和专题设置

| 课题号 | 课题名称及负责人 | 专题号 | 专题名称及负责人 | 专题所含学科 |
|---|---|---|---|---|
| 1 | 有关夏商周年代、天象及都城文献的整理及可信性研究（杨升南、罗琨） | （1） | 夏商周年代与天象文献资料库（罗琨） | 文献学、计算机技术 |
| | | （2） | 文献中夏商西周编年的研究（朱凤瀚、彭林） | 历史学、文献学 |
| | | （3） | 有关夏商西周年代、天象的重要文献的可信性研究（廖名春） | 文献学 |
| | | （4） | 夏及商前期都城文献与考古资料的搜集与整理（辛德勇） | 历史地理、文献学、考古学 |
| 2 | 夏商周天文年代学综合性问题研究（陈久金、孙小淳） | （5） | 夏商周天文数据库、计算中心和联网设备的建立（孙小淳） | 天文学、计算机技术 |
| | | （6） | 夏商周三代更迭与五星聚合研究（徐振韬） | 天文学、文献学 |
| | | （7） | 夏商周三代大火（心宿二）星象和年代研究（江晓原） | 天文学、文献学 |
| | | （8） | 夏商周时期国外天象记录研究（孙小淳） | 天文学 |
| 3 | 夏代年代学的研究（邹衡） | （9） | 早期夏文化研究（方燕明） | 考古学、测年技术 |
| | | （10） | 二里头文化分期与夏商文化分界（郑光） | 考古学、测年技术 |
| | | （11） | 《尚书》仲康日食再研究（吴守贤） | 天文学、文献学 |
| | | （12） | 《夏小正》星象和年代（薄树人、胡铁珠） | 天文学、文献学 |
| | | （增设3） | 商州东龙山文化分期与年代测定（李伯谦、杨亚长） | 考古学、测年技术 |
| | | （增设5） | 新砦遗址的分期与研究（李伯谦） | 考古学、测年技术 |
| | | （增设6） | 禹伐三苗综合研究（江林昌） | 文献学、天文学 |
| 4 | 商前期年代学的研究（安金槐、杨育彬） | （13） | 郑州商城的分期与年代测定（安金槐、杨育彬） | 考古学、测年技术 |
| | | （14） | 郑州小双桥遗址的分期与年代测定（宋国定） | 考古学、测年技术 |
| | | （15） | 偃师商城的分期与年代测定（杜金鹏） | 考古学、测年技术 |
| | | （增设4） | 邢台东先贤文化分期与年代测定（李伯谦、段宏振） | 考古学、测年技术 |

续表

| 课题号 | 课题名称及负责人 | 专题号 | 专题名称及负责人 | 专题所含学科 |
|---|---|---|---|---|
| 5 | 商后期年代学的研究（殷玮璋、杨锡璋、刘一曼） | （16） | 殷墟文化分期与年代测定（杨锡璋） | 考古学、测年技术 |
| | | （17） | 殷墟甲骨分期与年代测定（刘一曼） | 考古学、古文字学、测年技术 |
| | | （18） | 殷墟甲骨文和商代金文年祀的研究（常玉芝） | 古文字学、天文学 |
| | | （19） | 甲骨文天象记录和商代历法（张培瑜） | 古文字学、天文学 |
| | | （增设2） | 甲骨文宾组、历组日月食卜辞分期断代研究（黄天树） | 古文字学、天文学 |
| | | （增设8） | 洹北商城的遥感与物探（刘建国） | 遥感、物探、考古学 |
| 6 | 武王伐纣年代的研究（张培瑜、王占奎） | （20） | 武王伐纣时天象的研究（江晓原） | 天文学、文献学 |
| | | （21） | 先周文化的研究与年代测定（王占奎） | 考古学、测年技术 |
| | | （22） | 周原甲骨的整理及年代测定（曹玮） | 古文字学、测年技术 |
| | | （23） | 丰、镐遗址分期与年代测定（徐良高） | 考古学、测年技术 |
| 7 | 西周列王的年代学研究（张长寿） | （24） | 琉璃河西周燕都遗址分期与年代测定（赵福生） | 考古学、测年技术、古文字学 |
| | | （25） | 天马—曲村遗址分期与年代测定（刘绪） | 考古学、测年技术 |
| | | （26） | 晋侯墓地分期与年代测定（李伯谦） | 考古学、测年技术、古文字学 |
| | | （27） | 西周青铜器分期研究（王世民） | 考古学 |
| | | （28） | 晋侯苏钟专题研究（马承源） | 古文字学、考古学 |
| | | （29） | 西周金文历谱的再研究（陈久金） | 天文学、文献学、古文字学 |
| | | （30） | "懿王元年天再旦于郑"考（刘次沅） | 天文学、文献学 |
| | | （31） | 西周历法与春秋历法——附论东周年表问题（陈美东） | 天文学、文献学 |
| | | （增设1） | 金文纪时词语（"月相"）研究（吴振武） | 古文字学、天文学 |
| | | （增设7） | 周原西周文化分期与研究（徐天进） | 考古学、测年技术 |
| 8 | $^{14}$C测年技术的改进与研究（仇士华） | （32） | 常规法技术改造与测试研究（蔡莲珍） | 核物理、数学、考古学、化学 |
| | | （33） | 骨质样品的制备与研究（原思训） | 化学、核物理、考古学 |
| | | （34） | AMS法技术改造与测试研究（郭之虞） | 核物理、数学、考古学 |
| 9 | 夏商周年代研究的综合和总结（李学勤） | （35） | 夏商周年代研究的综合和总结（李学勤） | 历史学、考古学、天文学、测年技术等 |
| | | （36） | 世界诸古代文明年代学研究的历史与现状（林志纯） | 历史学（世界古代史） |

注：表内增设专题，以增设时间先后排列。

# （五）1996—2000年举办的多学科的学术研讨会

| 序号 | 日期 | 名称（未注明地点者在北京召开） |
|---|---|---|
| 1 | 1996.04.24—25 | 天文学史分科会议 |
| 2 | 1996.05.12 | 文献学分科会议（一） |
| 3 | 1996.05.13 | 文献学分科会议（二） |
| 4 | 1996.05.14 | 古文字学分科会议 |
| 5 | 1996.05.14 | 考古学分科会议（一） |
| 6 | 1996.05.18 | 考古学分科会议（二） |
| 7 | 1997.02.27—28 | 专家组1997年工作会议 |
| 8 | 1997.05.29—30 | 文献学课题组研讨会 |
| 9 | 1997.07.15—17 | $^{14}$C测年系列样品采集研讨会 |
| 10 | 1997.08.31—09.01 | 甲骨文日月食问题研讨会 |
| 11 | 1997.10.01—05 | 先周文化研讨会（陕西西安） |
| 12 | 1997.11.20—24 | 夏、商前期考古年代学研讨会（河南郑州、偃师） |
| 13 | 1997.12.15—17 | 夏商周断代工程1997年研究工作汇报会 |
| 14 | 1998.01.05 | 金文纪时词语专题研讨会 |
| 15 | 1998.02.04—07 | 西周列王年代学考古专题研讨会（山西侯马） |
| 16 | 1998.03.05 | 殷墟甲骨分期与年代测定专题组与$^{14}$C测年技术的改进与研究课题组工作交流会 |
| 17 | 1998.04.06 | 金文纪时词语专题研讨会 |
| 18 | 1998.04.11—13 | 西周厉宣幽三王年代和金文历谱研讨会 |
| 19 | 1998.06.11 | 金文历谱研讨会 |
| 20 | 1998.07.28 | 西周王年研讨会 |
| 21 | 1998.08.13 | 在京专家组成员工作会议 |
| 22 | 1998.09.14 | 专家组成员暨课题组长会议 |
| 23 | 1998.10.05—06 | 西周金文历谱与王年研讨会 |
| 24 | 1998.11.30 | 武王克商$^{14}$C年代测定报告讨论会 |
| 25 | 1998.12.20—21 | 武王伐纣问题研讨会 |
| 26 | 1999.01.17—21 | 商前期年代学课题考古成果交流研讨会（河北邢台，河南安阳、郑州） |
| 27 | 1999.02.01—03 | 文献课题研讨会 |
| 28 | 1999.02.04—05 | 西周金文历谱研讨会 |
| 29 | 1999.02.08 | 商晚期年祀研讨会 |
| 30 | 1999.03.15—16 | 西周金文历谱研讨会 |
| 31 | 1999.04.08 | 周原甲骨报告会 |
| 32 | 1999.04.09—11 | $^{14}$C测年课题组研讨会 |

续表

| 序号 | 日期 | 名称（未注明地点者在北京召开） |
|---|---|---|
| 33 | 1999.05.04—05 | 考古与 $^{14}$C 测年学术研讨会 |
| 34 | 1999.05.12—14 | 金文历谱、商王年祀、武王伐纣、仲康日食问题研讨会 |
| 35 | 1999.06.25 | 武王伐纣问题学术研讨会 |
| 36 | 1999.06.28—29 | 夏、商前期考古年代学研讨会 |
| 37 | 1999.08.11—17 | 专家组成员《夏商周断代工程 1996—1999 阶段成果报告·简稿》（讨论稿）审议会 |
| 38 | 1999.09.24—26 | 夏商周断代工程阶段成果学术报告会 |
| 39 | 1999.11.16 | $^{14}$C 测年工作研讨会 |
| 40 | 1999.12.21—22 | 甲骨文日月食与商王年祀问题研讨会 |
| 41 | 1999.12.25—26 | 金文历谱研讨会 |
| 42 | 2000.01.18 | 洹北商城发掘工作汇报会 |
| 43 | 2000.01.27—28 | $^{14}$C 测年技术研讨会 |
| 44 | 2000.02.13 | 金文历谱研讨会 |
| 45 | 2000.02.19—20 | $^{14}$C 测年与考古学整合研讨会 |
| 46 | 2000.02.24 | 甲骨测年数据分析会 |
| 47 | 2000.03.05 | 商后期考古与 $^{14}$C 测年数据研讨会 |
| 48 | 2000.03.10 | 金文历谱研讨会 |
| 49 | 2000.03.15—17 | 首席专家《夏商周断代工程 1999—2000 阶段成果报告·简稿》（修订稿）审议会 |
| 50 | 2000.03.20—22 | 专家组《夏商周断代工程 1999—2000 阶段成果报告·简稿》（修订稿）审议会 |
| 51 | 2000.03.22—23 | 武王克商 $^{14}$C 年代测定结果整合研讨会 |
| 52 | 2000.04.24—25 | 《夏商周断代工程 1999—2000 阶段成果报告·简稿》（修订稿）审议会（专家组扩大会议） |
| 53 | 2000.05.23 | 专题组长准备课题及专题验收会 |
| 54 | 2000.06.01 | 首席专家和办公室讨论专题验收会议 |
| 55 | 2000.06.04 | "$^{14}$C 测年技术的改进与研究"课题验收会 |
| 56 | 2000.06.06 | 课题组长讨论新增课题归口验收工作会 |
| 57 | 2000.06.23 | "商后期年代学的研究"课题验收会 |
| 58 | 2000.06.25 | "西周列王的年代学研究"课题验收会 |
| 59 | 2000.06.26 | "商前期年代学的研究"课题验收会 |
| 60 | 2000.06.26 | "夏商周天文年代学综合性问题研究"课题验收会 |
| 61 | 2000.06.27 | "文献的整理与可信性研究"课题验收会 |
| 62 | 2000.06.28 | "夏代年代学的研究"课题验收会 |
| 63 | 2000.06.29 | "武王伐纣年代的研究"课题验收会 |
| 64 | 2000.09.15 | "夏商周断代工程"项目验收会 |
| 65 | 2000.11.09 | "夏商周断代工程"阶段成果发布会 |

# （六）2000年结题后举办的多学科的学术研讨会

| 序号 | 日期 | 名称（未注明地点者在北京召开） |
|---|---|---|
| 66 | 2001.02.16—17 | 有关后续研究、工作进行情况的汇报讨论会 |
| 67 | 2001.07.25—26 | 《简本》英译稿讨论会 |
| 68 | 2002.02.01 | 专家组扩大会议 |
| 69 | 2002.06.03—05 | 夏商周年代学的专家组扩大会 |
| 70 | 2002.07.29 | 夏商周断代工程反思与回顾小型座谈会 |
| 71 | 2002.08.30—09.01 | 《报告》第二稿讨论会 |
| 72 | 2003.02.27 | 陕西眉县新出土青铜器与西周金文历谱小型研讨会 |
| 73 | 2003.12.22—27 | 《报告》第三稿讨论会 |
| 74 | 2005.05.18 | 新出金文专题研讨会 |
| 75 | 2005.05.18—19 | $^{14}$C甲骨测年数据专题研讨会 |
| 76 | 2005.07.15—17 | $^{14}$C测年专题研讨会（吉林吉林） |
| 77 | 2005.08.03 | 国博新入藏青铜器参观座谈会 |
| 78 | 2006.01.08—09 | 高精度$^{14}$C测年与年代校正研讨会 |
| 79 | 2006.11.24—26 | 《报告》第五稿西周王年部分专题研讨会（江苏南京） |
| 80 | 2007.01.03—04 | 《报告》$^{14}$C部分写作研讨会 |
| 81 | 2007.04.10 | 㝬公盨年代及相关问题研讨会 |
| 82 | 2008.02.26 | $^{14}$C测年专题研讨会 |
| 83 | 2008.04.17—18 | $^{14}$C测年与考古年代框架研讨会 |
| 84 | 2008.10.08 | 甲骨测年情况及处理意见座谈会 |
| 85 | 2009.04.17 | 殷墟甲骨分期与年代测定专题研讨会 |
| 86 | 2009.07.15 | 商后期课题组甲骨测年研讨会 |

# 后　记（一）

《夏商周断代工程报告》（简称《报告》）经过多年的工作，终于基本完成，即将交付出版了。

《报告》是对"夏商周断代工程"9大课题、44个专题研究的总结，是在《夏商周断代工程1996—2000年阶段成果报告：简本》（简称《简本》）的框架和结论的基础上，尽可能全面、系统、详细地介绍"夏商周断代工程"的研究过程和所取得的成果。

各课题和专题提交的结题报告为《报告》的编写打下了良好基础。同《简本》一样，《报告》的初稿，是在首席科学家的主持和专家组的指导下，组织起草小组根据相关结题报告进行编写的。初稿的起草小组成员包括彭林（组长）、徐凤先、孙庆伟、李勇等。具体分工如下："西周年代学研究"由李勇执笔（其中"西周考古学文化序列的研究与测年"由孙庆伟承担），"武王克商年的研究"由彭林执笔（其中"沣西H18的发现与测年"由孙庆伟承担），"商代后期的年代学研究"由徐凤先执笔，"商代前期的年代学研究""夏代年代学研究"由孙庆伟执笔（其中"夏代天象的天文推算"由徐凤先承担）。初稿经"夏商周断代工程"专家组和参加人员广泛讨论，仔细推敲，数易其稿，到2004年，改至四稿。

在此基础上，2005年，首席科学家接手做进一步的综合研究、编写和修订。具体分工："西周年代学研究""武王克商年研究""商代后期的年代学研究"由李学勤执笔；"商代前期的年代学研究""夏代年代学研究"由李伯谦执笔，李伯谦还负责全书的考古学内容；"夏商周考古年代的$^{14}$C测定与研究"由仇士华和课题组成员蔡莲珍、郭之虞、原思训、陈铁梅执笔。"引言"由项目办公室主任朱学文、学术秘书王泽文执笔。附录一初稿由陈久金编制，附录二由李学勤编制，附录三由徐凤先编制，附录四由郭之虞和原思训编制，附录五采自《简本》，附录六由项目办公室整理。学术秘书王泽文、苏辉和《报告》起草小组成员徐凤先协助首席科学家对书稿进行修改编辑。

在《报告》的编写和修改过程中，专家组和课题、专题组成员给予大力支持，提供了认真而有建设性的指导和意见，大家齐心协力使《报告》不断完善。

2015年7月，《报告》的全部稿件集齐，首席科学家再作审订。2016年12月，将书稿提交专家组审查。随后首席科学家结合专家组成员返回的审查和修改意见，再作修订，于2017年11月定稿，交付出版社。

"夏商周断代工程"结题验收后，紧接着开展的国家"十五"规划项目"中华文明探源工程预研究"，立刻落在"夏商周断代工程"班子的肩上。此后，有关专家学者又投入各自新的繁重的研究工作之中。《报告》的编写已不可能全力以赴，相关的后续补充研究也只能踯躅前行。迟至今日《报告》才完成出版前准备。

　　中国社会科学院的历史研究所和考古研究所曾先后为"夏商周断代工程"项目办公室提供办公条件。长时间以来，项目办公室坚持为《报告》的编写、修改和出版，提供一切必要的支持、服务和保障。

　　通过人文社会科学和自然科学的手段，进行多学科交叉研究，是"夏商周断代工程"遵循的路线。把与年代学有关的历史学、考古学、文献学、古文字学、历史地理学、天文学和科技测年技术等学科紧密结合，开展多学科、多角度、多层面的研究，是"夏商周断代工程"的研究方法。《报告》努力以科学的态度，充分体现这个多学科交叉研究的工作过程和基本达成共识的合作成果。"夏商周断代工程"的研究还有很多不足，对于存在的各种困难和障碍，尽可能实事求是地反映。对于尚未取得一致意见的问题，坚持科学原则，力争做到客观表述，采取不同观点并举的处理方式，必要时加以取舍。对于国内外同行的学术意见，也都给予认真关注。同时，对于新发现、新观点所带来的认识上的突破和所展示的新的研究前景，也寄予热切的期待。

　　一代代学人，对三代年代学研究的贡献，是后继者探索这一历史难题的基础和背景。《报告》对所涉及的前人的相关研究成果，尽可能给予介绍或注释说明。如果有所疏漏，不及一一，希望得到批评指正。

　　"夏商周断代工程"项目的实施，曾得到社会各界的广泛关注。如何使《报告》既能够保持严谨科学的专业表述，同时又能兼顾社会公众的兴趣和阅读需要，这方面做得还不够。

　　在《报告》出版之际，请允许我们向已辞世的"夏商周断代工程"首席科学家席泽宗，专家组成员马承源、安金槐、邹衡、俞伟超，以及著名专家林志纯、陈公柔、薄树人、徐振韬、陈美东、李朝远、张永山先生表达深深的怀念！他们对"夏商周断代工程"倾注了大量心血，生前始终关心着《报告》的编写和出版。

　　"夏商周断代工程"的实施，得到中央和地方政府的全方位的支持，得到社会各界人士热情的关心和鼓励。谨向一直以来以各种方式支持和关注"夏商周断代工程"的有关方面和朋友们表达衷心的感谢！

　　在《简本》的"出版说明"里，曾经介绍了"夏商周断代工程丛书"的系列出版计划。现将经由"夏商周断代工程"签约出版和了解到的有关专家学者自行出版的专著目录附列于此，供关心"夏商周断代工程"工作的读者参考：《武王克商之年研究》（1997）、《西周诸王年代研究》（1998）、《殷商历法研究》（1998）、《郑州商代铜器窖藏》（1999）、《世界诸古代文明年代学研究的历史与现状》（1999）、《夏商周年代学札记》（1999）、《西周青铜器分期断代研究》（1999）、《回天：武王伐纣与天文历史年代学》（2000）、《夏商周断代工程 1996—2000 年阶段成果报告：简本》（2000）、《夏商周文明新探》（2001）、《周原甲骨文》（2002）、《偃师商城初探》（2003）、《月龄历谱与夏商周年代》（2003）、《禹州瓦店》（2003）、《安阳小屯》（2004）、《中国历史日食典》（2005）、《商末周祭祀谱合历研究》（2006）、《五星聚合与夏商周年代研究》（2006）、《从天再旦到武王伐纣：西周天文年代问题》（2006）、《夏商周时期的天象与月相》（2007）、《南邠州·碾子坡》（2007）、《登封王城岗考古发现与研究》（2007）、《新密新砦——1999~2000 年田野考古报告》（2008）、《郑州小双桥：1990~2000 年考古发掘报告》（2012）、《<sup>14</sup>C 测年与中国考古年代学研究》（2015）等。

此外，还有很多相关研究成果发表，这里从略。

为了在"夏商周断代工程"内部传递研究信息、追踪进度，促进工作中的沟通交流，自 1996 年 4 月始，项目办公室还主持编印了《夏商周断代工程简报》，截至 2010 年 1 月 12 日，共印行 174 期。

由于原来与世界图书出版公司签订的出版合同已经过期，经过商议，《报告》改由科学出版社出版。在此，向曾经给予我们热情支持的世界图书出版公司致以诚挚的谢意。感谢科学出版社文物考古分社，感谢责任编辑李茜先生为本书的出版付出的辛勤劳动。

期待社会各方面对"夏商周断代工程"的工作提出宝贵意见。

编著者

2017 年 11 月 26 日

# 后　记（二）

我们这次看校样时对个别地方的疏漏再次讨论并进行必要的修订和补充，各课题和下属专题负责人给予了大力支持。《报告》中的 $^{14}$C 测年部分，请郭之虞全面校审；请张雪莲就常规 $^{14}$C 测年数据表的规范表述提供修改意见。天文学部分，请刘次沅全面校审。王泽文承担全部书稿的通读统校工作。

在本书"二、西周年代学研究"的"（三）构建西周金文历谱的基础"一节里，"西周青铜器类型学研究的历史回顾"部分曾经介绍了陈梦家先生 20 世纪 40 年代后期的有关工作。其著作整理出版情况，请参看 2019 年中华书局出版的《美国所藏中国铜器集录：订补本》和《中国铜器综述》。

"夏商周断代工程"在项目实施过程中所产生和积累的档案资料，既是相关工作的真实记录，又是后人继续研究的宝贵材料。按照有关文件精神，以及"断代工程"顾问李铁映、宋健等领导同志和项目领导小组的指示，"夏商周断代工程"项目专家组对档案工作高度重视，项目办公室较为系统地保存、收集和整理了相关文字、图版、照片、多媒体等不同形式不同载体的档案资料。档案的整理持续多年。在将《报告》顺利交付出版社后，项目办公室在 2018 年又对相关工作档案进行了全面检查和整理补充。2019 年初，将完整的原始档案正式移交给"断代工程"的主要承担单位之一中国社会科学院考古研究所保管，同时将主体部分的副本移交给另一主要承担单位北京大学考古文博学院保管。

在《夏商周断代工程报告》书稿于 2017 年底交付出版社之后，"夏商周断代工程"专家组成员陈铁梅、李学勤、张长寿，课题组成员杨升南、杨锡璋和《报告》起草小组成员李勇又不幸辞世。首席科学家和专家组组长李学勤先生，晚年主持"清华简"的保护、整理和研究工作，任务十分繁重。但他本着对科学研究的高度负责的态度，以身作则，一如既往地对夏商周年代学的研究和《报告》的编写修改投入大量精力，在全部书稿集齐后又反复审阅，提出详细具体的修改意见。谨在此对为"夏商周断代工程"贡献出自己的智慧、才华和心血的已故诸位先生表达深切的怀念！

编著者

2021 年 6 月 10 日